상담 수퍼비전

Counselor Supervision (4th ed.)

Nicholas Ladany · Loretta J. Bradley 공편
대표 역자: 유영권
안유숙 · 이정선 · 은인애 · 류경숙 · 최주희 공역

학지사

Counselor Supervision 4th edition

by Nicholas Ladany & Loretta J. Bradley

역자 서문

상담자는 전문적 정체성을 가지고 성장·발달하기까지 여러 단계를 밟는다. 우선 학습을 통해 다양한 이론적 접근에 노출되고 다양한 상담 기술을 습득하게 된다. 하지만 이론적인 지식과 세미나와 강의, 책을 통한 학습만으로는 유능한 상담자가 되기에 부족하다. 상담 현장의 내담자에 대한 충분한 이해와 상담 과정에 대한 성찰 능력의 향상, 사례를 개념화할 수 있는 능력, 상담목표를 구체적으로 실시하고 점검하여 수정하는 능력 등은 책을 통해서 배울 수 없다. 이러한 살아 있는 상담적 과정은 수퍼비전을 통해 직접 습득할 수 있고 몸으로 느끼고 경험할 수 있다. 그러나 한국 상담교육의 현실은 수퍼비전을 체계적으로 경험할 수 있는 제도적인 장치가 부족한 실정이다. 수퍼비전에 대한 교육도 적극적으로 실시되지 않을 뿐만 아니라 상담경력이 많은 전문가라면 수퍼비전을 자동적으로 해 줄 수 있다고 인식한다. 하지만 그렇지 않다. 수퍼비전은 수퍼비전 실시에 대한 교육과 훈련을 받고 전문 수퍼바이저로서 성장해야만 비로소 가능한 또 다른 전문 영역이므로 관련 기술과 과정에 대한 이론적·실천적 경험이 요구된다.

대표 역자는 박사과정 수업인 '수퍼비전의 이론과 실제'에서 이 책의 원서를 교과서로 사용하면서 수강생들에게 많은 도움을 주었고, 수퍼비전 전체에 대한 조감도를 제공해 주는 좋은 자료로 활용해 왔다. 그러던 중 박사과정의 몇몇 선생님들로부터 공동으로 번역하자는 제의를 받고 흔쾌히 학지사와 계약을 맺고 번역을 시작하였다. 그러나 그 과정은 그렇게 쉽지 않았다. 대표 역자로서 좋은 역서가 나와야 한다는 완벽주의가 발동되어 각 장을 번역한 선생님들과 개인적으로 따로

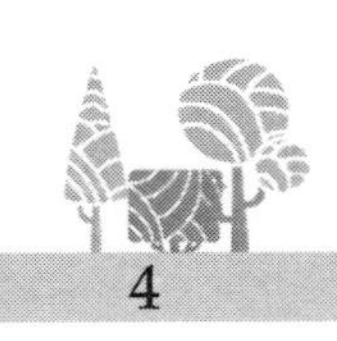

만나서 번역한 부분을 한 줄 한 줄 상세하게 수정하고 번역자들이 용어와 개념의 통일성을 가지도록 노력하였다. 각 번역자의 원고를 모두 감수하였고 여러 차례 모여 점검 작업을 하였다. 혼자 하는 번역보다 더 느리고 어려운 과정이었으나, 서로 토론하며 세미나식으로 번역을 진행하는 과정에서 학문적 토론도 활발하게 하면서 많은 자극을 받는 즐거운 시간이었다. 대표 역자 유영권은 1장, 16장 그리고 서문 등을 번역하였고 전체 번역 내용을 감수하였다. 안유숙은 8장, 9장, 10장, 17장 일부분을, 이정선은 6장, 7장, 15장을, 은인애는 2장, 3장, 17장 일부분을, 류경숙은 4장, 11장, 12장을, 최주희는 5장, 13장, 14장을 맡아서 번역하였다. 거의 2년에 걸쳐서 공동 작업을 하였기에 더 소중한 책으로 느껴진다.

현장에 있는 상담 수퍼바이저 선생님들, 상담교육자들, 상담 현장에 있는 전문상담자들이 앞으로 이 책을 읽을 수 있게 되어 매우 기쁘게 생각한다. 이 책을 통해 상담 수퍼비전에 대한 체계적인 지식과 경험이 전달되어 한국의 상담 훈련과 교육과정이 한 단계 발전하는 계기가 되기를 바란다. 항상 상담 수퍼비전에 관한 책을 출판하는 데 도움을 주시는 학지사의 김진환 사장님과 편집과 교열을 맡으신 이현구 선생님에게 감사를 드린다.

2013년 2월

대표 역자 유영권

편저자 서문

이 책은 다양한 교육 환경과 정신건강 기관에서 종사하는 상담교육자와 상담 수퍼바이저를 대상으로 하는 이론적 설명과 경험적 연구에 기반한 실제적으로 의미 있는 글들로 구성되었다. 저자는 이 책에서 수퍼바이저, 상담교육자, 수련 감독자들에게 정보를 제공하려는 의도를 가지고 중요한 수퍼비전 이론들을 소개하고 비판적으로 검토하고자 했다. 그 밖에도 다음과 같은 첨예한 영역이 다루어졌다. ① 상담 수퍼비전에서의 다문화적 쟁점들(예, 훈련생들의 다문화적 역량에 영향을 미치는 성, 인종, 성정체성, 나이, 장애와 같은 복합적인 정체성 간의 균형을 어떻게 맞추는가), ② 수퍼비전 관계(가장 중요하지만 때로는 수퍼비전의 중요한 요소에서 빠지는)와 그것이 수퍼비전 과정과 결과에 미치는 영향, ③ 진로상담 훈련생 수퍼비전(예, 개인적 발달과 전문적 발달을 통합하는 것과 같이 진로상담 훈련생에게 특히 중요한 수퍼비전 문제들), ④ 학교상담자 수퍼비전(예, 비밀보장과 다중 역할 사이의 균형을 맞추는 것과 같이 학교상담자에게 특히 중요한 수퍼비전 문제들), ⑤ 가족상담자와 집단상담자에 대한 수퍼비전, ⑥ 집단 수퍼비전, ⑦ 상담 수퍼비전과 훈련에 관한 연구를 수행하고 이해하는 것, ⑧ 수퍼비전에서 윤리와 변호의 문제들, ⑨ 수퍼바이저 훈련. 이 책 전체를 통해 이론이 상담 수퍼바이저가 접하는 실질적인 문제들에 어떻게 적용되는가를 보여 주기 위해 사례를 사용하였다.

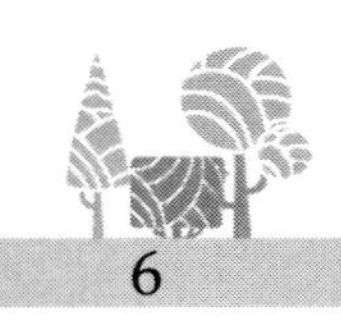

책 개관

이 책은 4부로 나뉘어 있다. 제1부는 '상담 수퍼비전: 훈련을 위한 필수요소', 제2부는 '상담 수퍼비전에 대한 이론적 접근', 제3부는 '상담 수퍼비전 전문화 모델', 제4부는 '상담 수퍼비전의 전문적 이슈' 등이며 각 부는 2~3개 장으로 구성되어 있다.

제1부는 효과적인 수퍼비전을 수행하는 데 관련되는 기본 원칙, 역할, 기능을 다룸으로써 시작한다. 제2장은 수퍼비전 관계가 수퍼비전 개입을 실시하는 데 어떻게 기반을 제공하는지, 그리고 수퍼비전 관계가 효과적이며 비효과적인 수퍼비전을 이해하는 데 어떤 도움을 주는지를 설명한다. 책 전체에서 다문화적 이슈들을 다루고 있지만, 특히 제3장에서는 다문화적 시각에서 수퍼비전을 이해하는 틀을 제공한다. 다문화적 틀이 독자에게 수퍼비전 모델과 개입 방법을 평가하는 데 본보기를 제공해 주기를 바란다. 제4장에서는 수퍼바이저가 수퍼비전 능력을 향상하기 위해서 할 수 있는 기술들에 중점을 두고 있다.

제2부에서는 수퍼비전의 중요한 이론적 모델들에 대한 개관을 제공해 주고 있다. 우리는 수퍼비전 모델 양식을 '수퍼비전에 기반한 통합 모델'(제5장과 제6장은 각각 대인관계 모델과 발달 모델을 다룬다)이라고 언급되는, 수퍼비전 상황에서 도출된 수퍼비전 모델과 심리치료와 연관된 분야에서 도출된 수퍼비전 모델(제7장)로 나눈다. 독자들이 각 모델의 중요한 정신이 무엇인지 이해하고 평가할 수 있도록 각기 다른 모델들이 같은 양식으로 제시되었다. 모델들이 소개된 양식은 다음과 같은 부분으로 구성되어 있다. 전반적 구조, 주요 개념, 이론적 가정, 수퍼비전 관계 통합, 초점과 목적, 방법론과 기술, 사례, 장점과 약점 비판.

제3부는 7개 장으로 구성되어 있으며 상담 수퍼비전의 전문화된 모델을 다룬다. 수퍼비전 전공 영역에서 광범위하고 확장된 일반적 수퍼비전 모델을 수용하면서 어떤 상황과 수퍼비전 분야는 그러한 상황과 분야에 맞추어진 수퍼비전 모델을 통해 도움을 받는다는 인식을 하게 되었다. 이러한 인식에 따라, 제3부는 개인상담에 대한 집단 수퍼비전(제8장), 새롭게 추가된 집단상담 수퍼비전(제9장), 대학원생과 학교상담 전문가를 위한 수퍼비전(제10장), 진로상담 수퍼비전(제11장), 가족상담 수퍼비전(제12장), 새롭게 추가된 심리검사 수퍼비전(제13장) 등의 전문화

된 수퍼비전을 다룬다.

제4부는 상담 수퍼비전에서 전문적 이슈와 관련된 4개 장으로 구성되어 있다. 구체적으로 제14장에서는 훈련생을 평가하는 데 필수적인 과정을 다룬다. 제15장은 석 · 박사 논문과 관련하여 수퍼비전에 대한 연구를 실시하는 학생들뿐만 아니라 전문적 상담자가 수퍼비전에 대한 연구를 이해하고 실시하는 데 도움이 될 수 있도록 작성되었다. 제16장에서는 가장 최근에 떠오르는 수퍼바이저를 위한 중요한 윤리적 원칙과 지침들에 대해 소개하고, 제17장에서는 수퍼바이저를 훈련하기 위한 실제적 모델을 제공하고 있다.

4판의 새로운 부분

여러 부분에서 *Counselor Supervision*(Boyd, 1978)에 있던 내용들과 나중에 *Counselor Supervision: Principles, Process, and Practice*(Bradley, 1989; Bradley & Ladany, 2001)에 추가된 내용들이 포함되었을 뿐 아니라, 모든 장에 최신의 정보와 참고문헌들이 반영되고 수정되었다. 특히 각 장은 현재 상담 수퍼비전에서 현재의 이론, 연구, 수행을 반영하도록 완전히 수정되었다. 더 나아가 상담 수퍼비전 이론, 연구 수행에 있어서 혁신적인 것들을 반영하는 장을 추가하였다. 이 장들은 수퍼바이저 기술, 집단상담에 대한 수퍼비전, 대학원생과 학교상담자 수퍼비전, 심리평가에 대한 수퍼비전 등이다.

독자

이 책은 임상 및 행정 수퍼바이저를 대상으로 저술되었다. 그러나 수퍼비전에 대한 더 많은 정보를 얻으려고 하는 수퍼바이저뿐만 아니라 대학원의 학위 과정에 등록되어 있거나 상담 수퍼바이저로서 전문적 발전을 도모하거나 자격증을 획득하려는 사람 그리고 훈련 중에 있는 수퍼바이저에게도 도움이 될 것이다. 대학원 학위 과정에 등록되어 있는 임상 수퍼바이저에게는 이 책이 주요 교재로 쓰일 것이다. 기관에 고용된 임상 및 행정 수퍼바이저에게는 이 책이 실제 훈련과 전문적 발달을 위한 주요 도구가 될 것이다. 현재 수퍼비전을 하고 있는 수퍼바이저에

게는 어떤 현장이건 간에 이 책이 수퍼비전 과정을 실행하는 데 있어 지침이 되는 큰 그림을 그려 줄 것이다. 마지막으로 공인 전문 상담자 혹은 공인 수퍼바이저가 되기를 원하는 전문 상담자들에게는 이 책이 유용한 정보를 제공해 줄 것이다.

이 책의 제목이 상담자에게만 국한된 것 같지만, 실제적으로 이 책은 사람을 돕는 다양한 직종의 사람들, 즉 상담자, 상담심리학자뿐만 아니라 임상심리학자, 기업의 인사관리부장, 취업관리자, 학생복지 처장, 진로상담자, 감독자, 가족치료 수퍼바이저, 정신과 의사, 사회복지사 등에게도 도움이 되도록 쓰였다.

우리의 궁극적 목적은 이 책이 여러분의 수퍼비전 목적에 유용하고 적절한 도움을 제공하는 것이다.

참고문헌

Boyd, J. D. (1978). *Counselor supervision: Approaches, preparation and practices*. Muncie, IN: Accelerated Development.

Bradley, L. J. (1988). *Counselor supervision: Principles, process, and practice*. Mucies, IN: Accelerated Development.

Bradly, L. J., & Ladany, N. (2001). *Counselor supervision: Principes, process, and practice*. Philadelphia, PA: Brunner-Routledge.

감사의 글

자료를 찾고 이 책의 교정을 도와준 Condice Pressaeau에게 깊은 감사를 표한다. 또한 이 책을 편집하는 데 수고한 Dana Bliss에게도 감사한다. Nicholas Ladany는 개인적인 삶과 전문적인 삶을 증진시켜 준 사람들에게 진심으로 감사함을 표시하고 싶다. 끊임없는 사랑, 지지, 친절, 기쁨을 준 Randa El Jurdi, 삶을 풍요롭게 해 준 Mona와 Misrine에게 감사하다. 또한 개인적 능력을 발달시켜 주고 아이디어를 제공해 주고 영감을 불어넣어 준 내 동료들과 멘토들에게도 감사를 표한다. Julie R. Ancis, Sandy Banks, Susan Drumheller, Mike Ellis, Micki Friedlander, Charlie Gelso, Dick Haase, Clara Hill, Arpana G. Imman, Bod Kaufman, Maxine Krengel, Debbie Schult, Bruce Sharkin, Barbara Vivino,

Barbara Thompson, Jay Walker, William West에게 감사한다. 마지막으로 수퍼비전을 통해 나도 많이 배웠고 같이 작업한 학생들에게 감사를 표한다.

Loretta J. Bradley는 격려해 주고 지지해 준 가족, 친구, 동료들에게 진심 어린 감사를 표한다. 수퍼비전 이론과 실제 그리고 과정을 실시하고 형성할 수 있도록 돕는 데 중요한 역할을 한 학생들에게 깊은 감사를 표한다. 남편 Charles와 아들 Brian과 Brett에게 항상 지지해 준 것에 대해 특별히 감사한다.

차례

제1부 상담 수퍼비전: 훈련을 위한 필수요소

제2부 상담 수퍼비전에 대한 이론적 접근

제3부 상담 수퍼비전 전문화 모델

제3부 상담 수퍼비전의 전문적 이슈

표 차례

그림 차례

제1부

상담 수퍼비전: 훈련을 위한 필수요소

01 상담 수퍼비전 개관

Loretta J. Bradley, Nicholad Ladany, Bret Hendricks,
Peggy P. Whiting, & Katie M. Rhode

상담 수퍼비전은 상담교육자가 상담자의 효율성을 촉진하거나 활성화하는 주된 방법이다. 수퍼비전은 다양한 형태와 규모로 실시되며 이러한 면들이 이 책의 각 장(예, 개인 수퍼비전, 집단 수퍼비전, 가족상담 수퍼비전 등)에 반영되어 있다. 수퍼비전에서 가장 많이 사용하는 양식은 개인 수퍼비전이다. 그러므로 개인 수퍼비전에 대한 정의로부터 시작하고자 한다. Ladany와 Inman은 개인 수퍼비전을 다음과 같이 광범위하게 정의한다.

> 수퍼바이저가 수퍼바이지에게 피드백을 주는 양자구조적 행위다. 이 행위는 양자구조에서 두 구성원 사이에 벌어지는 대인관계 의사소통에 기반한다. 그리고 이 행동은 수퍼비전 작업, 수퍼바이지, 수퍼바이지의 내담자, 또는 수퍼바이저와 관련된다(Ladany & Inman, in press).

이러한 정의는 다음과 같이 수퍼비전의 모든 형태를 포괄할 수 있는 정의로 확장할 수 있다. 상담자 수퍼비전은 교육적이며 대인관계적인 행동이다. 이를 통해 수퍼바이저는 한 사람 혹은 그 이상의 수퍼바이지들에게 피드백을 제공해 준다. 이런 피드백은 수퍼비전 과정에서의 작업, 수퍼바이지(들), 수퍼바이지의 내담자 혹은 수퍼바이저에 관한 것일 수 있으며, 수퍼비전을 받는 상담자의 효율성과 내

담자에 대한 결과에 부정적으로 혹은 긍정적으로 영향을 미칠 수 있다.

이 정의는 수퍼비전을 개인상담에 대한 개인 수퍼비전으로만 국한하고 동료 수퍼비전이나 집단 수퍼비전과 같은 다른 소중한 수퍼비전 양식을 언급하지 않는 데서 발생하는 문제점들을 제거하였다. 더 나아가, 이 정의는 전통적으로 언급되어 온 행정 수퍼비전(예, 기관이 순조롭고 효과적으로 운영되도록 조력하는 의도를 가지고 수퍼바이지가 효율적으로 기능하도록 수퍼바이저가 돕는)과 임상 수퍼비전(예, 수퍼바이저가 수퍼바이지와 관련된 문제들과 내담자와 관련된 문제들을 다루어 주는)이 서로 연결된 수퍼비전 양식을 언급하고 있다.

이 정의를 가지고 우리는 이 장에서 수퍼바이저가 되는 것과 관련된 측면들, 즉 상담 수퍼비전의 간략한 역사, 수퍼바이저 자격, 수퍼바이저 기술과 특성 그리고 상담 수퍼비전의 목적 등에 대해 주의를 기울여 기술할 것이다.

상담 수퍼비전의 간략한 역사

수퍼비전의 시작은 1800년도 후반부의 사회복지 영역으로 거슬러 올라갈 수 있다. 소위 자선기관단체들에서는 훈련 중인 사회복지사들을 감독하는 직원들을 고용하였다. 수퍼바이저가 다수의 수퍼바이지에 대해 처음에는 개인적으로, 나중에는 집단과 세미나를 통해 수퍼비전을 제공하는 형식이었다. 1902년에 Freud는 분석가가 분석을 받는 수퍼비전의 단계를 설정하였고(Goodyear & Guzzardo, 2000), 1925년에는 수퍼비전이 훈련 과정에서 최초로 필수적인 요소가 되었다(Kugler, 1995). 20세기 중반의 수퍼비전 이론들은 전반적으로 심리치료 이론을 반영한 것이었다(예, Ekstein & Wallerstein, 1958). 1980년대에서야 비로소 수퍼비전에 기반한 모델들이 등장하였고 수퍼비전이 상담 영역에서 분명한 위치를 차지하는 세부 전공으로 간주되었다(Bernard, 2005). 1980년대에 수퍼비전 과정과 결과에 대한 연구가 시작되었다(Ladany & Inman, in press). 이후 일 년에 12편 정도의 비율로 경험적 연구가 출판되었고, 수퍼비전의 영역에서 이론적이며 경험적 작업과 관련된 영역은 상담교육, 상담심리와 사회복지 분야였다.

수퍼바이저 자격

상담 수퍼바이저가 갖추어야 할 학력과 경험에 대한 조사는 Borders(2005), Eriksen, Ellison과 Throckmorton(2008), McAdams와 Foster(2007), Richardson과 Bradley(1986), Thomson(2004), Ricco(1961, 1966), 상담교육 · 수퍼비전협회(the Association for Counselor Education and Supervision: ACES) 설문조사(1969)에 의해 실시되었다. 추가적으로 ACES는 수퍼바이저 기준(1993)을 개발하였다. 이러한 연구들의 결과는 기관, 정부, 학교와 같은 현장 영역에서 대부분의 수퍼바이저들이 석사 이상의 교육을 받았다는 사실을 보여 준다. 이러한 고학력의 수준에도 불구하고 어떤 현장에 있는 수퍼바이저이든 간에 소수의 수퍼바이저만이 수퍼비전에 관하여 구체적인 준비를 했다는 것은 놀랄 만한 사실이다.

많은 상담 수퍼바이저들이 학력 그리고 교수 임용을 통해, 성공적인 상담 경험에 근거해서 수퍼바이저 자격을 획득했다고 가정하는 것은 합리적이다. 또한 이러한 전문가들이 조직 내에서 권위와 힘을 획득할 수 있도록 정치적으로 잘 연결되었다는 것도 예측할 수 있을 것이다. 그러나 상담 경험과 학문적 업적의 축적만으로는 상담자들을 위한 수퍼바이저가 되기에 충분한 조건은 아니다. 조직과 연결된 핵심 권력을 통해 수퍼바이저의 위치를 차지한 사람에게 있어서는 더욱 그러하다. 수퍼비전을 실시하는 것을 공식적으로 인준받기 위해서는 수퍼비전 방법에 대한 철저한 준비가 수퍼바이저가 되기 위한 입문 과정에서 필수적인 요소가 되어야 한다(Barnes, 2004; Hazler & Kottler, 2005; Holloway & Neufeldt, 1995; McWhirter & McWhirter, 2007; Neufeldt, 1999, 2007).

기술과 특성

수퍼바이저의 역할과 기능에 관한 연구 문헌들은 수퍼바이저에게 필요한 인격적 특성에 관한 정보들을 제공하고 있다. 수퍼바이저는 상담과 수퍼비전을 장기적인 경력으로 선택하고 진지하게 헌신하는 전문가다(Bernard & Goodyear, 2009).

이 전제는 수퍼바이저는 자기중심적이거나 기회주의적이지 않은 열정과 열망을 가지고 있는 자라는 것을 내포한다. 즉, 수퍼바이저는 책임 있는 상담 서비스를 유지하고 개발하는 데 열정과 열망을 가지고 헌신하는 사람이다.

수퍼바이저는 공감 능력, 존경심, 진솔성, 지지하면서 대면하는 능력, 즉시성을 소유하고 있어야 한다(Blocher, 1983; Juhnke, Kelly, & Cooper, 2008). 여기에 덧붙이자면 좋은 수퍼바이저란 내담자의 복지(Bernard, 2005; McWhirter & McWhirter, 2007)뿐만 아니라 수퍼바이지의 복지와 성장에 관심을 가지고 있어야 한다(Bernard, 1992; Estrada, 2005; Mueller & Kell, 1972; Norcross & Beutler, 2008). 긍정적으로 작용하는 수퍼바이저의 특성은 일관성, 용기, 유머 감각, 친밀감, 시간 감각, 자기성찰에 대한 개방성(Ellis & Robbins, 1993), 책임감(Borders & Brown, 2005; Holloway & Neufeldt, 1995) 그리고 '수퍼비전 방식에 있어 위협적이지 않고 권위적이지 않을 것' 등이다(Geldard & Geldard, 2008; Pearson, 2006). 수퍼바이저는 유연성, 인내심을 소유해야 하고 다양한 학습 양식과 수준에 개방적이어야 한다.

요약하자면 수퍼바이저는 수퍼바이지에게 기대하는 조건들과 특성들을 보여 줄 수 있어야 한다. 이것은 다른 사람들에게 중요하다고 여겨지는 모든 자질, 기술, 행동들을 모범적으로 보여 줄 수 있는 살아 있는 모델이 된다는 것을 의미한다(Bradley, Lewis, Hendricks, & Crews, 2008).

수퍼바이저를 선택하는 데 있어 필수적인 기준은 상담 활동의 다양한 영역에서 성공적이고 효능감을 갖고 있어야 한다는 것을 포함한다. 수퍼바이저는 이러한 전문적인 영역에서 보여 줄 수 있는 역량뿐만 아니라 자신감과 전문적인 확신감이 있어야 한다. 머뭇거리고 불확실해하는 수퍼바이저는 수퍼바이저의 위치에서 필요한 지도력을 제공할 수 없다. 상담자가 다른 행정적 위치에 있는 사람들에게 고용되어 있는 학교나 기관에서는 특별히 그렇다. 수퍼바이저는 수퍼비전에서 야기되는 어려운 결정을 고민할 때, 혹은 상담자보다 행정적인 권력을 더 많이 가지고 있는 사람과 일할 때 자신감이 있어야 하고 강인함을 갖추어야 한다.

수퍼바이저는 직장 환경에서 동료들에게 전문적이고 개인적인 존경을 받아야 한다. 전문적 존경은 훌륭한 상담자이자 수퍼바이저로서의 유능함과 능력에 기반한다. 개인적 존경은 수퍼바이저의 전문적 행위가 일관성이 있고 윤리적 지침에 기반하고 있으며 동료들에게 수용되느냐의 여부와 관련되어 있다.

마지막으로, 수퍼바이저는 타인의 복지를 보호하는 데 진지하게 헌신해야 한다. 이 능력은 내담자와 상담자를 변호하고자 하는 의향과 능력을 포함한다. 모든 개인은 지지가 필요하다. 상담자 그룹도 전문적인 인정을 받지 못하고 있다. 수퍼바이지는 자신이 앞으로 더 유능한 상담자가 될 가능성을 수퍼바이저가 믿고 있기를 바란다.

요약하자면, 수퍼바이저는 상담 영역에 관한 전문화된 수퍼비전 지식을 소유하고 있는 자로서 고도의 훈련, 경험 및 지혜를 갖춘 후 수퍼바이저의 자격을 부여받는 잘 준비된 개인이다. 수퍼바이저는 모범적인 인격을 가진 사람으로서 존경받고 다른 상담자가 배우고 싶어 하는 멘토로서 존경받는다. 수퍼바이저는 상담자를 대변하고 자신의 개인적, 전문적 발전에 헌신한 자다.

상담 수퍼비전의 목적

수퍼비전의 목적은 무엇인가? 확실하게 드러난 기능들뿐만 아니라 미묘한 기능들도 있다. 목적을 서술하는 것은 때론 중복될 수 있지만, 이를 통해 의도를 밝히고 방향을 정할 수 있기 때문에 매우 중요하다.

상담 수퍼비전에는 세 가지 중요한 목적이 있다.

1. 상담자의 전문적 그리고 개인적 발달을 촉진한다.
2. 상담자의 효율성을 증진시킨다.
3. 책임 있는 상담 활동과 프로그램을 증진시킨다.

이 목적들은 각각 그리고 다 같이 수퍼바이저의 작업에 대한 합리적 원리를 제공해 준다.

상담자의 전문적 그리고 개인적 발달의 촉진

수퍼비전의 첫 번째 목적에는 두 가지 측면이 있다. 상담자의 개인적 그리고 전

문적 발달을 촉진하는 것이다. 수퍼바이저는 교사와 자문가뿐만 아니라 멘토와 대변인의 역할을 수행한다. 동시에 수퍼바이저는 수퍼바이지에게 적절한 훈련을 제공하기 위해 그리고 필요한 기술과 자원들을 습득하기 위해 주기적으로 계속적인 전문적 그리고 개인적 교육을 추구해야 한다(상담 수퍼비전 윤리강령[Ethical Guidelines for Counseling Supervisors]; ACES, 2003). 수퍼바이저가 수퍼바이지의 상담 활동을 모니터링하기 위해서는 수퍼바이저가 상담의 현재 경향과 기술들에 대하여 알고 있어야 한다.

상담자의 개인적 발달을 촉진하는 것이 수퍼비전의 목적이어야 한다는 데 동의한다면, 우리가 해야 할 다음 질문은 얼마나 그리고 개인적 발달의 어떤 측면을 강조하느냐 하는 것이다. 이 질문에 대한 대답은 논쟁의 여지가 있다. 그러나 다음의 지침은 대답을 도출하는 데 어느 정도 도움을 줄 것이다.

1. 상담 수퍼비전의 가장 중요한 목적은 전문적 발달, 효율성 증진, 상담에서의 책임성 향상이다.
2. 수퍼비전은 수퍼바이지에게 자기주도적으로 개인적 발달을 이루도록 최적의 기회를 제공해 주고 수퍼바이지가 이 기회를 활용하도록 격려해야 한다.
3. 상담자의 개인적 발달과 관련하여 수퍼비전 개입은 상담자에게 심리적인 고통을 주는 원인으로 작용하는 것이 명확하고 그것이 상담자의 기능에 해악을 끼칠 때 실시되어야 한다.
4. 상담자의 개인적 그리고 전문적 발달은 서로 연관되어 있다. 한 부분을 손상시키거나 한 부분을 촉진시키는 것은 다른 부분에도 영향을 미친다. 더 나아가 개인적 발달을 촉진시키는 것은 수퍼비전의 모든 목적에 간접적으로 공헌한다고 해석할 수 있다.

수퍼비전의 이중 목적에 있어 서로 연관된 부분 중 하나인 전문적 발달은 수퍼바이저가 그 의도를 실현하려면 분명히 정의되어야 한다. 광의적인 측면에서 전문적 발달은 효율성을 향상시키고 증진시키는 것을 포함하여 상담자를 전문적으로 만드는 모든 것을 포함한다.

그러나 이 책에서는 협의의 정의를 사용할 것이다. 효율성 증진을 개별적인 수

퍼비전 목적으로 명시했기 때문이다. 여기에서 정의된 전문적 발달은 Becker와 Carper(1956), Bernard(2005), Green, Shilts와 Bacigalupe(2001), Hart와 Prince(1970), Ellis(2006)의 개념을 참고하여 정리한 것이다.

1. 상담자는 전문 영역의 이미지와 이름을 자기개념의 일부로서 수용해야 한다. 이 과제는 상담자들이 훈련 과정을 통하여 나중에는 이동 및 성인 발달 전문가, 상담심리사, 집단상담자, 인간발달 상담자, 정신보건 상담사, 가족치료사, 인간자원 전문가 혹은 학교상담자 등 다양한 전문가 자격명칭과 다양한 지위를 획득하기 때문에 문제를 야기한다.
2. 상담자는 전문가의 역할과 기능에 관한 명확한 개념을 가지고 헌신해야 한다. 상담자는 대부분 자신의 역할과 기능이 이미 확립된 곳에 고용되지는 않는다. 사실, 새로 직장을 구한 상담자에게 가장 어렵고 중요한 과제 중 하나는 역할 기반을 마련하는 것이다. 때로는 상황이 제한적이어서 환경이 전문적으로 효과적인 상담을 수행하기에 적합하지 않을 수도 있다. 상담자의 역할과 기능 중 자주 무시된 부분이 전문성을 보장하고 그 전문성이 증진되고 강화되도록 지지하는 것이다. 상담자에게는 전문적인 인정이 절실하게 필요하다. 이율배반적으로 이러한 인정을 받는 유일한 길은 먼저 인정을 하는 것이다. 지역, 주, 전국적 전문가 협회에 참여하는 것이 출발점이다.
3. 상담자는 상담 활동이 실시되는 기관의 목적이 효과적인 상담을 수행하는 데 모순되지 않도록 하면서 헌신해야 한다. 이 헌신은 추가적으로 상담자가 기관의 목적을 설립하고 수정하는 데 영향을 미치는 것을 포함한다.
4. 상담자는 전반적으로 개인, 집단, 기관 그리고 사회를 위한 전문성의 중요성을 인식하고 평가해야 한다. 진정한 전문직은 사회의 요구를 충족시키기 위해서 존재한다. 그리고 전문적 책임성은 이러한 요구를 인식하고 그 요구를 어떻게 전문적으로 충족시키는지 이해하고 전문직이 어떤 영향을 미치는지 평가하는 데서 시작된다.

상담자 효율성 증진

수퍼비전의 두 번째 목적은 상담자의 효율성을 증진시키는 것이다. 상담자로 하여금 상담자의 역할과 기능에 필요한 기술을 습득하여 증진시키고 가다듬도록 돕는 것이다. 상담자의 능력은 세 가지 하부 구조를 가지고 있다고 정의되어 왔다. 지식, 자기인식 그리고 기술(Ladany & Inman, in press)이다. 지식은 내담자와 관련된 이론적 그리고 경험적 작업을 이해하는 것과 관련되어 있다. 물론 지식만으론 내담자와 효과적으로 작업하기에 불충분하다. 자기인식은 자신의 선입견이 상담과정과 결과에 어떻게 영향을 미치는가를 자기검증하는 것뿐만 아니라 상담자가 어떻게 상담 과정과 결과에 영향을 미치는가를 자아성찰할 수 있는 능력을 일컫는다. 예를 들어 상담자는 사회와 문화에서 주입한 억압적인 신념들을 극복하도록 작업해야 한다. 마지막으로 더 많은 지식과 증진된 자기인식을 가지고 상담자는 내담자와 상담하는 데 있어서 기술을 보여 줄 수 있어야 한다. 기술은 다음과 같이 네 가지 수준으로 나누어질 수 있다. ① 비언어적 행동, ② 응답유형(예, 돕는 기술), ③ 숨겨진 과정(예, 내면의 생각과 감정), ④ 치료적 전략과 기술(Ladany, Walker, Pate-Carolan, & Gray Evans, 2008)이다. 이 모든 것에서 수퍼바이저의 역할은 위에 언급한 모든 영역에 정성을 기울여서 상담자의 효율성을 증진시키도록 촉진하는 것이다. 용이한 작업은 아니다.

책임성의 증진

타인을 돕는 직종의 전문직, 특별히 상담은 현재 분명히 '책임성의 시대'에 놓여 있다고 말하는 것만으로 그 중요성을 충분히 설명하지 못한다. 책임성은 공중에 의해 요구되고 있으며, 요구되어야 한다. 공중의 기대를 만족시키지 못하는 것에 따르는 대가는 특히 타인을 돕는 직종에 있는 전문가들에게는 매우 중대한 것이다. 공중의 요구를 무시하는 것은 무책임한 일이다. 그러나 이러한 공중의 요구들이 돕는 서비스와 프로그램이 책임성을 가지도록 하는 데 있어서 동기가 되어서는 안 된다. 전문 직종 영역 외부에서 오는 그런 압력들은 효율성 제고를 촉진하는 신호로 작용하지만, 책임성을 가지고 상담하는 동기는 내부에서부터 발생해야

한다. 전문성은 사회의 요구에 대한 반응에서 나타나고, 그런 요구를 충족시키기 위해 존재한다. 책임성은 전문직의 타당성에 대한 표시이고 전문성이 사회의 요구를 충족시키고 있다는 증거다. 사회가 아니라 전문직 자체가 책임성을 확립할 의무가 있다.

책임성(accountability)이란 용어에 관해서는 많은 정의가 있다(Corey, Corey, & Callanan, 2007; Gysbers, 2008; Jenkins, 2006; Koerin & Miller, 1995; Sanchez-Hucles & Jones, 2005; Sexton, 1998). 핵심 개념은 한 사람 혹은 기관이 계약을 맺거나 성취하겠다고 약속한 목적들을 성취하는 것과 관련 있다. Glass(1972)는 이러한 중요한 의미의 요소를 "상인과 구매자의 단순한 경제적 관계"(p. 636)로 비유하였다. 공중은 상담 서비스를 사는 구매자이고 상담자는 판매자다. 두 당사자 간에 책임성 있는 관계는 다음을 포함한다.

1. 판매되는 서비스에 관하여 투명하게 노출하는 것
2. 서비스의 효율성에 대한 검증
3. 서비스가 구매자에 의해 비효율적이거나 허위 광고로 판명될 경우 이를 시정함.

이 판매자-구매자 비유에 따르면, 상담자는 고용주인 공중에게 책임이 있다. 상담자는 공개적으로 진실되게 자신의 기능과 상담 서비스가 무엇을 제공할 수 있는지를 설명해야 한다. 상담자는 자신의 서비스를 검증하고 평가해야 하고 그 결과를 공중에게 공개해야 한다. 마지막으로 상담자는 좋든 나쁘든 상담의 결과에 대하여 책임져야 하고 자신의 상담이 비효율적일 때 조정해야 한다.

상담 수퍼비전은 상담 서비스, 프로그램 그리고 상담 서비스와 공중 사이의 관계에 있어서 책임성을 증진시키는 방법이다. 개인상담자에게 수퍼비전을 제공하여 돕는 것은 개인의 책임성을 증진시킨다. 프로그램 개발, 경영 그리고 평가와 관련된 상담 관련 직원들에게 적용된 수퍼비전도 역시 프로그램의 책임성을 증진시킨다. 이 두 가지 경우, 수퍼바이저가 책임성을 달성하기 위해서는 특별한 기술, 즉 기술적 전문성이 필요하다.

결론

상담 수퍼비전은 고도의 기술이 요구되는 방법론을 가진 전문적인 영역으로서 제시되었다. 성공적인 상담 경험은 수퍼비전에 있어 필요조건일 뿐 충분조건은 아니며, 수퍼비전 방법과 관련된 보충적인 준비가 뒤따라야 한다. 타인을 돕는 직종의 미래에 있어서 수퍼비전의 중요성은 다시 한 번 강조되어야 한다. 상담 수퍼비전은 상담자를 준비하는 프로그램에서 꼭 있어야 할 요소다. 수퍼바이지의 자기발달 과정과 아울러 상담 수퍼비전은 수퍼바이지의 전문적 잠재력을 성취하고 책임성 있는 상담 서비스를 제공하는 데 핵심적 요소다. 상담 수퍼비전은 상담 영역의 미래 발달에 큰 영향을 미치는 가장 큰 도구적 요소가 되리라고 말하는 건 과장이 아닐 것이다. 이 책의 나머지 부분에서는 이런 일들이 어떻게 실천되는지 보여 주려고 시도할 것이다.

참 | 고 | 문 | 헌

Association for Counselor Education and Supervision (ACES). (1993, August 3). *Ethical guidelines for counselor supervisors*. Retrieved from acesonline.net/ethical_guidelines.asp

Association for Counselor Education and Supervision (ACES). Committee on Counselor Effectiveness. (1969). *Commitment to action in supervision: Report of a national survey of counselor supervision*. Alexandria, VA: Author.

Barnes, K. L. (2004). Applying self-efficacy theory to counselor training and supervision: A comparison of two approaches. *Counselor Education and Supervision*, *44*, 56-69.

Becker, H. S., & Carper, J. W. (1956). Development of identification with an occupation. *American Journal of Sociology*, *41*, 289-298.

Bernard, J. M. (1992). The challenge of psychotherapy-based supervision: Making the pieces fit. *Counselor Education and Supervision*, *31*, 232-237.

Bernard, J. M. (2005). Tracing the development of clinical supervision. *Clinical Supervisor*, *24*, 3-21.

Bernard, J. M., & Goodyear, R. K. (2009). *Fundamentals of clinical supervision* (4th ed.).

Boston, MA: Allyn & Bacon.

Blocher, D. H. (1983). Toward a cognitive developmental approach to counseling supervision. *The Counseling Psychologist, 11*, 16-24.

Borders, L. D. (2005). Snapshot of clinical supervision in counseling and counselor education: A five-year review. *Clinical Supervisor, 24*, 69-113.

Borders, L. D., & Brown, L. L. (2005). *The new handbook for counseling supervision* (3rd ed.). Mahwah, NJ: Lahaska Press.

Bradley, L. J. (1989). *Counselor supervision: Principles, process and practice.* Muncie, IN: Accelerated Development.

Bradley, L. J., & Ladany, N. (2001). *Counselor supervision: Principles, process, and practice* (3rd ed.). New York: Brunner-Routledge.

Bradley, L. J., Lewis, J., Hendricks, B., & Crews, C. (2008). *Advocacy implications for supervision training.* (ACAPCD-13). Alexandria, VA: American Counseling Association.

Corey, G., Corey, M., & Callanan, P. (2007). *Issues and ethics in the helping professions* (7th ed.). Pacific Grove, CA: Brooks/Cole.

Ekstein, R., & Wallerstein, R. S. (1958). *The teaching and learning of psychotherapy.* New York: Basic.

Ellis, M. (2006). Critical incidents in clinical supervision and in supervisor supervision: Assessing supervisory issues. *Training and Education in Professional Psychology, 5*, 122-132.

Ellis, M. V., & Robbins, E. S. (1993). Voices of care and justice in clinical supervision: Issues and interventions. *Counselor Education and Supervision, 32*, 203-212.

Eriksen, K., Ellison, L., & Throckmorton, W. (2008). Competence, clinical oversight, and clarification of roles: Whose job is it, anyway? In L. Tyson, J. Culbreth, & J. Harrington (Eds.), *Critical incidents in clinical supervision: Addictions, community, and school counseling* (pp. 101-108). Alexandria, VA: American Counseling Association.

Estrada, D. (2005). Multicultural conversations in supervision: The impact of the supervisor' s racial/ethnic background. *Guidance & Counseling, 21*, 14-20.

Geldard, K., & Geldard, D. (2008). *Personal counseling skills: An integrative approach.* Springfield, IL: Charles C. Thomas Publisher.

Glass, G. V. (1972). The many faces of educational accountability. *Phi Delta Kappan, 10*, 636-639.

Goodyear, R. K., & Guzzardo, C. R. (2000). Psychotherapy supervision and training. In S. Brown & R. W. Lent (Eds.), *Handbook of counseling psychology* (3rd ed., pp. 83-108).

New York: Wiley.

Green, S., Shilts, L., & Bacigalupe, G. (2001). When approval is not enough: Development of a supervision consultation model. *Journal of Marital and Family Therapy*, *27*, 515-525.

Gysbers, N. (2008). Improving school guidance and counseling practices through effective and sustained state leadership. *Professional School Counseling*, *9*, 245-247.

Hart, D. H., & Prince, D. J. (1970). Role conflict for school counselors: Training versus job demands. *Personnel and Guidance Journal*, *48*, 374-380.

Hazler, R. H., & Kottler, J. A. (2005). *The emerging professional counselor* (2nd ed.). Alexandria, VA: American Counseling Association.

Holloway, E. L., & Neufeldt, S. A. (1995). Supervision: Its contributions to treatment efficacy. *Journal of Consulting & Clinical Psychology*, *63*, 207-213.

Jenkins, P. (2006). Supervisor accountability and risk management in healthcare settings. *Healthcare Counselling and Psychotherapy Journal*, *6*, 6-8.

Juhnke, G. A., Kelly, V. A., & Cooper, J. B. (2008). Mandated supervision: Trouble for an external consulting clinical supervisor. In L. E. Tyson, J. R. Culbreth, & J. A. Harrington (Eds.), *Critical incidents in clinical supervision: Addictions, community, and school counseling* (pp. 25-32). Alexandria, VA: American Counseling Association.

Koerin, B., & Miller, J. (1995). Gate-keeping policies: Terminating students for non-academic reasons. *Journal of Social Work Education*, *31*, 247-260.

Kugler, P. (1995). *Jungian Perspectives on Clinical Supervision*. Einsiedeln, Switzerland: Daimon Publishers.

Ladany, N., & Inman, A. G. (in press). Training and supervision. In E. A. Altmaier & J. I. Hansen (Eds.), *Oxford handbook of counseling psychology*. New York: Oxford University Press.

Ladany, N., Walker, J., Pate-Carolan, L., & Gray Evans, L. (2008). *Experiencing counseling and psychotherapy: Insights from psychotherapy trainees, their cliand their supervisors*. New York: Taylor & Francis.

McAdams, C. R., & Foster, V. A. (2007). A guide to just and fair remediation of counseling students with professional performance deficiencies. *Counselor Education and Supervision*, *47*, 2-13.

McWhirter, E. H., & McWhirter, B. T. (2007). Grounding clinical training and supervision in an empowerment model. In *Advancing social justice through clinical practice* (pp. 417-442). Mahwah, NJ: Lawrence Erlbaum Associates Publishers.

Mueller, W. J., & Kell, B. L. (1972). *Coping with conflict: Supervising counselors and psychotherapists*. New York: Appleton-Century-Crofts.

Munson, C. E. (2002). *Handbook of clinical social work supervision*. New York, London, Oxford: Haworth Press.

Neufeldt, M. L. (2007). *Supervision strategies for the first practicum* (3rd ed.). Alexandria, VA: American Counseling Association.

Neufeldt, S. A. (1999). *Supervision strategies for the first practicum* (2nd ed.). Alexandria, VA: American Counseling Association.

Norcross, J. C., & Beutler, L. E. (2008). Integrative psychotherapies. In R. J. Corsini & D. Wedding (Eds.), *Current psychotherapies* (8th ed.) (pp. 481-510). Belmont, CA: Brooks/Cole.

Pearson, Q. (2006). Psychotherapy-driven supervision: Integrating counseling theories into role-based supervision. *Journal of Mental Health Counseling*, *28*, 241-252.

Riccio, A. C. (1961). The counselor educator and the guidance supervisor: Graduate training and occupational mobility. *Counselor Education and Supervision*, *1*, 10-17.

Riccio, A. C. (1966). Counselor educators and guidance supervisors: A second look at graduate training. *Counselor Education and Supervision*, *5*, 73-79.

Richardson, B. K., & Bradley, L. J. (1986). *Community agency counseling: An emerging specialty within counselor preparation programs*. Washington, DC: American Association for Counseling and Development.

Sanchez-Hucles, J., & Jones, N. (2005). Breaking the silence around race in training, practice, and research. *Counseling Psychologist*, *33*, 547-558.

Sexton, T. L. (1998). Reconstructing counselor education: Supervision, teaching, and clinical training revisited. *Counselor Education and Supervision*, *38*, 2-5.

Thompson, J. (2004). A readiness hierarchy theory of counselor-in-training. *Journal of Instructional Psychology*, *31*, 135-142.

수퍼비전 관계

Rachele E. Crook Lyon & Kirti A. Potkar

> 말해 주면 잊어버릴 것이다. 보여 주면 기억할 것이다. 함께하면 이해할 것이다.
>
> –공자

이론가들은 수퍼바이저가 훈련생 발달을 촉진하는 데 있어서 가장 핵심적인 수단으로서 수퍼비전 관계를 중요시해 왔다(Ekstein & Wallerstein, 1972; Holloway, 1987; Loganbill, Hardy, & Delworth, 1982). 수퍼비전에서 긍정적인 결과를 거두는 데 있어 수퍼비전 관계의 질이 매우 중요하다는 개념은 연구 결과에 의해서 지속적으로 입증되었다(Gray, Ladany, Walker, & Ancis, 2001; Nelson & Friedlander, 2001; Patton & Kivlighan, 1997; Stoltenberg, McNeill, & Delworth, 1998; Worthen & McNeill, 1996; Worthington & Roehlke, 1979). 뿐만 아니라, 훈련생들은 수퍼비전 관계가 수퍼비전에 있어서 필수적인 요소라고 이야기한다(Ellis, 1991; Ramos-Sánchez et al., 2002). 결론적으로, 이런 연구 결과에 의하면 수퍼바이저와 훈련생 간의 관계는 수퍼바이지의 전문적 발달에 있어서 결정적으로 중요한 요소다(Rønnestad & Skovholt, 1993).

이 장의 목적은 수퍼비전 관계를 탐구하고 논의하는 것이다. 첫째, 우리는

Bordin(1983)의 수퍼비전 작업 동맹에 대한 개념화와 Holloway(1997)가 강화시킨 권력과 관여의 개념에 기반해서 수퍼비전 관계를 정의한다. 그런 다음, 수퍼바이저가 훈련생의 멘토 역할을 할 때 수퍼비전에서 변형되는 측면(Johnson, 2007)과 수퍼비전 관계의 시작, 성숙 그리고 종결 단계(Holloway, 1995)에 초점을 맞춘다. 세 번째 부분에서는 수퍼비전 관계의 형성, 유지 그리고 측정에 대해서 논의한다. 그런 다음에 수퍼비전 관계에 영향을 미치는 긍정적 요인과 부정적 요인을 다룬다. 이러한 요인에는 수퍼바이지의 공헌, 수퍼바이저의 공헌 그리고 수퍼비전 관계의 상호작용이 포함된다. 마지막으로, 수퍼비전 관계가 수퍼비전 결과에 어떻게 영향을 주는지 살펴본다. 이 장에서는 수퍼바이저와 수퍼바이지가 각각 한 사람씩 참여하는 개인 수퍼비전에 초점을 맞춘다는 점을 사전에 밝혀 둔다. 그러므로 수퍼바이지가 두 명인 수퍼비전이나 집단 수퍼비전과 같은 그 밖의 수퍼비전 양식에서 드러나는 수퍼비전 관계의 특징은 이 책의 다른 장에서 다루어질 것이다.

◎ 수퍼비전 관계의 정의

우리는 Bordin(1983)의 수퍼비전 작업 동맹에 대한 개념화를 수퍼비전 관계를 정의하는 기초로서 사용하기로 결정했다. 많은 이론가들과 연구자들은 수퍼비전 작업 동맹을 이해하는 것이 수퍼비전 과정에서 필수적이라고 주장한다(Ladany & Inman, in press; Patton & Kivlighan 1997; Ramos-Sánchez et al., 2002; Wood, 2005). **수퍼비전 작업 동맹**의 정의는 변화를 목표로 하는 친밀한 관계로서 다음 세 가지 요소가 포함된다. ① 수퍼바이저와 수퍼바이지가 수퍼비전 목표에 대해서 서로 동의하고 이해하기, ② 그런 목표를 달성하기 위해서 파트너 각자가 수행해야 하는 과업에 대하여 서로 동의하고 이해하기, 그리고 ③ 지속적으로 노력하기 위해서 필요한 수퍼바이저와 수퍼바이지 간의 정서적 유대(Bordin, 1983). 수퍼비전 작업 동맹에서만 볼 수 있는 독특한 양상은 수퍼바이저와 수퍼바이지 간의 상호성 또는 상호적 관계라는 개념이다. 즉, 수퍼비전 관계에서 신뢰에 대한 단일방향의 개념 대신, 예를 들면, 수퍼바이저는 훈련생을 신뢰하고, 상호 신뢰는 훈련생과 더불어 존재한다는 사실을 인식한다(Ladany, Walker, & Melincoff, 2001).

목표

Bordin(1983)은 수퍼비전 관계에서 수퍼바이지가 성취해야 할 주요 목표를 다음과 같이 제시했다. ① 구체적인 기술 습득하기, ② 내담자에 대한 이해 증진하기, ③ 과정 이슈에 대한 인식을 확장시키기, ④ 자기 자신을 더 잘 인식하고 자신이 상담 과정에 어떤 영향을 미치는지를 더 잘 인식하기, ⑤ 배우고 숙달되는 과정에서 방해가 되는 개인적, 지적 장애물 극복하기, ⑥ 개념과 이론에 대한 이해 심화시키기, ⑦ 연구하도록 자극하기, 그리고 ⑧ 서비스의 기준 유지하기. 목표의 한 예로서, 상담회기 중에 내담자가 드러내는 비언어적 단서를 수퍼바이지가 더 잘 인식할 수 있도록 노력하는 데 수퍼바이저와 수퍼바이저가 상호 동의하는 것을 들 수 있다. 훈련생의 발달 수준에 따라서 어떤 목표가 그 밖의 목표보다 우선시될 수 있다. 따라서 초보 수퍼바이지는 구체적인 상담 기술을 습득하는 데 초점을 맞출 수 있다. 예를 들면, 회기를 어떻게 시작하고 마칠 것인가, 침묵을 어떻게 활용할 것인가, 특정한 내담자에 의해서 조성된 불확실성을 어떻게 줄일 것인가 등이다. Bordin은 수퍼비전의 목표를 설정한 다음에 수퍼비전 양자관계가 목표를 달성하기 위한 과업에 착수해야 한다고 강조했다.

과업

수퍼바이저는 수퍼바이지와 과업에 대해서 서로 동의하고 이해하기 위해서 노력하며, 그들은 각자 수퍼비전 목표를 달성해야 한다. 작업 동맹의 강도는 수퍼바이지와 수퍼바이저가 수퍼비전의 과업에 대해서 서로 이해를 하는 것뿐만 아니라, 수퍼바이지가 수퍼비전의 목표와 과업의 연관성에 대해서 얼마나 알고 있는지에 의해서도 좌우된다. 즉, 수퍼바이지는 비언어적 행동을 어떻게 생각하고 느끼는지를 논의하는 것이 상담에서 그런 행동을 더욱 잘 알아차리도록 도우려는 수퍼비전 목표와 관련이 있다는 점을 이해하지 못할 수도 있다. Bordin(1983)은 수퍼비전에서 유용하게 사용할 수 있는 몇 가지 과업을 정의했다. 한 가지 과업은 수퍼바이지로 하여금 검토 중인 상담 시간에 대해서 문서화된 보고서나 구술 보고를 준비하게 하는 것이다. 그다음에 수퍼바이저는 수퍼비전 목표에 의해서 구체

적인 기술에 대한 피드백을 제공하고, 수퍼바이지의 감정과 지각에 주의를 집중하며, 또는 수퍼바이지가 다양한 방식으로 반응할 수 있도록 도와준다. 두 번째 과업은 수퍼바이저가 수퍼바이지의 상담회기를 오디오테이프나 비디오테이프, 또는 직접 관찰을 통해서 관찰하는 것이다. Bordin은 수퍼바이저가 그런 관찰을 하지 않으면 훈련생이 수퍼비전에서 사건과 이슈를 선별해서 보고하는 데만 의존하게 된다고 주장한다. 그뿐만 아니라 그는 "치료자의 보고서에는 치료자가 자기관찰을 선택적으로 한다는 사실을 극적으로 보여 주는 장점이 있다. 수퍼바이저는 그런 선택에 사로잡히지 않는 것이 중요하다."고 말했다(Bordin, 1983, p. 38). 세 번째 과업은 수퍼바이지가 수퍼비전에서 발표할 문제와 이슈를 선택하는 것이다. 즉, 수퍼바이지에게 지난주에 만난 내담자들에 대해서 상투적인 방식으로 발표하기보다는 "오늘은 무엇을 다루고 싶으세요?"와 같이 질문함으로써 수퍼비전 회기에 초점을 맞추도록 요청한다.

유대

정서적 유대는 수퍼비전 작업 동맹의 세 번째 구성요소다. Bordin(1983)은 수퍼비전 동맹에서 필수적인 유대는 "교사와 학생 간의 유대 그리고 치료자와 환자 간의 유대 사이의 어디쯤인가에 위치한다."고 설명했다(p. 38). 유대는 수퍼바이지와 수퍼바이저가 공유하는 선호와 돌봄과 신뢰의 감정이라고 할 수 있다. 수퍼바이저와 수퍼바이지가 함께 시간을 보내고 수퍼비전의 목표와 과업을 달성하기 위해서 계속 일하면서 정서적 유대가 이루어진다. Bordin은 수퍼비전에서 불가피한 평가 요소가 수퍼비전 유대를 형성하고 유지하는 데 문제가 될 가능성이 있다고 설명한다. 사실 그는 수퍼바이저와 수퍼바이지의 지위가 다르기 때문에 발생하는 긴장상태를 해소하기 위해서 견고한 작업 동맹을 수립하는 과정에 의지하라고 권고한다.

상담과 수퍼비전은 서로 유사한 점이 있긴 하지만, 수퍼비전은 상담과는 달리 강제적, 의무적 그리고 평가적이라는 점을 고려할 때, 수퍼바이저는 상담과 수퍼비전 작업 동맹을 동일시하지 않도록 주의해야 한다(Borders & Leddick, 1987; Leddick & Bernard, 1980; Ladany, Ellis, & Friedlander, 1999). Holloway(1997)는 평가

에 대한 이런 논의를 확장시켰으며 수퍼비전 관계에서 권력과 관여의 중요성을 강조했다. 수퍼바이저는 전문가와 평가자로서 권위적 관계에서 공식적인 권력을 가지고 있지만, 수퍼바이저와 수퍼바이지 간에 진행되는 상호작용을 통해서 권력을 공유할 수 있다. 또한 수퍼바이저의 권력은 훈련생의 나이, 경험 수준 그리고 지지기반뿐만 아니라, 훈련생이 수퍼바이저의 전문성과 능력을 어떻게 인식하는가에 따라서도 조절될 수 있다(Skovholt & Rønnestad, 1992). 수퍼비전 관계에 수퍼바이저와 수퍼바이지가 관여하는 것도 이러한 관계에 대해 권력이 어떻게 활용되고 어떤 영향을 미치는지를 좌우한다(Holloway, 1997). 예를 들면, 수퍼바이저가 임상적으로 매우 숙련되었다고 생각하며, 상담 경험이 적고, 동료의 지지를 거의 받지 못하는 수퍼바이지와의 관계에서 수퍼바이저는 실질적인 권력을 가질 수 있다. 그렇다면 수퍼바이저와 수퍼바이지 모두가 수퍼비전 관계에서 상호적으로 권력을 분배하고 관여한다(Holloway, 1997).

◎ 수퍼비전 관계의 단계

상담(또는 실제의 다른) 관계에서도 마찬가지이지만, 수퍼비전 관계는 어느 정도 기초를 시험하면서 임시로 시작되며, 관계가 세워지고 강화됨에 따라서 수퍼비전 작업 단계가 진전된다. Holloway(1995)는 모든 수퍼비전 관계가 거쳐야 할 것으로 예상되는 세 단계(시작 단계, 성숙 단계 그리고 종결 단계)를 제시한다. 그녀는 수퍼비전 관계가 발달하면서 대인관계 상호작용이 없는 단계에서 대인 상호 관계적 단계로 진전한다고 말한다. 참여자들이 서로 더 친숙해지기 때문에 상대방의 행동과 반응을 예상하기 위해서 사회적, 문화적 단서나 집단 고정관념에 덜 의존한다. 예측할 수 있는 이러한 능력은 관계에서 불확실성이 줄어든다는 의미이고, 장차 일어날 수 있는 갈등을 줄이는 데 전략적으로 의사소통을 더 잘 활용할 수 있게 해 준다. 더 나아가서 안전감이 증가하기 때문에 자기노출을 할 가능성이 더욱 많아진다. Holloway의 표현에 의하면, 이것이 시작 단계로부터 성숙 단계로의 이행이다.

Holloway(1995)는 시작 단계에는 수퍼바이저와의 관계를 분명하게 하고 수퍼비

전 계약을 체결하는 것이 포함된다고 말한다. 수퍼비전 계약에는 관계의 평가적 특성, 평가 영역, 수퍼비전에 대한 기대와 목적 그리고 비밀보장의 한계와 경계선 이슈 등의 윤리적 측면에 대해서 논의하는 것이 포함된다(Ekstein & Wallerstein, 1972; Holloway, 1995; Shohet & Wilmot, 1991). 여기에서 수퍼바이저와 수퍼바이지는 좋은 결실을 맺는 관계에 참여하기로 약속한다(Shulman, 2005). 수퍼바이저는 수퍼바이지가 사용할 다양하고 적합한 기법을 '가르치고', 역량과 치료계획을 개발하도록 돕는다.

성숙 단계에서는 각자의 역할에 중요성을 덜 부여하면서 더욱 독특하고 각자가 평등하게 책임을 지는 관계가 된다. 서로 영향을 주고받을 수 있는 긴밀한 유대가 강화된다. 관계에서 수퍼바이지가 전문가로서 상담을 수행하는 데 영향을 주는 개인 이슈에 직면할 수 있다. 이런 논의를 통해서 신뢰감과 민감성이 생기기 때문에 더 좋은 관계로 나아가게 된다. 수퍼바이지는 사례개념화 기술을 개발하는 데 집중하며, 상담에서 자신감과 자기효능감이 증가하는 것을 경험한다(Holloway, 1995). Ekstein과 Wallerstein(1972)은 수퍼바이지가 전문적 기술, 치료적 민감성 그리고 역량을 키우는 데 전념한다고 하면서, 이 단계를 학습 단계라고 칭함으로써 그 교육적 특성을 강조했다.

종결 단계는 수퍼바이지에게 이론과 실제를 연결해서 특정 내담자를 이해하는 능력이 증가함과 동시에 발생한다. 수퍼바이지는 수퍼바이저의 지시를 받을 필요가 줄어드는 경험을 한다(Holloway, 1995). 그 밖에도 Hoffman(1994)은 그 시점에서 과정뿐만 아니라 수퍼비전의 목표를 검토할 필요가 있다고 제안한다. 수퍼비전 관계의 종결이 일반적으로 내담자와의 치료 관계가 종결됨과 동시에 발생한다는 사실과, 수퍼바이저와 수퍼바이지 모두의 평가로 인해서 종결 과정은 더욱 복잡해진다. 종결 과정 동안 순조로운 협의를 확실히 하려면 특별히 주의해야 한다.

Worthen과 McNeill(1996)은 효과적인 수퍼비전 작업에 대한 질적 연구에서 유사한 과정을 지적한다. 그들은 수퍼바이지가 처음에는 자신감이 왔다 갔다 하는 경험을 하며, 적나라하게 평가받는 데 대해서 혐오감을 나타낸다고 말한다. 수퍼바이지는 칭찬해 주는 수퍼비전 경험을 원하지만 이전의 만족스럽지 못했던 수퍼비전 경험 때문에 주저하는 태도를 보일 수 있다. 이것은 아주 중요한 경계선이다. 그다음에 그들은 상담 과정에서 흔히 있는 중단과 좌절 때문에 불안을 유발하는

정서적 각성과 동시에 자신이 상담자로서 적합하지 않다는 감정을 경험한다. 이것이 효과적인 수퍼비전 경험을 위한 장을 마련한다. 이때 수퍼바이지는 수퍼비전 관계가 공감적이고 무비판적이며, 자신을 상담자로서 인정해 준다고 느낀다. 수퍼바이지는 자신의 어려움을 대수롭지 않게 여기게 됨에 따라 탐구하고 도전하도록 격려받는다고 느끼게 된다. 더 나아가서 자신을 보호할 필요가 줄어들고, 그 결과로서 상대방이 자신을 보는 관점을 얻는 것은 물론, 자신의 가설을 재검토하고 분석에 대해서 방어적으로 되지 않고 더욱 자발적으로 열중할 뿐만 아니라 수퍼비전에서 제공받는 내용도 더 잘 받아들이게 된다.

여기서 언급할 만한 가치가 있는 수퍼비전 관계의 한 측면은 멘토 관계와의 유사성이다. 멘토 관계는 수퍼바이저가 훈련생에게 단순한 기술 습득 이상으로 사려 깊고 생성적인 관심을 갖는 역동적이고, 정서적으로 결속되며, 호혜적인 관계다(Johnson, 2003). 수퍼비전 관계에 관한 정의와는 대조적으로, 수퍼비전과 멘토십은 확실히 여러 측면에서 상호 보완적인 경향이 있다(Johnson, 2007). 예를 들어 수퍼비전과 멘토십 모두 훈련생의 발달을 돕기 위한 두 사람 사이의 관계에 초점을 둔다는 공통점이 있다. Johnson(2007)은 더 나아가서 수퍼바이지가 성숙하고 전문성이 발달함에 따라서 일반적으로 모든 수퍼비전 관계는 독점적 거래의 방식으로부터 협력하는 또는 변형된 방식으로 발달한다고 말한다. 수퍼비전 관계는 많은 멘토링 기능들을 포함시킴으로써 수퍼바이지에게 더 유익하고 개인적으로 뜻있는 것이 될 수 있다.

Worthen과 McNeill(1996)이 효과적인 또는 긍정적인 수퍼비전 경험의 두 가지 측면을 강조한 데 주목해야 한다. 첫 번째 측면은 특히 초보 훈련생에 대한(Heppner & Roehlke, 1984 인용) 따뜻함, 수용, 존중, 이해 그리고 신뢰로 이루어지는 좋은 수퍼비전 관계다(Hutt, Scott, & King, 1983; Martin, Goodyear, & Newton, 1987 인용). 두 번째 측면에는 좋은 수퍼바이저가 자기노출을 통해서 모델이 됨으로써 상담 기술을 발달시키는 과업에 참여하고(Black, 1988) 그렇게 해서 실험 적용을 할 수 있는 장을 만드는 것이 포함되며, 이러한 장에서는 실수도 있을 수 있다(Allen, Szollos, & Williams, 1986; Hutt et al., 1983). 수퍼비전을 하는 동안 훈련생이 어떤 수퍼비전 내용을 받을지는 훈련생의 경험 수준에 따라서 잘 조절할 수 있다.

◎ 견고한 수퍼비전 관계 형성하기

수퍼바이저와 수퍼바이지 간에 견고한 작업 동맹을 발달시키는 것은 효과적인 수퍼비전의 네 가지 특징 중 하나로 확인되었으며, 수퍼비전을 위해서 필수불가결하다(Overholser, 2004). 또한 Patton과 Kivlighan(1997)에 의하면 수퍼비전 초기에 수퍼바이저에게 가장 중요한 과업은 수퍼바이지와 견고한 작업 동맹을 형성하는 것이다. 이 부분에서 우리는 수퍼비전 관계의 형성, 유지 그리고 측정을 다룬 이론적 문헌과 경험적 문헌을 논평한다.

수퍼바이저는 새로운 수퍼비전 관계를 시작할 때 훈련생의 발달 수준을 고려해야 한다. 연구 결과에 의하면 상급 발달 수준의 훈련생은 초급 발달 수준의 훈련생보다 견고한 수퍼비전 동맹을 보고할 가능성이 많다(Ramos-Sánchez et al., 2002). 따라서 초보 상담자와 함께 수퍼비전을 하는 수퍼바이저는 신뢰를 쌓고, 훈련생을 적극적으로 지지, 옹호하고, 수퍼비전 관계를 점검함으로써 견고한 수퍼비전 동맹을 수립하는 데 초점을 맞춰야 한다(Ramos-Sánchez et al., 2002). 이와 유사하게 Efstation, Patton과 Kardash(1990)는 수퍼비전에서 라포를 발달시키는 것은 경험이 많은 수퍼바이지보다는 초보 수퍼바이지에게 더 중요할 수 있다고 말했다.

동맹 형성을 촉진하는 것으로 드러난 또 하나의 측면은 평가를 효과적으로 실시하는 것이다. Lehrman-Waterman과 Ladany(2001)는 자신의 수퍼바이저가 수퍼비전에서 목표 설정과 피드백 등의 평가 업무를 효과적으로 실시한다고 생각하는 훈련생일수록 작업 동맹이 견고하다고 평가한다는 사실을 발견했다. 그들은 수퍼바이저는 수퍼비전 동맹 형성을 촉진하기 위해서 수퍼비전 초기에 목표 설정을 해야 한다고 말한다. 또한 만약 수퍼바이저가 훈련생과의 관계에 문제가 있다고 느낀다면, 목표 설정과 피드백에 초점을 맞춤으로써 관계를 회복시키는 기능을 할 수 있다.

수퍼비전 동맹이 발달하도록 돕는 세 번째 요소는 인종 및 민족성, 성 그리고 성적 지향성 등의 문화적 변인들에 대해서 논의하는 것이다. 이 영역에 대한 연구와 이론에 의하면, 견고한 수퍼비전 동맹을 형성, 유지하고 수퍼바이지의 학습 과정을 향상시키기 위해서는 이러한 이슈에 유의하는 게 중요하다(사례 참조, Burkard

et al., 2006; Doughty & Leddick, 2007; Gatmon et al., 2001; Halpert & Pfaller, 2001; Halpert, Reinhardt, & Toohey, 2007; Ladany, Friedlander, & Nelson, 2005; Nelson & Friedlander, 2001; Russell & Greenhouse, 1997; Tummala-Narra, 2004; Walker, Ladany, & Pate-Carolan, 2003). 이 이슈는 다른 장에서 상세하게 논의할 것이다.

견고한 수퍼비전 동맹을 유지하는 데 있어서, 상담 작업 동맹을 정적인 상호작용이라기보다는 역동으로서 보는 개념을 뒷받침하는 이론적, 경험적 증거가 있다(Bordin, 1983; Safran & Muran, 1998; Sommerfield, Orbach, Zim, & Mikulincer, 2008). 이런 관점에서는 동맹 관계에서 불화가 거듭되고 회복이 그 뒤를 잇는 과정에서 변화가 일어난다. 같은 방식으로, 수퍼비전 동맹은 수퍼바이저와 수퍼바이지가 수퍼비전의 목표와 과업을 성취하기 위해서 함께 작업하는 동안 발생하는 일련의 불화와 회복으로 볼 수 있다. 수퍼비전 작업 동맹에서 발생하는 불화 및 회복 과정과 관계가 있는 요인에는 수퍼바이지의 경험 수준, 이론적 오리엔테이션의 차이, 수퍼바이지의 발표 양식 그리고 평가를 둘러싼 이슈 등이 있다(Burke, Goodyear, & Guzzard, 1998). Burke 등(1998)은 수퍼비전 동맹에서의 불화가 특히 평가 이슈에 집중될 때, 그런 이슈는 종종 해결되지 않은 상태로 남는다는 것을 발견했다. 수퍼비전 양자 관계에 해결되지 않은 불화가 비교적 많은데도 불구하고 수퍼비전 회기의 과정과 결과에 대해서 긍정적으로 판단한 것은 흥미로운 연구 결과였다. 수퍼바이저의 전문적 기술과 같은, 해결되지 않은 불화보다 더 중요한 수퍼비전 측면이 있는 것 같다.

수퍼비전 작업 동맹에 대한 몇 가지 척도가 있다. 세 가지 도구들(예, Bahrick, 1990; Baker, 1990; Smith, Younes, & Lichtenberg, 2002)은 널리 쓰이는 상담 동맹 척도를 수정한 작업 동맹 목록(Horvath & Greenberg, 1989)에 기반한 것이다. 이 도구들은 Bordin(1983)의 수퍼비전 작업 동맹에 대한 개념화에 기반하며, 따라서 목표, 과업 그리고 유대 하위척도를 포함한다. 몇 가지 연구(예, Ramos-Sánchez et al., 2002)는 Bahrick(예, Ladany, Brittan-Powell, & Pannu, 1997; Ladany, Ellis, & Friedlander, 1999; Ladany & Friedlander, 1995; Lehrman-Waterman & Ladany, 2001)과 Baker의 수퍼비전 작업 동맹 척도를 사용했다. 또 다른 척도는 Efstation 등(1990)이 개발한 널리 사용되는 동맹척도로서 수퍼비전에 관한 수퍼비전 작업 동맹 목록 척도(SWAI)다. SWAI 수퍼바이저 척도에는 내담자 초점 하위척도, 라포 하위 척도 그리고 동일시 하위척도 등의 세 가지 하위 척도들이 포함된다. 반면 수퍼바이지

척도에는 내담자 중심 하위척도와 라포 하위 척도가 포함된다.

◎ 수퍼비전 관계에 영향을 미치는 요인

수퍼비전 작업 동맹의 형성과 유지를 다룬 연구 문헌에 관한 비평에서는 관계가 잘 작동하기 위해서는 수퍼바이저와 수퍼바이지가 모두 노력해야 한다는 사실을 강조한다. 수퍼바이저는 수퍼바이지가 드러내는 내용들에 열려 있을 필요가 있으며, 수퍼바이지가 배울 수 있는 안전하고 서로 믿는 분위기를 조성해야 한다. 긍정적인 수퍼비전 관계는 수퍼바이저와 수퍼바이지가 안전한 배움의 장을 만들기 위해서 관계 안에서 함께 협력해서 수퍼비전을 하는 것이다. 수퍼비전 동맹이 중심적인 역할을 하는 점을 고려할 때, 견고한 작업 동맹이 발달하도록 촉진하는 요인에 대해서 자세히 알아보는 게 매우 중요할 것 같다. Bordin(1983)은 수퍼바이저와 훈련생의 개성이 수퍼비전 작업 동맹을 형성하는 데 가장 중요한 역할을 한다고 말했다. 여기에서 우리는 수퍼비전 관계 발달과 관계있는 수퍼바이지와 수퍼바이저의 공헌에 대해서 논의하고자 한다.

◎ 수퍼바이지의 공헌

수퍼바이지의 저항

Liddle(1986)은 어떤 위협에 직면해서 사용하는 저항은 치료에서처럼 수퍼비전에서도 자기보호 기능을 수행하는 것 같다고 말한다. 그러나 Bernard와 Goodyear (2009)는 저항의 어떤 사례는 과업과 목표에 관한 수퍼바이저-수퍼바이지 갈등뿐만 아니라, 수퍼바이저로부터 분화하려는 수퍼바이지의 욕구(발달적 욕구)를 반영할 수도 있다고 지적한다. 그들이 강조한 저항의 징후에는 ① 특정 주제를 피해서 논의의 초점을 돌리는 등, 노출을 하지 않음으로써 수퍼바이저의 영향력에 저항하기, ② 수퍼비전에 늦거나 회기에 결석함으로써 수퍼비전 경험 자체에 저항

하기, ③ 회기 녹음과 같은 수퍼비전 과업을 수행하지 않는 것, 그리고 ④ 내담자를 위해서 상호 동의한 계획을 실행하지 않는 것 등이 포함된다. Ekstein과 Wallerstein(1972)은 수퍼바이지 저항은 내담자–상담자 양자 관계의 상호작용이 수퍼바이저–수퍼바이지 양자 관계에서 재생되는 수퍼비전의 병행 과정을 통해서 내담자 저항이 그대로 드러나는 것일 수 있다고 말했다(나중에 한층 상세하게 논할 것이다). 저항은 수퍼비전 관계에서 신뢰나 안전함이 부족할 때, 목표와 과업에 대해서 의견이 일치하지 않을 때, 그중에서도 수퍼바이지가 수퍼바이저의 가르침에 대한 근거를 알지 못하는데도 수퍼바이저가 강도 높게 지시를 내릴 때 그리고 수퍼바이지의 발달 수준과 같은 요인 때문에 발생할 수 있다(예, Rønnestad & Skovholt, 1993; Stoltenberg et al., 1998). 더 나아가서, Dowd(1989)는 저항은 단순히 특수한 상황 때문만이 아니라(Brehm & Brehm, 1981에서 언급되었듯이) 그 사람의 저항 특성이 반영된 것이기도 하다고 말한다. 그러므로, 반발이 심한 사람은 경계를 더 많이 드러낼 가능성이 있으며, 따라서 저항도 더 심할 수 있다. 흥미롭게도, Kennard, Stewart와 Gluck(1987)은 수퍼바이저가 전문적 발달에 관해서 피드백하고 제안하는 데 훈련생이 관심을 가진다고 수퍼바이저가 인식하는 경우에 훈련생 자신이 수퍼비전 경험을 더욱 긍정적으로 평가할 가능성이 있다고 말했다. 즉, 수퍼바이저에게 마음이 열려 있으면(저항과 반대로) 긍정적인 수퍼비전 경험을 하게 된다. Kauderer와 Herron(1990)은 수퍼바이지가 수퍼비전 관계에 참여하고 자기주장을 더욱 많이 하는 것을 상당히 긍정적인 요소로 평가하는 수퍼바이저에게서 이와 유사한 결과를 발견했다.

수퍼바이지의 불안

수퍼바이지는 상담 관계뿐만 아니라 수퍼비전에서 경험하는 애매모호함과 기대 때문에 여러 면에서 불안을 경험할 수 있다. 이런 불안은 치료적 관계는 물론, 수퍼바이지의 경험 또는 발달 수준(Ekstein & Wallerstein, 1972; Shohet & Wilmot, 1991; Skovholt & Rønnestad, 1992), 성격적 변인 그리고 수퍼비전 관계의 성질과 같은 요인에 의해서 완화될 수 있다. 수퍼바이지 불안은 수퍼바이지 노출의 정도뿐만 아니라(사례 참조, Ladany, Hill, Corbett, & Nutt, 1996; Rønnestad & Skovholt, 1993),

관계에서 그들이 배우고, 수행하고 그리고 반응하는 능력에도 영향을 미칠 가능성이 있다(사례 참조, Dombeck & Brody, 1995; Friedlander, Keller, Peca-Baker, & Olk, 1986; Schauer, Seymour, & Geen, 1985). 수퍼비전 관계의 평가적 특성 때문에 관계에서 일을 해내야 한다는 압력과 자신이 유능하다고 느끼고 상대방에게 유능하게 보일 필요가 생긴다는 데 주목해야 한다. 이 필요는 수퍼바이지의 발달 수준에 의해서 완화될 수 있다. 즉, ① 수퍼바이지의 수준이 높아지면 높아질수록, 더욱더 자신만만해지기 쉽다(그와 함께 위에서 언급한 의존과 방어는 줄어들게 된다; 참조, Loganbill, Hardy, & Delworth, 1982; Rabinowitz, Heppner & Roehlke, 1986). ② 중급 수퍼바이지는 의존-자율성 갈등(자만심과 압도당하는 느낌 사이에서 갈팡질팡하기)을 경험할 가능성이 있다(Stoltenberg, 1981). Harvey와 Katz(1985)는 더 나아가서 '적절감' (자기효능감 인식)이 실제 능력보다 과소평가되었을 때 수퍼바이지는 결국 사기꾼 또는 협잡꾼이 된 것처럼 느낄 수 있다고 말한다. 불안이 제한하는 영향을 줌에도 불구하고, 불안에 '머물러 있는' 능력은 물론, 어느 정도의 불안은 학습 과정을 촉진하는 데 상당한 도움이 될 수 있다(사례 참조, Rioch, Coulter, & Weimberger, 1976).

연구 결과에 의하면, 역할 유도(수퍼비전에서의 역할과 기대에 대한 교육)는 수퍼바이지의 불안을 줄이는 데 도움이 된다(사례 참조, Bahrick, Russell, & Salmi, 1991). 수퍼바이저는 도전하고 지지하는 수준을 최대한 효과적으로 활용할 필요가 있다(사례 참조, Blocher, 1983; Worthington & Roehlke, 1979). 초급 훈련생은 강도 높은 구조화(참조, Freeman, 1993; Friedlander & Ward, 1984; Sansbury, 1982; Usher & Borders, 1993), 진도와 어려움에 관한 신속하고 분명한 피드백 그리고 수퍼바이지에게 필요한 기술을 폭넓게 해 주고 방향을 제시해 주는 교육을 받음으로써 유익을 얻을 수 있다(Rønnestad & Skovholt, 1993). 자기노출과 성찰을 권장하기(참조, Baird, 1999; Rønnestad & Skovholt, 1993), 두려움에 대하여 그러려니 하고 넘어가는 것(Costa, 1994; Grater, 1985; Rønnestad & Skovholt, 1993) 그리고 유머 등이 불안을 줄이는 데 도움이 되는 것으로 밝혀졌다. 그 밖에, 방어적인 반응을 다룰 때 드러내놓고 공공연하게 말하거나 행동하기보다는 수퍼바이지의 근원적인 불안이나 걱정과 근심을 이해하고 반응하는 것이 도움이 된다(Shulman, 2005).

수퍼바이지에 의한 노출과 비노출

탐색과 성찰은 훈련생이 상담 기술을 배우는 두 가지 기본적인 방법이며, 좋은 수퍼비전 관계 역시 상담 기술을 배우기 위한 충분한 기회를 제공한다. 수퍼바이저가 훈련생의 문제를 모를 때는 그를 도울 수 없기 때문에 내담자와의 관계, 수퍼비전 관계뿐만 아니라 상담 관계 그리고 자기 자신에 대한 수퍼바이지의 노출은 수퍼비전 과정에서 최대 이익을 얻기 위해서 반드시 필요하다(예, Blocher, 1983; Bordin, 1983; Loganbill et al., 1982; Stoltenberg, 1981; Stoltenberg & Delworth, 1987). 노출하지 않을 경우, 수퍼비전의 결과는 물론 수퍼비전 관계가 나빠짐을 인식하게 된다(사례 참조, Ladany et al., 1996; Murphy & Wright, 2005). Webb과 Wheeler(1998)는 수퍼바이지의 노출은 수퍼바이저와의 라포를 인식하는 정도와 관련이 있음을 발견했다. 더 나아가서, 수퍼바이지는 수퍼바이저를 배정받았을 때보다는 자신이 수퍼바이저를 선택했을 때 더욱 자발적으로 자기노출을 했다. Ladany 등(1996)은 수퍼바이지가 노출을 하지 않는 몇 가지 이유를 지적했다. 정보가 너무 사적이거나 중요하지 않다고 판단할 때; 수치심, 당황, 또는 불편함과 같은 부정적 감정; 수퍼바이저의 요구에 대한 순응; 수퍼바이저와의 동맹 관계가 빈약할 때; 또는 부정적으로 인식되는 데 대한 두려움 등이었다. 수퍼바이지 비노출의 다른 이유에는 수치심(Yourman, 2003), 수퍼비전 관계의 평가적 특성(Kaplan, 1977), 좋은 인상을 주려는 바람(예, Ward, Friedlander, Schoen, & Klein, 1985) 등이 포함된다. 흥미롭게도, Murphy와 Wright(2005)는 수퍼바이저에 대항하는 권력으로서 수퍼바이지가 수퍼비전에서 정보를 알려 주지 않을 수도 있으며, 이는 동맹 관계가 빈약함을 다시 한 번 증명한다는 사실을 발견했다. 많은 학자들이 언급했듯이, 수퍼비전은 수퍼바이지가 거의 권력을 가지지 못하는 비자발적 과정(Holloway, 1992; Holloway, Freund, Gardner, Nelson, & Walker, 1989)이며, 관계에서 지배권을 얻기 위한 방법으로 정보를 알려 주지 않을 수 있다.

수퍼바이지의 참여 촉진을 위한 수퍼바이저의 지침

• 수퍼바이지가 자기노출을 하고 성장할 수 있는 안전하고, 믿고, 돌보는 환경

을 조성하는 데 주의를 기울여라.

- 수퍼바이저와 수퍼바이지의 역할과 각자가 허용하고 기대하는 게 무엇인지 (예, 수퍼바이지가 수퍼바이저에게 동의하지 않거나 수퍼바이저와는 다른 뭔가를 하도록 허용할 수 있다)에 대한 지침을 분명히 설정하라 .
- 처음에 사용할 평가 영역은 물론, 목표와 기대를 분명하게 하라(사례 참조, Baird, 1999; Costa, 1994; McCarthy, Sugden, Koker, & Lamendole, 1995).
- 수퍼비전 계약을 할 때, 수퍼바이지의 다른 요구(발달 수준, 개인적 변인 등에 관한)를 고려하라.
- 수퍼바이지의 기술을 검토할 때 신중하게 다루라. 자신의 학습과 기술에 대해서 공격받는 느낌이 있다면 수퍼바이지의 취약성과 저항을 부추길 수 있다.
- 취약성을 줄이기 위해서 수퍼바이지가 인식하는 통제 수준을 높여라.
- 수퍼바이지의 불안 수준과 그것이 수행에 미치는 영향에 유의하라.
- 수퍼바이지의 자기노출을 권장하고 자신감을 되찾게 하기 위해서 자기노출의 모델이 되라.
- 수퍼비전 관계에서 무엇이 수퍼바이지를 돕고 방해하는지에 대한 피드백을 이끌어 내라.
- 수퍼바이저는 상담 관계에서 수퍼바이지가 하는 행동에 대해서 법적 · 윤리적 책임을 진다는 사실을 명심하라.

사례 예시

박사과정 4년차 학생인 31세의 수잔은 지난 석 달 동안 대학교상담센터에서 P 박사에게 수퍼비전을 받아 왔다. P 박사는 수잔과 좋은 라포를 형성하기 위해서 열심히 노력했으며, 수잔은 수퍼비전을 위한 만남을 즐기는 것 같았다. 그러나 지난 두 주 동안 수잔은 회기에 몇 분씩 늦었고, 불안하고 혼란스러우며 수퍼비전을 위한 준비가 되어 있지 않은 것 같았다. 그녀는 자신이 박사 전 인턴 과정 지원 준비 때문에 매우 큰 압력을 받아 왔다고 대수롭지 않게 말했다. 수잔의 행동에 나타난 이런 변화가 걱정되어서, P 박사는 수잔이 분명히 드러내는 불안과 저항의 이면에 뭔가 있는 게 아닐까 생각한다. P 박사는 무엇이 수잔을 힘들게 하는지 조심스럽게 탐색하지만, 수잔은 지원을 마치기만 하면 모든 게 안정될 거라고 재빨리 대답한다.

수퍼바이저의 공헌

수퍼비전 양식

수퍼비전 양식은 수퍼비전에 대한 각기 다른 접근 그리고 수퍼바이지에 대한 각기 다른 반응으로 정의할 수 있다. Friedlander와 Ward(1984)는 세 가지 수퍼비전 양식을 정의했다. 매력적인 수퍼비전 양식, 대인관계에 민감한 수퍼비전 양식 그리고 과업 중심 수퍼비전 양식. 이는 Bernard(1997)가 말한 수퍼바이저의 기본적인 세 가지 역할과 일치한다. 자문가, 상담자 그리고 교사. 매력적인 양식을 채택하는 수퍼바이저는 자문가 역할과 매우 흡사하게 수퍼바이지에게 따뜻하고, 개방적이고, 지지적인 경향이 있다. 대인관계에 민감한 양식을 채택하는 수퍼바이저는 수퍼비전에서 상담자 역할을 하는 것과 같이 수퍼바이지에게 민감하고 치료적일 가능성이 있다. 마지막으로 과업 중심 양식을 채택하는 수퍼바이저는 수퍼비전에서 교사 역할과 매우 흡사하게 목표 중심적이고 조직적인 경향이 있다. 발달 이론가들(예, Stoltenberg & McNeill, 1997)은 수퍼바이지의 발달 수준에 따라서 일정한 양식을 활용하거나 특정한 역할을 맡으라고 제안했지만(예, 수퍼바이저는 초보 훈련생에 대해서 더욱 과업 중심적이어야 하고 교사 역할을 수행해야 한다), 경험적 뒷받침은 엇갈린다(Ellis & Ladany, 1997; Holloway, 1995). 근본적으로 수퍼바이저는 다양한 수퍼비전 양식과 역할을 통해 어떤 수준의 수퍼바이지에 대해서도 도움을 줄 수 있는 융통성을 가져야 한다(Bernard, 1997). 연구 결과에 의하면, 수퍼비전 양식은 수퍼비전 과정 및 결과 변인의 다양성과 관계가 있다. 결과 변인에는 수퍼바이저의 이론적 오리엔테이션(Friedlander & Ward, 1984), 수퍼바이저 자기노출의 내용과 빈도(Ladany et al., 2001; Ladany & Lehrman-Waterman, 1999) 그리고 수퍼비전 작업 동맹(Efstation et al., 1990; Ladany et al., 2001)이 포함된다. 구체적으로 말하면, 더욱 매력적인 양식을 채택한 수퍼바이저일수록 대인관계에 민감한 양식이나 과

업 중심 양식을 활용하는 수퍼바이저보다 자기노출을 더욱 자주 했다(Ladany & Lehrman-Waterman, 1999). 수퍼비전 양식과 수퍼바이저 자기노출의 내용에 관해서는, 수퍼바이저가 매력적인 양식을 채택하면 할수록 중립적인 상담 경험을 더욱 더 많이 노출하는 것 같았다. 그러나 중립적인 상담 경험을 덜 드러내는 것 같은 대인관계에 민감한 수퍼바이저는 이와 반대다. 끝으로, 수퍼비전에서 과업 중심 양식을 채택한 수퍼바이저는 상담 과정에서 있었던 개인 이슈나 성과를 덜 노출하는 것 같았다(Ladany & Lehrman-Waterman, 1999). 수퍼비전 양식은 수퍼바이지에 의한 비노출과도 관계가 있는데, 수퍼바이지는 자신의 수퍼바이저가 매력적이지 못하고, 대인관계에서 둔감하며, 덜 과업 중심적이라고 생각했을 때 노출을 더 하지 않는다고 말했다(Ladany et al., 1996). 특히, 훈련생은 수퍼바이저가 매력적이지 않은 양식을 활용한다고 판단했을 때 수퍼비전을 하는 동안 자신에게 소중한 정보를 알려 주지 않는다고 말했다.

대인관계적 권력

수퍼비전 관계의 권위적 특성과 수퍼바이저와 수퍼바이지 사이의 역할, 훈련 그리고 경험과 전문성 수준의 차이 때문에, 권력은 수퍼비전 관계에 대한 연구 문헌에서 반복적으로 다루는 주제다(Holloway et al., 1989; Murphy & Wright, 2005). 연구 결과에 의하면, 권력의 차이는 수퍼바이지 발달과 상담 결과에도 뚜렷한 영향을 미칠 수 있다(Jacobs, 1991; Nelson & Friedlander, 2001). 수퍼바이저들은 수퍼바이지에게 권한을 부여하는 것을 포함해서 수퍼비전 관계에서 다양한 방식으로 본질적으로 그들의 것인 권력을 행사할 수 있다(Nelson, 1997). Nelson은 다음과 같이 설명했다.

> 수퍼바이저는 훈련생의 학습을 모니터링하고 지도하는 우월한 지위에 있지만, 그럼에도 불구하고 훈련생이 자력으로 전문가로서 독립할 수 있도록 하는 방법을 찾아야만 한다. 즉, 수퍼바이저는 전문가로서의 자신의 권력을 훈련생이 힘을 갖추도록 돕는 데 사용해야 한다(1997, p. 125).

수퍼비전 관계에서 권력이 어떻게 사용되는지를 훈련생의 관점으로 연구한 질적 연구에서, Murphy와 Wright(2005)는 수퍼바이저가 권력을 긍정적으로 사용하는 것에는 수퍼바이지에게 권한 부여하기, 권력에 대해서 논의하기, 안전한 분위기 조성하기, 수퍼바이지와 협력하기, 의견 제시하기, 피드백 제공하기 그리고 평가하기가 포함된다는 것을 발견했다. 수퍼바이저가 권력을 부정적으로 사용하는 것에는 편애와 치료 양식 및 오리엔테이션 강요하기가 포함되는 데 반해서 수퍼바이저가 권력을 남용하는 것에는 비밀보장 위반이 포함됐다. Murphy와 Wright는 수퍼바이지는 수퍼바이지가 권력을 잡고 이를 적절하게 사용하기를 바란다고 언급했다.

마찬가지로, Quarto(2002)는 수퍼비전에서의 통제에 관한 연구에서 수퍼바이지와 수퍼바이저 모두 수퍼바이저가 수퍼비전 과정을 통제하는 때가 있음을 인정한다고 밝혔다. 그러나 수퍼바이지가 통제했던 수퍼비전 관계의 국면은 수퍼바이지만 인식했다. 다시 말해서, 수퍼바이저는 자신이 능동적으로 수퍼비전 상호작용을 통제하는 역할을 한다고 생각하는 수퍼바이지보다 통제에 대해서 더 편협한 인식을 갖고 있었다. 초보 수퍼바이지는 상급 수퍼바이지보다 수퍼비전에서 자신이 통제권을 덜 가진다고 보았다. 더 나아가서 수퍼비전 통제와 수퍼비전 작업 동맹 간에 긍정적인 관계가 나타나는 때는 수퍼바이지가 수퍼바이저와의 라포를 더욱 강하게 인식한 수퍼비전 회기에서 논의와 진행에 기여한 경우였다.

수퍼바이저에게 평가자로서의 역할이 주어지기 때문에, 일반적으로 수퍼바이저가 수퍼비전 관계에서 대부분의 권력을 가진다고 생각한다. 그러나 수퍼바이지 역시 자신에게 소중한 정보를 수퍼바이저에게 알려 주지 않고 수퍼바이저를 불공정하게 평가하는 방식으로 남용할 수 있는 정도의 권력을 가지고 있음을 기억하는 것이 중요하다(Ladany, 2004).

수퍼바이저에 의한 노출과 비노출

Ladany와 Lehrman-Waterman(1999)는 수퍼바이저의 자기노출을 수퍼바이저가 수퍼바이지와 함께 나누는 사적인 언급이라고 정의했다.

> 수퍼바이저의 자기노출은 수퍼바이저에게 유리하거나 그렇지 않은 측면을 반영할 수 있다. 예를 들면 상담의 성공이나 실패, 수퍼바이지와 비슷하지 않은 관심사, 수퍼바이저의 과거나 현재 경험과 관계가 있는것, 매우 사적이거나 그렇지 않은 것 등이다. 또는 수퍼바이저 자신에 관한 언급일 수도 있는데, 이는 수퍼비전에서 훈련생에 대한 수퍼바이저의 경험을 순간순간 언급하는 과정에서 나타날 수 있다(p. 144).

Ladany와 Walker(2003)는 노출의 다섯 가지 영역을 설명했다. 개인적인 자료, 치료 경험, 전문가로서의 경험, 내담자에 대한 훈련생의 반응 그리고 수퍼비전 경험 등이다. 해로운 자기노출의 사례를 들자면, 통제 불가능한 자기애적 성향을 가진 수퍼바이저인 경우에는 매우 광범위하고 부적절한 개인 정보를 노출하며, 완강한 이타주의적 성향을 가진 수퍼바이저인 경우에는 훈련생의 통찰을 촉진하기 위해서 치료 경험에 대한 자기노출을 훈련생에게 퍼붓는다.

수퍼바이지에 의한 노출에서와 마찬가지로, 수퍼바이저가 자기노출을 더 자주 하는 것은 훈련생이 견고한 작업 동맹을 인식하는 것과 관련이 있었다(Ladany & Lehrman-Waterman, 1999). 좀 더 구체적으로 말하면, 훈련생은 상담 과정 중에 경험하는 어려움을 더 자주 노출하는 수퍼바이저와의 관계에서 정서적 유대가 견고하다고 생각했다. 수퍼바이저의 자기노출은 수퍼비전 양식과도 관련이 있다고 밝혀졌다. 예를 들면, 수퍼바이저가 수퍼비전에서 매력적인 역할을 활용하면 할수록, 자신이 자기노출을 한다고 인식할 가능성이 더욱 더 많았다(Ladany et al., 2001). 마찬가지로, 수퍼바이저가 대인관계에 민감한 역할을 맡으면 맡을수록, 수퍼바이저는 자신이 수퍼비전에서 자기노출을 더욱더 많이 한다고 생각했다. 그러나 보다 과업 중심적인 수퍼바이저와 수퍼바이저의 의식적인 자기노출 사이에는 관계가 없었다. 다른 연구에서, 수퍼바이저는 수퍼바이지의 발달을 촉진하고 경험을 정상화하기 위해서 자기노출을 사용했다(Knox, Burkard, Edwards, Smith, & Schlosser, 2008). 전형적으로 수퍼비전에서 자기노출은 좋은 수퍼비전 관계에서 발생했고, 내담자에 대한 수퍼바이저의 반응에 초점을 두었으며, 수퍼바이지가 상담 과정 중에 겪는 어려움에 의해서 유발되었다. Knox 등은 수퍼바이저의 자기노출이 수퍼비전 작업 동맹을 강화하거나 회복시키기 위해서 사용하는 한 가지 방

법일 수 있다고 말한다.

수퍼바이저도 수퍼비전에서 정보를 알려 주지 않기로 선택할 수 있다. Ladany와 Melincoff(1999)에 따르면 그들의 표본 중 대부분의 수퍼바이저들(98%)은 수퍼비전에서 개인 이슈, 수퍼바이지의 상담에 대한 긍정적 반응 그리고 전문가로서의 수행 등에 관한 정보는 알려 주지 않는 경향이 있었다. 이러한 연구 결과는 훈련생에게 긍정적인 피드백을 하면 수퍼비전 관계가 강화될 수 있다고 언급한 저자들에게 문제가 됐을 것 같다. 수퍼바이저가 말한 비노출의 이유는 대부분 그런 노출이 수퍼비전 관계에 해로울 수 있거나, 수퍼비전 관계가 노출을 다룰 만큼 충분히 발달하지 못했다는 걱정 때문이었다.

자신의 참여 촉진을 위한 수퍼바이저의 지침

- 수퍼바이저는 매력적인 양식이 세 가지 수퍼비전 동맹 구성요소 모두에 도움이 된다는 사실을 인식하고, 수퍼비전 양식에 대한 융통성을 갖추어야 한다.
- 수퍼바이저는 권력을 적절하게 사용함으로써 자신이 수퍼비전에서 소유하는 권력을 인식하고 주의를 기울여야 한다.
- 수퍼바이저는 수퍼비전 관계에서 역전이 반응을 인식하고 처리해야 한다.
- 자기노출을 적절하게 사용하는 수퍼바이저는 수퍼비전 관계를 촉진할 수 있다.

사례 예시(44쪽에서 계속)

수퍼비전 회기를 마친 후, P 박사는 수퍼비전 관계의 불화에 대해서 성찰한다. 그녀는 수퍼비전 관계에 자신이 기여한 점이 무엇인지 검토한다. 즉, P 박사는 수퍼비전 양식에 관해서 자신이 매력적인 양식을 사용하고 있고, 따뜻하고 지지적인 역할이 편안하다고 스스로 확인한다. 그녀는 무엇이 수잔을 괴롭히는지 탐색하는 데 이 양식이 도움이 되리라고 생각한다. P 박사는 다음 수퍼비전 회기에서 지난 두 회기는 이전 회기와 다르게 느껴졌다는 인식을 표현하고, 권력을 공유하

기 위해서 수잔과 협력하여 수퍼비전에서 자신들의 작업을 촉진하는 방법을 개발하고 싶어 한다. 수잔은 잠시 동안 함구한 다음에, P 박사가 자신의 임상 기술에 대해서 어떻게 생각하는지 잘 모르겠다고 밝힌다. 수잔은 다가오는 인턴 과정 지원과 누구에게 추천을 부탁해야 할지에 대한 불안감을 표현한다. 그녀는 자동적으로 P 박사를 생각했지만, 이내 자신들이 내담자에 대해서 중요한 논의를 하고 편안한 작업 관계를 즐기긴 하지만 P 박사가 임상적으로나 수퍼비전에 관해서 자신에게 무엇을 기대하는지 잘 모르는 것 같은 느낌이 든다. 그리고 더구나 수잔은 상담 기술에 대해서 분명한 피드백을 받지 못했다. P 박사는 자신이 수퍼비전에서 수잔과 좋은 라포를 형성하고 양육하고 지지하는 환경을 수립했지만, 수잔에게 적합한 평가 기준을 분명히 확인해 주거나 상담 기술에 대한 구체적인 피드백을 제공하지 못했음을 실감한다. P 박사는 수잔에 대한 자신의 실수를 인정하고, 그 회기의 시간을 수퍼비전에 관한 각자의 기대에 대해서 논의하는 데 사용하자고 제안한다. P 박사와 수잔은 수잔에게 권한을 더욱 부여하려는 노력으로서 다음 수퍼비전 회기를 위해서 동일한 내담자의 테이프를 각자 검토하고 수잔의 임상적 강점과 성장 측면에 대해서 서로 어떻게 생각하는지 논의하기로 동의한다.

이 수퍼비전 사례 예시에서 수잔의 저항, 불안 그리고 비노출은 수퍼비전 동맹에서 발생한 불화의 원인이 되었다. 마찬가지로 P 박사가 수퍼비전에 대한 기대를 분명히 확인해 주지 못하고 피드백을 제공하지 못한 것도 수퍼비전 관계가 뒤틀리는 데 일조했다. P 박사는 그다음에 따뜻한 수퍼비전 양식을 활용해서 관계 불화에 대한 자신의 인식을 표현하고 수퍼비전 동맹을 강화시키기 위해서 수잔과 권력을 공유하는 작업을 계속했다.

◎ 수퍼비전 과정과 수퍼비전 관계

병행 과정

Friedlander, Siegel과 Brenock(1989)은 병행 과정을 "내담자가 훈련생에게 자신을 드러내는 것처럼 훈련생이 무의식적으로 수퍼바이저에게 자신을 드러내는 현

상이다. 훈련생이 내담자와의 관계에서 수퍼바이저의 태도와 행동을 취할 때는 과정이 역전된다"(p. 149)고 정의했다. 병행 과정의 개념이 처음 소개됐을 때는 수퍼바이지와 내담자 관계가 수퍼바이저와 수퍼바이지 관계에 단방향적으로만 반영되는 것으로 간주되었다는 것이 특기할 만하다. 나중에 Doehrman(1976)은 논문 연구 결과에서 이 과정의 양방향성을 강조했다. Mothersole(1999)은 병행 과정에서 있을 수 있는 세 번째 측면을 말했는데, 이에 의해서 수퍼바이지는 양 방향에서 문제가 될 수 있는 이슈를 알릴 수 있고 상담 관계뿐만 아니라 수퍼비전 관계에도 영향을 미칠 수 있다. 추가로, Jacobsen(2007)은 자신의 사례 연구에 기반해서 병행 과정이 양방향적이라고 보는 것은 적절하지 않다고 강조한다. 오히려 그는 이 과정이 "하나의 형상이 많은 축을 따라서 순환하고 반영되기" 때문에 변화무쌍하다고 말한다(p. 32). 병행 과정이 갖는 함축을 이해하기 위해서뿐만 아니라, 병행 과정이 있는지 없는지를 밝히거나 논박하기 위해서도 다양한 연구가 이루어졌다.

병행 과정에 관한 사례 연구 논문에서, Friedlander 등(1989)은 상담과 수퍼비전 과정 간에 상호 연관성이 있음을 발견했다. 수퍼바이지는 수퍼비전과 상담 과정 모두를 비슷하게 평가했으며, 내담자는 상담자 훈련생보다 상담회기를 호의적으로 평가했고, 수퍼바이지는 수퍼바이저보다 수퍼비전을 호의적으로 평가했다. 그리고 수퍼비전 회기에는 수퍼바이저가 이끌고 수퍼바이지가 협력했으며, 상담회기에는 상담자 훈련생이 이끌고 내담자가 협력했다. 더 나아가서 양쪽 관계에는 갈등이 거의 없는 우호적이고 지지적인 특징이 있으며, 성과 면에서 비교적 성공적이라고 간주되었다.

최근에, Raichelson, Herron, Primavera와 Ramirez(1997)는 경험적 연구를 통해서 병행 과정의 존재, 수퍼비전에서 병행 과정을 활용하기, 병행 과정을 다양한 이론적 오리엔테이션에 적용할 수 있는 가능성 그리고 병행 과정이 수퍼바이저와 수퍼바이지에게 미치는 영향 등을 다룬 이론의 타당성을 입증했다. 구체적으로 말하면, 그들은 심리역동 오리엔테이션을 사용하는 수퍼바이저는 다른 오리엔테이션을 사용하는 수퍼바이저보다 병행 과정에 주의를 기울일 가능성이 좀 더 많다는 사실을 발견했다. 마찬가지로, Jacobsen(2007)은 정신분열증 내담자에 관한 수퍼비전 사례 연구에서 병행 과정이 존재한다는 증거를 발견했으며, 치료적 관

계에 대한 이해와 통찰을 촉진하기 위해서 병행 과정을 사용할 가능성이 있다고 강조했다. 덧붙여서, Morrissey와 Tribe(2001)는 병행 과정이 수퍼바이지의 발전과 성장을 위해서 유용할 뿐만 아니라, 수퍼바이저가 자신과 수퍼바이지의 관계를 모니터링하도록 도움으로써 수퍼바이저의 교육과 학습을 촉진한다고 말한다. Ladany, Constantine, Miller, Erickson과 Muse-Burke(2000)는 병행 과정이 역전이 반응을 이해하는 것과, 더 나아가서 어쩌면 해결하는 것과도 관련이 있다는 사실을 발견했다. Patton과 Kivlighan(1997)은 수퍼비전 관계의 질이 매주 변하는 양상을 보면 수퍼바이지와 내담자의 치료적 동맹의 변화 양상도 예측할 수 있음을 발견했다. Williams(2000)는 수퍼바이저와 수퍼바이지의 대인관계 양식 사이의 연관성을 발견했는데, 특히 수퍼바이저가 친화적인 대인관계 양식을 더 많이 사용하는 것이 수퍼바이지가 통제하거나 지배하려는 방식이 덜한 것과 관련된 경우 이러한 연관성이 두드러지게 나타났다. Shulman(2005)이 수퍼비전에 대한 경험적이고 임상적인 증거를 논의하면서 지적하듯이, 대부분의 수퍼비전 관계는 병행 과정을 수반하며 효과적인 수퍼비전을 시행하면 효과적인 상담을 실시할 가능성을 높일 수 있다.

Ellis와 Douce(1994)는 병행 과정을 통해서 수퍼비전 관계에서 발생하는 다양한 이슈들을 해결하면 당연히 상담 관계에서 유사한 이슈를 해결하게 된다고 말했다. 수퍼비전에서 발생하는 병행 과정에 주의를 기울이기, 문제 이슈를 일으키는 대인관계 역동 이해하기 그리고 대인관계 역동에 대해서 상담회기 중에 훈련생이 반응하는 것과는 다른 방식으로 수퍼비전에서 반응하기 등은 결과적으로 훈련생의 학습에 도움이 될 것이다(Ellis & Douce, 1994). 마찬가지로, Neufeldt, Iverson과 Juntunen(1995)은 수퍼비전 관계에서 수퍼바이저는 내담자 이슈에 반응하는 방법을 보여 주는 모델이 될 수 있다고 말한다. Jacobsen(2007)은 가장 먼저 수퍼바이지의 불안을 담아 주고, 그다음에 병행 과정을 해석하고, 수퍼비전 관계 안에서 불안을 다루라고 말한다. 그는 수퍼바이저가 일관되게 반응하는 모델이 되는 것이 얼마나 중요한지를 강조한다. "수퍼바이저가 개입하는 방식은 개입 시에 언어적으로 표현되는 내용 그리고 그가 전달하고자 하는 의도와 조화를 이루게 마련이다."(p. 32) 덧붙여서 Shohet과 Wilmot(1991)는 수퍼비전 관계에서 수퍼바이지는 이례적인 반응을 알아차리고 이를 언급함으로써 병행 과정을 해결할 수 있다고

말한다. 그들은 더 나아가서 병행 과정을 해결하기 위해서는 수퍼비전 관계(수퍼비전과 대인관계 상호작용에서 지금-여기에 초점을 맞추는 것은 물론 열려 있는 관계)가 중요하다고 강조한다. Morrissey와 Tribe(2001)도 개요에서 수퍼바이지가 병행 과정의 개념을 이해하고 그에 대한 준비를 하는 게 얼마나 중요한지를 강조한다. 그들은 병행 과정에 대한 이해가 부족한 상태에서 병행 과정을 사용하는 것이 수퍼바이지의 학습에 사실상 역효과를 가져올 수 있다고 말한다. 흥미롭게도, 어떤 연구자들은, 병행 과정의 가치를 인식함에도 불구하고, 병행 과정을 수퍼비전 관계에서 남용하거나 무책임하게 인용하지 말도록 주의를 준다(사례 참조, Feiner, 1994; Feltham & Dryden, 1994; Schimel, 1984).

민족과 인종 정체성 이슈

서로 다른 인종 정체성과 민족 정체성이 인간의 상호작용에 어떻게 차별적으로 영향을 미치는지 더 잘 알게 되면서(특히 상담 관계에 관한 연구에서) 이러한 이슈가 수퍼비전 관계에도 마찬가지로 영향을 미친다고 인식하게 된다(사례 참조, Helms & Cook, 1999). 인종과 민족은 개인적 차이를 규정하는 주요 특성이 되었으며, 사례개념화에서 평가에 이르는 다양한 영역에서 중요할 수 있다.

Fong과 Lease(1997)는 백인 상담자가 문화적으로 민감한 수퍼비전을 제공할 때 직면할 가능성이 있는 대표적 과제들, 즉 무심코 저지르는 인종차별, 권력 역동, 신뢰에 대한 이슈 그리고 의사소통 이슈에 관해 지적한다. 더 나아가서 그들은 인종적 · 민족적 이슈에 대한 논의를 시작하는 것은 수퍼바이저의 특권으로 간주되고 있다고 말한다(사례 참조, Kleintjes & Swartz, 1996). 이는 수퍼바이저는 수퍼바이지가 인식하는 것보다 인종적 · 문화적 이슈에 대해 더욱 많이 논의하는 것으로 보고되었다는 Duan과 Roehlke(2001)의 연구 결과에 비춰볼 때 타당하다. 그에 반해서, 흑인 수퍼바이저가 백인 수퍼바이지와 함께 수퍼비전을 할 때는 신뢰와 의사소통 이슈가 두드러진다(참조, Priest, 1994; Williams & Halgin, 1995). Priest(1994)는 백인 수퍼바이지가 다른 의사소통 양식을 모르기 때문에 해로운 오해를 할 수 있을 뿐 아니라 부정적인 기대도 할 수 있다고 지적했다. Remington과 DaCosta

(1989)는 어떤 문제나 갈등이 발생할 때까지 그냥 내버려 두기보다는 그런 다문화적 이슈를 처음부터 제대로 언급할 필요가 있다고 강조한다(참조, Estrada, Frame, & Williams, 2004).

Cook(1994)은 백인 수퍼바이저와 소수 민족 출신 수퍼바이지를 위한 수퍼비전 관계에서 권력 역동이 두 가지 방식으로 나타난다고 말했다. ① 수퍼바이저는 수퍼바이지보다 많은 권력을 가지고 있으며, ② 그뿐만 아니라 수퍼바이저는 지배집단 구성원으로서도 더 큰 권력을 행사한다. 이런 권력 역동은 자신의 인종 정체성 발달을 인식하지 못하는 수퍼바이저가 무심코 저지르는 인종차별에 의해서 한층 더 복잡해진다(참조, Cook, 1994; Fong & Lease, 1997). Cook(1994)에 의하면, 수퍼바이저의 인종 정체성이 수퍼바이지의 인종 정체성보다 잘 발달되지 못했을 때는 그 결과로서 퇴행적 수퍼비전이 발생하며, 그 반면 수퍼바이저의 정체성이 수퍼바이지의 정체성보다 더 잘 발달됐을 때는 진보적 수퍼비전이 발생할 것이다. 마찬가지로, Ladany, Brittan-Powell과 Pannu(1997)는 수퍼바이저와 수퍼바이지의 인종 정체성이 대등하게 잘 발달된 경우는 수퍼비전 동맹의 전조가 되고, 서로 좋아하고 신뢰하는 긍정적인 감정과 관련되며, 다문화적 역량이 발달하는 동기가 된다는 사실을 발견했다. 다문화적 역량 발달의 측면에서 진보적 상호작용은 두 번째로 좋았고, 그 반면 퇴행적 상호작용과 수퍼바이저와 수퍼바이지의 인종적 정체성이 둘 다 발달하지 못한 경우는 영향력이 가장 적었다. Ladany, Inman, Constantine과 Hofheinz(1997)도 비록 다문화적 사례개념화 역량과 반드시 연관성이 있는 것은 아니지만, 인종 정체성 발달과 다문화적 역량에 대한 자기인식은 서로 연관성이 있다고 지적했다.

흥미롭게도, Inman(2006)은 수퍼바이저의 다문화적 역량이 수퍼비전 작업 동맹 및 수퍼비전이 만족스럽다고 인식하는 것과 정적 관련성이 있으며, 훈련생이 인과 관계를 개념화하는 역량에는 부정적인 영향을 미치는 것을 발견했다. Gatmon 등(2001)은 수퍼비전 관계에서 문화적 변인을 논의하는 것이 어떤 영향을 미치는지 연구했다. 연구 결과, 단지 제한적인 논의이긴 했지만, 실제 논의가 이루어졌을 때 수퍼바이지는 수퍼비전 작업 동맹이 촉진되고 수퍼비전에 대한 만족이 높아졌다고 말했다. Burkard 등(2006)도 역시 문화적 이슈에 반응하는 수퍼비전(수퍼바이지가 문화적 이슈를 탐색하도록 지지받는다고 생각하는 경우)은 수퍼바이지, 수퍼비전

관계 그리고 내담자 결과에 긍정적 영향을 미친다는 사실을 발견했다. 그와 반대로 문화적 이슈에 반응하지 않는 수퍼비전(수퍼바이저가 문화적 이슈를 무시하고, 적극적으로 평가절하하거나 묵살하는 경우)은 이러한 변인들에 대해서 부정적 영향을 미친다. 그들도 유색인 수퍼바이지는 문화적 이슈에 반응하지 않는 수퍼비전을 경험할 때 유럽계 미국인 수퍼바이지보다 부정적 영향을 더 많이 받는다는 사실을 발견했다. 마찬가지로, Constantine과 Sue(2007) 역시 백인 수퍼바이저와 함께 수퍼비전을 하는 흑인 수퍼바이지는 인종–문화적 이슈의 타당성을 인정하지 않기, 흑인 수퍼바이지는 물론 흑인 내담자에 대한 진부한 가정, 인종차별주의자로 보일지 모른다는 수퍼바이저의 두려움에서 영향을 받는 상호작용(평가하는 피드백처럼), 임상적 약점에 먼저 초점을 맞추기, 억압 때문에 일어난 문제의 책임을 유색인 내담자에게 전가하기 그리고 문화를 배려하지 않는 치료 추천서 등을 통한 간접적 공격을 경험할 가능성이 있음을 발견했다. 당연한 일이지만, 그런 간접적 공격은 유색인 내담자에게 간접적으로 부정적 영향을 끼쳤을 뿐만 아니라, 흑인 훈련생과 수퍼비전 관계에도 해로운 영향을 끼쳤다. 이런 연구 결과들은 문화적으로 반응하는 수퍼비전을 시급하게 시행해야만 한다고 지적한다. Tummala-Narra(2004)는 더 나아가서 임상적 수퍼비전에서 인종적 · 문화적 다양성에 관한 이슈를 통합하는 것은 임상적 역량의 가장 중요한 요소라고 말한다. 그리고 이러한 임상적 역량은 내담자의 정신내적, 대인관계적 세계를 더 잘 이해하고 소수 민족에게 서비스를 제공하는 데 있어서 중요한 의미가 있다고 말한다.

교차 문화적 수퍼비전에서 중요한 것으로 밝혀진 다른 요인에는 돌보는 분위기에서 나타나는 관심의 여부를 인식하기, 수퍼바이저가 자신을 좋아한다고 인식하기(Cook & Helms, 1988); 관계를 인식하고 서로를 긍정적으로 대하는 태도를 인식하기(Duan & Roehlke, 2001); 개방성과 지지, 문화적으로 적절한 상담, 다문화적 활동에서 일할 기회, 수퍼바이저의 문화적 인식 부족 그리고 문화적 요인 때문에 수퍼바이지의 역량을 의심하는 것을 인식하기(Fukuyama, 1994) 등이 포함된다. 흥미롭게도, McRoy, Freeman, Logan과 Blackmon(1986)은 수퍼바이지와 수퍼바이저가 모두 교차 문화적 수퍼비전 관계의 이점보다는 오히려 문제를 예상한다는 것을 발견했다.

다문화적 이슈에 대한 논의에 있어서 또 하나의 중요한 요소는 국적, 성, 성적

취향, 종교적 및 영적 오리엔테이션 등의 다양성과 관련된 다른 요인이 미치는 영향이다. 예를 들면, Gubi(2007)는 많은 훈련생들이 상담에서 기도를 사용하는 문화가 있음을 알지 못하기 때문에 그것에 대해서 보고하지 않는다는 사실을 발견했다. Killian(2001)은 여러 국가의 학생을 상대로 하는 수퍼비전이 복잡하다고 지적했는데, 수퍼비전에서 문화적 차이와 가치 차이의 어떤 측면은 그에 대해서 어떻게 반응해야 할지 모르거나 확신을 갖지 못하기 때문에 간과할 수 있다.

성에 관한 이슈

다른 많은 이슈와 마찬가지로, 수퍼바이저는 대인관계에서 성(gender)이 자신의 행동에 어떻게 영향을 주는지 고려해야 한다(Doughty & Leddick, 2007; Ladany et al., 2005; Nelson, 1991). 연구 문헌에 의하면, 성이 수퍼바이저의 행동에 영향을 미친다는 증거가 있다. 여성 수퍼바이저는 남성 수퍼바이저에 비해 관계를 중시하고 수퍼비전에서 훈련생에 대해 더 많은 시간을 사용하는 경향이 있다. 남성 수퍼바이저는 남성 수퍼바이지의 내담자에게 보다 많은 관심을 기울이고 시간을 더 많이 사용하는 경향이 있다(Sells, Goodyear, Lichtenberg, & Polkinghorne, 1997). 마찬가지로, 수퍼바이지는 남성 수퍼바이저보다는 여성 수퍼바이저가 더 많이 보살펴 줄 것이라고 기대할 수 있으며, 반면 여성 수퍼바이저보다 남성 수퍼바이저가 수퍼바이지의 행동이 적절한지에 더 중점을 둘 것이라고 기대할 수 있다(Borders & Leddick, 1987). 우리는 이 부분에서 여성 수퍼바이지에게 권한을 부여하는 것과 남성 수퍼바이지의 성 역할 갈등을 둘러싼 이슈에 초점을 맞추려고 한다.

일련의 실망스러운 연구 결과에 의하면, 남성과 여성 수퍼바이저들은 모두 여성 훈련생에게 권한을 부여할 가능성이 적다(Chung, Marshall, & Gordon, 2001; Granello, 2003; Granello, Beamish, & Davis, 1997; Nelson & Holloway, 1990). 특히 Nelson과 Friedlander(2001)의 연구 결과에 의하면, 남성 수퍼바이지와 비교할 때 여성 수퍼바이지는 수퍼바이저의 성에 관계없이 수퍼바이저가 권력이 있는 체하도록 자극할 가능성이 적었다. 더 나아가서, 여성 수퍼바이지는 수퍼바이저와 함께 상호작용하는 패턴에 있어서 상대방과 차이를 더 많이 드러냈다. 저자는 다음과 같이 우려를 표현한다.

> 성과 무관하게 전문가 역할을 하는 사람은 여성 하급자가 권력을 행사하려고 시도하는 것을 지지해 주지 않거나 더 강력한 영향력을 행사함으로써 남성 하급자보다 여성 하급자와의 상호작용에서 더 많은 권력을 장악할 수 있다. 수퍼비전 관계에서 여성 훈련생은 수퍼바이저의 이런 자세에 대해서 전문가로서 자기주장을 내세울 기회를 사양하는 방식으로 반응할 수 있다. 수퍼비전의 전체 맥락에서 훈련생을 위한 평등한 권력은 발생하지 않는 것 같다. 수퍼비전 과정에서 이처럼 동등함이 부족하기 때문에 여성에게 권한을 부여하지 않는 결과를 초래할 수 있으며, 여성 상담자가 전문가로서의 정체성을 발달시키는 데 영향을 미칠 수 있다(p. 479).

또한 다른 연구에 의하면 여성과 남성 수퍼바이저들이 여성 수퍼바이지의 의견을 묻는 빈도는 남성 수퍼바이지에게 묻는 빈도의 절반 정도에 그친다(Granello et al., 1997). Granello 등은 남성 수퍼바이지에게 제공한 수퍼비전 양식에는 수퍼비전의 발달 모델이 반영된 반면, 여성 수퍼바이지에 대해서는 그렇지 않다는 결론을 내렸다. 이와 유사한 연구 결과에 의하면, 남성 수퍼바이저들은 여성 수퍼바이저들보다 여성을 더 부정적으로 평가하는 것 같다(Chung et al., 2001). 대부분의 경우, 수퍼바이저는 남성이고 수퍼바이지는 여성이라는 사실을 고려한 위의 저자들은 수퍼바이저에게 성에 관한 이슈가 평가에 미치는 영향에 유의하도록 권고한다. Chung 등(2001)은 편견을 가진 평가가 여성 수퍼바이지의 자기유능감, 자기존중감에 나쁜 영향을 미치고 수퍼비전 관계를 손상시킬 수 있다고 주의를 준다.

후속 연구의 흥미로운 결과에 의하면, 수퍼바이저는 수퍼비전에서 남성 훈련생에게 제안을 더 많이 하고 의견을 더 많이 말하도록 요청하지만, 수퍼바이저의 성과 무관하게 여성 수퍼바이지의 견해를 더욱 자주 받아들이고 그에 따른다(Granello, 2003). 후속 연구의 결과에 의하면, 자신의 수퍼바이저와 성의 유사점과 차이점에 관해서 이야기하는 훈련생은 수퍼비전에 대해서도 더 많이 만족한다고 말했다(Gatmon et al., 2001). 그와 반대로 수퍼바이저가 수퍼비전에서 성에 관한 차이에 대해서 논의하기를 꺼린다고 인식한 훈련생은 수퍼비전에서 지지받지 못하고 무시당한다고 느꼈다(Nelson & Friedlander, 2001; Walker et al., 2003).

Ladany 등(2005)은 다음에 필요할 때 언제든지 논의할 수 있게 하기 위하여 수퍼

비전 관계에서 초기부터 다른 다문화적 변인들뿐만 아니라 성에 대한 이야기를 시작해야 한다고 말한다. 그리고 더 나아가서 성 역할에 대한 기대에서 비롯된 수퍼바이저와 수퍼바이지 간의 오해를 바로잡기 위한 방법을 설명한다. 그들은 오해(misunderstanding)를 성 역할에 대해서 서로 다른 행동을 기대하기 때문에 발생하는 수퍼비전 관계의 교착상태, 또는 성 역동이 관계에 어떻게 영향을 주는지를 이해하지 못하는 몰이해(missed understanding)로 정의한다. Ladany 등은 여성 수퍼바이지에게 권한을 부여하는 과정에서 수퍼비전 관계 때문에 성에 관한 오해가 발생했다는 사실을 확인한 수퍼바이저는 수퍼비전 동맹과 평가에 초점을 두어야 한다고 권고한다.

남자에게 성 역할 갈등은 감정을 억제해야 하는 등의 남성 역할에 대한 전통적 기대와 대인관계, 특히 상담이나 수퍼비전에서 요구하는 친밀감 사이의 불일치 때문에 남성이 느끼는 불안감을 말한다(Levant, 1995; O' Neill, 1981). 실제로 남자는 유능하다는 인상을 주도록 사회화되며, 감정에 대해서 이야기하고 약한 면모를 드러내는 건 바람직하지 않다고 생각하도록 사회화된다. 그렇다면, 상담과 수퍼비전은 감정을 동일시하고 표현해야 하는 분야일 뿐 아니라 남자로서는 기술이 부족하다고 느끼는 훈련 과정에 참여해야 하기 때문에 남성 수퍼바이지들에게 도전을 일으킬 수 있다(Ladany et al., 2005). 견문이 넓은 수퍼바이저는 남성 수퍼바이지가 역량에 관해서 상처받기 쉽다는 점을 이해함으로써 그리고 남성의 감정 표현을 성급하게 촉진하지 않음으로써 수퍼비전 관계를 강화시킬 수 있다. 수퍼비전에서 감정 표현을 너무 빨리 촉진하려고 하면 수퍼비전 동맹을 약화시킬 수 있다(Wester & Vogel, 2002). 그 대신에, Ladany 등은 수퍼바이저에게 남성 수퍼바이지가 감정에 대해서 이야기하는 것을 편안하게 받아들이는 데 필요한 유예기간을 허용하도록 권고한다. 또한 그들은 남성 수퍼바이지와 함께 일하는 남성과 여성 수퍼바이저 모두에게 몇 가지 주의를 준다. 남성 수퍼바이저는 두 남자가 만나서 민감한 이슈와 감정에 관해서 좀처럼 이야기하지 않는다는 사회적 기대에 대항할 필요가 있는 반면, 여성 수퍼바이저는 남성 수퍼바이지에게 감정적인 측면이 드러나도록 좀 더 시간을 주어야 한다는 점을 스스로 상기할 필요가 있다는 것이다.

성적 지향성 이슈

내담자, 상담자 그리고 수퍼바이저의 성적 지향성을 둘러싼 이슈도 역시 수퍼비전 관계에 영향을 미친다(Halpert et al., 2007; Halpert & Pfaller, 2001; Russell & Greenhouse, 1997). 다른 다문화적 이슈에서와 마찬가지로, 수퍼바이저는 견고한 수퍼비전 관계를 촉진하기 위해서 성적 지향성을 둘러싼 자신의 편견과 가치를 인식해야 한다. 더 나아가서 성적 소수자인 훈련생의 전문적 발달을 촉진하기 위해서는 동성애 혐오와 양성애주의를 이해하는 것이 대단히 중요하다(Pfohl, 2004). 성적 지향성 이슈가 수퍼비전 관계에 미치는 영향에 관한 경험적 연구가 별로 없기는 하지만, 어떤 연구에서는 성적 소수자인 훈련생은 차별과 부정적인 반응을 경험한다고 시사한다(Gatmon et al., 2001; Murphy, Rawlings, & Howe, 2002; Pilkington & Cantor, 1996). 성적 지향성의 유사점과 차이점에 대해서 수퍼바이저와 함께 논의하는 수퍼바이지는 수퍼비전에 만족했으며, 수퍼바이저가 효과적인 수퍼비전을 제공하는 역량을 가지고 있다고 생각했다(Gatmon et al., 2001). 수퍼바이저에게 있어서 성적 지향성 이슈를 편안하게 논의할 수 있는 분위기를 촉진하는 역량은 필수적인 것 같다.

Halpert 등(2007)은 이론상 긍정적 수퍼비전은 수퍼바이저가 현재 사용하는 이론의 모델과 함께 사용해야 한다고 주장한다. 긍정적 수퍼비전의 기본 원리는 모든 성적 지향성과 성정체성은 똑같이 정당하다는 개념이다. 긍정의 두 가지 모델에 대해서 간략하게 설명하겠다. 첫째, Pett(2000)의 게이 우대 수퍼비전 모델에는 긍정적 수퍼바이저를 위한 다음의 몇 가지 원리들이 포함된다. ① 게이, 레즈비언, 양성애 그리고 이성애 지향성의 정당함을 똑같이 존중한다. ② 성적 소수자인 수퍼바이지와 일할 때 방해가 될 수 있는 신념, 태도 그리고 감정에 관하여 자기탐색을 할 책임을 상기한다. ③ 수퍼바이지의 성적 취향과 선택을 존중한다. ④ 동성애 혐오와 그 밖의 편견이 성적 소수자의 삶에 미치는 영향을 이해한다. Buhrke(1989)의 갈등 상황 모델은 수퍼비전에서 동성애 혐오를 다루는 상황에 초점을 맞춘다. 있을 수 있는 네 가지 상황은 갈등이 없는 상황과 갈등 상황으로 나누어진다. Buhrke에 의하면 가장 생산적인 상황은 수퍼바이저와 수퍼바이지 모두 동성애 혐오자가 아니어서 갈등이 없는 경우다. 성적 소수자인 내담자를 가장 크게 손상시

키는 상황은 반어적으로 수퍼바이저와 수퍼바이지가 모두 동성애 혐오자여서 갈등이 없는 경우다. 이런 경우, 수퍼바이저와 수퍼바이지는 각자의 편견을 강화시키게 되며 내담자의 요구에 주의를 기울이지 못한다. 두 가지 갈등 상황 중 첫 번째 경우는 수퍼바이저는 동성애 혐오자가 아니지만 수퍼바이지가 동성애 혐오자인 경우로서, Buhrke는 이런 경우에는 성적 지향성 이슈에 대해서 논의하고 그 결과로서 수퍼바이지의 인식이 증진될 가능성이 있다고 밝혔다. 수퍼바이지는 동성애 혐오자가 아니지만 수퍼바이저가 동성애에 대한 혐오감을 표현하는 경우에는 관계가 더욱 어려워진다.

수퍼비전 갈등

Borders 등(1991)은 수퍼비전 관계를 발달시키고, 유지하고, 종결하는 책임이 수퍼바이저에게 있다고 주장한다. 그러므로 수퍼비전 관계에서 어려움이나 갈등이 발생할 때, 수퍼바이저는 다음 질문을 검토해야 한다. 나는 문제의 어떤 부분에 원인을 제공하고 있는가? 수퍼바이지는 어떤 문제를 초래하고 있는가? 우리들 사이의 어떤 역동이 문제를 일으키고 있는가? 우리는 지금 수퍼비전에서 다루어야 할 것을 제대로 다루고 있는가? 나는 문제를 해결하기 위해서 어떻게 기여할 수 있는가? 수퍼비전 관계를 강화하거나 수퍼바이지의 성장을 촉진하기 위해서 이 문제를 어떤 방식으로 활용할 수 있을까(Pearson, 2000)? 수퍼비전 관계에서 갈등이 발생하는 원인은 다양하다. 여기에서는 수퍼비전에서 각자가 하는 역할과 수퍼비전에 대한 기대가 서로 다르기 때문에 발생하는 갈등을 간략하게 설명하려고 한다. Olk와 Friedlander(1992)는 수퍼바이저가 수퍼바이지 자신의 견해와 상충되는 행동을 하도록 요구하거나 그러한 행동을 해야 하는 다양한 역할에 참여하도록 요구할 때 수퍼비전에서 역할 갈등이 발생한다고 규정했다. 예를 들면, 훈련생이 학생 역할을 하기를 원하는 기대는 훈련생이 상담자 역할을 하기를 원하는 기대와 상충될 수 있다. 역할 모호성은 수퍼바이지가 수퍼비전에서 자신이 해야 하는 역할이 무엇인지 명확하게 알지 못한 결과로서 발생한다. Olk와 Friedlander는 역할 모호성은 상급 훈련생과는 대조적으로 초보자에게서 더 많이 나타나며, 그 반면 역할 갈등은 상급 수퍼바이지에게서 더욱 현저하게 나타난다

는 사실을 발견했다.

수퍼비전 관계의 강도와 수퍼비전 갈등 간의 연관성은 경험적으로 뒷받침되고 있다(Gray et al., 2001; Ladany & Friedlander, 1995; Nelson & Friedlander, 2001). 예를 들면, 과업과 목표에 대해서 동의하는 것과 관계없이 훈련생이 역할 갈등을 덜 느낄 때 견고한 수퍼비전 유대가 형성되었다(Ladany & Friedlander, 1995). 수퍼비전에서 역할 갈등을 더 많이 느끼는 훈련생은 유대의 강도와 상관없이 수퍼비전의 목표와 과업에 대해서도 수퍼바이저와 합의가 잘 이루어지지 않는다고 말했다(Ladany & Friedlander, 1995). 또한 수퍼비전 작업 동맹에서 유대 구성요소가 아니라 오직 목표-과업 구성요소에 의해서 수퍼바이지의 역할 모호성을 예측할 수 있었다. 수퍼바이저와 수퍼바이지 간의 유대 강도를 어떻게 인식하는지와 관계없이, 수퍼비전에 대한 수퍼바이저의 기대가 분명할 때 훈련생은 역할 모호성을 덜 경험했다. 바꿔서 말하면, 훈련생은 수퍼바이저를 좋아하고 신뢰함에도 불구하고 수퍼비전에서 자신의 역할이 분명치 않다고 느끼는 경험을 할 수 있다(Ladany & Friedlander, 1995).

비효과적이거나 서투른 수퍼비전에 관한 연구 문헌 역시 수퍼비전에서 갈등을 다루는 게 중요하다고 강조한다(Magnuson, Wilcoxon, & Norem, 2000; Watkins, 1997). 수퍼바이지에 관한 질적 연구에서, Magnuson 등은 서투른 수퍼비전에서 공통적인 원칙과 영역을 발견했다. 대단히 중요한 이러한 원칙들은 다음과 같다. 수퍼비전 시 어떤 요소에는 지나치게 집중하고 그 밖의 요소에는 충분히 집중하지 못함으로써 균형을 잃었고, 수퍼비전이 발달적으로 부적절했으며, 수퍼바이저는 의견 차이를 받아들이지 못했고, 수퍼바이저는 전문적 및 개인적 특성과 관련하여 좋은 모델이 되어 주지 못했으며 수퍼비전에 대한 훈련이 되어 있지 않았고 직업상으로 무관심했다. 세 가지 영역에는 기관 및 행정의 영역, 기술 및 인식의 영역 그리고 관계 및 정서의 영역이 포함된다. 관계 및 정서의 영역에서 수퍼바이지는 수퍼바이저가 안전한 환경을 제공하지 못했으며, 잘못을 바로잡는 피드백을 너무 많이 하거나 너무 적게 했고, 수퍼바이지가 전문가로서 느끼는 욕구에 민감하지 못했으며, 수퍼바이저와 수퍼바이지 사이에서 발생하는 이슈를 회피했다고 이야기했다. 예전에 수퍼바이지였던 한 사람이 다음과 같은 경험담을 들려주었다. "…. 관계는 중요하지 않았어요. 수퍼바이저가 무엇을 하라고 시켰는데 만일

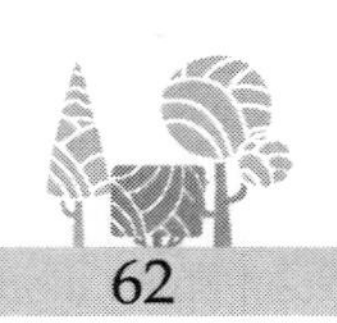

거기에 동의하지 않으면, 가엾어라…. 욕을 얻어먹고, 위협당하고, 어리석고 바보 같고 쓸모없고 못난 사람이라는 말을 들으면…. 수퍼바이저가 아무리 좋은 의도를 가지고 있다고 해도 지금 말하는 것 외엔 듣지 못해요." 또한 Watkins는 비효과적인 수퍼바이저는 기술 수준이 더 낮고, 참을성이 적으며, 견고한 수퍼비전 동맹을 맺지 못하고, 수퍼비전에서 병행 과정과 역전이 이슈를 무시한다고 말했다. 악영향을 끼칠 가능성이 있는 수퍼바이저의 행동과 수퍼비전의 시행을 규정함으로써, 수퍼바이저가 수퍼비전 관계를 수립하기 위해서 계속 노력할 때 그런 가능성을 더 잘 인식하게 되기를 기대할 수 있을 것이다.

윤리적 이슈

수퍼바이저는 그들 각자의 직업에서 윤리적 지침을 잘 고수하고 수퍼바이지가 윤리적 이해를 확고하게 발달시키도록 도울 것으로 기대된다(Borders, 2005; Gottlieb, Robinson, & Younggren, 2007). 그러나 수퍼비전에는 그 이상의 역할과 전문적 기술이 필요하다. 그러므로 수퍼바이저는 수퍼바이지와 함께 하는 그들의 일을 감독하는 데 있어서 '상담 수퍼바이저를 위한 윤리적 지침' (Ethical Guidelines for Counseling Supervisors; ACES, 1995)과 같이 수퍼비전에 특유한 윤리적 기준을 검토할 필요가 있다. 수퍼바이저의 윤리적 실천에 관한 연구에 의하면, 일반적으로 대부분의 수퍼바이저들은 상담과 수퍼비전에서 윤리적 실천에 참여하고 있다(예, Erwin, 2000; Ladany, Lehrman-Waterman, Molinaro, & Wolgast, 1999). 그러나 수퍼바이저가 윤리적 실천을 적절하게 잘 고수하지만은 않았던 상황도 있다. 예를 들면, 한 연구에서 수퍼바이지들은 자신의 수퍼바이저들 중 절반 이상은 적어도 하나 이상의 윤리적 지침을 따르지 않았다고 말했다(Ladany et al., 1999). 수퍼바이지들이 보고한 윤리적 위반은 다음 영역에 속한다. ① 수행 평가와 수퍼바이지 활동 모니터링하기(33%), ② 수퍼비전에서 비밀보장 이슈(18%), ③ 대안적 관점을 가지고 일하는 능력(18%), ④ 시간 경계와 예우(13%), ⑤ 전문적 역할에 대한 방향 설정과 현장 기준 모니터링하기(9%), ⑥ 전문적 기술 및 능력 이슈(9%), ⑦ 내담자에 대한 노출(8%), ⑧ 위기 대처와 개입(7%), ⑨ 내담자에 대한 다문화적 민감성(7%), ⑩ 수퍼바이지에 대한 다문화적 민감성(7%), ⑪ 이중 역할(6%), ⑫ 종결과 후

속 조치 이슈(5%), ⑬ 성 이슈(1%). 연구자들은 수퍼바이저가 윤리적 지침을 잘 고수하는 것이 수퍼비전 관계에 미치는 영향에 관해서도 연구했다. 연구 결과, 수퍼바이저가 윤리적 지침을 잘 고수하고 있다고 말한 수퍼바이지들은 역시 수퍼비전에서 견고한 작업 동맹을 하고 있다는 것을 보여 준다. 반대로, 수퍼바이저가 윤리적 지침을 고수하는 모습을 그다지 보여 주지 않았다고 말했던 수퍼바이지들은 빈약한 수퍼비전 동맹을 보고했다. 실제로 Ladany 등은 수퍼비전 작업 동맹에서 발생하는 불화 중 47% 이상은 수퍼바이저가 수퍼비전을 윤리적으로 시행하지 않은 탓이라고 설명했다.

수퍼바이지와 수퍼바이저의 게임

Berne(1961)에 의하면, 게임이란 각 개인이 보이는 일련의 행동의 이면에 숨겨진 동기가 있으며 특정한 목적을 지향하는 경우를 뜻한다. 수퍼비전 관계에서 불안, 수치심, 불편함 그리고 수퍼바이저와 수퍼바이지 간의 대인관계 갈등을 처리하는 과정에서 게임이 발생할 수 있다. Kadushin(1968)은 수퍼비전 게임을 "수퍼바이저와 수퍼바이지 사이에서 반복되는 상호작용적 사건으로서 어느 한편에게 앙갚음을 하는 것"으로 정의했다. 전형적으로 수퍼비전 관계에서는 게임의 결과로서 권력과 통제가 증가하고, 불안과 고통이 줄어들거나 갈등을 일으키는 상호작용이 일시적으로 경감되는 등의 이득이 생긴다. 게임을 과도하게 사용하면 수퍼비전 과정을 방해하게 되며 수퍼바이지의 학습과 성장을 방해한다. Kadushin(1968)은 수퍼바이지가 일이나 자기 자신이 부적절하다고 느끼기 때문에 게임을 시작할 수 있다고 말한다. 그는 수퍼바이지가 할 수 있는 네 가지 시리즈의 게임을 지적했다. 수퍼바이지 게임은 〈표 2-1〉에서 중점적으로 다룬다. 덧붙여서, 수퍼바이저는 위협받는다고 느낄 때, 자신의 역할이 불확실하고 불편하다고 느낄 때, 권위를 사용하기를 망설이거나 수퍼바이지에게 적개심을 느낄 때 게임을 시작할 수 있다(Hawthorne, 1975; Kadushin, 1968). Hawthorne(1975)은 수퍼바이저가 시작하는 게임에는 다음의 두 가지 영역이 있다고 지적했다. ① 책임 포기를 포함한 기권 게임, 그리고 ② 관계를 계속 차단시키며 수퍼바이지의 무력감을 조

장하는 권력 게임 등이다. 수퍼바이저 게임의 사례는 〈표 2-2〉에서 중점적으로 다룬다.

수퍼비전에서 발생하는 게임이 해로운 영향을 끼치는 점을 고려할 때(수퍼바이지가 시작하든, 수퍼바이저가 시작하든 간에), 수퍼바이저는 수퍼비전 관계에서 게임이 벌어지고 있는지에 대해 방심하지 말고 반드시 계속 경계해야 하며, 게임이 발생하는 빈도를 줄이기 위해서 적절한 조치를 취하지 않으면 안 된다. Kadushin(1968)은 수퍼비전 관계에서 게임을 줄이고 확인하기 위한 여러 가지 제안을 내놓았다. 부적절감이 수퍼바이지 게임을 유발하는 계기가 될 수 있으므로, 그는 수퍼바이저가 수퍼바이지에게 긍정적인 피드백을 제공하고 건강한 자기효율성을 발달시키도록 권장해야 한다고 말한다. 상담 기술을 배우는 데 수반되는 사고와 신념의(주로 위험한) 변화를 강조하면서, 그는 수퍼바이지가 경험하고 있는 애매모호함과 혼란을 공감하라고 제안한다. 더 나아가서 그는 수퍼바이지 게임과 수퍼바이저 게임을 피하기 위해서는 수퍼바이저가 자기인식을 하고 분노, 적개심 그리고 거절당할 위험을 기꺼이 무릅쓰는 게 가장 중요하다고 말한다. 직접적인 의사소통이 가능하고 불안과 갈등을 배움의 도구로 사용하는 열린 관계는 게임이 일어날 가능성을 줄여 줄 것이다.

Kadushin(1968) 역시 일단 게임이 시작되었을 때 문제를 다룸으로써 수퍼비전 관계를 강화할 수 있는 단계들을 제시했다. 그는 수퍼바이저는 수퍼바이지 게임을 완전히 거부할 수 있으며, 아니면 게임을 처리하기 위해서 점진적으로 해석하고 직면할 수 있다고 말한다. 그러나 그는 직면해야 할 시기와 강도를 조심스럽게 모니터링해야 하며, 수퍼바이저는 무엇보다도 게임을 유발한 수퍼바이지의 관심사를 배려해야 한다고 주의를 준다. 많은 게임은 수퍼바이지와 수퍼바이저 모두에게 이득이 되며, 그러므로 수퍼바이저는 게임을 하지 않고 견디기 힘들다는 것을 알 수 있다는 데 주목해야 한다. 수퍼바이저가 수퍼바이지의 필요에 관심을 가지는 것은 물론, 자신의 역할과 요구를 지속적으로 인식하는 것이 매우 중요하다.

〈표 2-1〉 수퍼바이지 게임

시리즈 1: 요구 수준에 대한 통제
기관에 대항하거나 불평자를 부추기거나. 내담자의 요구에 초점을 맞춤으로써 수퍼바이저가 기관의 규칙과 규제를 강화하고자 하는 것을 약화시키려는 시도.
내가 당신에게 잘하니까, 당신도 내게 잘해 줘요. 수퍼바이지와 내담자 관계에 초점이 맞추어진 평가를 부드럽게 하기 위해서 아첨하기.
시리즈 2: 관계 재정의
환자와 병약자를 보호하세요; 또는 나를 비판하지 말고 잘 대해 주세요. 개인적인 걱정거리를 드러냄으로써 수퍼바이저 내면의 상담자에게 호소하기.
친구 사이에는 평가하는 게 아니에요. 친구 사이가 되면 책임이 덜해지리라고 예상하고 좀 더 사교적이고 허물없는 사이로 관계를 재정의하기.
참여 가능성을 극대화하기. 동료 관계를 강조해서 수퍼바이지 자신이 알아야 할 필요가 있는 것에 관해서 의사 결정권을 광범위하게 얻기.
시리즈 3: 권력 불균형 감축
당신이 나만큼 도스토예프스키를 안다면. 수퍼바이지가 자신에게 지적인 능력과 수퍼바이저를 가르칠 능력이 있음을 강조하기.
그래서 당신이 아는 게 뭐요? 수퍼바이저가 전문적인 지식이나 경험을 갖고 있지 못한 영역에 대해서 수퍼바이지 자신은 잘 알고 있다고 암시하기.
전부 아니면 전무. 수퍼바이저가 자신의 이상을 포기했고 수퍼바이지 자신은 더 폭넓은 인생의 비전과 더 큰 삶의 의미를 추구한다고 암시하기.
시리즈 4: 상황 통제
내가 목록을 좀 가지고 있어요. 수퍼바이저의 관심이 자신으로부터 멀어지게 하거나 수퍼바이저를 통제하기 위해서 일과 관련된 관심사 목록을 활용하기.
통로 차단하기. 수퍼바이저로부터 안심시키는 말을 듣기 위해서 자책에 빠지기.
저에게는 지난 상처가 많아요. 수퍼바이저에게 무엇을 해야 할지에 관한 '처방'을 구하기 위해서 연약한 척하기.
당신이 시킨 대로 했어요. 수퍼바이저를 수세로 몰아넣으려는 '악의를 품은 순종'을 포함한 적대적인 상호작용.
모든 게 너무 혼란스러워요. 수퍼바이저의 권위를 무너뜨리기 위해서 다양한 자료로부터 의견과 지침을 구하기.
당신이 모르면 제가 상처받지 않을 거예요. 호의적인 면만 보여 주고 수퍼바이지와 수퍼바이저 사이의 거리를 유지하기 위해서 선택적으로 나누기.

출처: J. L. Muse-Burke, N. Ladany, & M. D. Deck, 2001, The Supervisory Relationship, In L. Bradley & N. Ladany (Eds.), *Counselor supervison: Principles, process, and practice*(3rd ed., pp. 28-62), Philadelphia, PA: Brunner-Routledge 인용.

〈표 2-2〉 수퍼바이저 게임

기권 게임
상담센터에서 허락하지 않을 거예요. 기관이나 기관의 규칙, 또는 관계자에게 책임을 떠넘김으로써 의사 결정을 회피하기.
나를 불쌍히 여겨 주세요. 수퍼바이지가 더 많은 요구를 하지 못하도록 다른 지나친 요구를 다 들어주고 이를 수퍼비전에서의 책무를 회피하기 위한 구실로 사용하기.
당신이 어떤 경험을 하는지 알아요. 또는 나는 진짜 좋은 사람이에요. 수퍼바이지의 관점을 두둔하거나 자신의 개인적 자질을 이용해서 인정받으려고 하기.
질문에 질문으로 대답하기. 지연 전술을 사용하거나 답변과 결정을 회피하고 수퍼바이지에게 정보를 알려 주지 않으려고 질문에 대해서 또 다른 질문으로 응답하기.
권력 게임
누가 대장인지 명심하세요. 반박을 차단하고 전능한 지위를 장악하기 위해서 권력과 권위를 노골적으로 상기시켜 주는 것들(메모, 평가 그리고 이야기하는 방식 등).
일러바칠 거예요. 더 높은 지위를 이용해서 위협적으로 규율을 잡음으로써 힘을 유지하고 책임을 포기할 수 있다.
부모—아버지나 어머니—가 가장 잘 안다. 수퍼바이지가 무력하며 의존적이라고 여기고 그를 보호하고 지도하기 위해서 자신이 경험이 많고 지혜롭다고 들먹이기.
나는 단지 도와드리려고 할 뿐이예요. 또는 당신 혼자서는 못한다는 걸 알아요. 수퍼바이지가 무능하거나 부족하다고 가정해서 기대를 낮추고 도움과 돌봄으로 위장하기.
당신이 그런 질문을 하는 진의를 모르겠어요. 수퍼바이지의 질문이 심리적 저항을 나타낸다고 암시함으로써 통제 유지하기. 즉, 수퍼바이저는 수퍼바이지의 관점이나 가설이 타당하다고 인정하지 않는 동시에 권력을 유지한다.

출처: J. L. Muse-Burke, N. Ladany, & M. D. Deck, 2001, The Supervisory Relationship, In L. Bradley & N. Ladany (Eds.), *Counselor supervison: Principles, process, and practice*(3rd ed., pp. 28-62), Philadelphia, PA: Brunner-Routledge 인용.

결론

우리는 이 장 전체에 걸쳐서 효과적인 수퍼비전을 위해서는 수퍼비전 관계가 매우 중요하다고 강조했다. 우리는 수퍼비전 동맹과 수퍼비전 결과 간의 관계를 입증하는 연구에 대해서 간략하게 설명함으로써 이 장을 마치려고 한다. 예를 들자면, 수퍼바이지의 자기효율성은 수퍼비전 동맹과 상당한 관계가 있는 것으로 드러났다(Efstation et al., 1990). 더 나아가서 수퍼비전 동맹에 대한 수퍼바이지의 인식은 훈련생이 실시하는 치료 과정의 일관성은 물론, 상담 동맹에 대한 내담자의

인식과도 상당한 관계가 있었다(Patton & Kivlighan, 1997). 결론적으로, 훈련생은 수퍼비전에서 발생하는 부정적 사건이 현재의 훈련 경험, 전반적인 훈련 경험 그리고 내담자와의 상담 동맹에 해로운 영향을 끼친다고 인식했다(Ramos-Sánchez et al., 2002). 이 연구 결과는 수퍼비전 관계가 효과적인 수퍼비전에서 중심적인 역할을 한다는 사실을 뒷받침한다.

이 장에서 수퍼비전 관계를 구성하는 여러 가지 요소를 제시했다. Bordin(1983)은 수퍼비전 관계에는 다음의 세 가지 구성요소가 포함된다고 정의함으로써 수퍼비전 작업 동맹을 개념화했다. ① 수퍼바이저와 수퍼바이지가 수퍼비전 목표에 대해서 상호 동의하고 이해하기, ② 수퍼바이지와 수퍼바이저가 과업에 대해서 상호 동의하고 이해하기, 그리고 ③ 수퍼바이지와 수퍼바이저 간의 정서적 유대. 우리는 수퍼비전에서 멘토 관계로 변화할 가능성에 대해서 논의했을 뿐만 아니라, 수퍼비전 단계를 시작, 성숙 그리고 종결 단계로 나누어서 논의했다. 수퍼비전 관계를 견고하게 발달시키고 유지하는 데 기여하는 요인으로서 수퍼바이저가 효과적으로 평가를 실시하는 것과 수퍼비전 동맹에서의 불화를 회복시키는 수퍼바이저와 수퍼바이지의 역량을 제시했다. 그 밖에도 수퍼비전 관계에서 수퍼바이지의 저항, 불안, 노출 그리고 비노출은 수퍼비전 작업 동맹에 영향을 미칠 수 있다. 또한 수퍼바이저의 수퍼비전 양식, 대인관계 권력, 노출 그리고 비노출은 수퍼비전 관계에 영향을 미치는 것으로 드러났다. 수퍼비전 관계에서 발생하는 병행 과정, 인종 및 민족 정체성, 성정체성 그리고 수퍼비전 관계에서 성적 지향성을 둘러싼 이슈와 같은 변인들이 수퍼비전의 상호작용에 미치는 영향을 논의했다. 마지막으로, 수퍼비전에서 수퍼바이저와 수퍼바이지가 할 수 있는 게임을 언급했다.

수퍼비전 관계에 대하여 상당히 많은 연구 문헌이 있긴 하지만, 우리는 독자들이 수퍼비전 관계를 폭넓게 이해하는 체하지 않도록 주의를 준다. 오히려 우리는 이론가와 연구자 모두가 고무되어서 수퍼비전 관계에 대한 연구를 발전시키기를 기대한다. 이 연구는 수퍼바이저와 수퍼바이지가 효과적인 수퍼비전 관계를 형성하는 기초로서 기여할 것이다.

참 | 고 | 문 | 헌

Allen, G. J., Szollos, S. J., & Williams, B. E. (1986). Doctoral students' comparative evaluations of best and worst psychotherapy supervision. *Professional Psychology: Research and Practice, 17*(2), 91-99.

Association for Counselor Education and Supervision (ACES). (1995). Ethical guidelines for counseling supervisors. *Counselor Education and Supervision, 34*(3), 270-276.

Bahrick, A. S. (1990). Role induction for counselor trainees: Effects on the supervisory working alliance. *Dissertation Abstracts International, 51*(3-B), 1484-1484 (Abstract No. 1991-51645).

Bahrick, A. S., Russell, R. K., & Salmi, S. W. (1991). The effects of role induction on trainees' perceptions of supervision. *Journal of Counseling and Development, 69*, 434-438.

Baird, B. N. (1999). *The internship, practicum, and field placement handbook: A guide for the helping professions* (2nd ed.). Upper Saddle River, NJ: Prentice-Hall.

Baker, D. E. (1990). The relationship of the supervisory working alliance to supervisor and supervisee narcissism, gender, and theoretical orientation. *Dissertation Abstracts International, 51*(7-B), 3602-3603. (Abstract No. 1991-54991).

Bernard, J. M. (1997). The discrimination model. In C. E. J. Watkins (Eds.), *Handbook of psychotherapy supervision* (pp. 310-327). Hoboken, NJ: John Wiley & Sons.

Bernard, J. M., & Goodyear, R. K. (2009). *Fundamentals of Clinical Supervision* (4th ed.). Upper Saddle River, NJ: Pearson.

Berne, E. (1961). *Transactional analysis in psychotherapy: A systematic individual and social psychiatry*. New York, NY: Grove Press.

Black, B. (1988). Components of effective and ineffective psychotherapy supervision as perceived by supervisees with different levels of clinical experience (Doctoral dissertation, Columbia University, 1987). *Dissertation Abstracts International, 48*, 3105B.

Blocher, D. H. (1983). Toward a cognitive-developmental approach to counseling supervision. *The Counseling Psychologist, 11*, 27-34.

Borders, L. D. (2005). Snapshot of clinical supervision in counseling and counselor education: A five-year review. *Clinical Supervision, 24*(1-2), 69-113.

Borders, L. D., Bernard, J. M., Dye, H. A., Fong, M. L., Henderson, P., & Nance, D. W. (1991). Curriculum guide for training counseling supervisors: Rationale, development, and implementation. *Counselor Education and Supervision, 31*, 58-82.

Borders, L. D., & Leddick, G. R. (1987). *Handbook of Counseling Supervision*. Alexandria, VA: Association for Counselor Education and Supervision.

Bordin, E. S. (1983). A working alliance based model of supervision. *The Counseling Psychologist*, 11, 35-41.

Brehm, S. S., & Brehm, J. W. (1981). *Psychological reactance: A theory of freedom and control*. New York, NY: John Wiley & Sons.

Buhrke, R. (1989). Incorporating lesbian and gay issues into counselor training: A resource guide. *Journal of Counseling and Development*, *68*, 77-80.

Burkard, A. W., Johnson, A. J., Madson, M. B., Pruitt, N. T., Contreras-Tadych, D. A., Kozlowski, J. M., ... Knox, S. (2006). Supervisor cultural responsiveness and unresponsiveness in cross-cultural supervision. *Journal of Counseling Psychology*, *53*(3), 288-301.

Burke, W. R., Goodyear, R. K., & Guzzard, C. R. (1998). Weakenings and repairs in supervisory alliances: A multiple-case study. *American Journal of Psychotherapy, 52*(4), 450-462.

Chung, Y. B., Marshall, J. A., & Gordon, L. L. (2001). Racial and gender biases in supervisory evaluation and feedback. *Clinical Supervisor, 20*(1), 99-111.

Constantine, M. G., & Sue, D. W. (2007). Perceptions of racial microaggressions among black supervisees in cross-racial dyads. *Journal of Counseling Psychology*, *54*(2), 142-153.

Cook, D. A. (1994). Racial identity in supervision. *Counselor Education and Supervision*, *34*(2), 132-141.

Cook, D. A., & Helms, J. E. (1988). Visible racial/ethnic group supervisees' satisfaction with cross-cultural supervision as predicted by relationship characteristics. *Journal of Counseling Psychology*, *35*(3), 268-274.

Costa, L. (1994). Reducing anxiety in live supervision. *Counselor Education and Supervision, 34*, 30-40.

Doehrman, M. (1976). Parallel processes in supervision and psychotherapy. *Bulletin of the Menninger Clinic, 40*, 3-104.

Dombeck, M. T., & Brody, S. L. (1995). Clinical supervision: A three-way mirror. *Archives of Psychiatric Nursing*, *9*, 3-10.

Doughty, E. A., & Leddick, G. R. (2007). Gender differences in the supervisory relationship. *Journal of Professional Counseling: Practice, Theory, & Research*, *35*, 17-30.

Dowd, E. T. (1989). Stasis and change in cognitive psychotherapy: Client resistance and reactance as mediating variables. In W. Dryden & P. Trower (Eds.), *Cognitive psychotherapy: Stasis and change* (pp. 139-158). New York, NY: Springer-Verlag.

Duan, C., & Roehlke, H. (2001). A descriptive 'snapshot' of cross-racial superviin university counseling center internships. *Journal of Multicultural Counseling and Development, 29*(2), 131-146.

Efstation, J. F., Patton, M. J., & Kardash, C. M. (1990). Measuring the working alliance in counselor supervision. *Journal of Counseling Psychology, 37*(3), 322-329.

Ekstein, R., & Wallerstein, R. S. (1972). *The teaching and learning of psychotherapy* (2nd ed.). New York, NY: Basic Books.

Ellis, M. V. (1991). Critical incidents in clinical supervision and in supervisor supervision: Assessing supervisory issues. *Journal of Counseling Psychology, 38*, 342-349.

Ellis, M. V., & Douce, L. A. (1994). Group supervision of novice clinical supervisors: Eight recurring issues. *Journal of Counseling and Development, 72*, 520-525.

Ellis, M. V., & Ladany, N. (1997). Inferences concerning supervisees and clients in clinical supervision: An integrative review. In C. E. J. Watkins (Eds.), *Handbook of psychotherapy supervision* (pp. 447-507). Hoboken, NJ: John Wiley & Sons.

Erwin, W. J. (2000). Supervisory moral sensitivity. *Counselor Education and Supervision, 40*(2), 115-127.

Estrada, D., Frame, M. W., & Williams, C. B. (2004). Cross-cultural supervision: Guiding the conversation toward race and ethnicity. *Journal of Multicultural Counseling and Development, 32*, 307-319.

Feiner, A. H. (1994). She wuz framed. *Contemporary Psychoanalysis, 30*(1), 48-56.

Feltham, C., & Dryden, W. (1994). *Developing Counsellor Supervision.* London, United Kingdom: Sage Publications.

Fong, M. L., & Lease, S. H. (1997). Cross-cultural supervision: Issues for the white supervisor. In D. B. Pope-Davis & H. L. K. Coleman (Eds.), *Multicultural counseling competencies: Assessment, education and training, and supervision* (pp. 387-405). Thousand Oaks, CA: Sage Publications.

Freeman, S. C. (1993). Structure in counseling supervision. *Clinical Supervisor, 11*(1), 245-252.

Friedlander, M. L., Keller, K. E., Peca-Baker, T. A., & Olk, M. E. (1986). Effects of role conflict on counselor trainees' self-statements, anxiety level, and performance. *Journal of Counseling Psychology, 33*, 73-77.

Friedlander, M. L., Siegel, S. M., & Brenock, K. (1989). Parallel process in counseling and supervision: A case study. *Journal of Counseling Psychology, 36*, 149-157.

Friedlander, M. L., & Ward, L. G. (1984). Development and validation of the supervisory styles inventory. *Journal of Counseling Psychology, 4*, 541-557.

Fukuyama, M. A. (1994). Critical incidents in multicultural counseling supervision: A phenomenological approach to supervision research. *Counselor Education and Supervision, 34*(2), 142-151.

Gatmon, D., Jackson, D., Koshkarian, L., Martos-Perry, N., Molina, A., Patel, N., & Rodolfa, E. (2001). Exploring ethnic, gender, and sexual orientation variables in supervision: Do they really matter? *Journal of Multicultural Counseling and Development, 29*(2), 102-113.

Gottlieb, M. C., Robinson, K., & Younggren, J. N. (2007). Multiple relations in supervision: Guidance for administrators, supervisors, and students. *Professional Psychology: Research and Practice, 38*(3), 241-247.

Granello, D. H. (2003). Influence strategies in the supervisory dyad: An investigation into the effects of gender and age. *Counselor Education and Supervision, 42*(3), 189-202.

Granello, D. H., Beamish, P. M., & Davis, T. E. (1997). Supervisee empowerment: Does gender make a difference? *Counselor Education and Supervision, 36*(4), 305-317.

Grater, H. A. (1985). Stages in psychotherapy supervision: From therapy skills to skilled therapist. *Professional Psychology: Research and Practice, 16*, 605-610.

Gray, L. A., Ladany, N., Walker, J. A., & Ancis, J. R. (2001). Psychotherapy trainees' experience of counterproductive events in supervision. *Journal of Counseling Psychology, 48*(4), 371-383.

Gubi, P. (2007). Exploring the supervision experience of some mainstream counsellors who integrate prayer in counseling. *Counselling and Psychotherapy Research, 7*, 114-121.

Halpert, S. C., & Pfaller, J. (2001). Sexual orientation and supervision: Theory and practice. *Journal of Gay and Lesbian Social Services: Issues in Practice, Policy and Research, 13*(3), 23-40.

Halpert, S. C., Reinhardt, B., & Toohey, M. J. (2007). Affirmative clinical supervision. In K. J. Bieschke, R. M. Perez, K. A. DeBord, K. J. Bieschke, R. M. Perez & K. A. DeBord (Eds.), *Handbook of counseling and psychotherapy with lesbian, gay, bisexual, and transgender clients* (2nd ed., pp. 341-358). Washington, DC: American Psychological Association.

Harvey, C., & Katz, C. (1985). *If I'm so successful, why do I feel like a fake? The imposter phenomenon.* New York, NY: St. Martin's Press.

Hawthorne, L. (1975). Games supervisors play. *Social Work, 20*, 179-183.

Helms, J. E., & Cook, D. A. (1999). *Using race and culture in counseling and psychotherapy:*

Theory and process. Boston, MA: Allyn & Bacon.

Heppner, P. P., & Roehlke, H. J. (1984). Differences among supervisees at different levels of training: Implications for a developmental model for supervision. *Journal of Counseling Psychology*, *31*, 76-90.

Hoffman, L. W. (1994). The training of psychotherapy supervisors: A barren scape. *Psychotherapy in Private Practice*, *13*, 23-42.

Holloway, E. L. (1987). Developmental models of supervision: Is it development? *Professional Psychology: Research and Practice*, *18*, 209-216.

Holloway, E. L. (1992). Supervision: A way of teaching and learning. In S. D. Brown & R. W. Lent (Eds.), *Handbook of counseling psychology* (pp. 177-214). New York, NY: John Wiley & Sons.

Holloway, E. L. (1995). *Clinical supervision: A systems approach*. Thousand Oaks, CA: Sage Publications.

Holloway, E. L. (1997). Structures for the analysis and teaching of supervision. In C. E. J. Watkins (Eds.), *Handbook of psychotherapy supervision* (pp. 249-276). Hoboken, NJ: John Wiley & Sons.

Holloway, E. L., Freund, R. D., Gardner, S. L., Nelson, M. L., & Walker, B. E. (1989). Relation of power and involvement to theoretical orientation in supervision: An analysis of discourse. *Journal of Counseling Psychology*, *36*, 88-102.

Hutt, C. H., Scott, J., & King, M. (1983). A phenomenological study of supervisees' positive and negative experiences in supervision. *Psychotherapy: Theory, Research & Practice*, *20*(1), 118-123.

Horvath, A. O., & Greenberg, L. S. (1989). Development and validation of the working alliance inventory. *Journal of Counseling Psychology*, *36*(2), 223-233.

Inman, A. G. (2006). Supervisor multicultural competence and its relation to supervisory process and outcome. *Journal of Marital and Family Therapy*, *32*(1), 73-85.

Jacobs, C. (1991). Violations of the supervisory relationship: An ethical and educational blind spot. *Social Work*, *36*, 130-135.

Jacobsen, C. H. (2007). A qualitative single case study of parallel processes. *Counseling and Psychotherapy Research*, *7*(1), 26-33.

Johnson, W. B. (2003). A framework for conceptualizing competence to mentor. *Ethics and Behavior*, *13*, 127-151.

Johnson, W. B. (2007). Transformational supervision: When supervisors mentor. *Professional*

Psychology: Research and Practice, 38(3), 259-267.

Kadushin, A. (1968). Games people play in supervision. *Social Work, 13*(3), 23-32.

Kaplan, H. S. (1977). Training of sex therapists. In W. H. Masters, V. E. Johnson, & R. D. Kolodny (Eds.), *Ethical issues in sex therapy and research* (pp. 182-189). Boston, MA: Little, Brown.

Kauderer, S., & Herron, W. G. (1990). The supervisory relationship in psychotherapy over time. *Psychological Reports, 67*, 471-480.

Kennard, B. D., Stewart, S. M., & Gluck, M. R. (1987). The supervision relationship: Variables contributing to positive versus negative experiences. *Professional Psychology: Research and Practice, 18*, 172-175.

Killian, K. D. (2001). Differences making a difference: Cross-cultural interactions in supervisory relationships. *Journal of Feminist Family Therapy, 12*(2-3), 61-103.

Kleintjes, S., & Swartz, L. (1996). Black clinical psychology trainees at a 'White' South African university: Issues for clinical supervision. *Clinical Supervisor, 14*(1), 87-109.

Knox, S., Burkard, A. W., Edwards, L. M., Smith, J. J., & Schlosser, L. Z. (2008). Supervisors' reports of the effects of supervisor self-disclosure on supervisees. *Psychotherapy Research, 18*(5), 543-559.

Ladany, N. (2004). Psychotherapy supervision: What lies beneath. *Psychotherapy Research, 14*, 19.

Ladany, N., Brittan-Powell, C. S., & Pannu, R. K. (1997). The influence of supervisory racial identity interaction and racial matching on the supervisory working alliance and supervisee multicultural competence. *Counselor Education and Supervision, 36*, 284-304.

Ladany, N., Constantine, M. G., Miller, K., Erickson, C. D., & Muse-Burke, J. L. (2000). Supervisor countertransference: A qualitative investigation into its identification and description. *Journal of Counseling Psychology, 47*, 102-115.

Ladany, N., Ellis, M. V., & Friedlander, M. L. (1999). The supervisory working, trainee self-efficacy, and satisfaction. *Journal of Counseling and Development, 77*, 447-455.

Ladany, N., & Friedlander, M. L. (1995). The relationship between the supervisory working alliance and trainee' s experience of role conflict and role ambiguity. *Counselor Education and Supervision, 34*, 220-231.

Ladany, N., Friedlander, M. L., & Nelson, M. L. (2005). Repairing gender-related misunderstandings and missed understandings: It' s not just "he said, she said." *Critical events in psychotherapy supervision: An interpersonal approach* (pp. 155-182).

Washington, DC: American Psychological Association.

Ladany, N., Hill, C. E., Corbett, M. M., & Nutt, E. A. (1996). Nature, extent, and importance of what psychotherapy trainees do not disclose to their supervisors. *Journal of Counseling Psychology*, *43*, 10-24.

Ladany, N., & Inman, A. G. (in press). Training and supervision. In E. A. Altmaier & J. I. Hansen (Eds.), *Oxford handbook of counseling psychology*. New York, NY: Oxford University Press.

Ladany, N., Inman, A. G., Constantine, M. G., & Hofheinz, E. W. (1997). Supervisee multicultural case conceptualization ability and self-reported multicultural competence as functions of supervisee racial identity and supervisor focus. *Journal of Counseling Psychology*, *44*(3), 284-293.

Ladany, N., & Lehrman-Waterman, D. E. (1999). The content and frequency of supervisor self-disclosures and their relationship to supervisory style and the supervisor working alliance. *Counselor Education and Supervision*, *38*, 143-160.

Ladany, N., Lehrman-Waterman, D., Molinaro, M., & Wolgast, B. (1999). Psychotherapy supervisor ethical practices: Adherence to guidelines, the supervisory working alliance, and supervisee satisfaction. *Counseling Psychologist*, *27*(3), 443-475.

Ladany, N., & Melincoff, D. S. (1999). The nature of counselor supervisor nondisclosure. *Counselor Education and Supervision*, *38*, 161-176.

Ladany, N., & Walker, J. A. (2003). Supervision self-disclosure: Balancing the uncontrollable narcissist with the indomitable altruist. *Journal of Clinical Psychology*, *59*(5), 611-621.

Ladany, N., Walker, J. A., & Melincoff, D. S. (2001). Supervisory style: Its relation to the supervisory working alliance and supervisor self-disclosure. *Counselor Education and Supervision*, *40*, 263-275.

Leddick, G. R., & Bernard, J. M. (1980). The history of supervision: A critical review. *Counselor Education and Supervision*, *19*(3), 186-196.

Lehrman-Waterman, D., & Ladany, N. (2001). Development and validation of the evaluation process within supervision inventory. *Journal of Counseling Psychology*, *48*(2), 168-177.

Levant, R. F. (1995). Toward the reconstruction of masculinity. In R. F. Levant & W. S. Pollack (Eds.), *A new psychology of men* (pp. 229-251). New York, NY: Basic Books.

Liddle, B. J. (1986). Resistance in supervision: A response to perceived threat. *Counselor Education and Supervision*, *26*(2), 117-127.

Loganbill, C., Hardy, E., & Delworth, U. (1982). Supervision: A conceptual model. *The*

Counseling Psychologist, 10(1), 3-42.

Magnuson, S., Wilcoxon, S. A., & Norem, K. (2000). A profile of lousy supervision: Experienced counselors' perspectives. *Counselor Education and Supervision, 39*, 189-202.

Martin, J. S., Goodyear, R. K., & Newton, F. B. (1987). Clinical supervision: An intensive case study. *Professional Psychology: Research and Practice, 18*, 225-235.

McCarthy, P., Sugden, S., Koker, M., & Lamendole, F. (1995). A practical guide to informed consent in clinical supervision. *Counselor Education and Supervision, 35*(2), 130-138.

McRoy, R. G., Freeman, E. M., Logan, S. L., & Blackmon, B. (1986). Cross-cultural field supervision: Implications for social work education. *Journal of Social Work Education, 22*, 50-56.

Morrissey, J., & Tribe, R. (2001). Parallel process in supervision. *Counseling Psychology Quarterly, 14*(2), 103-110.

Mothersole, G. (1999). Parallel process: A review. *Clinical Supervisor, 18*(2), 107-121.

Murphy, J. A., Rawlings, E. I., & Howe, S. R. (2002). A survey of clinical psychologists on treating lesbian, gay, and bisexual clients. *Professional Psychology: Research and Practice, 33*(2), 183-189.

Murphy, M. J., & Wright, D. W. (2005). Supervisees' perspectives of power use in supervision. *Journal of Marital and Family Therapy, 31*(3), 283-295.

Muse-Burke, J. L., Ladany, N., & Deck, M. D. (2001). The supervisory relationship. In L. Bradley & N. Ladany (Eds.), *Counselor supervision: Principles, process, and practice* (3rd ed., pp. 28-62). Philadelphia, PA: Brunner-Routledge.

Nelson, M. L. (1997). An interactional model for empowering women in supervision. *Counselor Education and Supervision, 37*, 125-139.

Nelson, M. L., & Friedlander, M. L. (2001). A close look at conflictual supervisory relationships: The trainee's perspective. *Journal of Counseling Psychology, 48*, 384-395.

Nelson, M. L., & Holloway, E. L. (1990). Relation of gender to power and involvement in supervision. *Journal of Counseling Psychology, 37*(4), 473-481.

Nelson, T. S. (1991). Gender in family therapy supervision. *Contemporary Family Therapy: An International Journal, 13*(4), 357-369.

Neufeldt, S. A., Iverson, J. N., & Juntunen, C. L. (1995). *Supervision strategies for the first practicum.* Alexandria, VA: American Counseling Association.

Olk, M. E., & Friedlander, M. L. (1992). Trainees' experiences of role conflict and role

ambiguity in supervisory relationships. *Journal of Counseling Psychology, 39*(3), 389-397.

O'Neill, J. M. (1981). Male sex-role conflicts, sexism, and masculinity: Implications for men, women, and the counseling psychologist. *The Counseling Psychologist, 9*, 61-80.

Overholser, J. C. (2004). The four pillars of psychotherapy supervision. *The Clinical Supervisor, 23*, 1-13.

Patton, M. J., & Kivlighan, D. M., Jr. (1997). Relevance of the supervisory alliance to the counseling alliance and to treatment adherence in counselor training. *Journal of Counseling Psychology, 44*(1), 108-115.

Pearson, Q. M. (2000). Opportunities and challenges in the supervisory relationship: Implications for counselor supervision. *Journal of Mental Health Counseling, 22*, 283-294.

Pett, J. (2000). Gay, lesbian and bisexual therapy and its supervision. In D. Davies & C. Neal (Eds.), *Therapeutic perspectives on working with lesbian, gay and bisexual clients* (pp. 54-72). Maidenhead, Berkshire England: Open University Press.

Pfohl, A. H. (2004). The intersection of personal and professional identity: The heterosexual supervisor' s role in fostering the development of sexual minority supervisees. *Clinical Supervisor, 23*(1), 139-164.

Pilkington, N. W., & Cantor, J. M. (1996). Perceptions of heterosexual bias in professional psychology programs: A survey of graduate students. *Professional Psychology: Research and Practice, 27*(6), 604-612.

Priest, R. (1994). Minority supervisor and majority supervisee: Another perspecof clinical reality. *Counselor Education and Supervision, 34*(2), 152-158.

Quarto, C. J. (2002). Supervisors' and supervisees' perceptions of control and conflict in counseling supervision. *The Clinical Supervisor, 21*, 21-37.

Rabinowitz, F. E., Heppner, P. P., & Roehlke, H. J. (1986). Descriptive study of process and outcome variables of supervision over time. *Journal of Counseling Psychology, 33*(3), 292-300.

Raichelson, S. H., Herron, W. G., Primavera, L. H., & Ramirez, S. M. (1997). Incidence and effects of parallel process in psychotherapy supervision. *The Clinical Supervisor, 15*(2), 37-48.

Ramos-Sánchez, L., Esnil, E., Goodwin, A., Riggs, S., Touster, L. O., Wright, L. K., ... Rodolfa, E. (2002). Negative supervisory events: Effects on supervision satisfaction and supervisory alliance. *Professional Psychology: Research and Practice, 33*, 197-202.

Remington, G., & DaCosta, G. (1989). Ethnocultural factors in resident supervision: Black

supervisor and white supervisees. *American Journal of Psychotherapy, 43*(3), 398-404.

Rioch, M. J., Coulter, W. R., & Weinberger, D. M. (1976). *Dialogues for therapists: Dynamics of learning and supervision.* San Francisco, CA: Jossey-Bass.

Rønnestad, M. H., & Skovholt, T. M. (1993). Supervision of beginning and advanced graduate students of counseling and psychotherapy. *Journal of Counseling Development, 71*, 396-405.

Russell, G. M., & Greenhouse, E. M. (1997). Homophobia I the supervisory relationship: A invisible intruder. *Psychoanalytic Review, 84*, 27-42.

Safran, J. D., & Muran, J. C. (1998). *The Therapeutic Alliance in Brief Psychotherapy.* Washington, DC: American Psychological Association.

Sansbury, D. L. (1982). Developmental supervision from a skills perspective. *Counseling Psychologist, 10*(1), 53-57.

Schauer, A. H., Seymour, W. R., & Geen, R. G. (1985). Effects of observation and evaluation on anxiety in beginning counselors: A social facilitation analysis. *Journal of Counseling and Development, 63*(5), 279-285.

Schimel, J. L. (1984). In pursuit of truth: An essay on an epistemological approach to psychoanalytic supervision. In L. Caligor, P. M. Bromberg, & J. D. Meltzer (Eds.). *Clinical perspectives on the supervision of psychoanalysis and psychotherapy* (pp. 231-241). New York, NY: Plenum Press.

Sells, J. N., Goodyear, R. K., Lichtenberg, J. W., & Polkinghorne, D. E. (1997). Relationship of supervisor and trainee gender to in-session verbal behavior and ratings of trainee skills. *Journal of Counseling Psychology, 44*(4), 406-412.

Shohet, R., & Wilmot, J. (1991). The key issue in the supervision of counsellors: The supervisory relationship. In W. Dryden & B. Thorne (Eds.), *Training and supervision for counselling in action* (pp. 87-98). London, UK: Sage Publication.

Shulman, L. (2005). The clinical supervisor-practitioner working alliance: A parallel process. *Clinical Supervisor*, 24(1-2), 23-47.

Skovholt, T. M., & Rønnestad, M. H. (1992). *The evolving professional self: Stages and themes in therapist and counselor development.* Chichester, England: Wiley.

Smith, T. R., Younes, L. K., & Lichtenberg, J. W. (2002). *Examining the working alliance in supervisory relationships: The development of the working alliance inventory of supervisory relationships.* (ERIC Document Reproduction Service No. ED471440)

Sommerfield, E., Orbach, I., Zim, S., & Mikulincer, M. (2008). An in-session exploration of ruptures in working alliance and their associations with clients' core conflictual relationship themes, alliance-related discourse, and clients' post-session evaluations. *Psychotherapy Research, 18*, 377-388.

Stoltenberg, C. (1981). Approaching supervision from a developmental perspecThe counselor complexity model. *Journal of Counseling Psychology, 28*, 59-65.

Stoltenberg, C. D., & Delworth, U. (1987). *Supervising counselors and therapists*. San Francisco. CA: Jossey-Bass.

Stoltenberg, C. D., & McNeill, B. W (1997). Clinical supervision from a developmental perspective: Research and practice. In C. E. J. Watkins (Eds.), *Handbook of psychotherapy supervision* (pp. 184-202). Hoboken, NJ: John Wiley & Sons.

Stoltenberg, C. D., McNeill, B., & Delworth, U. (1998). *IDM supervision: An integrated developmental model for supervising counselors and therapists*. San Francisco, CA: Jossey-Bass.

Tummala-Narra, P. (2004). Dynamics of race and culture in the supervisory encounter. *Psychoanalytic Psychology, 21*(2), 300-311.

Usher, C. H., & Borders, L. D. (1993). Practicing counselors' preferences for supervisory style and supervisory emphasis. *Counselor Education and Supervision, 33*(2), 66-79.

Walker, J. A., Ladany, N., & Pate-Carolan, L. M. (2003). Gender-related events in psychotherapy supervision: Female trainee perspectives. *Counseling and Psychotherapy Research, 7*(1), 12-18.

Ward, L. G., Friedlander, M. L., Schoen, L. G., & Klein, J. C. (1985). Strategic self-presentation in supervision. *Journal of Counseling Psychology, 32*, 111-118.

Watkins, C. E., Jr. (1997). The ineffective psychotherapy supervisor: Some reflections about bad behaviors, poor process, and offensive outcomes. *Clinical Supervisor, 16*(1), 163-180.

Webb, A., & Wheeler, S. (1998). How honest do counsellors dare to be in the supervisory relationship? An exnloratory study. *British Journal of Guidance and Counselling, 26*(4), 509-524.

Wester, S. R., & Vogel, D. L. (2002). Working with the masculine mystique: Male gender role conflict, counseling self-efficacy, and the training of male psychologists. *Professional Psychology: Research and Practice, 33*(4), 370-376.

Williams, A. B. (2000). Contribution of supervisors' covert communication to the parallel process (Doctoral dissertation, University of Houston, 2000). *Dissertation Abstracts International Section A: Humanities and Social Sciences, 61*(3-A), 1165.

Williams, S., & Halgin, R. P. (1995). Issues in psychotherapy supervision between the white supervisor and the black supervisee. *Clinical Supervisor, 13*(1), 39-61.

Wood, C. (2005). Supervisory working alliance: A model providing direction for college counseling supervision. *Journal of College Counseling, 8*(2), 127-137.

Worthen, V., & McNeill, B. W. (1996). A phenomenological investigation of "good" supervision events. *Journal of Counseling Psychology, 43*(1), 25-34.

Worthington, E. L., & Roehlke, H. J. (1979). Effective supervision as perceived by beginning counselors-in-training. *Journal of Counseling Psychology, 26*, 64-73.

Yourman, D. B. (2003). Trainee disclosure in psychotherapy supervision: The impact of shame. *Journal of Clinical Psychology, 59*(5), 601-609.

03

상담 수퍼비전을 위한 다문화적 구조

Julie R. Ancis & Nicholas Ladany

미국의 인구 통계 구성은 갈수록 더 다양해지고 있다. 그리고 가시적 소수 인종 및 민족 집단은 2030년과 2050년 사이에 숫자상 다수 집단이 될 것으로 예상된다(Sue & Sue, 1999; U.S. Census Bureau, 1996, 2001). 또한 많은 여성들이 노동력과 수퍼비전 업무에 진입한 것을 포함해서 전문가의 역할과 지위에서 상당한 인구 통계상의 변화가 일어났다(Gilbert & Rossman, 1992; Munson, 1997). 게다가, 레즈비언, 게이, 양성애자 그리고 성전환자들의 직장에서의 권리와 같은 인권이 보장되어야 한다는 인식이 확산되고 있다(예, 2009년에 미국 대통령 오바마는 동성 배우자가 미국의 근로자에게 유익하다고 인정했다). 수퍼바이저, 수퍼바이지 그리고 내담자 간의 다문화적 상호작용이 늘어날 가능성이 있기 때문에 상담과 수퍼비전은 이런 모든 변화로 인해서 영향을 받는다.

수련 상담자가 다양한 내담자와 윤리적이고 효과적인 상담을 실시할 수 있으려면, 수퍼바이저는 수퍼비전에서 수퍼바이지와 내담자의 다양한 요구뿐만 아니라 다문화적 이슈에도 반드시 주의를 기울일 필요가 있다. 연구에 의하면, 상담 훈련생들은 흔히 인종, 성 그리고 성적 지향성에 대한 편견을 가지고 있었으며, 자기인식이 제한적이고, 다문화적 상담에 관한 지식이 부족하다고 한다(Ancis & Sanchez-Hucles, 2000; Ancis & Szymanski, 2008; Johnson, Searight, Handal, & Gibbons, 1993;

Ponterotto, 1988). 또한 수퍼바이지는 수퍼바이저가 수퍼바이지 자신뿐만 아니라 내담자에 대해서도 다문화적으로 민감하지 못하다고 인식하는 것 같다(Fukuyama, 1994; Ladany, Lehrman-Waterman, Molinaro, & Wolgast, 1999). 이와 비슷하게, 많은 현직 수퍼바이저들은 다문화적 상담 훈련, 또는 수퍼비전 훈련조차도 받지 않았을 가능성이 있다. 따라서 수퍼바이지가 수퍼바이저보다 다문화적 상담에 대한 지식이 더 많을 수 있다(Constantine, 1997; D'Andrea & Daniels, 1997). 종합적으로, 수퍼비전에 다문화적 이슈가 관련된 것은 의심할 여지가 없긴 하지만, 수퍼비전 연구 문헌에서는 대체로 이러한 이슈를 언급하지 않았다(Brown & Landrum-Brown, 1995; Kaduvettoor et al., 2009; Leong & Wagner, 1994).

이 장에서는 다문화적 수퍼비전 역량에 대한 포괄적 모델을 제시한다. 이 모델의 구조는 수퍼비전 맥락에 존재하는 다양한 차원들을 상세하게 설명하며, 그렇게 함으로써 다문화적 역량을 갖춘 수퍼비전을 정의한다. 다문화적 역량을 갖춘 수퍼비전에 대한 이 포괄적 구조는 수퍼바이저 다문화적 역량의 핵심적 차원을 설명함으로써 지금까지 문헌의 특징인 산만하고 단편적인 접근을 바로잡는다. 마지막으로, 우리는 수퍼비전에서 수퍼바이저 다문화적 역량이 드러나는 방식을 강조하는 사례 연구를 제시할 것이다.

◎ 상담자 및 수퍼바이지의 다문화적 역량

수퍼비전이 어떻게 다문화적 역량을 향상시킬 수 있는지 이해하기 위해서, 우리는 먼저 다문화적 역량이 수퍼바이지와 수퍼바이저에 의해서 어떻게 나타나는지, 또는 나타나지 않는지에 관한 개념화를 제시해야만 한다. 우선, '다문화적' 이란 용어의 의미를 명확하게 설명하는 게 중요하다. 문헌에서 이 용어는 인종을 가리키는 경향이 있으며, 적어도 부분적으로 가끔은 성을 가리키는 경향이 있는데, 그 이유는 대부분의 연구 문헌이 이 영역에 초점을 맞췄기 때문이다. 우리는 '다문화적' 이란 용어는 성, 인종, 민족, 성적 지향성, 장애, 사회경제적 지위, 나이 그리고 종교를 포함하며, 이런 요소들이 서로 교차하는 부분도 포함해서 다양한 문화와 정체성을 말한다고 처음부터 분명히 밝힌다. 상담자의 다문화적 역량은 일반적인

상담자 역량의 핵심적 요소이며, 따라서 후자를 정의하는 것은 전자를 정의하기 위한 첫 단계다. 우리는 교육과 훈련의 맥락에 있어서 일반적인 상담자 역량(수퍼비전에서 나타난 역량을 반영하는 수퍼바이지 역량을 포함해서)을 역량에 대한 일반적인 정의에 어느 정도 근거해서 개념화하고 정의한다(예, Ladany & Inman, in press; Ladany, Walker, Pate-Carolan, & Gray Evans, 2008; Rodolfa et al., 2005). 구체적으로 말하자면, 일반적인 상담자 역량은 서로 관계가 있는 다음의 세 가지 하위 구성 개념으로 구성된다. 지식(예, 상담의 기초, 연구 방법론, 이론적 접근), 자기인식(예, 자기통찰 능력) 그리고 기술(예, 비언어적인, 조력 기술과 기법).

우리는 일반적인 상담자 역량에 대한 이러한 개요를 염두에 두고, 앞에서 설명한 상담자의 다문화적 역량에 대한 개념화에 기반해서(예, Ancis, 2004; Ancis, & Ladany, 2001; Ancis, Szymanski, & Ladany, 2008; Arredondo et al., 1996; Atkinson, Morten, & Sue, 1993; Constantine & Ladany, 2000; Ridley, Mendoza, Kanitz, Angermeier, & Zenk, 1994; Sue, Arredondo, & McDavis, 1992; Sue et al., 1982; Sue & Sue, 1999), 이와 유사하게 그리고 좀 더 한정해서, 상담자의 다문화적 역량은 서로 관계가 있는 다음의 세 가지 하위 구성 개념으로 구성된다고 정의한다. 다문화적 지식, 다문화적 자기인식 그리고 다문화적 기술. 다문화적 지식은 다문화적 이슈에 관한 일반적인 지식으로 구성된다. 다문화적 이슈에 관한 일반적인 지식은 성, 인종, 성적 지향성, 장애, 국적, 종교 등과 같은 요소를 이론적으로, 또는 지적으로 이해하는 것으로서, 내담자의 삶 그리고 상담하러 온 특정한 내담자의 특유한 다문화적 지식(예, 가족, 특정 종교적 신념 등으로 표현된 문화)에 영향을 미칠 수 있다.

다문화적 자기인식은 한 사람이 자신의 다양한 다문화적 정체성(예, 성정체성)들을 성찰하고 이해하는 능력과, 이런 정체성들이 상담 관계에서 어떻게 표현되는지(예, 한 사람이 다양한 다문화적 집단에 소속됨으로써 비롯되는 편견과 개인의 가치)를 말한다. 세 번째 하위 구성요소인 다문화적 기술은 이러한 다문화적 기술을 수행하기 위한 능숙함(예, 다문화적으로 민감한 비언어적 표현, 다문화적 상담 작업 동맹을 개발하는 능력 그리고 상담자와 내담자 간의 인종적 유사점과 차이점에 대해서 논의하기 등 상담에서 하는 일과 문화적으로 관련이 있는 기법과 개입)과 함께 다문화적 상담의 자기효율성(즉, 특정한 다문화적 기술을 수행하는 자신감)에서 나타난다. 그동안 여러 가지 척도가 개발되었고 다양하게 타당성을 인정받았다. 수퍼바이저는 다문화적

상담자 역량을 평가하기 위해서 이 척도들을 사용할 수 있다. 그런 척도에는 ① 다문화적 인식/지식/기술 설문(Multicultural Awareness/Knowledge/Skills Survey: MAKSS; D'Andrea, Daniels, & Heck, 1991), 다문화적 인식 지식 기술 설문-상담자판, 개정판(Multicultural Awareness Knowledge Skills Survey-Counselor Edition, rev.; Kim, Cartwright, Asay, & D'Andrea, 2003), ② 다문화적 상담 검사(Multicultural Counseling Inventory: MCI; Sodowsky, Taffe, Gutkin, & Wise, 1994), ③ 다문화적 상담 지식과 인지 척도(Multicultural Counseling Knowledge and Awareness Scale: MCKAS; Ponterotto, Gretchen, Utsey, Rieger, & Austin, 2002), ④ 캘리포니아 문화 인식 역량 간략 척도(The California Brief Cultural Competence Scale; Gamst et al., 2004), ⑤ 성적 지향성 상담자 역량 척도(the Sexual Orientation Counselor Competency Scale; Bidell, 2005), 그리고 ⑥ 여성 상담 역량 척도(Counseling Women Competencies Scale; Ancis et al., 2008) 등이 포함된다. 수퍼바이저의 첫 번째 과업은 상담자의 다문화적 역량을 이해하고 평가하는 것이다. 그러나 상담자의 다문화적 역량을 평가하기 위해서는 수퍼바이저 자신이 일정 수준의 다문화적 역량을 가지고 있어야 한다.

◎ 수퍼바이저의 다문화적 역량

수퍼바이저의 다문화적 역량은, 상담자의 다문화적 역량과 유사하게, 서로 관련된 다음의 세 가지 하위 구성요소로 구성된다고 정의할 수 있다. 다문화적 지식, 다문화적 자기인식 그리고 다문화적 기술. 다음에서 이들 세 가지 하위 구성요소를 정의하고 논의한다.

◎ 수퍼바이저의 다문화적 지식

수퍼바이저의 다문화적 지식은 대략 다음의 세 가지 영역으로 나눌 수 있다. ① 다문화적 상담 역량에 대한 지식, ② 다문화적 이슈에 주의를 기울이는 수퍼비전 이론, 그리고 ③ 다문화적 수퍼비전과 관계있는 윤리. 다문화적 상담 역량에 대

한 지식은 앞에서 언급했고, 뒤의 두 영역에 대해서 보다 자세하게 논의할 것이다.

수퍼비전 이론과 다문화주의

수퍼비전의 전통적 모델에는 심리치료 이론 기반 수퍼비전(예, Ekstein & Wallerstein, 1972; Rice, 1980; Watkins, 1997), 대인관계 수퍼비전 모델(예, Bernard, 1997; Holloway, 1992; Ladany, Friedlander, & Nelson, 2005) 그리고 수퍼비전에 대한 발달적 접근(예, Chagon & Russell, 1995; Skovholt & Rønnestad, 1992; Stoltenberg, McNeill, & Delworth, 1998)이 포함된다. 심리치료 이론 기반 수퍼비전에는 다양한 이론적 관점에서 파생된 방법들이 포함되는데, 그중에서는 심리역동적 관점, 인간 중심적 관점, 인지행동적 관점 그리고 체계적 관점 등이 있다. 특정한 이론적 관점이 수퍼비전 방법에 영향을 미친다. 예를 들면 행동주의 수퍼비전은 행동주의 이론에 따라 치료자로서 적합한 행동을 가르치고 부적절한 행동을 제거하는 데 초점을 맞춘다(Boyd, 1978; Levine & Tilker, 1974). 동시대의 상담과 심리치료 모델처럼, 심리치료 이론에 기반한 수퍼비전은 다문화적 요인에 거의 또는 전혀 주의를 기울이지 않는다.

대인관계 수퍼비전 모델은 수퍼바이지의 전문적 발달과 수퍼바이저의 역할뿐만 아니라, 수퍼바이지와 수퍼바이저 간의 상호작용에도 초점을 맞춘다(예, Bernard, 1997; Holloway, 1992, 1997; Ladany et al., 2005). Bernard의 분별 모델은 수퍼바이저가 반응의 범위를 검토하고 훈련생의 발달을 최대화하는 반응을 구별하도록 촉진하는 데 초점을 맞춘다. Bernard(1997)는 분별 모델이 수퍼비전의 문화적 변인들에는 대체로 주의를 기울이지 않는다고 인정한다. Holloway(1992; 1995)는 체계적 수퍼비전 접근(Systems Approach to Supervision: SAS)에서 서로 관계가 있는 일곱 가지 차원 및 요인을 설명한다. 거기에는 네 가지 맥락적 요인(기관, 수퍼바이저, 내담자 그리고 수퍼바이지), 수퍼비전 기능, 수퍼비전 과업 그리고 수퍼비전 관계(핵심 요소)가 포함된다. Holloway는 두 가지 맥락적 요인(수퍼바이저 요인과 수퍼바이지 요인)을 설명하면서 다문화적 요인을 언급했으나 이러한 언급은 피상적인 수준에 불과했고 수퍼비전 구조 안에서 다문화적 이슈를 구체적으로 다루지는 않았다.

문화적 특징은 수퍼바이지의 수행과 내담자와 수퍼바이저의 행동에 대한 수퍼바이지의 태도 및 행동과 관련이 있다고 뭉뚱그려서 언급한 것이다.

Ladany 등(2005)의 수퍼비전의 핵심 사건(Critical Events in Supervision: CES) 모델은 주요 핵심 사건의 아홉 가지 양식 중 두 가지(즉, 다문화적 인식 강조하기 그리고 성에 대한 오해와 몰이해 바로잡기)에서뿐만 아니라, 과정 또는 개입(다문화적 인식에 초점을 맞춘)으로서도 다문화적 이슈에 즉시 주의를 기울인다. 모든 핵심 사건은 다음의 네 가지 기본 요소로 구성된다. 수퍼비전 작업 동맹, 수퍼비전 이슈 표시, 과업 환경 그리고 해결(모델에 대한 자세한 내용은 6장 참조). 과업 환경은 수퍼바이저가 특정한 사건을 위해서 실행하는 상호작용의 흐름, 또는 개입으로 구성된다. '다문화적 인식을 강조하는' 사건에 있어서, 그런 경우 다문화적 관심사는 하나 또는 다수의 다문화적 이슈(예, 장애와 인종)일 수 있는데, 상호작용의 흐름은 감정 탐색하기, 다문화적 지식 평가하기, 다문화적 인식에 초점 맞추기, 기술(개념적)에 초점 맞추기, 수퍼바이지의 경험을 정상화하기 그리고 수퍼비전 동맹에 초점 맞추기로 구성된다. '성에 관한 오해와 몰이해를 바로잡는' 사건에서 상호작용의 흐름은 감정 탐색하기, 치료 관계에 초점 맞추기, 다문화적 지식을 평가하기(성 역할 사회화) 그리고 자기효율성에 초점 맞추기로 구성된다. 앞에서 설명한 다문화적 사건에 대한 두 가지 양식의 목적은 수퍼바이지로 하여금 다문화적 이슈에 관한 지식이 더 풍부해지고, 자기를 더 많이 인식하며, 더 숙련되도록 돕는 것이다. 요약하면, CES 모델은 수퍼바이저에게 수퍼비전에서 다문화적 이슈를 통합하기 위한 개념적 구조를 제공한다. 하지만, 연관성에 대한 가설을 입증하기 위해서는 경험적인 후속 연구가 필요하다.

수퍼비전의 발달적 접근은 훈련과 수퍼비전 경험이 쌓임에 따라서 수퍼바이지가 어떻게 변화하는가에 초점을 맞춘다(Bernard & Goodyear, 2009). 수퍼비전에 대한 발달 모델이 몇 가지 있다(예, Hogan, 1964; Littrell, Lee-Borden, & Lorenz, 1979; Loganbill, Hardy, & Delworth, 1982; Skovholt & Rønnestad, 1992; Stoltenberg, McNeill, & Delworth, 1998). 훈련생들은 전형적으로, 개인적 · 전문적 인식이 제한되며 의존적인 수준에서 자율성, 인식 그리고 기술이 증진된 수준으로 이동한다고 개념화된다. 발달 모델은 수퍼바이저 행동을 훈련생의 발달 욕구에 맞추려고 한다. 몇몇 저자들(예, Loganbill et al., 1982; Stoltenberg et al., 1998)은 임상 훈련과 실습의 한 분

야로서 개인적 차이에 주의를 기울인다. 이러한 저자들은 훈련생들이 다양한 발달 수준을 거쳐 진보한다고 보았다. 즉, 고정관념적인 사고에 얽매인데다 개인적 편견에 대한 자각도 부족했던 훈련생들이 내담자 개인과 그들이 속한 맥락을 인식하며 지속적으로 자신을 성찰하는 단계로 발전한다고 설명한 것이다. 저자들은 다양한 발달 단계에 있는 훈련생들에게 적합한 수퍼비전 방법을 설명하긴 하지만, 훈련생의 문화적 상담 역량을 증진시키는 구체적인 전략은 언급하지 않는다.

또 다른 몇몇 저자들은 훈련을 위한 발달적 접근 방법을 설명했는데, 이 접근 방법에서는 다문화적 상담 역량에 특별히 주의를 기울인다(예, Carney & Kahn, 1984; Sabnani, Ponterotto, & Borodovsky, 1991). Carney와 Kahn(1984)의 상담자 발달 모델은 Stoltenberg(1981)를 포함한 몇몇 저자들의 연구에 의해서 영향을 받았다. 상담자 발달 모델은 수퍼바이지 발달에 관한 다섯 단계로 구성되는데, 이 단계들은 교차 문화적 상담 역량을 갖추고 학습 환경을 적절하게 조성하는 것과 관계가 있다. 각 단계에서는 문화적 집단에 대한 훈련생의 지식, 사고방식을 인식하고 교차 문화적으로 민감해지는 것 그리고 구체적인 교차 문화적 상담 기술에 주의를 기울인다. Sabnani 등(1991)의 다문화적 훈련 모델은 교차 문화적 훈련 개발, 인종 정체성 그리고 교차 문화적 역량에 대한 작업을 통합한다. 백인 중산층 상담자를 위한 그들의 다문화적 훈련 모델은 백인의 인종 정체성을 발달시키는 데 초점을 맞춘다. 그러나 위에서 언급한 모델들은 훈련생의 임상적 개입과 각 발달 단계의 관련성에 대해서 언급하지 않는다. 덧붙여서, 이 모델들은 오로지 훈련생의 다문화적 상담 역량을 발달시키는 데만 초점을 맞추고, 수퍼바이저의 정체성, 수퍼바이저의 다문화적 역량, 또는 수퍼비전 관계에 대해서는 언급하지 않는다.

상담 수퍼비전에 관한 몇몇 외국 연구(예, Cheng, 1993; Richards, 2000)는 수퍼바이저, 수퍼바이지 그리고 내담자의 문화가 수퍼비전 과정에 미치는 영향을 강조한다. 몇 가지의 수퍼비전 모델들은 수퍼바이저, 수퍼바이지 그리고 내담자로 이루어진 3인군을 직접적으로 언급한다. 몇 가지 연구들(Myers, 1991; Nichols, 1976; Nobles, 1972)로부터 영향을 받은 그러한 모델 중 하나가 세계관 일치 모델(the world view congruence model)이다(Brown & Landrum-Brown, 1995). Brown과 Landrum-Brown은 세계관의 여덟 가지 차원을 다음과 같이 제시한다. ① 심리행동 양식, ② 가치론(가치), ③ 민족정신(신념을 좌우하는), ④ 인식론(인식하는 방법),

⑤ 논리(추론 과정), ⑥ 존재론(실재의 본질), ⑦ 시간관념 그리고 ⑧ 자기관념. 그 밖에도, 이들은 수퍼비전 3인군과 관련이 있는 다섯 가지 패턴의 상충과 혹은 보완을 제시하며, 세계관 갈등의 결과로서 3인군에 불신과 적개심이 생길 수 있다고 주장한다. 일어날 가능성이 있는 각 상황이나 관련된 수퍼비전 개입에는 세계관의 여덟 가지 차원이 존재하며, 각 차원에서 3인군이 이루어지는데, Brown과 Landrum-Brown은 이런 3인군에서 발생할 수 있는 구체적인 이슈를 설명하지 않는다. 그럼에도 불구하고, Brown과 Landrum-Brown(1995)은 수퍼비전 관계에서 다문화적 복잡성을 본격적으로 검토하기 시작하는 유용한 구조를 제공한다.

González(1997)가 개발한 다문화적 임상 수퍼비전의 포스트모던 접근은 대인관계 과정회상(Kagan, 1976), Bernard(1979)의 분별 모델 그리고 라이브 수퍼비전을 통합한다. 이 접근 방법은 수퍼비전에서 권력의 차이를 적절하게 고려한 것으로 정평이 나 있다. 수퍼바이저, 수퍼바이지 그리고 내담자는 모두 자신의 관점과 서로의 전문 기술을 공유하도록 격려받는다. González는 교사, 상담자 그리고 자문가로서의 수퍼바이저 역할에 추가해서 네 번째로 어느 측면에서는 스스로 배워야 하는 수퍼바이저 역할을 제안한다. 이 접근 방법은 한 언어만 사용하는 상담을 적용함으로써 잠재적으로 간과할 수 있는 것들뿐만 아니라 내담자의 언어적 · 문화적 뉘앙스를 설명한다. 수퍼바이저에게 어법, 수퍼비전에 강한 영향을 미치는 수퍼바이지의 표현 그리고 성 역할 사회화와 문화적 배경에 의해서 영향을 받는 내담자의 언어적 · 비언어적 행동에 주의를 기울이도록 권고한다.

수퍼바이저가 자신의 문화를 자각하는 것과 이것이 수퍼바이지와 수퍼비전 과정에 어떻게 영향을 미치는가에 중점을 두는 또 하나의 다문화적 수퍼비전 모델이 VISION 모델이다(Garrett et al., 2001). 이 모델은 수퍼바이저와 수퍼바이지의 가치와 신념 체계, 상담과 수퍼비전 경험에 대한 수퍼바이지의 해석, 수퍼바이저가 수퍼비전 관계를 구조화하는 방법 및 상담 관계를 구조화하는 모델을 정립하는 방법, 수퍼바이저와 수퍼바이지가 선호하는 의사소통 양식, 수퍼바이저와 수퍼바이지가 목표를 성취하기 위해서 문화에 기반한 전략을 의도적으로 사용하기, 수퍼비전에서 수퍼바이저와 수퍼바이지의 요구를 인식하기 등에 주의를 기울인다. 다양한 문화적 배경을 가진 수퍼바이지와 수퍼비전을 할 때 수퍼바이저의 효율을 높이기 위한 지침으로서 그리고 상담자를 효과적으로 훈련시키기 위한 지침으로

서 VISION 모델을 제시한다.

몇몇 저자들은 수퍼바이지가 자신의 사회문화적 배경, 신념 그리고 편견을 검토하도록 권장하기(Morgan, 1984; Remington & DaCosta, 1989), 다양한 교수진과 학생 모집하기(Morgan, 1984) 그리고 모든 교육과정에서 문화와 관련된 훈련과 과정을 제공하기 등, 다문화적 상담 수퍼비전의 다양한 접근 방법을 논의했다. 또 다른 몇몇 저자들(예, Ault-Riche, 1988; Brodsky, 1980; Cook, 1994; Fong & Lease, 1996; Gardner, 1980; Lopez, 1997; Priest, 1994; Remington & DaCosta, 1989; Vargas, 1989)은 교차 문화 수퍼비전에서 발생하는 문제를 언급했는데, 여기에는 무심코 저지르는 인종차별, 성에 관한 수퍼바이저의 편견, 오해, 인종-민족 이슈를 논의하지 않아서 수퍼비전 관계가 왜곡되는 것, 심리적 장애에 대해서 문화적으로 설명하는 것을 지나치게 강조하기 그리고 수퍼바이저의 지식에 지나치게 의존하는 것 등이 포함된다.

전반적으로 이 영역에서 진보가 이루어졌음에도 불구하고, 다문화적 수퍼비전에 초점을 맞춘 연구 문헌은 개괄적일 뿐만 아니라 단편적이기도 하지만, 가끔은 정곡을 찌른다고 볼 수 있다. 현존하는 다문화적 수퍼비전 모델은 다음 비판 중 적어도 하나에 해당된다. ① 수퍼바이저의 역량에 주의를 기울이지 않고 수퍼바이지의 다문화적 역량에 초점을 맞추는 경향이 있다. ② 정체성의 다른 측면을 고려하지 않는 반면 오로지 인종-민족성에 집중하는 경향이 있다. ③ 수퍼비전 맥락에서 다문화적 이슈에 접근하는 데 필요한 포괄적 구조를 제공하지 않는다(Leong & Wagner, 1994). 그리고 ④ 경험적 연구에 의한 뒷받침이 부족하다. 게다가 일반적으로 다문화적 수퍼비전에 관한 연구 문헌은 발생할 수 있는 이슈와 어려움 그리고 그런 어려움을 극복하기 위한 제안도 제시하는 경향이 있다. 수퍼바이저와 수퍼바이지 정체성의 다양성, 두 사람 모두 다양한 관점을 가지고 있을 때 수퍼바이저와 수퍼바이지 간의 관계, 관계가 수퍼비전과 내담자 결과에 미치는 영향 등을 설명하는 모델은 이러한 문헌에 큰 기여를 할 것이다(Brown & Landrum-Brown, 1995). 요약하면, 이 모델은 수퍼바이저에게 다문화적 수퍼비전의 다양한 측면에 관한 지식을 제공하는 데 도움이 되며, 다문화적 상담을 실시하도록 촉진하는 데도 도움이 될 수 있을 것이다.

윤리적 실천으로서의 다문화적 수퍼비전 역량

수퍼바이저는 훈련생의 개념, 진단 그리고 개입 기술을 발전시키는 데 있어서 중요한 역할을 한다. 상담 전문직이 문화적 역량을 갖춘 상담을 실시하도록 촉진하는 데 진정으로 기여하려면, 수퍼바이저는 문화적 역량을 갖춘 훈련생을 키우기 위해서 필요한 역량을 반드시 갖춰야 한다. 내담자, 수퍼바이지 그리고 수퍼바이저가 인구 통계상으로 다양하다는 점을 고려할 때, 우리는 다문화적 역량을 갖춘 수퍼비전은 윤리적 의무라고 생각한다. 따라서 우리는 수퍼비전에서 다문화적 이슈에 유의해야 하는 정도를 검토하기 위한 윤리적 원칙 및 기준에 관한 미국상담협회(American Counseling Association: ACA)와 미국심리학회(American Psychological Association: APA) 문서를 개관하고 논의하려고 한다.

전통적으로 상담 수퍼바이저를 위한 윤리적 지침은 전문직 종사자를 위한 지침에 포함되거나, 아니면 그것을 변형시켜서 만들 수 있다고 생각했다. APA는 다문화적 교육, 훈련, 연구, 상담 그리고 조직 변동에 관한 지침(Guidelines on Multicultural Education, Training, Research, Practice, and Organizational Change)을 마련했다(APA, 2003). 그리고 미국의 인종과 민족 다양성에 대한 최신 인구 통계 자료를 지침의 주요 근거로서 제시하였다. 교육 및 훈련에 다문화주의를 적용하는 문제에 대해서도 논의되었으나 수퍼비전과는 대조적으로 교과 과정과 교실에서의 상호작용에 초점을 맞추었다. 레즈비언, 게이 그리고 양성애 내담자를 위한 심리치료 지침(the Guidelines for Psychotherapy with Lesbian, Gay, and Bisexual Clients)(APA, 2000)과 같은 다른 APA 지침은 심리치료 실시에 초점을 맞추고 있다. 상대적으로는 낮은 빈도이지만, 이들 지침에서는 수퍼비전과 훈련에 관해서 여러 번 언급한다. 예를 들면, 지침 20 고령자를 위한 심리 상담 지침(Guidelines 20 of the Guidelines for Psychological Practice with Older Adults)(APA, 2004)은 고령자와 상담하는 데 필요한 지식, 이해 그리고 기술을 증진시키기 위해서 수퍼비전을 사용하는 것에 대해 설명한다. 청소년 여성과 성인 여성을 위한 심리상담 지침(the Guidelines for Psychological Practice for Girls and Women)(APA, 2007)은 지침 적용에 대한 해설에서 교육과 수퍼비전의 중요성을 언급한다. 여기에는 성인 여성과 청소년 여성

에 관한 수퍼비전을 시행하기 위하여 이론적이며 경험적 기반이 풍부한 지식을 갖추는 것, 청소년 여성과 성인 여성의 경험과 문제에 관한 전문 교육과 훈련 받기 그리고 수퍼비전에서 성인 여성과 청소년 여성의 강점과 도전적 과제를 모두 알고 있기 등이 포함된다. 이 지침은 현실적으로 권장사항이며, 실천기준이 그렇듯이 의무가 아니라는 데 주목해야 한다.

ACA의 **윤리강령과 실천기준**(the ACA's Code of Ethics and Standards of Practice, 1995)에는 '교육, 훈련 그리고 수퍼비전'(F절)에 대한 절이 포함되어 있다. F절에서 다양성에 직접적으로 주의를 기울이는 유일한 부분은 세부항목인 F.1.a 조항이다. "상담교육자는 전문 상담자의 발달을 촉진하기 위한 모든 과정과 혹은 연수회에서 인간 다양성과 관련된 자료를 철저히 가르치기 위해서 노력해야 한다." 그리고 F.2.i 조항은 "상담자는 특별한 필요와 다양한 배경을 갖고 있는 훈련 프로그램 관리자, 교수진 그리고 학생이 필요한 기관과 프로그램의 신규 모집과 유지에 관심을 갖는다."고 기술되어 있다. 1995년의 윤리강령과 실천기준에 비해서 ACA의 최신(2005) 윤리강령은 수퍼비전과 훈련에서 다양성에 주의를 기울이는 면에서 매우 부족하다. 2005년 판의 수퍼비전, 훈련 그리고 교육에 관한 절(F절)에는 다양성에 한정된 두 영역이 포함된다. 상담자 수퍼비전 능력의 하위 절 F.2.b 조항에는 "상담 수퍼바이저는 수퍼비전 관계에서 다문화주의 및 다양성의 역할을 인식하고 그에 역점을 두어서 다룬다."고 명시되어 있다. 수퍼비전 관계의 종결에 대한 항목인 F.4.d 조항에는 "수퍼비전 관계를 맺고 지속하기 위해서 문화적 · 임상적, 또는 전문적 이슈가 매우 중요할 때, 양측은 차이를 해소하기 위해서 노력한다."와 같은 비교적 애매한 문장이 포함된다. 1995년의 강령과 마찬가지로, 훈련생의 개인적 · 전문적 편견을 탐색하는 데 대한 언급이나 훈련생이 문화적 역량을 갖추고 있다고 보장하는 언급은 없다. 상담자가 인종차별을 하지 않고 문화에 섬세하게 반응하는 이슈에 대해서는 ACA 윤리강령과 실천기준의 다른 절에서 언급하는 반면, 다문화적 이슈에 관해서는 교육, 훈련 그리고 수퍼비전에 관한 절에서 단지 제한적으로 주의를 기울였을 뿐이다.

최근에서야 ACA의 분국인 상담교육 · 수퍼비전협회(the Association for Counselor Education and Supervision: ACES)가 특별히 수퍼바이저를 위한 윤리적 지침을 개발하고 출판했다(ACES, 1990, 1995). 1990, 1995년에 출판된 두 문서는 상담 수퍼비

전을 위한 윤리적 원칙 및 지침과 직접적인 관련이 있다. ① '상담 수퍼바이저를 위한 기준(Standards for Counseling Supervisors)' 은 ACES의 Supervision Interest Network(1990)에서 개발했으며, ② '상담 수퍼바이저를 위한 윤리적 지침(Ethical Guidelines for Counseling Supervisors)' 은 1993년에 채택되었다(ACES, 1995).

미국상담·발달협회(the American Association for Counseling and Development: AACD)의 관리위원회가 1989년에 채택한 '상담 수퍼바이저를 위한 기준' 은 역량 있는 수퍼바이저의 특징인 지식, 능력 그리고 개인적 특성에 관한 열한 가지 핵심 분야로 구성된다. 이 기준은 역량 있는 상담 수퍼바이저가 관계에서 개인적 차이를 세심하게 인식하고 이를 숙지하며 수퍼비전에서 이러한 차이가 미치는 영향을 이해한다는 점을 인정한다. 그러나 이 기준은 다문화적 이슈를 단지 피상적으로 인정할 뿐이며, 따라서 수퍼바이저에게는 문화적인 역량을 갖춘 수퍼비전을 제공하도록 지도하는 구조가 필요하다. 흥미롭게도, ACES(1995)의 '상담 수퍼바이저를 위한 윤리적 지침' 은 다문화적 역량에 대해서 언급하지 않는다. 이 문서가 '상담 수퍼바이저를 위한 기준' (Hart, Borders, Nance, & Paradise, 1993 참조)보다 삼년 뒤에 처음 출판되었음에도 불구하고 다문화적 이슈에 관한 기준은 윤리적 지침으로서 정립되지 못했다. 상담 전문직의 지침으로서 사용되는 문서가 다문화적 수퍼비전과 훈련에 뚜렷한 관심을 기울이지 않는 것은 다변화된 사회에서 심각한 한계를 드러낼 것이다. 이러한 결점에도 불구하고 우리는 수퍼바이저가 자신의 역할을 효과적으로 그리고 윤리적으로 수행하기 위해서는 다문화적 수퍼비전에 관하여 윤리를 중시하는 입장을 견지해야 한다고 생각한다.

◎ 다문화적 자기인식

많은 교육자들은 다문화적 이슈에 관한 교육과정이 다문화적 상담자나 수퍼바이저가 되기 위해서 필요한 지식을 제공하기에 충분하다는 잘못된 생각을 갖고 있다. 그러나 일반적인 교육과정은 대부분 다문화적 지식에 대하여 단순한 지식만 제공해 주고 있으며, 다문화적 자기인식과 기술에는 최소한의 주의를 기울일 뿐이다. 이 부분에서 우리는 먼저 수퍼바이저의 다문화적 역량에 관한 자기인

식의 측면을 다루는 반억압적 대인관계 발달의 경험적 모델(the Heuristic Model of Nonoppressive Interpersonal Development: HMNID)을 제시한다. HMNID는 수퍼바이저와 수퍼바이지의 정체성에서 다양하고 서로 관계가 있는 차원에 주의를 기울인다. 이 모델은 구체적인 인구 통계 변인 전체(즉, 인종, 민족성, 성, 성적 지향성, 장애, 사회경제적 지위)에서 수퍼바이저가 자기 자신, 훈련생 그리고 내담자에 관한 생각, 느낌 그리고 행동의 패턴을 이해하는 데 필요한 경험적 구조를 제공하기 위해서 고안되었다.

◎ 반억압적 대인관계 발달의 경험적 모델(HMNID)

과거 삼십 년 동안, 상담자뿐만 아니라 내담자의 심리 구조를 이해하는 데 있어서 그 사람의 정체성이 핵심적인 역할을 할 수 있다고 인정받아 왔다. 또한 특정 명목 또는 인구 통계 변인(예, 생물학적 성)에 대한 간단한 지식과 마찬가지로 정체성 발달에 대한 일반적인 모델(예, Marcia, 1966)은 한 개인의 신념과 행동을 예측하기에 부적합하다. 정체성 모델은 개인의 구체적인 인구 통계 변인의 다양성을 반영하기 위해서 고안되었다. 여기에는 인종(Cross, 1971, 1995; Hardiman, 1982; Helms, 1990, 1995; Helms & Cook, 199; Sue & Sue, 1999), 민족성(Phinney, 1989; Sodowsky, Kwan, & Pannu, 1995), 성(Downing & Roush, 1985; McNamara & Rickard, 1989; Ossana, Helms, & Leonard, 1992) 그리고 성적 지향성(Cass, 1979; Chan, 1989; Fassinger, 1991; Rust, 1993; Troiden, 1989) 등이 포함된다. 이 모델은, 구체적으로 말해서 인종 정체성과 성적 정체성은, 수퍼비전 맥락에서 어느 정도 적용되어 왔다(Carney & Kahn, 1984; Cook, 1994; Helms & Cook, 1999; Ladany, Brittan-Powell, & Pannu, 1997; Porter, 1995; Rarick, 2000; Vasquez & McKinley, 1982). 그러나 다양한 인구 통계적 특징과 관련된 정체성의 수준을 수퍼비전 맥락에서 고려한 것은 아니다. 뿐만 아니라 이 모델은 주로 심리적 정체성에 초점을 맞추었고, 정체성이 행동으로 표현되는 데는 그다지 주의를 기울이지 않는다. 그 때문에 우리가 제시하는 반억압적 대인관계 발달 모델은 구체적인 인구 통계 변인 전체(즉, 인종, 민족성, 성, 성적 지향성, 장애, 사회경제적 지위)에 걸쳐서 수퍼바이저에게 자기 자신, 훈련

생 그리고 내담자에 관한 생각, 느낌 그리고 행동의 패턴을 이해하기 위한 경험적 모델을 제공하려는 목적을 가지고 있다. 우리의 모델은 특정한 정체성 모델을 완전히 대체하려는 의도가 없다는 점을 언급함으로써 이 담론을 시작하는 것이 중요하다. 우리의 의도는 수퍼바이저에게 자신의 가치를 약화시키지 않고 다양한 모델을 다루는 방법을 제공하려는 것이다. 실제로 수퍼바이저는 우리가 제시한 모델의 견해를 보완하기 위해서 인구 통계 변인 전체에서 구체적인 정체성 모델을 배워야 한다는 것이 우리의 견해다. 이 경고를 고려해서, 우리의 2001년도 모델(Ancis & Ladany, 2001)의 최신판을 제시한다.

우리는 어떤 특정한 인구 통계 변인에 있어서 사람들은 사회적으로 두 집단 중 하나에 속한다고 생각한다. ① 사회적으로 억압된 집단(a socially oppressed group: SOG, 즉 여성, 유색인, 게이/레즈비언/양성애자, 장애인, 노동자 계층), 또는 ② 사회적으로 기득권을 가진 집단(a socially privileged group: SPG, 즉 남성, 백인, 양성애자, 유럽계 미국인, 신체적 비장애인, 중산층부터 상류층). 예를 들면, 인구 통계 변인인 성에 관하여, 여자는 SOG에 속하며 남자는 SPG에 속한다. 이러한 개념화에 따르더라도 사람들이 다양한 개인적 인구 통계 변인(예, 여성, 백인)을 가지고 있음을 고려한다면 한 사람이 SOG와 SPG에 동시에 속할 수 있음을 알 수 있을 것이다.

또한 우리는 각각의 인구 통계 변인에 있어서 사람들은 우리가 대인관계 기능 도구(Means of Interpersonal Functioning: MIF)라고 부르는 단계를 거쳐서 발달한다고 생각한다. MIF는 특정한 인구 통계 변인과 자신을 동일시하기 때문에 나타나는 행동(예, 장애인으로서 갖게 되는 심리적 그리고 행동적 표현)뿐만 아니라 자신에 대한 생각과 느낌까지 포함한다. 정체성 이론가의 입장과 마찬가지로 인구 통계 변인 자체가 한 사람의 생각, 느낌 그리고 행동을 설명하지는 않는다는 게 우리의 입장이다. 오히려 한 사람이 자신을 어떻게 인식하고 다른 사람과 어떤 방식으로 상호작용하는가 하는 것은 대개 인구 통계 특성에 근거해서 사람들에게 영향력을 행사하는 환경적인 압력 때문이다. 우리도 그가 속한 집단과 관계없이, 비록 동일시하는 집단에 따라서 공통점과 독특한 특성이 있을지라도, 사람들은 각자가 동일시하는 집단별로 MIF의 비슷한 단계를 거쳐서 발달한다고 생각한다. 한 예로서 여성과 남성은 모두 MIF 면에서 발달할 수 있다. 여성과 남성 모두의 MIF 발달 단계에는 독특한 특성은 물론(예, 일반적으로 여성은 자신에게 권한이 적다고 느낄 것이

고 남성은 권한이 더 많다고 느낄 것이다) 공통점도 있을 것이다(예, 양쪽 모두 발달이 덜 된 단계에서는 사회 변화와 관련해서 별 문제의식 없이 안주하려는 특성을 드러낼 것이다). 성, 인종, 성적 지향성, 민족성, 장애, 국적 그리고 사회경제적 지위에 대해서도 이와 유사한 도식을 만들 수 있다.

우리는 우리 모델의 세 가지 추가 가설에 대해서 주목해야 한다. 첫째, 우리는 사람들이 MIF와 관련하여 다른 변인(예, 인종)보다 어느 한 인구 통계 변인(예, 성)에서 더욱 발달할 수 있다고 생각한다. 예를 들면, 백인 여성은 성 역할 사회화 과정으로 생긴 제약적인 결과들에 대해서는 이해할 수 있지만, 백인들 자신이 가지는 특권은 인식하지 못할 수 있다. 둘째, 이 모델은 미국 사회의 맥락에서 파생됐기 때문에 미국에 거주하는 사람들에게 한정적으로 적용된다. 셋째, 각 인구 통계 변인에 있어서 양자 관계 구성원 각자의 MIF를 앎으로써 수퍼비전과 상담의 과정과 결과를 특징짓고 예측할 수 있다.

사람에게는 MIF의 네 단계(즉, 적응, 부조화, 탐색 그리고 통합)를 통해서 발달하는 능력이 있다고 알려져 있다. 이 단계들은 문화적 차이와 억압에 관한 인식이 부족하고 안주하는 상태로부터 다문화적 이슈에 대한 인식이 증가하고, 인지적으로 복잡해지고, 문화적 역량에 전념하는 상태로 발달하는 것을 나타낸다. 우리는 각 단계를 정의하고 서로 다른 인구 통계 변인 전체에서 각 단계에 속하는 사람들의 특징인 생각, 느낌 그리고 행동의 사례를 제시하려고 한다. 세 가지 다문화적 변인들(즉, 성, 인종, 성적 지향성) 때문에 전체 단계에서 발생하는 생각, 느낌 그리고 행동에 대한 상세한 사례는 〈표 3-1〉에서 볼 수 있다.

적응

MIF의 첫 번째 단계는 적응이다. SOG와 SPG 구성원 모두에게 공통된 특징인 적응에는 억압적인 사회 환경에 대한 안주와 무관심 그리고 순응(예, "가난한 사람은 항상 있게 마련이다."), 사람들 사이의 서로 다름에 대한 피상적인 이해(예, "우리는 모두 같은 미국인이다."), 특정 문화적 집단에 대한 진부한 태도(예, "라틴 아메리카계 사람들은 게으르고 동기가 없다."), 상황이 얼마나 차별적이고 억압적인지 거의 알지 못함(예, 장애인이 이용할 수 없는 대중교통에 대해서 알지 못한다), 정서적 인식

이 부족함(예, 통찰이 결여된 분노) 등이 포함된다. 이 단계에 속하는 사람들은 자신이 살고 있는 사회적 맥락에 대해서는 적응적이지만 개인의 내적 기능과 대인관계 기능은 부적응적이며, 그 결과 억압적인 현상 유지가 지속된다(Thompson & Neville, 1999). 주된 방어기제에는 부정과 저항이 포함된다. 행동은 다른 사람에 대한 억압을 수동적으로 받아들이기(예, 못 본 척하기)로부터 억압적 우발 사건을 적극적으로 지지하기(예, SOG 억압을 옹호하는 정치인 지지하기), SOG를 억압하는 집단의 일원으로서 적극적으로 가담하기(예, 지시를 받고 SOG에 속하는 사람에게 폭력 행사하기)에 이르는 연속선상에 분포한다. SOG에 속하는 사람의 특성으로는 SPG에 속하는 사람을 이상화하고 동일시하며(예, 건강이 재산이다), 자신이 몸소 경험하는 억압적 사건을 제대로 인식하지 못하고(예, 자신은 억압적 행위를 당한 적이 전혀 없다고 생각하는 여성), 자신이 처한 상황을 변화시키려는 동기가 별로 없으며, SOG로서의 특성을 포기한다(예, 자신이 유대 민족이라는 사실을 숨기거나 부인하려고 적극적으로 노력한다)는 것 등이 있다. SPG 구성원의 특성으로는 서로 다름을 알아차리지 못함(예, "우리는 모두 똑같은 인간이다" 처럼 인종차별을 하지 않는다는 관점), 모든 사람은 동등하며 대인관계에서 비슷한 경험을 한다는 신념(예, 여성의 승진을 가로막는 장애물은 없다), SOG 구성원에 대한 명예훼손(예, 게이와 레즈비언은 비도덕적이다. 그러므로 게이는 질병으로 고통받아 마땅하다) 그리고 SPG 구성원이라는 것과 관련된 특권을 알지 못함(예, 누구든지 나처럼 열심히 일하면 아무리 가난해도 똑같은 기회를 가질 수 있다) 등을 들 수 있다.

한 사람의 MIF 단계를 알면, 그에 기반해서 수퍼비전과 상담에 관련된 수퍼바이저와 훈련생의 생각, 느낌 그리고 행동을 예측할 수 있다. 어떤 특정한 인구 통계 변인에 대해서 적응 단계에 있는 SOG와 SPG 수퍼바이저는 다음과 같은 특성을 나타낼 가능성이 높다. ① 수퍼바이지가 다문화적 관심과 역량을 드러내는 것을 최소화시키거나 묵살한다. ② 내담자에 대해서 잘못된 고정관념에 기반해서 언급한다. ③ 수퍼비전에서 억압 이슈가 드러나면 불안해진다. ④ 또한 자신이 다문화적 역량을 많이 갖추고 있다고 잘못 인식한다. ⑤ SPG 훈련생이 있는 데서 대놓고 억압적 신념을 드러낸다. ⑥ 다문화적 구조 안에서 훈련생과 내담자를 개념화하는 것에 관한 한 통합적 복합성(intergrative complexity)을 충분히 갖고 있지 않다. 통합적 복합성은 내담자를 개념화할 때(Constantine & Ladany, 2000; Ladany, Inman,

Constantine, & Hofheinz, 1997) 구별하고(다양한 다문화적 요인을 정의하고) 통합하는(이런 요인을 연결하는) 역량으로 정의할 수 있는데, 훈련생을 개념화할 때도 마찬가지로 적용할 수 있다. 적응 단계의 수퍼바이저가 다음과 같은 특성을 나타낼 가능성은 상대적으로 적다. ① 수퍼바이저와 훈련생 간(즉, 부정적 병행 과정) 그리고 훈련생과 그 또는 그녀의 내담자 간의 다문화적 이슈에 대하여 언급한다. ② 그러므로 MIF에서 더 발달한 단계에 있는 SOG 훈련생에게 정확하게 공감한다. ③ SPG 훈련생의 MIF 발달을 촉진한다. 그리고 ④ 다문화적 이슈가 불편하다고 인정한다(전문 지식이 적은 영역에 주의를 기울일 가능성이 더 적다). 적응 단계에 있는 수퍼바이저는 자신 또는 수퍼바이지의 편견, 배경 그리고 세계관 및 이들과 수퍼비전이 어떤 관련이 있는지 탐색하지 않을 것이다. 그는 다양한 내담자에게 전통적 상담 방법을 적용할 때 부딪히는 한계를 알지 못하며, 훈련생에게 개입하는 범위가 제한될 것이다. 또한 훈련생이 다문화적 상담 영역에서 가지는 개인적·전문적 강점과 약점을 찾아내지 못할 것이다. 적응 단계에 있는 수퍼바이저는 윤리적 차원에서 자신의 억압적 신념을 점검하기 위해서 수퍼비전을 위한 수퍼비전이나 개인상담을 통해 도움을 받아야 한다. 그러나 그들이 MIF의 다음 단계로 발달하도록 촉진하는 경험을 하지 않는 한 그렇게 하지는 않을 것 같다.

어떤 특정한 인구 통계 변인에 대해서 적응 단계에 있는 SOG와 SPG 훈련생은 모두 ① 수퍼비전에서 또는 내담자와 관련하여 다문화적 이슈에 주의를 기울일 가능성이 더 적고(예, 사례개념화 보고서와 발표에서 다문화적 이슈를 언급하지 않고, 내담자와 함께 다문화적 이슈를 논의하지 않는다), 또는 ② 사례개념화(언어적·문자적)에서 언급한 것 이상으로 인구 통계 변인들을 고려할 가능성이 더 적다. 훈련생은 또한 ① 내담자 탓을 하면서 환경이 내담자가 기능하는 데 미치는 영향을 무시하고, ② 내담자 편에서 그리고 자신과 내담자 사이에서 현저하게 드러나는 다문화적 이슈를 이해하지 못할 가능성이 더 많다(예, 내담자의 문화와 일치하는 순응을 의존으로 오해할 수 있다).

부조화

MIF의 두 번째 단계는 부조화다. 이 단계에 있는 SOG와 SPG에 속하는 사람들

〈표 3-1〉 다문화적 변인 표본을 위한 다문화적 정체성 발달 사례

다문화적 변인	MIF	사고, 감정, 행동의 사례
성: 여성	적응	우리 문화의 모든 부분에서 양성 평등이 확립되어 있다. 성에 따른 급여 차이는 '허구'다. 아이를 키우기 위해서 집에 있는 건 전적으로 내 선택이다. 주된 방어는 부정. 문화적 이슈와 관련된 감정을 쉽게 인정할 수 없다.
	부조화	나는 사람들이 여성이 남성보다 발달되었다고 생각하는 상담 전문직에서조차 여성의 능력이 남성보다 못하다고 알았을 뿐이다. 수퍼바이저가 여성 폄하 발언을 하지만, 그가 정말 그렇게 생각하진 않을 테니까 무시해 버려야지. 주된 방어는 최소화와 합리화.
	탐색	나는 Gloria Steinem이 옳았다고 생각한다. "당신은 여성주의자가 아니면 자기를 학대하는 사람이다." 내 삶을 돌아보니, 여자라는 이유로 얼마나 자주 외설적인 언행의 표적이 됐는지 알겠다. 주된 감정은 분노와 좌절.
	통합	성에 대한 나 자신과 다른 사람들의 진부한 이해와 행동을 바꾸는 건 내 책임이다. 특히 양성 평등에 관련하여 인권을 이해하고 옹호한다. 다양한 옹호 활동에 참여한다. 주된 감정은 현존하는 불평등에 대한 슬픔과 변화가 일어날 수 있다는 희망 및 낙관주의.
성: 남성	적응	남성과 여성이 유전적으로 다르다는 것은 분명한 사실이고, 그것은 남녀가 심리적으로 다르다는 사실을 설명해 준다. 주된 방어는 부정. 문화적 이슈와 관련된 감정을 쉽게 식별할 수 없다.
	부조화	여성도 직장에 다닐 수 있지만, 여성은 자녀와 함께 집에 있는 게 가장 좋다고 생각한다. 주된 방어는 최소화와 합리화.
	탐색	나는 우리 문화에서 남자이기 때문에 갖는 이점을 매우 잘 알게 됐다. 주된 감정은 죄책감.
	통합	나는 여성 폄하에 기여하는 학습된 행동에 도전하기 위해서 분투한다. 특히 양성 평등에 관련하여 인권을 이해하고 옹호한다. 다양한 옹호 활동에 참여한다. 주된 감정은 현존하는 불평등에 대한 슬픔과 변화가 일어날 수 있다는 희망 및 낙관주의.
인종: 유색인	적응	아프리카계 미국인들은 열심히 노력하지 않기 때문에 가난하다. 내가 자수성가했으니까 다른 사람도 그래야 한다. 주된 방어는 부정. 문화적 이슈와 관련된 감정을 쉽게 식별할 수 없다.
	부조화	백인 친구가 나를 아프리카계 미국인으로 생각한 적이 전혀 없다고 하는 말을 듣고 기분이 언짢다. 그 말을 칭찬으로 받아들여야 할지 잘 모르겠다. 주된 방어는 최소화와 합리화.
	탐색	내가 이해받으려면 첫째로 다른 유색인들과 협력해야만 한다. 유색인과 강하게 동일시하는 집단 또는 단체(예, 흑인 학생 클럽)와 연대한다. 주된 감정은 분노와 좌절감.
	통합	나는 각계각층 사람들의 투쟁과 그들에게 권한을 부여하는 것을 지지한다. 특히 인종 평등에 관련하여 인권을 이해하고 옹호한다. 다양한 옹호 활동에 참여한다. 주된 감정은 현존하는 불평등에 대한 슬픔과 변화가 일어날 수 있다는 희망 및 낙관주의.

인종: 백인	적응	나는 인종차별을 하지 않는다. 우리는 똑같은 인간이다. 주된 방어는 부정. 문화적 이슈와 관련된 감정을 쉽게 식별할 수 없다.
	부조화	확실히 인종차별이 있지만, 나는 그에 대한 책임이 없고 그 때문에 어떤 특혜도 받지 않았다. 인종에 초점을 맞추는 것은 악감정을 일으키고 인종차별을 영속시킬 뿐이다. 주된 방어는 최소화와 합리화.
	탐색	백화점에서 아프리카계 미국인 친구가 미행당하는 것을 목격한 후, 내가 백인이라는 사실이 나의 경험에 어떤 영향을 미치는지를 진정으로 생각하기 시작했다. 백인이라는 게 무슨 의미인지 그리고 백인이기 때문에 가지는 특권이 무엇인지를 적극적으로 탐구한다. 주된 감정은 죄책감.
	통합	나는 변화가 일어나게 하려면 우리 모두 서로의 투쟁을 지지하고 인종차별을 폐지하는 데 적극적으로 참여해야 한다고 생각한다. 다양한 옹호 활동에 참여한다. 대인관계 기능 도구의 다양한 단계에 속하는 유색인 및 백인과 상호작용하는 데 능숙하다. 주된 감정은 현존하는 불평등에 대한 슬픔과 변화가 일어날 수 있다는 희망 및 낙관주의.
성적 정체성: LGBT	적응	나는 이성애자가 되려고 노력할 수 있다. 이성애자의 삶은 내가 애써 얻고 싶은 이상이다. 미국 문화의 이성애자 규범과 동일시한다. 주된 방어는 부정. 문화적 이슈와 관련된 감정을 쉽게 식별할 수 없다.
	부조화	동성에 대한 성적 감정을 숨기는 건 내 심신의 건강에 피해를 줄 수 있다. 나는 이런 감정을 무시하기 위해서 더 많이 노력해야 한다. 감정은 무시하기가 점점 더 어려워지며, 동성애자임을 밝히는 것과 숨기는 것 사이에서 갈등한다. 주된 방어는 최소화와 합리화.
	탐색	동성애자가 아닌 많은 사람들은 게이라는 게 무슨 의미인지를 전혀 이해하지 못한다. 내가 게이 남성에 대한 많은 부정적 편견을 어떻게 받아 들였는지 실감했고, 이를 바꾸기 위해서 노력하고 싶다. LGBT(역자 주: 레즈비언[Lesbian], 게이[Gay], 양성애자[Bisexual], 성전환자[Transgender]를 집합적으로 지칭하는 축약어)와 강하게 동일시하는 집단 또는 단체와 연대한다(예, 게이 프라이드[PRIDE] 축제[역자 주: 게이, 더 나아가 동성애자들이 자신들의 권리를 인정해 달라고, 또는 다른 목적으로 벌이는 퍼레이드 행사]에 참가한다). 주된 감정은 분노와 좌절감.
	통합	나는 모든 사람이 혜택을 받고 보다 생산적인 삶을 살도록 하기 위해서 동성애자의 권익을 옹호한다. 특히 성적 지향성과 관련하여 인권을 이해하고 옹호한다. 다양한 옹호 활동에 참여한다. 주된 감정은 현존하는 불평등에 대한 슬픔과 변화가 일어날 수 있다는 희망 및 낙관주의.
성적 정체성: 이성애자	적응	동성애는 부도덕하며 죄다. 사람은 자신이 정말 원한다면 성적 지향성을 바꿀 수 있다. 그들이 나를 귀찮게 하거나 치근대지 않는 한 괜찮지만, 그러나 그럴 땐 문제가 된다. LGBT에 관한 농담을 이야기하고 듣는 게 편안하다. 가끔 폭언과 구타로 동성애자 학대에 가담할 수도 있다. 동성애자끼리의 결혼에 반대한다. 주된 방어는 부정. 문화적 이슈와 관련된 감정을 쉽게 식별할 수 없다.
	부조화	나는 다른 사람들이 게이를 조롱하거나 헐뜯는 말을 듣는 게 불편하다. 내가 그런 말을 모른 척하려고 한다는 사실을 깨달았다. 접촉 경험에 의해서 이성애주의자들의 건강하지 못한 태도에 대해서 의문을 갖기 시작한다. 주된 감정은 죄책감.

성적 정체성: 이성애자	탐색	내가 배우자에게 애정표현을 하는 자유를 게이나 레즈비언은 누리지 못한다는 사실을 깨닫게 됐다. 이성애자이기 때문에 가지는 특권을 적극적으로 탐색하고 검토한다. 주된 감정은 죄책감.
	통합	나는 이성애자 협력자로서 그들의 성적 지향성에 관계없이 모든 사람들의 권리에 기여할 수 있다고 생각한다. 특히 성적 지향성 평등과 관련하여 인권을 이해하고 옹호한다. 다양한 옹호 활동에 참여한다. 주된 감정은 현존하는 불평등에 대한 슬픔과 변화가 일어날 수 있다는 희망 및 낙관주의.

은 의식적인 부조화를 경험할 가능성이 있는데, 이 때문에 억압과 특권에 대한 이전의 신념이 자신들이 접하게 된 사건에 부적합하고 불일치하며 모순되는 것으로 느끼게 된다. 예를 들면, 유색인에 대한 폭력적인 공격이 단지 인종이 다르기 때문임을 나타내는 널리 알려진 사건은 세상은 정의로우며 사람들은 동등하게 취급받는다는 신념과 상충될 수 있다. 공통점으로 갈등, 혼란, 부조화, 그리고 옹호 활동에 대해 어느 정도 알면서도 실제로 참여하지는 않는 것 등이 추가된다. 부조화 단계에서 부정은 더 이상 적응 단계에서처럼 효과적인 방어기제가 아니다. 오히려 최소화와 합리화가 더 유력한 방어기제가 된다. 인식이 함양되었음에도 불구하고, 예를 들어서 성에 대한 편견을 수동적으로 수용하는 것과 같이 여전히 더 수동적이며 억압적인 상호작용을 초래하는 행동을 할 수 있다.

SOG와 SPG 구성원은 모두 자신이 이전에 가졌던 신념을 의심하게 만드는 사건을 경험할 수 있지만, 사건은 다를 수 있으며, 또는 다른 개인적인 결과를 포함할 수도 있을 것이다. SOG에 속하는 사람에게 사건은 억압에 대한 인식에 이르는 개인적인 차별 경험일 수 있다(예, 백인 친구가 아프리카계 미국인에게 "나는 당신이 너무 논리정연해서 전혀 아프리카계 미국인으로 생각하지 않았다."라고 말하는 것). SPG 구성원은 SOG 구성원과 교제하면서 차별을 간접적으로 경험하거나 차별적인 사건을 목격할 수 있다(Ancis & Szymanski, 2001). 또한 중요한 한 가지 사건이나 일련의 사건의 결과로서 적응 단계에서 부조화 단계로 이행할 수 있는데, 억압이 실재한다는 사실을 더 이상 모른 체할 수 없는 경우에 그러하다. SOG에 속하는 사람은 억압을 어느 정도 인식할 수 있지만, 자신을 SOG와 동일시해야 할지, SPG와 동일시해야 할지 갈등한다. SPG에 속하는 사람에게 있어서, 사건은 억압이 존재한다는 사실을 깨닫는 데 도움이 될 수 있지만(예, 여성과 남성 간의 급여 차이), 여전히

SOG 구성원이 변화의 책임을 져야 한다고 생각하며, SPG의 특권을 거의 인식하지 못한다(예, "차별 철폐 조처는 공평하지 않아!").

부조화 단계에 있는 수퍼바이저들은 수퍼비전에서 다문화적 이슈에 주의를 기울일 가능성이 별로 없으며, 그렇지 않으면 기껏해야 최소한의 주의를 기울일 뿐이다. 그들은 SOG 구성원에 관해서 자신을 합리화하는 데 훈련생이 공모하도록 할 수 있다. 예를 들어서 훈련생이 수퍼바이저가 동의를 강요한다고 생각할 것임을 알면, 수퍼바이저는 적응 단계에서처럼 다문화적 이슈를 완전히 무시하기보다는 자신과 무관한 것으로 일축하려고 적극적으로 노력할 수 있다(예, 수퍼바이저가 훈련생에게 "나는 여성이 평등권을 누릴 자격이 있다고 생각하지만, 어떤 여성주의자들은 가끔 도가 지나칠 때가 있단 말이야."라고 말할 수 있다). 수퍼바이저는 자기 자신의 배경과 세계관을 탐구하기 시작할 수 있지만, 자신의 편견을 검토하는 것은 너무 위협적임을 깨닫는다.

부조화 단계에 있는 훈련생들은 다문화적 이슈를 어느 정도 알고 있을 가능성이 있지만, 수퍼비전에서 그에 대한 이야기를 꺼낼 가능성은 별로 없는데, 특히 그들이 수퍼바이저가 다문화적 이슈를 중요하게 생각하지 않는다고 여기고 수퍼비전에서 커다란 권력의 차이가 있다고 느낄 때 그러하다. 그들은 수퍼비전에서 다문화적 이슈에 대한 이야기를 간접적 방식으로 꺼낼 수 있지만(예, 특정한 인구 통계를 언급한다), 그것을 더 탐구해야 할지 말지에 대해서는 수퍼바이저의 지도를 따를 것이다. 그들은 사례개념화에 인구 통계 정보를 포함시킬 가능성이 있지만, 정보를 잘 구별하거나 통합하지는 못할 것이다. 뿐만 아니라 수퍼비전에서 훈련생은 접근 및 회피의 방식으로 다문화적 이슈에 접근할 것이다.

탐색

MIF의 세 번째 단계는 탐색이다. SOG와 SPG 구성원 모두의 공통점에는 각자가 속하는 SOG 또는 SPG의 구성원이 된다는 게 무슨 의미인지를 적극적으로 탐구하는 것이 포함된다. 덧붙여서, 분노가 두드러진 감정일 수 있다. 어떤 분노는 억압적인 상황을 뒤늦게 알게 된 데서 비롯되지만, 예전에는 문제의 억압적인 상태를 인식하지 못했다는 죄책감이나 수치심 역시 이를 부채질한다. 적응 단계에 있는

사람의 분노와는 달리, 탐색 단계의 분노에는 통찰력이 있다(즉, 억압적인 현상 유지를 인식하는 것과 관련이 있다). 사람들은 억압적인 상황이 영속되는 데 자신이 어떤 역할을 하는지 숙고하고, '참 만남과 같은 모임들' 을 찾아낼 것이다(예, 게이와 레즈비언 공동체에 접근한다). 뿐만 아니라, 탐색 단계의 사람들은 이러한 경험을 이해하고 처리하는 데 도움이 되는 상담을 받을 가능성이 좀 더 많다. SOG 구성원은 특정 문화에 몰두하고(예, 아시아계 미국인 풍의 옷을 입을 수 있고, 게이 프라이드[PRIDE] 축제에 참여할 수 있다) SOG의 다른 구성원과 연대한다(예, 다른 장애인들과 교제한다). SPG 구성원은 SPG 구성원이라는 게 무슨 의미인지를 탐색하고, SPG 구성원의 특권에 대해서 신중하게 생각할 가능성이 있다(예, 백인들의 특권과 관련된 이점; Ancis & Szymanski, 2001; Bulhan, 1985; Fine, Weis, Powell, & Mun Wong, 1997). 마침내, 억압적 사건에 대한 인식으로 시작해서 과도한 수준의 경각심이나 의식을 지니게 되는 데까지 이를 수 있다.

어떤 특정한 인구 통계적 변인에 있어서, SOG와 SPG 수퍼바이저들은 모두 수퍼비전에서 다문화적 이슈에 주의를 기울일 것이며, 다문화적 인식을 촉진하는 과정에 훈련생이 적극적으로 참여하게 할 것이다. 그러나 통찰을 불러일으키려는 수퍼바이저의 열의와 열정 때문에, 특히 적응 단계나 부조화 단계에 있는 훈련생은 역설적으로 더 많이 저항할 수 있다. 수퍼바이저들은 자신과 훈련생 사이에서 자기탐색을 시작할 것이다. 그들은 사례개념화의 대안을 탐구하고 훈련생과 함께 개입하는 데(예, 여성주의 이론적 접근) 비교적 개방적일 것이다. 수퍼비전 과정과 결과의 측면에서, 해결되지 않은 갈등과 특별한 관계가 없는 관심사나 문제를 설명하기 위해서 다문화적 이슈를 지나치게 강조할 위험이 있을 수 있다. 뿐만 아니라, 수퍼바이저는 훈련생으로 하여금 그들 자신의 편견에 대하여 자기탐색을 시작하도록 할 수 있지만, 그다음에는 어떻게 마무리하거나 개입해야 할지 몰라서 갈팡질팡한다.

SOG와 SPG 훈련생 모두는 수퍼바이저가 지도해 주기를 바라며, 다문화적 이슈의 탐구에 대해 개방적일 것이다. 그러나 그들은 다른 적절한 상담 이슈를 제쳐 두고 다문화적 이슈를 지나치게 강조할 수 있고, 내담자를 개념화함에 있어서 개인적 이슈와 다문화적 이슈를 통합하는 데 어려움을 겪을 수 있다. 또한 훈련생들은 특정한 인구 통계적 특성과 관련된 탐색 단계의 믿음을 그들이 적응 단계나 부조

화 단계에 있을 때 갖고 있었던 인구 통계적 특성으로 일반화할 수 있다. 예를 들면, 사회경제적 상류층 가정에서 성장했으며 백인들의 특권을 가진다는 게 무슨 의미인지를 탐구하는 백인 훈련생들은 사회경제적 특권 역시 인식하기 시작할 수 있다. 그들은 이에 따라 다양한 사회적 정체성들을 서로 비교하기 시작할 것이다.

통합

MIF의 네 번째 단계는 통합이다. SOG와 SPG 구성원 모두의 공통점에는 다문화적 진실성, 통합하는 의식, 다양한 SOG 집단과 능숙하게 연대하기, 억압적 사건에 대한 인식, 억압적 상호작용에 관한 통찰 그리고 정확한 감정 등이 포함된다. 행동에 있어서는, 주위 환경에서 이루어지는 억압의 방지에 헌신하며(예, 억압받는 집단을 위한 활동에 참여한다), 다양한 집단(예, SPG와 SOG) 구성원에게 정확하게 공감하는 능력이 있다. 방어기제는 주로 환상인데, 일상생활에서 여러 가지 다양한 요소로 인해서 억압을 받기보다는 좋은 일이 일어날 수 있다고 상상하는 것이다. SOG 구성원은 멘토링을 제공하기 위해서 자신이 속한 SOG 집단의 다른 구성원에게 접근할 가능성이 있다. SPG 구성원은 MIF에서 낮은 단계에 있는 동료 SPG 구성원이 제시한 잘못된 논리를 반박할 기회를 활용할 것이다(예, 잘못된 정보에 근거한 고정관념에 반론을 제기한다). 그들은 자신의 특권을 평등을 증진하는 데 이용하며, 자신이 속한 하부조직을 변화시키기 위해서 노력할 것이다.

어떤 특정한 인구 통계 변인에 있어서, SOG 또는 SPG 구성원인 수퍼바이저는 MIF와 관련된 훈련생의 발달을 촉진하는 데 능숙할 가능성이 있다. 수퍼바이저는 또한 자신과 훈련생의 유사점과 차이점을 논의하고 처리할 수 있는데, 이는 결과적으로 훈련생이 자신의 내담자와 상호작용하는 방식에 대한 모델이 된다(즉, 긍정적 병행 과정). 수퍼바이저는 또한 수퍼비전에서 다문화적 이슈를 적절하게 그리고 효율적으로 다룰 수 있다. 수퍼바이저는 자신의 MIF에 시간을 투자하며 자신이 일하는 교육 환경을 변화시키기 위해서 노력한다. 수퍼바이저는 훈련생이 내담자 옹호 기술을 개발하도록 돕고, 수퍼비전에서 권력을 건설적으로 사용하며, 서로 다른 MIF 단계에 있는 훈련생들과 다양성에 대해서 논의하는 것을 촉진할 수 있다.

통합 단계에 있는 훈련생들은 다양한 인구 통계 변인 전체에서 통합적 복합성을 통해 내담자를 개념화할 수 있을 것이다. 그들은 또한 ① 어떤 특정한 인구 통계 변인에 있어서 내담자가 속한 MIF 단계가 어떠하든 SOG와 SPG 내담자 모두에게 정확하게 공감할 수 있다. ② 수퍼비전에서 자기 자신의 사회화된 편견에 지속적으로 도전하며, 내면화된 자신의 편견이 내담자와 상담하는 데 어떤 영향을 미칠 수 있는지 이해한다. ③ 역전이에 기반한 편견과 내담자 전이를 구분할 수 있다. 뿐만 아니라, 이 단계의 훈련생들은 다른 인구 통계적 특성과 관련하여 그들의 통합적 신념을 일반화하는 데 더욱 능숙해지며, 이런 과정을 이루어가는 한 가지 방법으로 수퍼비전을 사용한다.

수퍼비전 관계 양식

수퍼비전 관계를 이해하기 위해서 대인관계 기능의 단계에 관한 지식을 어떻게 사용할 수 있을까? 수퍼바이저와 훈련생이 속한 단계에 따라서 관계 역동에 대한 가설을 세울 수 있다. 이 단계들은 Helms(1990), Cook(1994) 그리고 Helms와 Cook(1999)이 인종 정체성 상호작용을 위해서 제시한 대인관계 상호작용과 유사하다. HMNID에서는 두 가지 주요한 부분이 확장되었다. ① 우리는 다양한 인구 통계 집단에 대한 개념화를 확장했으며, ② 전체 발달 단계에 대한 구체적인 수퍼비전 개입을 제시한다.

HMNID와 관련하여, 수퍼바이저와 훈련생 각자의 단계에 따라 수퍼바이저-훈련생 대인관계 상호작용에서 네 가지의 역동이 드러날 수 있다. 이 모델의 목적을 위해서, 만약 수퍼바이저와 훈련생이 적응 단계나 부조화 단계에 있으면 지연된 MIF 단계에 있다고 간주하며, 탐색이나 통합 단계에 있으면 발달된 MIF 단계에 있다고 간주한다. 수퍼바이저-훈련생 대인관계 상호작용의 네 가지 역동은 ① 진보적 상호작용, 수퍼바이저가 훈련생보다 발달된 단계에 있을 때(예, 수퍼바이저, 통합; 훈련생, 적응), ② 병행 촉진 상호작용, 수퍼바이저와 훈련생이 비교적 발달된 MIF 단계에 있을 때(예, 수퍼바이저, 탐구 또는 통합; 훈련생, 탐구 또는 통합), ③ 병행 지연 상호작용, 수퍼바이저와 훈련생이 비교적 지연된 MIF 단계에 있을 때(즉, 수

퍼바이저, 적응 또는 부조화; 훈련생, 적응 또는 부조화), ④ 퇴행적 상호작용, 훈련생이 수퍼바이저보다 발달된 단계에 있을 때(예, 훈련생, 통합; 수퍼바이저, 적응) 등이다. 대인관계 상호작용의 양식은 훈련생 결과와 내담자 결과에 영향을 미친다. 구체적으로 말하면, 다양한 수퍼비전 과정(예, 수퍼비전 작업 동맹)과 결과(예, 훈련생의 다문화적 역량)가 향상되는 정도는 상호작용 양식에 좌우되며, 이러한 상호작용 양식에는 병행 촉진 상호작용, 병행 지연 상호작용 그리고 퇴행적 상호작용(향상도가 높은 순으로)이 있다.

병행 촉진 상호작용에는 훈련생의 다문화적 역량을 촉진시키기 위해 수퍼바이저와 훈련생이 협력하는 것이 포함될 가능성이 있다. 그러므로 훈련생의 다문화적 역량을 향상시킬 수 있듯이 수퍼비전 동맹도 향상시킬 수 있다. 진보적 상호작용 역시 훈련생의 다문화적 역량을 향상시킬 수 있지만 훈련생의 저항을 일으킬 가능성이 있으며, 그로 인해서 최적에 미치지 못하는 작업 동맹을 초래할 수 있다. 병행 지연적 관계와 퇴행적 관계는 빈약한 수퍼비전 동맹을 초래할 수 있으며, 훈련생의 다문화적 역량에 부정적 영향을 미칠 가능성이 있다. 이러한 경우, 수퍼바이저와 훈련생의 기능적이지 않은 방어기제(예, 저항과 부정)는 관계가 건전하게 발달하는 것을 방해할 수 있다. 또한 내담자의 다문화적 이슈에 대해서 논의하지 않을 가능성이 있으며, 혹시 논의한다고 해도 부정적인 방식에 따르기 때문에 훈련생의 다문화적 역량은 과장되고 부정적인 영향을 받을 것이다.

내담자 결과 면에서는 서로 다른 패턴이 드러나는 것 같다. 즉, 훈련생 결과와 마찬가지로 병행 촉진 수퍼비전 상호작용에서 가장 좋은 내담자 결과를 거둘 것이다(예, 상담 동맹, 내담자 참여 증진, 내담자 만족 그리고 상담에 참여하기). 퇴행적 상호작용은 훈련생 결과와는 반대로 내담자 결과 면에서는 두 번째로 좋은 결과를 거둘 것이다. 보다 발달된 훈련생이 내담자와 수퍼바이저 사이에 완충 효과를 제공할 수 있다고 추정하기 때문에 이렇게 예상할 수 있다. 그러나 자신이 원하는 상담 양식을 훈련생이 실시하고 있다고 생각하지 않는 수퍼바이저가 나쁜 평가를 내리는 것과 같은 부정적인 결과를 초래할 위험이 있다. 분명히 이는 이상적인 수퍼비전 상황이 아니지만, 훈련생이 다문화적 이슈를 능숙하게 다루지 못하는 진보적 상호작용과 병행 지연 상호작용의 사례에서보다는 더 좋은 내담자 결과가 나타날 것이다. 이런 경우 수퍼바이저는 훈련생이 다문화적으로 더 숙련되도록

촉진하려고 하거나, 또는 다문화적 이슈에 관한 수퍼비전에서는 아무것도 하지 않는다. 현장에 있는 현직 수퍼바이저들은 다문화적 훈련을 받았을 가능성이 낮은 반면, 현직 훈련생들은 다문화적 훈련을 받았을 가능성이 매우 높은 점을 고려할 때, 퇴행적 수퍼비전 관계 역시 흔히 있을 수 있다(Constantine, 1997; Priest, 1994).

수퍼바이저의 개입

상호작용 양식과 관련하여 일어날 수 있는 결과에서 볼 수 있었듯이, 수퍼바이저는 훈련생의 발달을 촉진하는 데 있어서 결정적인 역할을 할 수 있다. 실제로, 훈련생의 반억압적 대인관계 발달을 촉진하는 것은 수퍼바이저의 윤리적 · 전문적 책임이라는 주장도 있다(Ladany et al., 1999). 따라서 훈련생을 반억압적 대인관계의 발달된 단계로 이동시키는 데 있어서 수퍼바이저가 구체적으로 개입하는 게 효과적일 수 있다. 단계를 거쳐서 이동하는 것은 쉽지 않은 과정이며, 훈련생의 저항을 수반할 가능성이 있다는 데 주의해야 한다. 수퍼바이저는 사람들의 발달을 저해하는 환경의 압박과도 싸워야 할 것이다. 가장 중요한 것은, 효과적으로 개입하기 위해서는 훈련생과 수퍼바이저 사이에 적절하고 견고한 작업 동맹이 형성되어 있어야만 한다는 점이다. 그런 관계를 수립하는 가장 중요한 방법은 공감을 통해서 훈련생을 이해하고 그들의 발달 수준을 이해하는 것이다.

각 발달 단계에 효과적이고 적절한 수퍼비전 개입이 많이 있다. 이들 개입 중 상당수에 대해서는 통합 단계에 있는 수퍼바이저의 행동(예, 다문화적 이슈에 대한 수퍼바이저와 훈련생 간의 논의)에 관한 부분에서 이미 확인했다. 첫째, 적응 단계에 있는 훈련생에 대한 수퍼바이저의 과업은 의견의 불일치를 일으켜서 훈련생을 부조화 단계로 이동시키는 것이다(예, 독서를 권하고, 다문화적 역량에 대한 지식의 차원에 초점을 맞추고, 훈련생의 억압적 신념 체계에 도전한다). 수퍼바이저는 부조화 단계에 있는 훈련생을 탐색 단계로 이동시키기 위해서 참 만남 집단과 같은 모임을 촉진함으로써 개입할 수 있다(예, 억압받는 집단의 사교적 축연에 참석하는 숙제를 주고, 다문화적 역량에 대한 지식 차원에 초점을 맞추고, 훈련생의 억압적 신념 체계에 도전한다). 수퍼바이저는 탐색 단계에 있는 훈련생을 정서적으로 지지해 주고 죄책감을

딛고 일어서기 위한 전략을 가르침으로써 개입할 수 있다(예, 훈련생이 통합 단계로 이동하도록 촉진하고, 다문화적 역량의 기술과 자기인식의 차원에 초점을 맞춘다). 수퍼바이저는 또한 훈련생이 사건을 심리내적으로 설명하는 것과 환경에 의해서 설명하는 것을 모두 이해할 수 있도록 가르칠 수 있다. 뿐만 아니라, 강렬한 정서가 출현하는 경우에는 훈련생에게 강렬한 정서적 경험을 처리하고 무의식의 더 많은 억압적 신념이 드러나도록 돕는 개인상담을 받으라고 권고할 수 있다. 마지막으로, 수퍼바이저는 통합 단계에 있는 훈련생이 다양한 경험을 통합하도록 도움으로써 개입할 수 있다(예, 수퍼비전에서 훈련생의 경험을 처리하고, 기술과 역량에 대한 자기인식 차원에 초점을 맞추며, 훈련생이 상대적으로 덜 숙달된 또 다른 인구 통계 변인에서 계속 발달하도록 돕기 위해서 수퍼바이지가 어떤 인구 통계 변인을 통합하는 상황을 활용한다). 또한 수퍼바이저는 다양한 MIF 단계에 있는 내담자들을 대하는 훈련생을 도울 수 있다. 전체적으로 볼 때, 이러한 수퍼바이저 개입의 효과는 단계별로 구체적으로 나타난다고 추정할 수 있지만, 십중팔구 모든 단계에서 효과적으로 사용할 수 있다.

우리가 제시한 모델을 강조하는 한 가지 가설을 부연하는 것 또한 중요하다고 생각한다. 즉, 우리는 수퍼바이저와 훈련생이 MIF의 각 단계 사이에서 이동하는 것이 윤리적으로 반드시 필요하다고 생각한다. 뿐만 아니라, 우리는 상담자가 자신의 다문화적 한계를 인식하며, 원하는 영역이 아닌 집단(예, 게이나 여성 내담자)과는 작업을 하지 않아야겠다고 선택하는 것에는 동의할 수 없다. 상담자는 그가 일하는 대부분의 환경(예, 지역사회 정신건강 센터나 학교)에서 우리가 규정한 인구통계적 집단 중 하나에 속한 사람과 함께 일할지 안 할지 결정할 수 없을 것이다. 또한 함께 일하고 싶지 않은 내담자(예, 게이나 여성 내담자)를 다른 상담자에게 의뢰할지를 결정할 선택권도 없을 것이다. 그러므로 수퍼바이저와 상담자는 자신의 억압적 신념이 단지 해로움을 주지 않을 뿐만 아니라 효율적으로 기능하게 하기 위해서 본인의 억압적 신념을 극복할 수 있을지 검토할 필요가 있다. 그리고 수퍼바이저는 상담자가 이런 의무를 충실히 이행하도록 보장할 책임이 자신에게 있음을 인식해야 한다. 또한 수퍼바이저는 상담자가 억압적 신념이 어디에서 유래했는지 알도록 그리고 어떤 억압적 신념이 갖는 문화적 함축(예, 동성애는 비도덕적이며, 여성은 남성에게 복종해야 한다) 때문에 혼란스러워하지 않도록 도와야 한다. 끝으

로, 수퍼바이저는 상담자가 자신의 억압적 신념을 어느 정도 교정할 수 있는지 그리고 상담 전문직이 자신에게 적합한 선택인지 아닌지 평가하도록 도와야 한다.

HMNID에 대한 연구는 확실히 보장된다. 예를 들면, 개입이 어떤 단계별로 구체화된 방식으로 가장 최적화되는지 알아내는 후속 연구가 필요하다. 뿐만 아니라 단계에 필요한 과제들을 작동할 수 있는 척도를 개발할 필요가 있다. 또한 각각의 인구 통계 변인의 전체 단계에서 구체적 이슈를 더욱 상세하게 설명하고 검토할 수 있다. 이러한 연구를 통해서 그리고 개념화를 정교하게 다듬음으로써 이 모델을 재시험하고 정교하게 만들 수 있다.

HMNID는 수퍼바이저와 수퍼바이지의 서로 관련이 있는 다양한 정체성을 강조한다. 우리는 이 모델이 수퍼바이저와 수퍼바이지의 느낌, 생각 그리고 행동; 수퍼비전 관계; 수퍼바이지가 전문가로서 성장하는 것; 내담자 결과 등에 중요한 영향을 미친다고 제안한다. 다양한 인구 통계 변인들과 관련이 있는 수퍼바이저-수퍼바이지-내담자 3인군 안에서 서로 밀접한 관계가 있는 다양한 정체성의 차원은 문화적 역량을 갖춘 수퍼비전을 제공하도록 촉진한다. 다음 부분에서 우리는 수퍼비전 3인군에 주의를 기울이는 다문화적 수퍼비전 역량에 대한 구조를 제시한다.

수퍼바이저의 다문화적 기술

이론과 윤리에 관한 수퍼비전의 다문화적 지식에 기초를 두고 있으며 다문화적 자기인식을 위해서 노력하려는 동기를 가진 수퍼바이저는 수퍼바이저에게 필요한 다문화적 기술을 습득하고 능숙해질 수 있다. 상담자의 다문화적 기술에서처럼, 수퍼바이저의 다문화적 기술은 이러한 다문화적 기술을 수행하는 능숙함(예, 다문화적으로 민감한 비언어적 표현; 다문화적 수퍼비전 작업 동맹을 발달시키는 역량; 수퍼바이저, 상담자 그리고 내담자 간의 인종적 유사점과 차이점에 대해서 논의하는 것과 같은 상담 및 수퍼비전 작업과 문화적으로 관련 있는 기법과 개입)과 함께 다문화적 수퍼비전 자기효능감(즉, 특정한 수퍼바이저 문화적 기술을 수행하는 자신감)에 반영된다. 기술에 대한 자기효능감을 가지고 있다고 해서 반드시 그 기술들에 숙련된 것은 아니라는 점을 인식하는 게 중요하다. 상담 연구 문헌(예, Ladany, Inman, et al., 1997)을 인용하면, 수퍼바이저는 자신의 다문화적 역량을 실제보다 과대평가하는 것 같다. 본질적으로, 자신감이 곧바로 역량으로 드러나지는 않는다. 다음 부분에서 수퍼바이저의 다문화적 기술을 구체적으로 제시한다.

수퍼바이저의 다문화적 역량을 위한 구조

수퍼바이저의 다문화적 역량에 대한 포괄적 구조는 수퍼바이저에게 다문화적 수퍼비전에 대한 보다 완전한 정의를 제공하며, 상담자에 대한 교육과 훈련의 지침 역할을 할 수 있다. 첫째, 이 구조는 다문화적 역량이 수퍼비전에서 어떻게 나타나는지 설명할 것이다. 둘째, 포괄적 구조는 인종과 민족성에만 초점을 맞추는 것을 넘어서 서로 관계가 있는 다양한 정체성 차원에 주의를 기울일 것이다. 셋째, 다문화적 수퍼비전 역량에 대한 포괄적 구조는 수퍼바이저가 효과적이고 윤리적이며 적절한 수퍼비전을 지속적으로 제공할 책임을 지도록 할 것이다. 넷째, 이런 구조는 다문화적 수퍼비전의 적절하고 구체적인 차원을 제공함으로써 체계적인 경험적 연구를 촉진할 것이다. 그런 목적을 이루기 위해 이 단락에서는 수퍼바이저 다문화적 역량에 대한 다문화적 구조를 제공하고자 한다.

다문화적 수퍼비전 역량의 배경

다문화적 수퍼비전을 위한 역량은 상담과 심리학 분야의 몇 가지 문헌으로부터 영향을 받았다. APA의 17, 35, 45분과의 승인을 받은 '문화적인 역량을 갖춘 수퍼비전 그리고 교육과 훈련을 위한 지침(the Guidelines for Culturally Competent Practice, and Education and Training)' (Ivey, Fouad, Arredondo, & D'Andrea, 1999); 수퍼비전에서 인종차별 반대주의 관점, 여성주의 관점 그리고 다문화적 관점을 통합하는 것에 대한 Porter(1995)의 설명; ACA와 APA의 수퍼비전과 훈련을 위한 윤리강령(ACA and APA codes of ethics for supervision and training); Sue 등(1992)의 교

차 문화적 상담 역량; 그리고 앞에서 소개한 현존하는 다문화적 수퍼비전 문헌 등이다(예, Lopez, 1997).

역량을 개발하기 위한 우리의 다문화적 수퍼비전 지침은 다음과 같이 여섯 가지 영역으로 나뉜다. 수퍼바이저에게 초점을 맞춘 개인적 발달, 수퍼바이지에게 초점을 맞춘 개인적 발달, 개념화, 개입, 과정 그리고 평가. 여러 문헌에 따르면, 이런 영역들은 수퍼바이저와 수퍼바이지의 개인적 발달과 전문적 발달뿐만 아니라, 상담 및 임상 상황과 관련되어서 흔히 취해진 활동과도 관계가 있는 것으로 밝혀졌다. 사회 운동가의 역할과 일치하는 수퍼바이저의 활동도 지침에 포함된다. 사회 운동가로서의 상담자의 역할이 억압을 근절하고 심리적 · 신체적 그리고 영적 성장을 촉진하는 데 매우 중요하다는 인식이 점점 확산되고 있다. 실제로 ACA의 지부인 '사회정의를 대변하는 상담자(Counselors for Social Justice)' 는 사회적 억압과 특권에 맞서는 것이 그들의 임무 중 하나라고 간주한다(Guerra, 1999).

개인적 발달의 영역에는 수퍼바이저에게 초점을 맞춘 개인적 발달과 수퍼바이지에게 초점을 맞춘 개인적 발달의 두 가지 구성요소가 있다. 수퍼바이저에게 초점을 맞춘 개인적 발달은 가치, 편견 그리고 자신의 한계에 관하여 수퍼바이저가 자기탐색을 하는 것을 말한다. 이 차원은 문화적인 차이점에 대한 인식 정도와 관련되어 있다. 그리고 자기탐색과 지식을 촉진하는 교육, 자문 그리고 훈련 경험에 참여하는 것과도 관련되어 있다. 예를 들면, 탐색 단계에 있는 백인 수퍼바이저는 인종차별 반대주의 훈련에 참석함으로써 자신에게 아프리카계 미국인 수퍼바이지는 백인 수퍼바이지보다 덜 유능하다고 평가하는 경향이 있음을 인식하고 적극적으로 이에 도전한다. 수퍼바이지에게 초점을 맞춘 개인적 발달은 수퍼바이지의 자기탐색, 인식 그리고 지식을 촉진하는 것을 말한다. 예를 들어서, 통합 단계에 있는 수퍼바이저는 입양을 고려 중인 게이 커플을 상담하는 중이며 부조화 단계에 있는 수퍼바이지에게 게이의 육아에 대한 자신의 태도를 탐색하도록 개입할 것이다.

개념화 차원은 내담자의 삶에 개인적 그리고 맥락적 요인이 미치는 영향을 이해하도록 촉진하고, 현재의 관심사에 고정관념과 억압이 미치는 영향을 이해하도록 촉진하며, 사건을 다른 방식으로 설명하도록 권장하는 것을 말한다. 예를 들면, 통합 단계에 있는 수퍼바이저는 최근에 해고당해서 우울한 아시아계 미국인 내담자

를 상담하는 수퍼바이지가 내담자의 상황적 스트레스 요인, 인종차별 경험과 민족 정체성 발달 그리고 심리적 어려움이 서로 연관되어 있을 수 있다고 규정하도록 도울 수 있다.

기술 차원은 상담 개입에 관하여 융통성을 갖도록 권장하고, 다양한 내담자와 상담할 때 적절하고 세심한 개입을 실행하는 것을 말한다. 예를 들면, 통합 단계에 있는 수퍼바이저와 탐색 단계에 있는 수퍼바이지는 성 역할에 따른 진부한 행동 때문에 감정 표현에 제약을 받는 여성 내담자에게 사용하기 위해서 성 역할 분석에 대한 역할극을 할 수 있다.

과정 차원은 서로 존중하고 개방적으로 의사소통하는 것이 특징인 수퍼바이저와 수퍼바이지 간의 관계를 말한다. 이 차원은 수퍼비전에서 권력을 사용하는 것과 다양한 이슈에 대해서 언급할 수 있는 수퍼비전 분위기를 조성하는 데 주의를 기울인다. 예를 들면, 탐색 단계에 있는 수퍼바이저는 부조화 단계에 있는 아시아계 수퍼바이지가 백인 내담자가 자신을 오해했다고 생각하고 불안해할 때, 이를 터놓고 대화하면서 처리할 것이다. 이 차원은 또한 다양한 수퍼바이지와 수퍼비전을 할 때, 융통성 있는 수퍼비전 방법을 보여 주는 것도 말한다.

결과 및 평가 차원은 수퍼비전의 가장 중요한 목적은 상담자의 내담자를 돕는 것이라는 개념과 일치한다(ACES, 1990). 또한 평가 차원은 ACES의 지침 2.12 조항(1995)인 '상담 수퍼바이저를 위한 윤리적 지침'과 일치한다.

> 수퍼바이저는 지속적으로 수퍼바이지를 사정하고 평가함으로써, 장차 상담을 실시하는 데 방해가 될 수 있는 수퍼바이지의 어떤 개인적 · 전문적 한계에 대해서도 알고 있어야 한다. 수퍼바이저는 수퍼바이지에게 교정 훈련을 받도록 권고할 책임이 있으며, 전문가로서 만족스러운 서비스를 제공할 수 없는 수퍼바이저를 훈련 프로그램, 응용 상담 환경, 또는 국가 자격증 과정에서 걸러 낼 책임이 있다.

ACA 윤리강령의 F절(수퍼비전, 교육 그리고 훈련)(2005)은 이러한 책임을 누차 강조한다. 이 차원의 본보기로 수퍼바이지가 다양한 내담자와 상담한 녹음 테이프를 열심히 듣고 수퍼바이지의 다문화적 역량을 평가하는 통합 단계에 있는 수퍼

바이저를 들 수 있다. 수퍼바이저의 역할과 책임이 복합적으로 상호 연관되어 있는 것을 고려할 때, 다음 부분에서 밝히는 여러 차원에 걸친 다문화적 수퍼비전 역량에는 중첩되는 부분이 있다는 데 주목해야 한다.

수퍼바이저의 다문화적 역량의 영역

영역 A: 수퍼바이저에게 초점을 맞춘 개인적 발달

- 수퍼바이저는 자기 자신의 편견, 가치 그리고 세계관을 적극적으로 탐구하고 도전하며, 이러한 요소들이 수퍼비전을 시행하는 것과 어떻게 관련되는지 적극적으로 탐구하고 도전한다(예, 다문화적 정체성 발달).
- 수퍼바이저는 다양한 수퍼바이지에 대한 자신의 태도와 편견을 적극적으로 탐구하고 도전한다.
- 수퍼바이저는 자신의 문화적 배경과 그것이 자신의 태도, 가치 그리고 행동에 미치는 영향을 숙지해야 한다.
- 수퍼바이저는 문화적으로 다양한 집단의 배경, 경험, 세계관 그리고 역사에 대한 지식을 갖춘다.
- 수퍼바이저는 북미와 북유럽의 맥락에 기반한 방법 외의 대안적인 방법을 사용해서 돕는 것에 대해서 숙지해야 한다.
- 수퍼바이저는 다문화적 상담과 다문화적 수퍼비전에 관한 이론적 · 경험적 문헌에 대한 지식을 갖추고 숙지해야 한다(예, 인종이 수퍼바이저에 대한 훈련생의 기대에 미치는 영향).
- 수퍼바이저는 여성, 인종적 또는 민족적 소수집단, 게이와 레즈비언 내담자 등 모든 다양한 내담자에 관하여 전통적 치료가 갖는 한계를 숙지해야 한다. 수퍼바이저는 전통적 상담 이론에 내재하는 문화적 가치와 이러한 가치가 문화가 다른 내담자의 세계관과 어떻게 일치하지 않는지 알아야 한다(예, 개인주의, 정서적 및 행동적 표현력, 정신 및 육체 이분법, 자기노출, 심리내적 원인).
- 수퍼바이저는 개인적 · 전문적인 문화적 역량에 관해서 피드백을 제공하는

네트워크를 지속적으로 유지한다(예, 다양한 수퍼바이저 집단이 수퍼비전 및 다양성과 관련된 이슈를 논의하기 위해서 정기적으로 모인다).

영역 B: 수퍼바이지에게 초점을 맞춘 개인적 발달

- 수퍼바이저는 수퍼바이지가 정체성 발달을 탐구하도록 촉진한다(예, 인종, 민족성, 성, 성적 지향성).
- 수퍼바이저는 수퍼바이지가 자신의 가치, 태도 그리고 행동을 탐구하고, 이러한 요소들과 다양한 내담자와 상담하는 것 사이의 관계를 탐구하도록 촉진한다.
- 수퍼바이저는 수퍼바이지가 효과적이고 만족스러운 상담을 실시하는 데 방해가 될 수 있는 편견을 탐구하도록 촉진한다.
- 수퍼바이저는 상담자가 계급, 성 그리고 인종적 특권에서 어떤 혜택을 받아왔을지를 포함해서, 수퍼바이지로 하여금 사회 구조가 수퍼바이지와 내담자의 행동에 미치는 영향을 이해하도록 돕는다.
- 수퍼바이저는 수퍼바이지가 다문화적 상담에 주의를 기울이는 전문가 집단에 참여하도록 권장한다(예, ACA의 다문화적상담 · 발달협회[ACA' s Association of Multicultural Counseling and Development]).
- 수퍼바이저는 수퍼바이지가 다문화적 역량을 촉진하는 활동에 참여하도록 권장한다(예, 지지 집단, 독서 집단, 학회 참석).
- 수퍼바이저는 상담자의 자기탐색이 계속 진행되는 과정임을 강조한다.

영역 C: 개념화

- 수퍼바이저는 피해자에 대한 책임전가와 병리화를 최소화하기 위해서 수퍼바이지가 억압, 인종차별 그리고 차별이 내담자의 생활과 드러난 관심사에 어떤 영향을 미치는지를 이해하도록 촉진한다.
- 수퍼바이저는 수퍼바이지가 내담자의 삶에서 개인적 · 맥락적 요인을 모두 이해하도록 촉진한다.

- 수퍼바이저는 집단 내부의 이질성뿐만 아니라, 문화적으로 고유한 규범을 이해하도록 촉진한다.
- 수퍼바이저는 수퍼바이지가 내담자의 삶에서 수많은 다양성, 또는 사회적 정체성의 차원이 서로 교차하는 부분을 이해하도록 촉진한다.
- 수퍼바이저는 수퍼바이지가 사례를 개념화할 때, 내담자의 개인적 · 집단적 그리고 보편적 정체성을 검토하도록 권장한다.
- 수퍼바이저는 수퍼바이지가 고정관념이 사례개념화, 치료목표 그리고 개입을 선택하는 데 어떻게 영향을 미치는지 이해하도록 촉진한다.
- 수퍼바이저는 수퍼바이지가 심리적 장애에 대해서 문화적으로 설명하는 데 지나치게 의존하거나 간과하는 것에 대한 결과가 어떤지 수퍼바이저와 함께 논의한다.
- 수퍼바이저는 수퍼바이지가 전통적 이론적 시각에 대해서 대안적인 설명을 할 수 있도록 돕는다.
- 수퍼바이저는 수퍼바이지와 함께 전통적 심리평가와 심리검사에 대한 문화적 편견과 한계를 탐구한다.

영역 D: 기술 및 개입

- 수퍼바이저는 상담 조력 반응에 있어서 언어적 · 비언어적인 다양한 방법들로 모델링시키고 훈련시킨다.
- 수퍼바이저는 수퍼바이지가 전통적 개입에 관해서 융통성을 갖도록, 예를 들면 집단 참여와 집단행동을 중요시하는 대안적인 치료적 개입을 하도록 권장한다.
- 수퍼바이저는 수퍼바이지가 내담자에게 유익을 줄 수 있는 공동체 자원에 대한 지식을 습득하도록 권장한다.
- 수퍼바이저는 내담자가 원래 가지고 있는 조력자원망을 포함해서 다양한 지지 체계를 인지하도록 권장한다.
- 수퍼바이저는 수퍼바이지가 내담자와 협력해서 목적과 목표를 개발하도록 권장한다.

- 수퍼바이저는 수퍼바이지가 내담자를 옹호하고 사회정의를 추구하는 역량을 발달시키도록 돕는다.
- 수퍼바이저는 수퍼바이지에게 내담자가 요구하는 언어를 사용해서 상호작용하도록 권장한다. 필요하다면 내담자를 외부 자원에 의뢰할 수 있다.
- 수퍼바이저는 수퍼바이지에게 사정과 평가를 하는 다양한 방법을 훈련시킨다.
- 수퍼바이저는 수퍼바이지가 자신의 편견이 내담자와 효과적인 상담을 실시하는 능력을 저해할 수 있는 상담 상황에는 참여하지 않도록 보장해야 한다.

E 영역: 과정

- 수퍼바이저는 자신의 편견과 문화적 역량을 획득하는 과정에서 경험하는 어려움을 솔직하게 인정한다.
- 수퍼바이저는 다양한 수퍼바이지와 효과적이고 적절한 수퍼비전을 할 수 있다.
- 수퍼바이저는 다양한 이슈에 대한 논의를 촉진하는 분위기를 조성한다.
- 수퍼바이저는 수퍼바이지와 내담자가 다양성과 평등을 존중하도록 모델링시킨다.
- 수퍼바이저는 수퍼비전을 시행하는 목표와 영역을 공동으로 수립하고, 수퍼바이지가 상담을 실시하고 수퍼바이저가 수퍼비전을 시행하는 데 관해서 피드백하는 방법을 개발하며, 수퍼바이지의 자기개방을 존중하고 민감하게 다루는 것 등을 포함해서 수퍼비전에서 권력을 건설적으로 사용한다.
- 수퍼바이저는 수퍼바이저와 수퍼바이지, 수퍼바이지와 내담자 간의 권력 역동과 관련된 이슈에 주의를 기울이고 처리한다.
- 수퍼바이저는 수퍼바이지의 다양성에 대한 태도 및 그런 태도와 내담자와의 관계를 포함한 다양성에 대해서 논의하도록 촉진한다.

F 영역: 결과 및 평가

- 수퍼바이저는 다문화적 상담의 영역에서 수퍼바이지가 가지고 있는 개인적 · 전문적 강점과 단점을 식별할 수 있어야 한다.
- 수퍼바이저는 다문화적 역량을 보장하기 위해서 수퍼바이지에게 지속적으로 평가를 제공한다.
- 수퍼바이저는 다문화적 역량을 평가하는 도구를 숙지해야 한다(예, Ancis et al., 2008; D'Andrea et al., 1991; Ponterotto et al., 1996; Sodowsky et al., 1994).
- 수퍼바이저는 다문화적 역량을 보여 주지 못하는 수퍼바이지에게 적절한 교정 훈련을 받도록 권고할 수 있다.
- 수퍼바이저는 다문화적 역량을 보여 주지 못하는 수퍼바이지에게 교정할 수 있는 방법을 추천할 책임이 있으며, 훈련 프로그램, 응용 상담 환경, 또는 국가 자격증에서 걸러 낼 책임이 있음을 인식한다.
- 수퍼바이저는 자신에게 수퍼바이지가 다문화적 역량을 갖춘 상담을 제공하도록 보장할 책임이 있음을 인식한다.

당연히 MIF 면에서 통합 단계에 있는 수퍼바이저가 다문화적 수퍼비전 역량을 가장 많이 보여 주는 것 같다는 결론이 나온다. 마찬가지로, 통합 단계에 있는 수퍼바이지는 수퍼비전에서는 물론, 내담자에 관해서도 다문화적 상담 역량을 가장 많이 보여 주는 것 같다. 그런 수퍼바이지는 ① 자신의 태도, 세계관 그리고 편견을 탐구하기, ② 내담자의 관심사를 대안적으로 개념화하기, ③ 다양한 상담 접근 방법을 사용하기, 그리고 ④ 수퍼비전에서 다문화적 이슈를 점검하기 등에 대한 개방성을 보여 줄 것이다.

◎ 수퍼바이저의 다문화적 역량의 구조 검증하기

Ancis와 Ladany(2001)의 모델은 질적 · 양적 방법론을 모두 사용해서 경험적으로 검증되었다. 한 연구에서 Ancis와 Ladany의 구조를 사용해서 심리학 박사급 수퍼바이지를 대상으로 수퍼비전에서의 수퍼바이저의 다문화적 역량에 관해서 인터뷰했다(Ancis & Marshall, in press). 연구에서는 수퍼바이저가 다문화적 역량을 갖추고 있다고 생각하는 수퍼바이지가 수퍼비전 과정을 어떻게 설명하는지 그리고 다문화적 역량이 Ancis와 Ladany(2001)가 규정한 영역과 일치하게 드러나는지 아닌지를 탐구하려고 시도했다.

자료 분석 결과, 모델의 다섯 가지 영역 각각에서 둘 내지 네 가지 주제에 대한 분류 체계가 도출되었다. 결과는 제시한 구조와 일치했다. 수퍼바이지는 수퍼바이저가 다문화적 대화에 적극적으로 참여하며, 내담자와 수퍼바이지를 더욱 잘 이해하기 위해서 시간과 노력을 성실하게 투자한다고 말했다. 마찬가지로, 수퍼바이저는 다문화적 이슈에 대한 수퍼바이지와 내담자의 관점에 관심을 가진다고 말했다. 수퍼바이저는 자신의 다문화적 지식의 한계도 솔직하게 노출했으며, 자신의 문화적 배경과 편견에 대해서 정직했다. 수퍼바이지는 수퍼바이저가 내담자와 상담을 함에 있어서 편견을 포함해서 자기 자신의 배경을 탐구하는 것이 중요하다고 강조함으로써 자기인식을 하도록 권장한다고 말했다.

종합적으로, 수퍼바이지는 수퍼바이저가 수퍼비전을 경험하는 동안 내내 개방적이고, 솔직하며, 융통성이 있었다고 말했다. 수퍼바이저는 수퍼바이지가 상담자의 견해를 탐구하고 자신이 이해한 바를 내담자와 논의하도록 권장함으로써 상담자와 내담자 간의 협력 관계를 촉진했다. 수퍼바이저는 수퍼바이지가 약점을 드러내며 위험을 무릅쓸 수 있다고 느끼는 안전한 수퍼비전 환경을 조성했다. 또한 수퍼바이지는 수퍼바이저가 자신을 도와서 내담자로 하여금 사회적 이슈와 문제를 인식하도록 촉진했다고 생각했다. 그런 태도는 수퍼비전 관계와 임상 관계 모두에 긍정적인 영향을 미친 것 같다. 수퍼바이지는 수퍼바이저가 수퍼비전 관계에 존재하는 문화적 차이를 어려움 없이 수용했을 뿐만 아니라, 상담자의 문화적 차이가 내담자를 개념화하는 데 미치는 영향을 논의하도록 권장했다고 말했다.

마찬가지로, 다른 연구에서도 수퍼바이저의 다문화적 역량에 대한 수퍼바이지의 인식이 수퍼비전 작업 동맹과 수퍼바이지의 만족 그리고 수퍼바이저에 대한 신뢰성에 긍정적인 영향을 미친다는 것을 보여 주었다(Inman, 2006; Silvestri, 2003; Tsong, 2005; Yang, 2005).

흥미롭고 무엇보다도 중요한 것은, Ancis와 Marshall(in press)의 연구에서 수퍼바이지는 다문화적 역량을 갖춘 수퍼비전이 임상 작업, 특히 자신과 내담자의 자기인식과 의식을 증진하는 데 긍정적인 영향을 준다고 보고했다는 점이다. 예를 들어서, 수퍼바이지는 수퍼바이저가 솔직하고 진실하게 노출하는 것과 자신이 자기노출을 더 많이 하는 것과는 관계가 있다고 말했다. 수퍼바이지는 수퍼비전에서 다문화적 이슈를 논의하는 과정이 내담자 결과에 긍정적인 영향을 준다고 말했다.

이런 결과는 수퍼비전이 내담자 결과에 복잡한 영향을 미친다는 것을 지지하며, 문화적 역량을 갖춘 수퍼비전이 수퍼바이지가 다양한 내담자에게 제공하는 치료의 질을 향상시키는 한 가지 방법임을 시사한다.

양적 연구 방법을 통해서 Ancis와 Ladany(2001)의 모델을 탐구한 두 가지의 후속 연구(Inman, 2006; Mori, Inman, & Caskie, 2009)가 있다. 두 가지 연구 모두 Ancis와 Ladany(2001)의 모델에서 제시한 역량에 직접 기반한 수퍼바이저 다문화적 역량 척도를 사용했다. '수퍼바이저 다문화적 역량 검사(Supervisor Multicultural Competence Inventory: SMCI)' (Inman, 2006)의 초기 타당도와 신뢰도 추정치는 정신측정의 속성을 긍정적으로 보여 준다. 탐색적 요인 분석은, 측정 작업이 유일 값이거나 단일 요인 해석일 경우 가장 잘 이루어지는 것을 나타낸다. 그리고 두 연구 모두에 사용된 내적 일관성 추정치는 alpha=0.97이었다.

두 연구 결과에 의하면, 수퍼바이저의 다문화적 역량은 수퍼비전 직업 동맹과 긍정적인 관련이 있었으며 결혼과 가족치료 훈련생들이 만족스럽게 인식했다(Inman, 2006). 수퍼바이저의 다문화적 역량은 직접적 · 간접적 방식 모두에서 국제 훈련생의 수퍼비전 경험과 긍정적인 관련이 있었다(Mori et al., 2009). 요약하면, SMCI는 수퍼바이저 다문화적 역량 평가 척도로 사용될 가능성이 높다. 이 목록이 지속적으로 유효한지를 결정하기 위해서 후속 연구가 필요하다. 또한 상담자 다문화적 역량 척도와 비슷한, 수퍼바이저 다문화적 역량을 평가하고 설명하는 후속 개념화와 척도를 만들면 이 분야에 많은 도움이 될 것이다.

사례 예시

수퍼바이지인 메리는 22세의 중국계 미국인 여성으로서 재향군인 보훈국(VA)

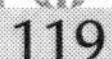

병원에서 박사과정 실습과목을 이수하고 있다. 지난 다섯 달 동안, 메리는 병원의 재활의학과에 배정되었다. 메리는 환자와 직원 모두와 전문적 관계를 긍정적으로 발전시켜 왔으며, 두 명의 수퍼바이저로부터 지속적으로 호의적인 평가를 받아 왔다. 메리의 수퍼바이저 중 한 사람인 톰은 45세의 백인 심리학자로서 지난 12년간 재향군인 보훈국 병원에서 근무했으며, 같은 곳에서 박사과정 인턴을 마쳤다. 메리의 내담자 중 한 명인 후안은 42세의 니카라과인 남성으로 평생 동안 건설 공사에 종사해 왔다. 그는 두 달 전 사다리에서 떨어서 등을 다쳤고 장애자 보상금을 받고 있다. 후안의 아내는 가족 소득을 보충하기 위해서 세탁소에서 몇 가지 시간제 일을 해 왔다. 처음 몇 회기 동안, 후안은 자신이 신체적 상태와 그에 관련된 재정적 부담에 적응해야 하는 어려운 시기를 보내고 있다고 시사했다. 그는 자신이 가족에게 아무런 도움도 되지 않으며, 아무런 쓸모가 없다는 감정을 내비쳤다. 네 번째 회기에서 후안은 메리를 성적으로 희롱하기 시작했다. 그는 메리와 관련된 노골적인 환상을 묘사했고, 그녀가 너무도 매력적이어서 자신을 통제할 수 없다고 말했다. 메리는 다음 몇 회기 동안 그런 언급을 무시하지도, 후안에게 그런 환상을 말로 표현하는 이유를 설명하라고 요구하지도 못했다. 메리는 후안에 대해서 매우 불안하고 불편하게 느꼈지만, 이 상황에 대하여 수퍼바이저와 의논하기를 망설였다. 지속적으로 긍정적인 평가를 받아 왔음에도 불구하고, 그녀는 왠지 이 경험이 자신의 상담 능력을 반영하는 것처럼 느꼈다. 그러나 메리는 자신에게 성적 희롱에 대한 책임이 없다는 것 역시 어느 정도는 알고 있었다. 또한 메리는 후안의 경제적 · 신체적 그리고 직업적 스트레스 요인들에 공감했으며, 그에게 도움이 되기를 원했다. 이 상황을 어떻게 처리해야 할지 많이 생각하고 어찌할 바를 몰라 한 후에, 메리는 이 상황에 대해서 수퍼바이저인 톰과 의논했다. 처음에, 톰은 공감을 표현하고, 이는 불편한 경험임에 틀림없다고 말했다. 그러나 톰은 여기는 주로 남성 환자가 많은 재향군인 보훈국 병원이기 때문에 메리가 이런 일에 익숙해져야 한다는 뜻을 내비쳤다. 그는 상황을 처리하기 위한 어떤 전략도 이야기하지 않았으며, 후안과의 상담을 계속하는 것이 좋은 경험이 될 거라고, 즉 장차 그녀가 이런 행동을 견디는 데 도움이 될 것임을 시사했다. 게다가, 톰은 히스패닉계 남성인 후안의 행동은 문화와 일치하며 있을 수 있는 일로서, 메리 자신이 어떤 유혹적인 행동을 하지는 않는지에 대해 점점 더 알아 가야 한다고 말했다.

메리는 혼란스러움과 좌절감을 느끼면서 수퍼비전을 마쳤다. 그녀는 수퍼바이저를 존경했고 자신의 교수로부터 그의 능력을 극찬하는 말을 많이 들었다. 그럼에도 불구하고 메리는 후안의 행동이 문화와 일치한다는 수퍼바이저의 평가에 동의할 수 없었고, 후안의 행동에 대해서 자신에게 어느 정도 책임이 있지 않은가 하는 의심이 계속 들었다. 그녀는 수퍼바이저가 한 말에 대해서 그리고 그가 도움을 주지 않은 데 대해서 화가 났다. 그녀는 평생 동안 아시아인에 대한 편향적이고 진부한 말을 들었으며, 그런 말에는 합리적인 근거가 없다는 것을 알고 있었다. 또한 메리는 당시 성에 관한 이슈를 연구하는 다문화적 상담 과목에 등록했으며, 성희롱이 만연되어 있음을 알고 있었다. 메리는 수퍼비전 회기 동안 불편하게 느끼기 시작했고, 어떤 개인적 이슈에 대해서 수퍼바이저와 함께 이야기하기를 갈수록 더 망설이게 되었다. 후안의 행동에 대하여 점점 더 불안해하면서, 메리는 여자 교수 중 한 사람과 이 상황에 대해 논의하기로 결정했다. 교수는 메리의 불안과 좌절감을 인정하고 이 상황에 직면하도록 제안했다.

이 사례의 목적을 위해서, 수퍼바이저인 톰은 성과 인종에 관하여 SPG 구성원으로서의 특징을 나타낼 수 있다. 수퍼바이지는 성과 인종에 관하여 SOG 구성원으로서의 특징을 나타낼 수 있다. MIF에 관해서, 톰은 민족성과 성에 관한 이슈의 영역에서 적응 단계에 있다. 그는 히스패닉계에 대한 진부한 태도를 드러냈으며, 성에 관한 이슈에 대한 의식이 부족한 게 드러났다. 메리는 성에 관한 이슈의 영역에서 탐색 단계에 있으며, 민족에 관한 이슈의 영역에서 통합 단계에 있다. 성에 관한 이슈에 대하여 메리는 여성이라는 게 무슨 의미인지 알아 가기 시작했으며, 상담에서의 권력 역동과 관련되기 시작했다. 그녀는 자기비난과 무력감에 관한 이슈와 싸우고 있다. 그녀는 수퍼바이저와 교수에게 지도해 주기를 청했다. 메리는 후안이 경험한 민족에 대한 고정관념과 사회적 스트레스 요인에 공감했지만, 그러한 요인들이 성희롱을 정당화할 수 있다고 보지는 않았다. 민족과 성에 관한 이슈의 영역에서 수퍼바이저-수퍼바이지 대인관계 상호작용은 퇴행적 특징을 나타낼 수 있다. 수퍼바이저의 MIF는 그가 다문화적 역량을 갖춘 수퍼비전에 참여한 정도에 커다란 영향을 미친다. 예를 들면, 개인적 발달 영역에서, 톰이 자신의 편견과 가치가 수퍼비전을 수행하는 것과 어떤 관련이 있는지 탐구하지도 않았고, 도전하지도 않았던 게 분명하다. 게다가, 그는 성에 관한 이슈를 이해하지도

못했고 인식하지도 못했기 때문에 메리가 자신의 민족 정체성이나 성정체성을 탐구하도록 도울 수 없다. 톰은 그런 탐구가 주는 혜택을 정당하게 평가하지 않을 가능성이 매우 많다. 톰은 민족에 관한 고정관념을 가지고 있기 때문에 후안의 행동을 진부하게 이해하도록 조장한다. 그는 메리에게 후안의 부적절한 행위에 접근하는 방법과 혹은 직면하는 방법을 훈련시키지 않는다. 메리와 후안 그리고 메리와 톰 사이에 존재하는 권력 불균형과 관련된 이슈에 주의를 기울이지 않으며, 실제로는 그러한 불균형을 조장한다. 따라서 수퍼바이지의 불안과 의사소통의 부족이 특징인 빈약한 수퍼비전 작업 동맹이 존재하게 된다. 그러나 그럼에도 불구하고 메리가 민족성과 성에 관한 영역에서 발달된 MIF 단계에 있기 때문에 의미 있는 상담 관계를 이룰 수 있다. 메리는 후안의 상황에 공감을 표현하기로 결심하고 그의 대처 기술을 촉진할 수 있다. 그 밖에도 그녀는 후안의 부적절한 행위에 직면하고, 상담 관계 안에서 정당하게 대접받고 존중받을 권리를 주장하며, 성희롱을 중단한다는 조건하에 후안과 상담을 계속할 수 있다. 만약 후안이 설정한 경계선 안에서 계속 상담받기로 결정한다면, 상담자와 내담자는 상호 존중과 열린 의사소통에 기반해서 관계를 발전시킬 수 있다. 보다 큰 사회 내부의 권력 역동이 후안의 삶과 가족의 삶에 어떻게 영향을 주는지에 대한 논의가 뒤따를 것이다.

요약

수퍼바이저-수퍼바이지-내담자 3인군 안에서 나타날 수 있는 다양성은 매우 많다. 다문화적 수퍼비전의 복잡성을 보다 잘 이해하는 동시에 효과적으로 개입할 수 있는 모델이 필요하다. 이 장에서 우리는 수퍼바이지가 다문화적 수퍼비전 과정을 이해하도록 돕는 모델과 다문화적 역량을 갖춘 수퍼비전을 제공하기 위한 구조를 제시했다. 수퍼바이저와 수퍼바이지의 개인적 발달과 전문적 발달에 대한 이해를 촉진하고, 이와 관련된 방식으로 내담자의 심리적 건강과 복지를 촉진하기 위해서, 이론과 경험에 기반을 둔 후속 연구가 이 영역에서 반드시 필요하다.

참 | 고 | 문 | 헌

American Counseling Association (ACA). (1995). *Code of ethics and standards of practice.* Alexandria, VA: Author.

American Counseling Association (ACA). (2005). *Code of ethics.* Alexandria, VA: Author.

American Psychological Association (APA). (2000). Guidelines for psychotherapy with lesbian, gay, and bisexual clients. *American Psychologist*, *55*, 1440-1451.

American Psychological Association (APA). (2003). Guidelines on multicultural education, training, research, practice, and organizational change. *American Psychologist*, *58*, 377-402.

American Psychological Association (APA). (2004). Guidelines for psychological practice with older adults. *American Psychologist*, *59*, 236-260.

American Psychological Association (APA). (2007). Guidelines for psychological practice with girls and women. *American Psychologist, 62*, 949-979.

Ancis, J. R. (Ed.). (2004). *Culturally responsive interventions: Innovative approaches to working with diverse populations.* New York, NY: Brunner-Routledge.

Ancis, J. R., & Ladany, N. (2001). A multicultural framework for counselor supervision. In L. J. Bradley & N. Ladany (Eds.), *Counselor supervision: Principles, process, and practice* (3rd ed., pp. 63-90). Philadelphia: Brunner-Routledge.

Ancis, J. R., & Marshall, D. (in press). Supervisee' s perceptions of culturally competent supervision. *Journal of Counseling and Development.*

Ancis, J. R., & Sanchez-Hucles, J. V. (2000). A preliminary analysis of counseling students' attitudes toward counseling women and women of color: Implications for cultural competency training. *Journal of Multicultural Counseling and Development*, *28*, 16-31.

Ancis, J. R., & Szymanski, D. M. (2001). Awareness of white privilege among white counseling trainees. *The Counseling Psychologist*, *29*, 548-569.

Ancis, J. R., Szymanski, D. M., & Ladany, N. (2008). Development and psychometric evaluation of the counseling women competencies scale (CWCS). *The Counseling Psychologist*, *36*, 719-724.

Arredondo, P., Toporek, R., Brown, S. P., Jones, J., Locke, D. C., Sanchez, J., & Stadler, H. (1996). Operationalization of the multicultural counseling competencies. *Journal of Multicultural Counseling and Development*, *24*, 42-78.

Association for Counselor Education and Supervision (ACES). (1990). Standards for counseling

supervisors. *Journal of Counseling and Development, 69*, 30-32.

Association for Counselor Education and Supervision (ACES). (1995). Ethical guidelines for counseling supervisors. *Counselor Education and Supervision, 34*, 270-276.

Atkinson, D. R., Morten, G., & Sue, D. W. (1993). *Counseling American minorities: A cross-cultural perspective* (3rd ed.). Madison, WI: Brown & Benchmark.

Ault-Riche, M. (1988). Teaching an integrated model of family therapy: Women as students, women as supervisors. *Journal of Psychotherapy and the Family, 3*, 175-192.

Bernard, J. M. (1979). Supervisory training: A discrimination model. *Counselor Education and Supervision, 19*, 60-68.

Bernard, J. M. (1997). The discrimination model. In C. E. Watkins (Ed.), *Handbook of psychotherapy supervision* (pp. 310-327). New York, NY: Wiley.

Bernard, J. M., & Goodyear, R. K. (1998). *Fundamentals of clinical supervision* (2nd ed.). Needham Heights, MA: Allyn & Bacon.

Bernard, J. M., & Goodyear, R. L. (2009). *Fundamentals of clinical supervision* (4th ed.). Boston, MA: Allyn and Bacon.

Bidell, M. P. (2005). The sexual orientation counselor competency scale: Assessing attitudes, skills, and knowledge of counselors working with lesbian, gay, and bisexual clients. *Counselor Education and Supervision, 44*, 267-279.

Boyd, J. (1978). *Counselor supervision: Approaches, preparation, practices.* Muncie, IN: Accelerated Development.

Brodsky, A. M. (1980). Sex role issues in the supervision of therapy. In A. K. Hess (Ed.), *Psychotherapy supervision: Theory, research, and practice* (pp. 474-508). New York; NY: Wiley.

Brown, M. T., & Landrum-Brown, J. (1995). Counselor supervision: Cross-cultural perspectives. In J. G. Ponterotto, J. M. Casas, L. A. Suzuki, & C. M. Alexander (Eds.), *Handbook of multicultural counseling* (pp. 263-286). Thousand Oaks, CA: Sage.

Bulhan, H. A. (1985). *Frantz Fanon and the psychology of oppression.* New York, NY: Plenum.

Carney, C. G., & Kahn, K. B. (1984). Building competencies for effective cross-cultural counseling: A developmental view. *The Counseling Psychologist, 12*, 111-119.

Cass, V. C. (1979). Homosexual identity formation: A theoretical model. *Journal of Homosexuality, 4*, 219-235.

Chagon, J., & Russell, R. K. (1995). Assessment of supervisee developmental level and supervision environment across supervisor experience. *Journal of Counseling and*

Development, *73*, 553-558.

Chan, C. S. (1989). Issues of identity development among Asian-American lesbians and gay men. *Journal of Counseling & Development*, *68*, 16-20.

Cheng, L. Y. (1993). Psychotherapy supervision in Hong Kong: A meeting of two cultures. *Australian and New Zealand Journal of Psychiatry*, *27*, 127-132.

Constantine, M. G. (1997). Facilitating multicultural competency in counseling supervision. In D. B. Pope-Davis & H. L. K. Coleman (Eds.), *Multicultural counseling competencies: Assessment, education and training, and supervision* (pp. 310-324). Thousand Oaks, CA: Sage.

Constantine, M. G., & Ladany, N. (2000). Self-report multicultural counseling competence instruments and their relation to multicultural case conceptualization ability and social desirability. *Journal of Counseling Psychology*, *46*, 155-164.

Cook, D. A. (1994). Racial identity in supervision. *Counselor Education and Supervision*, *34*, 132-141.

Cross, W. E., Jr. (1971). The negro-to-black conversion experience. *Black World*, *20*, 13-27.

Cross, W. E., Jr. (1995). The psychology of nigrescence: Revising the Cross model. In J. G. Ponterotto, J. M. Casas, L. A. Suzuki, & C. M. Alexander (Eds.), *Handbook of multicultural counseling* (pp. 93-122). Thousand Oaks, CA: Sage.

D'Andrea, M., & Daniels, J. (1997). Multicultural counseling supervision: Central issues, theoretical considerations, and practical strategies. In D. B. Pope-Davis & H. L. K. Coleman (Eds.), *Multicultural counseling competencies: Assessment, education and training and supervision* (pp. 290-309). Thousand Oaks, CA: Sage.

D'Andrea, M., Daniels, J., & Heck, R. (1991). Evaluating the impact of multicultural counseling training. *Journal of Counseling and Development*, *70*, 143-150.

Downing, N. E., & Roush, K. L. (1985). From passive-acceptance to active commitment: A model of feminist identity development for women. *The Counseling Psychologist*, *13*(4), 695-709.

Ekstein, R., & Wallerstein, R. S. (1972). *The teaching and learning of psychotherapy* (2nd ed.). New York, NY: International Universities Press.

Fassinger, R. E. (1991). The hidden minority: Issues and challenges in working with lesbian women and gay men. *The Counseling Psychologist*, *19*, 157-176.

Fine, M., Weis, L., Powell, L. C., & Mun Wong, L. (Eds.). (1997). *Off-white: Readings on race, power, and society*. London, UK: Routledge.

Fong, M. L., & Lease, S. H. (1996). *Cross-cultural supervision: Issues for the white supervisor.* Newbury Park, CA: Sage.

Fukuyama, M. A. (1994). Critical incidents in multicultural counseling supervision: A phenomenological approach to supervision research. *Counselor Education and Supervision, 34*, 142-151.

Gamst, G., Dana, R. H., Der-Karabetian, A., Aragon, M., Arellano, L., Morrow, G., & Martenson, L. (2004). Cultural competency revised: The California brief multicultural competence scale. *Measurement and Evaluation in Counseling and Development, 37*, 163-184.

Gardner, L. M. H. (1980). Racial, ethnic, and social class considerations in psychotherapy supervision. In A. K. Hess (Ed.), *Psychotherapy supervision: Theory, research, and practice* (pp. 474-508), New York, NY: Wiley.

Garrett, M. T., Borders, L. D., Crutchfield, L. B., Torres-Rivera, E., Brotherton, D., & Curtis, R. (2001). Multicultural superVISION: A paradigm of cultural responsiveness for supervisors. *Journal of Multicultural Counseling and Development, 29*, 147-158.

Gilbert, L. A., & Rossman, K. M. (1992). Gender and the mentoring process for women: Implications for professional development. *Professional Psychology: Research and Practice, 23*, 233-238.

González, R. C. (1997). Postmodern supervision: A multicultural perspective. In D. B. Pope-Davis & H. L. K. Coleman (Eds.), *Multicultural counseling competencies: Assessment, education and training, and supervision* (pp. 350-386). Thousand Oaks, CA: Sage.

Guerra, P. (1999, May). Counselors for social justice becomes organizational affiliate. *Counseling Today*, pp. 1, 25.

Hardiman, R. (1982). White identity development: A process-oriented model for describing the racial consciousness of white Americans. *Dissertation Abstracts International, 43*, 104A. (University Microfilms No. 82-10330)

Hart, G., Borders, L. D., Nance, D., & Paradise, L. (1993). Ethical guidelines for counseling supervisors. *ACES Spectrum, 53*, 5-8.

Helms, J. E. (1990). *Black and white racial identity: Theory, research, and practice.* New York, NY: Greenwood.

Helms, J. E. (1995). An update of Helms' white and people of color racial identity models. In J. G. Ponterotto, J. M. Casas, L. A. Suzuki, & C. M. Alexander (Eds.), *Handbook of multicultural counseling* (pp. 181-198). Thousand Oaks, CA: Sage.

Helms, J. E., & Cook, D. A. (1999). *Using race and culture in counseling and psychotherapy: Theory and process.* Boston, MA: Allyn & Bacon.

Hogan, R. A. (1964). Issues and approaches in supervision. *Psychotherapy: Theory, Research, and Practice, 1*, 1739-1741.

Holloway, E. (1992). Supervision: A way of teaching and learning. In S. D. Brown & R. W. Lent (Eds.), *Handbook of counseling psychology* (pp. 177-214). New York, NY: Wiley.

Holloway, E. L. (1995). *Clinical supervision: A systems approach.* Thousand Oaks, CA: Sage.

Holloway, E. L. (1997). Structures for the analysis and teaching of supervision. In C. E. Watkins (Ed.), *Handbook of psychotherapy supervision* (pp. 249-276). New York, NY: Wiley.

Inman, A. G. (2006). Supervisor multicultural competence and its relation to supervisory process and outcome. *Journal of Marital and Family Therapy, 32*, 73-85.

Ivey, A. E., Fouad, N. A., Arredondo, P., & D'Andrea, M. (1999). *Guidelines for multicultural counseling competencies: Implications for practice, training, and research.* Unpublished manuscript.

Johnson, M. K., Searight, H. R., Handal, P. J., & Gibbons, J. L. (1993). Survey of clinical psychology graduate students' gender attitudes and knowledge: Toward gender-sensitive psychotherapy training. *Journal of Contemporary Psychotherapy, 23*, 233-249.

Kaduvettoor, A., O'Shaughnessy, T., Mori, Y., Beverly, C., Weatherford, R. D., & Ladany, N. (2009). Helpful and hindering multicultural events in group supervision: Climate and multicultural competence. *The Counseling Psychologist, 37*(6), 786-820.

Kagan, N. (1976). *Influencing human interaction.* Washington, DC: American Association for Counseling and Development.

Kim, B. S. K., Cartwright, B. Y., Asay, P. A., & D'Andrea, M. J. (2003). A revision of the multicultural awareness, knowledge, and skills survey–Counselor edition. *Measurement and Evaluation in Counseling and Development, 36*, 161-180.

Ladany, N., Brittan-Powell, C. S., & Pannu, R. K. (1997). The influence of supervisory racial identity interaction and racial matching on the supervisory working alliance and supervisee multicultural competence. *Counselor Education and Supervision, 36*, 284-304.

Ladany, N., Friedlander, M. L., & Nelson, M. L. (2005). *Critical events in psychotherapy supervision: An interpersonal approach.* Washington, DC: American Psychological Association.

Ladany, N., & Inman, A. G. (in press). Training and supervision. In E. M. Altmaier and Hansen, J. (Eds.). *The Oxford Handbook of Counseling Psychology.* New York: Oxford University

Press.

Ladany, N., Inman, A. G., Constantine, M. G., & Hofheinz, E. (1997). Supervisee multicultural case conceptualization ability and self-reported multicultural competence as functions of supervisee racial identity and supervisor focus. *Journal of Counseling Psychology*, *44*, 284-293.

Ladany, N., Lehrman-Waterman, D., Molinaro, M., & Wolgast, B. (1999). Psychotherapy supervisor ethical practices: Adherence to guidelines, the supervisory working alliance, and supervisee satisfaction. *The Counseling Psychologist, 27*, 443-475.

Ladany, N., Walker, J. A., Pate-Carolan, L., & Gray Evans, L. (2008). *Practicing Counseling and Psychotherapy: Insights from trainees, clients, and supervisors*. New York, NY: Routledge.

Leong, F. T. L., & Wagner, N. S. (1994). Cross-cultural counseling supervision: What do we know? What do we need to know? *Counselor Education and Supervision*, *34*, 117-131.

Levine, F. M., & Tilker, A., II. (1974). A behavior modification approach to supervision and psychotherapy. *Psychotherapy: Theory, Research, and Practice, 11*, 182-188.

Littrell, J. M., Lee-Borden, N., & Lorenz, J. A. (1979). A developmental framefor counseling supervision. *Counselor Education and Supervision*, *19*, 119-136.

Loganbill, C., Hardy, E., & Delworth, U. (1982). Supervision: A conceptual model. *Counseling Psychologist, 10*, 3-42.

Lopez, S. R. (1997). Cultural competence in psychotherapy: A guide for clinicians and their supervisors. In C. E. Watkins, Jr. (Ed.), *Handbook of psychotherapy supervision* (pp. 570-588). New York, NY: Wiley.

Marcia, J. E. (1966). Development and validation of ego identity status. *Journal of Personality and Social Psychology*, *3*, 551-558.

McNamara, K., & Rickard, K. M. (1989). Feminist identity development: Implications for feminist therapy with women. *Journal of Counseling and Development*, *68*, 184-189.

Morgan, D. W. (1984). Cross-cultural factors in the supervision of psychotherapy. *The Psychiatric Forum*, *12*(2), 61-64.

Mori, Y., Inman, A. G., & Caskie, G. I. L. (2009). Supervising international students: Relationship between acculturation, supervisor multicultural competence, cultural discussions, and supervision satisfaction. *Training and Education in Professional Psychology*, *3*, 10-18.

Munson, C. E. (1997). Gender and psychotherapy supervision: The partnership model. In C. E.

Watkins, Jr. (Ed.), *Handbook of psychotherapy supervision* (pp. 549-569). New York, NY: Wiley.

Myers. L. J. (1991). Expanding the psychology of knowledge optimally: The importance of worldview revisited. In R. L. Jones (Ed.), *Black psychology* (3rd ed., pp. 15-28). Berkeley, CA: Cobb & Henry.

Nichols, B. (1976, November). *The philosophical aspects of cultural differences.* Paper presented at the conference of the World Psychiatric Association, Ibadan, Nigeria.

Nobles, W. (1972). African philosophy: Foundation for black psychology. In R. L. Jones (Ed.), *Black psychology* (1st ed., pp. 18-32). New York, NY: Harper & Row.

Ossana, S. M., Helms, J. E., & Leonard, M. M. (1992). Do "womanist" identity attitudes influence college women' s self-esteem and perceptions of environmental bias? *Journal of Counseling & Development, 70*, 402-408.

Phinney, J. S. (1989). Stages of ethnic identity development in minority group adolescents. *Journal of Early Adolescence*, *6*, 34-49.

Ponterotto, J. G. (1988). Racial consciousness development among white counselor trainees: A stage model. *Journal of Multicultural Counseling and Development*, *16*, 146-156.

Ponterotto, J. G., Gretchen, D., Utsey, S. O., Rieger, B. P., Austin, R. (2002). A revision of the Multicultural Counseling Awareness Scale. *Journal of Multicultural Counseling and Development*, *30*(3), 153-180.

Ponterotto, J. G., Rieger, B. P., Barrett, A., Sparks, R., Sanchez, C. M., & Magids, D. (1996). Development and initial validation of the multicultural counseling awareness scale. In G. R. Sodowsky & J. C. Impara (Eds.), *Multicultural assessin counseling and clinical psychology* (pp. 247-282). Lincoln, NE: Buros Institute of Mental Measurements.

Porter, N. (1995). Supervision of psychotherapists: Integrating anti-racist, feminist, and multicultural perspectives. In H. Landrine (Ed.), *Bringing cultural diversity to feminist psychology* (pp. 163-175). Washington, DC: American Psychological Association.

Priest, R. (1994). Minority supervisor and majority supervisor: Another perspective on clinical reality. *Counselor Education and Supervision*, *34*, 152-158.

Rarick, S. (2000). The relationship of supervisor and trainee gender match and gender attitude match to supervisory style and the supervisory working alliance. *Dissertation Abstracts International*, DAI-A 61/11, p. 4299.

Remington, G., & DaCosta, G. (1989). Ethnocultural factors in resident supervision: Black supervisor and white supervisees. *American Journal of Psychotherapy, 43*(3), 398-404.

Rice, L. N. (1980). A client-centered approach to the supervision of psychotherapy. In A. K. Hess (Ed.), *Psychotherapy supervision: Theory, research, and practice* (pp. 136-147). New York, NY: Wiley.

Richards, K. (2000). Counsellor supervision in Zimbabwe: A new direction. *International Journal for the Advancement of Counselling, 22*, 143-155.

Ridley, C. R., Mendoza, D. W., Kanitz, B. E., Angermeier, L., & Zenk, R. (1994). Cultural sensitivity in multicultural counseling: A perceptual schema model. *Journal of Counseling Psychology, 41*, 125-136.

Rodolfa, E., Bent, R., Eisman, E., Nelson, P., Rehm, L., & Ritchie, P. (2005). A Cube model for competency development: Implications for psychology educators and regulators. *Professional Psychology: Research and Practice, 36*(4), 347-354.

Rust, P. C. (1993). "Coming out" in the age of social constructionism: Sexual identity formation among lesbian and bisexual women. *Gender & Society, 7*, 50-77.

Sabnani, H. B., Ponterotto, J. G., & Borodovsky, L. G. (1991). White racial identity development and cross-cultural counselor training: A stage model. *The Counseling Psychologist, 19*, 76-102.

Silvestri, T. J. (2003). The temporal effect of supervisor focus, the supervisory working alliance, and the graduate training environment upon supervisee multicultural competence (Doctoral dissertation, Lehigh University, 2003). *Dissertation Abstracts International, 63*, 6108.F

Skovholt, T. M., & Rønnestad, M., II. (1992). Themes in therapist and counselor development. *Journal of Counseling and Development*, *70*, 505-515.

Sodowsky, G. R., Kwan, K. L. K., & Pannu, R. (1995). Ethnic identity of Asians in the United States: Conceptualization and illustrations. In J. G. Ponterotto, J. M. Casas, L. A. Suzuki, & C. M. Alexander (Eds.), *Handbook of multiculcounseling* (pp. 123-154). Newbury Park, CA: Sage.

Sodowsky, G. R., Taffe, R. C., Gutkin, T. B., & Wise, S. L. (1994). Development of the multicultural counseling inventory: A self-report measure of multicultural competencies. *Journal of Counseling Psychology*, *41*, 137-148.

Stoltenberg, C. (1981). Approaching supervision from a developmental perspective: The counselor-complexity model. *Journal of Counseling Psychologists*, *28*, 59-65.

Stoltenberg, C. D., McNeill, B. W., & Delworth, W. (1998). *IDM: An integrated developmental model for supervising counselors and therapists*. San Francisco, CA: Jossey-Bass

Publishers.

Sue, D. W., Arredondo, P., & McDavis, R. J. (1992). Multicultural counseling competencies and standards: A call to the profession. *Journal of Counseling and Development*, *70*, 477-486.

Sue, D. W., Bernier, J. B., Durran, M., Feinberg, L., Pedersen, P., Smith, E., & Vasquez-Nuttal, E. (1982). Position paper: Cross-cultural counseling competencies. *The Counseling Psychologist, 10*, 45-52.

Sue, D. W., & Sue, D. (1999). *Counseling the culturally different: Theory and practice* (3rd ed.). New York, NY: Wiley.

Thompson, C. E., & Neville, H. A. (1999). Racism, mental health, and mental health practice. *The Counseling Psychologist, 27*, 155-223.

Troiden, R. R. (1989). The formation of homosexual identities. *Journal of Homosexuality, 17*, 43-73.

Tsong, Y. V. (2005). The role of supervisee attachment styles and perception of supervisors' general and multicultural supervision in supervisory working alliance, supervisee omissions in supervision, and supervision outcome (Doctoral dissertation. University of Southern California, Los Angeles, 2005). *Dissertation Abstracts International*, *65*, 3291.

U.S. Census Bureau. (1996). *Population projections of the United States by age, sex, race, and Hispanic origin: 1995-2000*. United States Department of Commerce. Washington, DC: U.S. Government Printing Office.

U.S. Census Bureau. (2008). US Population Projections. 2008 National Population Projections. Retreived from http://www.census.gov/Press-Release/www/releases/archives/population/012496.html. Retrieved January 29, 2010.

Vargas, L. A. (1989, August). *Training psychologists to be culturally responsive: Issues in supervision*. Paper presented at a symposium at the 97th Annual Convention of the American Psychological Association, New Orleans.

Vasquez, M. J., & McKinley, D. L. (1982). Supervision: A conceptual model: Reactions and an extension. *The Counseling Psychologist*, *10*, 59-63.

Watkins, C. E., Jr. (Ed.). (1997). *Handbook of psychotherapy supervision*. New York, NY: Wiley.

Yang, P. H. (2005). The effects of supervisor cultural responsiveness and ethnic group similarity on Asian American supervisee's perception of supervisor credibility and multicultural competence (Doctoral dissertation, University of California, Santa Barbara, 2004). *Dissertation Abstracts International*, *65*, 6681.

04 수퍼비전 기술

Jessica A. Walker

이 책의 다른 장에서는 수퍼비전에 관한 이론, 연구, 다양한 과정이나 결과, 평가 등을 설명하고 있는데, 이 모든 내용은 수퍼비전을 진행하는 데 있어 고려해야 할 중요한 요소들이다. 앞으로 이론적인 기초를 마련하고, 여러 모델로 분류하고, 경험적으로 연구하며, 지지적이면서도 도전의식을 북돋우는 작업 동맹의 요소들을 통해 긍정적인 치료적 관계와 같이 견고한 수퍼비전 관계에 관한 내용을 강화할 것이다. 수퍼비전 철학이 아무리 복잡하다 하더라도 수퍼바이저가 매주 수퍼비전 회기에서 실시하는 기술 속에 그 철학이 들어 있다. 수퍼비전 기술은 수퍼비전 과정 기술의 큰 틀에서 다음의 네 가지 영역 중 한 가지와 관련된다(Ladany, Walker, Pate-Caroan, & Gray Evans, 2008). 수퍼바이저는 다음과 같은 기술들을 활용할 수 있다. ① 비언어적 행동(예 : 눈 마주침, 신체적 거리, 고개를 끄덕임 등), ② 반응 형태(예 : 실제로 말하려고 한 것과 그 말이 어떻게 표현되었는지에 관한 것), ③ 드러나지 않는 과정(내면의 생각과 감정), ④ 이론에 기반을 두고 있는 변화를 위한 치료적 전략이나 기술. 전략으로는 대화, 침묵, 역할극, 해석, 칭찬, 비평, 노출, 투사, 위로, 권한부여, 지시, 혹은 정서적 표현과 같은 것이 있다. 어떤 주어진 상황에 따라 선택하여 사용할 수 있는 수퍼비전 과정 기술에는 여러 가지 방법이 있지만, 이 책에서는 대인관계 과정회상(IPR), 수퍼비전 가계도, 문화적 이슈, 수퍼바이지가 역

전이를 이해하고 다루도록 돕기, 성찰 과정, 수퍼바이저의 자기노출, 개인 수퍼비전에서 구조화된 동료 집단 활용하기 등과 같은 몇 가지 수퍼비전 기술을 중심으로 살펴보려고 한다. 또한 과학 기술의 역할에 대해 살펴보고 미래의 과학 기술을 활용할 수 있는 방법을 제시할 것이다. 다음 내용은 수퍼비전 회기에서 무슨 일이 일어나는지를 살펴보고 알아낼 수 있는 방법들이다.

대인관계 과정회상(IPR)

IPR이 가장 잘 알려진 수퍼비전 기술 중의 하나라는 것은 의심의 여지가 없다. IPR 기법은 1960년대 초반 미시간 주립대학교의 N. I. Krathwohl과 Miller에 의해 발전되었다. IPR 기법은 비디오테이프 재생기능을 작동시켜서 수퍼바이지와 내담자 간에 발생한 상담회기의 여러 현상들을 생생하게 회상하는 것이다. 회상회기가 진행되는 동안 수퍼바이지 혹은 내담자에게는 그 녹화 과정을 멈추거나 시작할 수 있는 리모콘이 주어진다. 녹화 과정이 멈추었을 때, IPR 방법으로 훈련받은 수퍼바이저는 감정을 구체화하도록 돕는 질문을 한다. 질문을 하는 주된 목적은 수퍼바이지나 내담자가 행한 것에 대해 비판하려는 것이 아니라 숨은 생각이나 느낌을 드러내려는 것이다. 질문의 내용은 다음과 같다. "그(그녀)가 말하고자 했던 것이 무엇이라고 생각하나요? 그(그녀)가 그 말을 했을 때 당신은 무슨 생각을 했나요? 바로 그때 당신의 감정을 나누지 못하도록 막은 무언가가 있었나요? 당신에 대해 어떻게 인식하고 있을까요? 바로 그 시점에서 당신이 느낀 것은 무엇이었나요? 좀 더 구체적인 감정을 회상해 볼 수 있을까요?"

Kagan 등은 상담자나 내담자가 비디오로 녹화된 부분을 재생하여 본 후에 상담회기에서 일어난 생각이나 느낌의 깊은 의미들을 회상하고 평가할 수 있다는 것을 발견하였다. 또한 제삼자(수퍼바이저 혹은 질문자)가 회상회기 동안 귀납적인 질문을 연속적으로 사용하는 것이 녹화에서 재생된 내용을 다루는 데 긍정적인 공헌을 한다는 사실에 주목하였다. 실제적으로 질문자의 역할과 기능은 '발견과 훈련을 위한 강력한 도구' 가 되는 IPR 기법의 '정신과 영혼' 으로서의 역할을 한다 (Kagan & Kagan, 1991, p. 222).

실천적 함의

이 기술을 사용할 때, Kagan 등은 두 가지의 흥미로운 실천적 함의를 발견했다. 첫째, 초보 상담자는 처음부터 내담자의 말을 액면 그대로 받아들인 것처럼 행동하였으나, 실제로 회상회기 동안에는 그들이 내담자의 상태 이면에 있는 보다 깊은 의미를 알아차리거나 이해했다고 인식한다는 것이다(하지만 그들은 상담회기 동안 이해한 것을 실행할 능력은 없었다). 이러한 것을 가리켜서 '임상적으로 무지함을 가장하기' 라고 부른다. Kagan(1980)이 제시하는 다음의 예를 통해 더 자세히 알아보자.

> 나는 그녀(내담자)의 웃음 띤 얼굴 이면에 있는 불행을 알고 있었어요. 그러나—어리석게도—내가 그녀에게 '상처' 가 있다는 것을 안다고 말하면 그녀가 울지도 모른다는 것이 두려웠고, 그다음에는 내가 그녀를 울렸다고 느끼거나 혹은 내담자가 거짓말을 하고 있다는 것을 알았지만 전화하지 않았어요…. 만약 내가 그에게 솔직하게 말한다면 다음 회기에 그가 오지 않을 것이 두려웠고… 그가 자리에서 일어나 상담실 밖으로 곧장 걸어 나갈지도 몰라요…. 나는 그가 만약 이런 행동을 한다면 내가 상처받을 것이라 생각했고, 그가 아마도 그렇게 하지 않으리라는 것을 알지만, 나는 과감하게 할 수 없을 것 같아요(p. 264).

IPR에서 중점을 두는 두 번째 역동은 훈련생이 '집중하지 못하는' 행동을 드러내는 시점이다. 어떤 훈련생들은 상담 중에 무슨 말을 해야 할지를 걱정하기도 하고 좋은 인상을 주고 싶어 하기도 한다. 상담 훈련생이 일정 시간 내담자를 보지 않거나, 그의 이야기를 실제로 듣고 있지 않는다면 아마도 이 시간 동안일 것이다. 그러나 수퍼바이저와 함께하는 회상회기 동안, 훈련생은 그들이 집중하지 못하는 행동을 하고 있는 것을 직접 보고 들을 수 있다. 이와 관련하여, Kagan(1980)은 훈련생이 수퍼비전 기술로서 IPR을 접한 후에, 집중하지 못하는 행동을 하는 빈도가 줄어든 것을 관찰하였다. 그 결과 훈련생의 의사소통 기술이 향상되어 전반적인 상담 기술에 긍정적인 기여를 한다고 보았다. 이와 관련하여, 훈련생이 내담자의 대인관계를 지원하는 방법으로 회상 전략을 사용할 수 있을 것이다.

후속 연구 방향

IPR은 의학도, 상담을 공부하는 학생, 군 관계 종사자, 오스트레일리아인 항공기조종사, 최근에는 뇌손상 환자, 낭창(역자 주: 결핵성 피부병의 일종) 환자와 소방서에서 일하는 비상의료요원을 포함하는 다양한 분야의 사람들에 의해 다양한 상담 환경에서 활용되어 왔다(Kagan & Kagan, 1997). 실제적으로, Kingdon(1975)은 IPR의 비용과 경제적 효과를 전통적인 수퍼비전과 비교하여 조사하였다. IPR 기법은 상담자의 공감 능력, 내담자의 만족도, 수퍼바이저에 대한 평가, 혹은 내담자가 보고하는 억압과 같은 영역에서 유의미하게 다른 효과가 입증되지는 않았다. 그러나 자기탐색과 관련하여서는 중요한 결과가 발견되었다(즉, 처음 IPR 기술에 노출된 후에 IPR을 실시한 집단의 자기탐색 수준은 대조군보다 아래로 떨어졌다. 그러나 세 번째 회기에서 IPR을 실시한 집단의 자기탐색 수준이 회복되었다).

최근 한 연구에서는 IPR이 장기 비교 효과 면에서, 특히 정신건강 분야의 훈련과 관련하여 그 타당성을 인정받았다. 이 연구는 상담자 공감과 내담자 만족에 대한 IPR의 효과에 대한 Kingdon의 변인들을 다시 논의하는 연구에 정보를 제공해 줄 수 있을 것으로 보이는 한편, 다양한 수퍼비전 과정과 결과를 검증하는 데 유익할 것이다. 그중에서도 특히, 후속 연구에서는 IPR을 활용한 수퍼비전 기술을 사용하는 것이 수퍼비전 작업 동맹에 어떻게 영향을 끼치는지에 초점을 맞출 수 있을 것이다.

수퍼비전 가계도

Aten, Madson과 Kruse(2008)는 예비 수퍼바이저 훈련생을 위한 도구로 수퍼비전 가계도를 우선적으로 소개했다. 이 장에서는 수퍼바이저와 상급 훈련생(예, 박사 전 인턴 과정) 간에 수퍼비전 가계도를 상담 기술로서 활용하는 방법에 중점을 두려고 한다. 수퍼비전 가계도는 훈련생에게 자신의 심리치료 수퍼바이저의 개인 이력을 간략하게 서술하도록 하는 것이다. 가족 가계도와 비슷한 기호 체계를 사용하여, 훈련생은 수퍼바이저의 신상정보와 경향, 수퍼비전 동맹의 특성, 수퍼비

전이 수행된 전문성의 배경, 사용된 수퍼비전 방식을 확인하게 된다. 수퍼비전 가계도를 통해 얻을 수 있는 또 다른 부가적인 측면은 수퍼바이저의 이론적 기초, 수퍼비전 양식에 대한 서술적인 묘사, 평가 과정, 긍정적 혹은 부정적이었던 핵심 사건과 같은 것이다. 이러한 작업 과정을 거쳐 훈련생은 수퍼비전에서 경험한 것에 대한 시각적인 자료와 흐름도를 완성하게 되는 것이다([그림 4-1] 참조).

실천적 함의

수퍼바이저는 수퍼비전 가계도에서 의미와 해석을 이끌어 내기 위하여 성찰질문을 사용한다(예, 수퍼바이저의 개인적이거나 전문가적인 특성 중 당신이 존경하는 부분은 어떤 것인가요? 수퍼바이저가 갈등을 다루어 나가는 방법은 어땠나요? 문화적 차이로 인해 수퍼비전 관계에 영향을 끼친 점은 있었나요?). 다시 말하지만, 이런 질문은 본래 수퍼비전 훈련생의 인식을 확장시키고자 하는 데 그 목적이 있다(예, 이와 같은 개인적인 수퍼비전 경험이 수퍼바이저로서의 새로운 역할에 어떤 영향을 끼치나요?). 한편, 수퍼비전 가계도 기술은 수퍼비전에 대한 훈련생의 기대와, 이전 수퍼비전에서의 친밀도와 갈등, 선호하는 수퍼비전 양상과 작업 동맹적 요소에 대하여 수퍼바이저를 교육하는 데 활용될 수 있다. Aten 등이 제시한 임상 사례 예시를 통해 알아보자(2008).

> 윌리엄이 이전 수퍼비전 관계에 대해 기술했기 때문에, 나는 그의 이전 수퍼비전 경험과 지식에 대한 식견을 얻을 수 있었다. 일례로, 윌리엄은 지금까지 자신의 수퍼바이저의 대부분이 '인지적 치료자들'이었다는 사실에 주목하였는데, 이때 그는 목소리를 약간 더듬거렸다. 윌리엄의 주된 치료적 이론 성향은 심리역동적인 것인데, 이전 수퍼바이저들처럼 심리역동적인 개념에 대한 이야기를 나누면 아마도 내가 실망할지 모른다고 생각한 것 같았다. 이 일로 인해 나는 나의 치료적 이론 성향이 현실치료에 있다는 것을 말할 수 있었고, 그에게 두 가지 치료적 관점이 함께 고려될 만한 것이라는 사실에 대해서도 확신을 줄 수 있었다…. 수퍼비전 가계도는 윌리엄과 나에게 수퍼비전 관계를 맺을 수 있는 견고한 기반을 제공해 주었고, 수퍼비전에서 나타나는 미묘한 차이를 다루는 데 도움을 주었다.

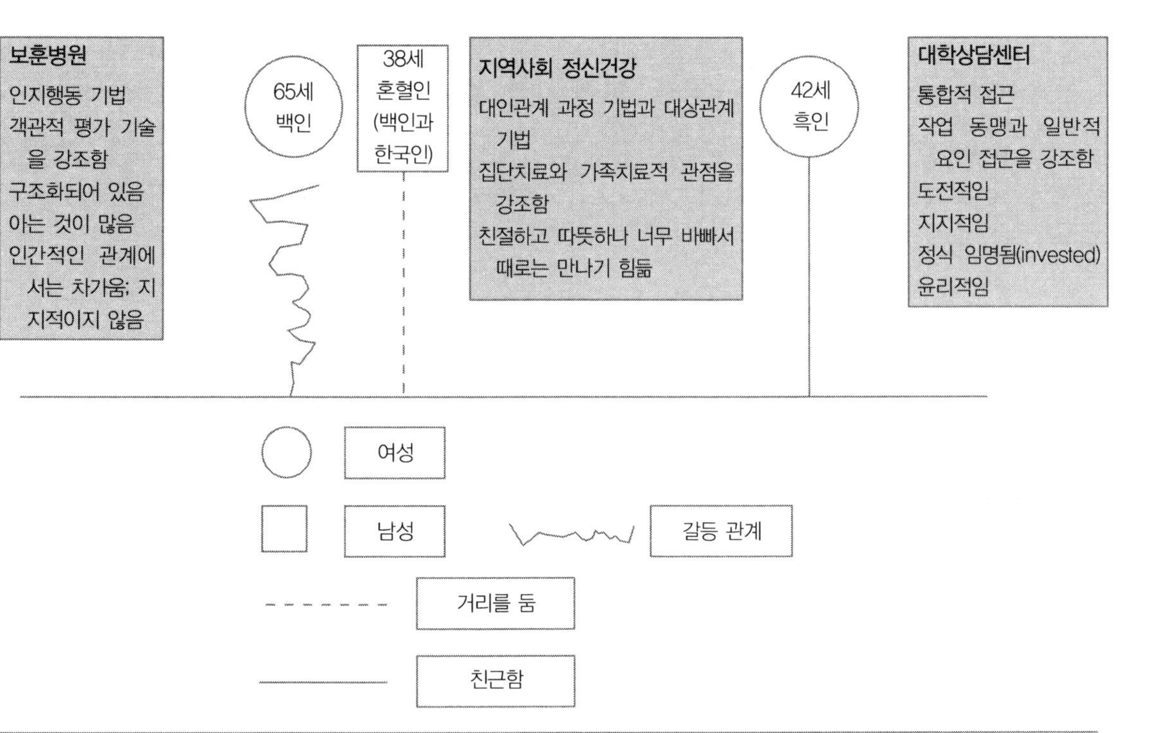

[그림 4-1] 수퍼비전 가계도

훈련에서 뒤처지는 수퍼바이지에게 수퍼비전 가계도를 사용할 때, 돌이켜 볼 만한 몇 가지 수퍼비전 경험이 있을 것 같다. 특히 이런 사람에게 도움을 줄 수 있는 한 가지 활동은 수퍼비전 가계도에서 빈틈을 찾아보는 것이다. 예를 들어, 그들이 이해하지 못한 것은 무엇이고 빠진 것은 무엇인지를 살펴보는 것이다. 어쩌면 그 인턴은 진솔한 의사소통을 하거나 자기개방적인 수퍼바이저를 만나 본 경험이 전혀 없을지도 모른다. 또 두 사람이 함께 하는 일 혹은 정서적인 유대감을 경험하는 수퍼비전 동맹을 결코 경험해 보지 못했을 수도 있다. 여러 이론 중에 훈련생이 지금까지 전혀 영향을 받지 않은 특정한 이론이 있는가? 있다면 이 점이 유익한 지침이 될 수 있다. 수퍼바이저는 훈련생이 과거에 한 번도 받아 보지 않은 수퍼비전에서 무엇을 회피하고 싶은 것이 있었는지 묻는 데 수퍼비전 가계도 기술을 사용할 수 있다.

결론적으로, 수퍼바이저는 수퍼비전 평가도구로서, 인턴십 중간에 수퍼비전 가계도를 다시 논의하고 현재 수퍼비전 관계를 추가할 것을 훈련생에게 요청할 수 있다. 훈련생과 수퍼바이저 두 사람 모두 비슷한 점, 다른 점, 긍정적이거나 부정적인 요소들을 관찰하기 위해서 시각자료를 활용할 수 있다.

후속 연구 방향

수퍼비전 가계도에 대하여 다음과 같은 질문을 주제로 하는 연구들이 이어진다면 흥미로울 것이다. ① 수퍼비전 작업 동맹의 요소가 되도록 하는 데 수퍼비전 가계도를 어떻게 활용할 수 있을까? ② 수퍼비전 양식을 형성하는 데 수퍼비전 가계도를 어떻게 활용할 수 있을까? ③ 수퍼바이지가 자신을 발견하는 도구로서 수퍼비전 가계도를 어떻게 경험할 수 있을까? ④ 수퍼비전 가계도를 만드는 것이 어떤 면에서 수퍼바이저 훈련생에게 영향을 끼치는가? ⑤ 수퍼바이지가 상담에서 가족 가계도를 활용하는 방식을 수퍼비전에서 수퍼비전 가계도를 활용하는 방법과 어떻게 병행할 수 있는가?

문화적 이슈 다루기

문헌에서는 수퍼바이저가 문화적 이슈에 대하여 건설적인 방향으로 답을 할 수 있다면 수퍼비전 관계를 강화하고 훈련생의 경험에도 긍정적인 영향을 줄 수 있다고 입증하고 있다(Burkard et al., 2006). 상담 훈련 프로그램에서 치료자가 내담자와 함께 문화적 이슈를 다루어 나갈 것을 권장하는 것처럼, 수퍼비전 훈련 프로그램에서도 수퍼바이저가 진심어린 마음으로 훈련생의 다문화적 역량에 대해 논의하는 일에 관여하도록 지시한다. 그러나 많은 수퍼바이저들은 아직 이런 작업에 대해 준비되어 있지 않은 것 같으며, 불편하게 느낄지도 모르겠다. 이미 3장에서, Ancis와 Ladany는 몇 가지 연구 영역에 대한 개요를 설명하였다. 자기개발(수퍼바이저에 초점이 맞추어진 것과 수퍼바이지에 초점이 맞추어진), 사례개념화, 기술, 과정, 평가. 앞으로 이 영역들에 대한 구조적인 틀을 구축하고, 수퍼비전에서 문화적 이슈를 다루는 세 가지 기술 방법을 제시하려고 한다. 첫째, 수퍼바이지가 자기개발 단계에서 구체적으로 고려할 내용을 권장하는 개요를 제시하고, 둘째, 수퍼바이지의 사례개념화 기술을 통합하고 기록하는 방법을 다룰 수 있는 예를 제시하며, 셋째, 수퍼비전 관계 안에서 문화적인 대화를 하도록 안내하는 양식을 제시하려고 한다(과정과 평가 두 영역 모두를 다룸).

실천적 함의

수퍼바이지에 초점이 맞추어진 자기개발 촉진하기

수퍼바이지가 다문화적 자기개발을 증진하도록 권장한다는 말이 언뜻 보면 추상적으로 들릴지 모르지만, 이에 적합한 몇 가지 구조화된 전략이 있다. 3장에서 Ancis와 Ladany는 참여할 만한 활동 영역뿐 아니라(예, 학회, 전문가 집단) 이를 가능하게 하는 몇 가지 탐구 영역에 대한 개요를 제시하였다(예, 정체성 발달, 가치, 태도). 수퍼바이지의 자기개발 촉진 영역을 보완하기 위한 다음의 세 가지 구조화된

기술을 주목하기 바란다.

독서 수퍼비전과 다문화 독서 작업표

먼저, 독서 수퍼비전의 중요성을 고려해야 한다. 수퍼비전 시간 외에 하는 모든 독서는 반드시 수퍼비전 교육을 위한 것이라기보다는 수퍼비전 과정에 통합되는 부분이 될 수 있다. 수퍼바이지의 다문화적 자기개발을 위해 우선적으로 제안할 수 있는 도서목록은 다음과 같다.

- *A Race is a Nice Thing to Have*(Helms, 1992)
- *Overcoming Our Racism*(Sue, 2003)
- *White Privilege: Unpacking the Invisible Knapsack*(McIntosh, 2003)
- *Racial Microaggression in Everyday Life; Implication for Clinical Practice*(Sue et al., 2007)
- *Treating the Purple Menace: Ethical Consideration of Conversion Therapy and Affirmative Alternatives*(Tozer & McClanahan, 1999)
- *APA Guidelines for psychotherapy with lesbian gay and bisexual clients*(2000)
- *Diagnosis in a Multicultural Context*(Paniagua, 2001)
- *Bringing Curtural Diversity to Feminist Psychology: Theory Research and Practice*(Landrine, 1995)
- *A Framework for Understanding Poverty*(Payne, 2001)

독서 수퍼비전은 도서관에서 대출을 하는 것으로 끝나는 것이 아니다. 수퍼바이지는 읽은 책 목록을 작성하고, 문화적 요소를 자신의 삶에 어떻게 적용할 것인지에 대해 고민하는 것이 필요하다. 독서과제를 보조하기 위한 작업표를 함께 살펴보자.

다문화 독서:________________ 날짜:__________________

- 독서 내용 중 가장 많이 공감한 부분은?
- 독서 내용 중 가장 공감하기 어려운 부분은?
- 독서 내용 중 나의 사고방식에 영향을 끼친 것은?
- 독서 내용 중 나의 느낌에 영향을 준 것은?
- 나의 미래 행동 양식을 형성하도록 한 내용은?
- 내가 더 잘 알게 된 부분은?
- 내가 더 많이 배우게 된 내용은?
- 독서 중에 가지게 된 질문은?
- 독서 중에 생겨난 것으로서 일반적으로 가지게 되는 질문은?
- 독서 내용에 대한 나의 반응 양식이 내 임상 상담 현장에 영향을 끼칠 수 있는 방식은?

한 가지 더 제안할 것은 수퍼바이지가 적절한 자기개발을 위해서 특정 분야에 대하여 자기 자신만의 문헌 분석을 하도록 권장하는 것이다. 이와 같은 문헌 분석 경험은 그 자체로 자기성장 프로젝트가 될 수 있다(예, 지식을 추구하는 데 경험적으로 참여함). 문헌분석은 집단의 다양한 관점에 대한 지식을 증대시키는 수단이 된다.

저널링

또 추천하고 싶은 것은 수퍼바이지가 자기개발 목표와 관련하여 관찰한 것을 구체적이고 독특한 방식의 저널로 기록하는 것이다. 예를 들면,「일상에서 일어나는 사소한 인종차별적 공격」(Sue et al., 2007)을 읽은 후에, 수퍼바이지는 자신이나 타인으로부터 알아차리게 된 보이지 않는 작은 공격에 관한 내용을 매일 혹은 주간 단위로 지속적으로 기록할 수 있다. 수퍼비전 안에서 일어나는 보이지 않는 공격에 관한 내용도 관찰하여 기록한다(Constantine & Sue, 2007). 이 작업의 요지는 다문화적 대인관계의 역동과 패턴에 관한 수퍼바이지의 자기인식을 향상시키기 위한 것이다. 저널링의 또 다른 방법은 수퍼바이지가 내면화된 '주의들(isms)' 에 대한 인식을 매일 혹은 주간 단위로 기록하는 것이다. 여성 수퍼바이지는 내면화된

성적 차별주의와 관련된 자신의 인식을 확장시키고 싶어 할 것이다. 양성애 수퍼바이지는 자신의 내면에 있는 동성애 혐오에 대해 깨닫지 못하고 있을 수도 있다. 저널링 활동은 이와 같은 영역에서 자기인식을 도울 수 있다.

자기개발 목표 계약하기

어떤 수퍼바이지에게는 자기개발 목표를 적어 두도록 하는 것이 도움이 될 수 있다. 이 부분에 대하여 궁극적으로 권고할 내용은 수퍼바이지가 기록해 두었던 목표를 활용하여 자기평가를 수행하고 유지하도록 하는 것이다. 핵심적인 구성요소에는 ① 중요한 목표, ② 특정 기간 내에 성취하기가 쉽지는 않지만 도달할 수 있는 단계, ③ 성공 여부를 측정할 수 있는 방식, ④ 이 과정에서 수퍼바이지는 수퍼비전 과정에서 수퍼바이저의 역할이 무엇이라고 보는가 등이 있다. 아래의 예를 함께 보자.

자기개발 목표 계약하기

- 캐롤라이나 주 북서부 지역의 체로키 인디안 집단에 대한 지식을 증진시키기
- 성전환자와 성적 다양성을 가진 내담자에 대한 치료적 기술과 편안함을 증진시키기
- 연령차별에 대한 인식을 증진시키기

바로 다음 달에 수행할 단계

- 체로키 인디언 집단에 대하여 문헌조사 실시하기
- LGBT 집단과의 상담을 위하여 APA 지침서 읽기
- 게이 프라이드(PRIDE) 축제에 참여하기
- 연령차별에 대한 가정이나 선입관을 관찰하여 매일 저널로 기록하기

목표를 향한 과정을 어떻게 평가할 것인가

- 체로키 인디언에 대해서 배운 여러 가지 정보를 한 페이지 정도로 요약하기

- 성전환자임을 밝힌 내담자와 앉았을 때 불안감 줄이기
- 저널링 목록 중 연령차별에 대한 관찰 내용 늘리기

수퍼비전 과정에서 수퍼바이저의 역할

- 2주마다 다문화 독서 작업표 점검하기
- 성전환자임을 밝힌 내담자와의 상담 녹화 테이프를 검토하고, 어떤 불안감이 보이는지 찾아내기
- 수퍼비전에서 연령차별 관찰 과정에 대한 시간 할당하기

다음의 기술 중 한 가지 또는 세 가지 모두를 사용하여 수퍼바이지의 자기인식을 촉진하는 데 도움을 줄 수 있다. ① 독서 수퍼비전 과제에 기초한 다문화 독서 작업표, ② 저널링 훈련, ③ 자기개발 목표 계약하기. 다음은 수퍼바이지의 문화적 사례개념화 기술을 향상시키기 위한 수퍼비전 구조에 대하여 알아보고자 한다.

개념화 기술

많은 수퍼바이저는 수퍼비전 중에 이루어지는 대화에서 문화적인 요소를 평가하고 문화를 통합하려는 선한 의도를 가진 자신을 발견하기도 하지만, 다문화주의를 논하기에 앞서 다른 윤리적이거나 치료적인 구성요소를 우선시하게 된다. 수퍼바이저는 다문화적인 역량에 따라 수퍼바이지를 평가하는 시간을 많이 가지지 않았다는 사실을 수퍼비전 말미에나 발견하게 되곤 한다. 다음의 내용은 수퍼비전에서 문화적 이슈를 언제든지 통합하는 것이 가능하도록 하기 위해 수퍼비전 초기(혹은 수퍼비전 전반에 걸쳐서 사용되는)에 마련하는 몇 가지 구체적인 진행 단계다.

첫째, 사례개념화와 치료계획을 기록하는 공식적인 문서 양식 안에 문화적인 요소를 고려한 부분을 추가하라. 수퍼바이지가 어떤 진단을 변경하는 공식적인 문서나 서류를 제출해야 할 때, 사례개념화 기록 양식 안에 이 부분을 반드시 포함시켜야 한다. 기록 양식 안에 항목을 추가하는 것은 수퍼바이지가 문화적인 요소를

고려하고 분명히 명시하도록 상기하는 데 도움을 줄 것이다. 그리고 당신 역시 수퍼바이저로서 수퍼바이지의 다문화적인 사례개념화에 대해서 검토해 볼 수 있게 될 것이다.

그중에서도 특히, 당신의 수퍼바이지와의 사이에서 민족적인 차이가 드러나는 것뿐 아니라, 모든 내담자에 대하여 문화적으로 고려할 사항을 찾도록 해야 한다는 것을 기억하라. 일례로, 라틴계의 가톨릭 신자이며 건강한 이성애를 지향하는 내담자와 마찬가지로 라틴계 가톨릭 신자이며 건강한 이성애를 지향하는 치료자 사이에도 고려해야 할 문화적인 요소가 있다. 또한 이 이슈는 공통적으로 라틴계 가톨릭 신자이면서 건강한 이성애를 지향하는 수퍼바이저와 수퍼바이지가 함께 작업하는 경우에도 부각될 수 있을 것이다. 수퍼바이지를 지도할 때 가장 중요하게 전달할 내용 중의 하나는 다문화주의는 광범위하며, 복잡하고 어느 것도 정확한 답을 가지고 있지 않다는 것이다.

둘째, 수퍼비전 기록 양식 안에 문화적으로 고려할 사항을 추가하라. 주간 수퍼바이지 진행 보고서에 적용하는 이론이나 개입 방법, 진단과 관련된 기술 항목이 기록되는 것처럼 다문화주의와 연관된 인식이나 기술을 추가하여 기록하라. 이것은 수퍼바이지가 치료적 상담상황에서 문화 요소에 대한 평가를 매주 상기하는 데 도움을 줄 것이다.

셋째, 사례개념화에서 내담자에 대한 가정이나 편견 그리고 고려사항을 분명하게 표현하는 것뿐 아니라, 내담자가 상담자에 대해서 어떤 가정을 가질 수 있는지에 대해 이해하는 것이 아주 중요하다. 상담자가 내담자에게 어떻게 인식될 수 있는지에 대해서 수퍼바이지의 생각이나 감정을 함께 논의해야 한다는 것을 기억하라. 논의를 할 때 도움이 될 만한 목록을 참조하라.

- 나의 민족성과 인종에 근거해서 사람들이 나에 대해서 가지게 되는 가정은 무엇일까?
- 나의 성적 표현에 근거해서 사람들이 나에 대해서 가지게 되는 가정은 무엇일까?
- 내 사무실에서 볼 수 있는 것에 근거해서 사람들이 나에 대해서 가지게 되는 가정은 무엇인가(예, 벽에 걸린 기독교 십자가, 벽걸이용 PRIDE 깃발, 책장 속의 책

들, 책상 위에 놓인 아이들 사진, 학위증 등)?

- 내가 문신한 모습을 보고 사람들이 나에 대해서 가지게 되는 가정은 무엇일까?
- 결혼반지를 낀 것과 끼지 않은 것에 대해서 사람들이 나에 대해서 가지게 되는 가정은 무엇일까?

더 구체적으로 말하자면, 백인 수퍼바이지는 상담실 내에서 그들의 힘과 특권을 인식하고(Hays, Dean, & Chang, 2007) 주류문화에 속한 자신의 인종적 정체성을 개발함으로써(Hays & Chang, 2003), 내담자가 인종적 · 민족적으로 억압당한 사람으로 인식될 수 있다는 것을 깨닫는 것이 중요하다. Hays와 Chang(2003)은 백인 수퍼바이지가 내담자를 사례개념화할 때 고려할 중요한 질문 목록을 소개한다(예, 인종적 문제가 소수계 내담자와의 관계에 어떻게 영향을 끼칠 것인가?). 나의 수퍼바이지는 "다문화적인 의사소통은 내가 나의 내담자를 어떻게 보느냐 하는 것이 아니라, 그들이 나를 어떻게 보는 것이냐에 대한 것이다."라고 말한 것이 가장 멋있었다고 나에게 말해 주었다.

수퍼비전 관계에서의 문화적 대화

심리치료 수퍼비전에서 VISION 모델에 기초한(Baber, Garrett, & Holcomb-McCoy, 1997), 총체적 VISION 모델(the superVISION model)은 훈련생과 수퍼바이저 사이의 문화 상호작용 과정을 나타내는 것이다(Garrett et al., 2001). VISION의 각 철자(즉, 가치[V], 해석[I], 구조화[S], 상호작용 양식[I], 운영 전략[S] 그리고 요구[N])는 이 문화 관계적 과정 요소를 기호로 나타낸 것이다. 총체적 VISION 패러다임(the superVISION paradigm)을 사용하여 수퍼바이저는 고려해야 할 여섯 가지 요소에 대한 안내를 받을 수 있다. 실제적으로 이 요소는 개방적 질문 그리고 수퍼바이저에게 기꺼이 자신을 드러내려는 의지가 있어야 다룰 수 있다. 다음은 수퍼비전에서 문화를 다루는 데 있어서 Garett 등이 제안한 몇 가지 질문과 토론 주제에 대한 개요를 살펴보자. 총체적 VISION 모델을 통해 수퍼바이저는 문화적 다양성에 관하여 보다 심

도 있는 토론을 할 수 있는 기초를 마련할 수 있다. 아래의 질문은 고정관념적인 답을 요구하지 않는다. 더 정확히 말하면, 더없이 개방적인 질문이며, 자신의 기대, 신념, 상호 관계 안에서의 선호도 그리고 인식에 대한 독특성을 묻는 것이다. 이 질문은 수퍼바이저가 새로운 수퍼바이지를 만나 수퍼비전을 시작할 때, 또는 수퍼바이저가 현재 진행하고 있는 수퍼바이지와 더 깊은 관계를 맺고자 할 때 참고하여 사용할 수 있다.

아래의 내용은 총체적 VISION 모델에서 가져온 몇 가지 예시다.

가치와 신념 체계

• 당신에게 중요한 것은 무엇이며, 왜 그러한가?

경험에 대한 해석

• 지금 이 순간 당신이 나에 대해서 가지게 되는 가정은 무엇인가? 이 관계 안에서 나에 대해 어떤 인식을 가지게 되었나?

구조화 및 상호작용 양식

• 우리의 관계와 수퍼비전 과정을 어떻게 구조화시켜야 하겠는가? 예를 들면, 개인적인 공간에 대한 생각, 시선을 마주치는 것, 접촉, 애정 표현, 성적 역할에 대한 태도, 비언어적 신호 등이다. 의사소통 양식으로 당신이 선호하는 것은 무엇인가?

운영 전략

• 목표를 어떻게 선택하고 어떻게 작업할 것인가? 목표를 이루기 위한 작업 동기는 주로 어디서 찾는가? 이번 수퍼비전 관계 혹은 이번 학기 동안의 최종목표는 무엇인가?

지각된 요구

• 수퍼비전 관계와 이번 학기 동안 결과에 관하여 당신이 원하거나 필요로 하는

것은 무엇인가? 결과에 대하여 내가 어떻게 규명하고 의사소통하리라고 생각하는가?

궁극적으로, 이 견해는 수퍼바이지가 자신의 가치와 신념에 대하여 대화할 수 있는 기회를 가지는 것뿐 아니라, 유사한 과정에서 문화적인 유사점과 차이점을 토론할 때 안전하면서도 도움이 되므로, 그들의 내담자를 위한 모델로 활용할 수 있다.

후속 연구 방향

Hays 등(2007)은 질적 분석을 통해 상담과 상담자 훈련에서 나타나는 특권과 억압에 대한 이슈를 연구하였다. 대다수의 연구 참여자(실습 상담자들)는 상담에서 특권과 억압의 이슈를 다룰 수 있는 학문과 임상적인 훈련에 대한 준비가 충분치 않다고 느꼈다. 또한 연구 참여자는 강의실과 수퍼비전 과정 모두에서 성장을 촉진하기 위한 패러다임의 전환을 주장했다. 수퍼바이저가 "다문화적 이슈, 특히 특권과 억압의 문제를 부각시키는 주제별 강의와 사례 발표에 초점을 맞추었을 때" 수퍼비전은 긍정적인 훈련 경험이 되었다(p. 322).

후속 연구에서 경험적인 연구 방향으로 수퍼비전 개입과 수퍼바이지의 다문화적 역량 사이의 구체적인 관계를 지속적으로 분석해 볼 만하다. 이와 같은 수퍼비전 기술을 수행하면서 인식 수준이나 지식과 기술이 증가한다면 수퍼비전 기술 수행을 평가해 보는 것도 좋을 것이다. 이와 관련하여, 수퍼비전 관계에서 다문화적 기술을 활용한 내담자의 상담 결과도 연구해 볼 가치가 있을 것이다.

훈련생이 역전이를 이해하고 다룰 수 있도록 돕기

역전이는 내담자를 향한 치료자의 과장된 개입 혹은 과장되어 기능하는 생각, 감정, 또는 행동으로 정의되어 왔다(Ladany et al., 2008). 최선의 경우, 역전이에 대한 인식은 효과적이며 역동적이고 치료적인 개입의 통로로서 활용될 수 있다. 최

악의 경우에, 역전이는 치료자가 내담자를 돕는 것을 방해하거나 상처를 주기도 한다. 따라서 우리가 수퍼바이저로서 배울 수 있는 가장 중요한 기술 중의 하나는 훈련생이 자신의 역전이를 보다 더 잘 이해하고 다루도록 돕는 것이다.

역전이를 다루는 것의 중요성에 대해 주목한 기존의 연구가 있다. 예를 들면, Hayes 등(1998)는 역전이의 기원, 촉발요인, 징후에 대해 심리학자 8명의 경험을 질적으로 연구하였다. 이 연구의 결과는 심리치료사나 수퍼바이저 모두에게 다음과 같은 유용한 틀을 제공해 주었다. ① 내담자에 대한 훈련생의 감정을 면밀히 조사함으로써 역전이의 징후를 살펴보고, ② 훈련생의 반응을 불러일으킨 사건을 규명함으로써 역전이의 촉발요인을 분석하고, ③ 훈련생 자신의 미해결된 갈등으로부터 역전이의 기원을 찾아보게 하는 것이다. 그리고 Gelso와 Hayes(2001)는 치료자의 역전이를 다루는 다섯 가지 핵심 요소(자기통찰, 자기통합, 분노조절, 공감, 사례개념화하는 능력)를 제시했다. 마지막으로 Ladany 등(2008)은 매주 상담회기 후에 역전이적 생각, 감정, 행동에 대해 질문하면서, 훈련 중에 있는 네 명의 치료자의 경험에 대하여 2년여의 기간에 걸쳐 추적하였다. 이 자료들을 통하여, 저자는 훈련생에게 권할 만한 역전이를 다루는 5단계 모델을 개발하였다. 이 모델의 각 단계는 다음과 같다. ① 개인적인 이슈 및 촉발요인에 대해 잘 알기, ② 감정적인 반응이나 행동의 변화를 규명하기, ③ 치료에 미치는 영향 확인하기, ④ 필요시 개인치료를 통하여 역전이의 기원 탐색하기, 그리고 ⑤ 수퍼비전 활용하기.

이 다음 장은 수퍼비전의 핵심 사건(critical event in supervision model: CES) 모델뿐 아니라 위에서 언급한 문헌을 통하여 훈련생이 역전이에 걸렸을 때 다룰 수 있는, 특히 수퍼바이저를 위한, 실제적인 4단계 접근법에 대해 알아볼 것이다.

실천적 함의

잠재적인 촉발요인을 미리 탐색함으로써 역전이에 대비하기

수퍼비전 관계 초기에, 수퍼바이저와 훈련생은 잠재적인 역전이 촉발요인에 대해 잘 알아야 한다. 훈련생의 임상 상담 현장과 연결한다는 점에서, 이는 아마도

수많은 맥락적 이슈(예, 역동의 기원으로서의 가족, 관계 모델, 대인관계에서의 불쾌감, 인생에서의 핵심 사건, 뜨거운 쟁점, 도덕적 가치)를 탐색하는 데 도움이 될 것이다. 위에서 언급한 맥락적 이슈는 특별한 감정적인 흥분을 불러일으키거나 혹은 역전이를 촉발하는 기초를 제공한다. 예를 들어, 훈련생이 알코올 중독으로 고생한 아버지에 대한 분노를 품고 있을 경우에, 상담 중에 중독 문제로 고통당하는 내담자와 관련하여 다가오는 도전에 직면하게 된다. 자신이 나이 든 남성 내담자를 불쾌해 한다는 사실을 발견한 훈련생은, 나이 든 남성 내담자와 연결되고 싶지 않은 감정을 나타낼 것이다. 어떤 훈련생은 게으르고, 무례하고, 느리고, 자기중심적이라고 여겨지는 내담자를 다루는 데 어려움을 느낄 것이다. 지극히 정상적인 이런 감정은 훈련생이 게으르고, 무례하며, 느리고, 자기중심적이라고 생각하는 내담자와 맞닥뜨릴 때 풍부한 수퍼비전 주제를 만들어 내기도 한다. 또한 최근에 겪은 부정적인 삶의 경험(예, 유산, 아버지의 죽음, 재정적인 어려움을 당함, 중요한 지인과의 분쟁 등) 또는 긍정적인 변화(예, 누군가를 사랑함, 승진, 새집으로 이사 가기 등)는 상담 상황에 즉각적으로 영향을 끼친다.

다음은 훈련생이 역전이의 촉발요인을 탐색하는 데 반드시 포함되어야 할 질문들이다. 관계에서 가치를 두는 요소는 무엇입니까? 당신은 친밀감을 어떻게 정의합니까? 당신에게 신뢰란 무엇입니까? 관계에서 건강한 경계선에 대한 당신의 생각을 이야기해 보세요. 당신이 진가를 인정하는 성격특성은 어떤 것입니까? 당신이 참기 어렵다고 생각되는 성격특성은 어떤 것입니까? 상담회기에 방해가 될 만한 최근 생활사건은 무엇이 있습니까? 당신이 생각하기에 비도덕적이라고 생각하는 일을 내담자가 고백해서 더 이상 그와 함께 상담을 진행하기가 어렵다고 느끼게 되면 당신은 어떻게 할 것입니까? 이 단계를 진행할 때 훈련생에게 이와 같은 탐색 과정이 개인치료를 제공하는 형식은 아니라는 것을 명확히 하는 것이 중요하다. 이 질문들은 훈련생의 문화적 배경이 어떻게 자신의 상담 과정에 작용되는지를 서로 살펴보는 과정인 것이다.

상담회기 동안 역전이의 단서를 찾아 표식 규명하기

수퍼바이저와 훈련생은 상담회기 동안에 훈련생이 경험하는 역전이의 단서로

제공되는 감정적인 반응과 행동적인 변화를 규명해야 한다. 달리 표현한다면 "당신이 내담자에게 과장된 반응을 하고 있다는 것을 우리가 어떻게 알 수 있을까요?" 라고 할 수 있다. 상담회기 동안에 어떤 모습으로 나타날까요? 어떤 훈련생은 화가 나면 그 감정을 철회하거나, 불안할 때 질문을 많이 하는 경향이 있다는 사실을 알 수 있다. Ladany 등(2008)은 몇 가지 단서를 언급하였다. 수퍼바이저는 훈련생이 상담을 하는 동안 아래에 나타나는 어떤 행동이라도 하게 되면 그것을 알아차려야 한다.

- 멍하니 있는 표정
- 흥분되거나 낙담한 모습
- 침착하지 못함
- 지루해 보임
- 상담회기에 습관적으로 지각함
- 습관적으로 상담 시간을 초과함
- 과도한 자기노출
- 치료적인 상호작용 대신에 유쾌한 대화를 하듯 참여함
- 즉각적이고 끊임없는 대화로 어떤 침묵의 시간도 허락지 않음

또한 수퍼바이저는 수퍼비전 회기 동안에 나타나는 아래의 행동을 알아차려야 한다.

- 매 수퍼비전에서 어떤 특정한 내담자에게 시간을 전적으로 할애함
- 어떤 특정한 내담자에 대한 토론을 종종 피하려고 함
- 내담자에 대해 논의할 때 기분에서 중대한 변화를 드러냄
- 내담자의 증상에 대해 적합한 설명을 하지 않고 보다 병리학적인 측면을 강조하여 묘사함

수퍼바이저와 훈련생이 서로 간에 이러한 기준을 규명하게 되면, 두 사람 모두 이와 같은 징후가 상담회기 녹화 내용에 있는지 검토할 책임이 있다.

CES 모델에서 이와 같은 기준을 규명하는 것은 수퍼비전 이슈로 고려될 수 있다. 수퍼비전 이슈는 언어 혹은 행동으로 표현되며 수퍼비전 상황에서의 세 단계 중 첫 번째임을 기억해야 한다(수퍼비전 이슈[The Marker], 과업 환경[the Task Environment], 해결[the Resolution])(Ladany, Friedlander & Nelson, 2005). CES 모델에 따르면, 먼저 수퍼비전 이슈가 세워진 후 수퍼바이저와 수퍼바이지는 과업 환경이라는 다음 단계로 옮겨 갈 수 있다.

치료 작업에 미치는 영향에 관한 질문 탐색

우선 수퍼바이저와 훈련생은 잠재적인 개인적 촉발요인에 대해 잘 알고, 상담회기에서 역전이가 유발될 때 나타나는 단서를 규명한다. 그다음 단계는 역전이가 어떻게 영향을 끼쳤는지와 치료적 작업에 어떻게 영향을 끼칠 수 있는지를 확인하는 것이다. 예를 들면, 흔히 사람의 인식 영역 밖에서 일어나는 역전이는 공감의 장애물로 작용할 수 있다. 이 시점에서 수퍼비전 기술은 훈련생이 내담자와 연결하는 방법을 찾아야 하는 도전에 직면하게 된다. 이때 사용할 수 있는 질문은 다음과 같다. 이 내담자의 경험 중 어떤 부분이 당신의 삶과 연관되나요? 내담자가 느끼는 것과 같이 당신이 마지막으로 같은 느낌을 받은 것은 언제입니까? 그 시간 동안 타인으로부터 도움을 받은 것은 무엇이며, 도움이 되지 않은 것은 무엇입니까?

이 단계에서 가장 중요한 것은, 수퍼바이저가 훈련생의 감정을 완화시키고 인정해 주어야 한다는 것이다. 만약 치료자가 자신의 역전이를 자각하고 있다면, 이러한 자기노출은 권장되어야 하며 병리적으로 취급하면 안 된다. “목수는 망치를 가지고 있고, 의사는 메스를 가지고 있으며, 치료자는 자기를 가지고 있다는 것”을 기억하라(Hayes & Gelso, 2001, p. 1041). 아마도 훈련생이 지금 느끼는 혼란스러운 감정이나 따분한 느낌은 미래 임상 현장에서 대인관계 과정개입 중에 상담을 적절하게 잘 이끌어 나가는 데 활용될 것이다. 훈련생이 느끼는 조급함이나 불안한 감정은 내담자가 느끼는 유사한 감정에 공감하고 연합하는 통로가 될 수 있을 것이다. 역전이가 치료적 작업에 어떻게 영향을 끼쳤는지 질문하고 탐색하고 발견하는 것은 상담 기술의 중요한 부분이다.

CES 모델에서 이 탐색 과정은 핵심 사건의 과업 환경 단계에서 일어나는 일련의

일반적인 상호작용의 하나로 간주된다. Ladany 등(2005)은 과업 환경 단계는 감정에 대한 탐색, 수퍼비전 동맹에 초점 맞추기, 역전이에 대한 경험과 탐색에 대하여 다루기 등을 포함하는 다양한 수퍼비전 전략을 구성하는 것이라고 설명했다. 그들의 경험을 완화시키고 인정해 주는 반면에 수퍼바이지가 그들의 행동이 임상 작업에 어떻게 영향을 끼치는지 성찰하도록 하는 것은 과업 환경 단계를 설명하고 명확하게 하는 두 가지 활동 모두를 다루는 것이 된다. 다음은 CES 모델에서 해결 단계에 대한 설명이다.

훈련생과 함께 계획을 실행하라

인지행동적 신념이 강한 수퍼바이저에게는 훈련생과 함께 행동계획을 짜는 것이 훈련생의 역전이를 다루는 수퍼비전 기술일 수 있다. 그러한 행동계획에는 다음과 같은 내용이 포함된다. ① 역전이적 감정을 스스로 모니터링함으로써 자각을 증진시키기(예, 과장된 감정으로 이야기하는 회기 포착하기), ② 역전이가 일어날 때 실행할 대안적 행동에 대해 브레인스토밍하고 행동변화의 목적에 동의하기(예, 닫힌 자세를 지속하는 시간 줄이기), ③ 역전이를 다루는 데 다음과 같은 형식 활용하기: 나는 나 자신의 _______ 모습을 알아차릴 때, 내가 _______하다는 것을 의식할 것이다. 나는 _______에 대해서 생각하는 대신에 _______ 행동을 할 것이다.

다음을 참조하라.

- 나 자신이 안절부절못하고 있다는 것을 알아차릴 때, 내가 불안해하고 있다는 것을 의식할 것이다. 나는 내가 효과적인 임상적 기술을 알고 있다는 것을 상기하는 대신에 무릎 위에 두 손을 포개 놓을 것이다.
- 내가 하품하고 있는 것을 알아차릴 때, 내담자나 나에게 지금 이 시간이 치료에 도움이 되지 않는다는 것을 의식할 것이다. 내담자가 자신의 고통스러운 문제에 대한 논의를 회피하는 이유를 평가하는 대신에 공감적인 태도로 직면하거나, 가능하다면 상담계획을 재정립할 것이다.
- 내가 회기의 제한 시간을 넘기고 있다는 것을 알아차릴 때, 일관된 경계를 유지하는 것이 중요하다는 것을 의식할 것이다. 내담자를 위한 유익에 대해 생

각하는 대신에 시간이 되면 "오늘은 여기에서 그만하겠습니다."라고 말할 것이다.

- 턱에 긴장감이 느껴질 때, 내가 내담자와 그녀의 어머니에 대한 반감 때문에 좌절감을 느끼고 있다는 것을 의식할 것이다. 내 개인적인 경험에 대한 이야기를 자동적으로 시작하는 것 대신에 내담자의 자립심의 정도에 대해서 좀 더 이야기를 나누자고 요청할 것이다.

역전이를 인식하고 다루는 것을 모델링하기

마지막으로 언급할 것은, 모델링을 통해 훈련생에게 역전이를 다루는 법을 교육하는 것이 최상의 방법 중 하나라는 것이다. 수퍼바이저로서 역전이에 대한 개인적인 반응을 인식하고, 이를 사실로 인정하고, 논의하며 다루는 것은 상담 훈련생이 치료에 방해가 되는 생각이나 감정을 해결하는 방법을 모델링하도록 돕는 기술로서 제공될 수 있다.

후속 연구 방향

후속 연구로는 상담과 수퍼비전에서 다문화적 역동에 대한 분석과 역전이에 대한 교차 연구가 유용할 것 같다. 무의식적인 역전이 순간의 끝과 무의식적 인종차별적 편견이 시작되는 곳이 다소 불분명할 수 있지만, 아마도 미래의 모델은 이 두 가지 개념을 나누거나 통합해 가면서 초점을 맞추어 나갈 수 있을 것이다. 경험적으로 볼 때 역전이적 촉발인자가 다문화적 인식이 증가함에 따라서 어떻게 변화되는지를 밝히는 것은 흥미로운 연구가 될 것이다.

◎ 성찰 과정

성찰은 관심이나 생각의 내적 과정, 즉 명상에 초점을 맞추는 것을 말한다. 수퍼비전 상황에서 성찰적 사고는 "내담자 이슈에 대한 상담자의 이해를 돕고, 임상적

개입 시 그들의 선택을 이끌어 주는 이론이나 신념과 가설에 대해 능동적으로 지속하는 점검"으로 정의되어 왔다(Griffith & Frieden, 2000, p. 82). 심리치료적 수퍼비전 과정에 대한 합의를 얻기 위해서, Neufeldt, Karno와 Nelson(1996)은 이 주제와 관련된 다섯 명의 전문가(Copeland, Holloway, Rønnestad, Skovholt, & Schön)와 인터뷰를 하였으며, 질적 연구를 통해 통합된 이론을 만들어 내었다. 연구 결과에서 아래에 나오는 일련의 연속적인 사건을 가리켜 성찰이라고 정의한다.

> 처음에 당면하는 문제는 치료자가 어떻게 진행해야 할지 몰라서 당황하거나 답답해하고 확신을 가지지 못하는 것으로 시작한다. 치료자 자신의 인격적인 자질이나 인지 능력은 기관이나 수퍼비전의 환경에 따라 수퍼비전에서 지속적으로 일어나는 성찰에 영향을 미친다. 성찰 과정은 치료자와 내담자 사이의 상호작용뿐 아니라 치료자의 행동이나 감정, 사고에 주의를 기울이는 것이며, 상담 회기 동안의 현상에 대한 이해를 위한 연구, 그 자체라고 할 수 있다. 방어적인 자기보호의 태도보다는 자기이해와 취약한 자기모습, 위험 부담 등에 대해 적극적이고 개방성을 가진 연구태도로 임하는 것이 성찰적인 수퍼바이지의 태도라고 볼 수 있다(p. 8).

실천적 함의

몇몇 학자가 수퍼바이지의 성찰적 사고를 돕는 단계에 대하여 요약하고 개요를 정리해 주었다(Bernard & Goodyear, 2004; Griffith & Frieden, 2000; Neufeldt, 2007). Bernard와 Goodyear(2004), Neufeldt(2007)는 성찰을 돕는 첫 번째 단계는 지지적인 작업 동맹, 성찰할 수 있는 공간이나 시간을 포함하는 수퍼비전 환경을 조성하는 것이라고 알려 주었다. 그다음에 수퍼바이지의 딜레마 혹은 문제점이 드러나게 된다. 여기에 제시되는 사례는 치료가 앞으로 어떻게 진행되어 갈 것인지에 대하여 답답해하고 혼란스러운 감정을 나타내는 임상 사례다. Griffith와 Frieden(2000)은 수퍼바이지가 이렇게 답답해하는 순간에 소크라테스식 질문하기, 저널링, IPR, 성찰팀 활용하기와 같은 방법을 포함하는 비판적인 사고를 활성화시키는 교수전략을 제안한다. 이러한 기술들을 활용하는 공통된 목표는 깊이 있는 질문을 사용함으로써 보다 깊이 있는 이해를 촉진시키려는 것이다. 성찰적 사건이 의미 있는 작업이 되려면, 수퍼바이지가 몇 가지 점에서 변화를 보여 주어야 한다(Neufeldt, 2007). 이 변화는 다음 치료회기에서 자신의 내담자를 향해 이전과 다른 행동을 하는 것, 수퍼바이지 스스로 혹은 치료 과정과 관련된 자각이나 통찰 수준의 변화가 실제로 나타나는 것이다.

사례 예시

상담 훈련생인 마뉴엘은 중간 규모의 주립대학교 상담센터에서 5회기 동안 안드레아와 상담을 진행해 오고 있다. 안드레아는 원래부터 자신의 남자 친구와 헤어진 후 우울증과 함께 적응장애 증상을 나타내었는데, 최근 회기에서, 주요우울삽화의 증상이 발견되었다. 마뉴엘은 안드레아가 과거에 그녀를 정신적 · 육체적으로 학대해 온 남자와 이전 관계로 되돌아갈 것을 고려 중이라는 사실을 알게 되었다. 마뉴엘은 안드레아를 보호해야겠다고 생각했고, 그녀의 이전 남자 친구에 대하여 화가 났다.

마뉴엘은 안드레아의 기분과 사고 과정 그리고 복잡한 상황 때문에 다소 혼란스러웠다. 그는 안드레아가 전 남자 친구와의 관계 때문에 불행했다고 말했던 것을 기억해 내었고, 시간이 흐르면 불만족스런 관계 때문에 생긴 그녀의 증상이 완화될 것이라고 예견하였다. 마뉴엘은 다음 회기에 안드레아에게 차근차근 설명해 줄 계획으로, 안드레아가 그 관계에서 돌아와야 하는 이유를 적은 목록을 수퍼비전에서 내놓았다.

소크라테스식 질문을 통한 성찰 촉진하기의 요점은 마뉴엘의 사고 과정, 안드레아에 대한 이해, 치료 과정을 확장하고 깊이를 더하기 위한 것이다. 수퍼바이저가 할 수 있는 질문들은 다음과 같다.

- 안드레아가 해야 할 일에 대해 말해 줄 때, 비용이나 경제적 효과 면에 대해서는 어떠합니까?
- 그녀의 결정을 지지해 줄 때 득과 실은 무엇입니까?
- 당신의 결정을 다른 사람들이 지지해 주지 않는다고 느꼈던 마지막 때는 언제

입니까? 그로 인해 도움이 되었던 것은 무엇이며, 도움이 되지 않았던 것은 무엇입니까?

- 당신이 만약 다른 가치 체계를 가지고 있다면 당신의 개입 방법이 어떻게 달라질까요?
- 당신이 활용한 이론의 출처는 어디이며, 그 이론이 당신의 개입전략을 어떻게 지원해 주었나요?
- 안드레아의 반응은 당신이 다음 단계로 진행하는 데 어떤 유용한 정보를 주었나요?

이 질문들은 마뉴엘이 그의 개입 방법이나 이론적인 뒷받침에 대한 자각, 결정에 연관된 그의 가치, 그의 개입으로 인한 가능한 결과들을 의식하도록 한다.

후속 연구 방향

Griffith와 Frieden이 제안한 성찰 촉진을 위한 네 가지 방법(즉, 소크라테스식 질문, 저널링, IPR, 성찰팀 활용하기)의 서로 다른 효과를 경험적인 연구 방법으로 비교해 보는 것이 좋을 것이다. 각 기술이 가진 수퍼바이지의 사고 과정을 촉진시켜 주는 독특한 방법을 연구하는 것도 흥미로울 것이다. 또한 수퍼비전 작업 동맹의 어떤 요소가 수퍼비전 관계에서 가장 효과적으로 성찰 촉진에 기여하는지 이해하는 것이 중요할 것 같다. 예를 들면, 수퍼비전 과업에서 성찰 과정을 촉진하기 위해서 강한 정서적 연대 혹은 굳건한 상호 합의를 가지는 것이 가장 중요한가? 아니면, 수퍼비전에서 어떤 유형의 수퍼바이저가 가장 효과적으로 성찰 능력을 기를 수 있도록 개입하는가? 후속 연구에서는 이러한 기술을 사용할 때, 어떤 수퍼바이저가 가장 효과적인지를 분석하기 위해 수퍼바이저의 개인적 특성, 양식, 이론적 성향이 어떤지를 조사해 볼 수 있을 것이다.

◎ 수퍼바이저의 자기노출

수퍼바이저는 개인상담의 강점과 약점에서부터 상담 현장에 대한 전문적인 충고와 의견에 이르기까지 수많은 주제에 관하여 자신을 노출한다(Ladany & Lehrman-Waterman, 1999). 어떤 면에서 자기노출은 깊은 의도가 있는 것이 아니라, 자발적이고, 엉뚱하거나, 즉흥적인 것일 수도 있다. 그러나 의도적인 목적을 가진 노출은 효과적인 수퍼비전 기술이 될 수 있다. 참고로, ① 불일치 대 일치, ② 친밀함 대 어색함, ③ 수퍼바이저 자신을 위한 것 대 훈련생을 위한 것 등의 세 가지 보편적인 개인화 영역에서 노출을 다루는 방법에 대해 고찰한 Ladany와 Walker (2003)가 제시한 모델을 따르는 것이 수퍼바이지에게 도움이 될 것이다.

불일치 대 일치 먼저, 수퍼바이저는 자신의 노출이 훈련생이 제시하는 이슈, 요구 그리고 관심사와 일치하는지 자문해 보아야 한다. 예를 들어, 개인상담의 어려움을 서로 나누는 것이 수퍼비전 관계의 확립에 도움이 된다는 연구 결과가 있지만, 수퍼바이저는 훈련생의 요구와 정확하게 일치하지 않을 경우에는 자신의 결점을 노출하는 것이 도움이 되지 않을 것이라는 것을 인식해야 한다. 일례로, 불안이 높은 훈련생이 내담자의 안전에 대한 걱정으로 힘들어하는 경우라면, 그 회기 동안 훈련생에게 필요한 것은 훈련생의 불안을 완화시켜 주고 격려하면서 윤리적 의무를 다시 검토하게 하거나 불안을 감소시키는 두 가지 일 모두라는 것이다. 이때 수퍼바이저가 자살로 인해 내담자를 잃게 된 개인적인 이야기를 나누는 것은 훈련생의 요구와 부합되지 않는 자기노출을 사용하는 것이 된다. 하지만 만약 훈련생이 치료적 한계의 개념을 파악하는 데 어려움을 겪고 있으며, 상담에서의 비현실적인 기대에 대한 훈련을 하고 있는 중이라면, 수퍼바이저가 상담에서의 어려움에 대해 자신을 노출하는 것은 아마도 훈련생이 현재 제시하는 문제와 아주 잘 부합하는 것이 될 수 있을 것이다. 실제로, 이와 같은 노출은 여러 관점을 제공하는 것이 필요하다.

친밀함 대 어색함 둘째, 긍정적 기술로서 자기노출을 사용하려고 할 때, 다음과

같은 질문을 스스로에게 해 보는 것이 도움이 된다. "이 자기노출이 부적절한 개인 신상에 관한 것이 아니고 비교적 친밀한 것인가?" 너무 전문적인 이야기만 나누는 것은 차가우면서도 거리감이 느껴지게 하거나 정서적으로 동떨어진 것처럼 인식될 수 있다. 또한 지나치게 개인적인 이야기를 나누는 것은 경계가 혼란스러워지거나 훈련생으로 하여금 수퍼바이저에 대해 정서적 책임감을 느끼도록 만들 수 있다. 수퍼바이저로서 적절한 경계가 만들어지고 유지되는지의 여부를 모니터링하는 것은 오로지 당신만의 결정은 아니라는 것을 기억하라. 훈련생의 문화적 상황, 정체성 요인, 이전 경험에 대해 알려고 하는 것은 서로 간에 적당히 친밀해졌다고 인정되는 때를 고려하는 것이 다른 무엇보다 중요하다.

수퍼바이저 자신을 위한 것 대 훈련생을 위한 것 셋째, 가장 중요한 질문이면서도 가장 답하기 어려운 것 중의 하나는 세 번째 개인화 영역에 관한 것이다. "이 노출은 훈련생을 위한 것입니까? 수퍼바이저 자신을 위한 노출입니까?" 만약 우리가 훈련생에게 유리한 쪽으로 해석한다면, 최선의 노출은 이타적인 의도로부터 나온 것이라고 가정할 수 있을 것이다(예, 나 자신에 관한 이런 개인적인 이야기를 나눔으로써 훈련생과 관계가 있다는 것을 보여 주고 있다; 나의 성공을 이야기함으로써 전문적인 지식을 제공하고 있다; 나는 이 센터의 업무 정책에 대해 설명함으로써 업무 관점을 제공하는 것이다). 하지만 수퍼바이저 자신의 요구를 충족시키는 자기노출이 수퍼바이지에게 도움이 되지 못하는 위험성이 잠재되어 있음에도, 수퍼바이저들은 종종 말을 많이 함으로써 수퍼비전에서 일어나는 역전이를 극복하려고 한다는 연구 결과도 있다(Ladany et al., 2008). 따라서 무의식적이거나 의식적으로, 수퍼바이저가 가끔 자신의 요구를 채우기 위해 자기노출을 사용하는 것은 가능하다(예, 수퍼바이저가 자신의 전문가적 책임에 대한 좌절과 분노 혹은 두려움을 털어놓을 때 훈련생으로부터 지지와 확인 또는 공감을 받기 위해서).

수퍼비전 자기노출에 관한 아주 중요한 메시지는 자기노출이 적절하게 활용될 때 긍정적인 수퍼비전 기술이 될 수 있다는 것이다. 자기노출을 할 때, 훈련생의 이슈와 일치하는지, 적절한 친밀감을 유지하는 것인지, 훈련생의 입장을 고려한 것인지 등의 세 가지 개인화 영역을 기억하여야 한다.

후속 연구 방향

후속 연구에서는 앞에서 언급한 특정한 개인화 영역 전체에 걸친 자기노출을 연구하는 것이 유용할 것이다. 예를 들면, 좀 더 친밀한 자기노출이 이루어지는 관계에 도움이 되는 수퍼바이저의 성격특성은 무엇인가? 서비스 제공에 있어 자기노출에 더 적극적인 수퍼바이저는 어떤 유형인가? 앞에서 언급한 영역 전반에 걸쳐 수퍼바이저의 자기노출에 대한 수퍼바이지의 반응에 관한 자료를 수집하는 것도 중요할 것이다. 특히, 수퍼바이지의 문제에 따라 가장 도움이 되면서도 효과적인 자기노출을 제공할 수 있는 영역의 조합은 어떤 것일까?

◎ 개인 수퍼비전에서 구조화된 동료 집단 기술 사용하기

Borders(1991)는 동료 집단 수퍼비전에 대한 체계적인 접근법을 제공해 주었다. 구조화된 동료 집단 수퍼비전(the Structured Peer Group Supervision: SPGS)은 3~6명의 상담 훈련생으로 구성된 소집단을 말하며 다음과 같은 단계가 수행된다. ① 상담자는 질문을 찾아내고 피드백을 요청한다. ② 상담회기 기록을 살펴보는 동안 집단 내 동료들에게 다른 역할을 부여한다(비언어적 행동을 관찰하는 자의 역할, 상담자 역할, 내담자 역할, 부모 역할, 배우자 역할, 친구 역할 또는 중요한 타인의 역할, 특정 이론에 근거한 관점을 가진 자의 역할, 상담 과정을 적절하게 표현할 수 있는 비유를 만드는 역할등). ③ 상담자는 미리 발췌한 상담회기 기록을 보여 준다. ④ 동료들은 상담자가 정한 질문에 대하여 각자 담당한 다른 역할을 염두에 둔 피드백을 한다. ⑤ 상담자는 토론을 촉진시키며, 모니터이자 과정을 관찰하는 자로서의 기능을 담당한다. ⑥ 수퍼바이저는 피드백을 요약해 주고, 상담자는 목표와 부합된 것에 대해서 알려 준다. 본질적으로, 다른 역할 관점을 가지고 비디오테이프의 일부를 듣고 반응하는 것은 집단 구성원 각자의 사례개념화 기술을 증진시키기 위한 것이다.

실천적 함의

이 장에서는, 구조화된 동료 집단 형식을 개인 수퍼비전에 어떻게 확장하고 적용할 것인지에 대해 Borders가 언급한 내용을 중심으로 나열하고자 한다. 즉, ① 음을 소거한 상태에서 관찰하기, ② '_____로서 나는… 을 느낀다', ③ 반대 이론을 통하여 적극 변호하기 등의 세 가지 기술을 제안하려고 한다.

먼저, '비언어적인 행동을 관찰하는 자'의 역할을 맡은 훈련생을 돕기 위한 방편으로, 상담회기가 녹화된 테이프의 미리 발췌된 부분을 음을 소거한 상태로 관찰해 보도록 하라. 훈련생에게는 아무 소리가 나지 않는 부분을 관찰하는 동안 상담자와 내담자 두 사람 사이에 비언어적으로 소통되는 메시지가 무엇인지를 규명하는 말을 큰 소리로 하도록 요청하라. 소리가 있는 상태에서 상담회기를 관찰하기 전에, 먼저 비언어적인 행동을 그대로 관찰하는 것이 도움이 되며, 이를 통해 훈련생과 수퍼바이저는 비디오테이프를 관찰하는 동안 단지 귀로 들리는 것만을 듣지 않게 되는 것이다. 훈련생들은 "정말 지루해 보여." 혹은 "내담자가 화가 난 것 같아."와 같이 예기치 않은 관찰소감을 갑자기 내뱉을 수도 있다. 이것은 전이와 역전이 또는 더 광범위한 비언어적인 인식을 좀 더 깊이 탐색하기 위한 통로를 제공한다.

둘째, 수퍼바이저와 훈련생들은 회기가 기록된 부분을 보는 동안 그들 스스로 몇 가지 다른 역할을 맡을 수 있다(예, 상담자, 내담자, 부모, 친구, 동료, 자녀 등). Borders(1991)는 수퍼바이저와 훈련생이 "_____로서 나는 …을 느낀다."와 같이 구조화된 문장을 사용하여 언어적인 피드백을 할 것을 제안한다. 나는 수퍼바이저가 미리 그 부분을 살펴보고, 훈련생이 맡을 만한 가장 중요한 역할을 가려낼 것을 제안하고 싶다. 예를 들어, 만약 수퍼바이저가 훈련생이 내담자의 남자 친구와 과도한 동일시를 경험하는 것으로 느낀다면, 정서적 자각을 일으키기 위해서 "남자 친구로서 나는 …을 느낀다."를 분명히 표현하도록 하는 것이 훈련생에게 가장 도움이 될 것이다. 만약 상담자가 부정적인 역전이(예, 내담자를 향한 분노)를 경험하고 있는 것을 수퍼바이저가 감지한다면, 훈련생이 이 역전이적 역동을 노출시키도록 하기 위해 "내담자로서 나는 …을 느낀다."를 언어화하도록 하는 것이 가장 도움이 될 것이다.

Borders(1991)의 동료 집단 형식을 적용할 수 있는 세 번째 수퍼비전 기술은 다른 치료적 관점을 통하여 그들의 치료적 작업을 존중함으로써 훈련생을 독려하는 것이다. 초급 훈련생은 여러 다른 이론적 경향에 대해 더 배우려는 목표를 가지고 있을 것이다. (예, 인지행동치료적 관점에서 훈련받은 1학년 실습 학생은 게슈탈트 치료 관점을 다루기를 요청할지도 모른다). 또한 상급 과정 훈련생은 여러 가지 다양한 이론적 성향에 대해서 보다 편안하고 친근하게 여기지만 서로 다른 성향을 잘 섞어서 더 통합적으로 접근하는 방법을 찾으려고 할 것이다. 그러므로 이 기술은 어떤 발달 단계에 있는 훈련생에게라도 유용할 수 있다. 먼저, 훈련생은 미리 기록한 상담회기 부분을 보여 주며 자신이 가장 편안하게 생각하는 이론적 성향을 설명한다(예, 문제의 원인, 치료목표 그리고 자신의 이론적인 관점을 가지고 변화를 이끌어 낼 수 있는 치료적 개입에 대해 설명한다). 다음으로, 수퍼바이저는 훈련생에게 자신의 '반대 이론을 통하여 적극 변호하도록' 하는 역할을 하도록 할 수 있다. 다음의 예를 통해 살펴보자.

- 인지행동적 관점은 증상축소 접근법입니다. 증상에 집중하여 치료하는 접근법(a pro-symptom reduction)은 어떤 것이 있을까요?(예, 응집적 치료)
- 심리역동적 관점은 저항을 병리적으로 취급하는데, 저항을 존중하고 정당화하는 경향에 입각하여 이 내담자에 대해 이야기해 봅시다(예, 여성주의 심리치료).
- 행동주의적 개입은 실행 가능한 목표를 향하여 진행하는 것을 주장합니다. 변화 모델의 단계를 사용하여 이 내담자의 행동을 설명해 보세요. 대상관계의 관점에서 변화와 관련된 내담자의 근원적인 역동을 설명해 보세요.
- 동기 중심적으로 인터뷰를 하는 성향을 가진 입장에서 인지치료의 전문지식을 비판해 보세요.
- 긍정심리학 운동에 의해 조성된 치료적 개입의 한계는 무엇입니까?

훈련생에 따라 이 질문들은 수퍼바이저가 상담회기 동안 자연스럽게 질문하거나 혹은 답변을 미리 중재할 수 있다고 본다(예, "다음 주에 있을 수퍼비전을 준비할 때 나는 당신이 이번 회기를 다시 살펴보면서 대인관계 과정회상의 관점에서 고려해 보기

를 바랍니다. 이것은 고찰에 도움이 되는 Teyber가 쓴 몇 가지 읽을 자료입니다."). 어떠한 경우이든, 수퍼비전 기술이 훈련생에게 다양한 역할을 맡아보고 다양한 시각으로 자신의 상담을 볼 수 있도록 하는 데 지지적인 도전이 되기를 바란다. 궁극적으로는, "명확한 이론적 관점을 가지는 것은 삶에 철학과 신뢰를 제공하며, 상담사가 자신의 행동에 대한 이유와 의도를 인식하도록 도와주며, 지속적이고 통합된 전문가적 정체성을 발전시키는 데 현저하게 기여한다"(Borders, 1991, p. 250).

후속 연구 방향

한 연구 프로젝트에서 SPGS 모델과 동료 수퍼비전 모델을 비교했지만(Crutchfield & Borders, 1997), 치료효과를 검증한 어떤 분석도 유의미하지는 않았다. 하지만 보다 장기적이고 종단적인 연구가 진행된다면 다른 결과를 산출해 낼 수도 있을 것이다. 후속 연구에서는 개인 수퍼비전에서의 수퍼바이저와 수퍼바이지 사이에 SPGS 모델 기술을 사용한 효과를 연구해 볼 수도 있을 것이다. 특별히, 수퍼바이지에게 매 수퍼비전 회기 후에 어떤 역할이 가장 도움이 되었는지를 물어볼 수 있을 것이다. 이 자료들은 수퍼바이저가 수퍼비전 과정을 검토하는 데 있어 가장 도움이 되는 역할이 무엇이라고 생각하는지와 비교해 볼 수 있을 것이다. 이 연구는 또한 수퍼바이지가 그 역할을 한 것과 그 역할에서 나와서 다른 사람이 하는 것을 지켜보았을 때 배운 것의 분명한 차이점을 연구하는 데 도움을 줄 수 있을 것이다.

기술에 대한 용어

수퍼비전 방법은 기술의 발전과 많이 결합되어 있다. 작은 웹캠 카메라와 디지털 녹음기는 오래된 VHS(Video Home System; 가정용 비디오 방식) 녹화기와 심지어 더 오래된 과거 오디오테이프 방식의 녹음기를 대체했다. 수퍼비전에서 이미 사용된 기술들에는 청각보조장치(BITE) 접근 방식(Klitzke & Lombardo, 1991; Miller, Miller, & Evans, 2002)과 이메일을 수퍼비전 수단으로 사용하며(Graf & Stebnicki,

2002), 임상 수퍼비전에서 보조도구로 이메일을 사용하고(Clingerman & Bernard, 2004; Stebnicki & Glover, 2001), 인터넷 동료 수퍼비전 집단을 활용하며(Butler & Constantine, 2006; Gainor & Constnatine, 2002), 개인 수퍼비전에 온라인 서비스를 사용하는 것 등이 있다(Kanz, 2001).

기술의 발전에 관한 경험적인 연구는 거의 없다. Clingerman과 Bernard(2004)는 임상 수퍼비전을 위해 보조도구 양식으로 이메일을 사용하는 것이 더 큰 친밀감을 가지도록 한다는 것을 발견했다. Graf와 Stebnicki(2002)는 이메일을 통한 개념화된 메시지가 발전적인 결과를 가져온다는 것을, Butler와 Constantine(2006)은 인터넷 수퍼비전 집단이 학교상담 훈련생의 집단적 자존감과 사례개념화 능력을 효과적으로 증진시킨다는 것을 발견했다. 그러나 이러한 연구 중에 어느 누구도 통제집단이나 비교집단을 사용하지 않았으므로 그 결과는 다소 제한적이라고 할 수 있다. Gainor와 Constantine(2002)은 다문화적인 동료 집단으로 이루어진 집단 수퍼비전에 적용되는 인터넷을 통한 수퍼비전과 면 대 면 수퍼비전을 비교했다. 두 그룹 모두 다문화적 사례개념화 능력이 발전하긴 하였지만, 인터넷 동료집단과 비교할 때 직접 만나는 동료 집단상담 훈련생이 다문화 사례개념화 능력 면에서 더 나은 것으로 입증되었다. 이 결과를 통해 인터넷을 통한 집단 안에서는 지각된 관계적인 측면이 부족하다는 것을 설명하는 것이 가능하다.

수퍼비전 기술 발전에 관한 후속 연구 방향은 끝이 없다. 대규모 양적 연구는 예비 질적 연구 결과와 기술진보에 대한 찬반양론의 일반적인 토론에서 훌륭한 보완이 될 수도 있다. 흥미롭게도, 이메일은 이미 인스턴트 메시지(IM)와 문자를 전송하는 여러 가지 양식에 비해 시대에 뒤떨어진 도구가 되었다. 이 연구의 미래는 이메일과 면 대 면 수퍼비전보다 인스턴트 메시지의 사용 능력에 초점을 맞출 수 있을 것이다.

동일한 수준에서, 수퍼비전 방법과 상담 방법을 결합시켜 활용하는 것을 고려해 보는 것도 중요할 것 같다(즉, 인터넷을 통한 수퍼비전은 면 대 면 상담을 수행하는 수퍼바이지보다 인터넷 상담을 수행하는 수퍼바이지에게 더 효과적일까?). 후속 연구는 급격히 변화하는 기술에 친숙하고, 이를 인식하는 세대에게 보다 유익할 것이다. 일례로, 현세대의 대학생(수퍼바이지의 다음 세대인)은 가장 친숙한 몇몇 관계가 주로 온라인으로 유지된다고 말한다. 이러한 새로운 세대의 수퍼바이지와 내담자는 정

신건강에 있어서의 기술 사용에 대하여 보다 풍부한 시각을 가지게 될 것이다.

결론

이번 장의 목적은 수퍼비전 회기 중에 일어나는 일에 대해 생각해 볼 수 있는 몇몇 수퍼비전 기술을 조명해 보는 것이었다. 기술이 수퍼비전 과정 기술 전략의 네 부분 중에 단지 하나에 불과하지만(비언어적 행동, 반응 형태, 드러나지 않는 과정, 기술들; Ladany et al., 2008), 기술은 수퍼비전에서 필수적인 부분이다. 이 장에서 우리는 IPR, 수퍼비전 가계도, 문화적 이슈들, 수퍼바이지가 역전이를 이해하고 다루도록 돕는 것, 성찰 과정, 수퍼바이저의 자기노출, 개인 수퍼비전에서 구조화된 동료집단 형성하기 기술을 사용하는 것과 같은 전략들을 조명하여 보았다. 기술 발전에 대해 고려하는 내용도 설명하였다.

수퍼비전에서 발생하는 역동은 자발적이며 특별한 이유가 없기도 하고 고의적이거나 목적이 있는 것이기도 하다. 바라는 것이 있다면, 이 책의 여러 장에서 제공하는 지원과 질문을 접한 수퍼바이저가 그러한 지원과 질문 이면의 보다 큰 목적과 의도를 알고 실행하기 위해 지침으로서 이 책을 활용하는 것이다.

참 | 고 | 문 | 헌

American Psychological Association (APA). (2000). APA Guidelines for psychotherapy with lesbian gay and bisexual clients. *American Psychologist*, *55*(12), 1440-1451.

Andersen, M. L., & Collins, P. H. (1995). *Race, class and gender: An anthology* (2nd ed.). Belmont, CA: Wadsworth Publishing Company.

Aten, J. D., Madson, M. B., & Kruse, S. J. (2008). The supervision genogram: A tool for preparing supervisors-in-training. *Psychotherapy: Theory, Research, Practice, Training*, *45*, 111-116.

Baber, W. L., Garrett, M. T., & Holcomb-McCoy, C. (1997). VISION: A model of culture for counselors. *Counseling and Values*, *41*, 184-193.

Bernard, J. M., & Goodyear, R. L. (2004). *Fundamentals of clinical supervision* (3rd ed.). Boston, MA: Allyn and Bacon.

Borders, L. D. (1991). A systematic approach to peer group supervision. *Journal of Counseling & Development, 69*, 248-252.

Burkard, A. W., Johnson, A. J., Madison, M. B., Pruitt, N. T., Contreras-Tadych, D. A., Kozlowski, J. M. ... Knox, S. (2006). Supervisory cultural responsiveness and unresponsiveness in cross-cultural supervision. *Journal of Counseling Psychology, 53*, 288-301.

Butler, S. K., & Constantine, M. G. (2006). Web-based peer supervision, collective self-esteem, and case conceptualization ability in school counselor trainees. *Professional School Counseling, 10*, 146-152.

Clingerman, T. L., & Bernard, J. M. (2004). An investigation of the use of e-mail as a supplemental modality for clinical supervision. *Counselor Education & Supervision, 44*, 82-95.

Constantine, M. G., & Sue, D. W. (2007). Perceptions of racial microaggressions among black supervisees in cross-racial dyads. *Journal of Counseling Psychology, 54*, 142-153.

Crutchfield, L. B., & Borders, L. D. (1997). Impact of two clinical peer supervision models on practicing school counselors. *Journal of Counseling & Development, 75*, 219-230.

Gainor, K. A., & Constantine, M. G. (2002). Multicultural group supervision: A comparison of in-person versus web-based formats. *Professional School Counseling, 6*, 104-111.

Garrett, M. T., Borders, L. D., Crutchfield, L. B., Torres-Rivera, E., Brotherton, D., & Curtis, R. (2001). Multicultural superVISION: A paradigm of cultural responsiveness for supervisors. *Journal of Multicultural Counseling and Development, 29*, 147-158.

Gelso, C. J., & Hayes, J. A. (2001). Countertransference management. *Psychotherapy: Theory, Research, Practice, Training, 38*, 418-422.

Graf, M. N., & Stebnicki, M. A. (2002). Using email for clinical supervision in practicum: A qualitative analysis. *The Journal of Rehabilitation, 68*(3), 41-49.

Griffith, B. A., & Frieden, G. (2000). Facilitating reflective thinking in counselor education. *Counselor Education and Supervision, 40*, 82-93.

Hayes, J. A., & Gelso, C. J. (2001). Clinical implications of research on countertransference: Science informing practice. *Journal of Clinical Psychology, 57*, 1041-1051.

Hayes, J. A., McCracken, J. E., McClanahan, M. K., Hill, C. E., Harp, J. S., & Carozzoni, P. (1998). Therapist perspectives on countertransference: Qualitative data in search of a

theory. *Journal of Counseling Psychology, 45*, 468-482.

Hays, D. G., & Chang, C. Y. (2003). White privilege, oppression, and racial idendevelopment: Implications for supervision. *Counselor Education and Supervision, 43*, 134-145.

Hays, D. G., Dean, J. K., & Chang, C. Y. (2007). Addressing privilege and oppression in counselor training and practice: A qualitative analysis. *Journal of Counseling & Development, 85*, 317-324.

Helms, J. E. (1992). *A race is a nice thing to have: A guide to being a white person or understanding the white persons in your life.* Topeka, KS: Content Communications.

Kagan, H., & Kagan, N. I. (1997). Interpersonal process recall: Influencing human interaction. In C. E. Watkins, Jr. (Ed.), *Handbook of psychotherapy supervision* (pp. 296-309). New York, NY: Wiley.

Kagan, N. I. (1980). Influencing human interaction: Eighteen years with IPR. In A. K. Hess (Ed.), *Psychotherapy supervision: Theory, research, and practice* (pp. 262-283). New York, NY: Wiley.

Kagan, N. I., & Kagan, H. (1991). Interpersonal process recall. In D. W. Dowrick (Ed.), *Practical guide to using video in the behavioral sciences* (pp. 221-230). New York, NY: Wiley.

Kanz, J. E. (2001). Clinical-supervision.com: Issues in the provision of online supervision. *Professional Psychology, Research and Practice, 32*, 415-420.

Kingdon, M. A. (1975). A cost/benefit analysis of the interpersonal process recall technique. *Journal of Counseling Psychology, 22*, 353-357.

Klitzke, M. J., & Lombardo, T. W. (1991). A 'bug-in-the-eye' can be better than a 'bug-in-the-ear' : A teleprompter technique for on-line therapy skills training. *Behavior Modification, 15*, 113-117.

Ladany, N., Friedlander, M. L., & Nelson, M. L. (2005). *Critical events in psychotherapy supervision: An interpersonal approach.* Washington, DC: American Psychological Association.

Ladany, N., & Lehrman-Waterman, D. E. (1999). The content and frequency of supervisor self-disclosures and their relationship to supervisor style and the supervisory working alliance. *Counselor Education and Supervision, 38*, 143-160.

Ladany, N., & Walker, J. A. (2003). Supervisor self-disclosure: Balancing the unconnarcissist with the indomitable altruist. *In Session: Journal of Clinical Psychology, 59*, 611-621.

Ladany, N., Walker, J. A., Pate-Carolan, L. M., & Gray Evans, L. (2008). *Practicing counseling and psychotherapy: Insights from trainees, supervisors and clients.* New York, NY: Routledge.

Landrine, H. (1995). *Bringing cultural diversity to feminist psychology: Theory research and practice.* Washington DC: American Psychological Association.

McIntosh, P. (2003). White privilege: Unpacking the invisible knapsack. In S. Plous (Ed.), *Understanding prejudice and discrimination* (pp. 191-196). New York, NY: McGraw-Hill.

Miller, K. L., Miller, S. M., & Evans, W. J. (2002). Computer-assisted live supervision in college counseling centers. *Journal of College Counseling, 5*, 187-192.

Neufeldt, S. A. (2007). *Supervision strategies for the first practicum.* Alexandria, VA: American Counseling Association.

Neufeldt, S. A., Karno, M. P., & Nelson, M. L. (1996). A qualitative study of experts' conceptualization of supervisee reflectivity. *Journal of Counseling Psychology, 43*, 3-9.

Paniagua, F. A. (2001). *Diagnosis in a multicultural context: A casebook for mental health professionals.* London, UK: Sage Publications.

Payne, R. K. (2001). *A framework for understanding poverty.* Highlands, TX: Aha! Process, Inc.

Stebnicki, M. A., & Glover, N. M. (2001). E-supervision as a complementary approach to traditional face-to-face clinical supervision in rehabilitation counseling: Problems and solutions. *Rehabilitation Counseling, 15*, 283-293.

Sue, D. W. (2003). *Overcoming our racism: The journey to liberation.* San Francisco, CA: Jossey-Bass.

Sue, D. W., Capodilupo, C. M., Torino, G. C., Bucceri, J. M., Holder, A. M. B., Nadal, K. L., & Esquilin, M. (2007). Racial microaggressions in everyday life: Implications for clinical practice. *American Psychologist, 62*, 271-286.

Tozer, E. E., & McClanahan, M. K. (1999). Treating the purple menace: Ethical con siderations of conversation therapy and affirmative alternative. *The Counseling Psychologist, 27*(5), 722-742.

제2부

상담 수퍼비전에 대한 이론적 접근

수퍼비전 기반 상담 수퍼비전 통합 모델: 대인관계 모델

Shirley A. Hess & Kurt L. Kraus

> 만일 당신이 가진 유일한 도구가 망치라면, 모든 것을 못처럼 보기 시작할 것이다.
>
> –작자미상

우리 대부분은 임상가들이나 수퍼바이저들이 다음과 같이 말하는 것을 들어 왔다. “저는 실존주의 철학으로부터 개념화합니다. 그렇지만 임상 실제에서 기술적으로는 절충주의를 사용하고 있습니다.” “저는 상담하고 수퍼비전할 때, 다양한 이론적인 관점과 기술을 활용해요.” 또는 “제가 따르는 이론적인 모델이 무엇인가는 정말로 중요하지 않습니다. 왜냐하면 어떤 모델이든 대체로 효과적이기 때문이고, 저의 접근은 수퍼바이지의 필요에 기초를 두고 있기 때문입니다.” 이러한 의견은 특정한 이론과 거기에 부합하는 기술에 국한하지 않고, 기존에 존재하는 이론과 기법을 혼합하고 조합하여 새로운 이론적 모델을 창출하는 결과를 가져온 수퍼비전 실천 방향의 발전상을 반영한다. 이러한 통합적인 수퍼비전 방식의 구성과 사용은, 복합적인 수퍼비전 상황을 다룰 때, 좁은 범위의 기법과 개입을 가지고 있는 한 가지 접근보다 수퍼바이저에게 유연성과 더 많은 선택을 가져다준다 (Bradley, Gould, & Parr, 2000).

Bradley 등(2000)은 상담 수퍼비전의 통합적 접근에서 두 가지 형태를 발견하였다. 첫째는 수퍼비전 이론의 통합 그리고 두 번째는 최소한 두 가지 접근으로부터 비롯된 기술이나 방법론의 결합이라고 설명할 수 있는 기술적 절충주의가 그것이다. 대체로 **기술적 절충주의**(technical eclecticism)와 **통합주의**(intergrationism)라는 용어는 서로 교환하여 사용한다. 그러나 Norcross와 Napolitano(1986)는 둘 사이의 미묘한 차이를 확실히 설명하기 위해서 다음과 같은 은유를 사용한다. "절충주의자들은 식사를 만들기 위해서 여러 요리들 가운데 선택한다. (하지만) 통합주의자들은 다른 재료들을 섞고 합하여 새로운 요리를 만든다." (p. 253) 이렇게 뉘앙스에 차이가 있음에도 불구하고, Bernard와 Goodyear(2009)는 수퍼바이저들 대부분이 자기 자신의 통합적인 관점을 만들기 위해 다양한 이론과 기술들, 철학으로부터 차용한다고 생각한다.

우리의 입장은 통합이 이론적인 관념들을 뒤범벅해서 제공하는 것은 아니라는 것이다. 바꾸어 말해서, 우리는 통합적인 접근이 은유적으로 뷔페라기보다 마트로 가장 잘 표현된다고 생각한다(Kraus & Hulse-Killacky, 1996 참조). 마트에 있다고 상상해 보라. 물건을 사는 사람(여기에서는 수퍼바이저와 수퍼바이지)은 원하는 음식, 맛, 도구들이 풍부하게 갖추어 있는 선반으로 안내를 받고, 그들의 목적에 따라 카트를 끈다. 반면에, 뷔페에서 우리는 그 음식을 좋아하는지 알기 위해 이 음식, 저 음식을 조금씩 집어먹으면서 차려진 요리들 가운데 선택해야 한다. 뷔페는 우리를 너무 많이 먹도록 그리고 생각 없이 먹도록 유혹하기 때문에 차라리 오지 말았어야 했다는 마음을 갖고 떠나게 할 수 있다. 마트에서 손님은 대개 그날 저녁 메뉴를 무엇을 먹을지 결정했기 때문에 단지 몇 개의 코너에만 관심을 갖고, 각각의 코너가 잘 표시되어 있다는 것을 발견한다. 뿐만 아니라 재료를 구입한 것만으로는 식사를 할 수 없음을 인식하는 것도 필수적이다. 손님은 돌아와서 재료들을 주방에 가져가야 하고, 바라는 요리에 따라 재료들을 섞어서 음식을 만들어야 한다(보다 유능한 요리사는 보기에 아주 자연스럽게 음식을 만들 수 있는 데 비해 초보 요리사는 어쩌면 기록된 조리법을 보고 따라서 음식을 만들 것이다). 손님들은 다양한 요리에 필요한 재료를 무엇이든 구할 수 있는 마트에서 물건을 사는 것이 너무도 편리하다고 격찬한다. 이제 이 은유를 지나치게 사용하지 않기 위해 주의하면서 덧붙이자면, 물건을 사는 사람(수퍼바이저와 수퍼바이지)은 재료들을 가지고 무엇을 할

개념화 역량에 초점을 맞추려고 분별 모델을 활용하였다.

2. 엘라는 올리버가 아동방치 혐의로 인해 법원의 명령에 따라 상담을 받고 있는 엄마에 대한 그의 강렬한 감정을 수퍼바이저와 나누기를 꺼려할 때, 수퍼바이저 역할을 교사와 상담자로 규정하였다. 엘라는 다음과 같이 이야기하였다. "이 사례에서 올리버는 매우 강력하고 뿌리 깊은 자신의 가치로 인해 그의 내담자와 여러 가지 면에서 맞서게 된 것 같았어요. 나는 자신의 행동으로 인해 아이와 떨어져 지낼 수밖에 없었던 경험을 내담자가 탐색하도록 돕는 단계로 나아가기 이전에, 먼저 이 젊은 엄마에 대한 올리버 자신의 가치와 반응을 둘러싼 감정을 우리가 함께 탐색하는 것이 최선이라고 생각했습니다." 이 사례는 엘라의 가르침에 따라 수개월에 걸쳐 면밀하게 진행되었다. 올리버의 작업이 중반으로 향할 무렵, 그는 "이와 같은 내담자들에 대한 자신의 반응에 관해 상담을 받기로" 결심했다고 엘라에게 열정적으로 이야기했다. "나는 내 남은 경력 동안 앞으로 있을 이러한 종류의 사례들에 내 개인적인 것을 가져오고 싶지 않아요."
3. 올리버는 어느 날 아침, 청소년 방화범에 대해 정말로 더 많이 배우고 싶다고 지나가는 말로 언급했다. 그날 아침 일찍 치료팀 회의에서 한 내담자에 관하여 논의할 때, '대화에 도움이 될 만한 코멘트를 할 것이 별로 없다' 는 것을 실감했기 때문이다. 엘라는 그 주제에 대해 해박한 지식이 있었음에도 올리버에게 독서목록을 제공하려고 참고문헌을 선택했다. 그리고 올리버에게 치료팀에서 논의한 차후 상담계획에 대한 질문을 가져오도록 요청했고, 그가 자신감을 갖도록 돕기 위해 엘라의 선생님 역할을 맡아서 그 주제에 대해 그가 바라는 전문성을 확립하도록 요청했다. 엘라의 역할은 다음 몇 주 동안 정기적으로 자문가와 교사 사이에서 바뀌었는데, 역설적으로 '학생' 의 역할을 맡음으로써 올리버에게 귀중한 기술을 가르쳤다. 개인화, 개념화 그리고 점진적인 개입 기술 전체에 걸쳐 올리버의 능력은 어쩌면 당연하게도 급성장했다.

엘라와 올리버가 참여했던 이 작업은 분별 모델을 어떻게 활용하는지 아주 분명하게 보여 준다. 독자들이 볼 수 있듯이, 이 모델은 본질적으로 수퍼바이저에게 요청되는 늘 변화하는 역동적인 작업, 특별히 수퍼바이지의 작업에 꼭 필요한 여러 가지 역할을 수퍼바이저가 수행하도록 하는 데 적합하다.

수퍼비전에 대한 체계적 접근

Holloway(1995)는 수퍼비전을 교육하고 수행하기 위한 틀을 제공하기 위해 체계적 수퍼비전 접근(SAS)을 개발했다. "Holloway의 모델은 수퍼비전 현장의 경험적 · 개념적 · 실제적인 지식에 바탕을 두고 있다." (Bradley et al., 2000, p. 104)

주요 개념과 이론적 가설

Holloway(1995)의 통합 모델은 역동적인 관계에서 서로 상호작용하는 다음 일곱 가지 요소들을 고려한다. 과업, 기능, 네 가지 맥락적 요인들(즉, 수퍼바이저, 수퍼바이지, 내담자, 기관) 그리고 "모델의 다른 구성요인들의 기반을 이루는 기둥" (Bernard & Goodyear, 2009, p. 107) 역할을 하는 수퍼비전 관계가 그것이다.

SAS 모델의 방법론과 기술

Holloway(1995)의 모델에서 중심이 되는 것은 수퍼비전 관계다. 이것은 다른 모든 여섯 가지 구성요소들이 주의를 기울이는 핵심 요인이다. 상담 지식과 기술을 얻기 위해 수퍼바이지가 힘을 부여받는 것은 바로 수퍼비전 관계를 통해서다. 수퍼비전 양자 관계(supervision dyad)는 수퍼바이지의 요구에 부응하는 협력적 작업 동맹을 함께 발전시킨다. 수퍼비전 관계는 수퍼비전 계약, 대인관계 구조 그리고 관계 단계라는 세 가지 요소로 구성된다. **수퍼비전 계약**(supervision contract)은 수퍼바이지의 개인적 요구를 기초로, 수퍼바이저와 수퍼바이지 사이의 협력적 과정을 통해서 구성된다. 계약에 포함되는 것은 양 당사자의 역할 기대, 수퍼비전 학습 목표 그리고 평가 기준과 절차 같은 요소들이다. 또 실행할 수 있는 계약을 구성할 때, 수퍼바이지의 학습 양식과 수퍼바이저의 수퍼비전/교육 양식을 포함해 상호

작용하는 그들의 양식에 대해 양자가 분명히 하는 것이 중요하다. 수퍼비전 계약은 수퍼바이지의 변화하는 요구를 수용하기 위해 정기적으로 재검토하고 조정하는 작업문서다.

SAS 모델에서 대인관계 구조(interpersonal structure)는 서로 관여하는 수준뿐만 아니라 수퍼비전 양자 관계에서 각 멤버가 가진 대인관계적인 힘이 얼마나 큰가에 따라 특징지어진다. 관계는 그들이 힘의 분배와 관여 수준을 협상할 때, 끊임없이 만들어지고 다시 만들어진다. Holloway(1995)는 발달 모델과 병행하여 수퍼비전 관계의 세 가지 단계(phases of the supervisory relationship)를 제안했다. 시작 단계는 구조를 만들기 위한 수퍼바이지의 요구, 명료하지 않은 부분의 축소 그리고 수퍼바이저의 지지가 특징이다. 발달된 단계에서 수퍼바이지는 계속해서 지지와 안내를 얻으려고 한다. 그러나 그들은 또한 독립과 기술의 습득, 자신감의 향상을 보여준다. 한층 더 성장한 수퍼바이지는 내담자와 함께 진행하는 작업과 수퍼바이저로부터 도전받기를 바랄 수 있다. 종결 단계에서 수퍼바이지는 내담자 이슈를 개념화하는 것에 유능해지고, 이론을 실제에 적절하게 적용할 수 있다. 종결 단계에서 수퍼바이지는 계속해서 임상적 기술을 연마하고 자기효능감을 향상시킨다. 그러므로 꼭 필요한 경우에만 수퍼바이저의 지도를 요청한다.

수퍼비전의 과업과 기능

수퍼비전 과업(tasks of supervision)은 상담자에게 요청되는 전문적 기술, 행동, 역할을 포함한다. 수퍼비전에서 다루는 구체적인 과업들은 학습 목표와 수퍼바이지의 요구를 바탕으로 한다. 이러한 과업으로 다섯 가지를 제시하면, 상담 기술, 사례개념화, 전문적인 역할(전문적 상담 원칙과 윤리), 정서적인 알아차림(수퍼바이지의 자기인식과 통찰, 내담자와 수퍼바이저와의 작업에서 대인관계적 역동) 그리고 자기평가(수퍼바이지의 역량과 임상적 효과에 대한 평가)가 있다. SAS 방식에서 수퍼비전의 기능(functions of supervision)은 수퍼바이저와 수퍼바이지 사이의 역동적 상호작용이며, 어떻게 수퍼비전 과업이 성취되는가와 관계가 있다. 수퍼바이저는 수퍼바이지에게 형성적 피드백이나 종합적 피드백을 제공하기 위해 모니터링하고 평가하는 기능을 활용한다. 다른 기능들에는 교육과 조언, 모델링, 자문(수퍼바이

지와 협력하여 문제해결) 그리고 대인관계 수준에서 수퍼바이저의 지원과 나눔이 있다.

Bradley 등(2000)은 수퍼비전 과정의 활동으로서 과업과 기능의 결합에 관해 설명한다. "과업은 수퍼비전은 '무엇' 인가에 관한 것으로, 교육과 학습에서 사용되는 목적과 전략의 검토를 포함한다. 그리고 기능은 과업이 '어떻게' 성취되는가에 관한 것이다." (Bradley et al., p. 108) Holloway(1997)에 따르면, 어떤 과업이든 어느 기능과도 조합될 수 있지만, 실제로 수퍼비전에서 일어날 가능성이 상대적으로 높은 몇몇 과업과 기능의 결합이 있다.

수퍼비전의 맥락적 요인들

Holloway는 수퍼비전 과정에서 고려해야 하는 네 가지 맥락적인 요인들의 중요성을 강조한다. 맥락적 요인들이란 과업과 기능의 선택과 수퍼바이저, 수퍼바이지, 내담자 그리고 수퍼비전이 행해지는 기관과의 관계 형성과 관련된 상황이다.

SAS 모델에서 수퍼바이저의 수행과 관련된 다섯 가지 **수퍼바이저 요인들**(supervisor factors)에는 전문적인 경험, 역할(수퍼바이저가 수퍼바이지와 함께 어떻게 행동하는가), 이론적인 방향, 자기-보호(self-preservation, '다른 사람들에게 원하는 인상을 심어 주기 위해' 수퍼바이저가 사용하는 언어적 · 비언어적 행동들; Bradley et al., p. 109) 그리고 문화적인 요소들(예, 세계관, 신념 체계, 가치, 태도)이 있다. SAS 모델은 수퍼비전에서 문화적인 요인들을 인식하고 주의를 기울이는 것의 중요성과 어떻게 그것들이 모델에서 다른 요인들과 상호작용하는지 그리고 영향을 끼치는지 강조한다. 수퍼비전 관계에 영향을 미치는 **수퍼바이지 요인들**(supervisor factors)은 몇몇 수퍼바이저 특성들과 유사성을 공유하는데, 상담에서의 경험(역량의 수준과 지지와 구조의 필요), 이론적 방향, 학습 양식과 요구, 자기-표현 능력 그리고 문화적인 특성으로 구성되어 있다.

수퍼비전의 목적이 내담자들이 수퍼바이지로부터 효과적으로 도움을 받는 것을 보증하는 것이기 때문에, 수퍼비전 모델에서 **내담자 요인들**(client factors)을 고려하는 것도 중요하다. 내담자에 관해서는 세 가지 요인들을 발견할 수 있다. 즉, 내

담자 특성, 내담자에게 드러난 문제와 진단 그리고 상담 관계다. 어떤 체계 모델도 수퍼비전 과정에서 기관 요인(institutional factors)의 역할을 고려하지 않고는 완전한 것이 될 수 없다. 모든 수퍼비전은 기관과 조직이라는 맥락, 즉 대학상담센터, 병원, 지역기관, 학교, 혹은 다른 서비스 제공기관 등에서 행해진다. 모든 수퍼바이저, 수퍼바이지, 내담자에게 독특한 특성들이 존재하듯 기관 역시 여러 면에서 다양하다(예, 사명, 목적, 기대, 정책). 기관 요인들은 기관의 내담자들, 기관의 구조와 분위기 그리고 전문적인 윤리와 지침으로 구성된다.

제러미와 셰이나: SAS 모델의 사례 예시

제러미는 알코올과 마약 외래환자 치료시설에서 첫 번째 실습을 마치려는 중이다. 수퍼바이저인 셰이나는 센터에서 15년 동안 일해 온 인가받은 심리학자다. 제러미의 21세 내담자, 잭슨과의 회기들 중 한 회기의 테이프를 본 후에, 셰이나는 잭슨이 그의 친한 친구가 최근에 마약을 과다복용해서 사망한 것에 대해 묘사할 때, 제러미가 잭슨과 함께 웃으며 부적절하게 반응했다고 판단했다. 셰이나는 제러미의 부적절한 웃음을 다루고, 그 회기의 그 시점에서 제러미에게 무슨 일이 일어나고 있는지 발견할 필요가 있다고 깨달았다. 초보 상담자로서 제러미는 불안해하고, 수퍼바이저로부터 지지와 안내를 바랄 가능성이 있었다. 셰이나는 제러미가 잭슨에 대한 자신의 반응에 대해 자기인식과 통찰을 얻도록 도우려는 목적과 더불어 제러미가 자기 감정을 알아차리도록 하는 데 초점을 맞추었다. 제러미는 잭슨이 웃었을지라도 친구의 죽음으로 인해 철저하게 파괴되었고, 마약 남용이 자신을 어디로 이끌지 아마도 걱정하고 있었을 것이라고 언급했다. 제러미는 이 회기의 내용이 불편했고, 마약 남용으로 치료를 받고 있는 그의 첫 번째 내담자와 상담하는 것에 대해 불안해하고 있었다. 제러미는 이러한 류의 환경에서 이전에 일한 적이 없었다. 셰이나는 가르치고, 조언하고, 모델링하는 것이 수반되는 모니터링의 기능을 활용했다. 수퍼비전 동안 부적절한 웃음을 주목했고, 그것에 주의를 기울이는 것은 수퍼비전 양자 관계에서 제러미의 전문적인 역할뿐만 아니라 제러미 내면의 두려움과 불안의 상태 그리고 자신감과 경험의 부족을 탐색하는 기회가 되었다. 제러미 내면의 반응에 대해 검토하고 논의한 후에, 셰이나는 제러

미의 감정을 수용하고, 셰이나 자신이 상담회기 동안 자기 자신의 불편한 감정을 어떻게 처리해 왔는지 노출했다. 이러한 모델링과 교육의 사용은 제러미에게 힘든 감정이 생길 때 그가 어떻게 처리할지 생각하는 새로운 방식을 제공할 뿐 아니라 수퍼비전 관계와 제러미의 전문적인 역할을 강화했다. 또한 셰이나는 제러미에게 중독과 슬픔 그리고 상실과 관련된 독서 자료를 제공했고, 다음 수퍼비전에 제러미가 질문과 의견을 가지고 올 것을 요청했다. 제러미가 구체적인 정보와 교육으로 무장함으로써 셰이나는 제러미가 더 많은 자신감과 능력을 계발하고, 더 나아가 그의 전문적인 역할에 대한 정의를 내리길 바랬다. 그 상황의 마지막은 이전에 '이러한 환경에서' 일해 본 적이 없다는 제러미의 염려에 관해 다루었다. 여기에서 셰이나와 제러미는 제러미가 걱정하는 환경적인 요인들에 관해 논의하는 데 시간을 보냈다.

SAS 모델은 복합적이고, 포괄적이며, 수퍼바이지와 함께 개념화하고 개입하는 다양한 방식들을 제공한다. 이 모델에서 가장 중요한 것은 수퍼비전 관계를 가장 우선시하는 태도와 모델의 모든 다른 측면들에 영향을 미치는 체계적 · 문화적 · 맥락적 요인들을 분명하게 인식하는 것이다.

수퍼비전의 핵심 사건 기반 모델

Ladany, Friedlander와 Nelson(2005)의 수퍼비전 핵심 사건 기반 모델(critical events-based model of supervision)은 과업 분석 상담(task-analysis counseling)과 의미 있는 치료적 과업을 발견, 탐색하고 해결하는 심리치료 연구(예, Greenberg, 1986; Safran, Crocker, Mcmain, & Murray, 1990)에 기초를 두고 있다. 그리고 이에 더하여, 수퍼바이저로서 본인들의 경험으로부터 핵심 사건 기반 모델은 서서히 발전했다. 이 모델은 치료적인 과정과 병행되는 경우가 많은데, Ladany 등은 수퍼비전 과정을 "완성해야 할 특정한 과업을 지닌 각각의 에피소드를 가진 책의 장과 같은 일련의 에피소드"(p. 4)로 비유한다. 이론적으로 치료 사건 기반 패러다임(therapy events-based paradigm)과 연결되지만, Ladany(2004)는 수퍼비전이 세 가지 독특한 측면에서 치료와는 본래부터 다른 것이라고 설명한다. 즉, 수퍼비전은 평가적이고, 전형적으로 피동적이며, 사실상 교육적이다. 치료와 수퍼비전 사이에 주어진 이 차이점 때문에 Ladany 등(2005)은 수퍼비전의 핵심 사건 기반 모델이 상담과 치료를 위해 계획된 것과는 달라야 한다고 제안한다.

이론적 개념과 가설들

Ladany 등(2005)의 수퍼비전 핵심 사건 기반 모델은 연구하기 위해서 그리고 의미 있고 실용적인 도구로 활용하기 위해서 고안되었다. 즉, 수퍼비전에서 일어나는 공통된 핵심 사건을 발견하고 연구하기 위해 의도된 것이다. Ladany 등(2005)은 이 모델의 다섯 가지 중요 가설들에 관하여 다음과 같이 언급한다. ① 범이론적인 특성으로 인해 학문의 분야를 교차하여 상담과 심리치료를 수퍼비전하는 데 적용할 수 있게 한다. ② 단지 발달적인 접근만이 아니라 대인관계적인 초점을 갖는다. ③ 수퍼비전의 주요 목적으로 사례관리 차원을 넘어서 수퍼바이지의 교육과 발달을 강조한다. ④ 수퍼비전 과정을 각기 한 회기 혹은 여러 회기들에 걸쳐 탐색할 수 있고 정의할 수 있는 시작, 중간, 끝을 가진 '일련의 사건들과 에피소드들'에 비유한다. ⑤ 살펴보기 위해 선택된 핵심 사건은 '수퍼비전의 성과를 위해 가장 중요하다'. 왜냐하면 '성공적인 해결에 이르도록 이러한 사건들을 훈습하는' 메커니즘이 수퍼바이지의 성장을 이끈다고 보기 때문이다(p. 10).

Ladany 등은 그동안의 연구 결과, 수퍼바이저로서의 경험, 수퍼비전의 결과에 영향을 미치는 사건의 중요성에 근거하여 다음과 같은 일곱 가지 핵심 사건을 제시한다. 어려움과 결핍을 상담기술로 치료하기, 다문화적인 인식 강조하기, 역할 갈등 협상하기, 역전이를 통해 작업하기, 성적인 매력 다루기, 성(gender)과 관련된 오해 교정하기, 그리고 문제가 되는 태도와 행동 다루기. Ladany 등은 일곱 가지 사건들이 속속들이 철저하게 드러나지는 않지만, 심리치료 수퍼비전에서 일어나는 가장 흔하고 도전이 되는 사건으로 등장한다고 언급한다(Ladany et al., 2005, p. 19).

수퍼비전 관계

이 모델의 단계는 관계적인 맥락에 그 뿌리를 두고 있다. 그러므로 수퍼바이저와 수퍼바이지 사이의 작업 동맹에 관한 Bordin(1983)의 구성요소들(즉, 수퍼비전 목적에 대한 동의, 과업, 강력한 정서적 유대)이 핵심 사건 기반 모델에서 효과적인 수퍼비전을 위해 가장 중요하게 고려된다. 대개 핵심 사건들은 작업 동맹의 하나 이상의 영역에서의 결렬로 인해 드러난다. 수퍼비전의 목적이나 과업, 혹은 정서적 유대의 질에 대한 문제에 관한 수퍼바이저와 수퍼바이지의 의견 차이는 반드시 다루어야 하고, 해결을 위해 훈습해야 하는 사건으로 이끌 수 있다. 이 모델에서 작업 동맹은 '전경 대 배경' 으로 설명한다(Bordin, 1983, p. 14). 때때로 수퍼비전 관계는 가까이 있는 이슈나, 적극적으로 발전되거나 다룰 수 있는 '전경' 인 데 반해, 작업 동맹은 평소에 수퍼비전의 다른 측면들을 위한 맥락이나 '배경' 을 제공한다. 전경이든 배경이든 수퍼비전 관계는 항상 존재하고, 효과적인 수퍼비전과 핵심 사건들을 성공적으로 해결하는 데 중요한 역할을 한다.

방법론과 기술

수퍼비전의 핵심 사건 기반 모델은 표시, 과업 환경, 해결의 세 단계로 구성된다(Ladany et al., 2005). **표시**(marker) 단계 동안 수퍼바이지는 의견을 이야기하고, 거듭해 주장하거나, 또는 행동을 통해 특정한 영역에서 도움이 필요하다는 신호를 보낸다. 표시 단계에서는 수퍼바이저가 행동하도록 요청하고, 요구되는 개입의 형태를 표시한다. 수퍼바이지가 수퍼바이저에게 내담자 이슈나 전문적인 관심사 때문에 직접적으로 도움을 요청하는 것은 드물지 않다. 그러나 가령, 수퍼바이지가 계속해서 늦게 도착한다든지, 혹은 특정한 내담자에 대한 논의는 피한다든지 하는 다른 표시들은 보다 덜 분명하고, 말하지 않을 수도 있다(Ladany et al., 2005). 또한 표시 단계는 수퍼비전 회기 동안 혹은 내담자와 함께한 수퍼바이지의 회기를 재검토할 때, 수퍼바이저가 주의를 기울이는 부분이 될 수 있다. Ladany 등(2005)은 수퍼바이지가 표시 단계에 대해 준비되어 있지 않을 때, 수퍼바이저는 표시들뿐만 아니라 작업 동맹의 질에 아주 조심스럽게 세심한 주의를 기울이고 계

속 나아가기 위해 신중해야 한다고 언급한다. 표시 단계는 수퍼바이저가 어떤 이슈를 다룰 필요가 있는지 확신할 때 끝난다.

두 번째 단계인 과업 환경(task environment)은 수퍼바이저가 적용하는 개입과 그 결과로서 일어나는 수퍼바이지의 반응 사이에 생기는 일련의 순차적인 상호작용을 의미하며(Greenberg, 1986), 보통 탐색, 명료화, 훈습의 반복을 포함한다. Ladany 등(2005)의 설명에 따르면, 보편적으로 반복되는 흔한 순차적 상호작용에는 다음과 같은 것들이 있다. 수퍼비전 관계에 초점을 맞추는 것, 치료적 과정과 감정의 탐색에 주의를 기울이는 것, 역전이에 집중하는 것, 병행 과정에 주의하는 것, 자기효능감과 경험에 대해 자연스러운 반응으로 수용하는 것에 초점을 두는 것, 기술에 집중하는 것, 지식을 평가하는 것, 다문화적 인식에 초점을 맞추는 것 그리고 평가에 주의를 기울이는 것이다. 과업 환경은 사건의 종류, 수퍼바이지의 준비와 발달 수준 그리고 맥락적 요인들(예, 수퍼바이지, 수퍼바이저, 내담자, 환경; Ladany et al., 2005)의 복잡한 상호작용에 따라 달라진다.

마지막 요소인 해결(resolution)은 수퍼비전 과업을 성공적으로 완수하는 것으로, 다음의 네 가지 넓은 범위에서 향상, 혹은 퇴보로 생각할 수 있다(Ladany et al., 2005, p. 18). ① 자기인식(수퍼바이지의 감정, 행동, 신념 체계가 어떻게 치료 작업에 영향을 미치는지 이해하는 것), ② 지식(개념적 지식, 이론적 지식, 실천적 지식), ③ 기술(보다 복잡한 개입에 대한 세부적인 기술), ④ 수퍼비전 동맹(정서적 유대를 강화하는 것, 목적과 과업의 동의에 이르는 것, 수퍼비전 관계의 불화나 교착 상태에서 회복하는 것). 과업이 완수될 때, 그 사건은 해결된다. 미해결된 상담과 치료 사건이 그렇듯이 미해결로 남겨지거나 미완성된 수퍼비전 사건은 상처가 될 수 있고, 수퍼바이지에게, 상담 작업에, 또는 수퍼비전 관계에(개인적으로 그리고 전문적으로) 부정적 영향을 끼칠 수 있다.

린다와 제임스: 핵심 사건 모델의 사례 예시

린다는 4년차 박사과정 학생인 제임스로부터 2학기 때부터 수퍼비전을 받고 있는 1년차 박사과정 학생이다. 그들은 8주 동안 만나 왔고, 좋은 작업 관계를 확립했다. 하지만 지난 두 회기 동안 린다는 초조해하며 웃었고, 서먹서먹해했으며, 내

담자들 중 하나인 마이크에 대해 마지못해 이야기했다. 사실, 제임스는 마이크와의 회기들 중 한 회기 동안 비슷하게 수동적인 방식으로 린다가 행동했다는 것을 알아차렸다. 제임스는 수퍼비전 동안 마이크에 대해 말할 때, 린다가 말수가 적은 것과 행동이 변하는 것을 '표시' 와 잠재적인 핵심 사건으로 보았다. 다음 회기를 시작할 때, 제임스는 린다에게 마이크와의 작업에 대해 이야기하는 것을 꺼리고 있다는 것에 주목했다고 말하고, 어떤 일이 일어났는지 궁금해했다. 이러한 토의는 그들을 '핵심 사건' 으로 이끄는데, 그것은 린다가 내담자 마이크에 대해 성적으로 끌리고 있다는 것이었다. 이제 이 핵심 사건을 충분히 인식하면서 제임스는 먼저 린다의 감정을 탐색하고 전경, 즉 그들의 작업 동맹을 드러내어 이끌며('탐색') 뒤따라 '순차적으로 상호작용' 했다. 그러고 나서 치료적인 관계에 초점을 맞추었다('명료화'). 마지막으로, 그녀의 경험을 수용한 후 그들의 관계에서 병행 과정에 주의를 기울이며 그 상황에 대해 '훈습(working through)' 했다. '해결' 은 린다가 자신의 감정과 행동이 마이크와의 작업에 어떤 영향을 미치고 있는지에 관한 통찰과 자기인식을 얻을 때 그리고 수퍼비전 작업 동맹이 회복될 때 일어날 것이다.

핵심 사건 모델은 연구와 전문적인 실천을 토대로 하고 있다. SAS 모델과 비슷하게, 수퍼비전 관계가 모델의 단계 가운데 중심적인 역할을 한다. 수퍼비전 과정을 흔히 발생하는 사건과 관련된 일련의 에피소드로 개념화하는 것은 탐색하고, 과업지향적이고, 해결 중심적인 경향을 가진 사람들이 활용하는 데 적합하다.

사례 적용

지금까지 세 가지 분리된 마트의 통로를 걸어 왔다. 이제 우리는 독자들의 소화를 돕기 위해 식사를 준비할 것이다. 다음의 사례를 읽을 때, 우리는 수퍼바이저와 수퍼바이지의 입장에 자신을 놓고, 어떤 역할이든지 당신을 위해 효과적일 수 있는 접근과 기술을 상상하기를 요청한다. 세 모델들 혹은 그 요소들 중 어떤 것이 관계, 사례 보고 그리고 맥락에 따라 어떻게 사용될 수 있을지 주목하길 바란다.

사라와 앤

이 사례에는 한 도시의 초교파적 기독교에 기반을 둔 기관에서 첫 번째 인턴 연수를 받고 있는 상담교육 프로그램의 실습 학생이 등장한다. 수퍼바이지의 현장(대학상담센터)에 대한 태도로 볼 때, 그 센터가 이성애자가 아닌 내담자들은 상담하지 않는 것을 원칙으로 하고 있다는 것은 분명하다. 내담자들은 지역의 재원으로 위탁된다. 그러나 학과장과 교수 수퍼바이저가 현장 수퍼바이저(상담센터의 소장)와 만난 후, 성적 지향이나 관계의 상태에 상관없이 수퍼바이지가 어떤 내담자와도 함께 상담하도록 협의가 이루어졌다.

수퍼바이지(사라라고 부르자)는 20대 후반의 백인 이성애자 여성으로, 결혼했으며, 또한 자기 자신에 대해 기독교인이라는 정체성을 가지고 있다. 그리고 사라는 학부에 다닐 때에도 기독교를 바탕으로 한 비슷한 기관에서 근무했다. 교수 수퍼바이저(앤이라고 부르자)는 50대 초반의 백인이고, 레즈비언 파트너가 있으며, 강한 근본주의적 종교 배경을 가지고 있다. 그러나 앤은 현재는 영적인 정체성을 가지고는 있으나 어떤 제도화된 종교에 동의하지는 않는다. 사라와 앤은 이전에 두 수업을 함께 했으며, 그들은 서로 존중하는 따뜻한 관계를 맺고 있다.

수퍼바이지는 현장 수퍼바이저, 학과장 그리고 교수 수퍼바이저가 참석한 회의의 결과를 통지받았다. 그 기관과 학과 사이의 철학적인 차이로 인한 약간의 불편함과 의심이 있음에도, 사라는 상황이 해결된 것에 기뻐하고 안심하며 그 상담센터에서 실습을 시작하기를 기대하고 있었다. 사라와 앤은 회의 결과에 관해 이야기하기 위해서 잠시 만났다.

앤: 당신이 있는 현장에 대해 논쟁이 좀 있어 왔고, 거기에서 당신이 실습할 수 있는지 의심이 되었어요. 그 기관에서는 당신이 어떤 내담자라도 다 만날 수 있도록 동의했는데, 그곳에서 실습을 시작하는 느낌이 어때요?

사라: 글쎄요. 제가 가장 걱정했던 것은 또 다른 기관을 찾아야 하는 것은 아닌지, 그래서 그 상황이 스트레스를 좀 더하지는 않을까 하는 것이었어요. 잘 해결되어서 다행이에요. 저는 이 현장이 아주 익숙하고, 상담센터의 선생님들 몇 분을 알고 있어요. 정말로 저는 댄(소장님)이 어떤 내

담자와도 일하도록 저에게 예외를 두셨다는 것에 놀라요. 왜냐하면 이 기관이 레즈비언, 게이 학생들에게, 심지어 교수진과 직원들에게까지 아주 엄격한 정책을 갖고 있거든요. 저는 제가 막상 레즈비언이나 게이 내담자와 상담하도록 정해진다면, 실제로 무슨 일이 일어날지 잘 모르겠어요.

앤: 일하게 되어 기쁘시군요. 그렇지만 만일 이성애자가 아닌 내담자를 상담하게 될 때, 상황이 어떻게 풀릴지 확신이 없으시군요. 당신은 어떻게 그 일이 진행될지 좀 의심스러워하는 것 같아요.

사라: 저도 그분이 무엇에 동의했는지는 알아요. 하지만 그분이 정말로 믿는 것을 알면서 제가 게이나 레즈비언 내담자와 상담하는 것에 대해 그분과 이야기를 할 때, 어떨지 궁금해요. 제가 짐작하기로는 무슨 일이 일어날지 우리가 지켜봐야 할 것 같아요. 그렇지만 대체로 저는 시작하길 기대하고 있어요.

만일 수퍼바이저가 지금 체계적인 접근을 한다면 어떻게 될까? 여기에 몹시 다른 이데올로기를 가진 두 기관이 관련되어 작용하는 최소한 두 가지 체계가 있다는 것은 흥미롭다. 사라는 그녀의 체계에 영향을 끼치는데, 양쪽 기관에 다 가입해서 갈등에 휘말릴 수 있는 상황에 있기 때문이다. "대체로 저는 시작하길 기대하고 있어요."란 마지막 말로 미루어볼 때, 양가감정은 분명하다. 또한 사라는 무엇 때문에 댄이 자신에게 예외를 두었는지 궁금해하고 있는 듯했다. 댄의 기관 체계에 대한 사라의 지식에 비추어 볼 때 동성애자와 상담하는 것은 그 기관의 정책을 거스르는 것처럼 보였다. 아마도 사회정의에 대한 댄의 행동은 동시에 작용하는 또 다른 체계를 드러내고, 사라에게 혼란과 의심을 가중시켰을 것이다.

첫 번째 개인 수퍼비전 회기 동안, 수퍼비전 계약의 재검토, 수퍼비전의 목적과 기대에 대한 논의와 아울러 수퍼비전 양자 관계가 견고한 관계가 되도록 하는 작업을 시작했다. 두 사람은 상담하는 현장에 대해 이야기했고, 사라는 조용해지고, 생각에 잠겼다.

앤: 잠시 동안 우리에게 침묵이 있었는데요. (잠시 멈춤)

사라: 저는 선생님과 댄이 만났던 것에 대해 생각하고 있었어요. (잠시 멈춤) 저는 선생님이 거기에 앉아서 그분의 이야기를 경청하고, 게이, 레즈비언 관계에 대한 기관의 신념에 대해 그분이 말씀하시는 것에 귀를 기울이시는 것이 어떤 것일지 짐작할 수가 없어요.

앤: 당신은 상상할 수 없다고 하셨지만, 저는 그분이 말씀하셨던 것에 대해 당신이 어쩌면 좋은 아이디어를 가지고 있고, 제가 어떤 감정을 느꼈을지 추측하실 수 있다고 생각해요. 저는 때때로 화가 났고, "이보세요. 당신은 지금 바로 저에 대해 이야기하고 있는 중이라구요." 이렇게 말하고 싶었어요. 그렇지만 동시에 저는 대화에 편견을 갖고 싶지 않았고, 개인적인 것으로 만들고 싶지 않았어요. 그래서 저는 학과의 정책과 철학에 충실했죠. 그 상황과 제가 방금 말한 것에 대해서 생각하실 때, 어떤 느낌이 드세요?

사라: 동성애자들이 어떻게 소외되고 있는지 그리고 단지 같은 성(性)을 가진 누군가를 사랑하기 때문에 죄인으로 분리되는 것에 대해 생각하면 진짜 슬퍼요. 저는 선생님이 그런 것을 견디셔야 한다는 것이 기분이 좋지 않아요.

앤: 저에 대한 염려와 함께 어쩌면 좀 혼란스럽다는 것이 느껴져요. 왜냐하면 학부 때 당신이 근무하던 곳과 비슷한 기관에 당신이 참여하고 있다는 것을 제가 알고 있지만, 당신의 몇 가지 신념들은 그곳의 교리와 다르기 때문인 것 같아요.

사라: 네. 저는 아주 종교적인 사람이에요. 아니 아마도 영적인 사람이라는 단어가 더 적당하겠네요. 가족 전부가 확실히 종교적이에요. 특별히 아버지가요. 아버지는 성서가 가르치는 것에 대해 정말 경직된 믿음을 갖고 계세요.

앤: 그러면 당신의 신념 체계는 당신 아버지의 종교적 신념과는 어떤 면에서 다르다고 할 수 있군요. 거기에 갈등이 좀 있는 것 같아요.

사라: 네. 저는 저랑 잘 맞지 않아서 그런 몇 가지 경직된 가르침을 그만두고 싶어요. 문제는 제가 그분들께 그것에 대해서 전에는 어떤 것도 말할 수 있다고 느끼지 않았다는 거예요.

앤: 당신은 거기에 갇혀 있는 것 같다고 느끼시는군요. 당신이 게이나 레즈

> 비언 내담자와 상담하도록 정해지고 댄과 수퍼비전에서 그 사례에 대해 논의해야 한다면 어떤 일이 일어날지 모르겠다고 말씀하셨잖아요. 저는 그 부분에서 전에 당신이 언급한 것에 대해 걱정하고 계신 것은 아닌가 궁금해요. 그 사례의 어떤 측면에 대해 당신의 수퍼바이저가 당신에게 동의하지 않는다면, 당신은 무엇이라고 말씀하실 건가요? 어떻게 하실 거예요?

그때, 사라는 그녀에게 가장 가까운 체계를 탐색하는 것 같았다. 사라는 그녀가 알고 있는 것 다음에 사라에게 앤이 나타내는 체계를 생각했고, 그것을 새로운 방식으로 보려고 노력했다. 수퍼비전 관계에 본래 내재된 힘의 역동뿐만 아니라 다양한 관점을 협의하기 위해서 사라가 작업할 때, 바로 여기에 사라가 성장하는 중요한 순간이 있다.

또한 우리는 사라의 아버지와 그녀의 역할 그리고 현장 수퍼바이저와 그녀의 비슷한 역할 사이의 관계를 논의하는 것에서 앤이 상담자 역할을 함으로써 여기에서 분별 모델을 활용하고 있는 것을 본다. 그리고 앤은 사라에게 "만약에 … 하면 어떻게 될까?" 라고 질문을 하는데, 이때는 자문가로서의 접근을 활용하는 것이다. 가능한 시나리오에 사라가 어떻게 반응할 것인지 숙고할 때, 앤은 자신의 생각과 감정을 확인하고 신뢰하도록 사라를 격려하는 쪽으로 나아가고 있다는 것을 표현했다. 이 과정 내내, 앤은 사라에게 그녀의 문화적인 배경, 개인적인 이슈와 신념 체계가 사라와 앤 그리고 댄과의 상호작용에 어떻게 영향을 미칠 수 있는지 의문을 갖도록 하며 그녀의 개인화 기술에 대해 말하도록 요청했다.

사라에게 맨 처음 배정된 내담자는 레즈비언 파트너가 있는 제인이었다. 사라와 앤은 세상이 그들 모두에게 굉장한 성장의 경험이 될 수 있는 사례를 제공했다는 것에 놀라워했다. 제인은 파트너와의 관계 문제, 우울증 그리고 유년시절 수년간 아버지에게 받은 비웃음과 관련된 이슈에 관해 이야기하며 상담을 시작했다. 그들의 상담에서 지속되는 주제는 파트너와의 관계를 포함해 인생 대부분의 상황에서 자기 자신을 위해 제인이 소리 내어 말하지 못하는 무력함이었다.

수퍼비전 중의 한 회기 동안, 앤과 사라는 제인이 그녀의 감정에 대해 목소리를 낼 수 없을 때, 내담자가 경험하고 있는 것이 무엇인지 사라가 더 잘 느끼도록 돕

기 위해 역할극을 하였다. 사라는 제인의 역할을 맡았고, 앤은 상담자 역할을 했다. 이 회기 동안 제인이 분명하게 표현할 수 있도록 돕기 위해 그리고 파트너와의 관계에서 꾹 참는 것에 대해 그녀가 갖고 있는 강렬한 감정과 그들의 관계에 대해 어떤 것도 결코 말한 적이 없는 것 같다는 느낌을 다루기 위해 더 많은 게슈탈트 작업을 하는 것과 제인과 함께 빈 의자 기법을 활용하는 것의 가능성에 대한 논의가 있었다. 제인은 드물게 자신의 요구를 표현하기는 했지만, 그 요구가 조금도 고려되지 않는다고 느끼고 있었다. 사라는 빈 의자 기법을 접해 보았지만, 이 기법을 적절하게 사용할 수 있을지 자신이 없었다. 앤은 빈 의자 기법 과정을 설명하고, 빈 의자를 활용하는 Greenberg의 비디오 한 장면을 사라에게 보여 주고 함께 논의한 후, 빈 의자와 두 의자 기법(two-chair techniques)에 대한 논문을 주었다.

앤이 사라가 기술을 발전시켜야 하고, 자신감을 향상시킬 필요가 있다고 평가할 때, 이 회기가 분별 모델의 핵심이 된다. 모델링, 설명과 묘사, 강의식 교육 그리고 그 밖의 추가적인 독서를 지정하는 것을 통해 앤은 진지하게 교사의 역할을 한다. 마찬가지로, 앤은 사라가 기술이 부족하다는 것을 언급하며 핵심 사건 모델을 활용할 수 있다. 이 사례에서 첫 번째 표시는 사라가 내담자의 경험을 충분히 이해하지 못하는 것일 수 있다고 앤이 평가하는 것이다. 과업은 감정을 탐색하는 것(감정을 표현하지 못하는 제인의 무력함에 대한 사라의 인식은 어떠한가?), 명료화(역할극 기술에 대한 집중) 그리고 훈습(감정의 탐색과 지식 평가—내담자의 정서적인 경험을 표현할 때 사라의 반응 검토)을 순차적으로 하는 것을 포함한다. 해결은 사라의 자기인식이 증가했을 때 그리고 내담자가 무엇을 경험하고 있을지 감지하는 것이 향상되었을 때 일어날 것이다.

다음 회기를 시작할 때, 사라는 앤에게 제인과의 상담이 어떻게 진행되었는지 그리고 재검토하는 부분이 상담회기에서 있었는지 질문했다. 사라는 제인과 함께 빈 의자 기법을 촉진했던 회기의 장면을 보여 주는 것을 선택했다. 그 과정은 부드럽게 진행되었고, 격렬하게 감정적이었다. 빈 의자 기법 이후에 제인은 몇 가지 통찰들에 대해 이야기했고, 그녀의 요구를 표현하는 것에 대한 어려움이 과거 유년 시절과 아버지와의 관계와 관련이 있다고 연결지었다. 사라는 테이프를 정지했고, 사라와 앤은 테이프에서 빈 의자 장면이 어떻게 진행되었는지 검토했다. 그러고 나서 앤은 그 회기를 좀 더 볼 수 있는지 요청했다. 테이프의 다음 장면에서 제

인은 사라에게 감사의 표현을 했고, 사라와 같은 방식으로 그녀의 말을 경청해 준 사람이 전에는 아무도 없었다고 말했다. 그리고 제인은 사라와 함께 자신을 표현하는 데 완전히 자유롭다고 느끼고, 사라에게 전적으로 수용되었다고 느낀다고 말했다. 또한 그녀의 삶에서 그 누구보다 더 사라와 가깝게 느낀다고 이야기했다. 제인은 이제 파트너에게 빈 의자 활동에서 그녀가 진행했던 것들의 일부를 이야기할 수 있을 것이라고 생각했다.

앤: 제인은 당신과 같이 있을 때 안전감을 느끼네요. 그리고 자신의 요구를 경청하는 것에 대해 당신에게 많이 감사하고 있군요. 제인이 당신에게 이것을 이야기하고 있을 때, 당신에게 무엇인가 일어나고 있는 것처럼 보이는데, 당신이 좀 더 거리를 두는 것처럼 보여요.

사라: 그 회기 동안에는 알아차리지 못했는데, 그렇네요. 거의 조는 것처럼 보여요.

앤: 테이프 안의 자신을 볼 때, 당신이 생각하고 있던 것이나 거기에서 느끼셨던 것에 대해 생각해 내실 수 있으세요?

사라: 저는 차단하고 있는 것처럼 보이는데, 제가 느끼고 있는 것이 무엇인지는 모르겠어요. 저는 제인이 자신의 삶에서 만난 그 누구보다도 저를 더 친밀하게 느꼈다고 말했을 때, 이에 대해 저 자신은 거북함을 느꼈다는 것을 알아요. 저는 그런 책임감을 갖고 싶지 않아요.

앤: 당신이 그렇게 말할 때, 목소리가 긴장한 것처럼 들려요. 책임감의 요소보다 훨씬 많은 것이 거기에 있는 것 같아요.

사라: 네. 제 머릿속이 많이 혼란스러워요. 우리가 이야기할 때, 되살아났어요. 제 마음속의 한편에서 제인이 저에게 매력을 느낄 수 있다고 걱정한 것 같아요. 그러고 나서 제인이 아버지에 관해서 이야기하고 있었을 때, 저는 제 아버지께 과거에 말씀드리고 싶었으나 감히 할 수 없었던 과거의 시간으로 되돌아갔어요. 어떤 면에서 우리는 홀로서기라는 비슷한 이슈로 인해 어려움을 겪고 있어요. 그래서 많은 것들이 거기에서 일어나고 있었어요. 저는 제 머릿속에서 감정을 차단하기를 시작했어요. 왜냐하면 거기에 함께 머물기에는 너무나 힘들었거든요.

이 장면에서 앤은 사라가 제인에게 감정적으로 거리를 두는 것처럼 보였을 때 그 회기 가운데에서 변화를 알아차렸다. 대인관계 상호작용 과정에서 적용하는 상담 기법을 상기하며(Walker, 2010), 앤은 사라의 내면에 무엇이 일어나고 있는지 성찰하는 것을 돕기 위한 시도로 그 회기의 그 순간에 사라가 생각하고 있었던 것이나 느꼈던 것이 무엇인지 질문했다. 시나리오가 전개되듯이, 사라는 자신을 향한 내담자의 감정에 대해 갈등을 느꼈음을 드러내었고, 사라가 아버지에 관한 생각을 문득 떠올릴 때, 오래된 익숙한 감정이 되살아났다.

체계적 관점에서 이 시나리오는 상당히 복잡하게 짜여 있다. 사라의 영적 신념에 대한 분투는 가장 중요한 지점에서 대인관계적인 역동으로 꼬여 있고, 또한 아버지와의 미해결 과제가 얽혀 있다. 핵심 사건 관점에서 앤에게는 즉각적인 개입이 필요함을 나타내는 다양한 표시들이 있었다. 가장 두드러진 사건은 제인과 함께 있는 것을 방해하는 사라의 역전이였다. 앤은 그 회기 동안 중요한 표시로 사라가 감정을 차단하고 있다는 것을 알아차렸다. 사라와 앤은 수퍼비전 관계와 상담관계 둘 다에 초점을 맞출 수 있는 탐색을 함으로써 순차적으로 상호작용할 수 있다. 사라와 내담자 사이에 무엇이 일어나고 있는가? 그리고 사라가 내담자에 대한 두려움과 과거에 대한 통찰을 드러내었는데, 사라는 수퍼비전 관계에서는 얼마나 안전감을 느끼는가? 다음으로 앤은 역전이와, 촉발요인들 그리고 사라와 내담자 사이의 병행에 주의를 기울일 수 있다(명료화). 훈습 단계에서 앤은 사라의 경험을 그럴 수 있는 반응이라고 수용하도록 돕기 위해, 유사한 경험에 대해 노출하는 것을 포함할 수 있다. 그리고 앤은 상담에서 내담자의 행동과 매우 흡사했던 수퍼비전의 이 부분을 시작하는 동안 사라가 얼마나 아주 조용해졌는지 주목하면서 병렬 과정에 주의를 기울일 수 있다. 내담자와의 작업에 개인적인 반응과 신념 그리고 과거의 경험이 어떻게 영향을 미쳤는지에 대한 사라의 자기인식과 통찰이 증가했을 때 비로소 해결이 가능할 것이다. 앤은 이 이슈에 대해서 완전히 해결하도록 사라에게 개인상담을 권유할 수도 있다.

우리는 이제 이 사례로 되돌아가서 처음부터 끝까지 다른 이론적 관점을 통해 각각의 장면을 보는 것을 시도하도록 요청한다. 예를 들어서, 분별 모델을 적용한 곳에서 SAS나 핵심 사건 모델의 렌즈를 통해 사례를 개념화해 보라. 이러한 경험을 시작함으로써 통합 모델의 아름다움 그리고 사례를 다양한 관점에서 살펴보는 것의 가치를 깨달을 수 있을 것이라고 우리는 생각한다.

마지막 숙고

우리가 생각할 때, 이러한 통합적 모델과 접근의 가장 큰 가치 중 하나는 유연성이다. 개인 수퍼비전을 할 때, 또는 동료 집단에서 수퍼비전을 할 때, 수퍼바이저는 어떤 방향으로든지 수퍼바이지를 이끌도록 거의 끊임없이 요청받거나 강요받는다. 진부하지만, 하나의 모델, 혹은 한 모델의 기법이 모든 수퍼비전의 가능성을 실현시킬 수 있다고 상상하는 것은 너무 의욕이 넘치는 것이다. 수퍼바이저가 자신의 철학적 · 이론적인 가치에 적합한 접근을 확실히 하면서 다양한 접근에 대한 훈련을 잘 받았을 때, 상황에 가장 잘 맞는 접근을 선택할 수 있게 될 것이다.

참고문헌

Bernard, J. M. (1979). Supervisor training: A discrimination model. *Counselor Education and Supervision, 19*, 60-68.

Bernard, J. M. (1997). The discrimination model. In C. B. Watkins, Jr. (Ed.), *Handbook of psychotherapy supervision* (pp. 310-327). New York, NY: Wiley.

Bernard, J. M., & Goodyear, R. K. (2009). *Fundamentals of clinical supervision* (4th ed.). Upper Saddle River, NJ: Pearson Education.

Bordin, E. S. (1983). A working alliance based model of supervision. *The Counseling Psychologist, 11*(1), 35-41.

Bradley, L. J., Gould, L. J., & Parr, G. D. (2000). Supervision-based integrative models of counselor supervision. In L. J. Bradley & N. Ladany (Eds.), *Counselor supervision: Principles, process, and practice* (pp. 93-124). Philadelphia, PA: Brunner-Routledge.

Ellis, M. V., & Dell, D. M. (1986). Dimensionality of supervisor roles: Supervisors' perceptions of supervision. *Journal of Counseling Psychology, 33*, 282-291.

Ellis, M. V., Dell, D. M., & Good, G. E. (1988). Counselor trainees' perceptions of supervisor roles: Two studies testing the dimensionality of supervision. *Journal of Counseling*

Psychology, *35*, 315-324.

Goodyear, R. K., Abadie, P. D., & Efros, F. (1984). Supervisory theory into practice: Differential perceptions of supervision by Ekstein, Ellis, Polster, and Rogers. *Journal of Counseling Psychology*, *31*, 228-237.

Greenberg, L. S. (1986). Change process research. *Journal of Consulting and Clinical Psychology*, *54*, 4-9.

Holloway, E. L. (1995). *Clinical supervision: A systems approach*. Thousand Oaks, CA: Sage.

Holloway, E. L. (1997). Structures for the analysis and teaching of supervision. In C. E. Watkins, Jr. (Ed.), *Handbook of psychotherapy supervision* (pp. 249-276). New York, NY: Wiley.

Kraus, K. L., & Hulse-Killacky, D. (1996). Balancing process and content: A metaphor. *Journal for Specialists in Group Work*, *21*(2), 90-93.

Ladany, N. (2004). Conducting effective clinical supervision. In G. P. Koocher, J. C. Norcross, & S. S. Hill (Eds.), *Psychologists' desk reference* (2nd ed.). New York, NY: Oxford University Press.

Ladany, N., Friedlander, M. L., & Nelson, M. S. (2005). *Critical events in psychotherapy supervision: An interpersonal approach*. Washington, DC: American Psychological Association.

Lazovsky, R., & Shimoni, A. (2007). The on-site mentor of counseling interns: Perceptions of ideal role and actual role performance. *Journal of Counseling and Development*, 85, 303-314.

Norcross, J. C., & Napolitano, G. (1986). Defining our Journal and ourselves. *International Journal of Eclectic Psychotherapy*, *5*, 249-255.

Putney, M. W., Worthington, E. L., Jr., & McCullough, M. E. (1992). Effects of supervisor and supervisee theoretical orientation and supervisor-supervisee matching on interns' perception of supervision. *Journal of Counseling Psychology*, *39*, 258-265.

Safran, J. D., Crocker, P., McMain, S., & Murray, P. (1990). Therapeutic alliance rupture as a therapy event for empirical investigation. *Psychotherapy: Theory, Research, Practice, and Training*, *27*, 154-165.

Walker, J. A. (2010). Supervision techniques. In N. Ladany & L. Bradley (Eds.), *Counselor Supervision*. New York, NY: Brunner Routledge.

06

수퍼비전 기반 상담 수퍼비전 통합 모델: 발달 모델

Catherine Y. Chang & Caroline O' Hara

수많은 저자들(예, Loganbill, Hardy, & Delworth, 1982; Skovholt & Rønnestad, 1992)이 수퍼비전 모델에 대해 기술하였다. 그 모델 중 일부는 심리치료 모델(예, 심리역동 수퍼비전 모델, 행동주의 수퍼비전 모델; 7장 참조)을 확장하거나 적용하는 반면에 다른 모델들은 특별히 수퍼비전 맥락을 위하여 개발되었다. 수퍼비전 맥락을 위해서 개발된 모델은 통합 모델(예, 분별 모델, 대인관계 과정회상; 5장 참조)과 발달 모델로 범주화될 수 있다. 발달 모델은 다문화 수퍼비전, 다문화적 상담 역량 및 지지 능력에 초점을 두면서 개발되었다(3장 참조). 이 장에서 모든 발달 모델에 대해서 토론하고 비평하지는 않으며, 특별히 통합발달 모델(intergrated development model: IDM)(Stoltenberg, McNeill, & Delworth, 1998)에 주목하면서 발달적 수퍼비전 모델을 간략하게 개관하는 데 목적이 있다.

발달적 수퍼비전 모델

발달적 수퍼비전 모델의 시작은 Fleming(1953)과 Hogan(1964)까지 거슬러 올라갈 수 있다. 그 이후로 수퍼바이지의 성장을 이해하고 수퍼비전 과정을 개념화하

는 데 있어서(예; Loganbill et al., 1982; Skovholt & Rønnestad, 1992; Stoltenberg et al., 1998) 발달적 구조를 활용하는 여러 가지 수퍼비전 모델이 개발되었다. 이러한 다양한 발달 모델은 각 단계의 수(數)와 그 수준이 다양하다. 그러나 모든 발달 모델은 수퍼바이지가 질적으로 다른 발달 단계를 통해서 역량을 키우며 수퍼바이지가 경험과 능력을 점점 얻어 감에 따라서 수퍼비전 관계의 성격도 달라진다고 주장한다. 수퍼바이지가 발달해 가는 각 단계에서는 서로 다른 수퍼비전 환경이 요구된다(Chagnon & Russell, 1995).

◎ 이론적 가설

모든 모델이 그러하듯이 발달적 수퍼비전 모델의 목적은 수퍼비전 경험을 구조화하고 진행 과정의 틀을 제공하는 데 있다. 발달 모델에서는 수퍼비전 과정의 결과로서 수퍼바이지가 성장하고 변화한다고 가정한다. "수퍼비전이 본질적으로 발달 과정이므로 발달 이론이 적절한 근거를 제공할 수 있다는 것이다." (Loganbill et al., 1982, p. 20) 비록 수퍼바이지의 성장을 각기 독특한 용어와 표현으로 기술하는 몇몇의 발달적 수퍼비전 모델이 있지만, Campbell(2000)은 모든 발달 모델의 개념은 인간발달의 개념을 반영하고 있다고 주장한다. 그러므로 수퍼바이지는 발달 단계를 거치면서 점점 더 지식을 획득하고 좀 더 복합적인 기술을 발전시켜 나간다.

초보 수퍼바이지는 마치 아이들과 같이 그들의 수퍼바이저에게 의존하려 하며 잘 인식하지도 못하고 충동적이며 자기중심적인 행동을 드러낸다. 초기 발달 단계에서의 수퍼바이지는 흑백 논리적 사고방식을 가지고 있으며 내담자에 대해서도 단순한 범주의 이해를 한다. 이 단계의 수퍼바이지들은 규칙과 올바른 행동 양식에 대해서 지나친 관심을 갖는다(Borders & Brown, 2005). 예를 들면 이 단계의 어떤 수퍼바이지는 모든 우울한 여성을 똑같은 방식으로 바라보고 이러한 여성들에 대해서 동일한 개입 방법을 사용하기도 한다. Borders와 Brown은 초보 수퍼바이지를 지도하는 수퍼바이저에게 구조화와 방향을 제시하기를, 그리고 수퍼비전 관계에서는 주로 교육적이고 기술에 초점 맞추기를 권장한다. 또한 수퍼바이저는 초보 수퍼바이지에게 충분한 지지와 격려를 해 주어야 한다.

초보 수퍼바이지는 상급 단계로 발전하게 됨에 따라 자율성과 독립성의 욕구가 증대되며 수퍼바이저에게 도전을 시작한다. 이 중간 단계에서 수퍼바이지가 갈등과 혼란을 경험하는 것은 흔한 일이다. 그들은 수퍼바이저의 제안과 지시를 무시할 수도 있다(Campbell, 2000). 또한 이 단계에서 수퍼바이지는 자신의 강점과 한계를 더욱 깊이 인식하게 되고 자신의 개입과 치료계획을 개별화하기 시작한다. 그들은 보다 개별화된 관점에서 내담자를 바라보기 시작하므로 모든 우울한 여성을 더 이상 같은 시각으로 보지 않는다. 이 중간 단계에서 수퍼바이지는 내담자에 대한 자신의 반응을 이야기할 때 좀 더 개방적인 태도를 취하게 된다. 그러므로 수퍼바이저는 개인의 삶과 전문적인 일의 관계에 초점을 맞출 수가 있다. 이 수준에서 수퍼바이저는 보다 도전적으로 바뀌게 되며, 수퍼바이지가 자신들의 가설과 가정에 의문을 가져 보게 하며 또한 자신들의 임상 작업에 대해서 다양한 관점을 추구하도록 격려하는 학습 환경을 제공할 수도 있다. 상담자 발달의 이 중간 단계에서 대부분의 상담자는 졸업을 하고 첫 전문적인 상담에 들어가는 것으로 알려져 있다(Borders & Brown, 2005).

발달적 수퍼비전 모델에서는 수퍼바이지가 임상 기술에 있어서 자기인식과 확신을 갖는 것이 마지막 과정이다(Campbell, 2000). 이론뿐만이 아니라 상담자의 개인적이고 전문적인 경험 축적을 고려하는 이 단계에서 사례개념화와 개입은 더욱 복잡하면서도 정교하다. 이 수준에서 수퍼바이저는 수퍼비전을 보다 동료의 관점에서 바라보게 된다. 수퍼비전은 수퍼바이지가 자발적인 선택을 통해서 사고하도록 지원하고 또한 수퍼바이지가 여러 회기를 경험하면서 그리고 내담자를 통해서 자신들의 행동 양식과 주제를 볼 수 있도록 조력하는 데 초점을 맞춘다. 상담자 발달의 이 후기 단계는 전문적이고 개인적인 정체성의 통합이 이루어질 때에 달성된다(Borders & Brown, 2005).

수퍼바이지의 발달이 인간발달을 그대로 반영한다는 Campbell(2000)의 주장과 마찬가지로 Falender 등(2004)의 학자들은 수퍼바이지가 Lerner(1986)의 발달맥락주의와 유사한 방식으로 발달한다고 주장한다. 발달맥락주의는 발달하는 개인(즉, 수퍼바이지)과 수퍼바이지의 맥락(즉, 수퍼비전 과정)의 관계가 변화하는 데 초점을 맞춘다. 수퍼바이지의 변화는 주로 수퍼바이저, 훈련 환경, 치료경험에 의해서 제공되는 수퍼비전 환경과 수퍼바이지의 발달 수준과의 상호작용에 기반한다. 그러

므로 수퍼바이지의 적절한 성장과 발달을 불러일으키기 위해서 수퍼바이저는 먼저 수퍼바이지의 발달 수준을 평가하고 그러고 나서 적절한 수퍼비전 환경을 조성하기 위하여 수퍼바이지의 발달적 필요에 알맞게 자신들의 행동을 조절한다. 발달 모델은 보다 광범위한 복합성과 통합성을 요구하는 수퍼비전 과정으로 순차적이며 계층적이다(Borders & Brown, 2005).

수퍼바이저 발달 이론

일차적으로 수퍼바이지의 발달에 초점을 두는 일반적인 발달적 수퍼비전 모델 외에 특별히 수퍼바이저의 발달(Hess, 1986; Littrell, Lee-Borden, & Lorenz, 1979; Rodenhauser, 1994; Stoltenberg et al., 1998; Watkins, 1990, 1993 참조)에 초점을 맞추는 몇 가지 발달 모델이 있어 왔다. 이러한 수퍼바이저 발달 모델은 초이론적이고, 순차적이고, 계층적이며 더욱 발전적이고 복잡한 몇 가지 단계로 나아간다는 점에서 일반적인 발달적 수퍼비전 모델과 유사하다(Falender & Shafranske, 2004).

Hess(1986)의 모델은 수퍼바이저의 발달을 3단계(즉, 수퍼바이저 정체성의 초기, 탐색 그리고 확립)로 분류하고 있다. 초보 수퍼바이저는 수퍼바이지와 더 동일시하면서 수퍼비전 회기의 구조화와 수퍼비전 기술을 포함하는 수퍼비전 이슈를 인식하지 못할 수도 있다. 이 단계에서 수퍼바이저는 피드백에 예민해져서 좀 더 정형화된 사실에 초점을 맞출 수도 있다. 이 모델에 의하면 초보 수퍼바이저는 내담자 중심적이고 기술 지향적인 수퍼비전을 진행한다. 탐색 단계에서는 수퍼바이저가 수퍼바이지에게 미치는 자신의 영향력을 인식하게 되고 수퍼비전을 전문적 활동으로 보게 된다. 이 단계의 수퍼바이저는 수퍼비전 문헌에 대해 알고 있고 수퍼바이지가 필요로 하는 것을 좀 더 잘 인식한다. 수퍼바이저 발달 모델은 수퍼바이저가 수퍼바이저로서 확고한 정체감을 가지게 되고 수퍼바이지와의 신뢰 수준을 촉진시키면서 수퍼바이저로서의 정체성을 확립하는 것으로 마무리된다.

Rodenhauser(1994)는 다음과 같은 수퍼바이저 발달의 4단계를 제시하였다. ① 무의식적 동일시—수퍼바이저가 자신의 수퍼비전 경험을 기반으로 하여 자신의 양식을 무의식적으로 정형화한다. ② 개념화—수퍼바이저가 수퍼비전에 대한 개인

적인 개념을 발달시키기 시작한다. ③ 협력—수퍼비전이 관계라는 것을 이해한다. ④ 일관성 있고 실행 가능하며 교훈적인 모델로 지식을 통합한다.

수퍼바이저 발달에 관한 또 다른 4단계 모델은 Littrell 등(1979)에 의해서 제기되었다. 이 모델의 1단계에서 수퍼바이저는 수퍼비전의 목표 설정을 촉진하기 위해서 수퍼비전의 역할을 활용한다. 2단계에서 수퍼바이저는 수퍼비전 회기를 구조화하고 다루는 데 있어서 보다 적극적인 역할을 하고 책임감을 갖는다. 이 단계에서 수퍼바이저는 교사와 상담자의 역할을 습득한다. 3단계에서는 수퍼바이지에게 자기평가를 하도록 격려하며 회기를 구조화하는 책임이 수퍼바이지에게 넘어간다. 이 단계에서 수퍼바이저는 자문가 역할을 추가적으로 담당하게 된다. 이 모델의 최종 단계(4단계)는 수퍼바이지가 수퍼바이저로부터 독립적으로 수행할 수 있을 때에 달성된다.

Stoltenberg 등(1998)은 네 가지의 발달 단계를 제시한다. 첫 단계에서는 수퍼바이저가 전문적인 역할을 수행하며 구조화된 피드백 형식을 선호한다. 둘째 단계에서 수퍼바이저는 수퍼비전을 제공하는 것과 수퍼바이지를 위해 상담에 초점을 두는 것 사이에서 혼란과 어려움을 경험한다. 셋째 단계에서는 자신감과 안정감이 향상되는데, 이 단계는 수퍼바이저가 통합된 수퍼바이저(넷째 단계)로서 수행할 수 있을 때까지 지속된다.

Watkins(1990, 1993)는 역할충격, 역할회복/전환, 역할통합, 역할숙련의 4단계를 포함하는 수퍼바이저 복합 모델을 제시하였다. 이러한 4단계 외에도 Watkins(1993)는 수퍼바이저가 네 단계를 통해서 발전하면서 직면하게 되는 네 가지의 주요한 이슈를 제시하였다. 제시된 주요 이슈는 다음과 같다. ① 유능함 대 무능함, ② 자율성 대 의존성, ③ 정체성 확립 대 정체성 혼돈, ④ 자기인식 대 인식하지 못함. 역할충격 단계에서 초보 수퍼바이저는 자신이 수퍼바이저라는 생각에 익숙해지면서도 자신감이 부족하며 당황하거나 준비가 부족함을 느끼기도 한다. 그들은 자신의 수퍼비전의 강점, 양식, 수퍼비전 이론 그리고 수퍼바이지에 대한 그들의 영향력에 대해서 제한된 인식을 한다. 역할회복/전환 단계에서 수퍼바이저는 자신의 강점을 인식하기 시작하고 자신의 수퍼비전 기술에 대한 자신감을 발달시키기 시작하며 수퍼바이지에 대한 자신의 영향력을 인식하기 시작한다. 수퍼바이저는 매우 취약하고 수퍼비전의 어려운 점에 봉착할 때 쉽게 흔들리기도 하지만, 수

퍼바이저로서의 정체성을 발달시키기 시작한다. 역할통합 단계에서는 자신과 수퍼바이지에 대해 보다 현실적이고 정확한 인식을 한다. 이 단계에서는 점점 자신감이 생기며 수퍼바이저의 정체성이 보다 안정적이고 일관성이 있다. 수퍼바이저의 정체성은 수퍼비전의 문제들로 인해서 쉽게 흔들리지 않는다. 역할숙련 기간 동안 수퍼바이저는 잘 통합되어 있으며 이론적으로 일관성이 있는 수퍼비전 양식이 있다. 이 단계에서, 수퍼바이저는 수퍼비전 문제를 효과적이면서 적절하게 다룰 수 있다. 더 나아가 수퍼비전의 실제를 일관성 있게 이끌어 갈 수 있는 개별화된 이론을 기반으로 수퍼바이저로서의 확고한 정체감을 갖는다.

비록 지금까지 제시된 모든 수퍼바이저 발달 모델이 발달 과정의 최종 단계를 기술하고 있지만, Falender와 Shafranske(2004)는 수퍼바이저 발달 단계를 요약하면서 다음과 같이 말한다. "수퍼바이저 발달의 최종적인 단계는 없다고 믿는다. 최고 선임의 수퍼바이저조차도 멘토와 리더로서의 역할을 수행할 때에 다른 사람의 변화와 발달을 불러일으키면서 자신도 변화와 발전을 지속한다." (p. 15)

◎ 발달 모델의 강점과 한계점

일반적으로 발달적 수퍼비전 모델은 수퍼비전에서 구체적인 기대와 역할을 제시하기 때문에 유익하다. 이 모델은 초이론적이므로 다양한 이론적인 접근에 응용할 수 있다. 발달 모델은 수퍼바이저에게 수퍼바이지의 최대의 성장과 발달을 촉진하는 개입 형태와 수퍼비전 관계의 성격을 규정하는 가이드라인을 제공한다(Borders & Brown, 2005; Falender & Shafranske, 2004).

발달 모델의 매력에도 불구하고 임상적 상황에서 발달 모델을 사용할 때에 제한되는 몇 가지 고려사항이 있다. 다양한 수련과 훈련전통을 경험한 수퍼바이지는 종종 발달적 접근을 일관성 있게 적용하기가 어렵다(Falender & Shafranske, 2004). 뿐만 아니라 임상 작업에는 치료계획에 있어서 경험적인 연구를 통합하고, 메타포를 사용하며, 비언어적인 의사소통을 고려하고, 평가 전략을 세우며 그리고 사례개념화에 있어서 발달 모델에는 빠져 있는 문화를 중요시하게 되는 것과 같은 여러 영역이 있다(Falender & Shafranske, 2004).

이러한 실제적인 고려사항 외에도 발달적 수퍼비전 모델은 결정적이면서도 경험적으로 뒷받침해 줄 만한 결과물이 부족하다는 문제가 있다. 학위 이후의 수퍼비전과 상담자 발달에 관해서 다루고 있는 일부 연구는 주로 발달의 초기 단계에 초점을 맞추고 있다(Borders, 1989; Borders & Brown, 2005; Falender & Shafranske, 2004). Borders(1989)는 새롭고 향상된 발달적 수퍼비전 모델과 종속 척도로서의 자기보고서 사용 그리고 학문적인 배경에서 수행한 연구 등의 보류를 요청하였다. 게다가 Borders는 수퍼바이지를 위한 임상적인 지침이 될 발달적인 연구물에 대한 철저한 검증을 요청하였다. 비록 Borders의 논문 이후에 발달적 수퍼비전 모델에 관련된 후속 연구들이 이루어졌지만, 그 숫자는 여전히 매우 적고 결과물은 아직 확실한 결론이 나지 않은 상태다. 발달적 수퍼비전 모델과 연관된 현존 연구들은 다음에 이어지는 내용과 같이 요약할 수 있다. 통합발달 모델을 조사한 연구는 이 장의 후반에서 논의될 것이다.

◎ 경험적 연구에 대한 고찰

2년에 걸친 세 가지의 독립된 연구에서, Heppner와 Roehlke(1984)는 다양한 수준에 있는 상담 훈련생들에게서 나타나는 수퍼비전의 차이점을 조사하였다. 이들의 연구는 발달적 수퍼비전 모델을 지지해 줄 만한 결과물을 제공한다. 그들은 대인관계에 영향을 주는 과정과 관련된 변인과 세 가지의 훈련생 수준(초급 상담 실습, 고급 상담 실습, 인턴) 간의 차이점을 발견하였다. 또한 이들은 수퍼비전의 효율성을 발견하였고 수퍼비전 과정 안에서의 핵심적 사건들을 보고하였다.

여러 연구자들(Marikis, Russell, & Dell, 1985; Stone, 1980; Worthington, 1984a, 1984b)은 경험이 있는 수퍼바이저와 초보 수퍼바이저의 차이점을 발견하였다. 경험이 있는 수퍼바이저는 말을 더 많이 하고, 자기노출을 더 많이 활용하였다. 그리고 상담 기술에 있어서 보다 직접적인 지시를 하였으며(Marikis et al., 1985) 유머를 더 자주 사용하고(Worthington, 1984a) 수퍼바이지의 장래 계획에 관한 언급을 더 많이 하였다(Stone, 1980). 뿐만 아니라, 경험이 많은 수퍼바이저는 어려움을 겪고 있는 수퍼바이지에게 자신의 부정적 성향을 더 적게 투사하였다(Worthington,

1984b). 비록 이 연구가 수퍼바이지의 발달 수준에 따라 차이가 있음을 보고하고 있지만, 서로 다른 개인들이 비교되기 때문에 시간이 지남에 따라서 개인들이 변화하고 발전하고 있다고 단정을 지어 말할 수는 없다. Holloway(1987)에 의하면 "훈련 프로그램 과정 중에 보이는 개인내적 변화에 대한 정보가 부족하여 행동변화에 대한 발달적인 설명이 심각하게 약화된다"(p. 213). 그러므로 발달적 수퍼비전 모델의 타당도를 검증하기 위해서는 종단적인 연구가 필요하다.

비록 이러한 연구가 발달적 수퍼비전 모델을 위한 일반적인 지지 기반이 되지만, 어떠한 특정 발달 모델에 대한 결정적인 지지를 제공하지는 않는다. 현존하는 경험적인 문헌을 철저히 조사함으로써 그러한 발달 모델 한 가지가 개발되었고(McNeill, 1997; Stoltenberg, 2005), 이는 후속 연구인 통합발달 모델(Stoltenberg et al., 1998)의 근거가 되었다.

통합발달 모델

통합발달 모델(Stoltenberg et al., 1998)은 가장 포괄적이고 자기발견적인 발달적 수퍼비전 모델 중의 하나로 묘사되어 왔다(Falender & Shafranske, 2004). 따라서 이 장은 통합발달 모델에 대한 철저한 규명으로 마무리하려고 한다. 보다 구체적으로는 다음의 주제가 토론될 것이다. 기본 개념과 이론적 가설, 초점과 목표, 수퍼비전 관계, 방법론과 기술, 경험적인 지원 등이다. 마지막으로 이 장은 통합 모델의 핵심개념을 설명하기 위하여 사례 연구와 모델에 대한 요약비평으로 끝맺는다.

기본 개념과 이론적 가설

Harvey, Hunt와 Schroeder(1961)는 상담자의 인지 능력이 발달 수준에 따라 다양할 수 있다고 처음으로 가정하였다. 반면에 Hogan(1964)은 수퍼비전을 상담 훈련생의 발달 수준에 초점을 맞추어야 하는 과정으로 기술한 최초의 저자들 중의 한 사람이다. Hogan은 상담자의 발달을 4단계(즉, 수퍼바이저에게 의존, 의존과 자율

성 사이의 갈등, 조건적 의존, 숙련)로 구별하고 적절한 수퍼비전 환경은 각 단계에 적합한 성장을 촉진한다고 주장한다. 이러한 저술에 덧붙여서 Stoltenberg(1981)는 상담자 복합 모델(Counselor Complexity Model: CCM)을 개발하였다. 상담자 복합 모델에 의하면 상담 훈련생은 초보 훈련생부터 숙련된 상담자에 이르는 네 가지 구별되는 단계를 거쳐서 발전한다. 이러한 단계를 통해 발전할 때 상담 훈련생의 의존성은 줄어들고 자율성은 커지게 된다(McNeill, Stoltenberg, & Pierce, 1985). 상담자 복합 모델은 그 후에 다른 발달적 접근의 개념화(예, Loganvill et al., 1982)를 통합하면서 확장되었고 통합발달 모델(Stoltenberg et al., 1998)이라는 이름으로 바뀌었다. 통합발달 모델에 의하면 수퍼바이지는 세 구조(즉, 자기-타인 인식, 동기, 의존성-자율성) 내에서 세 가지 발달 단계를 거치면서 발달하며, 상담자의 정체성을 발달시키는 궁극적인 목적을 가지고 여덟 가지 영역(즉, 개입 기술, 내담자 개념화, 대인관계 평가, 개인적 차이, 이론적 배경, 평가적 접근과 기술, 치료목표, 전문윤리)에 걸쳐서 발전한다. Stoltenberg의 모델은 세 가지 수준을 통해 발전하는 구체적인 일정표를 제공하지 않는 대신에 수퍼바이지의 발달은 개인에 따라서 다양하다고 가정한다. 뿐만 아니라 Stoltenberg의 모델은 개인들은 각기 다른 때에 서로 다른 영역의 수준을 통해서 발전한다고 주장한다. 예를 들면, 어떤 상담자는 내담자 개념화에 대해서는 셋째 수준에 있고 개입 기술에 있어서는 둘째 수준에 있을 수 있다. 또한 이 모델에 의하면 어떤 개인들은 수년간의 경험이 축적되거나 혹은 전문적인 경험과 그 이상의 경력을 쌓기까지 여덟 가지 모든 영역에서 최종의 통합된 수준에 이르지 못할 수도 있으며 어떤 상담자는 결코 숙련된 상담자 상태에 도달하지 못할 수도 있다(Stoltenberg et al., 1998).

통합발달 모델은 다음의 가설 위에 세워졌다. ① 수퍼바이지는 시간을 두고 발달한다. ② 수퍼바이지는 수퍼비전 경험을 통해서 발달한다. ③ 수퍼바이저는 수퍼바이지의 발달적 수준을 정확하게 평가하고 발달 수준에 알맞은 적절한 수퍼비전 환경을 조성함으로써 수퍼바이지의 발달을 촉진할 수 있다. ④ 수퍼바이지의 발달은 개별적이다.

초점과 목표

통합발달 모델에는 ① 수퍼바이지의 발달 수준, ② 구조, ③ 통합발달 모델의 초점과 목표를 구조화하는 영역과 같은 세 가지 주요한 측면이 있다.

수퍼바이지의 발달 수준

통합발달 모델은 상담자 발달에 있어 세 가지의 발달 수준(수준 1, 수준 2, 수준 3)을 가정하는데 이 세 가지 수준은 3i라고 부르는 통합수준에서 완결된다.

수준 1 수퍼바이지

이 수준의 수퍼바이지는 상당히 불안해하며 수퍼바이저에게 의존하면서 상담을 시작한다. 그들은 상담자가 되려는 강한 동기를 가지고 있지만 상담의 역할과 과정의 복합성에 대한 심층적인 이해가 부족하다. 그들은 주로 자신과 기본적인 기술의 발달에 주로 초점을 맞추며, 상담을 진행하는 올바른 방식에 대해 범주화된 사고와 학습에 몰두하는 경향이 있다. 초보 수퍼바이지는 사례를 개념화하고 자신들의 사례에 윤리를 통합하는 것을 어려워한다. 뿐만 아니라 수준 1 수퍼바이지는 평가에 대해 두려워한다.

수준 2 수퍼바이지

이 수준의 수퍼바이지는 '시도와 시련' 의 기간을 경험한다. 이 수준에서는 초점이 자기에게서 내담자에게로 옮겨 간다. 수퍼바이지는 공감 능력을 개발하고 내담자의 독특한 세계관을 더 잘 이해하게 된다. 이해력이 증진됨에 따라 오히려 수퍼바이지는 잠재적으로 당황하면서 무력해지기도 한다. 그리고 내담자에게 과잉공감하거나 내담자의 욕구를 지나치게 단순화할 위험성이 있다. 이 수준의 특징

은 다음과 같다. 의존성과 자율성 사이에서 갈등을 경험하고 불안정한 자신감과 동기를 가지고 있으며 자신의 기분을 내담자와 연결시키려 하고 한계에 대한 이해가 신장되고 비일관적인 이론적 · 개념적 통합을 보여 준다. 수준 2 수퍼바이지는 평가에 대하여 민감하고 불안해한다.

수준 3 수퍼바이지

수준 3 수퍼바이지는 '폭풍 후의 고요함' 이라는 표현으로 묘사될 수 있다. 이 수준의 수퍼바이지/상담자는 치료적인 자기(self)를 개입의 일부로 사용하면서 상담에 대한 개별화된 접근을 개발하기 시작한다. 이 수준의 수퍼바이지는 높은 수준의 자기인식을 하고 신장된 자신감과 방어적이지 않은 자세로 자신의 약점을 말한다. 확고한 전문적 정체성을 가지고 있고 내담자, 과정, 자기에 대한 이해를 하며 자신의 강점과 한계를 인식하고 있으므로 이 수준의 수퍼바이지는 독립적으로 그리고 책임감 있게 수행할 수 있다. 수준 3 수퍼바이지와의 수퍼비전은 덜 지시적이면서 보다 더 상담적이고 협력적인 것이 된다.

성숙한 수퍼바이지는 다양한 영역에서 기술을 지속적으로 개발하므로 개인적인 상담 양식이 드러나며 높은 수준의 전문적인 역량을 나타낸다. 이 수준은 수준 3i(통합된)로 묘사된다. 이 수준에서 수퍼바이지의 발달 과정은 수직적이기보다는 수평적이다. 이 수준으로의 발달은 극히 드물게 성취되며 이 수준에 이르는 사람은 동료에 의해서 '대가' 로 간주된다.

구조

통합발달 모델은 수퍼바이지가 각 발달 단계를 거치며 발전할 때에 다음 세 가지의 가장 중요한 구조 안에서 변화한다고 가정한다. ① 자기와 타인에 대한 인식, ② 동기, ③ 자율성.

자기와 타인에 대한 인식

이 구조는 수퍼바이지 자신과 자기내담자에 대한 수퍼바이지의 생각과 느낌을 가리킨다. 따라서 이 수준은 인지적(상담수행에 대한 상담자의 자기효능감과 관련된 생각)이고 정서적인(감정, 특히 불안에서의 변화) 요소 모두를 포함하고 있다. 보다 구체적으로 자기와 타인에 대해 인식하는 구조는 자기몰입의 정도, 내담자의 세계 인식, 개인의 자질과 한계를 인식하는 것과 관련이 있다. 초보 수퍼바이지는 자기 자신과 기술 습득에 상당히 집중한다. 수준 2로 발전하면서 공감 능력이 신장되어 내담자에게 초점을 맞추게 된다. 이 구조는 수퍼바이지가 내담자, 상담 과정 그리고 자신에게 초점을 맞추면서 수준 3으로 끝맺는다. 수퍼바이지는 자기들의 내담자에 대한 상당한 수준의 공감과 이해를 갖게 되며, 개인적이고 전문적인 강점과 한계에 대해 상당히 높은 수준의 통찰을 한다.

동기

이 구조는 시간이 지나면서 경험하는 것으로, 훈련과 임상에 있어서 수퍼바이지의 노력과 관련된 것이다. 수준 1 수퍼바이지는 높은 동기를 가지고 있고 수준 2에서는 변화를 심하게 보이다가 수준 3에서 안정감을 갖는다. 비록 수준 1과 수준 3에서 둘 다 동기가 높지만 수준 1의 상담자는 상담자가 되려고 하고 일을 올바르게 하려는 바람에 의해서 동기화되고 수준 3의 상담자는 상담 과정의 복잡성을 이해하는 것에 의해 동기화된다는 면에서 동기의 변화가 있다.

자율성

이 구조는 수퍼바이저에게 의존하는 수퍼바이지의 의존성과 수퍼바이지가 나타내는 독립성의 정도를 말한다. 수준 1 수퍼바이지는 여러 가지 구조와 긍정적인 피드백을 필요로 하며 자기들의 수퍼바이저에게 많이 의존한다. 수준 2 수퍼바이지는 의존성과 자율성 사이에서 갈등을 경험한다. 수준 3 수퍼바이지는 자율성에 대한 확고한 신념을 갖고 있으며, 후속 수퍼비전과 자문을 언제 어떻게 받아야 하는

지를 안다.

영역들

핵심적인 세 가지의 구조(즉, 자기와 타인에 대한 인식, 동기, 자율성)는 여덟 가지 주요한 전문적인 기능에 대한 발달 수준을 평가하는 데 유용한 지침을 제공한다. 궁극적인 목적은 수퍼바이지가 여덟 가지 모든 영역에서 숙련되는 것이다.

1. 개입 기술 능력: 치료적인 개입을 적절하고 정확하게 실행하는 능력
2. 평가적 접근과 기술: 평가 과정을 이해하고 심리평가 진행하기
3. 대인관계 평가: 내담자의 대인관계 역동을 정확하게 평가하는 능력
4. 내담자 개념화: 내담자의 환경, 역사, 내담자에게 작용하는 성격의 영향
5. 개인적인 차이: 다양성(인종, 민족, 문화, 다른 차이)을 인식하고 통합해서 내담자를 이해하고 치료하는 능력
6. 이론적 배경: 서로 다른 이론적인 관점을 이해하고 이론적인 틀에 의해서 개념화하고 개입하는 능력
7. 치료목표와 치료계획: 제시된 목표에 근거해서 적절한 개입전략을 결정하는 능력
8. 전문윤리: 전문윤리와 개인 윤리를 통합하는 능력

◎ 수퍼비전 관계

Stoltenberg 등(1998)에 의하면 수퍼비전 관계는 수퍼바이지가 자기와 타인에 대한 인식, 동기, 자율성의 세 가지 영역에서 발달하고 성숙할 수 있는 최적의 수퍼비전 환경을 제공하는 것이다. "가장 좋은 수퍼비전 관계는 따뜻함, 수용, 존중, 이해, 신뢰를 중요시하며 실험과 실수에 대해서도 수용적인 분위기를 조성한다."(p. 111) 이렇게 적절한 수퍼비전 환경을 조성하기 위해서는 수퍼바이저가 수퍼바이지의 발달 수준을 평가하여 지지하고 도전을 받는 일에 균형을 갖도록 적절한 개

입을 한다. 수퍼비전 관계에서는 수퍼바이지의 발달 수준을 기반으로 하여 수퍼바이저의 역할이 변화되어야 한다. 수퍼바이지의 발달 수준에 기반을 둔 수퍼바이저의 역할은 다음과 같다.

수준 1 수퍼바이저

수준 1 수퍼바이지는 상당한 수준의 불안을 나타내므로 수퍼바이저는 불안을 잘 다루는 구조를 제공할 필요가 있다. 보다 구체적으로는 수퍼바이저는 지지적이고 지시적이며, 구조화와 긍정적인 피드백을 제공하고, 직접적인 직면은 제한해야 할 것이다. 수퍼바이저는 가능하면 가벼운 문제를 가진 내담자나 약간의 유지 및 관리만 해도 되는 사례를 배정하기를 원할 것이다.

수준 2 수퍼바이저

수준 2 수퍼바이지를 위한 수퍼바이저는 지지와 구조화를 통해서 자율성을 키워 나가면서 균형을 잡기를 원할 것이다. 수퍼바이저를 위한 목표는 현실적인 능력의 한계를 알면서 자율성과 자신감을 키워 가는 것이다. 수준 2 수퍼바이저는 수퍼바이지의 발달에 따른 상담과 수퍼비전 관계에서의 전이와 역전이, 수퍼비전 관계에서의 방어, 이론, 개념적 틀, 강점과 한계에 대한 자기탐색 등과 같은 이슈들을 고려할 것이다.

수준 3 수퍼바이저

이 수준의 수퍼비전은 수퍼바이지들에 의해서 더욱 주도되며 개인적이고 전문적인 통합에 더욱 초점을 맞춘다. 이 수준의 특징은 자율성과 성장이다. 수준 3 수퍼바이저는 수퍼바이저-수퍼바이지 관계 내에서의 병행 과정(parallel process)과 역전이에 대해서 보다 심층적으로 탐색하며 수퍼바이지가 내담자에 대한 자신의 영향력을 탐색할 수 있도록 지지적인 수퍼비전 환경을 조성한다.

수퍼바이지의 요구와 수퍼바이저의 역할이 발달 단계를 거쳐 변함에 따라, 수퍼바이지의 수준에 좀 더 적절한 여러 기술과 개입 방법이 있다. 각 발달 수준에 가장 적절한 다양한 방법과 기술은 다음과 같다.

방법론과 기술

앞에서 진술한 대로 수퍼바이지의 발달을 최대화하도록 최적의 수퍼비전 환경을 조성하는 것이 수퍼바이저의 책임이다. 그러므로 수퍼비전에서 개입은 수퍼바이지의 발달 수준에 대한 철저한 평가를 한 후에 분명한 의도와 목적을 가지고 실행될 필요가 있다. Stoltenberg 등(1998)의 학자들은 수퍼바이지를 너무 높은 수준의 환경에 노출시키는 것은 불안과 혼란을 가중시킬 위험이 있고, 수퍼바이지를 지나치게 구조화된 환경에 노출시키면 수퍼바이지가 지루해하고 관심을 기울이지 않으며 저항적으로 변할 수도 있다고 경고한다.

통합발달 모델에는 수퍼바이저가 수퍼비전의 목표를 결정하는 데 도움이 되는 몇 가지 평가가 있다. 수퍼바이지의 과거 경험에 관련된 정보, 강점과 약점에 대한 자기인식, 이론적 배경 등은 수퍼바이지 정보 양식(Stoltenberg et al., 1998, p. 193 참조)을 사용하면 된다. 개정판 수퍼바이지 수준 질문지(McNeill, Stoltenberg, & Romans, 1992)는 통합발달 모델의 세 가지 구조(자기와 타인에 대한 인식, 동기, 의존성-자율성)를 측정할 수 있다. 수퍼바이저는 이러한 자료로부터 수집된 정보를 가지고 수퍼바이지의 발달 수준을 평가하고 그들에게 적절한 개입을 선택하는 데 사용할 수 있다.

수준 1

수준 1의 개입은 촉진적(지지하고 격려하기), 지시적(제시된 접근법), 개념적(이론 개발을 시작하기)이며 촉매적인 성격을 가져야 한다. 이 수준에서 추천할 만한 개입의 형태는 비디오를 통한 관찰 또는 직접 관찰, 기술 훈련, 역할극, 독서, 집단 수퍼비전 등이다. 수준 1로부터 수준 2로의 변이를 촉진하기 위해서 수퍼바이저는 자율성을 신장하도록 격려하고, 수퍼비전 구조를 유연하게 하며, 새로운 기술

활용을 격려하고, 내담자에게 초점을 맞추어야 한다.

수준 2

수준 2의 수퍼바이저의 개입은 촉진적이어야 하고, 지시적인 개입은 줄이면서 직면에 더 집중하고, 내담자의 문제에 대해 대안적으로 개념화하도록 격려한다. 이 수준의 수퍼바이저는 상담 과정에 대해 조언을 하고 수퍼바이지의 역전이를 강조하며 수퍼바이지가 가지고 있는 내담자와 수퍼바이저에 대한 정서적인 반응을 다루면서 더욱 촉매적인 개입을 한다. 추천할 만한 개입의 형태는 관찰, 역할극, 역동과 병행 과정의 해석, 집단 수퍼비전 등이다. 수준 2로부터 수준 3으로의 변이를 촉진하기 위해서 수퍼바이저는 많은 영역에 걸쳐 안정된 동기를 갖게 하고, 자율적으로 개념화하고 실행하도록 융통성을 신장시키며, 확실하게 전문가로서의 정체성을 확립하게 하고, 개별화된 이해를 하도록 개발시키며, 전문가의 삶에 대한 개인적 사건의 영향을 평가할 수 있도록 격려한다.

수준 3

이 수준의 수퍼바이저는 촉진적이며, 직면의 기술을 사용하고, 내담자 문제에 대해 보다 개인 지향적으로 탐색하여 개념화하며, 걸림돌이나 침체된 것에 대하여 촉매적인 개입을 활용한다. 추천할 만한 개입 형태는 또래 수퍼비전과 집단 수퍼비전이 있다.

◎ 통합발달 모델을 위한 경험적 지원

통합발달 모델(Stoltenberg et al., 1998)은 상담자 복합 모델(Stoltenberg, 1981)이 확장된 것이기에, 상담자 복합 모델에 대해 조사한 연구를 논의의 일부로서 포함한다.

전반적으로 연구자들은 상담자 복합 모델(Stoltenberg, 1981)에서 보여 준 개념들을 연구하면서 이 모델에 대한 일반적인 지지를 표명하였다. 예를 들면 발달 수준은 경험 수준과 일치하였고(McNeill et al., 1985), 경험은 이 모델에서 보여 준 상담자 욕구를 인식하는 일에 영향을 미쳤다(Stoltenberg, Pierce, & McNeill, 1987). 수퍼바이지와 수퍼바이저의 관계는 수퍼바이지 발달과 수퍼비전 환경에 대한 평가에 따라서 형성된다(Stoltenberg, Solomon, & Ogden, 1986). Krause와 Allen(1988)의 연구에는 수퍼바이저와 수퍼바이지 양자의 인식이 포함되었다. 그들의 연구에서는, 비록 수퍼바이지는 이 차이를 인식하지 못하였지만 수퍼바이저는 수퍼바이지의 발달 수준을 기반으로 해서 다양한 수퍼비전 개입을 한다고 보고하였다. 뿐만 아니라 이 연구에서 수퍼바이지들은 잘못 맺어진 수퍼비전 관계에서의 불만족과 잘못 맺어진 수퍼비전 관계의 영향에 대해서도 보고하였다.

몇몇의 연구자들이 상담자 복합 모델(Stoltenberg, 1981)과 통합발달 모델(Stoltenberg et al., 1998)에서 보여 준 수퍼바이지 발달 수준을 측정하는 목록을 개발하였다. McNeill 등(1985)은 수퍼바이지의 자기인식, 의존성-자율성, 이론/ 기술 획득을 평가하기 위해서 수퍼비전 수준 질문지(SLQ)를 개발하였다. 이 척도는 McNeill 등(1992)에 의해서 개정되었다(SLQ-R). Wiley와 Ray(1986)은 수퍼바이저가 수퍼바이지의 발달과 수퍼비전 환경을 평가하는 목록으로서 수퍼비전 수준 척도(SLS)를 개발하였다.

Borders(1990)와 Tryon(1996)의 연구는 상담자 복합 모델(Stoltenberg, 1981)과 통합발달 모델(Stoltenberg et al., 1998)에 관한 종단 연구를 제공하였다. Borders는 한 학기에 걸쳐서 실습 수퍼바이지를 대상으로 단기간의 종단 연구를 실시하였다. Borders는 자신의 연구를 기반으로 하여 수퍼바이지가 자기와 타인에 대한 인식, 의존성-자율성, 이론/기술 획득과 관련하여 변화한다고 결론을 내리면서 상담자 복합 모델에 대한 지지를 표명하였다. Tryon의 연구는 통합발달 모델에 의해서 제기된 세 가지 수준(즉, 자기와 타인에 대한 인식, 동기, 의존성-자율성)을 기준으로 한 학년 동안에 걸쳐 수퍼바이지의 변화를 모니터링하였다. 전반적으로 이 연구의 결과는 수퍼바이지가 자기와 타인에 대한 인식, 동기, 의존성-자율성의 영역에서 시간이 지나면서 발달한다는 것을 보여 주었으며, 통합발달 모델을 지지하였다.

Leach와 Stoltenberg(1997)는 수준 1과 수준 2 훈련생을 대상으로 통합발달 모델

의 개인차와 개입 기술 능력에 대해 연구하였다. 전반적인 결과는 수준 2 훈련생이 다섯 가지 상담 영역(즉, 세부 기술, 과정, 어려운 내담자의 행동, 문화적 역량, 가치 인식)에서 수준 1 훈련생보다 더 큰 자기효능감이 있는 것으로 나타났으며 통합발달 모델에서의 개인차와 개입 기술 능력의 두 영역에 대해 지지하였다.

Lovell(1999)은 개정판 수퍼비전 수준 질문지(SLQ-R) 척도(자기와 타인에 대한 인식, 동기, 의존성-자율성, 종합) 점수와 인지복합성 척도 사이의 관계에 대해서 탐구하였다. 이 연구에 기반하여 Lovell은 전반적인 인지복합성은 상담자 발달에서 가장 핵심적인 요소라고 결론지으며 통합발달 모델에 대해 지지하였다. Lovell의 결론은 개정판 수퍼비전 수준 질문지 네 가지 척도 중의 세 가지의 유의미한 결과에 기반을 두고 있다. 인지복합성은 동기척도의 주요한 예측인자가 아니었다. 비록 이 연구가 상담자 발달에서 인지복합성의 중요성에 대해 지지하지만 통합발달 모델의 모든 세 가지 구조에 대해 지지하지는 않는다.

Stoltenberg와 그의 동료들에 의해 수행된 상담자 복합 모델(Stoltenberg, 1981)과 통합발달 모델(Stoltenberg et al., 1998)에 관한 경험적 연구 외에도 심리정보(PsycINFO)를 활용한 문헌 연구에서 연구의 일부분으로 통합발달 모델을 포함시킨 6편의 논문(Ashby, 1999; Berg, 2003; Blaisdell, 2000; Crethar, 1997; Gubrud, 2008; Johnson, 2008)을 찾아내었다. 이 가운데서 한 편은 심리역동적이고 관계적인 개념(Berg, 2003)을 포함하여 통합발달 모델을 확장한 이론의 논문이었다. Gubrud(2008)는 통합발달 모델에 근거한 개념인 수퍼비전 구조를 측정하는 도구를 개발하였다. Johnson(2008)은 초보 수퍼바이저와 능숙한 수퍼바이저의 피드백을 통합발달 모델의 구성요소를 가지고 비교하여 두 집단 간의 통계적이고 개념적인 차이를 발견하였다. 통합발달 모델에서 정의된 이론적 배경과 수퍼바이지 발달에 따른 수퍼비전 양식에 의해서 수퍼바이지와 수퍼바이저를 조합하는 것이 네 번째 논문의 주제였다(Blaisdell, 2000). Ashby(1999)와 Crethar(1997)의 논문은 통합발달 모델에 대한 가장 포괄적인 연구를 보여 주는데, 양자 모두 통합발달 모델에 대해 부분적으로 지지한다. 통합발달 모델에 대한 우리의 이해를 확장하고자 해도 위의 논문 중에 어느 것도 통합발달 모델에 대한 결정적이고 일관성 있는 경험적 지지를 제공하지는 못했다.

사례 예시

수준 1 사례 안드레는 이제 막 실습을 시작하는 상담 학생이다. 그는 매우 높은 상담 동기를 가지고 있지만 자신의 기술을 '정확히' 수행할 수 있을지에 대해서 매우 불안해하고 있다. 현장 수퍼바이저는 안드레에게 상담에 어느 정도 익숙하고 드러난 상담 주제에 대해 크게 긴장하지 않는 내담자들을 상담하게 될 것이라고 말했다. 안드레는 처음엔 이런 말에 안심했지만 세 명의 내담자를 상담하면서 현재 약간의 곤란을 겪고 있다. 그가 '약간의 유지 및 관리만 해도 되는' 사례들을 상담하고 있다는 것을 알기에 그의 불안은 더 가중되었다. 수퍼비전 중에 안드레는 지속적으로 지시를 원하고 그의 사례를 어떻게 다루어야 할지에 대한 구체적인 지침을 요구한다.

안드레에게 효율적인 수퍼비전을 하려면 상당히 높은 수준의 구조화와 상담을 촉진시키는 지지가 필요하다. 수준 1 수퍼바이지에 대한 개입은 상급 수퍼바이지의 경우보다 종종 지시적이고 직접적이다. 수퍼바이저는 안드레가 그의 기술을 강화하고, 자신감을 형성하고, 불안을 잘 다루도록 도와야 한다. 예를 들면 수퍼바이저는 안드레에게 긍정적인 피드백을 주고, 그가 상담 학생이자 인턴으로서 현재 가지고 있는 강점에 초점을 맞추어 볼 수 있다. 안드레는 내담자의 성장과 발달 보다는 자신에게 더욱 초점을 맞추고 자신의 수행을 구체적으로 평가하는 데 초점을 맞출 것이다. 이는 종종 수준 1 수퍼바이지에게 동반되는 자기몰입을 나타낸다. 상황에 대한 직면을 최소화하고 수퍼바이지의 불안이 증가하는 것을 피하기 위해서 부드럽게 대하는 방법이 제안되었다. 시간이 지남에 따라서 안드레의 수퍼바이저는 이론 발달과 내담자의 관심에 더욱 초점을 맞추도록 격려하게 될 것이다.

수준 2 사례 마리솔은 여성 상담센터에서 인턴으로 있는 상담 학생이다. 그녀는 마침내 내담자를 만나는 데 익숙해졌고 인턴십에 관한 초기 수행불안의 많은 부분이 사라졌다. 그러나 마리솔은 한 사례가 특별히 도전적이라는 것을 발견한다. 그녀는 자기보다 1년 연상이며 말기 암 진단을 방금 받은 여성과 상담 중이다. 여러 면에서 이 내담자는 마리솔에게 암을 극복하려고 고군분투하며 살고 있는 자신을 생각나게 한다. 그 결과로 마리솔은 자신이 혼란스러워하고 있고 지나치

게 동일시하며 좌절하는 상태에 있는 것을 알게 되었다. 마리솔은 수퍼비전 시간에 이 사례를 너무 깊이 다루다가 발달 과정에서 자기가 퇴보할까 봐 두려워하고 있다.

마리솔은 타인에 대한 인식을 더 확장할 필요성과 경직성 그리고 불확실성을 나타냄으로써 수준 2 수퍼바이지가 가지고 있는 몇몇의 핵심적인 문제를 드러내고 있다. 이 학생을 위한 수퍼비전은 지지적이며 약간 덜 구조화될 필요가 있다. 수퍼바이저는 개념적인 개입을 제안하고, 마리솔이 최근에 만들어진 자신의 이론적인 배경이 어떻게 자기 내담자와의 상호작용을 도와줄 수 있는지에 집중하도록 개입할 수 있다. 이것은 마리솔의 이론적 발달을 도울 뿐만 아니라 또한 그녀의 경직되고 불확실한 감정까지도 도울 수 있다. 또 다른 개입으로는 마리솔과 그 내담자 사이에서 일어나는 과정을 강조할 수 있을 것이다. 이 과정에 초점을 두는 것은 마리솔이 내담자에게 갖는 역전이를 직접적으로 다룰 수 있도록 도울 것이다. 뿐만 아니라 수퍼바이저는 마리솔에게 이 특별한 내담자와의 회기에 대한 오디오테이프와 비디오테이프를 더 많이 검토하도록 제안할 수도 있다. 궁극적으로 초점은 마리솔이 자기의 반응을 직면하고, 자율성을 발달시키며, 자기 삶의 전문적인 측면과 개인적인 측면이 어떻게 서로 상호작용하는지를 이해하도록 돕는 데 있을 것이다.

수준 3 사례 카밀은 최근에 상담 대학원 프로그램을 마치고 상담센터에서 일을 시작하였다. 인턴십 동안에 그녀는 자신의 강점에 대한 이해와 상담자로서의 고민이 커져 가는 것을 알 수 있었다. 카밀이 덜 발달시킨 한 가지 부문은 부부상담이었다. 아주 최근의 사례 중 하나는 복잡하고 고질적인 문제를 가진 부부다.

카밀은 수준 3 수퍼바이지의 좋은 예다. 이 수준의 상담자는 고도의 통찰력과 안정된 동기, 높은 수준의 자율성을 갖고 있으며, 자신의 한계에 대해 덜 방어적인 인턴십 상급 학생이거나 상담 현장의 직원일 수 있다. 도움을 구하려는 카밀의 의지와 그의 통찰은 상담자로서의 성숙성과 더불어 그녀의 강점, 즉 필요할 때에 지지와 수퍼비전을 요청하는 자세를 보여 준다. 수준 3 수퍼바이지의 수퍼바이저는 종종 자문가 역할을 까지도 하게 되며 발전이 필요한 영역을 보강하는 데 도움을 준다. 카밀은 수퍼비전을 하는 동안에 높은 수준의 구조화나 지시적인 개입을 필

요로 할 것 같지는 않다. 그녀를 위해 추천할 만한 지원은 개인 수퍼비전, 또래 수퍼비전 혹은 집단 수퍼비전이다.

비판

Stoltenberg 등(1998)은 수퍼비전이 복합 과정이며, 새롭게 개발된 통합발달 모델이 수퍼비전 과정에 대한 개념화를 도와줄 포괄적인 발달적 수퍼비전 모델이라고 주장한다. 통합발달 모델은 수퍼바이지가 경험을 통해 어떻게 발전하는지 그리고 수퍼비전 환경과 각 발달 수준에 가장 적합한 수퍼비전 개입은 어떤 것인지를 설명함으로써 유용한 이해의 틀을 제공한다는 점에서 매력적이다(Stoltenberg, 2005). 통합발달 모델은 내담자에 대한 수퍼바이지의 인지적·정서적 인식을 고려하고, 독립적으로 수행하는 상급 수퍼바이지에게 발달의 정점에 이르는 순서를 제시할 뿐 아니라, 적절한 자문을 구하는 것에 대해 매우 수용적이다. 수퍼바이지가 변함에 따라서 수퍼바이저도 변해야 한다. 통합발달 모델은 수퍼바이저가 자기 수퍼바이지의 발달적 요구에 걸맞는 행동을 하도록 지침을 제공한다.

통합발달 모델이 포괄적인 특성과 직관적인 매력을 가지고 있지만, 이 모델에 의해서 제기된 발달 단계의 타당성을 뒷받침하기 위해서 후속의 경험적 연구가 수행될 필요가 있다. Ellis와 Ladany(1997)는 Stoltenberg의 상담자 복합 모델(통합발달 모델의 선행 모델)을 검증한 연구를 철저히 재검토하여 일곱 가지 연구논문을 찾아내었다. Ellis와 Ladany의 검토 결과에 따르면 각 연구의 전반적인 질적 수준 때문에 통합발달 모델이 적절하게 검증되지 않은 것으로 나타났다. 그들은 검토 결과에서 도출된 어떤 결론과도 조화를 이룰 수 있는 방법론적이고 개념적인 관심사를 거론했다. 문헌검토 결과에서는 이 장의 초반에 언급한 여섯 편의 학위논문 외에 Ellis와 Ladany가 검토하지 않은 통합발달 모델에 대한 네 가지 후속 연구(즉, Leach & Stoltenberg, 1997; Lovell, 1999; McNeill, Stoltenberg, & Romans, 1992; Tryon, 1996)만이 발견되었다. Stoltenberg(2005)는 통합발달 모델이 수퍼바이지 발달과 수퍼비전 과정 연구에 대한 자극이 되었다고 주장하나 1990년대 이후에 이 모델에 관해 출간된 연구가 없다는 것은 Stoltenberg의 주장에 대한 의문을 불러일으킨다(이 시기의 대부분의 연구는 상담자 복합 모델에 집중되어 있다). 통합발달 모델의 모

든 견해를 정당화하기 위해서는 분명히 방법론적으로 신뢰할 만한 더 많은 연구가 필요하다.

통합발달 모델의 또 다른 한계점은 수퍼바이지, 수퍼바이저, 내담자의 다문화적 이슈에 대한 직접적인 관심의 결여에 있다. 앞에서 '개인적인 차이'가 여덟 가지 영역 중 하나라고 보았으므로 통합발달 모델에서도 문화적인 이슈를 고려해야 한다. Stoltenberg 등(1998)은 수퍼비전 관계에 다양성이 영향을 미친다는 것을 인정한다.

> 문화, 성, 성적 지향성으로 인한 개인차에 대한 이해의 부족 그리고 다문화 모델과 문화적으로 다양한 내담자와의 경험과 개입의 부족은 다양한 수퍼바이지의 관점에서 볼 때 신뢰도 혹은 수퍼바이저의 메시지에 부정적인 영향을 미친다 (p. 125).

그러나 수퍼비전과 상담에서 문화적인 이슈를 다루는 것이 중요하기 때문에 Stoltenberg 등(1998)은 이 모델 내에서 문화적인 이슈를 다루어야 한다고 지적한다.

◎ 요약

이 장은 수퍼비전의 발달 모델 중 특별히 통합발달 모델과 연관된 주요한 주제를 소개하는 것이 목적이다. 이 장의 앞부분은 이론적 가설과 수퍼바이저 발달 이론, 발달 모델의 강점과 한계점을 검토한다. 이 장은 더 나아가 통합발달 모델을 더욱 세부적으로 토론한다. 세 가지 사례예시가 이러한 생각을 개념화하는 데 도움이 된다. 끝으로 이 장은 통합발달 모델에 대한 비판과 분석으로 마무리한다.

비록 수많은 발달 모델이 있지만 수퍼비전의 발달 모델에서 공통된 이론적 기초는 시간이 지남에 따라 수퍼바이지의 자율성과 기술이 발달한다는 것이다. 뿐만 아니라, 수퍼바이지가 발달함에 따라서 수퍼바이저와 수퍼바이지의 관계는 달라진다. 수퍼바이지는 초기의 초보 단계, 상급의 청소년기 단계 그리고 통합된 마지

막 단계로 발전한다. 수퍼바이지의 필요와 단계수준에 주의를 기울이는 수퍼바이저는 적절한 성장을 촉진하는 좋은 기회를 가질 것이다. 이 장은 또한 Hess(1986), Littrell 등(1979), Rodenhauser(1994), Stoltenberg 등(1998) 그리고 Watkins(1990, 1993)에 의해서 제기된 모델을 포함하여 몇 가지 수퍼바이저 발달 이론을 검토한다. 발달 모델은 초이론적인 성격과 명확한 기대와 지침을 제공하는 유용성이 있기에 폭넓은 지지를 받는다. 그러나 구체적이고 결정적으로 지지하는 실증적 연구 문헌의 부족이 이 모델의 한계다.

이전에 상담자 복합 모델로 알려졌던 통합발달 모델은 수퍼바이지가 통합되고 기능적인 상담자의 정체성을 획득하기 위하여 세 가지의 구조(즉, 자기와 타인에 대한 인식, 동기, 의존성-자율성)와 여덟 가지 영역(예, 대인관계 평가, 이론적 배경, 전문윤리) 내에서 세 가지 발달 수준을 거쳐서 발전한다고 주장한다. 또한 수퍼바이저도 그들의 역량과 자율성이 신장됨에 따라서 세 가지 수준을 통해서 발전한다. 수퍼비전을 하는 동안에 성장하기 위한 적절한 환경을 조성하는 방법과 기술이 토론되고 있다. 일반적으로 경험적인 결과는 통합발달 모델을 지지한다. 그러나 단계의 타당도를 지지하기 위해서는 후속 연구가 필요하다. 앞으로 다문화적 관점과 분석을 모델 안에 통합하는 것을 더욱 연구해야 할 것이다.

참 | 고 | 문 | 헌

Ashby, R. H. (1999). Counselor development and supervision: An exploratory study of the integrated developmental model of supervision. *Dissertation Abstracts International: Section B: The Sciences and Engineering, 59*, 6482.

Berg, M. R. (2003). Extending Stoltenberg, McNeill, and Delworth's model of super-vision: An expansion of the integrated developmental model to include Sullivan's interpersonal theory constructs. *Dissertation Abstracts International: Section B: The Sciences and Engineering, 63*, 3902.

Blaisdell, K. D. (2000). An investigation of the effects of theoretical orientation, supervisory style, and supervisee preferred supervisory style on supervisee development. *Dissertation*

Abstracts International: Section B: The Sciences and Engineering, 61, 1072.

Borders, L. D. (1989). A pragmatic agenda for developmental supervision research. *Counselor Education and Supervision, 29*, 16-24.

Borders, L. D. (1990). Developmental changes during supervisees' first practicum. *The Clinical Supervisor, 8*, 157-167.

Borders, L. D., & Brown, L. L. (2005). *The new handbook of counseling supervision*. Mahwah, NJ: Lahaska/Lawrence Erlbaum.

Campbell, J. M. (2000). *Becoming an effective supervisor: A workbook for counselors and psychotherapists*. Philadelphia, PA: Accelerated Development.

Chagnon, J., & Russell, R. K. (1995). Assessment of supervisee developmental level and supervision environment across supervisor experience. *Journal of Counseling and Development, 73*(5), 553-558.

Crethar, H. C. (1997). Development of counselors across supervision: A study of the integrated developmental model of supervision. *Dissertation Abstracts International: Section A: Humanities and Social Sciences, 58*, 0383.

Ellis, M. W., & Ladany, N. (1997). Inferences concerning supervisees and clients in clinical supervision: An integrative review. In C. E. Watkins, Jr. (Ed.), *Handbook of psychotherapy supervision* (pp. 447-507). New York, NY: Wiley.

Falender, C. A., Erickson Cornish, J. A., Goodyear, R., Hatcher, R., Kaslow, N. J., Leventhal, G., ... Grus, C. (2004). Defining competencies in psychology supervision: A consensus statement. *Journal of Clinical Psychology, 60*(7), 771-785.

Falender, C. A., & Shafranske, E. P. (2004). *Clinical supervision: A competency-based approach*. Washington, DC: American Psychological Association.

Fleming, J. (1953). The role of supervision in psychiatric training. *Bulletin of the Menninger Clinic, 15*, 157-159.

Gubrud, R. E. (2008). Measure of supervision structure: Instrument development. *Dissertation Abstracts International. Section A: Humanities and Social Sciences, 68*, 3295.

Harvey, O. J., Hunt, D. E., & Schroeder, H. M. (1961). *Conceptual systems and personality organizational*. New York, NY: Wiley.

Heppner, P. P., & Roehlke, H. J. (1984). Differences among supervisees at different levels of training: Implications for a developmental model of supervision. *Journal of Counseling Psychology, 31*(1), 76-90.

Hess, A. K. (1986). Growth in supervision: Stages of supervisee and supervisor development.

The Clinical Supervisor, *4*, 51-67.

Hogan, R. A. (1964). Issues and approaches in supervision. *Psychotherapy: Theory, Research and Practice*, *I*, 139-141.

Holloway, E. L. (1987). Developmental models of supervision: Is it development? *Professional Psychology: Research and Practice*, *18*, 209-216.

Johnson, D. S. (2008). Concept mapping of supervisor competence: A comparative analysis of expert and novice supervisors. *Dissertation Abstracts International: Section B: The Sciences and Engineering*, *68*, 4828.

Krause, A. A., & Allen, G. J. (1988). Perceptions of counselor supervision: An examination of Stoltenberg's model from the perspective of supervisor and supervisee. *Journal of Counseling Psychology*, *35*, 77-80.

Leach, M. M., & Stoltenberg, C. D. (1997). Self-efficacy and counselor development: Testing the integrated developmental model. *Counselor Education and Supervision*, *37*, 115-125.

Lerner, R. M. (1986). *Concepts and theories of human development* (2nd ed.). New York, NY: Random House.

Littrell, J. M., Lee-Borden, N., & Lorenz, J. (1979). A developmental framework for counseling supervision. *Counselor Education and Supervision*, *19*, 129-136.

Loganbill, C., Hardy, E., & Delworth, U. (1982). Supervision: A conceptual model. *The Counseling Psychologist*, *10*, 3-42.

Lovell, C. (1999). Supervisee cognitive complexity and the integrated developmental model. *The Clinical Supervisor*, *18*, 191-201.

Marikis, D. A., Russell, R. K., & Dell, D. M. (1985). Effects of supervisor experience level on planning and in-session supervisor verbal behavior. *Journal of Counseling Psychology*, *32*, 410-416.

McNeill, B. W. (1997). Agendas for developmental supervision research: A response to Borders. *Counselor Education and Supervision*, *31*, 179-183.

McNeill, B. W., Stoltenberg, C. D., & Pierce, R. A. (1985). Supervisees' perceptions of their development. A test of the counselor complexity model. *Journal of Counseling Psychology*, *32*, 630-633.

McNeill, B. W., Stoltenberg, C. D., & Romans, J. S. C. (1992). The integrated developmental model of supervision: Scale development and validation procedures. *Professional Psychology: Research and Practice*, *23*, 504-508.

Rodenhauser, P. (1994). Toward a multidimensional model for psychotherapy supervision based on developmental stages. *Journal of Psychotherapy Practice and Research, 3*, 1-15.

Skovholt, T. M., & Rønnestad, M. H. (1992). Themes in therapist and counselor development. *Journal of Counseling and Development, 70*, 505-515.

Stoltenberg, C. D. (1981). Approaching supervision from a developmental perspective: The counselor complexity model. *Journal of Counseling Psychology, 28*, 59-65.

Stoltenberg, C. D. (2005). Enhancing professional competence through developmental approaches to supervision. *American Psychologist, 60*, 857-864.

Stoltenberg, C. D., McNeill, B. W., & Delworth, W. (1998). *IDM: An integrated developmental model for supervising counselors and therapists*. San Francisco, CA: Jossey-Bass.

Stoltenberg, C. D., Pierce, R. A., & McNeill, R. W. (1987). Effects of experience on counselor trainees' needs. *The Clinical Supervisor, 5*, 23-32.

Stoltenberg, C. D., Solomon, G. S., & Ogden, L. (1986). Comparing supervisee and supervisor initial perceptions of supervision: Do they agree? *The Clinical Supervisor, 4*, 53-62.

Stone, G. L. (1980). Effects of experience on supervisor planning. *Journal of Counseling Psychology, 27*, 84-88.

Tryon, G. S. (1996). Supervisee development during the practicum year. *Counselor Education and Supervision, 35*, 287-295.

Watkins, C. E., Jr. (1990). Development of the psychotherapy supervisor. *Psychotherapy, 27*, 553-560.

Watkins, C. E., Jr. (1993). Development of the psychotherapy supervisor: Concepts, assumptions, and hypotheses of the supervisor complexity model. *American Journal of Psychotherapy, 47*, 58-74.

Wiley, M. O., & Ray, P. B. (1986). Counseling supervision by developmental level. *Journal of Counseling Psychology, 33*, 439-445.

Worthington, E. L. (1984a). Empirical investigation of supervision of counselors as they gain experience. *Journal of Counseling Psychology, 31*(1), 63-75.

Worthington, E. L. (1984b). Use of trait labels in counseling supervision by experienced and inexperienced supervisors. *Professional Psychology: Research and Practice, 15*, 457-461.

07

상담과 심리치료 기반 상담 수퍼비전 모델

Tiffany O' Shaughnessy, Yoko Mori, Anju Kaduvettoor, Clyde Beverly, & Ryan D. Weatherford

발달적 수퍼비전 모델이 개발되기 전에 수퍼바이저는 임상 작업을 위하여 임상가로서 받은 훈련과 자신들의 주요한 이론적 배경에 의지하였다(White & Russell, 1995). 이러한 과정을 통해서 심리치료에 기반한 수퍼비전 모델이 설명되고 수정되었으며 그리고 검증되었다. 이 장의 목적은 네 가지 심리치료에 기반한 수퍼비전 모델의 구조화와 초점 그리고 방법론을 탐구하는 데에 있다. 심리치료에 기반한 수퍼비전 모델이 무수히 많지만(예, Adler 학파, Tobin & McCurdy, 2006; 행동주의, Follette & Callaghan, 1995; 체계적 모델, McDaniel, Weber, & McKeever, 1983), 우리는 폭넓은 문헌에 기초하여 많이 알려져 있는 두 가지 모델(즉, 심리역동과 인지행동)과 급성장하는 연구를 기초로 한 새로운 두 모델(즉, 여성주의와 해결 중심 모델)을 탐구하기로 선택하였다. 많이 알려져 있는 모델은 역사적이고 현대적인 중요성(Bernard & Goodyear, 2009)으로 인해서 선택하였고, 반면에 새로운 모델은 독자들에게 희망적인 새로운 방향의 표본을 보여 주기 위해서 선택하였다. 이 장에서는 이러한 네 가지 수퍼비전 모델의 상대적인 강점과 한계점을 설명한다. 뿐만 아니라 제시된 네 가지 모델 접근법의 차이를 밝히기 위해서 수퍼바이지 재닛의 사례를 활용하고자 한다.

재닛은 박사과정 2학년으로서 대학 상담센터에서 첫 실습을 마치고 있다. 그녀는 자기 내담자 중 누구도 긍정적인 발전을 보이지 않는다고 느끼기 때문에 자신의 기술에 대해 자신감이 없다고 수퍼바이저인 스티브에게 이야기하였다. 그녀는 특별히 남성 내담자인 크리스와 상담할 때에 좌절감을 느낀다고 보고한다. 그녀는 크리스가 자기 파트너와의 관계를 지속해야 하는지에 대해 고민하고 있기 때문에 3회기를 만나 왔다. 재닛은 크리스가 의사결정을 내리는 데 자신이 도움을 주지 못한다고 느낀다.

각 모델은 재닛의 호소 문제에 접근하는 이론이나 기술, 수퍼비전 전략에 있어서 독특한 방식으로 차이를 나타낸다.

우리는 비록 각 접근 방법의 독특한 목표와 과제, 개념을 강조하려 하지만, 독자는 네 가지 모델 사이의 여러 가지 유사성을 알게 될 것이다. 수퍼비전 관계의 중요성과 수퍼비전의 다양한 역할 그리고 내담자를 돌보는 일에 있어서의 질적인 보장의 중요성과 같은 여러 가지 공통 요소가 우리의 이론(Morgan & Sprenkle, 2007)에 내재되어 있다. 뿐만 아니라, Bradley와 Gould(2001)는 "공감, 진솔함, 따뜻함, 신뢰, 긍정적 평가"(p. 147)가 모든 수퍼바이저에게 중요한 보편적인 개념이라 말한다. 각 모델은 서술과 사례예시를 통한 개념화 그리고 수퍼비전 실습에 대한 독특한 접근 방식을 보여 줄 것이다.

심리역동 수퍼비전 모델

심리역동 수퍼비전 모델의 구조

심리역동 수퍼비전 모델의 기본적인 구조는 Freud까지 거슬러 올라가는 전통적인 심리역동 수퍼비전 모델에 뿌리를 두고 있다(Frawley-O'Dea & Sarnat, 2001; Freud, 1927). 심리역동 수퍼비전에서 삼자로 된 '스승-도제'(Binder & Strupp, 1997, p. 44) 모델은 스승 분석가로부터 초보 분석가에게 지식과 기술을 전수하는 것을 강조한다. 이 접근법은 세 가지 활동으로 훈련을 구조화한다. ① 정신분석적 접근을 하는 분석기관의 교수학습활동, ② 수퍼바이지의 개인 분석, ③ 수퍼바이지의 임상작업에 대해 스승 분석가로부터 받는 수퍼비전(Binder & Strupp, 1997). 일부 학자들(예, 베를린 학파)은 수퍼비전이 수퍼바이지의 개인분석을 위한 전이/역전이 반응에 대한 분석을 차치하고 수퍼바이지와 내담자 사이에 발생하는 일에만 전적으로 초점을 맞추어야 한다고 주장한다. 반면 다른 학자들(예, 헝가리 학파)은 내담자의 역동에 대한 수퍼바이지의 접근과 치료자이자 수퍼바이지로서 수행하는 그들의 작업에 영향을 미치는 대인관계 및 개인내적인 역동 양자 모두에 초점을 맞추면서 이러한 과제를 통합한다(Frawley-O'Dea & Sarnat, 2001, p. 136). 수퍼바이지의 개인역동을 다루는 것을 경고하는 일부 학자들(예, Gold, 2004)같이 '교육-치료' (Frawley-O'Dea & Sarnat, 2001)의 논쟁이 아직도 있지만, 현대의 심리역동 수퍼비전은 내담자의 역동과 수퍼바이지의 역동 모두를 탐색한다.

기본 개념과 이론적 가설

심리역동 수퍼바이저는 수퍼바이지에게 무의식적인 정신 과정, 심리적 갈등, 전이/역전이 반응, 대상관계, 저항, 자기방어, 자유연상, 꿈분석, 해석을 포함한 심리역동치료만의 톡특한 이론적이고 기술적인 토대를 가르친다(Hayman, 2008; Singer, 1990). 수퍼바이저는 또한 수퍼바이지가 일련의 무의식적인 정신 과정, 심리적 갈등, 전이/역전이 반응, 저항, 자기방어를 한다고 가정한다. 심리역동 수퍼바이저는 수퍼바이지의 전이와 역전이 반응이 그들의 상담에 영향을 미친다고 믿고 있으며, 또한 내담자들이 이러한 역동적인 반응을 인식하고 안전한 환경에서 부적응적 관계 패턴을 다룰 때에 수퍼바이지는 내담자를 위한 최고의 치료를 제공할 수 있다고 믿는다(Frawley-O'Dea & Sarnat, 2001; Hayman, 2008). 이러한 가설을 기반으로 하여 심리역동 수퍼바이저는 수퍼비전에서 전이와 역전이, 병행 과정, 내면화라는 기본 개념을 사용한다.

전이와 역전이 수퍼바이지는 수퍼비전에서 교육적 차원의 심리역동 치료의 핵심 요소들을 배우지만, 치료 관계에서의 전이와 역전이는 수퍼비전 과정에서 가장 강력한 학습도구다(Frawley-O'Dea & Sarnat, 2001; Hayman, 2008). 전이는 전통적

으로 내담자가 자신의 유년기 관계 패턴을 자기 치료자에게 투사하는 것으로 정의된다. 현대 심리역동 이론은 전이를 자기 치료자의 실제 행동에 대한 내담자의 역동적인 반응으로 보는 것은 물론 치료적 맥락 외의 관계에서 가지고 있는 관계 유형을 투사하는 것으로 본다(Frawley-O'Dea & Sarnat, 2001). 그렇다면 역전이는 치료자가 내담자의 전이 행동이나 혹은 임상가 자신의 유년기 관계 양식에 대한 반작용으로서 내담자에게 자신의 관계 패턴을 투사하는 것이라고 할 수 있다(Gabbard, 2004).

전통적인 정신분석/심리역동 이론은 심리내적이고 대인관계적 역동 과정을 개인의 문화적인 환경과 독립된 것으로 보는데, 최근의 심리역동 이론은 개인의 문화적 배경이 그들의 심리내적 · 대인관계적 역동에 크게 영향을 미친다고 본다(Tummala-Narra, 2004). 예를 들어, 만약 한 개인이 특정한 인종에 대한 편견을 갖고 있다면, 우리는 그 개인과 해당 인종 집단에 속한 치료자 사이에 그러한 편견을 반영하는 전이 반응이 일어날 것이라고 가정할 수 있을 것이다. 뿐만 아니라, 수퍼바이저와 수퍼바이지가 문화적인 이슈에 대해 논하기를 회피하는 것은 문화적인 이슈에 대한 수퍼바이저와 수퍼바이지의 저항이나 자기방어를 반영하는 것이다(Burkard et al., 2006; Tummala-Narra, 2004). 심리역동 수퍼바이저가 치료와 수퍼비전의 양자 관계에서 전이/역전이 사례를 평가할 수 있는 여러 가지 방법이 있다. 수퍼바이저가 이러한 역동을 탐색하는 데 가장 접근하기 좋은 방식이 병행 과정이다.

병행 과정 병행 과정은 수퍼비전 혹은 상담에서 양자의 특수한 대인관계 역동이 다른 양자 관계에 영향을 미칠 때에 발생한다(Binder & Strupp, 1997). 초기의 자아심리학자들은 수퍼바이지가 치료 과정이나 수퍼비전에서 평가에 대한 불안을 나타낼 때에 수퍼비전에서 역전이 반응을 나타낸다고 믿었다. 신-Sullivan 학파의 심리학자들은 또한 수퍼바이지가 내담자의 전이적 대인관계 방식(Binder & Strupp, 1997)의 전달자처럼 행동할 수 있다고 주장한다. 그러나 이러한 초기 개념화는 수퍼바이저가 병행 과정의 출현에서 적극적인 참여자가 아니며, 이러한 전이/역전이 반응의 해결은 수퍼바이저가 내담자의 행동을 해석하는 수퍼바이지의 행동을 식별하고 해석할 때에 상의하달 방식으로 일어날 수 있다고 가정했다(Frawley-O' Dea &

Sarnat, 2001). 병행 과정에 대한 보다 최근의 개념화는 전이/역전이 반응이 수퍼바이저, 수퍼바이지 그리고 내담자에 의해서 공동으로 조성된다고 제시한다(Frawley-O'Dea & Sarnat, 2001). 이런 접근 방식에서 볼 때 병행 과정을 식별하고 해석하는 것은 각 해당자가 과정에 미치는 자신들의 영향력을 개방적으로 탐색하는 협력 과정이다.

병행 과정을 통해 나타나는 전이/역전이 사례는 심리역동 수퍼바이저에게 더없이 좋은 교육 기회를 만들어 준다. 이러한 현상을 식별하고 해석하는 과정은 수퍼바이지에게 교육적이고도 경험적인 훈련을 제공한다. Frawley-O'Dea와 Sarnat (2001)는 수퍼바이저와 수퍼바이지가 안전하고 비판단적인 환경의 수퍼비전 과정에서 이러한 사례에 대한 자신들의 생각과 감정과 반응을 탐색하며 병행 과정을 진행하는 관계 모델을 제안한다. 병행 과정에 대한 이러한 관계 탐색에서 수퍼바이저는 수퍼바이지가 더 큰 공감 능력을 갖도록 도우며, 병행 과정에 영향을 주는 핵심 개념에 대한 지식을 보강하고, 전이 사례를 통해서 훈습하는 과정을 모델링한다.

내면화 내면화는 수퍼바이지에게 일어나는 적극적인 성장 과정이며 심리역동 수퍼비전의 궁극적 결과다(Binder & Strupp, 1997). Binder와 Strupp는 심리역동 수퍼비전에서 발생하는 내면화 단계의 개요를 기술했다. 대상관계 이론에 의해서 개념화된 발달 과정과 유사하게, 수퍼바이지는 수퍼비전 초기 단계에서 수퍼바이저의 심리역동 이론과 수퍼바이저의 기술적인 접근(즉, 해석)을 모방한다. 수퍼비전이 진행됨에 따라서 수퍼바이지는 치료 이론과 과정에 대해 보다 심층적인 이해를 하게 되며 더욱 능숙하게 개입한다. 마침내, 수퍼바이지는 자기만의 자발적이고 자연스러운 치료 양식을 개발하며 내면화의 상급 과정에 이르게 된다.

수퍼비전 관계

심리역동 수퍼비전 관계에 대한 초기의 개념은 수퍼비전을 진행하는 동안에 수퍼바이저가 그의 지식을 수퍼바이지에게 물려주는 스승-도제식의 접근이었다(Binder & Strupp, 1997). 이러한 '일방적' 관계에서 내담자의 호소 문제와 치료적

개입에 대한 개념화는 수퍼바이저로부터 수퍼바이지에게 그리고 수퍼바이지로부터 내담자에게 단일방향으로 전달되었다(Frawley-O'Dea & Sarnat, 2001). 수퍼비전 관계에 대한 현대의 심리역동적인 견해는 수퍼바이저와 수퍼바이지 간에 수퍼비전의 목표와 과제에 대해 동의하고 유대 관계를 맺음으로써 보다 협력적인 작업동맹을 이룰 수 있다는 것이다(Bernard & Goodyear, 2009; Bordin, 1983). 이와 유사하게 '양방향의' 수퍼비전 관계에서 수퍼바이저, 수퍼바이지 그리고 내담자는 수퍼비전과 치료에서 그들의 경험을 공동으로 만들어 간다(Frawley-O'Dea & Sarnat, 2001).

심리역동 수퍼비전 모델의 초점과 목표

심리역동 수퍼비전의 기본 개념은 이 모델의 핵심적인 초점(전이/역전이)과 목표(내면화)를 제시한다. 뿐만 아니라 심리역동 수퍼비전은 심리역동 치료자에게 여러 가지 자질을 가르치거나 확고히 하도록 한다. 심리역동 치료자는 내담자의 호소 문제에 공감하는 능력을 증진시키고, 독특한 임상적 자료에 이론과 기술을 자발적으로 적용하는 능력을 키우며, 또한 자신의 치료적 접근에 대한 호기심과 인내심을 증진시키며, 자기를 모니터링하고 자기반영하는 능력을 길러야 한다(Binder & Strupp, 1997). 더욱이 Thorbeck(1992)은 수퍼바이지가 심리역동적 원리를 서술하고 또한 전문용어를 사용하지 않으면서도 잘 해석하는 능숙함을 개발하는 것이 중요하다고 언급하였다.

심리역동 치료자의 또 다른 목표는 치료가 전개되는 과정을 이해하는 것이다(Thorbeck, 1992). 훈련 초기에, Thorbeck은 심리역동 수퍼바이저로 하여금 수퍼바이지가 내담자의 치료에 적합한 평가 기술을 개발하고, 내담자의 치료목표를 설정하고, 치료 관계 형성을 도울 수 있도록 격려한다. 중간 단계에서 수퍼바이지는 치료에서 전이와 역전이의 사례가 나타나는 것을 인식한다. 최종 단계에서 수퍼바이지는 내담자와 종결을 논의하도록 권고받는다. 더 나아가서, 현대 심리역동 수퍼비전에서 다문화적 상담 역량을 신장하는 것은 중요한 목표다. 심리역동 이론은 수퍼바이지의 의식적 · 무의식적인 문화적 편견이나 선입관에 대해 병행 과정을 사용해서 탐색할 수 있는 탁월한 틀을 제공한다(Tummala-Narra, 2004). 이러

한 이슈를 수퍼비전에서 개방적으로 토론함으로써 수퍼바이저는 수퍼바이지의 문화적 이슈를 치료적 관계 안에서 토론하도록 촉진시킬 수 있다.

심리역동 수퍼비전 모델의 방법론과 기술

심리역동 수퍼비전 모델의 비구조화된 특성은 수퍼바이지가 회기 내용에 대해 자기보고식(예, 자유연상, 서면으로 표현하기)으로 회기의 중요한 자료를 드러내게 함으로써 수퍼비전 관계 내에서 표면적으로 중요한 역동이 일어나게 한다(Binder & Strupp, 1997). 그러나 현대 심리역동 수퍼바이저는 수퍼바이지가 치료회기 내에서 보여 주었던 역전이적 반응을 인식하고 치료 회기에 대한 보다 객관적인 표현 방식으로 오디오/비디오 녹음과 라이브 수퍼비전과 같은 것을 활용할 수도 있다는 것을 인식하고 있다. Kagan과 Kagan(1997)의 대인관계 과정회상(Interpersonal Process Recall: IPR) 접근법은 수퍼바이저와 수퍼바이지가 상담회기를 재검토함으로써 역전이적 반응을 탐색할 수 있게 한다. 수퍼바이저는 전이 또는 역전이 주제가 상담에서 드러났었는지를 탐색하도록 허용하면서, 수퍼바이지가 회기 자료에 대한 정서적인 반응을 회상할 때 녹음기를 멈추라고 지시한다.

심리역동 수퍼비전은 또한 집단 상황에서도 일어날 수 있다. Battegay(1990)는 집단 방식이 치료에서 역전이 반응을 일으킬 수 있는 일반적인 편견과 특성을 탐색할 수 있는 이상적인 상황이라고 말한다. 집단 수퍼비전에서 권위주의에 대한 수퍼바이지의 반응은 자아도취 성향, 의존성, 혹은 사회적 철회 성향을 나타낸다. Battegay는 수퍼바이지가 집단 수퍼비전 경험을 하면서 탐색, 퇴행, 카타르시스, 통찰 그리고 사회적 학습 단계를 거치면서 변화한다고 주장한다.

심리역동 수퍼비전 모델 사례예시: 재닛

심리역동 수퍼바이저는 재닛이 (상담자로서의 자신감 부족, 남성 내담자에 대한 좌절 등에 대한) 자문을 필요로 하는 것은 수퍼바이지의 치료 작업에서 나타난 명백한 전이와 역전이 반응 때문이라고 해석한다. 관계적 수퍼비전 모델을 사용하면 (Frawley-O'Dea & Sarnat, 2001), 대화가 다음과 같은 방식으로 진행될 수 있다.

재닛: 저는 이번 회기에서 또다시 크리스에게 좌절감을 느꼈어요. 내가 왜 그에게 이런 식으로 느끼는지 모르겠어요.

스티브: 그와 함께 진행한 회기를 들어 보는 것이 도움이 될까요?

재닛: 네, 좋아요. 테이프를 들어 봐요. (스티브와 재닛은 테이프를 듣는다. 재닛은 크리스가 말한 다음에 테이프를 멈춘다.) 어머! 저 부분이 나를 짜증나게 해요…. 그는 마치 내가 뭘 하는지 모르는 아이인 것처럼 말해요. 아주 잘난 척해요.

스티브: 그렇군요. 그의 목소리가 잘난 척하는 것으로 보일 수 있겠네요. 잘난 척하는 것이 크리스가 치료에서 제시하고 있는 호소 문제와 어떤 연관이 있는지요?

재닛: 글쎄요, 그의 가장 큰 호소 문제는 그의 파트너와의 관계에서 실패하는 것이에요. 실제로 그는 때때로 그의 파트너를 놀리고 기분이 나빠지는 것에 대해 말했어요.

스티브: 그가 파트너를 멸시하는 이유에 대한 통찰이 어느 정도라고 생각하나요?

재닛: 솔직히, 그것에 대해서 별로 통찰이 없는 것 같아요.

스티브: 앞으로 그 부분을 그와 더 탐색하면 좋을 것 같아요. 아마도 이런 일이 치료 관계에서 어떻게 발생하는지에 대해 말할 수 있을 거예요. 다른 것에 대해서 물어보려고 하는데, 당신이 무엇을 하는지 모르는 아이 같다는 말이 어떻게 느껴지나요?

재닛: 학교 성적이 생각나요. 내가 시험을 망치고 학급에서 바보 같은 아이가 된 것처럼 느껴져요. 실제로 그런 내가 계속 떠올라요.

스티브: 괴롭겠네요. 전에 우리의 개인적인 문제가 어떻게 치료 작업에 영향을 미치는지에 대해서 말한 적이 있지요. 내 임상작업에서는 지속적으로 나타나는 개인적인 문제가 있으면 나는 내 치료자와 그것을 탐색하지요. 이렇게 탐색하면 개인적인 공격이 아니라 제시되고 있는 호소 문제에 대한 기능으로 이해하게 되죠.

스티브와 재닛은 잠재적인 전이/역전이 주제를 수퍼바이지의 관점으로부터 탐색하기 위하여 대인관계 과정회상(IPR)을 활용하였다. 이러한 탐색은 잠재적인 임

상적 방향을 조명하는 데 도움을 주고 재닛이 치료에서 더욱 탐색할 영역을 강조해 주었다. 앞으로의 회기에서 심리역동 수퍼바이저는 병행 과정을 평가하기 위해서 재닛이 수퍼비전 관계에서 자의식을 느끼는지를 탐색할 수도 있다.

심리역동 수퍼비전 모델에 대한 비판

강점 심리역동 수퍼비전은 어떤 수퍼비전 관계에 병행 과정, 수퍼비전 작업 동맹과 같은 여러 가지 공통 개념을 소개해 왔다(Bernard & Goodyear, 2004; Binder & Strupp, 1997). 뿐만 아니라 상담과 수퍼비전에서 대인관계 역동에 대한 이해가 역동적인 개념으로부터 도출되었다. 심리역동 수퍼비전은 또한 치료가 발생하는 조직의 구조뿐만 아니라 치료와 수퍼비전의 양자 관계에서의 상호작용을 부각시키면서 상담 과정 최초의 체계적 모델을 제공하였다. 더 나아가서 보다 최근의 심리역동 수퍼비전 모델(예, Tummala-Narra, 2004)은 수퍼바이지가 다문화적 상담 역량을 개발하도록 지지하기 위해서 심리역동 원리와 문화적 맥락을 통합한다.

한계점 심리역동 이론은 양적 연구에서는 어려운 여러 가지 개념을 활용한다. 그러므로 심리역동 수퍼비전의 과정과 결과에 대한 경험적인 증거가 별로 없다. 사례 연구와 진술자료는 종종 역동적 구성요소를 지원하기 위해서 사용된다(Bernard & Goodyear, 2004). 그러나 일부의 초기 경험적 자료는 수퍼비전에서 병행 과정을 활용하게 되는 향후의 방향성을 반영하고 있다(Patton & Kivlighan, 1997; Williams, 2000). 마지막으로 심리역동 수퍼비전은 일반적으로 문화적 이슈에 대한 초점이 부족하며 유럽 중심의 견해에 의한 구성개념을 활용한다(Cushman, 1990). 다행스럽게도 심리역동 수퍼비전이 최근의 연구 문헌(예, Tummala-Narra, 2004)에 공헌한 점은 다문화적인 틀 내에서 심리역동 구성개념의 재개념화에 박차를 가한 것이다.

◎ 인지행동 수퍼비전 모델

Bernard와 Goodyear(2004)는 시간이 지나면서 인지적이고 행동적인 치료가 인지행동치료를 이루기 위해 하나로 합쳐지게 되었다고 주장한다. 이와 유사하게 두 가지 접근의 통합을 수퍼비전에도 적용할 수 있다. 일반적으로 행동주의 이론은 학습에 초점을 맞추는 반면에 인지 이론은 이러한 인지의 사고와 결과에 더욱 초점을 맞춘다(Corey, 2005). 이러한 두 모델의 통합은 사고를 말하는 인지적 구성요소와 기술과 실제적인 임상 개입에 초점을 맞추는 행동적 구성요소를 포함한다.

인지행동 수퍼비전 모델의 구조

Bradley와 Gould(2001)는 인지행동 수퍼비전 구조가 유연성이 있으며 수퍼바이지들의 다양한 요구에 부응할 수 있는 모델이라고 언급한다. 많은 수퍼바이지들이 임상가로서 인지행동치료를 사용하며, 따라서 인지행동 수퍼비전은 이러한 수퍼바이지들에게 하나의 모델이 될 수 있다. 수퍼비전에 대한 이와 같은 접근법은 여러 가지 면에서(예, 접근법을 모델링하기 위해, 인지에 영향을 주기 위해, 기술을 가르치기 위해 사용됨) 유익할 수 있다.

기본개념들과 이론적 가설

인지행동 수퍼비전의 기본적인 가설은 수퍼바이지의 행동과 정서가 그들의 인지에 의해서 조절되거나 원인이 된다는 것이다(Bradley & Gould, 2001). 이 접근법의 또 다른 가설은 사람들이 결과를 통해서 행동을 배우거나 지속한다는 것이다. 그러므로 수퍼비전의 목적은 한편으로 부적응적인 인지와 행동을 소거하면서 적절한 상담행동을 신장시키는 것이다. 뿐만 아니라 수퍼비전의 또 다른 기본 요소는 수퍼바이지의 상담행동을 가르치고 평가하는 것이다.

수퍼비전 관계

인지행동 수퍼바이저는 수퍼비전 관계 안에서 인지와 행동을 탐색한다. Bradley와 Gould(2001)는 인지행동 수퍼비전 관계가 진솔하고, 따뜻하며, 또한 공감적이라고 평가한다. 연구자들(예, Bernard & Goodyear, 2004; Bradley & Gould, 2001)은 신뢰하는 수퍼비전 관계, 기술 평가, 공동의 목표를 설정하는 것은 인지행동 수퍼비전의 중요한 요소라고 말한다. 인지행동의 관점을 따르는 수퍼바이저는 수퍼바이지와 과제에 대해 합의할 뿐 아니라 수퍼비전 관계를 통하여 기술의 진보를 모니터링할 것이다. Townend(2008)의 질적 연구에 따르면, 인지행동 수퍼바이저는 수퍼비전 관계가 상담 기술을 개발하는 데 주요한 역할을 한다고 보며, 협력 작업, 유연성 그리고 대인관계 과정이 수퍼비전 관계의 중요한 요인이 되는 것으로 밝혀졌다. 뿐만 아니라 이 연구에서, 수퍼바이저는 수퍼바이지의 발달 단계와 그 단계가 그들의 수퍼비전 관계에 어떤 영향을 미치는지에 대해서도 인식하고 있었다. 예를 들면, 수퍼바이저는 상급 수퍼바이지보다는 초보 수퍼바이지와 함께 작업할 경우 그들의 불안이나 인지를 다루는 문제를 더 많이 의식하게 된다.

인지행동 수퍼비전 모델의 초점과 목표

초점 Bradley와 Gould(2001)는 인지행동 수퍼비전의 초점이 교육적이고, 대인관계적이며 기술 중심적이라고 기술한다. 이 모델은 내담자를 확실하게 돌보는 것과 수행(performance)에 초점을 맞추고 있다. 일반적으로 인지행동 수퍼비전의 초점은 가르침과 부적응적인 인지와 행동에 도전함으로써 수퍼바이지의 기술(즉, 상담)을 신장시키는 것이다(Kindsvatter, Granello, & Duba, 2008).

목표 여러 연구자들(Bernard & Goodyear, 2004; Bradley & Gould, 2001)이 인지행동 수퍼비전의 몇 가지 중요한 목표를 언급하고 있다. 예를 들면 인지행동 수퍼비전은 부적응적이고 부적절한 치료행동을 소거하면서 적절한 수퍼바이지 행동을 가르치는 것을 목적으로 한다. 더 나아가서 인지행동 수퍼바이저는 치료자의 의무는 측정 가능하며 정의를 내릴 수도 있다고 가정한다. 수퍼비전의 목표는 이러

한 치료자의 의무에 영향을 주고 치료목표를 향해 나아가도록 돕는다. Bradley와 Gould(2001)는 인지행동 수퍼비전의 목표는 수퍼바이지가 인지행동치료에 관한 더 많은 지식을 갖도록, 그리고 이러한 지식을 상담에 적용하도록 돕는 것이라고 정의한다. 인지행동 수퍼바이저는 자신의 수퍼비전을 수퍼바이지가 치료자로서 사용하는 한 가지 모델로 활용할 수 있다. 인지행동 수퍼비전의 후속 목표는 문제를 식별하고 수정하는 것만이 아니라 수퍼바이저와 수퍼바이지가 해결 중심 협력 작업을 하는 것도 포함한다.

인지행동 기술과 개입

Kindsvatter 등(2008)은 수퍼비전에 인지적 모델을 적용할 수 있는 3단계 접근법을 제안한다. 3단계는 다음과 같다. ① 사회화 단계, ② 초점을 맞추는 단계, ③ 수정 단계. 이 접근법은 전통적으로 상담에서 인지주의 접근법을 활용할 때 중요시되어 온 핵심 신념, 자동적 사고, 중간 신념에 주안점을 둔다(Beck, 1995).

사회화 단계 사회화 단계는 명료화와 관계형성 단계다. Kindsvatter 등(2008)은 수퍼바이저가 수퍼비전에 대한 인지적 접근법을 실행하거나 토론하려고 할 때 수퍼바이지가 종종 어떤 혼란을 나타낸다고 하였다. 이러한 혼란을 줄이기 위해서 인지행동 수퍼바이저는 수퍼바이지가 자신의 사고와 인지 모델의 원리에 초점을 맞추고 이러한 수퍼비전 접근이 그들의 발달에 대해 어떤 이점이 있는지 이해할 수 있도록 돕기 위해 수퍼바이지의 동의를 구한다.

초점을 맞추는 단계 초점을 맞추는 단계에서 수퍼바이저는 수퍼바이지가 종종 상담회기에서 마주하는 혼란스러운 감정과 경험을 수퍼비전에서 토론하도록 함으로써 이해를 돕는다. 수퍼바이저의 과제는 해석 과정에서 '속도를 늦추며' 문제의 구체적인 증상에 초점을 맞추는 것이다. 검토할 구체적인 사건을 식별하고 나서, 수퍼바이저는 그 사건과 연관된 자동적 사고와 중간 신념을 밝히기 위해서 소크라테스식 질문(Overholser, 1991, 1993a, 1993b)을 사용할 수 있다. 구체적인 인지에 대해 토론하려는 수퍼바이지의 의향과 함께 문제가 되는 상황에 대해 분명

히 서술하는 것이 문제를 다루는 첫 단계다.

수정 단계 핵심 사건(예, 혼란스런 감정)에 대한 분명한 이해와 서술을 한 후에 작업이 일어나는 것은 수정 단계에서다. 수퍼바이저는 문제가 되는 인지 왜곡을 수정하고 변화시키기 위해서 소크라테스식 해체를 지속적으로 사용한다(Kindsvatter et al., 2008). 그러고 나서 수퍼바이저와 수퍼바이지는 새로운 행동과 사고 전략을 위한 구체적인 계획을 개발하기 위해서 협력 작업을 한다. 이 단계에서 수퍼바이저는 역할극과 모의실험에 관여한다(Bradley & Gould, 2001). 뿐만 아니라, 인지재구성 기술(촉발 사건, 사건에 대한 신념, 신념의 결과, 신념을 논박하기, 새로운 효과에 대해 사고함으로써 비합리적 사고를 논박하기)은 수퍼바이지가 갖고 있을 수 있는(Fitch & Marshall, 2002) 인지와 연관된 불안을 소거하는 데 유용할 수도 있다. 수퍼바이저는 수퍼바이지가 새로운 행동을 '시도'하는 데 동의하는 것보다는 수퍼비전 시간에 실제로 새로운 행동을 '실행하도록' 격려하는 것이 중요하다(Dinkmeyer & Carlson, 2006). 치료에서 기술을 활용하고자 할 때에, 수퍼바이지는 개입 결과에 영향을 주기 위해서 자기평가와 기술 모니터링을 활용할 수 있다(Bradley & Gould, 2001).

인지행동 수퍼비전 모델 사례예시: 재닛

이 사례에서 재닛은 크리스와의 상담에서 좌절감을 느끼고 있다고 말했다. 인지행동 수퍼바이저의 주요 목표는 재닛의 기술 발달을 방해하는 부적응적인 인지와 행동에 도전하는 것이다. 수퍼바이저는 재닛이 그녀의 기술에 대한 비합리적 사고에 도전하도록 이 접근법을 사용할 것이다.

재닛: 크리스와의 상담에서 좌절하고 있어요. 그와 작업할 때 내가 치료자로서 전적으로 무능하고 아무 방향도 못 잡고 있는 것처럼 느껴져요.

스티브: 재닛이 좌절하고 있는 것을 알겠어요. 치료자로서 무능하다는 느낌에 대해 말해 봐요.

재닛: 이 사례는 이렇게 오래 만났는데도 아무 진전이 없다고 생각될 뿐이

에요.

스티브: 우리가 다른 내담자의 테이프를 들었을 때 당신이 진전되었고 기술이 발달된 것을 말했지요. 다른 사례에서는 그렇지 않은데 이 사례에서는 당신을 무능하게 만드는 것이 무엇인지 말해 봐요.

재닛: 다른 내담자들하고는 진전이 있는 것 같은데 크리스하고는 꽉 막힌 것 같아요. 그래서 어떤 점에선가 비효율적이라는 거예요.

스티브: 내가 이해할 수 있도록 말해 봐요. 다른 모든 내담자에 대해서는 능력이 있고 효율적이라고 느끼면서, 크리스에 대해서는 꽉 막혀 있기에 스스로 무능한 치료자가 틀림없다고 믿는 것이지요?

재닛: 글쎄요, 무슨 다른 이유가 있는지 몰라도 다른 사람과 상담할 때 적용했던 것을 시도했는데 아무 효과가 없어요.

스티브: 크리스하고의 상담에 대해 들으니, 재닛이 꽉 막혀 있다는 말에 동의가 돼요. 하지만 당신이 결코 무능하다고 믿어지진 않아요. 그 막힌 감정에 대해서 마음을 열고 더 말해 보겠어요?

재닛: 네, 그것이 도움이 된다면 우리가 왜 막혔는지 알고 싶어요.

자신이 무능력한 치료자라는 재닛의 비합리적 신념에 도전함으로써, 스티브는 그녀의 지속적인 성장을 방해하는 사안에 대해 언급하고 있다. 그는 다른 내담자와의 상담에서의 효율성을 강조하고, '꽉 막힌' 감정을 다루도록 격려함으로써 앞으로 기술을 더욱 발전시키도록 한다. 이것은 Bradley와 Gould(2001)에 의해서 제기된 대로 재닛을 교육할 수 있는 기회를 제공할 것이다. 스티브는 계속해서 재닛이 치료자로서 자기의 효능성에 대해 가지는 사고와 감정 그리고 그녀의 기술 개발을 방해하는 여타의 부적응적인 신념과 행동을 모니터링할 것이다.

인지행동 수퍼비전 모델 비판

강점 수퍼비전에 대한 인지행동 접근법에는 많은 강점이 있다. 인지행동 기술은 수퍼비전에서 특수한 관심 영역에 대해서 이야기할 때에 유용하다. 예를 들면, 인지행동 기술은 수퍼바이지의 불안을 감소시키고 상담에서 자기효능감을 증진시킬 수 있다(Kindsvatter et al., 2008; Urbani et al., 2002). 뿐만 아니라, 여러 인지행동 수퍼비전 기술은 경험적 지지를 얻고 있다. 예를 들면 상담 기술 교육에서 숙련된 상담자 훈련 모델(Little, Packman, Smaby, & Maddux, 2005)과 같은 인지 기술을 사용하는 것이 효율적이라는 연구 결과가 있다. 더 나아가서 인지행동 수퍼비전에 대한 체계적인 검토에 의해 인지행동 수퍼비전 접근법과 기술의 긍정적인 효과가 주목을 받고 있다(예, 모델링, 구체적 지침과 피드백의 제공, 수퍼바이지 모니터링).

한계점 인지행동 수퍼비전 접근법에는 또한 몇 가지 한계가 있다. 보다 구체적으로, 인지행동 수퍼비전은 수퍼바이지의 맥락적 요인 혹은 내담자 요인에 초점을 맞추지 않는다(Bradley & Gould, 2001). 이 접근법의 한계점은 수퍼바이지와 내담자에게 중요한 다문화적 · 체계적 · 맥락적 요인에 대해 적절하게 초점을 맞추지 못한다는 것이다. 또한 인지행동 수퍼비전에서는 잠재적인 이슈에 대해 초점을 덜 맞춘다. 이와 같이 핵심적이거나 무의식적인 힘과 신념은 수퍼바이지의 상담에 영향을 줄 수도 있다.

여성주의 수퍼비전 모델

여성주의 수퍼비전 모델은 수퍼바이지가 억압의 영향력을 이해하고 다양한 문화적 맥락 안에서 작업하는 기술을 개발하도록 훈련한다(Douglas & Rave, 1990; Szymanski, 2003). 여성주의 수퍼바이저는 성차별 이슈와 다른 억압받은 집단의 경험을 이야기할 때 그들이 소유한 지식과 힘을 인정하면서 우리 사회 내의 불평등을 강조하는 여성주의 원칙을 따른다(Hawes, 1998; Szymanski, 2003). 협력 관계(collaborative relationship: CR), 권력분석(power analysis: PA), 다양성, 수퍼비전 실습 내에서 사회적 권력의 차이를 다루는 수퍼바이저의 태도에 동의하는 여성주의의 주장과 같은 여러 요인들은 이 모델을 다른 전통적 이론과 구별되게 한다(Szymanski, 2003).

여성주의 수퍼비전 모델의 구조

여성주의 수퍼비전의 목표는 불평등과 사회문화적 요인을 지적하고 내담자가 자기 목소리를 찾도록 도와주는 여성주의 치료로부터 나왔다(Douglas & Rave, 1990; Porter, 1995). 더 나아가 여성주의 수퍼바이저는 수퍼비전이 수퍼바이저와 수퍼바이지가 수퍼비전 관계에서 권력에 관한 이슈를 분석하게 하는 협력 과정이라고 믿는다(Prouty, 2001; Szymanski, 2003). 그러므로 여성주의 수퍼바이저는 수퍼비전 관계를 자기의 수퍼바이지를 훈련시키고 조언하는 구조로 사용한다.

여성주의 수퍼비전 모델의 기본개념과 이론적 가설

Szymanski(2003)는 여성주의 수퍼비전의 네 가지 차원을 제시하였다. 여성주의 수퍼비전 모델의 네 가지 차원은 비권위주의적인 수퍼비전 관계를 나타내는 협력 관계(CR), 수퍼비전 내에 내재하고 있는 권력 차별을 언급하는 권력분석(PA), 심리적 건강에 있어 사회문화적 요인의 영향력을 이해하는 것이 중요함을 강조하는 다양성과 사회적 맥락(DSC) 그리고 여성주의 관점과 여성에 대한 권한부여를 촉진하는 여성주의 주장과 행동주의(FAA)를 포함한다.

협력 관계 수퍼비전에서 여성주의 원칙을 따르고 남성의 특권을 반복하지 않기 위하여 여성주의 수퍼바이저는 협력 관계를 조성하기로 약속한다(Barnes & Bernard, 2003; Hawes, 1998). 여성주의 수퍼비전의 결정적인 특징은 수퍼바이저가 협력 관계(CR) 형성을 강조하는 것이다(Prouty, 2001). 여성주의 수퍼바이저는 대답을 해 주는 데 초점을 두기보다는 협력을 신뢰하며 수퍼바이지의 창의성과 비판적 사고를 자극하는 질문을 한다(Hawes, 1998). 특별히 수퍼비전의 평가적 성격상 수퍼비전 관계에서 본래적인 힘의 불균형이 드러날 때에 협력적이고 상호적인 수퍼비전 관계를 촉진하는 것은 도전적인 것이 될 수 있다. 그러나 협력적 수퍼비전 관계를 촉진하지 못한다면 수퍼바이지는 지지받지 못하거나 저평가를 받는다고 느낄 수 있다(Martinez, Davis, & Dahl, 1999). 수퍼바이저는 협력적 수퍼비전 관계를 형성할 뿐만 아니라, 수퍼바이지가 새로운 생각을 교환하고 수퍼바이저와의 대화

에 참여하는 안전한 환경을 조성한다(Dankoski, Pais, Zoppi, Kramer, & Lyness, 2003). 더 나아가 협력 관계 촉진을 강조하는 여성주의 수퍼바이저는 수퍼바이지가 내담자에게 도전할 때조차도 수퍼바이지의 능력과 권한을 늘려 나가는 데 초점을 맞추어야 한다(Barnes & Bernard, 2003; Prouty, 2001).

권력분석 여성주의 수퍼바이저는 수퍼비전에 내재된 권력 불균형을 다룸으로써 보다 동등한 수퍼비전 관계를 조성하고자 한다. 보다 구체적으로 여성주의 수퍼바이저는 수퍼바이지로 하여금 성이나 다른 억압 요인에 대한 개방적 대화에 참여하게 할 책임이 있다(Nelson et al., 2006). 권력 불균형을 논할 때에 여성주의 수퍼바이저는 수퍼비전 내의 위계질서와 권력 역동에 대해서 적극적으로 성찰한다(Hawes, 1998; Porter & Vasques, 1997). 비록 수퍼비전 관계에서 권력 불균형을 논하는 것이 쉽지 않지만, 여성주의 수퍼비전 모델은 수퍼바이저와 수퍼바이지의 관계 유지를 위해서 수퍼바이저가 권력 토론에 대한 불안을 인정하기를, 그리고 그것을 지나치게 이지적으로 처리하지 않기를 강력하게 권유한다(Nelson et al., 2006). 더욱이, 여성주의 수퍼바이저는 수퍼바이지의 취약성을 이해하여야 하며 만일 수퍼바이저가 권력 불균형을 인정하지 못하거나 권력을 남용한다면 수퍼바이저에게 피드백하기 어렵다는 것을 이해하는 것이 중요하다(Martinez et al., 1999).

다양성과 사회적 맥락 수퍼비전 관계에서 권력차를 인정할 뿐만 아니라, 여성주의 수퍼바이저는 사회문화적 요인이 어떻게 억압의 원인이 되는가와 억압이 어떻게 내담자의 행복, 치료 작업, 수퍼비전 관계에 영향을 미치는지를 다룬다(Szymanski, 2003). 다양성과 사회적 맥락(DSC) 차원은 수퍼비전이 사회적 맥락에서 발생하며 이러한 사회문화적 요인이 수퍼바이지의 이론적 가설에서부터 수퍼비전 관계에 이르는 다양한 수준에서 수퍼비전에 영향을 준다는 여성주의 수퍼바이저의 신념을 반영한다(Porter & Vasquez, 1997; Szymanski, 2003). 수퍼바이지의 학습은 수퍼바이저가 수퍼비전 내에서 억압을 조장할 수 있는 사회문화적 요인을 말할 수 없을 때에 방해받을 수 있다. 예를 들면 수퍼바이저가 다양성과 사회적 맥락을 탐색하지 못하면 수퍼바이지는 문화적으로 독특한 욕구를 가진 내담자를 상담하는 데 있어서 개념화하는 능력을 개발하지 못하거나 알맞은 개입을 식별하지

못할 수도 있다(Martinez et al., 1999).

여성주의 주장과 행동주의 여성주의 수퍼바이저는 수퍼비전 맥락에서 여성주의 치료 이론과 관점을 도입한다(Szymanski, 2003). 이 차원은 여성에 대한 권한부여 그리고 사회적 변화와 같은 여성주의 이슈에 관한 인식을 증진시키는 수퍼바이저의 노력을 말한다(Szymanski, 2003, 2005). 여성주의 이슈에 관한 질적 연구는 여성주의 수퍼바이저와 그들의 수퍼바이지가 사회화, 성, 권력, 다양성과 같은 여성주의의 핵심적 원칙을 인식하였으며, 여성주의 수퍼비전 모델 실습에서 감정이 통합되었다는 것을 나타내었다(Prouty, 2001). 특히, Prouty는 여성주의 수퍼바이저와 수퍼바이지는 사회화나 혹은 여성주의 수퍼비전 모델의 중요한 주제로서 개인에 대한 보다 큰 체계의 영향을 이해하게 된다고 주장한다. 여성주의 수퍼비전 모델에서 수퍼바이저는 위에 기술된 이슈를 토론하고 수퍼비전 실습에서 여성주의적 태도를 보여 준다(Porter & Vasquez, 1997; Szymanski, 2003).

여성주의 수퍼비전의 초점과 목표

초점 여성주의 수퍼비전 모델에서 수퍼바이지는 수퍼비전 관계 안에서 학습 기회를 찾는다. 다시 말하자면 여성주의 수퍼비전 모델은 관계적이며, 여성주의 수퍼바이저는 수퍼바이지의 발달을 촉진하고 다양한 사회문화적 요인에 관한 인식을 증진시킨다. 그러므로 여성주의 수퍼비전 모델의 초점은 평등한 수퍼비전 관계를 형성함으로써 수퍼바이지의 작업에 미치는 사회문화적 요인의 영향력을 탐색하는 것이다(Porter & Vasquez, 1997).

목표 여성주의 원칙은 권력의 역동과 불평등을 분석하는 것의 중요성을 강조한다(Nelson et al., 2006). 그러므로 여성주의 수퍼바이저는 수퍼바이지가 다양한 사회문화적 요인과 관련하여 내담자 이슈를 식별하도록 하며, 치료적 작업 동맹을 구성하고, 수퍼비전 관계를 도구로 사용하여 변화를 촉진하도록 돕는다(Wheeler, Avis, Miller, & Chaney, 1986). 여성주의 수퍼바이저는 수퍼바이지가 사회 내의 억압에 대한 지식을 갖추었을 때 권력과 사회문화적 요인이 어떻게 내담자의 기대와

비전 관계를 강화시킨다.

여성주의 수퍼비전 모델 사례예시: 재닛

여성주의 수퍼바이저는 회기 동안에 재닛의 목표를 탐색하는 것으로 수퍼비전을 시작한다. 그녀의 목표는 자신이 크리스에 대해 겪는 어려움을 이해하는 것이다. 개입은 다음과 같은 방식으로 진행된다.

재닛: 나는 크리스 같은 남성 내담자들과 상담할 때 좌절감과 불안이 생겨요. 특히 치료에 무반응일 때요.

스티브: 치료에서 반응이 없는 내담자와 상담을 하는 것은 우리들에게도 힘들어요. 내가 보기에 재닛은 내담자가 변화하도록 돕는 데 있어 아주 자신감이 있고 상담을 잘 진행하고 있어요.

재닛: 나는 때때로 크리스에 의해서 협박을 받는 것 같아요. 그는 종종 공격적으로 변할 것 같아요. 때로 나는 남자 내담자가 회기를 통제하는 것 같고 나는 내 자신을 더 검열하는 것 같아요.

스티브: 음… 재닛은 남자 내담자를 권력과 결부시키는 것 같네요. 수퍼비전 관계에서 나와 함께 작업하는 것이 어떤가요?

재닛: 글쎄요… 우리는 힘의 차이가 있다는 것을 알지만 우리 관계를 보건대 선생님은 저의 필요에 대해 많은 관심이 있고 저와 함께 협력적으로 작업하려고 애쓰고 있고 선생님과 내 자신을 그렇게 검열하고 있는 것 같지는 않아요.

스티브: 재닛의 감정을 기꺼이 솔직하게 나누어 주어서 진실로 고마워요. 그렇게 하는 것이 아주 어려울 수 있거든요. 이제 우리는 권력의 역동과 당신의 자기검열 사이에 하나의 연결 고리를 만들었어요. 그것에 도전하는 데 무엇이 도움이 될까요?

스티브는 재닛이 치료에 무반응인 내담자와 상담할 때 고전하는 것과 관계되는 요인과 성 역동을 탐색하도록 격려하면서 좌절감의 타당성에 초점을 맞추었다.

스티브는 재닛의 능력을 믿어 주고 그녀의 강점과 그동안 잘해 온 것을 인정해 줌으로써 힘을 실어 주었다. 수퍼비전 동안에 스티브는 재닛이 수퍼비전 경험과 치료에 대해 개방적으로 대화하도록 하며, 평가에 협력적으로 참여하도록 한다. 이것은 곧 비판적 사고를 촉진하고, 치료에 있어서의 사회문화적 영향을 이해하도록 도우며, 수퍼비전 관계를 강화하게 한다.

여성주의 수퍼비전 모델에 대한 비판

강점 여성주의 수퍼비전 모델의 두드러진 강조점은 다양성과 억압에 대한 분석에 있다. 이 접근법은 수퍼바이지가 사회문화적 요인이 치료에 어떻게 영향을 미치는지에 대한 지식을 확장시키고 임상작업에서 사회적 맥락을 통합하게 하는 기회를 제공한다(Martinez et al., 1999). 여성주의 수퍼바이저는 협력 관계(CR) 형성을 위해 자신들의 개방성을 사용하며 수퍼바이지에게 내담자와 관계를 맺는 방법을 가르치는 도구로서 개방적 대화를 사용한다. 뿐만 아니라 수퍼비전에 대한 수퍼바이저의 접근, 특히 협력 관계를 존중하는 그들의 태도는 수퍼비전 관계에서 위계질서를 최소화한다(Prouty, 2001; Wheeler et al., 1986). 이 모델은 여러 수퍼비전 양식에 적용될 수 있다(예, 의학 교육, Dankoski et al., 2003).

한계점 여성주의 수퍼비전 모델이 실시되어 왔지만 여전히 이 모델에 관한 명확한 정의와 폭넓은 연구 문헌이 필요하다(Prouty, 2001). 특히 수퍼비전에서 구체적인 기술을 수행하는 지침을 명확하게 기술한 문헌이 부족하다(Hipp & Munson, 1995). 뿐만 아니라 여성주의 수퍼비전 모델에 관한 대부분의 문헌은 협력 방법을 활용하는 여성주의 수퍼비전에 초점을 맞추고 있지만, 여성주의 수퍼바이저가 권위적 방식을 자신의 요구에 통합하는 방법이 미래의 문헌에서 논의될 필요가 있다. 마지막으로 여성주의 수퍼비전 접근의 결과에 대한 미래의 경험적 연구는 여성주의 수퍼비전의 효과에 대한 이해를 촉진할 것이다.

해결 중심 수퍼비전 모델

해결 중심 수퍼비전 모델은 구성주의 치료 모델로부터 나왔는데, 이는 포스트 모던적 접근이며 '내담자들에게 있는 역량에 대한 감각을 구성하도록' 설계되어 있다(Briggs & Miller, 2005, p. 200). 해결 중심적 접근은 가장 널리 적용되고 연구되는 구성주의 수퍼비전 모델이다(Bernard & Goodyear, 2009). 구성주의 접근은 수퍼바이지의 강점을 강조하고 문제 개선보다 성공에 초점을 맞춘다. 수퍼바이저는 교사라기보다는 자문가 역할을 하는 경향이 있다(Behan, 2003).

해결 중심 수퍼비전 모델의 구조

해결 중심 접근의 근본적인 가정은 우리가 맥락 안에서 의미를 구성하므로 치료 행위를 하는 데 있어 단 하나의 올바른 방법은 없다는 것이다(Bernard & Goodyear, 2009). 더 나아가서 해결 중심 모델에 따르면 강점과 성공에 초점을 맞추는 것이 임상적 과오와 실수에 초점을 맞추는 것보다 더 좋은 결과를 가져온다(Traintafillou, 1997). Wetchler(1990)가 말한 대로 "무한한 우주에는 임상가들이 정확한 치료 방법을 알 수 있는 것보다는 알지 못하는 것들이 더욱 많다"(p. 129). 그러므로 이 모델의 궁극적 목표는 수퍼바이지가 자신이 잘하는 일을 식별하도록 돕고, 기술을 갖추고 그 작업을 지속하도록 격려하는 것이다.

기본개념과 이론적 가설

해결 중심 단기치료(SFBT) 모델에는 수퍼비전에 적용되어 온 많은 지침 가설이 있다. 해결 중심 치료(de Shazer, 1980, 1991 참조)는 내담자가 전문가이며, 세계를 바라보는 올바른 방법은 없다고 가정한다. 또한 문제에서 예외적인 것에 초점을 맞출 뿐만 아니라, 문제보다는 가능성이 있고 변화할 수 있는 것에 초점을 맞추는 것이 중요하다는 가정을 한다. 해결 중심 수퍼비전은 이같이 주요한 지침적인 가정을 받아들이고 수퍼바이지와 작업을 하기 위해 이러한 가정들을 해석한다

(Thomas, 1996).

통찰 재고하기 해결 중심 수퍼비전의 한 가지 주요한 주제는 행동의 원인이나 기능, 불평을 이해하는 것이 중요하거나 필요하지 않다는 것을 전제로 한다(Wetchler, 1990). 수퍼바이저는 항상 치료자의 관점에 대해서 호기심을 가져야 하지만, 해결 중심 수퍼비전에서는 근원이 되는 병리가 식별되어야 하는 것은 아니다. 해결 중심 치료와 마찬가지로, 해결 중심 수퍼바이저는 "문제가 문제다"(Thomas, 1996)라고 믿는다. 그러므로 해결 중심 수퍼바이저는 식별된 문제의 예외상황에 초점을 두고, 수퍼바이지가 통찰을 얻기 위해서 문제의 근원을 명료화하기보다는 문제에 대한 해결책을 생성하도록 돕는 데 초점을 맞춘다.

전문성 개념의 변화 해결 중심 수퍼바이저는 내담자의 문제를 이해하고 개입하는 단 하나만의 올바른 방법이 있다고 믿지 않는다(Bernard & Goodyear, 2009). 더 나아가서 해결 중심 수퍼바이저는 치료자가 자신에게 가장 효율적인 것이 무엇인지 알고 있다고 믿으며(Thomas, 1996), 따라서 수퍼바이지에게 가장 유용한 것이 무엇인지를 아는 전문가는 수퍼바이저가 아니라 수퍼바이지 자신이라고 믿는다. 때로는 수퍼바이지가 갖추고 있는 구체적인 임상적 지식이 부족할 수도 있다(Wetchler, 1990). 이런 상황에서 수퍼바이저는 또한 임상교육이나 교사 역할을 할 수도 있다. 그러나 일차적인 초점은 수퍼바이지가 이 과정에서 자신이 하고 있는 긍정적 작업을 인지하도록 돕고 그들을 격려하는 데 있어야 한다.

변화 해결 중심 단기치료에서와 마찬가지로 해결 중심 수퍼바이저는 변화가 지속적으로 그리고 신속하게 일어난다고 가정한다(Thomas, 1996). '건강으로의 비약' 혹은 피상적이고 지속 가능하지 않은 급격한 변화라는 개념은 해결 중심 단기치료 언어 안에는 존재하지 않는다. 수퍼바이지가 보여 준 어떤 향상이라도 받아들여져야 하며, 그러한 향상을 저항의 표시로 해석해서는 안 된다. 즉, 수퍼바이지의 기술이 향상되는 것처럼 보인다면, 그것은 변화에 대한 저항이 아니라 말 그대로 향상된 것이다. 뿐만 아니라, 작은 변화라도 가치가 있다. 왜냐하면 작은 변화는 더 큰 변화를 이끌어 낼 수 있기 때문이다. 그러므로 수퍼바이저의 역할은 수퍼

바이지에게 일어나고 있는 변화를 알아차리는 것이다(Triantafillou, 1997).

추정적 언어 언어야말로 해결 중심 수퍼비전 모델에서 수퍼바이지의 기술을 확장시키는 가장 중요한 부분이다(Knight, 2005). 여러 가지 이론에서 추정적 언어 사용의 중요성에 주목한다(예, Selekman & Todd, 1995; Thomas, 1996). 추정적 언어는 능력의 수준을 가정하고 기술과 능력의 소유 여부를 확인하는 반응을 이끌어 내는 언어다. 해결 중심 수퍼바이저는 수퍼바이지가 이미 기술과 강점을 갖고 있다는 개념을 강화하기 위해서 언어를 사용한다(예, "이에 관해서 당신은 무엇을 배우기를 원하십니까?" 대신에 수퍼바이저는 "우리가 어떻게 이 영역에서 당신의 기술을 발달시키거나 혹은 기술을 높일 수 있을까요?"라고 말할 것이다). 언어의 이러한 변화가 미미해 보일 수 있지만, 지속적으로 사용되었을 때에 기술의 부족보다는 성공적이고 역량이 있는 가능성에 초점을 두기 시작한다.

수퍼비전 관계 내에서의 지지와 긍정 해결 중심 수퍼비전에서 치료적 관계는 건설적이고 긍정적이다(Briggs & Miller, 2005). 다시 말해서 수퍼바이저는 자문가 역할을 할 때 수퍼바이지의 성공적인 개입을 진심으로 칭찬하고 수퍼바이지가 이미 보여 주고 있는 기술을 개선하도록 돕는다(Juhnke, 1996). 수퍼바이저는 직접적인 가르침을 제공하는 대신에 수퍼바이지의 강점을 강조함으로써 수퍼바이지가 자신의 자원을 활용하는 것을 배우도록 돕는다. 뿐만 아니라 수퍼바이저는 지지적이고 협력적인 태도를 취함으로써 수퍼비전 관계 내에서 저항을 재구성하거나 방지하도록 돕는다.

해결 중심 수퍼비전 모델의 초점과 목표

초점 이 모델의 초점은 치료자가 자신의 강점을 식별하도록 돕고 내담자와의 상담에서 자신의 강점을 증진시키도록 돕는 것이다(Triantafillou, 1997). 수퍼바이저는 수퍼바이지가 잘한 것에 초점을 맞추고 수퍼바이지가 향상시키거나 개선하고 싶어 하는 것을 이해하면서 회기를 시작해야 한다(Wetchler, 1990). 수퍼바이저는 수퍼바이지가 인식하는 성공의 개념을 탐색하며, 수퍼비전의 초점을 정하기

위해 떠오른 아이디어를 활용한다. Juhnke(1996)는 출발부터 강점에 초점 맞추는 것의 중요성을 명확하게 이야기하기 위하여 수퍼바이지의 강점과 기술에 대한 사전 평가를 가지고 수퍼비전 관계에 들어갈 것을 추천하였다.

목표 해결 중심 수퍼비전의 최종 목표는 내담자의 결과를 향상시키기 위해 작업하면서 유능한 상담자의 발달을 촉진하는 것이다(Briggs & Miller, 2005). 수퍼바이저는 명확하고 식별할 수 있는 목표, 문제의 예외상황에 초점 맞추기 그리고 강점과 성공의 강조로 특징지어지는 협력 관계(CR)를 통해서 이러한 최종 목표를 달성한다. 또한 수퍼바이저는 이 과정의 촉진자이며, 변화를 위해 도움이 되는 긍정적인 치료적 경험을 함께 조성한다. Juhnke(1996)은 수퍼비전에서 장기목표와 회기별 목표를 마련하는 것의 중요성에 주목하였다. 이 접근법은 수퍼비전을 하는 동안 수퍼바이지가 정해진 회기를 따라서 기대하는 변화뿐만 아니라 한 수퍼비전 회기 내에 기대하는 구체적인 변화를 식별하도록 한다. 명확하고 측정 가능한 목표가 해결 중심 수퍼비전에서 중요하다.

해결 중심 수퍼비전 모델의 방법론과 기술

해결 중심 수퍼비전 모델에는 성공과 변화의 촉진에 초점을 두도록 돕기 위하여 사용되는 기술과 방법론이 많이 있다(Rita, 1998: Selekman & Todd, 1995; Thomas, 1996; Triantafillou, 1997). 추정적 언어의 사용, 명확하고 측정 가능한 목표 설정 그리고 수퍼비전 출발선에서 강점에 초점 맞추기와 같이 앞에서 이미 언급한 몇 가지 개념은 이 모델 내에서의 상담 기술일 뿐만 아니라 지침을 제공하는 가설이기도 하다. 해결 중심 수퍼비전의 독특한 기술은 다음과 같다.

목표에 초점 맞추는 언어 Briggs와 Miller(2005)는 해결 중심 수퍼바이저가 회기의 목표를 더욱 명확하게 식별하도록 돕기 위해 사용하는 언어를 몇 가지 제시했다. 여기에 포함된 것들은 "오늘 수퍼비전에서 성취하기를 원하는 것은 무엇입니까?" "앞으로 한 시간 동안 일어났으면 하고 바라는 일은 무엇입니까?" 그래서 나중에 뒤돌아 보며 "이런, 시간만 낭비했잖아."라고 말하지 않게 된다. 언어를 신중

하게 선택함으로써 수퍼바이저는 수퍼바이지에게 초점 또는 목표를 정하는 책임에 대해 이야기할 수 있게 되며, 수퍼비전을 통한 수퍼바이지의 훈련 욕구에 부응하기 위하여 희망을 제공할 수도 있다.

기적질문 기적질문은 수퍼바이지가 그들의 문제를 미래로 투사하도록 돕는 독특한 개입이다. 이는 해결 중심 단기치료를 위한 상담 기술인데 de Shazer(1980)가 명확하게 언급한 바 있다. 이 기술은 여러 가지 형태를 취하지만 전형적인 예를 들자면, "오늘 밤 기적이 일어나고 이러한 장애가 더 이상 당신을 방해하지 않는다면, 무엇이 달라지며, 기적이 일어났다는 것을 어떻게 알게 되겠습니까?" 와 비슷하다. 이 질문이 임상적 관심사를 물은 것이라면, 수퍼바이지는 다르게 사고하고 행동하며 행동 혹은 사고의 변화를 그들의 작업에서 구체화하기 위한 방법을 탐색하기 시작한다(Thomas, 1996).

척도 척도는 종종 기적질문과 함께 사용되거나 혹은 단지 목표를 명료화하기 위해서 사용된다. Thomas(1996)는 성공/실패의 이분법적 구분에서 벗어나 실행 가능성이 보다 높은 과정에 초점을 두도록 하는 것이 척도의 이점이라고 주장하였다. 척도는 여러 가지 형식으로 사용될 수 있으나, 전형적인 것은 "1에서 10까지의 척도에서 1이 완전한 실패이고 10이 완전한 성공이라면, 이 문제에 관해서 지금 자신을 어떻게 평가하겠습니까?" 와 같은 질문을 하는 것이다. 답변을 들은 후에 수퍼바이저는 평가 점수가 2~3점 올라가면 수퍼바이지가 어떻게 다르게 할지를 탐색한다. 수퍼바이지가 향상 또는 다른 성과를 식별하지 못하면 수퍼바이저는 "글쎄, 1점이면 어떻습니까, 점수를 더 높이기 위해서 지금 무엇을 하고 있습니까?" 라고 물을 것이다. 이는 수퍼바이지가 자기의 작업에서 통합하고자 하는 성공적인 행동에 초점을 맞추는 데 도움이 된다.

예외상황 해결 중심 수퍼바이저는 문제에 대한 예외상황 자체 그리고 이 예외상황을 기적질문이나 척도와 더불어 의미 있게 만드는 데 초점을 맞춘다(Thomas, 1996). 예를 들면 만일 수퍼바이지가 어떤 내담자와 상담하는 데 불안을 느끼게 되면, 수퍼바이저는 수퍼바이지가 지난 회기 동안에 불안을 느끼지 않았던 때를 탐색할 수도 있다. "그 순간에 어떻게 불안하지 않을 수 있었습니까?" 와 같은 질문을 함으로써 수퍼바이저는 수퍼바이지가 그러한 예외상황을 의미 있게 만들도록 도울 수 있다. 예외상황은 언제나 있으며, 숙련된 해결 중심 수퍼바이저는 수퍼바이지가 이미 효율적인 행동을 더 많이 시작하도록 돕기 위해서 그러한 예외상황을 부각시키고 강조할 수 있다.

해결 중심 수퍼비전의 사례예시: 재닛

해결 중심 수퍼바이저의 일차적인 목표는 재닛이 예외상황과 성공을 식별하도록 돕는 것이다. 척도기법을 사용함으로써 이러한 작업을 시작할 수 있다.

재닛: 크리스와 상담을 하면서 너무나 좌절을 해요. 정말로 우리는 아무 진전도 없는 것 같고 완전히 비효율적이라고 느껴져요.

스티브: 진전됨에 있어서 좌절을 느낀다고 말을 하는군요. 그와 상담하는 것의 효과성을 1~10까지의 척도로 평가한다면 어떨까요?

재닛: 약 3 정도요.

스티브: 재미있네요. 왜 2가 아니고 3이라고 하나요?

재닛: 글쎄요, 때때로 크리스가 이 상황에 대해서 이야기하는 것만으로도 안도하는 것으로 보이고 약간은 도움이 되는 것처럼 보여요. 그리고 그는 결정을 해야 할 필요가 있을 때 그렇게 좌절하지 않는다고 말했어요.

스티브: 때로는 회기에서 크리스가 정말로 경청을 받는 느낌이 들고 그가 이야기를 나누고 싶어 하는 것을 당신이 존중하고 있으며 또한 그가 결정을 내리도록 도와준다고 느끼고 있는 것으로 들리네요. 당신은 앞으로의 회기에서 이러한 긍적적인 측면을 어떻게 확장할 수 있을까요?

예외상황을 식별하기 위해 척도를 사용함으로써 스티브는 재닛이 보여 주고 있는 실제적인 기술을 칭찬하고 문제에 대한 그러한 예외상황들을 강화시킬 뿐만 아니라 작은 성공을 증폭시킬 수 있었다. 스티브는 어떻게 재닛이 자기 내담자와

함께 더욱 생산적인 작업에 참여할 수 있을지(예, 척도 점수가 3에서 6으로 올라가면 당신의 회기가 어떻게 달라지겠습니까?)를 탐색하고 재닛이 원하는 행동과 접근의 변화를 식별하도록 도울 수 있었다. 다음 수퍼비전 회기에서 스티브는 지난 회기 이후의 향상을 점검할 필요가 있고 재닛이 크리스와의 상담을 향상시키기 위해서 사용해온 기술과 전략을 지속적으로 탐색할 것이다.

해결 중심 수퍼비전 모델에 대한 비판

강점 이 모델의 가장 주요한 강점의 하나는 수퍼바이지의 역량에 대한 인식을 촉진함으로써 수퍼바이지들이 불안감을 줄일 수 있게 돕는다는 것이다. 뿐만 아니라 연구를 통해 수퍼바이저가 해결 중심 전략을 사용하는 것이 수퍼바이지의 자기효능감 증진과 연결되는 것으로 밝혀졌다(Koob, 2002). 수퍼바이지의 자기효능감을 촉진하는 것은 일반적이고 다문화적인 상담 역량의 발달에서 중요하다(Larson & Daniels, 1998). 더 나아가서 해결 중심 단기치료는 단기, 혹은 한시적인 치료 상황과 현재의 돌봄 관리 분위기에 매우 효율적인 치료 모델이며, 수퍼바이저가 수퍼바이지에게 이러한 기술의 개발을 지원하는 것은 매우 중요하다.

한계점 해결 중심 치료가 확장되고 성공적인 결과가 보고되고 있기는 하지만 해결 중심 수퍼비전 접근법의 이점에 대한 경험적 연구는 그리 많지 않았다. Koob(2002)는 해결 중심 수퍼비전의 효과에 대한 경험적 증거의 가장 강력한 사례를 보여 주고 있다. 그러나 이 연구는 표준화된 수퍼비전 형식을 사용하지 않았다는 한계가 있으므로 이 수퍼비전 모델의 효능에 대해 보다 경험적으로 깊은 연구가 필요하다(Presbury, Echterling, & McKee, 1999). 이 모델에 대한 또 다른 도전은 이 양식과 많은 수퍼바이지들의 이론적 배경 사이의 적합성이다. 예를 들면 만일 수퍼바이지가 심리역동 혹은 통찰 중심의 이론적 배경을 갖고 있다면, 문제의 근원(예, 역전이)을 조사하기보다 성공에 초점을 맞추는 것이 그들이 바라는 수퍼비전은 아닐 것이다. 이론적으로 이는 수퍼비전 과제와 목표에 대한 부조화로 인해서 강력한 작업 동맹을 발달시키는 데 갈등을 일으킬 수 있다.

◎ 결론과 요약

상담 및 심리치료에 기반한 수퍼비전 이론은 수퍼바이저, 수퍼바이지 그리고 그들의 내담자의 행위와 태도 그리고 감정 사이의 복합적 상호작용을 다루는 틀을 제공한다(Bernard & Goodyear, 2009). 이러한 모델은 유용한 틀을 제공하지만, 수퍼바이저와 수퍼바이지가 서로 다른 이론적 지향과 문화적 배경을 갖고 있을 때에 이를 활용하는 것은 복잡할 수 있다. 이 장에서는 보다 전통적인 심리치료 접근을 기반으로 하는 두 가지의 수퍼비전 모델과 보다 현대적인 심리치료 접근을 기반으로 하는 두 가지의 수퍼비전 모델을 탐색함으로써 이러한 수퍼비전 모델 사이에서 많은 공통점과 차이점을 발견하였다. 특히 네 가지 수퍼비전 모델 모두는 수퍼비전 양자 관계 혹은 수퍼비전 관계가 수퍼바이지에게 중요한 학습 기회를 제공한다는 것을 인정한다. 수퍼비전에서 관계의 핵심은 수퍼바이저들이 자신의 이론적 배경에 구애받지 않고 실습생을 멘토링하는 것이다(Bernard & Goodyear, 2009).

Bernard와 Goodyear(2009)는 수퍼비전에 대한 보다 통합적인 접근이 더욱 확대될 것으로 예상하고 있는데, 이는 수퍼바이저가 다양한 관점을 통합함으로써 개인에게 맞는 수퍼비전을 제공할 수 있기 때문이다. 그러나 심리치료와 수퍼비전에 대한 다양한 접근법들의 차이를 인정하고 존중하는 것이 중요하다(Messer, 2008). Messer는 상담에 올바른 접근법은 없으므로 상담 실습생은 이론의 차이점과 유사성에 대한 대화를 지속하는 한편 많은 이론과 방법론을 수용해야 한다고 주장한다. 이 장이 심리치료를 기반으로 한 수퍼비전 모델들의 다양한 접근법을 예시함으로써 다양한 접근법에 대한 논의에 도움이 되었기를 바란다. 또한 현재와 미래의 수퍼바이저가 이러한 모델을 비교 분석하여 수퍼비전에 대한 각각의 모델에 대한 이해를 증진시키는 데 도움이 되기를 희망한다.

참 | 고 | 문 | 헌

Barnes, K. L., & Bernard, J. M. (2003). Women in counseling and psychotherapy supervision. In M. Kopala & M. Keitel (Eds.), *Handbook of counseling women* (pp. 535-545). Thousand Oaks, CA: Sage.

Battegay, R. (1990). Complementary individual and group analytic training for future psychotherapists. *Psychotherapy and Psychosomatics*, *53*, 130-134.

Beck, J. S. (1995). *Cognitive therapy: Basics and beyond*. New York, NY: Guilford Press.

Behan, C. P. (2003). Some ground to stand on: Narrative supervision. *Journal of Systemic Therapies*, *22*, 29-42.

Bernard, J. M., & Goodyear, R. K. (2004). *Fundamentals of clinical supervision* (3rd ed.). Upper Saddle River, NJ: Person Education, Inc.

Bernard, J. M., & Goodyear, R. K. (2009). *Fundamentals of clinical supervision* (4th ed.). Upper Saddle River, NJ: Person Education, Inc.

Binder, J. L., & Strupp, H. H. (1997). Supervision of psychodynamic psychotherapies. In C. R. Watkins, Jr. (Ed.), *Handbook of psychotherapy supervision* (pp. 44-62). New York, NY: Wiley.

Bordin, E. S. (1983). A working alliance model of supervision. *The Counseling Psychologist*, *11*, 35-42.

Bradley, L. J., & Gould, L. J. (2001). Psychotherapy-based models of counselor supervision. In L. Bradley & N. Ladany (Eds.), *Counselor supervision: Principles, process, and practice*. (3rd ed., pp. 147-175). Philadelphia, PA: Brunner-Routledge.

Briggs, J. R., & Miller, G. (2005). Success enhancing supervision. *Journal of Family Psychotherapy*, *16*, 199-222.

Burkard, A. W., Johnson, A. J., Madson, M. B., Pruitt, N. T., Contreras-Tadych, D. A., Kozlowski, J. M., ... Knox, S. (2006). Supervisor cultural responsiveness and unresponsiveness in cross-cultural supervision. *Journal of Counseling Psychology*, *53*(3), 288-301.

Constantine, M. G., & Ladany, N. (2001). New visions for defining and assessing multicultural counseling competence. In J. G. Ponterotto, J. M. Casas, L. A. Suzuki, & C. M. Alexander (Eds.), *Handbook of multicultural counseling* (2nd ed., pp. 482-498). Thousand Oaks, CA: Sage.

Corey, G. (2005). *Theory and practice of counseling and psychotherapy* (7th ed.). Belmont, CA:

Thomson Learning.

Cushman, P. (1990). Why the self is empty: Toward a historically situated psychology. *American Psychologist, 45*, 599-611.

Dankoski, M. E., Pais, S., Zoppi, K. A., Kramer, J. S., & Lyness, A. M. P. (2003). Feminist principles in family medicine education. *Journal of Feminist Family Therapy*, *15*, 55-73.

de Shazer, S. (1980). *Clues: Investigating solutions in brief therapy*. New York, NY: Norton.

de Shazer, S. (1991). *Putting difference to work*. New York, NY: Norton.

Dinkmeyer, D. C., Jr., & Carlson, J. (2006). *Consultation: Creating school-based interventions* (3rd ed.). New York, NY: Routledge.

Douglas, M. A. D., & Rave, R. (1990). Ethics of feminist supervision of psychotherapy. In H. Lerman & N. Porter (Eds.), *Feminist ethics in psychotherapy* (pp. 137-46). New York, NY: Springer.

Fitch, T., & Marshall, J. L. (2002). Using cognitive interventions with counseling practicum students during group supervision. *Counselor Education & Supervision, 41*, 335-342.

Follette, W. C., & Callaghan, G. M. (1995). Do as I do, not as I say: A behavior-analytic approach to supervision. *Professional Psychology: Research and Practice*, *26*, 413-421.

Frawley-O'Dea, M. G., & Sarnat, J. E. (2001). *The supervisory relationship: A contemporary psychodynamic approach*. New York, NY: Guilford.

Freud, S. (1927). *Essays on psychoanalysis*. Oxford, England, UK: Payot.

Gabbard, G. O. (2004). *Long-term psychodynamic psychotherapy*. Washington, DC: American Psychiatric Publishing.

Gold, J. H. (2004). Reflections on psychodynamic psychotherapy supervision for psychiatrists in clinical practice. *Journal of Psychiatric Practice*, *10*, 162-169.

Hawes, S. E. (1998). Positioning a dialogic reflexivity in the practice of feminist supervision. In B. M. Bayer & J. Shotter (Eds.). *Reconstructing the psychological subject: Bodies, practices and technologies* (pp. 94-110). Thousand Oaks, CA: Sage.

Hayman, M. (2008). Psychoanalytic supervision. In A. K. Hess, K. D. Hess, & T. H. Hess, *Psychotherapy supervision: Theory, research, and practice* (pp. 97-113). Hoboken, NJ: Wiley.

Hipp, J. L., & Munson, C. E. (1995). The partnership model: A feminist supervision/consultation perspective. *The Clinical Supervisor*, *13*, 23-38.

Juhnke, G. A. (1996). Solution-focused supervision: Promoting supervisee skills and confidence through successful solutions. *Counselor Education and Supervision, 36*, 48-57.

Kagan, H. K., & Kagan, N. I. (1997). Interpersonal process recall: Influencing human interaction. In C. E. Watkins, Jr. (Ed.), *Handbook of psychotherapy supervision* (pp. 296-309). New York, NY: Wiley.

Kim, J. S. (2008). Examining the effectiveness of solution-focused brief therapy: A meta-analysis. *Research on Social Work Practice, 18*, 107-116.

Kindsvatter, A., Granello, D. H., & Duba, J. (2008). Cognitive techniques as means for facilitating supervisee development. *Counselor Education & Supervision, 47*, 179-192.

Knight, C. (2005). Integrating solution-focused principles and techniques into clinical practice and supervision. *The Clinical Supervisor, 23*, 153-173.

Koob, J. J. (2002). The effects of solution-focused supervision on the perceived self-efficacy of therapists in training. *The Clinical Supervisor, 21*, 161-183.

Larson, L. M., & Daniels, J. A. (1998). Review of the counseling self-efficacy literature. *The Counseling Psychologist, 26*, 179-218.

Little, C., Packman, J., Smaby, M., & Maddux, C. (2005). The skilled counselor training model: Skills acquisition, self assessment, and cognitive complexity. *Counselor Education & Supervision, 44*, 189-200.

Martinez, L. J., Davis, K. C., & Dahl, B. (1999). Feminist ethical challenges in supervision: A trainee perspective. *Women and Therapy, 22, 35-54.*

McDaniel, S., Weber, T., & McKeever, J. (1983). Multiple theoretical approaches to supervision: Choices in family therapy training. *Family Process, 22*, 491-500.

Messer, S. B. (2008). Unification in psychotherapy: A commentary. *Journal of Psychotherapy Integration, 18*, 363-366.

Milne, D., & James, I. (2000). A systematic review of effective cognitive-behavioral supervision. *British Journal of Clinical Psychology, 39*, 111-127.

Morgan, M. M., & Sprenkle, D. H. (2007). Toward a common-factors approach to supervision. *Journal of Marital and Family Therapy, 33*, 1-17.

Nelson, M. L., Gizara, S., Hope, A. C., Phelps, R., Steward, R., & Weitzman, L. (2006). A feminist multicultural perspective on supervision. *Journal of Multicultural Counseling and Development, 34*, 105-115.

Overholser, J. C. (1991). The Socratic method as a technique in psychotherapy supervision. *Professional Psychology: Research and Practice, 22*, 68-74.

Overholser, J. C. (1993a). Elements of the Socratic method: I. Systematic questioning. *Psychotherapy, 30*, 67-74.

Overholser, J. C. (1993b). Elements of the Socratic method: II. Inductive reasoning. *Psychotherapy*, *30*, 75-85.

Patton, M. J., & Kivlighan, D. M., Jr. (1997). Relevance of the supervisory alliance to the counseling alliance and to treatment adherence in counselor training. *Journal of Counseling Psychology*, *44*, 108-115.

Porter, N. (1995). Supervision of psychotherapists: Integrating anti-racist, feminist, and multicultural perspectives. In H. Landrine (Ed.), *Bringing cultural diversity to feminist psychology: Theory, research, and practice* (pp. 163-175). Washington, DC: American Psychological Association.

Porter, N., & Vasquez, M. (1997). Covision: Feminist supervision, process, and collaboration. In J. Worell & N. Johnson (Eds.), *Shaping the future of feminist psychology: Education, research, and practice. Psychology of women book series* (pp. 155-171). Washington, DC: American Psychological Association.

Presbury, J., Echterling, L. G., & McKee, J. E. (1999). Supervision for inner-vision: Solution-focused strategies. *Counselor Education and Supervision*, *39*, 146-155.

Prouty, A. M. (2001). Experiencing feminist family therapy supervision. *Journal of Feminist Family Therapy*, *12*, 171-203.

Prouty, A. M., Thomas, V., Johnson, S., & Long, J. K. (2001). Methods of femifamily therapy supervision. *Journal of Marital and Family Therapy*, *27*, 85-97.

Rita, E. S. (1998). Solution-focused supervision. *Clinical Supervisor*, *17*, 127-139.

Selekman, M. D., & Todd, T. C. (1995). Co-creating a context for change in the supervisory system: The solution-focused supervision model. *Journal of Systemic Therapies*, *14*, 21-33.

Singer, J. L. (1990). The supervision of graduate students who are conducting psychodynamic psychotherapy. In R. C. Lane (Ed.), *Psychoanalytic approaches to supervision* (pp. 165-175). New York, NY: Brunner/Mazel.

Szymanski, D. M. (2003). The feminist supervision scale: A rational/theoretical approach. *Psychology of Women Quarterly*, *27*, 221-232.

Szymanski, D. M. (2005). Feminist identity and theories as correlates of feminist supervision practice. *Counseling Psychologist*, *35*, 729-747.

Thomas, F. N. (1996). Solution-focused supervision: The coaxing of expertise. In S. D. Miller, M. A. Hubble, & B. L. Duncan (Eds.), *Handbook of solution focused therapy* (pp. 128-151). San Francisco, CA: Jossey-Bass.

Thorbeck, J. (1992). The development of the psychodynamic psychotherapist in supervision. *Academic Psychiatry, 16*, 72-82.

Tobin, D. J., & McCurdy, K. G. (2006). Adlerian-Focused supervision for countertransference work with counselors-in-training. *Journal of Individual Psychology, 62*(2), 154-167.

Townend, M. (2008). Clinical supervision in cognitive-behavioral psychotherapy: Development of a model for mental health nursing through grounded theory. *Journal of Psychiatric and Mental Health Nursing, 15*, 328-339.

Triantafillou, N. (1997). A solution-focused approach to mental health supervision. *Journal of Systemic Therapies, 16*, 305-328.

Tummala-Narra, P. (2004). Dynamics of race and culture in the supervisory encounter. *Psychoanalytic Psychology, 21*, 300-311.

Urbani, S., Smith, M. R., Maddux, C., Smaby, M. H., Torres-Rivera, E., & Crews, J. (2002). Skills-based training and counseling self-efficacy. *Counselor Education & Supervision, 42*, 92-106.

Wetchler, J. L. (1990). Solution-focused supervision. *Family Therapy, 17*, 129-138.

Wheeler, D., Avis, J. M., Miller, L. A., & Chaney, S. (1986). Rethinking family therapy education and supervision: A feminist model. *Journal of Family Psychotherapy, 11*, 373-377.

White, M. B., & Russell, C. S. (1995). The essential elements of supervisory systems: A modified Delphi study. *Journal of Marital and Family Therapy, 21*, 33-53.

Williams, A. B. (2000). Contribution of the supervisors' covert communication to the parallel process. *Dissertation Abstracts International Section A: Humanities & Social Sciences, 61*(3-A), 1165-1296.

제3부

상담 수퍼비전 전문화 모델

08

개인상담에 대한 집단 수퍼비전

P. Clay Rowell

사회 속에서 집단은 흔하다. 실제로 우리는 집단에 속해 살고 일한다. 이 점이 집단상담을 흥미롭게 하는 요소다. 많은 종류의 집단이 존재하지만, 전문적인 상담 분야에서는 전통적으로 치료적 목적을 위해 집단 작업을 활용해 왔다. 최근에 집단상담 작업은 학교, 조직 그리고 팀 등의 더 폭넓은 분야에 적용되고 있다. 상담자들의 집단 수퍼비전은 개인 수퍼비전에 대한 실행 가능한 대안 또는 보충안을 제시한다.

상담 수퍼비전은 상담및관련교육프로그램인증위원회(the Council for Accreditation of Counseling and Related Educational Programs: CACREP, 2009)와 미국심리학회(APA, 2008)에서 각각 인증하는 상담교육 프로그램과 상담심리 프로그램의 필수 사항이며 또한 주립면허위원회의 필수 사항이다. 실제로, CACREP에서는 상담교육을 받는 학생들에게 인턴 과정 기간 중 집단 수퍼비전을 필수적으로 요구하고 있다. APA는 상담심리 전공 학생들이 받는 수퍼비전 시간 중 개인 수퍼비전으로만 절반을 채우도록 요구한다. 졸업 후 많은 상담자들은 자격증 신청 과정 또는 직장 내 직원 회의 중 집단 수퍼비전을 경험하게 된다. 결과적으로, 대부분의 상담자들은 상담에 종사하는 기간 중 적어도 어느 한 시점에는 집단 수퍼비전을 경험하게 된다.

그럼에도 불구하고, 그들이 활용하는 수퍼비전 양식의 유형에 따라, 수퍼비전의

경험에 차이가 발생하게 된다. 가장 보편적인 집단 수퍼비전 양식은 수퍼바이지 집단과 수퍼비전 과정을 촉진하는 한 명의 수퍼바이저로 구성되어 있다. 많이 활용되는 또 다른 방식은 동료 수퍼비전이며 여기에는 지정된 수퍼바이저가 없다. 따라서 권위적인 관계가 존재하지 않는다. 때론 이 두 양식이 혼용되기도 하는데 수퍼바이저 주도적 양식과 동료 주도적 양식 모두 수퍼비전 과정에 서로 영향을 미친다.

이 장에서는 집단 수퍼비전의 범위를 밝히고, 집단 수퍼비전의 유용성에 대해 설명하고, 집단 수퍼비전을 효과적으로 활용하기 위한 약간의 지침을 제공하고자 한다. 첫째, 집단 수퍼비전에 대한 정의를 내리고 위에서 언급된 집단 수퍼비전의 양식과 현장에 대한 논의를 제공할 것이다. 둘째, 집단이 수퍼비전 작업을 준비하는 데 도움이 될 만한 약간의 지침을 제시하고자 한다. 마지막으로, 집단 발달의 전체 과정에 걸쳐 수퍼비전 과정을 촉진하는 여러 전략에 대해 탐구할 것이다.

집단 수퍼비전의 범위

집단 수퍼비전을 정의한다는 것은, 문헌에 따라 다양한 의견들이 존재하는 관계로, 다소 어렵다. 집단 수퍼비전이란 한 명 이상의 수퍼바이지를 대상으로 하는 수퍼비전이라고 하는 식의 매우 단순한 정의도 있다(Bernard & Goodyear, 2004). 또 다른 정의는 집단 내 최적의 수퍼바이지 수에 대한 지침을 제공한다(예, Proctor, 2000). 가장 적절한 수퍼바이지 수에 대한 의견은 4명에서부터 12명에 이르기까지 다양하다. 한 가지 확실한 점은, 집단의 규모가 집단의 역동을 저해하는 요인(예를 들어 결석 등의 이유)을 상쇄할 수 있을 만큼 커야 하고, 동시에 모든 수퍼바이지에게 적절한 관심을 제공할 수 있을 만큼 작아야 한다는 것이다. 첫 번째 정의를 따른다면 한 명의 수퍼바이저와 단 두 명의 수퍼바이지로 이루어지는 수퍼비전도 집단 수퍼비전으로 간주될 것이다. 하지만 이와 같은 방식은 '3인군 수퍼비전(Triadic Supervision)' 이라는 고유의 명칭으로 불린다. 3인군 수퍼비전은 여러 문헌의 관심을 끌고 있으며 개인 수퍼비전 및 집단 수퍼비전과는 별개의 독립적 양식으로서 연구되고 있다(예, Hein & Lawson, 2008). 따라서 3인군 수퍼비전은 이 장의

실제적 정의에 포함하지 않기로 한다.

더욱이, 집단 수퍼비전의 현장과 방식은 집단 수퍼비전 과정의 크기와 규모를 결정하는 데 중요한 역할을 한다. 수퍼바이지의 수는 대개 수퍼바이저에 의해 배당, 활용 혹은 선발된 수퍼바이지 수에 의해 결정된다. 상담교육 프로그램에서, CACREP(2009)는 실습 집단에 최대 10명의 수퍼바이지를 허용하고 있다. Riva와 Cornish(2008)의 보고에 의하면, 인턴 과정 현장(psychology internship sites)에서는 통상적으로 3~5명의 수퍼바이지를 두고 있다. 현장에서, 집단의 크기는 대개 특정 단체에 의해 고용되는 상담자 수에 의해 결정된다. 예를 들면, 어떤 대학의 상담센터는 다섯 명의 상담직원과 한 명의 책임자가 있을 수 있다. 따라서 이 집단은 다섯 명의 집단원과 집단 리더의 역할을 맡은 한 명의 책임자로 이루어진다. 추가적으로 수퍼바이저의 역할은 보통 임상 수퍼비전과 행정 수퍼비전으로 나뉜다. 마지막으로, 집단 수퍼비전의 두 주요 방식(수퍼바이저 주도적 그리고 동료 주도적)은 상이한 집단역동을 유발한다. 이 모든 요소들을 고려하여, 집단 수퍼비전에 대한 정의를 다음과 같이 제안한다.

집단 수퍼비전은 수퍼비전과 관련하여 ① 셋 혹은 그 이상의 수퍼바이지를 포함하고, ② 수퍼바이저 주도적이거나 동료 주도적이고, ③ 임상적 · 행정적 문제를 담당하고, ④ 수퍼바이지의 대인관계 발달 가능성을 극대화하는 것을 의미한다.

집단 수퍼비전은 수퍼바이지의 대인관계 발달의 극대화를 끌어내기 위한 특별한 기회를 제공하며 이것은 당연히 상담자로서는 매우 중요한 기술이다. 이 부분에 대해서는 이 장 후반부에 다시 논하기로 하자.

집단 수퍼비전의 현장

이 부분에서는 집단 수퍼비전이 일어나는 가장 보편적 현장 두 곳에 초점을 두고 있다. 즉, 실습 또는 인턴 과정 집단 그리고 직원회의다.

상담자에게 실습 집단은 집단 수퍼비전의 첫 경험이 될 수 있다. 상담교육 프로그램에서 실습은 보통 학생의 교과 과정 후반부에, 인턴 과정 이전에 실시된다. 일반적으로 실습 집단은 교수나 박사과정 학생이 진행하는 강의의 구조로 되어 있다. 실습 과목에 등록한 학생들은 지역사회나 대학 현장 또는 상담교육 프로그램

을 운영하는 (임상) 현장에서 임상 현장 경험을 하게 된다. 학생들은 일반적으로 집단 수퍼비전을 위해 그들의 대학 수퍼바이저와 주 1회 만난다.

현장에서 일하는 상담자들의 경우 정기적으로 직원회의에 참석하게 되며 이것은 다양한(multiple) 목적에 기여하게 된다(임상적 그리고 행정적으로). 수퍼바이저에게 행정과 임상 수퍼비전 간의 균형을 유지하는 것은 종종 어려운 일이다. 이 회의는 흔히 임상적인 면보다는 행정적인 면에 초점이 더 맞춰져 있으며 정책과 절차, 생산성과 효율성 그리고 기타 행정적 이슈들을 포함하고 있다. 때때로 기관들(agencies)은 행정적 모임과 임상적 모임에 대해 따로 일정을 잡는데 그 이유는 내담자의 상담 요구를 충족하기 위해서다. 별개의 임상적 모임은 보통 어려운 사례에 대한 설명을 포함하며 그 이유는 동료와 수퍼바이저들로부터 도움을 얻기 위해서다. 흔히 수퍼바이저는 기관과 내담자의 행정적 요구와 임상적 요구 사이에서 갈등을 경험하며 이것은 특히 기관의 지시들이 도덕적 규범과 양립할 수 없을 경우 딜레마를 야기할 수 있다.

집단 수퍼비전의 양식

동료 수퍼비전(peer supervision)은, 상담 기술을 향상시키고, 사례들에 대한 도움을 구하고, 상호 지지하기 위하여 정기적인 모임을 갖는 일군의 상담자 혹은 상담 학생들과 관련된다. 동료 수퍼비전은 보통 수퍼바이저 주도 집단에 비해 상대적으로 덜 형식적이다. 그것은 수퍼바이저와의 권위적인 관계가 전무하고 공식적 평가가 부재하기 때문이다. 공식적 평가의 부재는 상담자들이 겪은 어려움에 대한 보다 정직한 노출과 동료로부터의 보다 직접적 비평으로 이어질 수 있다. 뿐만 아니라, 상담자들은 수퍼바이저가 자신을 어떻게 평가할지에 대해 걱정하지 않기 때문에 이렇게 개방하는 것을 저항 없이 수용할 수 있다. 그러나 매번 같은 결과로 이어지지는 않는다. 왜냐하면 동료 집단 또한 비효율적일 수 있기 때문이다. 동료들은 때론 그들의 동료들의 감정에 더 관심을 갖고 많은 지원을 아끼지 않는 반면 문제 제기는 최소화하기 때문이다. 더욱이 공적인 지도력 부재는 동료 집단으로 하여금 작업에 집중하기 어렵게 만들 수 있다.

혼합된 양식(hybrid format)은 수퍼바이저 그리고 동료 주도 수퍼비전 양식 둘 다

섞어 활용한다. 사실, 이것은 집단 수퍼비전을 위해 매우 이상적인 방식일 수 있다. 그 이유는 수퍼바이저가 수퍼바이지들 사이에서, 자체적인 격려와 비판을 용이하게 하고 각 개인의 자체적 평가를 제공하는 방식으로, 집단 작업의 가능성을 극대화해야 하기 때문이다. 더욱이, 수퍼바이저는 필요시 구조(structure)를 제공하고 집단이 표류할 경우 작업에 집중할 수 있도록 지원할 수 있다. 혼합된 방식 활용의 구체적 기술에 대한 언급은 이 장 후반에 더 찾아볼 수 있다.

집단 수퍼비전의 강점과 성장점

많은 저자들이 집단 수퍼비전 실시에 대한 장점과 한계를 서술하였다(Bernard & Goodyear, 2009; Cohen, 2004). 이 장에서는 그들의 연구를 활용하지만, 집단 수퍼비전과 관련된 필자의 경험을 바탕으로 몇몇 새로운 의견을 새롭게 첨부한다. 단순히 장단점을 나열하고 묘사하는 것을 넘어, 장점을 극대화하고 단점을 다루거나 재구성하는 방법을 제시하도록 하겠다. 따라서 '한계' 혹은 '부정'과 같은 단어를 사용하는 것을 피하고 대신 '성장점(growing edges)'이라는 표현을 사용하도록 한다. 이는 전자의 표현이 지나치게 제한적이고 다루기 힘들어 보이기 때문이다. 실제로, 수퍼바이저는 집단의 힘을 사용하여 집단 양식이 제시하는 잠재적 성장점을 거스를 수 있다.

강점 수퍼비전을 위해 집단 방식을 사용하는 데 있어 몇 가지의 강점들이 있다. 다음의 리스트는 완벽하지는 않지만 가장 흔히 관찰되는 강점들이다.

1. **집단 수퍼비전은 대리학습의 기회를 제공한다.** 수퍼바이지들은 수퍼바이저를 포함하여 여러 상담자들을 상대하게 될 것이기 때문에, 대리학습 경험은 불가피하다. 나의 경험으로는, 수퍼바이지들이 가장 흔히 말하는 대리학습의 이점은 상담에 대한 여러 방식에 대해 관찰하고 경청할 수 있다는 것이다. 내담자에 대한 동료의 상담회기를 경청하고 관찰하는 것 그리고 동료로부터 내담자에 대한 이야기를 경청하는 것은 수퍼바이지에게 상담 작업과 사례개념화를 위한 여러 가지 방법을 배울 수 있는 기회를 제공한다.

수퍼바이저는 이 과정을 고양시킬 수 있는데, 이는 집단으로 하여금 각각의 수퍼바이지가 내담자와 어떤 방식으로 일을 했는지에 대해 명확한 질문을 하도록 촉구하는 방식으로 이루어진다. 수퍼바이저는 또한 집단으로 하여금, 사례발표를 하는 수퍼바이지가 상담 관계 혹은 그 과정에 접근할 수 있는 다른 방법에 대해, 자신들의 생각을 나누도록 요청할 수 있다. 수퍼바이저가 대리학습을 고양시킬 수 있는 다른 여러 방법이 존재한다. 그러나 여기서 중요한 것은 수퍼바이지로 하여금 여러 방식에 대해 대화를 나누도록 촉진하는 것이다.

2. **집단 수퍼비전은 공감을 고조시킨다.** 우리가 다양한 맥락 속에서 많은 사람을 접하면 접할수록 공감대가 더욱 고조된다. 분명한 점은, 수퍼바이지들이 내담자들의 이야기를 공유할 때 동료들은 그들이 전에 경험하지 못했던 독특한 인간적 상황들에 노출된다는 것이다. 의문의 여지없이 이러한 노출은 수퍼바이지들로 하여금 그들의 공감대를 형성하는 데 도움을 준다.

   수퍼바이저는 내담자에 대한 개념화와 관련된 대화를 촉진함으로써 공감대의 발달을 의도적으로 조성할 수 있다. 이러한 경우, (수퍼바이지의 상담 기술이 아니라) 구체적으로 내담자에 대한 대화를 유지하는 것은, 그 집단이 내담자의 삶의 공간에 대한 보다 깊은 이해를 얻는 데 도움이 된다. 다양한 시각들은, 집단에게 내담자가 경험할 수 있는 일련의 가능성을 노출시킴으로써, 공감대 형성을 촉진시킨다.

3. **집단 수퍼비전은 다문화적 역량을 증진시킨다.** 공감대 형성과 관련하여, 다문화적 상담 역량의 개발은 상담자에게 필수적이다. 내담자 개념화에 대한 논의는 다문화적 이슈들에 대한 언급 없이는 완전하지 못하다. 수퍼바이지 집단은 한 명의 수퍼바이저보다 훨씬 풍부한 인생경험, 세계관, 가치관 그리고 그 밖의 다양성(예를 들어 성적 지향성, 종교/인생철학, 성별, 나이, 인종 등)을 갖고 있다.

   만약 한 집단이 자체적인 다문화적 관점을 제시하지 못한다면, 수퍼바이저는 수퍼바이지들로 하여금 내담자에 영향을 미칠 수 있는 잠재적 문화적 이슈들에 대해 논의하도록 특별히 지시할 수 있다. 여기에서의 목표는 수퍼바이지들로 하여금 다양한 시각에 대해 생각할 수 있는 장을 제공하고, 현재 또는 미래의 내담자들과 관련하여 필요한 인식, 지식 그리고 기술을 향상시키는 데 있다.

4. **보편성**(universality). 수퍼바이지들은 종종 그들의 상담과 관련된 구체적 문제들로 인해 어려움을 겪는다. 이 문제들은 특정 상담 기술에서부터 그들 작업에 대한 정서적 반응 등에 걸쳐서 나타난다. 집단 수퍼비전은, 동료들이 유사한 어려움을 표현할 때, 수퍼바이지들의 경험을 보편화시키는 데 도움을 준다. 이는 그들의 능력에 대한 불안과 의심을 해소시킬 수 있을 뿐 아니라 뒤이어 자기효능감을 향상시킬 수 있다.

   이러한 보편성의 유형은 종종 집단 내에서 수퍼바이저의 많은 도움 없이 일어난다. 그러나 연결하기(linking)라는 집단 촉진 기술의 사용은 수퍼바이저가 보편성을 향상시키고 상호 지원을 격려할 수 있는 방법 중 하나다. 다수의 수퍼바이지들이 유사한 경험을 겪는다는 사실에 초점을 맞춤으로써, 수퍼바이저는 수퍼바이지들이 어려움에 있을 때 자신들이 혼자가 아니라는 것을 깨닫도록 돕는다.

5. **수퍼바이지에 대한 평가 강화**. 집단을 사회의 축소판이라고 일컫는다(Yalom & Leszcz, 2005). 그런 만큼, 삶의 다른 현장에서와 마찬가지로, 사람들은 시간이 흐름에 따라 집단 환경 내에서 대인관계를 맺게 됨을 알 수 있다. 수퍼바이지들이 집단 내에서 타인과 관계를 맺듯이 그들의 내담자와 유사하게 관계를 맺을 가능성은 매우 높다. 따라서 수퍼바이저들은, 개인 수퍼비전과 별도의 맥락에서, 수퍼바이지들을 관찰할 수 있는 기회가 생긴다.

   더욱이, 수퍼바이저는 수퍼바이지의 대인관계에서 사각지대를 밝히려는 노력의 일환으로 집단 수퍼비전 회기 내에 발생하는 상호작용을 다룰 수 있다. 개인적으로, 이 부분을 내담자들과 관련하여 경험한 문제들을 수퍼바이지들이 좀 더 잘 이해할 수 있게 하는 기회로 활용하였다. 만일 수퍼바이지들이 그들의 대인관계 방식 일부분이 상담 관계에 어떤 영향을 미치는지 이해한다면, 수퍼바이지들은 내담자를 조금 다른 방식으로(그리고 어쩌면 좀 더 긍정적으로) 상담할 수 있게 된다.

6. **경제**. 집단 수퍼비전은 시간, 비용, 노력 그리고 기술 면에서 이점을 제공한다. 물론, 이러한 이점은 집단상담에서도 유사하게 나타난다.

성장점 집단 수퍼비전의 유용성에 관한 부분과 유사하게, 다음 부분 또한 성장

점에 대한 완전한 리스트가 아니다. 이 리스트는 수퍼바이저들이 겪는 보다 흔한 문제들을 생각해 보기 위해 제공되었다.

1. **집단 양식은 개인상담과 다르다.** 집단 수퍼비전의 과정은 수퍼비전을 받는 상담 과정과 유사성이 없다(수퍼바이지들이 집단상담을 하고 있을 경우를 제외하고). 따라서 개인 수퍼비전의 경우보다 병행 과정을 평가하고 논의할 기회가 적다. 개인상담과 집단상담에 있어 수퍼바이저와 수퍼바이지 사이의 대인관계가 다를 수도 있지만, 수퍼바이저는 여전히 수퍼바이지들 간의 상호작용을 관찰할 기회가 있다. 개인상담과 수퍼비전 과정의 병행 과정을 살피는 방법으로 집단 수퍼비전의 다섯 번째 강점을 재검토하라.
2. **비밀보장.** 집단에서는 내담자와 수퍼바이지 모두에 대하여 비밀보장의 한계가 있다. 보통 집단 수퍼비전에서 수퍼바이지들은 수퍼비전 범위 밖에서 상호 관계를 맺는다. 상담 및 상담심리 교육과정에서는 학생들이 보통 같이 수업도 듣고 상호 교제한다. 졸업 이후의 경우 상담자들은 서로 교제할 수 있으며 여러 다른 상황에서 같이 일할 수 있다(집단의 공동 주도 혹은 위원회 활동 등으로). 수퍼바이저들은 동료 수퍼바이지들의 비밀보장에 대하여 대화를 나누는 것이 중요하다. 그 이유는 이중 관계가 비밀보장의 경계를 모호하게 만들 수 있기 때문이다. 또한 그들은 비밀보장이 단지 내담자와의 관계에만 적용된다고 생각할 수도 있다.
3. **개인은 모든 집단 회기에서 자신들의 요구를 모두 충족할 수 없다.** 수퍼바이지들이 집단 수퍼비전하에서 개인 수퍼비전에서와 동일한 수준의 관심을 얻는다는 것은 불가능하거나, 그렇지 않다 하더라도 극히 어려운 일이다. 한 시간의 집단 수퍼비전은 (개인적 관심의 측면에서) 한 시간의 개인 수퍼비전과 동일할 수 없다. 이 사실을 집단 수퍼비전 초기에 수퍼바이지들에게 명확하게 알려 현실적 기대치를 갖게 하여야 한다. 뿐만 아니라, 개인 수퍼비전에서 발생하는 동일한 종류의 지도와 도움을 제공하는 것은 집단 수퍼비전의 목표가 아니다. 결과적으로 많은 상담 및 상담심리 교육과정은 학생들에게 개인과 집단 수퍼비전 둘 다 요구하고 있다.

   집단 수퍼바이저가 이 문제를 상쇄할 수 있는 한 가지 방법은 매 집단 활동을

다음의 질문으로 시작하는 것이다, "오늘 여러분이 이 집단으로부터 필요로 하는 한 가지가 있다면 그것은 무엇입니까?" 비록 집단 구성원들의 모든 관심을 다루지는 못하겠지만, 이 질문은 수퍼바이지들로 하여금 그들의 요구에 우선순위를 매기도록 격려하게 된다. 이 질문은 각 구성원이 각 회기에서 취급하고자 하는 문제의 선택을 집단이 책임지도록 한다.

4. **몇몇 집단역동은 발달을 저해할 수 있다.** 몇몇 해로운 역동 관계로는 경쟁, 하위집단 형성, 방어, 집단사고 그리고 리더에 대한 도전 등이 있다. 집단의 발달을 저해하는 역동 관계는 또한 수퍼바이지들의 발달도 저해할 수 있다. 집단 수퍼비전하에 설정될 수 있는 방해 규범들은 다음과 같다. ① 집단이 집단 혹은 수퍼바이지 상담회기 내에서 발생하는 심리내적 경험을 이야기하지 않는다. ② 수퍼바이저의 생각에 맹목적 찬성을 하며 자율적 사고를 창출하지 않는다. ③ 수퍼바이지들 간에 상호 도전이 없다. ④ 수퍼바이지 간에 격려와 지지가 과도하다. ⑤ 집단이 항상 집단 리더의 지도에 의존한다.

수퍼바이저의 역할은 집단 초기에 성립되는 역동 관계와 규범에 영향을 미친다. 수퍼바이저들이 집단 수퍼비전 과정 내내 집단의 역동 관계에 관심을 갖는 것이 절대적으로 중요하다. 그러나 처음부터 생산적인 집단(productive group)을 개발하는 데 있어 수퍼바이저가 핵심적이라는 사실을 이해하는 것이 특히 중요하다. 집단 수퍼바이저에게 있어 의도적 모델링, 집단 형성 그리고 집단에 대한 수퍼바이지들의 주인의식 조성 등은 집단 수퍼비전의 중대한 작업이다. 이 모든 것은 집단 내에서 집단 작업의 장점을 활용하고 집단의 단점을 최소화(또는 개선)하는 환경을 조성하는 것으로 시작된다. 다음의 내용과 관련하여 필자는 집단 리더십 기술을 위한 완전한 재교육을 위하여 집단상담 문헌들을 검토하기를 제안한다.

환경 조성

개인 수퍼비전과 집단 수퍼비전 간의 주요 차이 중 하나는, 개인 수퍼비전에서는 전문적 발달을 촉진하는 직접적 요인이 수퍼바이저와 수퍼바이지라는 사실이다. 집단 수퍼바이저는 수퍼바이지의 발달과 관련하여 보다 간접적으로 작용한다. 그

이유는 발달에 대한 주요 추진력은 수퍼바이지들의 상호 관계이기 때문이다. 따라서 효과적 상호 관계에 좋은 환경을 만들고 유지하는 것이 수퍼바이저의 책무다.

인간행동은 환경에 의해 지속적으로 강화된다. 따라서 수퍼바이저는 수퍼바이지들의 행동 중 집단 과정에 유익한 행동은 장려하고 해로운 행동은 막아야 한다. 집단 내에서 네 번째의 성장점(예를 들어 '몇몇 역동 관계는 발달을 저해한다.')을 기억하면서, 개방성, 정직성 그리고 표현의 자연스러움을 촉진해야 한다. 그러나 정직성은 수퍼바이지에게만 필요한 것이 아니다. 완벽해 보이는 집단 수퍼바이저는 집단 과정에 방해가 된다. 왜냐하면 수퍼바이지들은 수퍼바이저의 모범적 면모를 결코 따라갈 수 없을 것이라고 생각할 수 있기 때문이다. 더욱이, 그것은 또한 개인적 어려움은 환영받지 못한다는 유익하지 않은 집단 기준을 부각시키기도 한다. 자기노출은 중요하게 여겨지만, 이는 어떤 감정 정화적 해소의 효과 때문이 아니라 그것이 "타인과의 보다 깊고, 풍부하며 더 복합적인 관계"(Yalom & Leszcz, 2005, p. 134)로 이어지기 때문이다.

집단의 다른 구성원들과의 유대감은 집단 응집성을 조성하는 데 주요 요인이 된다. 응집성은 집단의 효능에 기여하는 가장 중요한 요인이다(Yalom & Leszcz, 2005). 응집성은, 집단에 대한 구성원들의 소속감, 집단에 대한 개인적 책임감 그리고 '공동운명체' 적 의식의 경험으로 정의되기도 한다. 집단의 응집성이 강하면 강할수록, 수퍼바이지들이 다른 구성원들과 영향을 주고받고, 좌절감을 극복하려는 의지가 강해지며, 상호 간의 전문적 발달에 대한 의지가 늘어난다. 추가적으로 높은 수준의 응집성은 또한 높은 수준의 생산성을 강화시킨다.

집단 수퍼바이저에게는 집단 응집성을 촉진해야 하는 어느 정도의 책임이 따른다. 여느 초기 단계의 집단처럼, 수퍼바이지들은 수퍼바이저로부터 수퍼비전 과정에 관하여 무엇을 어떻게 해야 하는지에 대한 지도를 바란다. 집단의 초기 단계에서 수퍼바이저가 집단을 인도하고 도움을 주는 방식은 그 집단이 얼마나 빨리 그리고 어디까지 발달하는지에 큰 영향을 미친다. 따라서 수퍼바이저는 집단이 그 가능성을 최대한 실현할 수 있는 환경을 조성하는 것이 무엇보다 중요하다. 유대감을 성취하기 위한 방법들을 의식적으로 선택하는 것은 집단이 응집성을 갖게 하는 데 도움이 된다. 다음에 기술할 내용은 이 과정에 다소의 도움을 제공하며 집단 응집성 발달을 촉진하는 방법의 본보기가 되어 줄 것이다.

머물러 있기 모델링

처음 집단 수퍼비전 회기는 많은 수행 계획(스케줄, 방침과 절차, 집단 규칙 등)을 다루는 데 사용된다. 방침과 절차를 논의하는 것은 어느 집단에게나 필수적 요소다. 이 과정을 일상적으로 느끼는 몇몇 수퍼비전 집단에서, 집단원들은 수퍼바이저가 '이걸 빨리 해치우자' 는 식의 사고방식을 갖고 있다고 추측할 수도 있다. 물론, 많은 상담자와 수퍼바이저들은 이러한 규범들을 논의하기 위하여 이 전문직을 선택한 것은 아니다. 그러나 집단 수퍼바이저는 집단에 대한 자신의 영향력을 잊으면 안 된다. 우리는 모델링을 흔히 행동적 맥락에서 생각한다. 분명 수퍼바이저의 행동은 집단 규범의 발달, 수퍼바이지들이 편안하게 느끼는 정도, 집단 응집성 그리고 다른 많은 역동과 과정에 영향을 미친다.

중요하면서도 가끔 간과되는 모델링 요소 중 하나로 수퍼바이저의 태도가 집단에 미치는 영향이 있다. 앞의 경우, 즉 수퍼바이저가 '이걸 빨리 해치우자' 는 식의 사고방식을 가진 경우는 정책과 절차의 중요성에 대하여 수퍼바이지들이 어떠한 시각을 갖는지에 대해 영향을 미친다. 좀 더 긍정적 혹은 열성적인 태도는 또 다른 영향을 미쳤을 것이다. 실행계획에 대한 대화는 보통 집단이 실천해야 할 첫 번째 과제이므로 수퍼바이저가 표방하는 태도는 집단 환경의 초기 분위기를 정하게 된다. 결과적으로 그 태도는 집단에 대한 수퍼바이지들의 열정과 전망에 영향을 미친다. 집단의 초창기 단계에서, 열정과 전망은 응집성을 형성하는 데 있어 핵심적 요소다. 자료에 의하면 집단 리더가 나타내는 태도는 집단 구성원들의 동일한 태도를 증폭시킨다고 알려져 있다(Linton & Hedstrom, 2006). 개방, 수용, 열정 그리고 비방어적 태도를 모델링하는 것은 이러한 태도들을 높은 수준에서 보여 주는 수퍼바이지들로 특징지어지는 작업 환경을 형성하는 데 도움이 된다.

집단 형성

집단 응집성 조성의 중요성은 아무리 강조하여도 지나치지 않다. 집단이 신속히 작업에 임하도록 하려면, 수퍼바이지들이 집단 초기부터 집단에 대한 소속감과 다른 구성원들과의 연대감을 느껴야 한다. 따라서 집단 수퍼바이저는 수퍼바이지

들이 서로 간에 그리고 수퍼바이저에 대해 편한 느낌을 가질 수 있는 분위기를 조성하는 데 주의를 기울여야 한다.

집단이 어떻게 운용되기를 원하는지에 대해 수퍼바이저가 숙고하는 것은 어떤 일을 수행해야 하는지 결정하는 데 도움이 될 수 있다. 이 단계에서 집단 사전 계획이 큰 차이를 만들 수 있다. 만약 수퍼바이저가 집단 회기 동안에 집단이 어떠한 모습을 갖게 될지 형상화할 수만 있다면, 그러한 비전을 향상시키는 활동들을 의도적으로 계획할 수 있다. 예를 들면, 한때 내가 이끌 수퍼비전 집단의 한 요소로 상담 관계의 중요성에 대한 대화를 포함하는 것을 상상해 보았다. 나의 수퍼바이지들이 과거 수퍼비전 관계에서보다 훨씬 깊게 이 작업의 요소를 탐구하기를 원했다. 나의 해결책은 수퍼비전 시간의 일부를 독서클럽 양식을 따른 상담 관계와 관련된 한 권의 책에 대해 토의하는 시간으로 구성하는 것이었다. 이 요소에 대해 설명하기를, 우리는 이 시간을 서로에 대해 알아 가는 시간으로 활용할 것이며 매주 다른 사람이 토의를 이끌 것이라고 말하였다. 이러한 방법은 나의 비전을 촉진시켜 주었을 뿐 아니라, 나 혼자만 이 집단을 이끄는 것이 아니라는 생각을 고취시켰다. 학습 과정을 통하여 협력하여 작업하는 모델을 구축할 수 있었고, 이는 다시 응집성을 향상시켰고 집단이 작업 단계(working stage)로 발달하는 데 도움을 주었다.

집단 수퍼비전 초기 단계에서 집단이 완수해야만 하는 과제들을 검토함으로써 집단 수퍼바이저는 집단 형성을 위한 특별 활동들을 계획할 수 있다. 어색함 깨기(icebreakers)는 수퍼바이지들이 집단 수퍼비전 과정에 대한 걱정을 해소하고 긴장감을 풀 수 있게 한다. 첫 번째 집단 회기 중 기대감에 대한 논의는 수퍼바이지들이 자신들의 흥미, 관심사 그리고 목표를 탐색하는 데 도움을 준다. 이 방법을 통해 집단 형성 과정이 시작되며 그 이유는 수퍼바이지들이 그들 동료들이 무엇을 경험하는지 그리고 기대감의 잠재적 공통성이 무엇인지에 대해 이해할 수 있기 때문이다. 여기서 모델링을 잊지 말도록 하자. 수퍼바이저들은 그들의 경험을 집단과 공유해야 한다. 수퍼바이저는 정보뿐만 아니라 그들의 흥미, 어려움 그리고 목표에 대하여도 공유해야 한다. 한 번 더, 집단 형성 초기 단계에서, 집단 수퍼바이저는 집단의 리더 역할을 대부분 책임져야 한다. 이상적으로는 이 현상은 시간의 경과와 집단의 발달과 함께 감소할 것이다. 집단 형성 과정 중 수퍼바이저는 스

스로를 단순히 리더가 아닌 한 구성원으로 간주하여야 한다. 이것은 힘들 수도 있다. 왜냐하면 대부분의 집단 수퍼바이저는 그들 지도하의 수퍼바이지들을 평가해야 하며 수퍼바이지들은 수퍼바이저의 이러한 역할을 쉽게 잊지 않기 때문이다.

주인의식 형성하기

수퍼바이지들이 집단에 대한 주인의식(ownership)을 느끼게 하는 것은 집단의 잠재력을 충분히 향상시키는 데 있어서 중요한 특징이다. 수퍼바이지들이 집단 성공에 대한 일정 부분의 책임이 부여된다고 느낄 때, 그들은 집단 수퍼비전 회기 중에 더욱 열심히 노력할 것이다. 집단 구성원이 집단 작업에 대한 책임을 더 수용하면 수용할수록 집단의 사용 가능한 자원이 그만큼 다양해진다. 그리고 결과적으로, 제공되는 피드백의 질적 양적 수준이 그만큼 향상된다.

언뜻 보기에는, 집단 수퍼비전 회기가 어떻게 진행될지에 대해 자유로운 형식을 취하는 것이 수퍼바이지가 주인의식을 가지고 자신의 역할을 수행하도록 자극하는 데는 도움이 되지 않는 것처럼 보일 수 있다. 그러나 사실, 어떻게 운영될지에 대하여 모든 설명을 들은 상황에서 주인의식을 느끼기는 어려울 것이다. 집단의 초기 단계에서 집단이 가장 필요로 하는 것이 구조라는 것을 잊지 말라. 그렇다고 수퍼바이저의 집단 회기의 운영구조가 확고부동하고 경직되어야 한다고 말하는 것은 아니다. 그러나 수퍼바이지들이 매주 기대하는 것이 무엇인지를 잘 인식할 때, 그들의 마음이 더 편할 것이고 따라서 집단 수퍼비전을 위해 더 열심히 준비할 것이라는 게 나의 의견이다.

집단 의례(group rituals)를 개발하는 것이 이러한 목적을 달성하는 한 가지 방법이다. 집단 의례는 매 수퍼비전 회기 중 집단이 참여하는 활동과 과정들이다. 만일 수퍼바이지들이 각 회기가 특정한 활동이나 이야기(예, 서로 어떻게 지냈는지 묻는 것)로 시작하는 것을 안다면, 시간이 지남에 따라 그들은 이 의례를 위해 보다 철저히 준비하게 될 것이다. 후에, 회기의 시작은 훨씬 더 의미 있고 빠른 논의를 야기할 것이다. 더욱이 의례는 흔히 상담 작업의 추상적이고 복잡하며 애매모호한 성격 때문에 여러 수준의 불안을 느끼고 있는 수퍼바이지들에게 기초적 교육 경험을 제공한다. 많은 경우 수퍼바이지들이 자신들이 무엇을 해야 할지 알 수 있는,

예를 들어 서로 점검하는 의례를 예상하고 수퍼비전에 임하는 것이 얼마나 안정감을 주는지 말하는 것을 들은 적이 있다. 왜냐하면 그것이 수퍼비전 과정에서 구체적으로 예측할 수 있는 유일한 것이기 때문이다. 추가적으로, 집단 회기 끝부분에 실시되는 의례 또한 수퍼바이지들로 하여금 수행해야 할 역할(예, 유도 이미지 회상)을 할 수 있도록 힘을 부여하거나 편안하게 하는 방법이 될 수 있다.

주인의식을 형성하는 또 하나의 가치 있는 기술은 집단 규범의 개발이다. 수퍼바이저들은 따라야만 하는 정책과 절차가 있다. 그리고 그것들은 대개 대학원 과정 혹은 협회의 규정이다. 그러나 집단 과정 면에서는 어떻게 소통하고 어떻게 집단의 잠재력을 최대한 이끌어 내야 하는지에 대한 명시적 규정이 없다. 수퍼바이저는 수퍼바이지로 하여금 집단이 지속되는 기간 동안 의미 있고 개방적이며 진실한 대화를 나누기 위하여 필요하다고 생각되는 조건들의 목록을 작성하도록 요구할 수 있다.

몇몇 공통적 조건들을 살펴보면 수용, 정직, 지지, 무비판적 태도, 위험을 감수하기 등이 있다. 수퍼바이지들의 목록과 상관없이, 중요한 것은 대부분의 규칙을 만들어 내야 한다는 것이다. 물론 수퍼바이저는 구체적인 조건(비밀보장 등)이 포함되도록 확인하고 수퍼바이지들에 의해 누락된 경우 이 조건이 포함될 수 있도록 주장하여야 한다. 목록이 완성된 후 수퍼바이저는 조건에 대한 논의 혹은 명료화를 요구할 수 있다. 이 비공식적 계약 과정의 마지막 단계는 집단 전체로부터 목록에 대한 동의를 구하는 것이다. 이것은 수퍼바이지의 주인의식을 함양할 뿐 아니라 구성원들의 집단 내 행동에 대한 책임감을 조성하는 데 도움이 된다. 많은 경우 나는 수퍼바이지들 간에 소극적인 태도, 타인에 대한 판단 혹은 집단 규범 위반을 언급하도록 하는 경우에 유익한 상호 관계가 촉진되는 것을 목격할 수 있었다.

집단 과정 기술 활용하기

효과적인 집단 수퍼비전에 도움이 되는 환경 조성의 가치를 논의한 데 이어 이 부분에서는 집단 촉진 기술을 활용하여 수퍼비전 작업의 과정과 결과를 향상시키는 데 초점을 맞출 것이다. 집단 수퍼바이저들은 개인 수퍼비전에서 사용되는 것과 동일한 기술을 상당수 활용하게 된다. 그러나 수퍼바이저가 개인에서 집단의

관점으로 전환하지 않는다면, 그 결과로 집단 수퍼비전 회기 동안 초점을 개인에게 맞추는 오류를 범할 수 있다. 이럴 경우, 다른 수퍼바이지들은 참여하지 않으면서, 번갈아 가면서 일대일 대화가 지속되는 형식이 발생할 수 있다.

이 장에서 내내 언급했듯이 집단 수퍼비전의 힘은 수퍼비전 회기 내 발생하는 상호작용에 달려 있다. 집단의 모든 구성원이 서로 주고받는다면 최상의 교육이 이루어질 수 있다. 따라서 집단 수퍼바이저들이 수퍼비전 과정을 집단 작업 시각에서 바라보고 집단 촉진 기술을 활용하여 수퍼바이지들의 발달을 향상시키는 것이 매우 중요하다. 모든 집단 촉진 기술에 대한 논의를 하는 것은 중요한 일이지만 그것은 이 장의 범위 밖이다. 그러나 다음에 소개될 기술들(아직 이 장에선 논의되지 않은)은 집단 수퍼비전 과정에 가장 적절해 보인다.

사례 발표 과정

사례 발표는 아마도 집단 수퍼비전의 가장 널리 활용되는 특징일 것이다. 대부분의 대학원 과정과 자격증위원회는 수퍼바이저가 녹화(오디오 혹은 비디오)된 상담회기를 통하여 수퍼바이지의 작업을 평가하도록 요구하고 있다. 집단 수퍼비전의 모델은 보통 사례 발표 방식(Borders & Brown, 2005)에 근거하고 있다. 이 모델(Bernard & Goodyear, 2009)들은 사례 발표를 진행하는 접근을 위한 구조를 포함하여 여러 공통적인 분모들을 지니고 있다. 비록 이 모델들은 각각 장점을 지니고 있지만 이 중에서 가장 직설적이고 과정과 내용 지향적이며 집단 수퍼비전의 혼합된 양식(hybrid format)을 포함하는 한 가지 모델을 논의할 것이다.

구조화된 동료 집단 모델(Structured peer group model: SPGM)(Borders, 1991)은 수퍼바이지들이 건설적이고 구조화된 방식으로 서로 전문적 발달을 돕도록 집단 과정을 의도적으로 포함하는 집단 수퍼비전을 진행하고 있다. 이 과정을 준비하기 위하여 수퍼바이지는 상담회기를 (오디오 혹은 비디오로) 녹화하여 피드백을 필요로 하는 5~10분 분량으로 편집한다. 집단회기 동안 수퍼바이지는 간단히 내담자의 배경정보와 최근까지 진행된 상담에 대한 정보를 제공한다. 그다음, 수퍼바이지는 녹화 부분을 청취 혹은 관람하면서 집중해야 할 여러 피드백의 목표를 제시한다. 녹화부분을 검토하기 이전에 집단 구성원들에게는 각자 집중해야 할 역할

(내담자, 상담자, 내담자 삶에서 중요한 인물)과 구체적 관찰(비언어적 태도, 상담 관계, 또는 상담 기술) 또는 관점(내담자 개념화, 진행 평가, 또는 개입의 선택)이 배정된다. 이 과제는 수퍼바이저, 발표를 맡은 수퍼바이지, 또는 다른 집단 구성원이 실시할 수 있다. Borders에 의하면 상급 수퍼바이지들은 내담자, 상담자 또는 상담 관계에 대해 묘사할 수 있는 은유를 형성하도록 요구할 수 있다고 제안한다.

상담 부분을 들은 후 집단 구성원들은 수퍼바이지가 다루고 싶은 목표를 염두에 두고 그들의 과제에 기초한 피드백을 제시한다. 구조화된 동료 집단 모델(SPGM)에서 수퍼바이저는 두 가지 역할을 사용하여 이 과정을 촉진시킨다. 첫 번째, 중재자 역할로서 ① 발표하는 수퍼바이지로 하여금 피드백을 위한 구체적 초점을 전달할 수 있게 돕는다. ② 집단 구성원들이 작업에 충실하게 한다. ③ 구성원 전원에게 발표 기회를 제공한다. ④ 피드백을 요약하고 주제를 식별한다. 그리고 ⑤ 후속 연습(역할극)을 조직한다. 과정해설자 역할로서 수퍼바이저는 ① 집단역동에 대한 피드백을 제공한다. ② 역할과 관점에 대한 심도 있는 토의를 장려한다. ③ 집단 구성원들이 상호 간에 보호하거나 경쟁하는 양식을 드러낸다. ④ 관찰 가능한 병행 과정에 대해 논의한다.

Borders와 Brown(2005)은 수퍼바이저가 지나치게 지시적이거나 방해적인 집단역동에 대처하지 못했거나 또는 집단으로 하여금 토의에 심도 있게 참여하도록 유도하지 못할 경우, 구조화된 동료 집단 모델(SPGM)이 와해되는 것을 목격했다고 주장하였다. 또한 집단이 진솔하고 도전적이며 지지적인 코멘트를 나타낼 때, 수퍼바이지들이 '번쩍 떠오르는' 순간을 경험했을 때 그리고 수퍼바이지들이 자신과 직면할 때 이 모델의 과정이 매우 성공적이었음을 목격했다고 말한다. Borders과 Brown(2005)은 또한 내가 이 장에서 전달하고자 하는 메시지와 유사한 말을 하였다. 즉, 집단이 발달하면,

> 수퍼바이저의 역할은 그때, 더욱 학습 과정에 영향을 미치는 순간적(in-moment) 역동에 대한 학습적 촉진자와 해설자가 된다…. 집단 수퍼바이저는 집단 자체를 학습, 개입, 활성화의 도구로 활용한다. 집단 과정에 대한 해설자로서 수퍼바이저는 임상적 역동에 대한 학습을 촉진하고 자기인식과 개인의 성장을 격려하며 집단 리더와 숙련된 상담자로서의 역할 모델로서 활동한다(p. 61).

지금-여기 과정

나는 집단 내부역동을 읽고 그것에 집중하는 것이 중요하다는 것을 언급했었다. 현재의 상호작용, 느낌 그리고 생각에 초점을 맞추는 것이 과거 사건을 회고하는 것보다 더 영향력이 있다. 그 이유는 집단 구성원들이 지금 이 순간에 과거 사건을 경험하고 있으며 그 사건들이 발생하는 동시에 점검할 수 있기 때문이다. 어느 집단이든 그것이 존재하는 동안 구성원들은 집단의 다른 구성원들, 리더 그리고 집단 전체에 대한 생각과 느낌을 발달시킨다. 이러한 생각과 느낌은 일어나는 상호작용에 영향을 미친다. 이러한 느낌과 생각은 또한 지금-여기에 대한 초점의 주요한 요소다. 하지만 그 과정이 집단에 분명히 나타나지 않는다면 긍정적 성장이 일어나지 않을 수도 있다. 바로 이때에 집단 수퍼바이저의 예술가적 기교와 기술이 표면화된다. 지금-여기에 집중하는 것은 피드백, 감정 정화 그리고 의미 있는 자기노출을 점진적으로 드러낼 수 있도록 촉진시키며(Yalom & Leszcz, 2005) 이것들은 집단 수퍼비전의 중요한 측면들이다.

전에 언급했듯이 비록 개인상담에 대한 집단 수퍼비전이 정확하게 병행 과정을 보이지는 않지만 집단 회기에서 발생하는 상호작용은 수퍼바이지의 대인관계 방식을 명확하게 드러내는 부분과 드러나지 않은 미묘한 뉘앙스를 구체화한다. 지금-여기에 집중함으로써 집단 수퍼바이저는 보통 수퍼바이지의 현재 상호작용과 그들이 자신의 내담자와 겪는 어려움 사이의 상관성을 발견한다. 예를 들면 수퍼바이지는 상담이 정체되었던 사례를 공유한다. 과정에 집중함으로써 수퍼바이저는 수퍼바이지가 무엇(내용)을 이야기하는지뿐만 아니라 어떻게(함축적 메시지) 말하는지에 대하여도 경청한다. 그리고 수퍼바이저의 반응은 당연히 '무엇'과 '어떻게'의 성격에 달려 있다. 예를 들면 만일 수퍼바이지가 사례를 보고할 때 자신의 내담자에 대하여 화가 나 있는 듯하면, 집단 작업 시각을 적용하여, 수퍼바이저는 대체로 직접 반응하기 전에 집단의 반응을 먼저 증진하는 것이 바람직하다. 수퍼바이저는 "그녀가 방금 한 이야기에 대하여 집단은 어떠한 경험을 하고 있는지요?" 혹은 "그녀가 내담자에 대하여 이야기하는 것에서 함축적 메시지가 무엇이라고 생각하나요?"라고 말할 수 있다. 수퍼바이저는 수퍼바이지에게 직접 질문을 할 수도 있다. "당신의 억양에서 내담자에 대한 관점을 읽을 수 있네요. 당신의 내담자에 대한 솔직한 생각 혹은 느낌이 무엇인지 궁금하네요." 이러한 종류의 질문들은 집단이 지향하는 지점이 과거에서 지금-여기로 변하는 데 도움이 된다. 또한 그것들은 수퍼바이지가 심리내적 경험과 그것들이 어떻게 그녀의 상담 관계에 영향을 주는지를 검토할 수 있도록 직접적 도움을 준다.

지금-여기에 대한 초점은 또한 다문화 이슈에 대한 인식을 향상하는 데 사용할 수 있다. 다문화 이슈를 토의하는 규범을 개발하는 것은 수퍼바이저의 책임일 것이다. 그 이유는 수퍼바이지들은 기술 개발과 사례 내용에 초점을 맞추는 경향이 있기 때문이다(Lassiter, Napolitano, Culbreth, & Ng, 2008). 만약 집단의 시작 단계에서 수퍼바이저가 지속적으로 내담자 논의의 초점을 다문화에 집중시키면 수퍼바이지들도 궁극에는 스스로 같이 따라 할 것이다. 더 구체적인 정보를 제공하기 위해 필자의 경험으로부터 나온 한 가지 실례를 든다.

내 집단에 소속된 한 여성이 그녀와 한 남성 내담자 간의 문제점을 논하였다. 그 내담자는 여성과 낭만적 관계를 몇 달 이상 지속하지 못하는 문제로 우울해하고 있었다. 과거의 관계들에 대한 설명에서 그는 그의 여자 친구를 기쁘게 하기 위하여 얼마나 많은 배려와 자기희생을 감수했는지 설명했다. 그렇지만 그녀들은 모두 그와 헤어졌다. 수퍼바이지는 자신의 내담자에 대해 논의를 할 때 거리감이 있어 보였고 그 내담자와의 상담회기를 기대하지 않았다고 말했다. 집단은 그녀에게 격려와 내담자에게 활용할 수 있는 여러 방식들에 대한 피드백을 제공하였다. 그 후 나는 집단에게 수퍼바이지와 내담자 사이에 갈등을 야기할 만한 다문화 이슈를 발견할 수 있는지 물었다. 한 수퍼바이지가 성(gender)이 상담 과정에 영향을 미치는 것인지 물었다. 의미 있는 대화를 나눈 후 수퍼바이지는 내담자가 그의 이전 여자 친구들을 대할 때와 같은 방식으로 자신을 숨막히게 하고 있음을 깨닫게 되었다. 그리고 우리는 그녀가 내담자와의 관계를 잘 다루고 적절하고 더 효과적으로 개입할 수 있는 방법에 대하여 논의했다.

다문화 역량 증진

앞의 사례는 집단 수퍼비전이 다문화 역량을 향상시킬 수 있는 하나의 방법을 보여 준다. 집단이 사회의 축소판이고 수퍼바이지는 그들 나름의 자연스러운 대

인관계 방식에 따라 소통함으로써 집단 수퍼비전은 다문화 상담 역량을 개발할 수 있는 독특한 환경을 제공한다. 더욱이 다문화 역량은 '정치적 올바름(political correctness)'이 요구되는 시대에서 대두된 일시적 현상이 아니다. 오히려 상담자로서의 우리 존재의 핵심적 사항이다. 그런 이유로 인해 다문화 역량은 상담 분야에서 가장 중요하며 이 분야 전문직으로부터 지지를 받고 있다(ACA, 2005; APA, 2002; National Association of Social Workers, 2007). 많은 훈련 모델, 잘 작성된 상담 실습 지침 그리고 상담 전문가를 위한 윤리강령 등에서 다문화 역량에 대한 지지를 확인할 수 있다. 한 가지 두드러진 모델로는 Sue, Arredondo와 McDavis(1992)가 고안한 다문화 상담 역량의 3요소로 구성된 모델이 있다.

다문화 상담 역량에 관한 3부 모델은 이 책의 3장과 4장에서 자세히 검토한 바 있다. 일반적으로 이 모델에서는 문화적으로 유능한 상담에 필요한 독특한 태도, 믿음, 지식 그리고 기술에 대한 개요를 제시하고 있다. Haynes, Corey와 Moulton (2003)은 이 기준들을 수퍼바이저들에게 적용하였는데 그 이유는 다음 세 가지의 분명한 결과를 고취하기 위해서다. ① 자신의 문화적 가치와 편견에 대한 이해, ② 내담자와 수퍼바이지의 세계관, 그리고 ③ 문화적으로 적절한 개입전략과 기법 개발이다. 첫 번째 결과에 관하여 수퍼바이저의 편견과 선입견이 수퍼비전 과정에 영향을 미친다. 내면화된 선입견의 본질은 편견의 틀이 개인에게 맹목적으로 작용함을 암시한다. 따라서 수퍼바이저는 지속적으로 자기탐색을 실시하여 수퍼비전 관계에서 자신들의 편견을 다루어야 한다.

자기탐색은 일생 동안 헌신해야 하는 일이며 이러한 헌신을 수퍼바이지에게 요구하는 것은 어려울 수 있다. 그러나 상담자에게 있어 평생학습과 자기탐색 정신은 상담 작업 성격상 그야말로 중요하다. 상담자의 믿음, 가치관, 느낌 그리고 사고는 우리 전문직에서 필수적 도구다. 전문가들이 성숙할수록 이들 특성들 또한 발전한다. 상담자들은 항상 이 특성들이 어떻게 그들 상담 관계에 영향을 미치는지에 대하여 이해하기 위해 지속적으로 자기탐색을 해야 한다. 더욱이 상담자가 자신에 대하여 많이 알면 알수록 자신들의 내담자에 대해 더욱 공감하게 된다. 집단 수퍼바이저는 상담회기에 '머물러 있기' 모델링을 통해 자기탐색을 촉진하기 위하여 집단을 활용할 수 있다. 자기인식의 모델링, 적절한 도전과 지지 기법 그리고 지금-여기 과정은 편견의 영향을 받는 몇몇 중요 요소들이다. 집단 수퍼바이

저들이 직면하는 도전은 다문화 이슈에 대한 인식과 논의 그리고 적절한 행동에 대한 발달적 준비가 수퍼바이지마다 다르다는 것이다(Borders & Brown, 2005).

집단이 동질적이든 이질적이든 집단 동료들에게는 그들이 어려움을 겪는 다문화 이슈들을 논의할 기회가 존재한다. 일반적으로 집단 수퍼비전의 수퍼바이지들은 발달이 필요하다고 생각되는 상담 기술(평가 등)들을 논한다. 효과적인 상담은 다문화적 맥락의 밖에서는 실시될 수 없다. 따라서 집단으로 하여금 내담자를 다문화 시각으로 개념화하도록 지도하는 방법으로 집단 수퍼바이저는 수퍼바이지들이 심도 있는 논의를 할 수 있도록 도울 수 있다.

구조화된 동료 집단 모델(SPGM)은 수퍼바이저가 다문화 역량을 증진시키는 데 활용할 수 있는 한 가지 방법이다. Lassiter 등(2008)은 상담에서 다문화 이슈를 다루기 위하여 구조화된 동료 집단 모델(SPGM)을 수정하였다. 그들은 회기 평가 이전에 역할이나 관점 역할이 배정된다면 집단 구성원 중 한 명에게 '다양성' 역할이 맡겨질 수 있다고 제안하였다. 이 수퍼바이지는 상담 관계에 있어 다양성 관점에 초점을 맞출 것이다. 그런 까닭에 이 수퍼바이지는 문화적 유사성과 차이 그리고 그것이 상담 과정과 관계에 미치는 부분을 밝히려 노력할 것이다. 이것이 상담 과정 속에서 문화적 맥락이 얼마나 중요한지에 대하여 지속적인 집단의식(group consciousness)을 갖도록 권장할 것이라 생각된다. Kaduvettoor 등(2009)은 집단 수퍼비전(다문화 개념화, 동료 간접 학습, 집단외적 다문화 행사 그리고 수퍼바이저 직접 교육) 내의 다문화 행사를 권장하는 것이 다문화 역량을 증진시킨다는 증거를 발견하였다. 따라서 다문화 논의가 집단 수퍼비전 과정의 규범이 되는 것은 매우 중요하다.

◎ 결론

집단 수퍼비전은 수퍼바이지의 인식, 지식 그리고 기술을 개발하기에 매우 효과적인 방법이다. 집단 수퍼비전은 대리학습, 동료지원, 다문화 역량 증진 그리고 대인관계 성장 등 많은 이점을 제공한다. 이 장 내내 나는 수퍼바이지 발달 향상을 위한 집단 촉진 기술 활용의 중요성을 전달하고자 했다. 의문의 여지없이, 적절한 상

호 도전과 지지를 하고, 수퍼바이지의 대인관계 방식을 더 잘 이해하기 위해 과정들을 검토하며, 자기노출의 위험을 감수하는(특히 다문화 문제에 관련하여) 매우 응집성 있는 집단은 영향력 있고, 의미 있고, 보람찬 발달 경험을 증진시킬 것이다.

참|고|문|헌

American Counseling Association (ACA). (2005). *Code of ethics*. Alexandria, VA: Author.

American Psychological Association (APA). (2002). *Guidelines on multicultural education, training, research, practice, and organizational change for psychologists*. Washington, DC: Author.

American Psychological Association (APA). (2008). *Guidelines and principles for accreditation of programs in professional psychology*. Washington, DC: Author.

Bernard, J. M., & Goodyear, R. K. (2004). *Fundamentals of clinical supervision* (3rd ed.). Needham Heights, MA: Allyn & Bacon.

Bernard, J. M., & Goodyear, R. K. (2009). *Fundamentals of clinical supervision* (4th ed.). Upper Saddle River, NJ: Merrill.

Borders, L. D. (1991). A systematic approach to peer group supervision. *Journal of Counseling and Development*, *69*, 248-252.

Borders, L. D., & Brown, L. L. (2005). *The new handbook of counseling supervision*. Mahwah, NJ: Lahaska Press.

Cohen, R. I. (2004). *Clinical supervision: What to do and how to do it*. Belmont, CA: Brooks/Cole.

Council for Accreditation of Counseling and Related Educational Programs (CACREP). (2009). *CACREP accreditation standards and procedures manual*. Alexandria, VA: Author.

Haynes, R., Corey, G., & Moulton, P. (2003). *Clinical supervision in the helping professions*. Pacific Grove, CA: Brooks/Cole.

Hein, S., & Lawson, G. (2008, September). Triadic supervision and its impact on the role of the supervisor: A qualitative examination of supervisors' perspectives. *Counselor Education & Supervision*, *48*, 16-31.

Kaduvettoor, A., O'Shaughnessy, T., Mori, Y., Beverly, C., III, Weatherford, R. D., & Ladany, N. (2009). Helpful and hindering multicultural events in group supervision climate and multicultural competence. *The Counseling Psychologist*, *37*(6), 786-820.

Lassiter, P. S., Napolitano, L., Culbreth, J. R., & Ng, K. (2008). Developing multicultural competence using the structured peer group supervision model. *Counselor Education & Supervision*, *47*, 164-178.

Linton, J., & Hedstrom, S. (2006). An exploratory qualitative investigation of group processes in group supervision: Perceptions of masters-level practicum students. *Journal for Specialists in Group Work*, *31*, 51-72.

National Association of Social Workers. (2007). *NASW standards for cultural competence in social work practice*. Washington, DC: Author.

Proctor, B. (2000). *Group supervision: A guide to creative practice*. London, United Kingdom: Sage.

Riva, M. T., & Cornish, J. A. E. (2008). Group supervision practices at psychology predoctoral internship programs: 15 years later. *Training and Education in Professional Psychology*, *2*, 18-25.

Sue, D. W., Arredondo, P., & McDavis, R. J. (1992). Multicultural competencies/standards: A call to the profession. *Journal of Counseling and Development*, *70*, 477-486.

Yalom, I. D., & Leszcz, M. (2005). *The theory and practice of group psychotherapy* (5th ed.). New York, NY: Basic Books.

09 집단상담 수퍼비전

Richard L. Hayes & James Tres Stefurak

집단 환경 안에서 사용되는 많은 기술과 방법들은 모든 상담자들과 수퍼바이저들이 다른 환경에서 사용하는 기술 및 방법들과 다르지 않다. 상담자가 내담자를 돕는 일에 활용하는 일반적 지식과 기술 또한 같다고 말할 수 있다. 그러나 집단상담이 단순히 집단으로 하는 개인상담이 아니듯이, 집단 내에서 상담자들의 수퍼바이저가 된다는 것은 그 상담자들을 개별적으로 수퍼비전하는 것과 같지는 않다. 더욱이 집단 촉진 기술을 배우고 있는 상담자들을 수퍼비전하는 것은 도전과 기회를 동시에 부여하며, 특히 이들은 이러한 형태의 수퍼비전에 작용하는 병행과정(parallel process)과 집단역동(group dynamics)을 특별히 활용한다. 이러한 작업을 더 힘들게 하는 요인으로는 일반적으로 집단 수퍼비전과 세부적으로 초보 집단상담자들에 대한 경험적 연구 부족을 들 수 있다(Rubel & Okech, 2006).

어떤 수퍼비전 모델(정신분석, 인본-실존주의, 사회학습, 교류분석/게슈탈트, 합리적 정서, 절충) 혹은 환경(행정적 · 임상적)을 채택하든, 수퍼바이저는 그 모델에 적용할 양식을 선택해야 한다. 이때 유의할 점은 선택하는 양식마다 수퍼바이지에게 주는 영향이 각각 다르다는 것과 상담자와 수퍼바이지 모두에게 각각 다른 기술을 요구한다는 것이다. 일반적으로 수퍼비전은 가장 단순한 수준(개인)에서 시작하여 점진적으로 보다 복잡한 수준(집단 그리고/혹은 동료 수퍼비전)으로 전개해 나가야 한다. 중간 수준의 수퍼비전에 속하는 집단 수퍼비전은 사전 경험과 개인 수퍼비전에 대한 검증된 숙련이 전제되며 이 수준은 동료 수퍼비전을 실시하기 위한 준비 수준이기도 하다. 물론 어느 수퍼비전 프로그램이라도 개인 수퍼비전, 집단 수퍼비전 그리고 동료 수퍼비전의 다양한 양식들을 포함할 수 있으며, 이들은 수퍼바이지와 훈련장소의 필요조건들(시간, 직원, 장소 가용성 등)의 변화하는 요구들에 대응할 수 있어야 한다. 이번 장에선 계속 언급되겠지만, 집단 수퍼비전은 초보 집단상담자들을 수퍼비전하는 데 매우 적합하다.

Dies(1980)에 의하면, 경험 많은 집단 심리치료 수퍼바이저들은 훈련 활동이 학문적 요소로 시작되어 점진적으로 관찰적 · 경험적 요소로 진행되고 실제 상담에 대한 수퍼비전으로 마감되어야 한다고 생각하고 있다. 집단 수준에 있어서 수퍼바이지들은 그들의 전문적 발달 단계에 적합한 순서에 참여하고 있을 뿐 아니라 자체 발달 과정을 겪는 수퍼비전 집단의 일원으로 활동하고 있다. 수퍼비전 내의 두 차원(개인과 집단 발달)을 통합하려는 시도로는 Ruben과 Okech(2006)의 연구가 이 부분에 관해 가능성을 보이고 있지만, 아직 통일된 집단 수퍼비전 모델을 제공하지 못하고 있다(Bernard & Goodyear, 2009; D'Andrea, 1988; Granello & Underfer-Babalis, 2004; Hayes, 1991; Leach, Stoltenberg, McNeill, & Eichenfield, 1997).

집단 방식은 수퍼비전에 있어 효율적 방식의 차원 이상의 더 큰 공헌을 한다고 널리 알려져 있다(Bernard & Goodyear, 2009; Enyedy et al., 2003). 특히 집단 수퍼비전은 집단역동, 개인 대 집단 발달 그리고 수퍼비전의 목적에 대한 관심을 포함한 집단 작업의 포괄적 분야를 망라하고 있으며 이는 이 차원들에 대한 복잡한 상호작용에 대한 관심을 요구하고 있다.

정의

집단 수퍼비전을 정의함에 있어서 이 용어가 각기 다르게 사용되는 두 가지 경우를 알아 두는 것이 중요하다. 그중 하나는, 수퍼바이지가 집단을 구성하고 있을 때이고 다른 하나는 수퍼비전의 대상이 집단의 리더십일 때다. 이 장의 목적에 따라 논의는 대체적으로 집단 수퍼비전으로 국한될 것이다. 즉, 실습 환경에서의 훈

련생 수퍼비전은 집단 촉진 기술을 학습하는 데 초점을 둔다. 이를 통해 수퍼바이저는 집단 환경을 이용하여 훈련생 스스로가 집단을 인도하게 한다. 여기서 강조할 중요한 요점은 진정한 집단 수퍼비전은 집단 내에서 실시된다는 것이며 따라서 '공유하고 있는 목적을 추구하면서 그 집단 구성원들이 심리학적으로 상호 의존적 · 교류적으로 자기 자신을 보고 다른 사람들에게도 자신을 드러낸다' 는 것이다. 그러므로 집단 수퍼바이저의 중요 과제는 효과적인 수퍼비전에 앞서서 생산적인 집단 작업의 발달을 촉진하는 것인데 그것의 목적은 집단 구성원들의 리더십 기술을 향상하는 데 있다.

◎ 집단 수퍼비전의 이점

집단 수퍼비전의 진정한 유익은 수퍼비전 시간의 절약을 넘어서서, 수퍼비전을 받는 사람들이 개인적이고 전문적인 발전을 하도록 그 집단이 독특하게 기여하는 데 있다. 이번 장 내내 반복될 주제이지만, 스스로 집단을 인도하고 있는 수퍼바이지들과 작업하는 집단 수퍼바이저들은 수퍼비전 집단 참여를 통해 도움을 받을 뿐 아니라 집단 리더가 집단상담을 진행할 때 집단 활성화를 위해 무엇을 탐색할 것인지 볼 수 있도록 실질적 도움을 줘야 한다.

Bernard와 Goodyear(2009), Dagley 등(1986) 그리고 Hillerbrand(1992)의 연구에 따르면, 개인 수퍼비전과 집단 수퍼비전의 유익은 다음과 같다. ① 집단 수퍼비전은 수퍼바이지에게 자기인식을 현실 검증하도록 기회를 제공한다. ② 집단 상호작용을 통해, 자기에 대한 또 타인에 대한 왜곡된 인식과 잘못된 가정을 더 분명하게 해 주어서 그 영향력을 감소시킨다. ③ 집단 수퍼비전은 심리적 안전감을 제공해 주어서 자기패배적 행동을 제거하도록 돕는다. ④ 집단 수퍼비전은 현실 상황에서 상호작용할 기회를 주어서 수퍼바이지들이 안전한 환경에서 새로운 행동을 시도할 기회를 갖게 한다. ⑤ 다른 사람들, 특히 동료들의 반응을 통해 개인적 고민이 누구나 갖고 있는 것임을 인지할 수 있게 해 준다. ⑥ 집단 수퍼비전으로 인해 수퍼바이지들은 적절한 자기노출과 피드백을 주고받는 능력이 증가된다. ⑦ 한 집단 안에서 다른 사람과의 상호작용은 공감과 사회적 관심을 증진시킨다. ⑧ 집단 수퍼비전은 수퍼바이지들로 하여금 대안적 모드를 드러내게 하는데 그것은 다른 상담 양식에 대한 더 깊은 이해를 하는 데 도움이 된다. ⑨ 집단 수퍼비전에서 다른 사람으로부터 지속적인 피드백을 받음으로써 수퍼바이지는 인식과 의사소통에 있어서 정확성을 향상시킬 수 있다. ⑩ 집단 수퍼비전은 다른 집단원들과 더불어 안목을 형성하는 기술을 배울 수 있는 장을 제공한다. ⑪ 집단 수퍼비전은 개인 수퍼비전에 비해 수퍼바이저에 대한 의존도가 낮다. 그리고 ⑫ 초보 상담자는 전문 상담자보다 서로의 인지 체계를 보다 쉽게 이해하기 때문에 집단 수퍼비전은 새로운 기술과 사례들을 개념화하기에 매우 좋은 환경이다.

집단의 유형

집단은 구성원들의 수, 기간, 기능, 구성원의 특성, 환경, 예방 차원의 수준, 리더십, 목표 등과 같은 공통적 특징을 기초로 분류된다. 이러한 분류는 집단의 초점 또는 그 내용을 나타내며 일반적으로 첫 만남 이전에 알 수 있는 집단의 특성을 설명해 준다.

이러한 특성은 집단의 각 요소가 서로 다르면서도 상호작용하는 것을 설명해 준다. 예를 들어 한 집단 내에서 수퍼바이지의 예상 인원은 다른 여러 차원에서 집단의 형성에 영향을 준다. 구성원의 수가 많을수록 충분한 공간과 프라이버시를 보장해 줄 수 있는 환경이 더 많이 요구된다. 더욱이 모든 사람이 자신의 관심을 말하고 나눌 수 있는 기회를 갖도록 한다면 수퍼비전의 특징도 달라진다. 또한 구성원들이 피드백을 주고받는 것으로 인해 집단 회기의 시간이 길어질 필요도 있고 상호작용의 범위를 미리 합의한 주제에 머물게 할 수도 있다. 각 구성원들이 어느 정도로 참여할지 아닐지를 결정하는 것은 수퍼비전의 목적과 수퍼비전이 제공하는 예방 수준에 따라 다르다.

예를 들면, 구성원들이 갖고 있는 경험과 전문성의 수준이나 다양한 작업이나 실습장소 등의 특성에 따라 수퍼비전의 초점과 수준이 달라진다. 공공기관에 고용된 경험이 풍부한 수퍼바이지들은 석사과정의 일부분으로서 첫 집단 강좌를 듣고 있는 상담실습 이전 단계의 학생보다는 훨씬 더 다양한 경험과 전문성을 가지

고 있을 것이다(Bernard & Goodyear, 2009). 초보 집단 지도자들은 이러한 특성들이 어떻게 수퍼비전 집단에 영향을 미치는지를 고려하도록 또한 집단을 형성하는 과정에서 이러한 특성들이 어떤 상호작용을 하는지에 대해 연구하도록 권장되어야 한다.

분명, (수퍼비전) 기술 수준 혹은 전문적 경험 외에도 수많은 종류의 개인차가 집단의 역동적 성격에 영향을 미칠 것이다. 한 집단이 같이 활동해 온 기간, 이러한 이슈에 대한 집단 구성원들의 성숙도 그리고 집단 구성원들 간에 확립된 일반적인 신뢰도에 따라 집단 구성원들의 성, 인종 그리고 문화적 차이가 잠재적으로 불화를 초래할 수 있는 주제를 소개하는 데 어려움을 줄 수 있다. 이러한 다문화 요소들이 수퍼비전 집단 내에 작용한다는 사실을 인지한 Okech와 Rubel(2007)은 수퍼바이저가 "다양성이 개인, 집단, 수퍼바이지 그리고 그들 자신들에게 미치는 영향에 대하여 분명한 이해를 가져야 할 필요가 있다."고 주장하였다. Okech와 Rubel의 SGW 모델은 수퍼바이지가 능력 있는 다문화 집단상담자들이 되기 위해 요구되는 다양성의 인식, 지식 그리고 기술을 강조하는 방식으로 집단 수퍼비전에 대한 다양성과 관련 내용의 도입을 촉진시키는 데 활용되었다.

◎ 수퍼비전의 목표

집단 수퍼비전 문헌을 살펴보면 일반적으로 집단 수퍼비전과 훈련의 네 가지 요소가 수퍼비전의 독특하면서도 중복되는 목표를 달성하고 있음을 보여 준다(Bernard & Goodyear, 2009; Rubel & Okech, 2006; Yalom & Leszcz, 2005). 이러한 목표는 이론적 개념, 기술 개발, 개인적 발달의 향상과 효과적인 상담도구로서 수퍼바이지의 기술, 지식, 태도를 통합하는 것을 포함한다. 이들 중 첫 번째 목적은 수퍼바이지의 훈련이라는 학문적 요소를 통해 이루어지는데 그것이 수퍼비전의 주요 목적은 아니다. 그럼에도 불구하고 수퍼바이저는 수퍼바이지에게 일반 이슈에 대한 책을 읽도록 하거나 특정한 학생들의 관심과 관련된 책들을 제안할 수 있다. 더욱이 집단상담 수퍼바이지들은 그들이 이끌 다양한 집단을 위한 도서 선택에 대한 기준, 잠재적 자원 그리고 의도된 결과를 논의하도록 격려되어야 한다.

가장 빈번하게 다루어지는 수퍼비전의 목표는 기술 개발이다. 그러나 집단 수퍼비전은 개인상담 기술 개발을 넘어, 집단의 특정한 기술(Association for Specialists in Group Work [ASGW], 2007; Delucia-Waack, 2002) 개발을 다양성의 수준, 즉 개인, 대인관계 그리고 집단(Hayes, 1990; Kline, 2003; Rubel & Okech, 2006)에 걸쳐 요구한다. Hayes(1990)가 지적하였듯이 "어떠한 순간에도, 수퍼바이저는 수퍼바이지의 인지적 복잡성 수준, 집단의 발달 수준, 집단 구성원들의 훈련 수준 그리고 이러한 변인들의 상호적 영향에 대해 고려하여야 한다"(p. 225). Rubel과 Okech(2006)는 이 기술에 더하여 수퍼바이저들은 개입, 개념화 그리고 자신을 활용하는 개인화와 같은 집단상담 기술을 목표로 삼아야 한다고 주장한다.

집단상담 수퍼바이저로서 이 상황이 힘들어 보일지라도 집단이라는 형식은 수퍼바이지가 현장실습과 분석을 통해 집단상담 기술을 개발시킬 수 있는 매우 유익한 장을 제공한다. 집단상담 수퍼비전은, 흔히 수퍼바이지에게 혹은, 임상적 환경 속에서 특히 집단 차원에서 행동화된 임상적 상황들에 대한 확인과 개입에 초점을 맞추어야 한다. 수퍼바이지가 집단 작업에 참여할 때 기술 개발은 개인 기술보다는 집단 발달에 크게 연관된 이슈들에 초점이 맞추어야 한다(Wilbur, Roberts-Wilbur, Hart, Morris, & Betz, 1994). 집단 수퍼비전은 개인적 발달을 촉진하는 데 사용될 수는 있으나, 개인적 치료 변화는, 훈련의 주된 목적에서 부차적인 고려사항이다. 즉, 일차적 목적은 "집중적 집단 경험, 정서의 표현과 통합 그리고 지금-여기 과정의 인식이다"(Yalom, 1995, p. 527). 과정의 이슈들에 주의를 환기시킴으로, 집단 수퍼바이저들은 집단들을 어떻게 지금-여기에 집중할 수 있게 하는지에 대한 실례를 제공한다. 뿐만 아니라 수퍼바이지들이 집단 내에서 그러한 움직임을 어떻게 촉진할 수 있는지에 대한 생산적 탐색의 기초를 놓을 수 있다(Rubel & Okech, 2006).

집단 수퍼바이저들은 또한 비자발적 내담자에게 행하는 '구속 치료(captive therapy)' 이슈들 같이, 개인의 성장이 집단 수퍼비전의 목표가 될 때, 윤리적 문제들에도 관심을 가져야 한다(Prieto, 1996). 숙련, 기술 개발, 개인적 발달 그리고 통합된 목표 달성을 보장하기 위해 수퍼바이저에게 수퍼바이지와 수퍼바이지의 수행 능력을 사정할 수 있는 평가 계획이 요구된다(ASGW, 2007). 수퍼바이저들은 흔히 집단의 리더, 평가자, 조언자 그리고 교사의 역할을 동시에 수행한다. 따라서

수퍼바이저들은 자기노출(self-disclosure)이 평가에 얼마나 작용하는지 그리고 불참에 대한 벌칙 유무를 확실히 밝히기를 권고 받는다(ACA, 2005; ASGW, 2007). 그들의 복합적 관계로 인하여 집단 수퍼바이저들이 지속적으로 그들의 객관성을 모니터링하고 다른 동료와의 정기적 자문을 구하는 것이 중요하다(Donigina, 1993; Forester-Miller & Duncan, 1990).

Hayes(1990)는 집단 수퍼비전 맥락 내에서 자연스럽게 대두되는 윤리적 딜레마를 집단상담 수퍼바이저가 집단을 구성하는 데 활용할 수 있다고 주장한다. 집단 수퍼비전 발달 과정에 대해 책임을 나눔으로써, 집단 수퍼바이저들은 학생들의 자각에 대한 도전, 상호 관계 그리고 훗날 집단을 이끌 때의 행동에 대한 기회를 제공할 수 있다. 수퍼바이지들에게 도덕적 연관성이 있고 임상적으로 중요한 이슈들(평가, 다양성, 자기노출)을 다루는 것은 자각을 통한 기초를 쌓게 해 주는 동시에 이러한 이슈들이 집단 내에서 어떻게 영향을 미칠지에 대한 보다 포괄적 이해를 구성하게 해 준다.

집단 수퍼비전은, 반영적 경청 혹은 감정의 반영과 같은 기초적 상담 기술을 통합하는 상황을 제공해 줌으로써 독특한 훈련 기회를 제공해 준다. 이러한 기술에 대하여, 집단 수퍼비전은 집단 개념화와 더불어 집단 구성원의 상호작용 향상과 집단 과정의 참여, 집단 구성원들의 다양한 경험들의 연결, 집단 구성원들의 갈등 직면, 집단 규범 발달의 촉진 그리고 집단 과정과 발달의 향상에 대한 구성원의 반응의 활용을 통한 대인관계 학습과 같은 집단상담에서 구체적으로 사용되는 기술들을 덧붙인다. 수퍼바이지들은 집단 행동을 모델링하고, 정보 처리에 대한 상이한 설명을 제공하며 그리고 집단의 구성원과 리더의 역할을 바꾸어 수행해 봄으로써 상호 학습을 촉진할 수 있다. 집단 수퍼비전은 집단상담자들로 하여금 다양한 수준에서 개념화 기술을 개발할 수 있는 이상적 환경을 제공한다. 즉, 동료 사이에서 발생하는 개인적 차이의 반복되는 예, 수퍼바이저에 의해 격려되는 대인관계 과정 그리고 집단의 정해진 목표 달성을 하는 데 전체로서의 집단 과정에 대한 반복적 성찰을 제공한다.

아쉽게도 대부분의 수퍼바이저들은, 집단 수퍼비전 경험에 참여함으로써 무엇을 해야 할지에 관한 훈련을 받는 것은 고사하고(Delucia-Waack, 2002), 수퍼비전 이론과 기술에 대한 아무런 정식 훈련을 받지 못한 상태다(Scott, Ingram, Vitanza, &

Smith, 2000). 집단 수퍼비전은 수퍼바이저로서 모델을 제시하고 집단 맥락에서 실습의 장을 마련하는 유익함을 제공하지만, 특히 임상 인턴 경험을 하기 이전에 더욱 구조화된 기술 개발 훈련을 통합하는 것은 집단상담 기술을 향상시키는 것으로 판명되었다(Smaby, Maddux, Torres-Rivera, & Zimmick, 1999). 집단 수퍼비전에 있어 집단상담 기술의 발달에 유익할 수도 있는 흥미로운 혁신은 성찰팀(reflecting team)의 활용이다(Cox, Banez, Hawley, & Mostade, 2003). 이 과정은 수퍼비전 집단을 수퍼비전과 두 개의 성찰팀으로 나눔으로써 여러 가지 준거틀에 대한 고찰을 고려한다. 이 방식은 조망적 입장(metaposition)을 제공하며 이를 통하여 수퍼바이지는 그들의 작업을 성찰하고, 자신들의 접근 방법에 대한 문제점들을 직면하고, 자신의 집단에 참여하면서 느끼는 방식과 유사하게 방어적이지 않은 피드백을 받는다.

◎ 집단역동

집단 구성원들이 목적을 달성하는 데 필요한 과업을 성취하고 공유된 공동체를 세우는 것과 관련된 힘의 균형을 맞추고자 노력함으로써 그 집단의 역동성을 창출한다. 효과적인 집단 경험 창출은 수퍼바이저가 공동의 목적을 달성하기 위해 높은 수준의 긍정적 상호 의존을 이끌어 내는 능력 그리고 다원적 가치관에 근거하는 다양한 구성원들을 통합할 수 있는 고차원적인 집단 정체감의 제공 능력 여부에 달려 있다(Johnson & Johnson, 2000).

◎ 집단 과정

기존 연구에 의하면, 구성원과 리더의 질과 무관하게, 모든 종류의 경험적 집단에서 발생하는 핵심적인 일련의 집단 과정 현상이 확인되었다. 수퍼바이지들로 하여금 이 과정을 이해시키고 이것을 효과적으로 사용하도록, 그래서 그들 집단 내의 개인과 집단 발달을 효과적으로 촉진시킬 수 있도록 돕는 것이 집단 수퍼비

전의 주요 관심사다.

수퍼바이지의 불안

집단 수퍼비전 참여 시 느끼는 초기 불안은 수퍼바이지 개인의 성격과 자신의 상담 기술이 타인에게 노출되고 평가받는 것에 대한 긴장의 결과다. 그 불안이 약하거나 중간 정도이면 그것은 수퍼바이지 성장을 증진시킨다. 그러나 그 불안의 정도가 심할 경우 그것은 "방해 현상을 일으킬 수 있다" (Christenson & Kline, 2000; Enyedy et al., 2003). 수퍼바이지들은 집단 수퍼비전에서 그들의 자기효능감과 집단의 응집성이 증진되면서 집단으로부터 유익을 얻지만(Christenson & Kline, 2000; Walter & Young, 1999) 일반적으로 집단 수퍼비전에서 '공개적 노출' 이 그들의 불안을 악화시킨다고 여긴다. 초기의 불안을 극복한 경험은, 초보 수퍼바이저들이 그들 자신의 집단을 이끌게 되었을 때, 구성원들이 환영받는 분위기를 집단 형성 초기에 조성하는 것이 집단 발달의 촉진에 있어 얼마나 중요한 것인지를 인식하는 데 도움을 준다.

응집성

동질 집단일수록 집단은 '우리됨' 을 경험할 가능성이 커지는 반면 집단이 더 피상적이고, 덜 창의적이며, 덜 생산적일 위험을 안고 있다(Merta, 1995). 공유된 준거틀의 발달은 구성원들로 하여금 공통 목표를 갖게 해 줄 뿐 아니라 서로를 묶어 준다. 안정적인 구조는 집단 내의 더 다양한 의견을 수용하도록 해 주고 집단의 결속을 와해하는 외부의 위협을 더 잘 견딜 수 있게 해 준다. 그래서 집단의 목표가 무엇이든지, 집단의 수퍼바이저는 특히 집단 형성의 초기에 집단의 응집성을 세우고 유지하도록 해야 한다. 수퍼바이지들의 일관된 보고에 의하면, 동료와 수퍼바이저들 혹은 동료 간의 갈등은 수퍼비전을 통한 교육과 성장에 부정적 영향을 준다(Linton & Hedstrom, 2006). 수퍼바이저들은 집단 형성의 초기에 수퍼바이지들 혹은 수퍼바이지들과 수퍼바이저들 간의 분명한 갈등에 개입해야 한다. 수퍼바이저는 집단 구성원들로 하여금 구조적 활동에 참여하게 하고, 구성원들이 가깝게 지

내도록 하며, 구성원 간의 공통점들을 지적함으로써 집단 응집성을 촉진시킬 수 있다. 따라서 집단 수퍼바이저는 집단의 갈등 해결을 위해 자신이 수퍼바이저로서 취한 행동을 성찰해야 하며, 집단이 성숙해질수록, 수퍼바이지들이 과정 안에 있는 갈등을 확인하고 대안적 개입을 제안하는 보다 적극적 참여를 하도록 해야 한다.

수퍼비전 집단 내의 신뢰와 응집성의 정도는 집단이 과업 중심으로 나아갈지 혹은 과정 및 관계(task versus process/relationship) 중심으로 나아갈지에 대한 초점 그리고 방향 설정과 관련이 있다. Ogren, Apelman과 Klawitter(2001)의 연구에 의하면 집단 수퍼바이지들은 전체적으로 낮은 신뢰감과 응집성과 같은 불안정한 환경에 강한 영향을 받는다고 보고하였다. 심지어 수퍼바이저 집단에 참여한 지 2년이 초과된 후에도 그러한 영향이 지속되었다. 더 나아가 안정되지 않은 수퍼비전 집단들은 과업 대 과정/관계 사이에서 덜 균형 잡힌 방향감을 보였다. 따라서 집단상담 수퍼바이저들은 수퍼바이지들로 하여금 그들 집단 내의 분위기와 방향설정이 어떻게 다루어지는지 관찰하고, 집단상담에서 동일한 요인들을 다룰 때 이 통찰을 활용하도록 강조하여야 한다.

규범

규범은 집단 내의 다른 사람들에 의해 '기대되며', 집단 내에서 허용되는 행동에 대한 기준 역할을 하는 행동을 말한다. 규범은 암시적이든 명시적이든 공통된 기대치로서 집단 내에서 일어나기 때문에, 집단 구성원들은 집단의 규범이 그들의 행동에 어떤 영향을 끼치는지 의식하지 못할 수도 있다. 이러한 '병렬 왜곡(parataxic distortions)' (대인관계와 관련된 왜곡된 인식과 믿음; Yalom & Leszcz, 2005)은 이질적 집단에서 더 일찍 발생할 가능성이 높다. 수퍼바이저의 과제는 집단 구성원들이 집단 내에서 운용되고 있을지도 모르는 규범을 규명하고 집단 활동에 대한 자신들의 관련성을 검토해 보도록 돕는 것이다.

규범은 집단에서 구성원들의 사회화를 돕는 중요한 역할을 하기 때문에(Bernard & Goodyear, 2009), 수퍼바이저들은 적절한 행동의 모델링에 적극적인 역할이 필요함을 역설하여야 한다. 예를 들면 공감적 반응을 보이고, 다른 사람에게 진정한

관심과 존중을 보여 주고, 또는 배려하면서 직면하는 것 등이다. 그것과 더불어 집단 수퍼바이저는 문화를 형성하고, 서로 간의 차이를 인정하며, 고정관념에 대한 수동적인 수용에 도전하며, 갈등의 존재를 인정하는 데 적극적으로 참여하는 동시에, 이러한 개입의 효능성과 집단을 지도하는 데 미칠 수 있는 영향을 조사하는 과정에 수퍼바이지를 참여시켜야 한다. 수퍼바이지들은 그들의 발달에 도움이 되는 규범에 더 헌신하는 경향이 있으므로(Hayes & Lunsford, 1994), 수퍼바이지를 규범의 확립 과정에 동참시키는 것은, 특히 집단 초기에, 생산적인 수퍼비전 집단을 만드는 데 중요하다.

다양한 집단 내의 수퍼바이지들은, 다양한 집단 동료와의 상호작용을 통하여, 다문화 관련 역량을 학습할 수 있는 혜택을 누리게 된다. 그러나 확립된 규범에 따라 다르지만, 방치할 경우 다문화적 이슈들은 분열을 자아낼 수 있다(Okech & Rubel, 2007). 인종적 · 민족적 또는 성적 지향성이 집단의 주류 구성원들과 다른 구성원들은 자의적으로 혹은 타의적으로 집단에서 소외되는 경우를 흔히 발견할 수 있다. Merta(1995)에 의하면 집단 구조를 위한 최적의 수는, 특히 집단의 초창기에, 개인의 문화적 기대와 관련이 있다. 아시아계 미국인 수퍼바이지들은 유동적이고 과정 지향적인 집단일 때보다는 구조화되어 있으며 문제해결적인 성향을 가진 집단일 때 잠재적으로 긍정적인 결과를 낼 가능성이 높았다(Leong, 1992). Ellis와 Douce(1994)는 수퍼바이저가 "인종, 성, 성적 지향, 종교, 또는 다른 문화적 차이가 어떻게 수퍼바이저와 수퍼비전 관계에 영향을 미치는가?"의 문제를 제기해야 한다고 충고한다(p. 523). 집단 내에서 이러한 질문들을 탐구함으로써 더 큰 집단의 목표를 진전시키면서도 다양성에 대한 구성원 간의 공감을 고취시킬 수 있는 규범을 수립할 수 있다.

효과적인 집단 수퍼바이저가 되기 위해서는 다른 무엇보다도 먼저 효과적인 집단 리더가 되어야 한다. 그러나 필수적인 집단 작업 지식과 기술을 보유하는 것을 넘어, 다문화적으로 능력 있는 집단 수퍼바이저는, 또한 수퍼바이지 자신의 내담자들의 문화 그리고 이들에게 집단 양식을 적용할 경우의 잠재적 이점과 약점을 이해해야 한다. 더욱이 수퍼바이저는 스스로의 문화적 정체성을 자각하고, 인종적 및 민족적 갈등을 직면하기 위해 대인관계적으로 위험을 감수할 수 있어야 한다. 집단 수퍼바이저는 개인 수준, 대인관계 수준 그리고 집단 수준에 걸친 문화적 차이의 개념화에 능숙해질 할 필요가 있다. Okech와 Rubel(2007)은 "수퍼바이저가 수퍼바이지들이 다양한 시각에서 효과적으로 활용할 수 있는 개념화 기술을 개발하는 것을 도울 수 있으며, 이것은 수퍼바이지들로 하여금 그들이 가진 지식의 공백을 인식하도록 하고, 정보를 제공하며, 추가 연구를 장려하며 그들이 획득한 지식을 집단에 적용하는 일에 도움을 제공하는 것으로 이루어진다."(p. 249)고 충고한다.

타당성과 피드백

집단에 참가하면서 얻을 수 있는 중요한 결과들 중 하나는 구성원들이 자기인식을 검증해 보고 다른 사람과의 의사소통을 향상시킬 기회를 갖는다는 것이다. 집단 수퍼비전은 수퍼바이지들이 그들의 동료들과 함께 어울리면서 자신의 생각에 대한 타당성을 확인하고, 아직 초기 단계인 기술과 집단 지도력의 새로운 이론을 시험하면서 연습할 기회를 제공해 준다.

정확하고 유익한 피드백 단서가 집단 과정을 촉진하는 데 매우 중요한 요소이므로, 집단 수퍼바이저들은 수퍼바이지들이 피드백을 주고받는 기술을 개발하도록 도와야 한다. 그러나 Stockton과 Morran(1982)이 경고했듯이, 부정적인 피드백이 그 뒤에 따라왔든 아니든, 특히 초기에는 긍정적인 피드백이 부정적인 피드백보다 구성원들의 행동변화에 더 효과적인 영향을 미친다. Linton(2003)에 의하면 긍정적이면서 지지적인 감정이 통합되어 있는 피드백을 준다 할지라도, 학생들은 그것이 건설적으로 수용되지 않는다고 인식할 때는 부정적으로 평가한다. 결과적으로 초기 회기에서 수퍼바이저는 피드백의 범위를 수퍼바이지의 행동에 대한 설명으로 제한하고, 그 피드백은 단지 한 사람의 의견에 불과함을 강조하는 것이 좋다. 집단 수퍼비전 중 피드백을 제공하고 수용하는 연습의 기회를 제공하는 것은 수퍼바이지의 기술 개발을 촉진한다. 특히 수퍼바이저가 자신의 지도력에 대한 피드백에 대해 비방어적 반응을 할 때 모델링을 할 수 있다. 그러나 수퍼바이지는 그들과 의미 있는 과거 관계가 존재하는 동료로부터 피드백을 받는 데 어려움을 경험할 수 있다(Linton, 2003). 수퍼바이지는 그들이 가진 선입견과 고정관념에 도전할 때 모델링뿐만 아니라 이질적 집단으로부터의 공통된 피드백에서 많은 도움

을 받을 수 있다(Corey, 1995; Linton & Hedstrom, 2006).

감정의 즉시성

특히 집단의 지금-여기 맥락 안에서 만들어진 감정의 인식이 늘어나는 것은 집단 작업의 중요한 부분이다. 그럼에도 불구하고, 모든 감정을 표현하거나 어떤 감정들을 충분히 표현하는 것은 그 집단이나 집단 구성원들에게 반드시 유익한 것은 아니다. 충분한 표현은 때때로 도움이 될 수도 있지만, 집단 구성원들은 각자 자신의 느낌에 반응하게 되고 만약 그것들이 표현된다면, 반응하는 다른 구성원들의 느낌을 다시 만들어 내게 된다. 더 나아가, 수퍼바이저는 감정 전달과 대립에 대한 아량에 있어 문화적 차이가 있음을 인지하고 있어야 한다. 예를 들어, 아시아계 미국인들은 대체로 백인들보다는 대립을 불편해하며, 백인은 또한 아프리카계 미국인들보다 대립을 상대적으로 더 불편해한다(Merta, 1995). 매우 짧은 시간에 주고받으며 만들어진 미로 같은 느낌을 정리한다는 것은 혼란스럽다. 집단 수퍼바이저는 의사소통에서 이러한 붕괴를 줄이기 위해서 충분한 감정교환이나 생각을 명료하게 제시하여 교환하는 것을 제한한다. 또한 집단 수퍼바이저는 갈등의 존재를 적극적으로 인정해야 하고, 구성원들로 하여금 수퍼비전의 집단 목표와 집단 내의 규범에 명확하게 관련되도록 하고 그들 자신의 집단 지도력에 대한 방향을 그리도록 해야 한다.

문제해결

만약 문제가 현 상황과 되어야 하는 이상적인 모습 사이의 차이라고 간주한다면, 집단은 구성원들이 그들 자신의 인식과 생각을 다른 구성원들과 견주어 검증해 봄으로써 문제해결을 위한 반복적 기회를 얻도록 한다. 집단 수퍼비전은 문제를 해결할 기회를 줄 뿐 아니라, 집단의 생산성에 대한 책임에 있어 모든 구성원들의 적극적 참여를 필요로 한다. 집단이 상호작용하며 문제해결하는 과정의 맥락에서는 수퍼바이지들이 집단 안에서 그리고 집단 수퍼비전의 맥락에서 자신의 행동에 대해 책임을 가지게 된다. 집단에서 충분히 대안책을 탐구해 보면 문제해결 기술 개발에 있어 한 명의 구성원이나 리더가 제시한 것보다 더 효과적인 경향이

있다(Johnson & Johnson, 2000). 문제해결 접근 방식을 가지고 집단을 구축하면 초기 불안과 불필요한 모호성을 줄일 수 있으며, 이것은 다시 문제에 대한 개인의 주인의식을 향상시키며 결과에 대한 집단 책임으로 이어진다.

지도력

지도력은 구성원들의 활동이 집단의 목표에 맞추어지도록 하는 집단의 역동적 기능을 일컫는다. 그러므로 지도력은 한 구성원이 맡은 역할보다 큰 집단의 기능이다. 집단의 요구가 변화하듯이 구성원들에게 주어진 요구도 변화한다. 집단 수퍼바이저는 그 집단의 리더로서 출발할 수 있지만, 수퍼바이지 역시 집단의 요구에 따라 주기적으로 이러한 역할을 수행해야 할 수도 있다. 수퍼바이저는 집단을 이끌기보다는 집단의 방향을 함께 찾아 가는 분위기를 조성하고 수퍼바이지들은 집단 촉진에 대한 새로운 기술을 시험할 수 있다. 집단 수퍼바이저들은, 집단 개입과 개념화 작업 기술에 대해 숙달해 나가는 것과 함께, 수퍼바이지들이 리더로서의 역할을 늘려 나갈수록 교사적 역할에서 보다 자문가적 역할로 전환하여야 한다(Rubel & Okech, 2006). 수퍼바이지들은 그들 자신들에 대해 덜 수용적인 다른 집단을 이끌 수 있는 준비가 되도록 집단을 이끄는 데 필요한 기술을 발전시킬 기회를 제공받아야 한다. 동료를 지도하는 실습은 어느 정도 통제된 상황하에서 힘과 영향력을 행사할 기회를 수퍼바이지에게 준다. 수퍼바이지들의 노력은 수퍼바이저의 노력과 비교되는 것이 아니라, 집단의 노력과 관련되어 평가되어야 한다. 집단 수퍼비전은, 한 집단이 매우 넓고 다양한 개인적 문제와 대인관계 문제로 가득 찬 사회의 축소판임을 받아들이면서, 집단을 이끌 때 발생할 수 있는 실제적인 문제와 이론적 개념을 통합하는 독특한 기회를 제공한다.

자기노출

어떤 집단에 참여한 사람은 어떻게 집단적 정체감을 갖고 동시에 자신의 개인적 정체감을 유지하는가에 대한 딜레마에 빠지게 된다. 자기노출의 필요는 갈등을 가져오는데, 한편으로는 과거의 노력의 결과를 인정받고 싶어 하며, 다른 한편으

로는 자신의 약점을 고백할 때 인정받지 못할 두려움도 갖고 있기 때문이다. 많은 수퍼바이지들은 얼마나 자기노출을 해야 하는지 잘 모르며 이것은 모호함과 혼돈을 초래할 수 있다. 그로 야기되는 불안은 수퍼비전 집단이 집단 수퍼비전 맥락 속에서 집단 작업 기술의 향상에 집중하고 있을 때 특히 더 두드러진다. Ladany와 Friedlander(1995)는 수퍼바이저와 수퍼바이지 간의 동맹이 강할수록 수퍼바이지 간의 역할이 더 분명하다는 것을 발견했다. 비록 자기노출이 집단 상호작용의 주된 수단이지만, Corey(2004)는 다음과 같이 주의를 주었다. "자기노출은 어떤 문화적 집단에 있어 생소한 가치다. 자기노출을 중시하는 대부분의 치료적 접근 방법들은 흔히 '가족 안에서' 문제를 유지할 것을 강조하는 몇몇 유럽 민족 집단들의 가치관과 충돌한다." (p. 114) 집단 내에서의 자기노출에 대한 문화적 규범에 대한 감수성은, '조용하고 강한' 남성, '수줍은' 여성, '금욕적' 미국 원주민, '시끄러운' 흑인 미국인 등과 같은 고정관념들을 암암리에 받아들지 않는 데 도움이 된다.

연구자들은 자기노출을 제한하고자 하는 개인적 권리를 보호하면서 동시에 집단 내에서의 자기노출을 통해 개인적인 유익함을 얻을 수 있는 적절한 환경을 어떻게 조정할 수 있을까에 대해서 의견을 달리하고 있다. 집단 환경 내에서의 비밀보장의 한계를 설명하는 것이 모든 집단 리더들의 의무이지만, 집단 수퍼바이저는 또한 수퍼바이지가 집단 환경 내에서 비밀보장의 시행에 대한 어려움과 위반 문제를 다루는 방법에 대해 잘 인지하도록 해야 한다.

수퍼바이저에 대한 상황을 복잡하게 하는 것은, 수퍼바이지들이 집단에 대한 다른 수준의 전문지식과 경험을 가지고 있을 뿐 아니라, 욕구 만족의 수준 또한 다르다는 사실에 대한 자각이다. 집단 수퍼비전은 자기노출에서 사람들의 서로 다른 요구를 수퍼바이지들에게 생생하게 보여 주며, 이것은 내담자들이 자신의 방식으로 자기노출을 하는 권리가 존중되어야 한다는 중요하면서도 분명한 교훈을 얻게 한다. 집단은 수퍼바이지에게 관점 수용 기술을 시도할 수 있는 장을 제공한다. 다른 구성원들의 자기노출에 대한 경청과 이해를 통해, 수퍼바이지는 여러 다른 관점을 비교하고 각각의 가치를 인지하기 시작할 수 있다. 연구에 의하면, 특히 이 책에 제시된 집단 작업 수퍼비전과 같은 유형의 수퍼비전 인턴 경험은 인지적 성장에 필요한 조건을 제공해 준다. 그 조건은 다른 여러 가지 중에서 진보된 사회적 관점의 수용, 내담자 개념화, 인종적 관용, 그리고 인지적 유연성 등을 포함해서

여러 가지 긍정적 상담 특성과 연결되어 있다(Granello & Underfer-Babalis, 2004; Hayes, 1991).

역할

집단 수퍼비전의 큰 이점 중 하나는 자신의 집단을 지도하기 전에 실습상황에서 리더와 구성원 모두 여러 역할을 시험해 볼 수 있다는 것이다. 집단 수퍼비전 행동 연구에서, Savickas, Marquart와 Supinski(1986)이 발견한 바에 따르면, 학생들은 다음의 역할 조건들이 집단 수퍼바이저들에게 가장 중요한 요건이라고 판단했다. ① 목표 행동을 모델링하기, 기술과 전략을 가르치기, ② 수행 능력을 평가하기, 그리고 ③ 탐험과 비판적 사고, 실험을 촉진하기(p. 23). 흥미롭게도, Boethius와 Ogren(2000)에 의하면 집단 수퍼바이저는 수퍼바이지보다 더 사회적으로 주도적이면서 적극적으로 참여하는 태도를 취하며 더 과제 지향적인 경향이 있다. 이러한 연구 결과에 의하면, 수퍼바이저는 과제를 수립하는 데 있어 더 많은 책임을 져야 하지만, 수퍼비전 과정에 있어서는 수퍼바이지가 더 적극적인 역할을 수행하도록 격려하여야 한다. 특히, 집단 수퍼바이저는, 자신의 기술 개발 실습의 관점에서, 수퍼바이지가 집단을 조성하는 데 점점 더 많은 역할을 감당할 필요가 있음을 분명하게 밝혀야 한다.

◎ 집단 발달

연구에 의하면(Kormanski, 1988; Tuckman & Jensen, 1977; Yalom & Leszcz, 2005) 효과적인 소집단에서는 처음부터 끝날 때까지 일정 패턴을 따른다고 말한다. 집단이 성장해 가면서 핵심 관심사가 중요하게 부각되기도 하고 약화되기도 하는 특징을 가지는 겹쳐지는 단계에서 이러한 양상을 보이게 된다. 특별한 이름과 경계는 설명마다 다양하지만 이 연구의 개요는 단계별로 다음과 같다. 형성(forming)(검증과 대면의 단계); 혼돈(storming)(집단 내의 갈등과 정서적 표현, 역할 모델링의 단계); 규범(norming)(집단 응집성의 단계); 수행(performing)(역할 적정성과 생산성의 단계);

종결(분리, 사정, 평가의 단계).

이 각각의 단계를 알고 있는 수퍼바이저는 집단의 필요와 관련된 단계의 다른 과제를 수행해야 한다고 인식한다. 예를 들면 형성 단계에서 수퍼바이저는 수퍼바이지들이 수퍼비전을 위한 개인적인 목표를 세우고 집단에 적절한 행동들을 모델링하도록 구조와 방향성을 더 많이 제공해 주는 것이 좋다. 수퍼바이지는 자신과 집단이 어떻게 발달하는지 충분히 인식할 가능성이 높으며 통상 수퍼바이저가 집단의 발달을 책임진다고 생각한다(Ogren et al., 2001). 집단이 혼돈 단계로 나아가려면, 수퍼바이저들은 수퍼바이지들이 집단에 있는 이유를 검토하고 그들의 행동에 더 많은 책임을 가지도록 도전을 줄 필요가 있다.

규범의 단계에 들어서기 위해서는 집단이 이미 운영하고 있는 규범을 명확히 하고 개인과 집단의 목표를 성취하기 위해 효과적인 분석을 격려해 줌으로써 집단을 촉진할 수 있다. 물론 수퍼비전을 받고 있는 집단의 일반적인 목표가 남아 있다. 그리고 수행 단계에서야 비로소 수퍼바이지들이 집단의 실제적인 작업, 즉 집단 역할 기술의 향상으로 가도록 격려를 받는다. 끝으로, 집단이 정말 효과적이면, 구성원들은 끝내고 싶어 하지 않을 것이고 어떤 성공일지라도 집단의 독특함이나 구성원들의 독특함에 돌리려고 할 것이다. 이 마지막 단계 동안 집단 수퍼바이저는 이 부정적 과정을 직접적으로 직면하고, 수퍼바이지로 하여금 집단을 고수할 필요성을 깨닫도록 도와야 한다. 이것을 이해하는 능력을 개발하는 것은 수퍼바이지가 자신의 집단에서의 발생하는 동일한 역동과 위태로운 종결 과정에 자신이 얼마나 가담했는가를 인식하는 능력에 있어 매우 중요하다. 관심이 있는 독자는, 단계별 집단 리더 행동을 더 잘 설명하고 있는 Bernard와 Goodyear(2009), Corey (1995), Gladding(2008), Granello와 Underfer-Babalis(2004) 그리고 Kormanski (1988)를 연구해 보라.

결론

초기 지지자들의 과장된 주장과 불안정한 시작에도 불구하고, 상담자 훈련을 하는 데 있어서 집단 작업은 독특한 기회를 계속 제공해 준다. 상담자 수퍼비전의 폭

넓은 수용이 집단 수퍼비전 과정을 체계적으로 분석해야 한다는 인식에 의해 조율되고 있다. 집단 수퍼비전 실행의 많은 부분은 내담자를 돕는 유사한 방법, 즉 집단상담 및 심리치료에 기반을 두고 있다. 이러한 집단상담과 심리치료가 다양한 이론적 접근 방식을 통해 다양한 상황에 효율적으로 적용될 수 있다는 것을 많은 경험적 연구가 지지하고 있다. 또한 포괄적 분야로서의 집단작업은 이론 성립의 풍부한 전통과 엄격한 질적 · 양적 연구를 가능하게 하는 풍부한 토양을 제공하는 세부적 절차로 대변되는 풍부한 전통을 가지고 있다. 따라서 집단상담에 대한 수퍼비전은, 수퍼비전과 집단 작업 실습을 연결해 주는 구체적 모델을 시험해 주는, 보다 집중된 이론적 연구를 필요로 한다. 그럼에도 불구하고 수퍼비전을 향상시키려 하는 수퍼바이저들과 상담교육자들에게는 여러 가지 가능성과 기회가 열려 있다. 체계적인 연구 프로그램이 집단상담, 수퍼비전 그리고 상담자 효과성 사이의 관계를 밝혀낼 때까지 수퍼바이저들은 여기 인용된 연구 결과들에서 제공하는, 수퍼비전 운영에 대한 제안들에 주의를 기울이는 것이 좋다.

참 | 고 | 문 | 헌

American Counseling Association (ACA). (2005). *Code of ethics*. Alexandria, VA: Author.

Association for Specialists in Group Work (ASGW). (2007). *Best practice guidelines*. Alexandria, VA: Author.

Bernard, J. M., & Goodyear, R. K. (2009). *Fundamentals of clinical supervision* (3rd ed.). Upper Saddle River, NJ: Merrill.

Boethius, S. B., & Ogren, M. (2000). Role patterns in group supervision. *The Clinical Supervisor*, *19*(2), 45-69.

Christenson, T. M., & Kline, W. B. (2000). A qualitative investigation of the process of group supervision with group counselors. *The Journal for Specialists in Group Work*, *25*(4), 376-393.

Corey, G. (1995). *Theory and practice of group counseling* (4th ed.). Pacific Grove, CA: Brooks/Cole.

Corey, G. (2004). *Theory and practice of group counseling* (6th ed.). Pacific Grove, CA: Brooks/Cole.

Cox, J. A., Banez, L., Hawley, L. D., & Mostade, J. (2003). Use of the reflecting team process in the training of group workers. *Journal for Specialists in Group Work, 28*(2), 89-105.

Dagley, J., Gazda. G., & Pistole, C. (1986). Groups. In M. Lewis, R. Hayes, & J. Lewis (Eds.), *An introduction to the counseling profession* (pp. 130-166). Itasca, IL: F. E. Peacock.

D'Andrea, M. (1988). The counselor as pacer: A model for revitalization of the counseling profession. In R. L. Hayes & R. Aubrey (Eds.), *New directions for counseling and human development* (pp. 22-44). Denver, CO: Love Publishing.

Delucia-Waack, J. (2002). A written guide for planning and processing group sessions in anticipation of supervision. *Journal for Specialists in Group Work, 27*, 341-357.

Dies, R. (1980). Group psychotherapy: Training and supervision. In A. K. Hess (Ed.), *Psychotherapy supervision* (pp. 337-366). New York, NY: Wiley.

Donigian, J. (1993). Duality: The issue that won't go away. *Journal for Specialists in Group Work, 18*, 137-140.

Ellis, M., & Douce, L. (1994). Group supervision of novice clinical supervisors: Eight recurring issues. *Journal of Counseling and Development, 72*, 520-525.

Enyedy, K. C., Arcinue, F., Puri, N. N., Carter, J. W., Goodyear, R. K., & Getzelman, M. A. (2003). Hindering phenomenon in group supervision: Implications for practice. *Professional Psychology: Research and Practice, 34*(3), 312-317.

Forester-Miller, H., & Duncan, J. (1990). The ethics of dual relationships in the training of group counselors. *Journal for Specialists in Group Work, 15*, 88-93.

Gladding, S. T. (2008). *Group work: A counseling specialty* (5th ed.). Englewood Cliffs, NJ: Prentice Hall.

Granello, D. H., & Underfer-Babalis, J. (2004). Supervision of group work: A model to increase supervisee cognitive complexity. *Journal for Specialists in Group Work, 29*, 159-173.

Hayes, R. L. (1990). Developmental group supervision. *Journal for Specialists in Group Work, 15*, 225-238.

Hayes, R. L. (1991). Group work and the teaching of ethics. *Journal for Specialists in Group Work, 16*, 24-31.

Hayes, R. L., & Lunsford, B. (1994). Elements of empowerment: Enhancing efforts for school renewal. *People and Education, 2*(1), 83-100.

Hillerbrand, E. T. (1992). Cognitive differences between experts and novices: Implications for group supervision. *Journal of Counseling and Development, 68*, 684-691.

Johnson, D. W., & Johnson, F. P. (2000). *Joining together: Group theory and group skills* (7th ed.). Boston, MA: Allyn and Bacon.

Kline, W. (2003). *Interactive group counseling and therapy*. Upper Saddle River, NJ: Merrill/Prentice Hall.

Kormanski, C. (1988). Using group development theory in business and industry. *Journal for Specialists in Group Work*, *13*(1), 30-43.

Ladany, N., & Friedlander, M. L. (1995). Trainees' experience of role conflict and role ambiguity in supervisory relationships. *Journal of Counseling Psychology, 39*, 389-397.

Leach, M. M., Stoltenberg, C. D., McNeill, B. W., & Eichenfield, G. A. (1997). Self-efficacy and counselor development: Testing the integrated developmental model. *Counselor Education and Supervision*, *37*, 115-124.

Leong, F. T. (1992). Guidelines for minimizing premature termination among Asian American clients in group counseling. *Journal for Specialists in Group Work*, *17*, 218-288.

Linton, J. M. (2003). A preliminary qualitative investigation of group processes in group supervision: Perspectives of master' s level practicum students. *Journal for Specialists in Group Work, 28*(3), 215-226.

Linton, J. M., & Hedstrom, S. M. (2006). An exploratory qualitative investigation of group processes in group supervision: Perceptions of masters-level practicum students. *Journal for Specialists in Group Work*, *31*(1), 51-72.

Merta, R. J. (1995). Group work: Multicultural perspectives. In J. G. Ponterotto, J. M. Casas, L.A. Suzuki, & C. M. Alexander (Eds.), *Handbook of multicultural counseling* (pp. 567-585). Thousand Oaks, CA: Sage Publications.

Ogren, M. L., Apelman, A., & Klawitter, M. (2001). The group in psychotherapy supervision. *Clinical Supervisor*, *20*(2), 147-175.

Okech, J. E. A., & Rubel, D. (2007). Diversity competent group work supervision: An application of the supervision of group work model (SGW). *Journal for Specialists in Group Work*, *32*(3), 245-266.

Prieto, L. (1996). Group supervision: Still widely practiced but poorly understood. *Counselor Education and Supervision*, *35*, 295-307.

Rubel, D., & Okech, J. E. A. (2006). The supervision of group work model: Adapting the discrimination model for supervision of group workers. *Journal for Specialists in Group Work*, *31*, 113-134.

Savickas, M., Marquart, C., & Supinski, C. (1986). Effective supervision in groups. *Counselor Education and Supervision*, *26*, 17-25.

Scott, K. J., Ingram, K. M., Vitanza, S. A., & Smith, N. G. (2000). Training in supervision: A survey of current practices. *Counseling Psychologist, 28*(3), 403-422.

Smaby, M. H., Maddux, C. D., Torres-Rivera, E., & Zimmick, R. (1999). A study of the effects of a skills-based versus a conventional group counseling training program. *Journal for Specialists in Group Work, 24*, 152-163.

Stockton, R., & Morran, D. K. (1982). Review and perspective of critical dimensions of therapeutic small group research. In G. Gazda (Ed.), *Basic approaches to group psychotherapy and group counseling* (3rd ed.). Springfield, IL: Charles C. Thomas.

Tuckman, B., & Jensen, M. (1977). Stages of small group development revisited. *Group and Organizational Studies, 2*, 419-427.

Walter, C. A., & Young, T. M. (1999). Combining individual and group supervision in educating for the social work profession. *The Clinical Supervisor, 18*(2), 73-89.

Wilbur, M. P., Roberts-Wilbur, J., Hart, G. M., Morris, J. R., & Betz, R. L. (1994). Structured group supervision (SGS): A pilot study. *Counselor Education and Supervision, 33*, 262-279.

Yalom, I. (1995). *The theory and practice of group psychotherapy* (4th ed.). New York, NY: Basic Books.

Yalom, I., & Leszcz, M. (2005). *The theory and practice of group psychotherapy* (5th ed.). New York, NY: Basic Books.

10

대학원생과 학교상담 전문가를 위한 수퍼비전

Peggy P. Whiting, Gerald Parr, & Loretta J. Bradley

> 학교상담 전문가들은 교육에서 점점 중요한 리더 역할을 담당하며, 학교상담을 위한 훈련 프로그램들은 이 역할을 담당하고 발전시키는 데 필수적이다. 학교상담 전문가들은 학생과 학교의 성공 여부에 크게 기여하며, 학교상담 준비 프로그램 과정의 학생들은 리더십에 관한 직접적인 훈련과 수퍼비전 그리고 포괄적인 학교상담 프로그램을 실행할 필요가 있다.
>
> –미국학교상담자협회

초보 학교상담 실습생인 클라랜스는 매주 열리는 집단 수퍼비전 세미나에서 다른 사람들에게 협력을 요청했다. 그는 자신의 엄마를 총으로 살해한 후 자살한 아빠를 둔 5학년 학생과의 상담에 대한 조언을 구했다. 이 아이는 부모의 살인이나 자살을 목격한 5명의 아이들 중 한 명이었다. 이 사건은 주말에 발생했으며 이 아이가 월요일 아침 학교에 나타났을 때 학교 측에서는 예상하지 못한 중대한 일이었다. 아이는 다른 주에서 오고 있는 친척에 의해 후견인 문제가 해결될 때까지 위기아동위탁지원센터에 맡겨졌다. 클라랜스는 이 비극적인 사건을 즉시 현장 수퍼바이저와 논의했다. 현장 수퍼바이저는 자신이 이러한 복잡한 문제를 직면할 준비가 안 됐다고 느꼈다. 그 후에 클라랜스는 실습 담당 교수 수퍼바이저에게 위기

에 어떻게 대응할 것인지를 들었으나, 교수 수퍼바이저는 학교상담에 대한 배경 지식을 갖고 있지 않아서 학교 환경에 적절한 조치를 지도해 주지 못했다.

클라랜스는 학교상담 과정의 필수과목에서 배운 미국학교상담자협회 모델(ASCA, 2005)의 역할에 대하여 생각해 봤다고 이야기했다. 그는 위기 상담, 위탁, 자문과 같은 적절한 대응 서비스를 어떻게 제공할지 고민했다. 클라랜스는 모든 학생들의 성공을 돕는 학교상담자의 리더십에 대해 배웠고, 이러한 비극은 살아남은 아이들의 행동에 영향을 줄 수 있다고 확신했다. 경찰과 친척들이 5명의 아이들의 즉각적인 요구를 다루는 동안 5명 중 3명의 아이들은 구조화를 위해 다음 날 학교로 돌아오기로 되어 있었다.

이 사건은 학교상담 훈련생의 전문적 발달에서의 중요한 요소를 보여 준다. 그것은 훈련생에게 기대되는 발달의 범주를 넘어서는 복합성을 지니고 있다. 위와 같은 상황은 학교상담자의 역할에 적절한 행동 과정을 명확하게 말해 줄 수 있는 수퍼바이저의 전문적인 지도가 요구된다. 이 사례의 경우, 현장 수퍼바이저의 (일상) 업무가 행정적이고 어려운 의무의 수행으로 가득 차 있었기 때문에 학생들의 여러 가지 정서적인 관심들을 다루지 못했다. 그는 일전에 클라랜스에게 학교상담자들이 실제로 상담을 하기보다는 기술자와 행정가 역할을 했다고 언급한 바 있다. 능숙한 학교상담자가 매일 시행하는 데 있어서 오랫동안 유지되어 온 현실이 미국학교상담자협회(ASCA, 2005)에 의해 지지된 새로운 개념 그리고 전문적 학교상담의 기준과 일치하지 않을 때 학교상담 훈련생에게 교수 수퍼바이저의 역할은 매우 중요해지게 된다.

◎ 학교상담 수퍼비전의 필요성에 대한 역사적 시각

학교상담자를 위한 수퍼비전의 필요성은 전문직의 발달과 함께 논의되어 왔다. 예를 들면, 1920년대에 Brewer(1924)는 Boston에 있는 학교에서 직업 상담자를 추천했지만, 협조 과정과 수퍼비전의 부족을 걱정했다. 10년 후, Fitch(1936)는 수퍼비전이 교장에 의해서만 제공되었을 때, 상담자의 역할이 오염되었다고 언급했다. 1970년대 중반에, Boyd와 Walter(1975)는 수퍼비전의 부재는 상담자들의 '성

장을 방해하는 실례' (p. 103)가 되었으며, 상담자의 전문적 발달을 지연시켰다고 주장했다. 몇 년 뒤, Barret과 Schmidt(1986)는 상담 분야의 전문가들에게 모든 환경에 적용 가능한 상담자의 수퍼비전에서의 국가적인 기준을 만들어 달라고 요구했다. 이로 인해 체계적인 수퍼비전에 대한 학교상담자의 필요성이 강조되었다. Borders와 Usher(1992)는 기존의 학위 과정 후 수퍼비전을 조사했는데, 학교상담자가 수퍼비전 없이 실제 상담을 진행하는 가장 큰 상담자 집단이라고 보고했다. Crespi와 Fischetti(1998)는 전문가 협회 측에 학위 과정 후 수퍼비전에서의 부족한 부분을 주도적으로 다루어 달라고 요구했다. 그리고 체계적인 임상 수퍼비전은 "학교상담자의 독특하고 필수적인 역할을 강조할 수 있는"(Crespi & Fischetti, 1998, p. 19) 발달 도구라고 언급했다. 수퍼비전과 훈련에 관심이 있는 사람들 사이에서 의사소통의 장을 마련해 주는 역할을 하는 목록인 CESNET은 현대 아동과 청소년 문제가 심각하고 다양하기 때문에 임상 수퍼비전이 필요하다고 단언했다.

최근의 문헌은 학교상담자를 위한 임상 수퍼비전의 중요성을 지속적으로 강조하며, 이 이슈의 현황에 대해 우려를 나타낸다(Fischetti & Lines, 2003; Protivnak & Davis, 2008). Dollarhide와 Miller(2006)는 *Journal of Counselor Education and Supervision*의 최근 이슈의 특별 면에서 "학교상담자를 위한 수퍼비전, 전문가로서의 정체성과 전문적 실행 가능성 간의 중요한 관련성을 강조"(p. 243)한다고 언급했다. 그리고 이들은 학교상담자와 상담 훈련생들의 임상 수퍼비전에서 새로워진 책임이 "결과적으로 전문가로서의 정체성을 갖게 되었고, 미국학교상담자협회 모델과 변형된 전문직에 적합한 서비스를 제공하게 됐다."고 호소했다. (p. 243)

문헌에서 다루는 몇 가지 핵심사항은 다음과 같다. 첫째, 2003년 미국학교상담자협회 모델의 개발에 앞서, 학교상담 분야는 일치된 역할에 대한 개념화, 전달 체계 그리고 학교상담자들의 실제적인 기준들이 부족했다(Hatch, 2008). 미국학교상담자협회 모델의 채택은 상담자 전문 집단과 학교상담 훈련생에게 교육이 필요함을 분명히 표현하는 중요한 첫 단계였다. 그러나 모델을 실행하는 데 시간이 걸리고, 학교상담의 변형된 것과 실제로 행하는 사이에서 차이를 보이기 때문에 불완전하다(Perera-Diltz & Mason, 2008; Rayle & Adam, 2007; Scarborough & Culbreth, 2008). 학교상담자로서 새로운 정체성이 충분히 익숙해짐에 따라 이에 부응하여 상담 훈련생을 발전시킬 교육 프로그램이 필요하다(Hayes & Paisley, 2002).

Studer(2005)는 포괄적이고 발달적인 학교상담 프로그램에 알맞은 수행 활동이 제공되지 않을 때 훈련생이 환멸을 느낀다고 보고했다. 상담및관련교육프로그램인증위원회(CACREP)에 의해 가장 최근 인증된 프로그램 기준은 미국학교상담자협회 모델을 이해하고 시행하기 위해 학교상담 훈련생이 지식과 기술에 있어서 전문적인 필요조건을 갖추어야 한다는 것을 학교라는 맥락에서 상담, 협조, 자문, 지지 그리고 리더십을 가지도록 명시하고 있다(Council for Accreditation of Counseling and Related Educational Programs, 2009).

둘째, 상담교육자와 현직 학교상담자 간의 협조가 부족하다. 미국학교상담자협회 모델의 등장 이전에 훈련받은 대다수의 능숙한 상담자들의 임상 수퍼비전은 매우 제한적이다(Linton & Deuschle, 2006; Somody, Henderson, Cook, & Zambrano, 2008). 이 모델을 명확히 하는 것은 상담자가 상담하는 지역과 주의 책임으로 남겨졌다. 그리고 학생에 대한 상담자 비율이 매우 높은 곳에서 실행되는 잘못된 상담에 적용되어졌다. 모델을 충분히 이해하고 있어도 대부분의 현직 학교상담자는 수퍼비전이나 임상 수퍼비전의 공식적인 훈련을 받지 않았다(Crespi, 2003; Oberman, 2005). 현직 학교상담자들은 임상 수퍼비전을 필요로 하지만 종종 임상 수퍼비전에 불참한다(Wilkerson, 2006). 학교상담 훈련생의 정체성 발달과 기술 습득을 위해 필요한 멘토링과 문화적 적응은 대개 무작위적이고 비체계적이다. 교수 수퍼바이저는 임상 수퍼비전 능력을 지니고 있다 할 수 있으나, 학교상담자로서 전문가적 준비가 되어 있지 않거나 학교 환경 안에서 상담을 하는 사람들의 수퍼비전 필요에 대해 충분히 이해하고 있지 않을지도 모른다. Davis(2006)는 다양한 학생들, 기술 그리고 학교상담 분야에서 변화에 뒤떨어지지 않도록 유지하는 것과 학교상담 훈련을 받은 상담교육자를 검증하는 것이 얼마나 어려운지를 토로했다. 상담 전문직은 다음과 같은 다면적인 요구를 충족시켜야 한다. 학교상담 훈련생을 제대로 교육하고, 임상 수퍼비전 교육이 부족한 현직 학교상담자를 돕고, 교수 수퍼바이저에게 부족한 구체성을 다루어야 하며, 순간순간 변하는 실제 학교상담 현장에서 학교상담 교육자가 최신의 정보와 훈련을 받도록 도와야 한다.

마지막으로, 역사적으로 볼 때, 학교상담에 대한 구체적인 수퍼비전 모델과 방법은 부족하였다(Herlihy, Gray, & McCollum, 2002). Akos와 Scarborough(2004)는 59개 학교상담 인턴 과정 강의계획서를 표본 조사했는데, 임상 준비를 위한 교사 실습

을 조사해 보니 학교상담 훈련생의 임상 훈련 요건에 현격한 차이가 있음을 보고했다. Murphy와 Kaffenberger(2007)은 미국학교상담자협회 모델이 학교상담을 위한 구조를 확립했지만, 구성요소에 있어서 수퍼비전을 명쾌하게 다루지 못했다고 언급했다. Magnuson, Norem과 Bradley(2001)는 1975년부터 2000년까지를 대표하는 학교상담자 수퍼비전 모델의 표를 제시했다. 이 저자들은 학교 수퍼비전 모델을 발전시키는 데 중요하다고 입증된 다음의 계획들을 논의하였다. 동료 자문 접근(Benshoff & Paisley, 1996); 양자 관계 수퍼비전 모델(Henderson & Lampe, 1992); 상담자-멘토 프로그램(Peace & Sprinthall, 1998); 그리고 동료 수퍼비전 모델(Crutchfield & Borders, 1997).

학교 수퍼비전의 현재 유망한 모델들

상담 전문직은 학교 환경에서 수퍼비전의 중요성을 강조하고, 임상 수퍼비전 모델과 기술이 부족한 현장 실무자를 감독하기 위한 지침을 제공한다. 또한 미국학교상담자협회 모델에 대한 포괄적 책임을 다루는 상담교육 프로그램에서 학교에 기반을 둔 수퍼비전의 모델을 시행할 필요성을 시사한다. 다음의 논의는 몇 가지의 최상의 실천 방법과 모델들을 강조한다.

집단 수퍼비전의 모델들

Linton과 Deuschle(2006)은 현직 학교상담자들을 훈련시키기 위한 수퍼비전의 필요성을 다루기 위하여 실행 가능한 대안으로써 집단 수퍼비전의 4가지 모델을 언급했다. 이 저자들이 언급했듯이, 집단 수퍼비전은 학교상담자들에 부과된 요구들을 충족시키는 데 있어서 본질적으로 효과적이고 중요한 요인이다. Bernard와 Goodyear(2009)는 학생들에게 정체성 이해, 역할의 명료성 그리고 서비스 전달의 기능을 강조하면서, 집단 과정에는 특수한 목표가 있기 때문에 집단 수퍼비전을 학교상담자가 진행해야 하는 다른 행정 회의와 구별하였다. Linton과 Deuschle

(2006)은 현직 학교상담자에 대한 집단 수퍼비전의 효과를 더 연구해야 한다고 지적했다. 어떻게 이러한 집단들을 이끄는지, 집단 멤버십은 경험의 양과 어떤 관련이 있는지, 얼마나 자주 그리고 얼마나 오랫동안 집단이 발생하는지 그리고 상담 교육자는 어떻게 현직 학교상담자들과 연결고리 역할을 할 수 있는지에 관해 명확하게 해야 한다.

3단계 학교 수퍼비전: 임상, 발달 그리고 행정

Studer(2005)는 수퍼비전 발달 단계를 통해 반드시 다루어야 하는 현존하는 학교 수퍼비전의 몇 가지 문제점을 철저하게 밝혔다. Studer는 개인적 인식과 21세기에 적합한 학교상담 실시에 대한 학교상담자의 사회화와 일치하는 역할 모델을 규명하는 것이 필요하다고 언급했다. 그녀는 적절한 목표, 활동 그리고 학교상담 훈련생을 분명히 평가하기 위해 개인의 학습 계약을 활용할 것을 주장했다. 문서화된 서류는 수퍼비전을 제공하는 주최측이 미국학교상담자협회 모델을 충분히 수용하지 않은 경우에 이론과 실제를 연결하는 데 도움을 줄 수 있다. 그리고 교육 배경이 약한 학생이 개인적 요구를 확립하는 데 도움을 줄 수 있다. Furr와 Carroll(2003) 역시 발달 모델을 지지하였고, 다양한 전문적 발달의 단계에서 학교상담자의 정서적이고 인식적인 학습을 강화하기 위한 여러가지 수퍼비전 전략을 제공했다. 시간이 흐름에 따라 훈련생의 필요가 변했고, 그에 따라 수퍼바이저는 지지, 지도, 자문, 도전, 평가 그리고 협력의 역할을 번갈아 한다(Whiting, Bradley, & Planny, 2001).

Studer(2005)는 수퍼바이저가 어떻게 학교상담 훈련생에게 3가지 유형의 수퍼비전을 제공하는지 알아냈다. 첫째, 기술 향상을 위한 임상, 둘째, 자기효능감과 정체성 강화를 위한 발달, 마지막으로, 미국학교상담자협회 모델(ASCA, 2005)의 학업, 직업 그리고 사회/개인적인 영역에 부합하는 책임 있고 통합적인 방식으로 학생의 성공을 지원하기 위해 고안된 행정 수퍼비전이 그것이다. Page, Pietrzak와 Sutton(2001)은 미국학교상담자협회의 회원인 현직 학교상담자의 무작위 샘플로부터 결과를 보고하였는데 그 보고에 의하면, 행정 수퍼비전은 대부분 학교 환경에서 상담의 현재 모델에 정통하지 못한 학교 행정가에 의해 이루어졌고, 임상 수

퍼비전보다 더욱 보편적으로 나타났다. 모든 수퍼비전 유형에서의 역량은 유능한 학교상담자의 교육과 훈련에 대단히 중요한 역할을 한다.

학교상담 수퍼비전 모델(SCSM)

Luke와 Bernard(2006)는 사회 역할 분별 모델(Bernard, 1997)을 적용한 학교상담 수퍼비전 모델을 제안했다. 수퍼바이지의 발달의 경우처럼 교사, 상담자, 자문가로서 수퍼바이저의 역할 변화를 기술하기 위해 3×3×4 모형(matrix)을 활용한다. 수퍼비전은 세 가지 기술유형으로서 개입(상담 과정 중 관찰할 수 있는 행동을 표현하는 것), 사례개념화(목표를 조직하고 어떤 개입을 할지 선택하는 것) 그리고 개인화(자기치료적 활용)에 초점을 맞춘다. 또한 이는 대집단 개입, 상담과 자문, 개인과 집단의 조언 그리고 계획과 조정 및 평가 등 총 네 가지 중점 사항을 포함한다. 이 모델은 포괄적인 학교상담 프로그램과의 상관 관계 면에서 독특할 뿐 아니라 학교상담 훈련생과 현직 학교상담자와의 유용성 면에서도 독특하다. 앞서 언급했듯이, 수퍼비전은 학생과 전문가의 요구를 모두 다룬다.

목표, 기능, 역할 그리고 체계 모델(GRFS)

Wood와 Rayle(2006)은 학교상담 훈련생이 많은 책임을 수행하도록 도울 수 있는 모델을 구체화했다. 학교상담의 직접적인 적용 가능성 그리고 개인과 시스템의 상호작용을 강조한다는 것이 이 접근의 특이점이다. 수퍼비전의 작업 동맹 모델은 이러한 접근의 목표에 대한 근거를 제공했다. Wood와 Rayle(2006)은 Bordin (1983)의 학교상담의 구체화를 위한 수퍼비전의 다음 여덟 가지 목표를 확장했다. ① 학교 임무를 강화하는 리더십을 제공한다. ② 특정의 인구 및 학생들과의 개입 기술을 통해 지지를 촉진한다. ③ 모든 이해 당사자와 협력하게 한다. ④ 데이터에 따라 처리하는 평가와 모든 미국학교상담자협회 영역 내의 프로그램화에 참여한다. ⑤ 학교 기능에 대한 시스템을 지원한다. ⑥ 학생들에게 효과적인 개별 계획을 세우도록 한다. ⑦ 성공적인 지도 교육 과정을 만들고 수행한다. ⑧ 상담과 위기관리와 같은 숙련되게 반응하는 상담 서비스를 제공한다(p. 258). 개인적 행동 성과들을 장려한다.

이러한 접근의 기능적 측면은 Holloway(1995)가 맨 처음 제안한 수퍼비전 기능들과 관련이 있고 모니터링 및 평가, 교수, 조언, 모델링, 자문, 지지, 나눔을 포함한다. 학교상담자의 수퍼바이저를 위한 다섯 가지 주된 역할은 평가자, 조언자, 조정자(coordinator), 교사 그리고 멘토다. "수퍼비전의 이러한 기능들은 수퍼바이저 역할을 할 때 나타난다." (Wood & Rayle, 2006, p. 260) 이 모델에 내재된 개념은 역할이 그 역할에 영향을 미치는 체계 맥락내에서 발생한다는 것이다.

이 접근은 미국학교상담자협회 모델(2005)의 다면적인 측면을 강화하는 가능성을 가지고 있고, 특히 이 모델에 내재되어 있는 정체성과 결과적인 역할과 과제에 대하여 보완적이다. 전국 모델에 맞추어서 변화가 다 되지 않은 학교일 경우 효율성이 별로 없을 것이다. 그러나 이것은 학교상담의 구체적인 수퍼비전에 대한 새로운 비전을 제공한다.

◎ 교육 배경이 약한 학교상담자들을 위한 제안

많은 학생들은 학부에서 교사양성 준비 과정 없이 학교상담 전공 과정에 입학한다. 따라서 그들은 학교 환경 문화에 대한 동질감이 적다. Peterson과 Deuschle (2006)은 "교사와 비교사 모두가 상담자로서 학교 문화를 접하는 것에 관련된 지침을 얼마나 필요로 하고 또 얼마나 그것을 받을 만한 자격이 있는지" 에 대해 논의하였다(p. 268). 몇몇 연구자들은 학교 분위기와 정황에 대한 이해를 위한 준비 과정을 중요하게 여긴다(Littrell & Peterson, 2005). Peterson-Deuschle 모델(2006)은 교육 경험이 없는 학생들을 위한 훈련과 수퍼비전의 다섯 가지 측면, 즉 정보, 몰입, 관찰, 구조, 인식을 다룬다. 그리고 이러한 접근법의 저자인 Peterson과 Deuschle(2006)은 "인턴 과정이 끝나갈 때쯤에는 교사와 비교사 간에 학교상담자로서의 자신감과 능력 면에서 차이가 줄어들거나 혹은 차이가 없게 된다." (p. 270)고 말했다.

그 모델에 대한 정보 국면은 비교사들의 전문적 학습발달곡선이 교사들과는 어떻게 다른지 그리고 후원하는 대학이 그 이슈들을 어떻게 다룰 것인지에 대해 현장 수퍼바이저들과 학교 행정가들에게 제공되는 교육으로 구성되어 있다.

학교 정책과 절차규정은 교사가 아닌 비교사에게는 낯설지만 인턴에게는 명확할 수 있다. 몰입(immersion)은 비교사들이 상담실습에서 시작하여 인턴 과정에 이르기까지 가능한 한 많은 학교경험을 쌓아야 할 필요성을 말한다. 학교라는 상황 안에서의 학급 교사들, 어린이들 그리고 청소년들에 대한 관찰과 '문화'로서의 학교에 대한 관찰은 신뢰성에 영향을 주고 문화적 규범과 기대를 배우는 방안으로 권장되었다(Peterson & Deuschle, 2006, p. 272).

구조 측면은 교육 목표, 기대 그리고 수퍼비전 방법의 확립으로 구성된다. Peterson과 Deuschle은 교수 수퍼바이저는 현장 수퍼바이저가 인턴과의 회의 시간을 구조화하고 훈련생 교육을 진행하기 위한 과제를 확립하는 것을 도와야 한다고 제안했다. 전문적 발달을 촉진하기 위해 반영적 질문이 권장되었다. "회의를 통해 학교상담 훈련생의 질문, 관심사, 적절한 강점과 한계, 통찰력 그리고 불안에 대해 규칙적인 관심을 기울일 수 있다."(Peterson & Deuschle, 2006, p. 277) 인식(awareness)은 학급관리/교수에 관한 지식에서, 그리고 유치원생부터 12학년까지의 학생들과 연관된 발달적 이해에서 차이가 있을 수 있는 비교사들에 대한 수퍼비전의 한 요소로 정의될 수 있다. 이 기술들은 교사가 아닌 비교사들이 위협감을 느끼지 않도록 첫 소집단을 통해 강조될 것이다. 아동과 청소년들과의 첫 작업에 대해 훈련생들에게 격려와 정직한 피드백을 주기 위해 학교에서 그리고 현장 수퍼비전을 사용할 수 있다. Peterson과 Deuschle(2006)은 몰입, 인식, 관찰 세 요소의 숙련성에 대한 잠재적 지표를 제공했다. 그리고 부상(emerging), 진행, 또는 숙련성이라는 연속선에서 학생 평가를 장려했다(p. 279).

사례 중심에서 본 학교상담 수퍼비전의 문제 다루기

현재 학교상담에 대한 몇 가지의 구체적인 수퍼비전 모델(Kahn, 1999; Nelson & Johnson, 1999; Peterson & Deuschle, 2006; Studer, 2005; Wood & Rayle, 2006)은 수퍼바이저를 위한 훌륭한 지침을 제공한다. 그러나 이러한 모델들은 추상적이고 포괄적일 수 있지만 수퍼바이저가 학교 환경에서 수퍼바이지와 함께 작업할 때 직면하게 되는 어려움을 보여 주는 몇 가지 구체적인 사례를 제공한다. 이 부분은 사례를 기반한 수퍼비전의 문제점을 나타낸다. 사례와 이론을 연결하기 위한 실례에 대한 몇몇의 해설은 어떻게 실천이 이론에 적용되는가를 다룰 것이다. 도전할 문제들이 수퍼바이지로부터뿐만 아니라 종종 수퍼바이저에게도 나타나기 때문에 두 가지 모두 다룰 것이다.

수퍼바이저

특정 학교의 규범, 기대 그리고 정책을 잘 모르는 대학 교수는 인턴 또는 실습 학생의 상담을 수퍼비전할 때 이러한 맥락적 요소를 고려하지 않는 실수를 범할 수도 있다. 만약 대학 교수와 현장 수퍼비전을 하는 학교상담자가 전문적 행동이나 적절한 상담 실제에 대해 다른 관점을 가진다면 수퍼바이지는 불안해진다. 이 문제에 대해서는 Remley와 Herlihy(2007)가 언급한 바 있다. 그들은 학교 환경, 인구, 필요, 맥락 그리고 학교상담자의 과제에 대한 수퍼바이저들의 포괄적인 이해가 부족하다는 것을 발견했다. 다음의 사례가 이를 분명히 보여 줄 것이다.

카일라는 Parker 초등학교의 해리스와 함께 첫 현장실습에 임하게 되었다. 해리스는 대체로 그녀에게 상담 요청을 하는 학생들이 언제든지 한두 명의 친구를 데려올 수 있도록 허락했다. 해리스와 함께 몇 주간 공동으로 상담을 진행한 후, 카일라는 이러한 상담 패턴을 지속했다. 그녀는 상담을 자세히 기록한 첫 기록물을 제출했다. 대학 교수 수퍼바이저는 카일라에게 상담을 요청한 학생으로부터 사전 동의를 얻었는지 물었다. 카일라는 아니라고 하면서 이것은 그녀가 수퍼비전을 받고 있는 학교상담자로서 지금까지 해 왔었던 일은 아니었다고 말했다. 대학 교수는 "내담자의 '친구' 들에 대해 말하는 것과 관련하여 어떤 형식으로든 동의를 받았나요?" 라는 질문으로 그녀를 압박했다. 카일라는 "아니요. 학교상담자도 그렇게 하지 않았어요." 라고 대답했다. 교수는 질문하길 "심각한 윤리적인 문제가 발생할 것이고, 참석한 다른 학생들로 인해 그 학생이 자기노출을 적게 할 것이라 생각하지는 않나요?" 라고 했다. 이 의견에 카일라는 압도되어서 그녀가 그 프로그

램을 지속할 수 없도록 할 것인가를 질의했다. 게다가, 카일라는 교수와 학교상담자–수퍼바이저 간의 갈등에 휩싸일 것을 염려했다.

모든 수퍼바이저는 그들의 수퍼바이지가 배치된 현장에 대한 규범, 기대, 규칙 그리고 정책을 잘 알 필요가 있다. Coker(2004)에 의하면, "대학과 지역 내 학교 간의 협력은 전문적 발달을 추구하는 학교를 보증하는 지표다."(p. 265) 목표, 기능, 역할 그리고 체계(GFRS)를 포함하는 Wood와 Rayle(2006)의 모델은 수퍼비전에서 맥락과 역할의 중요성을 분명하게 인정하였다. 그들은 "현장 수퍼바이저와 대학(상담교육자 프로그램)은 수퍼비전 과정의 시스템의 영향을 지속적으로 인식하고 있어야 한다."(p. 261)고 말하였다. 더욱이, GFRS 중 하나는 "대학 수퍼바이저, 현장 수퍼바이저(학교상담자) 그리고 학교상담 훈련생(SCIT) 간에 합의된 활동, 기대 그리고 최적의 결과가 일치할 때 수퍼비전이 성공한다."(p. 256)라고 주장하였다. 따라서 현장 수퍼바이저와 대학 수퍼바이저의 만남은 적어도 매 학기 초에 이루어져야 하고 학생들이 현장에 배치된 후 규칙적인 방문이 뒤따라야 한다. 대학교 및 단과대학의 교수는 학생을 전문적인 기준에 맞는 현장에만 배치하기 위해 현장과 수퍼바이저를 평가해야 한다. 이와 유사하게, 현장 수퍼바이저와 학생은 대학교 및 단과대학 수퍼바이저에 대한 총괄평가를 제공해야 한다.

수퍼비전의 효율성을 저해하는 또 다른 잠재적인 영역은 수퍼바이저의 이론적 편협성에 있다. 이것은 다른 이론 모델의 결과와 비교 연구 결과들과의 중요한 차이를 일관되게 찾지 못했기 때문에 더욱 고질적인 것이 된다(Miller, Duncan, & Hubble, 1997). 더욱이 자율성은 대부분의 윤리강령과 기준에서 분명하게 드러나는 근본적인 원리다(Cottone & Tarvydas, 2007; Remley & Herlihy, 2007; Sperry, 2007). 다음 사례는 수퍼바이저의 이론적 편협성을 보여 준다.

중학교상담자인 에반스 씨는 인턴 레이첼이 제니스라는 학생과 상담하는 것을 관찰했다. 여러 교사들은 제니스가 외로움과 약간의 우울증을 겪고 있다고 보았기에 상담을 위탁했다.

에반스 씨: 제니스에게 다소 머뭇거리는 태도를 갖고 있는 것 같네요. 다시 말해, 당신은 다시 풀어 말하기, 요약, 감정의 반영 등과 같은 기본 경청 기술을 너무 많이 사용했어요.

레이첼: 네, 그런 것 같아요. 저는 제가 선호하는 관계 중심의 접근 모델을 항상 사용해요.

에반스 씨: 그 모델은 학교 환경에서는 효과가 없을 거예요. 당신은 최대한 빠른 행동변화를 유도하는 단기 모델을 사용하는 방법을 배워야 해요.

레이첼: 수업 시간에 그 모델에 대해서 배웠지만, 저는 그 모델의 통제 수준이 높다고 생각했어요. 더욱이, 제 방법이 제니스에게 도움이 되는 최적의 조건을 제공한다고 생각했어요.

에반스 씨: 그녀가 혹시 홀로 있는 것을 원하는지 질문해 보세요.

레이첼: 알겠습니다. 선생님이 말씀하시는 것으로 생각되는 모델을 잘 알고 있어요. 저는 그녀가 그 방식에 적합하다고 확신이 들 때 목표를 말할 거예요.

상담자는 이론적 틀 안에서 작업해야 한다. 그러나 Corey(2005)가 말했듯이, 이론에 대한 선택은 개인이 택하는 것이고 그 선택은 통합적인 것이 될 수도 있다. 레이첼은 선택을 했고 대안을 요구하고 있지 않다. 경험으로 볼 때, 만약 그녀가 일반적인 전문가였다면, 그녀는 이론에 있어서 통합적이고 기술 사용에 있어서는 절충적이라 할 수 있을 것이다. 공통적 요인에 기반한 범이론적 관점은 또한 순수 모델(pure models)에서 실행 가능한 대안이고(Hubble, Duncan, & Miller, 1999; Prochaska, & Norcross, 2003), 학교 환경에 적용되어 왔다(Murphy, 1999). 만약 에반스 씨가 자신의 상담 모델에 해당되는 자격증을 받기 위해서 레이첼에게 비용을 지불하고 자신 밑에서 학교상담을 위한 적절한 훈련을 받으라고 제안했더라면 더 심각한 위반이 행해졌을 것이다. 그 경우, 자율성이 무시되었을 뿐 아니라 개인의 이익을 위한 권력의 남용이 일어날 수 있었다.

역할극은 기술을 모델링할 수 있는 실용적인 방법이다. 그러나 수퍼바이저는 초보자가 수퍼바이저의 우수한 기술에 압도당할 수 있다는 위험성을 유의해야 한다. 자기효능감을 상실할 수 있다. 이 질문에 대한 연구는 일반적으로 숙련 모델이 대처 모델보다 덜 효과적이라고 밝혀졌다(Bandura, 1986). 이 경우에 전형적인 이야기는 이와 비슷하다. 수퍼바이저는 수퍼바이지가 사례를 기술하는 것을 듣고 초보자가 어떻게 진행해야 하는지에 확신이 없다는 증거를 찾으려고 한다. 수퍼

바이저는 불쑥 말한다. "경계선 인격장애 학생과 어떻게 작업할지에 대해 한번 역할극을 해 봅시다. 내가 치료사가 되고, 당신은 내담자가 되는 겁니다. 그냥 내담자가 할 것같이 생각되는 대로 반응해 보세요." 역할극이 펼쳐지고, 상담자는 자신 있고 잘 훈련된 기술을 선보인다. 그 후에 수퍼바이지는 수퍼바이저에게 갈채를 보내며 "어머, 선생님 정말 너무 순조롭게 잘하세요. 저는 절대 그렇게 순간적인 판단을 못할 거예요."라고 말한다. 이 수퍼비전 사례에는 잠재적으로 잘못된 몇 가지 문제가 있다. 첫째, 수퍼바이저 또는 수퍼바이지의 요구는 충족되었는가? 수퍼바이지가 새로운 기술을 습득했는가? 수퍼바이지의 자신감이 높아졌는가 혹은 줄었는가? 만약 수퍼비전에 대한 다른 관점이 포함되고, 예시로서 리허설하고, 수퍼바이지에 더욱 집중했다면 이러한 질문들에 긍정적으로 답할 수 있다. 이것은 도움이 되지 않거나 약점이 많은 수퍼비전의 한 예시라 할 수 있다.

수퍼바이저는 수퍼바이지의 작업에서 제대로 격려하지 못하는 것과 비판적인 결점을 간과하거나 말하지 못하는 것 사이에서 갈팡질팡한다. 여기에서 필요한 지침은 연속적 접근법의 행동 원칙(Skinner, 1953) 혹은 더욱 구어체로 표현하자면 샌드위치 기술의 사용일 것이다. 다음은 부적절한 지지에 대한 수퍼비전의 예시다.

수퍼바이저: 제 생각엔 이 아이에게 어려운 단어를 사용했군요. 그 아이는 당신이 말하려고 했던 것을 대부분 이해하지 못했을 겁니다.

수퍼바이지: 알겠습니다. 수정할게요.

수퍼바이저: 그리고 당신의 옷. 우리 학교에 안 어울리는 지나친 평상복이네요.

수퍼바이지: 다음번에는 명심하겠습니다. 일한 뒤에 갈아입을 시간이 없어서요. 그렇지만 다음번에는 학교에 적합한 옷을 가져올 수 있어요.

각 수퍼바이저의 관점들은 적절했다. 그러나 실수를 연달아서 발견하려고 관찰하는 것이 너무 많아지면 초보 수퍼바이지는 압도당하게 되고 의기소침하게 되는 것이다. 본질에 초점을 맞추는 수퍼비전의 예는 다음과 같다.

수퍼바이저: 자, 앨리스와의 수퍼비전 회기는 어땠습니까?

수퍼바이지: 어떻게 그녀의 눈높이에 맞추어야 할지 몰랐어요. 그러니까 그녀의 수준에서 말하는 거요.

수퍼바이저: 걱정할 필요 없어요. 이 아이들은 우리가 생각하는 것보다 더 많이 알고 있답니다.

수퍼바이지: 저는 좀 부적절하게 입었다고 느껴졌어요. 대부분의 교사들보다 훨씬 어리게.

수퍼바이저: 문제될 것 없어요. 사실, 나는 젊은 세대들의 복장을 보는 것을 좋아해요.

지지와 나눔은 Holloway(1995)의 모델에서 필수불가결한 차원이며 Wood와 Rayle(2006) 모델의 기능이 되는 차원이다. Wood와 Rayle(2006)은 "때때로 학교상담 훈련생(SCIT)은 돌봄과 격려를 필요로 한다. 이것은 수퍼비전에서의 지지기능의 핵심이다."라고 말하였다(p. 260). 그러나 수퍼비전에서 동일하게 중요한 측면은 모니터링과 평가인데 그것은 또한 목표, 기능, 역할 그리고 시스템(GRFS)의 차원이기도 하다(Wood & Rayle, 2006). Corey의 관찰에 의하면 집단 작업에서의 피드백에 대해 효과적인 피드백은 다음과 같아야 한다. 포괄적이기보다는 간결해야 하고, 시기적절하며, 비판을 하지 않는 것이어야 하고, 행동을 변화할 수 있게 하고 강화할 뿐 아니라 변할 수 있는 행동에 초점을 맞추어야 한다. 또한 교정을 위한 제안을 주기 전에 긍정적인 피드백을 제공하는 것이 현명하며, 교정을 위한 피드백은 수퍼바이저-수퍼바이지의 유대가 단단해진 후에 가장 잘 받아들여진다(Bordin, 1983; Ladany, Friedlander, & Nelson, 2005).

수퍼바이저는 수퍼바이지와 협동하여 목표 설정하기에서의 실패 그리고 적절한 역할 경계를 유지하기(예, 수퍼비전과 치료적 역할 간의 대체, 임상 수퍼비전을 넘는 영역에서의 행동, 적당한 충고, 가르침, 또는 멘토 되기)의 실패에 추가적으로 도전해야 한다. 수퍼비전에 대한 Bradley와 Ladany(2001)의 저서는 수퍼바이저가 맡을 수 있는 다양한 역할을 구별하는 훌륭한 모델을 제공한다. 다음의 대화는 이러한 각각의 영역을 나타낸다.

수퍼바이지: 저의 교수님께서 이번 학기 저와의 작업 목표를 설정하는 계획을 세워야 한다고 말씀하셨어요.

수퍼바이저: 음, 당신은 매일매일 여기 오는 것만으로 그리고 제가 하는 걸 보는 것만으로 당신이 알아야 할 것을 배우게 될 거예요.

수퍼바이지: 알겠습니다, 그러나 다음 주 화요일에 늦을 수도 있어요. 이혼과 관련하여 변호사를 만나 봐야 하거든요.

수퍼바이저: 매우 유감이군요. 이 부분에 대해 이야기하고 싶나요?

수퍼바이지: 아닙니다, 상담자가 있어요. 하지만 이번 학기가 끝나면 직장을 구하는 게 걱정돼서요. 학교상담 취업을 위해 어떻게 포트폴리오를 준비해야 되는지 도와주실 수 있으신가요?

수퍼바이저: 대학의 학생 취업 지도실에 가 보세요. 그분들이 도와주실 거예요. 나는 오랫동안 취업 시장과 관련된 활동을 하지 못했어요.

이 실례는 현장 수퍼바이저의 이례적인 기능을 보여 준다 하겠지만, 수퍼비전의 잘못된 조치가 어떻게 나타나는지를 더 극적으로 보여 준다. 반면 학교상담 영역에서 전문적인 정체성을 확립하려고 노력하고 있으며(Dollarhide & Miller, 2006), 많은 학교상담자들이 독립적으로 기능한다(Matthes, 1992)는 것을 고려할 때 이 사례는 흔히 발생하는 상담장면을 보여 준다고 할 수 있다. 다음 부분은 이 주제를 다루고 있다.

수퍼바이지

몇몇의 이론가들(Fong, Borders, Ethington, & Pitts, 1998; Granello, 2002; Perry, 1970; Stoltenberg, 1981; Stoltenberg & Delworth, 1987)은 학생들이 시간이 지남에 따라 어떻게 배우는지를 보여 주는 발달 모델을 지지했다. 이러한 모델들은 수퍼바이지가 무엇을 경험하는지에 대한 이해를 돕고 수퍼비전의 초점이 어떻게 수퍼바이지의 준비성과 일치될 수 있는지에 대한 단서를 제공한다. 다음의 대화는 이원론적 단계(Perry, 1970)에 있는 학생과 그 현실에 반응하는 수퍼바이저를 보여 준다.

수퍼바이지: 레이먼드가 선생님에게 괴롭힘을 당한다고 말할 때 저는 뭐라고 말해야 할지 몰랐어요. 그것이 정말 사실이면 어떡해요? 이 경우에 저는 뭐라고 말해야 하나요? 만약 제가 학생 말에 동의하고 학생이 교사한테 말하면 어떡해요? 제발, 뭐라고 말해야 할까요?

수퍼바이저: 당신의 의견에 대해 브레인스토밍을 해 봅시다. 당신이 학생과의 상담 과정과 목표를 생각할 때 어떤 이론이 떠오르나요?

수퍼바이지: 저는 Adler를 좋아해요.

수퍼바이저: 그래요. 그 이론을 떠올리면서, 그 시점에서 당신은 학생에게 어떻게 개입할 생각인가요?

수퍼바이지: 아마도 교육보다는 행동에 따르는 결과에 초점을 맞추고 싶을 것 같아요.

수퍼바이저: 생각을 많이 했군요. 그래요, 이 시점에서 당신은 뭐라고 말할까요?

수퍼바이지: "레이먼드, 네가 교실에서 표현했을 때 어떤 일이 생기는지 살펴보자. 그래서 네가 하는 행동에 따른 결과를 볼 수 있게 말이야, 알겠니?"와 같은 말을 할 것 같아요. 맞는 말인가요?

수퍼바이저: 그래요, 내 생각에는 당신이 레이먼드와 작업할 수 있는 방법을 찾은 것 같군요. 이 방향으로 가정하여 축어록을 다시 써 보겠습니까?

수퍼바이지: 물론이죠, 다음 주에 준비해 오겠습니다.

수퍼바이저는 이 학생 상담에서 최상의 유일한 방법에 대한 탐색을 강화하는 것을 드러나지 않게 피했다. 대신, 수퍼바이저는 소크라테스식 질문을 사용하여 학생이 이 사례에 대한 해결책을 찾도록 하였다. 다음의 대화는 발달의 복합적 단계를 전형적으로 보여 주는 학생을 나타낸다. 이는 상담에서 최상의 방법은 없다는 신념으로 귀결된다.

수퍼바이저: 당신이 고등학교 상급생인 매뉴얼과 상담한 내용을 담은 테이프를 보니 앞부분에서 꼬리에 꼬리를 물며 너무 많은 질문을 사

용했다는 생각이 드네요.

수퍼바이지: 그래요, 그렇지만 많은 유명한 이론가들은 많은 질문들을 사용합니다. Glasser 워크샵에 참석했었는데 거의 모든 상담자들의 반응은 질문이었어요.

수퍼바이저: 그래요. 그렇지만, 매뉴얼이 어떻게 당신의 질문에 반응하는지 같이 볼까요?

수퍼바이지: 그래요. (전사한 내용 그대로 인용) 음, 좀 폐쇄적으로 보인다고 생각되지만 제가 너무 많은 질문을 했기 때문인지는 잘 모르겠어요.

수퍼바이저: 음, 당신이 많은 질문을 사용하지 않은 부분을 하나씩 하나씩 찾아볼 수 있을 거예요. 그리고 그가 더욱 수용적인지 한번 보죠.

수퍼바이지: (질문하지 않은 부분을 검토한 후) 네, 무슨 말씀인지 알겠어요. 다음부터는 제 반응을 달리하도록 노력할게요.

이 단계의 전형적인 모습으로, 수퍼바이지는 상담의 효과성에 문제가 있다고 판단될 때 방어적인 태도를 취하게 된다. 수퍼바이저는 수퍼바이지와의 논쟁을 피하며 참을성 있게 수퍼바이지를 협력적이며 경험적인 탐구에 참여하도록 이끌었다. 학생의 축어록을 가지고 작업할 때 도움 되는 도구는 12가지 이론적 방법에 대한 기술을 비교하고 대조하는 Ivey와 Ivey(2008)의 세부 기술 목록표다. 이 도구는 인턴의 반응이 이론적 방향과의 일치를 결정하도록 도울 수 있고, 따라서 전문적인 차원에서의 수퍼비전 초점을 이어가게 한다. Perry 모델(1970)의 학생 발달의 세 번째는 각 내담자에 대한 완벽한 그림이 주어진 상태에서 학생들이 자신들의 개입을 훨씬 더 효과적으로 개선하는가를 탐구하는 상대주의적 단계다. 다음의 대화는 이 단계를 나타낸다.

수퍼바이지: 저는 앤에게 상상대화를 적용한 것이 꽤 괜찮게 이루어진 것 같다고 느껴져요. 그런데 앤이 자연스럽지 않게 느꼈을지도 모르겠어요.

수퍼바이저: 좋은 지적이에요. 앤이 훈련받은 것을 상담실 밖 삶의 현장에 적용하도록 격려할 수 있는 또 다른 기술과 상상대화를 연결하기 위해 어떤 것을 할 수 있을까요?

수퍼바이지: 그래요, 물론 여러 어려움이 있지만, 숙제에 관해서라면 앤이 자기주장을 하도록 리허설하게 한 것은 게슈탈트 기법인 상상대화를 통해 습득된 통찰을 보완할 수 있을 것이라고 생각해요.

수퍼바이저: 좋은 생각이에요. 얼른 다음 테이프를 검토하고 싶어지네요.

인지 발달의 가장 높은 수준에 이른 수퍼바이지는 이론의 깊이 있는 이해와 기술에 대한 그들의 레퍼토리를 확장하고 싶어 한다. 이때 수퍼바이저는 상담의 기술을 숙련하도록 동기부여를 한다.

Corey(2005)는 초보 상담자가 전형적으로 직면하는 몇몇 문제를 열거했다. 이러한 도전은 수퍼비전 과정에서 좋은 효과를 얻기 위한 바탕이 된다. 수퍼바이지가 직면해야 하는 몇몇의 어려움은 다음과 같다. 자기회의에서부터 나타나는 높은 불안 단계에 대처하는 것; 너무 엄격하게 역할에 얽매이거나 자기노출을 하지 않는 전문적 균형감을 찾는 것; 그들의 한계를 인정하는 것; 어려움, 요구 또는 동기가 없는 내담자를 다루는 것; 애매모호함을 견디는 것; 내담자와 지나치게 동일시함을 피하는 것; 충고를 줄이는 것; 상담 결과에 대한 책임을 지나치게 지는 것을 피하는 것; 효과적으로 기술을 선택하고 기술들을 시기적절하게 사용하는 법을 배우는 것; 자신만의 상담 양식을 발견하는 것 등이다.

효과적인 수퍼비전은 수퍼바이지가 이러한 어려운 도전들을 직면하고 극복할 수 있는 과정을 수반한다. 그리고 수퍼바이저는 이러한 과정을 통해 멘토, 자문가, 조언자, 역할 모델 그리고 평가자 등의 다양한 역할을 맡게 된다. 이 부분은 수퍼바이저가 다양한 수퍼바이지의 맥락을 충분히 알고 있고, 수퍼바이지가 선택한 이론을 수용하고 존중하며, 숙련 모델보다 대처 모델을 활용하고, 지지적이고 평가적이며 적절한 수퍼비전 역할을 선택하는 균형을 맞출 때 성공적으로 문제들을 해결할 수 있는가를 보여 주었다. 더욱이, 효과적인 수퍼비전은 수퍼바이지의 발달 단계와 초보 상담자의 전형적인 어려움에 즉각 반응하는 것이다.

◎ 학교상담 수퍼비전의 윤리

윤리적 관심사는 이 노력에 내재하는 복합적인 면 때문에 수퍼비전에서 매우 중요하다. 수퍼바이지는 보통 많은 수퍼바이저(대학교 및 단과대학 교수); 교수의 수퍼비전 밑에 있는 박사과정생; 현장의 학교상담자; 심지어 학교 장 또는 지도감독자와 같은 행정가에게 응답한다. 수퍼바이저는 학생, 수퍼바이지, 수퍼바이저, 단체 그리고 지역사회의 관심을 보호하는 방식으로 수퍼비전의 각 측면을 조직하는 방법을 찾아야만 한다. 수퍼바이지의 발달 수준은 수퍼바이저의 수준과 마찬가지로 각기 다르며, 그로 인해 발달의 부조화를 초래할 수 있다. 윤리의 이론은 수퍼비전의 이론에 따라 달라진다. 돌봄의 윤리에 기반을 둔 관계적 관점을 가진 수퍼바이저는 윤리강령과 법률에 기반을 둔 전통적인 공평성 모델에 따르는 수퍼바이저와는 매우 다른 방식으로 수퍼비전에 접근한다.

다행히 수퍼비전의 복합성과 가변성에도 불구하고, 지식은 임상 수퍼비전에서 나타나는 많은 도전에 대한 해결의 실마리를 제공한다. 예를 들면, Kitchener(1984)의 윤리적 가치는 수퍼비전에서의 윤리적 문제를 살펴보는 데 유용한 광범위한 틀을 제공한다. 선택과 책임의 균형을 조성하는 자율성; 학생, 수퍼바이지 그리고 학교에 대한 잠재적인 피해를 줄이고 축소하는 비유해성; 과정을 높은 단계로 고양시키는 선의(beneficence); 공정성과 공평성으로 이어지는 정당성; 과정을 믿을 수 있게 만드는 충실성; 과정에서 신뢰를 만들고 유지하는 진실성; 그리고 전문성의 기반인 존경 등이 이에 해당한다. 몇몇 전문 단체의 출판물은 수퍼비전의 윤리를 나타낸다(ACA, 2005; ASCA, 2004; ACES, 1993). 윤리강령과 지침은 평가에서의 핵심이다. 이러한 분야는 학생-내담자, 수퍼바이지 그리고 수퍼바이저의 권리와 책임; 수퍼바이지의 평가, 교정 계획 그리고 적법한 절차; 수퍼바이저 역량; 그리고 관계의 경계를 포함한다(ACA, 2005; ACES, 1993; ASGW, 1998; NBCC, 1998). 학교상담의 윤리강령(ASCA, 2004)은 F.2 조항에서 전문성에 대한 공헌의 간접적인 언급을 제외하고는 수퍼비전을 직접적으로 언급하고 있지 않다. 이러한 조직의 강령과 지침에 의하여, 다음은 사전 동의로 시작되는 구체적인 핵심 문제를 다룰 것이다.

사전 동의

동의를 통해 학생, 학교-상담자 수퍼바이저, 수퍼바이지, 대학교 및 단과대학 수퍼바이저와 프로그램, 행정 수퍼바이저 그리고 학교 체계를 보호할 수 있다. 조직적 · 행정적인 수준에서, 대학교와 단과대학이 그들의 관계와 기대를 공식화하기 위해 학교와의 합의각서를 마련하는 것이 일반적이다. 대학교 실습과 인턴 과정은 일반적으로 학생들의 기대와 평가를 자세히 적은 과정계획서를 요구한다. 인턴이 수퍼비전을 받는 것에 동의한 학교상담자는 수퍼바이지로부터 사전 동의를 얻어야 한다. 사전 동의는 다음과 같은 내용을 포함하는데, 수퍼비전 이전에 받아야 한다.

- 수퍼바이저의 자격, 관련 경험, 수퍼비전 이론 또는 유형(예, 관계적 혹은 전통적)
- 수퍼비전의 일반적인 목표와 특정한 목표
- 수퍼바이저의 기대, 역할, 책임(예, 교육, 자문, 멘토링, 조언, 평가) 그리고 수퍼바이지(예, 개인상담, 검사, 대집단 지도, 소집단 작업, 부모 회의)
- 실행계획, 즉 회의의 빈도, 수퍼바이지 작업의 표본(녹음테이프, 비디오테이프, 사례 노트 그리고 공동상담), 시설, DVD와 같은 지원 도구, 수퍼비전의 시작일과 종결일, 대학 및 대학교 수퍼바이저와의 연결을 위한 방법을 포함한다.
- 평가의 방법, 즉 공식적인 피드백(총괄, 형성평가)의 빈도, 등급 매기기와 추천의 목표를 위한 평가 기준 그리고 적법한 절차와 발달 계획의 제공을 포함한다.
- 새로운 환경에서 행하는 수퍼비전하에서의 상담의 위험성, 즉 윤리강령, 법적 이슈, 학교와 지역사회 규범, 교사와 일정을 계획하는 어려움, 비밀보장의 한계 등을 수퍼바이지에게 알려 준다.
- 위기와 다른 긴급사태에서 학생을 다루기 위한 절차
- 다양한 수퍼바이저 간의 조화를 보장하기 위한 절차

다음 사례 이야기는 제대로 합의되지 않은 채 시행된 수퍼비전의 위험성을 나타낸다.

루페는 첫 번째 인턴 과정에 등록하면서, 매우 다양한 학생이 있는 학교에서 초등학교상담자인 네바와 함께 일하기로 배정되었다. 루페는 그녀의 대학 교수인 리 박사에게 왜 그녀가 네바가 있는 학교에 배정되었는지 물었다. 그는 "당신은 2개 국어를 할 줄 알고 그 학교에서 모든 학생들과 잘 어울릴 것이기 때문"이라고 대답했다. 루페는 학기 첫 주에 네바를 만났고, 네바는 학교에 대하여 그리고 학교의 유일한 상담자로서 일상적인 근무일에 대해 대충 설명했다. 루페는 "저는 놀이치료의 고급 과정을 들었고 제가 만날 몇몇 아이들에게 그 모델을 사용하고 싶은데 괜찮을까요?"라고 물었다. "우리는 그러한 종류의 상담을 할 시간이 없어요. 당신도 알게 될 거예요." 네바가 대답했다. 네바는 이어서 "우리는 다음 달에 주에서 실시한 시험에서 우리 학교가 좋은 결과를 내도록 모든 4학년들에게 단기간에 공부 기술을 가르쳐야 해요." "제 인턴십 수업을 위한 테이프를 어떻게 얻을 수 있는지에 대해 상의드릴 수 있나요?" 루페가 물었다. 네바는 "걱정하지 마세요, 추천을 해 줄 거예요. 그나저나, 집에 가는 길에 Wilson 중학교에 몇몇 5학년 학생 기록 좀 전달해 줄 수 있나요?"

이 이야기에 대해 많은 질문들이 생긴다. 학생은 자신이 갈 곳에 대해 선택권이 있었는가? 자율성의 가치가 지켜졌는가? 루페는 네바와 작업하는 데 사전 동의를 하였는가? 네바는 루페의 전문적 발달을 염두에 두었는가? 루페와 함께하는 네바의 상담에 진실성이 있는가? 이 이야기는 다음 주제인 수퍼비전의 경계 이슈로 연결된다.

경계, 다양한 역할 그리고 이익 갈등

수퍼비전에 관한 많은 윤리강령은 상담과 병행한다. 성적이거나 로맨틱한 관계는 금지되고(2005 ACA Code of Ethics, Standard F.3.b.), 성추행은 용납되지도 허락되지도 않는다(2005 ACA Code of Ethics, Standard F.3.c.). 가까운 친척이나 수퍼바이지의 친구를 수퍼비전하는 것은 금지된다(2005 ACA Code of Ethics, Standard F.3.d.). 다음의 수퍼바이저를 위한 지침은 적절한 경계의 필수 요소를 보여 준다.

- 가능하면 언제든지 수퍼바이지에 대한 다중 역할을 피하라. 그러나 다중 역할을 맡아야만 하는 상황이라면, 그 영향에 대하여 솔직히 논의하고 수퍼비전의 목표를 방해할 수 있는 어떠한 행동도 최소화하라. 예를 들면, 만약 수퍼바이지가 상담에 대한 수퍼비전에 초점을 맞추지 않고 다른 데로 돌린다면, 수퍼바이저의 역할을 잠시만 맡았다가 수퍼바이지가 도움을 받을 수 있는 다른 곳으로 의뢰하라.
- 수퍼비전 관계에 내재하는 힘의 차이를 인식함으로써 개인의 이익을 보호하라.
- 사례를 검토할 때 윤리강령을 참조함으로써 전문성의 역할 모델이 되라.
- 수퍼바이지의 학생과의 작업에, 그리고 수퍼비전 관계에 영향을 줄 수 있는 다양성의 문제를 솔직히 드러내라.
- 당신으로 하여금 판단과 책임의 측면에서 적당히 타협하게 만드는 생각과 느낌을 인식하게 될 때 전문가 동료로부터 자문을 구하라(예를 들면, 수퍼바이지에게 강한 매력을 느끼게 되는 것 등.)
- 오해를 최소화하기 위해 수퍼바이지와 열린 생각의 교환을 확립하고 유지하라.

경계 위반은 윤리강령을 거스르는 일이지만, 수퍼바이저가 수퍼바이지와 작업에 있어서 작업 동맹(working alliance)을 형성하는 것은 중요하다. 그러지 않으면, 수퍼바이지는 학생-내담자, 수퍼바이지 그리고 수퍼바이저에게 피해를 줄 수 있는 중요한 정보를 알려 주지 않을 수도 있다. 이것은 수퍼바이저가 수퍼바이지의 행동에 책임을 질 수 있다는 대위책임(vicarious liability) 때문에 법적으로 유효하다(Disney & Stevens, 1994). 더욱이, Sperry(2007)는 관계적 수퍼비전이 많은 것을 깨닫게 하고 효과적인 유형이라는 설득력 있는 주장을 하였다. 다음의 이야기는 수퍼비전에서의 경계와 관계 이슈를 나타낸다.

Holt 초등학교는 젊고 사교적인 교사들로 구성된 신설 학교다. 질은 학교상담자 태미가 가을학기 동안 그녀의 수퍼바이저가 되기로 동의했을 때 굉장히 기뻤다. 질의 룸메이트는 태미의 친한 친구이기도 했고 이 때문에 두 사람은 서로를 알게 되었다. Holt에서 약 3주간 현장실습을 한 후, 태미는 "질, 상담자는 교사와 가깝게 일해요, 그래서 때때로 그들과 어울려 다니는 게 굉장히 중요해요. 우리 대부분이 금요일에 학교 끝나고 술 마시러 가요. 당신도 우리와 함께하면 좋겠어요."라고 제안했다. 다소 망설이던 질은 자신의 스케줄을 확인하고 태미에게 목요일에 알려 주겠다고 했다. 질은 이 초대에 갈등을 느꼈다. 윤리 과정에서는 전문가적 경계가 신성불가침으로 남아 있어야 한다는 것을 매우 분명히 했다. 그러나 한편으로, 자신과 같은 독신인 태미가 좋았고 그녀의 제안을 거절하는 것으로 그녀의 기분을 상하게 하고 싶지 않았다. 질은 태미와 4명의 Holt 교사들과 어울리기로 동의하고 참석했다. 시간이 지나고 시설에는 태미와 질만 남았다. 태미가 말하기를, "나 너무 배가 고픈데, 우리 둘이 길 끝 쪽에 있는 새로운 스테이크집에 저녁 먹으러 가는 건 어때요?" "그래 좋아요." 질이 대답했고 그들은 저녁 먹으러 갔다. 레스토랑에서 또 한잔하고 있을 때, 태미는 조금 피곤함을 느꼈고 "당신한테 꽤 골치 아픈 일에 대해 속마음을 털어놓고 싶어요. 나는 지금 Holt에서 내 내담자 중 한 아이의 아빠와 데이트하고 있어요. 그를 정말 사랑하지만, 죄책감에 시달리고 있고 그런 관계가 내 상담에 영향을 미치지 않을지 걱정이 돼요. 어떻게 해야 할지 모르겠어요."라고 말했다. 질은 태미를 위로하고자 했고 그들은 저녁식사 후 헤어졌다.

이 사례는 아마도 그렇게 흔하지 않을 것이다. 다음의 질문들이 제기된다. 만약 질이 그녀의 대학교 수퍼바이저에게 이 사례를 밝혔다면, 교수에게는 어떤 의무가 있는 것일까? 질이 교수에게 말한 것은 비밀보장에 대한 태미의 권리를 침해하는 것인가? 질의 작업을 평가하는 태미의 태도에 이러한 경계 위반이 어떻게 영향을 줄 것인가? 이 노출로 태미와 질이 얼굴을 마주하는 것이 얼마나 힘들어질까? 이 사례는 수퍼바이저를 곤란하게 하는 분명한 예가 되는가? 이 사례는 수퍼비전의 또 다른 핵심 이슈인 수퍼바이지의 평가로 이어진다.

◎ 평가와 적법한 절차

수퍼비전과 상담의 차이점 중 하나는 수퍼비전에 내재하는 평가 요소다. 수퍼바이저는 교사, 멘토 그리고 역할 모델로서 기능할 뿐 아니라 상담 전문성을 유지하는 역할도 한다. Kitchener(1984)의 윤리적 가치는 평가에서 중요한 역할을 한다. 절차는 공평하고 공정해야 하고, 가능한 한 자율성을 허락해야 하며, 피해가 되지 않도록 노력해야 하고, 다문화적 이슈에 민감해야 하며, 높은 수준의 전문적 발달을 추구해야 한다. 사전 동의에 의해 절차는 시작되고 바른 방향으로 나아가게 된다. 다음의 지침은 수퍼비전의 평가가 윤리적 · 법률적 규범을 준수하는 데 도움을 준다.

- 사전 동의를 얻고, 수퍼비전의 목표를 상호 합의에 의해 명시하고, 수퍼바이지를 평가할 기준을 확인한다.
- 수퍼바이지와 수퍼바이저 모두의 권리와 책임은 분명히 정의되고 일관되게 준수된다.
- 수퍼바이지의 수행에 따른 피드백은 빈번하고 구체적이며 형성적이고 총괄적이다.
- 만약 수퍼바이지의 수행이 수립된 기준에 의해 정의된 최소한의 기준을 충족시키지 못하면, 보충 계획이 만들어지고 시행된다.
- 만약 부정적인 평가를 받으면 적법한 절차가 수퍼바이지에게 제공된다.
- 평가는 다문화 요인을 고려함으로써 편견 또는 검증되지 않은 가정은 최소화된다.
- 수퍼바이지는 충분한 시설이 있는 인가된 현장에 배정된다.
- 수퍼바이지는 수퍼바이저의 선택과 다를지라도 확립된 이론을 선택할 권리가 있다. 만약 일치점이 없어서 수퍼비전이 어렵다면 수퍼바이저가 대체된다.

평가는 높은 수준의 이해 관계 과정이다. 직업적 포부는 지지되거나 내동댕이쳐질 수 있다. 상담 전문직은 명예롭거나 위태로워질 수 있다. 다음의 이야기는 평가

가 어떻게 어려운 문제들을 제기할 수 있는지를 강조한다.

테드는 CACREP가 공인한 48시간 프로그램에 참여한 학생이다. 그는 수업을 모두 이수했고 최근에 학교 현장실습 과정에 등록했다. 그에게 학습장애가 있다는 대학교의 서류 증명이 있어서 그의 교과과정 기간에 그를 담당한 교수는 그가 집중할 수 있는 자유로운 환경에서 시험을 볼 수 있도록 그에게 추가 시간을 주었다. 그러나 그의 상담실습 초기에, 그가 내담자의 문제와 주제에 시기적절하게 반응할 수 없다는 사실이 그 학교 수퍼바이저와 대학교 수퍼바이저에 의해 밝혀졌다. 그는 '임기응변' 능력이 부족했고 그의 녹화 테이프들은 그에게 개인 혹은 집단상담에서 목표가 있는 방향을 수립할 능력이 있음을 입증해 주지 못했다. 그는 구조화된 지도 수업 발표는 잘했다. 보충 계획이 수립되고 시행되었지만 불행히도 학기가 끝났을 때 아주 미미한 향상밖에 없었다. 그의 수퍼바이저들은 그와 함께 다른 진로를 선택해 보려 했지만 별 효과가 없었다. 학기가 끝날 때 추가 평가와 최종 성적을 제출해야 했다. 두 수퍼바이저는 몹시 고민하면서 테드에게 미이수 평가를 주고 다음 학기에 계속 학습할 것을 권고했다. 테드는 이 제안에 반대했고 두 수퍼바이저에게 불만을 제기했다.

이 사례는 평가가 얼마나 어려울 수 있는지 그리고 두 수퍼바이저의 공동 노력이 수퍼바이지로 하여금 불공평하게 평가되고 있다는 느낌을 갖지 않도록 하는 데 있어서 어떻게 실패할 수 있는지를 보여 준다. 많은 질문이 제기된다. 현장실습을 지향하는 수업활동에 상담 전문직에 부적합한 학생들을 확인하는 수행기준을 포함시켜야 했는가? 그 학생의 향상을 위해 더 많은 시간을 주고자 한 제안이 너무 관대하여 보충 계획 시도가 실패한 것인가? 그 학생의 특별한 요구를 충족시키기 위해 더욱 많은 노력이 필요했는가? 만약 그 학생의 불만을 수락하여 성적이 통과되고 졸업하게 되었다면 둘 중의 한 수퍼바이저가 그 학생에게 상담직 혹은 학교상담 자격증에 대해 긍정적인 추천을 해 주는 것이 정당화될 것인가?

다른 윤리적 고려사항들

수퍼바이저 역량과 다양성에 대한 문제는 수퍼비전과 밀접한 관련이 있다. 상담교육 · 수퍼비전협회(ACES, 1993)는 수퍼비전의 네 가지 기능을 밝혔다. 내담자의 복지를 관찰하기; 상담에서 윤리적 · 법적 그리고 전문적 기준에 대한 준수를 보장하기; 수퍼바이지의 수행과 발달을 관찰하기; 학술, 현장실습, 취업 그리고 자격취득의 목표를 위해 수퍼바이지 평가하기 등이다. Sperry(2007)는 수퍼바이저가 이러한 기능 중 하나 혹은 그 이상에서 실패하는 몇 가지 이유를 들었다. 이는 불충분한 훈련, 경험 부족 그리고 유연성의 부족을 말한다. 수퍼비전 장애는 약간의 다른 결핍들을 의미한다. 장애는 병, 약물 남용, 인격 및 감정 문제, 법률적 또는 윤리적 위반, 또는 탈진 증후군으로 인한 감소된 능력을 포함한다. 수퍼바이저 장애는 수퍼바이지에게 정신적 피해와 진로 선택에 관한 부정적 영향을 줄 수 있다(Muratori, 2001). 수퍼바이저의 무능력 혹은 장애는 지역적이고 국가적인 수준의 전문 단체에 참여하는 것, 정기적인 동료와의 친밀한 협동, 일관된 개인 복지 프로그램 그리고 지속적인 교육에의 활발한 참여로 해결할 수 있다.

수퍼바이저와 수퍼바이지는 그들의 살아온 환경에 따라 작업한다. 따라서 그들의 대화는 성별, 나이, 인종, 계급, 종교, 민족성 그리고 성적 지향성과 같은 문화적 요소를 반영한다. 수퍼바이저와 수퍼바이지 간에 힘의 차이가 있을 때, 수퍼바이저는 자신의 가치를 강요하기보다 수퍼바이지를 지키는 것이 중요하다. 오히려, 다양성의 문제를 다루고 탐구해야 할 것이다. 수퍼바이저는 수퍼바이지로 하여금 어떻게 그들의 배경이 학생들과의 상담에 영향을 미치는지를 탐색하도록 격려해야 한다. 다음의 사례는 다양성이 어떻게 상담에서 중요한 역할을 하는지 보여 준다.

지역 초등학교에서 상담 실습학생으로서 첫 학기를 보내고 있는 코리나는 10살의 여자아이인 앤지를 만나게 됐다. 교사는 앤지가 할머니의 죽음 이후 깊은 슬픔에 빠져 무기력해졌다고 생각했다. 코리나는 앤지와의 상담에서 표현기법을 사용했고 몇 차례의 회기가 지난 후, 앤지는 학급에서 더욱 활기차고

민첩해 보였다. 코리나가 앤지를 네 번째로 만났을 때, 앤지는 혹시 코리나가 자신과 함께 기도할 수 있는지를 물었다. 코리나는 동의했고 조용히 기도하는 것을 제안했다. 묵도한 지 몇 분이 지난 후 앤지는 "천국을 믿으세요? 제가 천국에 갈 때 저의 할머니를 다시 볼 수 있을 거라고 생각하세요?" 코리나는 종교적인 문제는 상담자로서 그녀가 받은 훈련과 그녀의 역할 범위 밖에 있다고 생각했기에 이 주제에 대해 깜짝 놀랐다. 코리나는 앤지의 질문을 피했고 앤지가 읽기로 한 슬픔에 관한 책으로 앤지의 관심을 돌렸다. 코리나는 수퍼바이저와 이 사례를 토론하는 중, 그녀는 카톨릭 신자로 자랐으나 카톨릭 사립학교에서의 경험이 정신적 외상을 초래할 정도로 가혹했기 때문에 전반적으로 종교를 포기하게 되었다고 밝혔다. 코리나와 그녀의 수퍼바이저는 종교와 관련된 코리나의 경험이 앤지와의 상담에서 어떤 영향을 미쳤는지를 탐구하였다. 그리고 상담에서 상담자의 믿음과 가치를 고려하면서 종교와 같은 주제를 어떻게 다루어야 할지에 대해 논의하였다.

요약

윤리는 학교상담자의 수퍼비전에서 중요한 역할을 한다. 수퍼비전을 할 때에는 사전 동의를 얻고, 적절한 경계와 역할을 명확히 하고 존중한다. 또한 평가가 공평하고 정확하다는 것을 보장하는 피드백을 항상 제공하고, 필요시 적법한 절차를 허용하는 것을 포함한다. 수퍼바이저의 능력은 교육, 경험 그리고 전문적 개입을 통해 확실해진다. 다양성 이슈들은 수퍼비전 과정에서 다루어지고, 수퍼바이지 훈련의 중요한 측면으로서의 특징을 이룬다. 역사 부분에서 설명했듯이, 학교 환경에서의 수퍼비전은 드문 경우다. 그러나 그러한 상황이 발생하면 그 과정에 내재된 도전과 윤리적 도전은 전문가들로 하여금 다양한 선택을 하게 한다.

결론

Herlihy 등(2002)은 현재의 학교상담의 수퍼비전이 방치되어 있고, 부족하고 믿기 힘들고, 불필요한 것으로 여겨지는 것을 안타깝게 여겼다. 훈련받는 학생과 현역의 전문가 모두에게 수퍼비전은 상담교육자와 연구자를 위한 학교 환경에 대한 특정한 모델과 방법을 마음에 그릴 수 있는 기회가 된다. 학교상담의 전문성은 미국학교상담자협회 모델(2005)의 독특한 측면을 반영하는 수퍼비전 구조에 부합할 뿐 아니라, 상담및관련교육프로그램인증위원회(CACREP, 2009)와 같은 국가인준 학교상담 프로그램에서 요구하는 전문적 요건을 만족하는 방향으로 변화되고 있다. Dollarhide와 Miller(2006)가 언급했듯이, "전문가로서의 정체성 발달의 수단으로서의 수퍼비전에 대한 새로워진 인식과 평가는 전문적 역할을 명확하게 하고 학교상담자의 기능을 강화시켜 줄 것이다" (p. 250).

학교의 맥락에서 임상 수퍼비전의 유망한 모델은 최근에 만들어졌고 이 장에서 어느 정도 다루고 있다. 집단 수퍼비전 접근법은 능숙한 학교상담자의 수퍼비전의 필요성을 충족시킨다(Linton & Deuschle, 2006). 학교상담 훈련생의 수퍼비전의 임상적 · 발달적 그리고 행정적 측면을 설명하는 모델은 전문적 역량을 향상시키는 데 매우 중요하다(Studer, 2005). 기존의 수퍼비전 모델은 교육 시스템 특유의 역할, 기술, 목표 그리고 기능을 지닌 포괄적인 학교상담 프로그램과 구체적인 관련성을 갖도록 조정될 수 있을 것이다(Luke & Bernard, 2006; Wood & Rayle, 2006). 교육배경이 약한 학교상담 훈련생에 적절하게 반응할 수 있도록 먼저 계획을 마련하는 것은 독특한 학교 분위기와 문화에 들어갈 수 있도록 준비하는 데 많은 도움을 줄 수 있을 것이다(Peterson & Deuschle, 2006). 결국 이 장에서 나타난 사례-기반의 이야기는 학교상담 수퍼비전 분야에서의 문제들과 이 분야 내의 윤리적 · 법적 문제의 구체적인 예시를 보여 준다.

21세기에 학교상담은 매우 중요하다(Baker & Gerler, 2008). 학교상담자는 유치원에서 12학년까지의 교육과 관련된 복합적인 이슈에 대응하고, 보다 다양한 모든 내담자들에게 문화적으로 민감한 반응을 제공하고, 학교생활과 직업세계로의 이행에서 학생이 성공할 수 있도록 돕고, 학교상담 전문직을 위해 변형된 정체성을

가져야 하는 도전을 받게 될 것이다. 대학원 초기 교육과정에서 학교상담자로서 활동하며 공헌할 때까지 안내, 모델링 그리고 평가적 피드백이 필요하다는 것은 무엇보다 확실하다.

참고문헌

Akos, P., & Scarborough, J. L. (2004). An examination of the clinical preparation of school counselors. *Counselor Education & Supervision*, *44*(2), 96-107.

American Counseling Association (ACA). (2005). *The ACA code of ethics*. Alexandria, VA: Author.

American School Counselor Association (ASCA). (2004). *Ethical standards for school counselors*. Alexandria, VA: Author.

American School Counselor Association (ASCA). (2005). *The ASCA national model: A framework for school counseling programs* (2nd ed.). Alexandria, VA: Author.

Association for Counselor Education and Supervision (ACES). (1993). ACES ethical guidelines for counseling supervisors. *ACES Spectrum*, *53*, 5-8.

Association for Specialists in Group Work (ASGW). (1998). *Best practices guidelines*. Alexandria, VA: Author.

Baker, S. B., & Gerler, E. R. (2008). *School counseling for the twenty-first century* (5th ed.). Upper Saddle River, NJ: Pearson Education, Inc.

Bandura, A. (1986). *Social foundations of thought and action: A social cognitive theory*. Englewood Cliffs, NJ: Prentice-Hall.

Barret, R. L., & Schmidt, J. J. (1986). School counselor certification and supervision: Overlooked professional issues. *Counselor Education & Supervision*, *26*, 50-55.

Benshoff, J. M., & Paisley, P. O. (1996). The structured peer consultation model for school counselors. *Journal of Counseling & Development*, *74*, 314-318.

Bernard, J. M. (1997). The discrimination model. In C. E. Watkins, Jr. (Ed.), *Handbook of psychotherapy supervision* (pp. 310-327). New York, NY: Wiley.

Bernard, J. M., & Goodyear, R. K. (2009). *Fundamentals of clinical supervision* (3rd ed.). Boston, MA: Allyn & Bacon.

Borders, L. D., & Usher, C. H. (1992). Post-degree supervision: Existing and preferred practices. *Journal of Counseling & Development, 70*, 594-599.

Bordin, E. S. (1983). A working alliance based model of supervision. *The Counseling Psychologist, 11*, 35-42.

Boyd, J. D., & Walter, P. B. (1975). The school counselor, the cactus, and supervion. *The School Counselor, 23*, 103-107.

Bradley, L., & Ladany, N. (2001). *Counselor supervision: Principles, process, and practice.* Philadelphia, PA: Taylor & Frances.

Brewer, J. M. (1924). *The vocational guidance movement: Its problems and possibilities.* New York, NY: McMillan.

Brincat, C., & Wike, V. (2000). *Morality and the professional life: Values at work.* Upper Saddle River, NJ: Prentice-Hall.

Coker, K. (2004). Conducting a school-based practicum: A collaborative model. *Professional School Counseling, 7*(4), 263-267.

Corey, G. (2005). *Theory and practice of counseling & psychotherapy* (7th ed.). Belmont, CA: Brooks/Cole.

Corey, G. (2008). *Theory and practice of group counseling* (7th ed.). Belmont, CA: Brooks/Cole.

Cottone, R. R., & Tarvydas, V. M. (2007). *Counseling ethics and decision making* (3rd ed.). Upper Saddle River, NJ: Merrill/Prentice-Hall.

Council for Accreditation of Counseling and Related Educational Programs (CACREP). (2009, January 27). The 2009 standards. Retrieved from http://67.199.126.156/doc/2009%20Standards.pdf

Crespi, T. D. (2003). Special section-Clinical supervision in the schools: Challenges, opportunities, and lost horizons. *Clinical Supervisor, 22*(1), 59-73.

Crespi, T. D., & Fischetti, B. A. (1998, September). Clinical supervision in the schools: Forlorn, forgotten, or forsaken? *Counseling Today, 41*(8), 19.

Crutchfield, L. B., & Borders, L. D. (1997). Impact of two clinical peer supervision models on practicing school counselors. *Journal of Counseling & Development, 75*, 219-230.

Davis, T. E. (2006). Looking forward to going back: A school counselor educator' s return to school counseling. *Professional School Counseling, 10*(2), 217-223.

Disney, M., & Stevens, A. (1994). *Legal issues in clinical supervision.* Alexandria, VA: American Counseling Association.

Dollarhide, C. T., & Miller, G. M. (2006). Supervision for preparation and practice of school counselors: Pathways to excellence. *Counselor Education & Supervision, 45*(4), 242-252.

Fitch, J. A. (1936). Professional standards in guidance. *Occupations, 14*, 760-765.

Fischetti, B. A., & Lines, C. L. (2003). Views from the field: Models for school-based clinical supervision. *Clinical Supervisor, 22*(1), 75-86.

Fong, M. L., Borders, L. D., Ethington, C. A., & Pitts, J. H. (1998). Becoming a counselor: A longitudinal study of student cognitive development. *Counselor Education and Supervision, 38*, 100-114.

Furr, S. R., & Carroll, J. J. (2003). Critical incidents in student counselor development. *Journal of Counseling & Development, 81*, 483-489.

Granello, D. H. (2002). Assessing the cognitive development of counseling students: Changes and epistemological assumptions. *Counselor Education and Supervision, 41*, 279-292.

Hatch, T. (2008, September 12). Professional challenges in school counseling: Organizational, institutional and political. *Journal of School Counseling, 6*(22). Retrieved from http://www.jsc.montana.edu/articles/v6n22.pdf

Hayes, R. L., & Paisley, P. O. (2002). Transforming school counselor preparation programs. *Theory into Practice, 41*, 169-176.

Henderson, P., & Lampe, R. E. (1992). Clinical supervision of school counselors. *The School Counselor, 39*, 151-157.

Herlihy, B., Gray, N., & McCollum, V. (2002). Legal and ethical issues in school counselor supervision. *Professional School Counseling, 6*(1), 55-60.

Holloway, E. L. (1995). *Clinical supervision: A systems approach.* Thousand Oaks, CA: Sage.

Hubble, M. A., Duncan, B. L., & Miller, S. D. (1999). *The heart and soul of change: What works in therapy.* Washington, DC: American Psychological Association.

Ivey, A. E., & Ivey, M. B. (2008). *Essentials of intentional interviewing: Counseling in a multicultural world.* Belmont, CA: Thomson Higher Education.

Kahn, B. B. (1999). Priorities and practices in field supervision of school counseling students. *Professional School Counseling, 3*, 128-136.

Kitchener, K. (1984). Intuition, critical evaluation, and ethical principles: The foundation for ethical decisions in counseling psychology. *Counseling Psychologist, 12*, 43-55.

Ladany, N., Friedlander, M. L., & Nelson, M. L. (2005). *Critical events in psychotherapy supervision: An interpersonal approach.* Washington, DC: American Psychological Association.

Linton, J. M., & Deuschle, C. J. (2006, May 2). Meeting school counselors' supervision needs: Four models of group supervision. *Journal of School Counseling, 4*(6). Retrieved from http://www.jsc.montana.edu/articles/v4n6.pdf

Littrell, J. M., & Peterson, J. S. (2005). *Portrait and model of a school counselor*. Boston, MA: Houghton Mifflin/Lahaska Press.

Luke, M., & Bernard, J. M. (2006). The school counseling supervision model: An extension of the discrimination model. *Counselor Education & Supervision*, *45*(4), 282-295.

Magnuson, S., Norem, K., & Bradley, L. J. (2001). Supervising school counselors. In L. J. Bradley & N. Ladany (Eds.), *Counselor supervision: Principles, process, and practice* (3rd ed., pp. 207-221). Philadelphia, PA: Brunner-Routledge.

Matthes, W. A. (1992). Induction of counselors into the profession. *The School Counselor, 39*, 245-250.

Miller, S. D., Duncan, B. L., & Hubble, M. A. (1997). *Escape from Babel: Toward a unifying language for psychotherapy practice*. New York, NY: W. W. Norton.

Muratori, M. (2001). Examining supervisor impairment from the counselor trainee's perspective. *Counselor Education and Supervision, 41*, 41-57.

Murphy, J. J. (1999). Common factors of school-based change. In M. A. Hubble, B. L. Duncan, & S. D. Miller, *The heart and soul of change: What works in therapy*. Washington, DC: American Psychological Association.

Murphy, S., & Kaffenberger, C. (2007). ASCA national model [RI: The foundation for supervision of practicum and internship students. *Professional School Counseling, 10*(3), 289-296.

National Board for Certified Counselors (NBCC). (1998). *The ACS code of ethics*. Greensboro, NC: Author.

Nelson, M. D., & Johnson, P. (1999). School counselors as supervisors: An integrated approach for supervising school counseling interns. *Counselor Education and Supervision*, *39*, 80-100.

Norcross, J. C., & Beutler, L. E. (2008). Integrative psychotherapies. In R. J. Corsini & D. Wedding, *Current psychotherapies* (8th ed.). Belmont, CA: Brooks/Cole.

Oberman, A. (2005). Effective clinical supervision for professional school counselors. *Guidance & Counseling, 20*(3/4), 147-151.

Page, B., Pietrzak, D., & Sutton, J., Jr. (2001). National survey of school counselor supervision. *Counselor Education & Supervision*, *41*, 142-150.

Peace, S. D., & Sprinthall, N. A. (1998). Training school counselors to supervise beginning counselors: Theory, research, and practice. *Professional School Counseling, 1*(5), 2-8.

Perera-Diltz, D. M., & Mason, K. L. (2008, September 18). Ideal to real: Duties performed by school counselors. *Journal of School Counseling, 6*(26). Retrieved from http://www.jsc.montana.edu/articles/v6n26.pdf

Perry, W. G., Jr. (1970). *Forms of intellectual and ethical development in the college years.* New York, NY: Holt, Rinehart, & Winston.

Peterson, J. S., & Deuschle, C. (2006). A model for supervising school counseling students without teaching experience. *Counselor Education and Supervision, 45*, 267-281.

Prochaska, J. O., & Norcross, J. C. (2003). *Systems of psychotherapy: A transtheoretical analysis* (5th ed.). Belmont, CA: Brooks/Cole.

Protivnak, J. J., & Davis, T. E. (2008, May 7). The impact of the supervision relationship on the behaviors of school counseling interns. *Journal of School Counseling, 6*(19). Retrieved from http://www.jsc.montana.edu/articles/v6n19.pdf

Rayle, A. D., & Adams, J. R. (2007, March 19). An exploration of 21st century school counselors' daily work activities. *Journal of School Counseling, 5*(8). Retrieved from http://www.jsc.montana.edu/articles/v5n8.pdf

Remley, T. P., & Herlihy, B. (2007). *Ethical, legal, and professional issues in counseling.* (2nd ed.). Upper Saddle River, NJ: Merrill and Prentice Hall.

Scarborough, J. L., & Culbreth, J. R. (2008). Examining discrepancies between actual and preferred practice of school counselors. *Journal of Counseling & Development, 86*, 446-459.

Skinner, B. F. (1953). *Science and human behavior.* New York, NY: Macmillan & Co.

Somody, C., Henderson, P., Cook, K., & Zambrano, E. (2008). A working system of school counselor supervision. *Professional School Counseling, 12*(1), 22-33.

Sperry, L. (2007). *The ethical and professional practice of counseling and psychotherapy.* New York, NY: Pearson.

Stoltenberg, C. D. (1981). Approaching supervision from a developmental perspective: The counselor complexity model. *Journal of Counseling Psychology, 28*, 59-65.

Stoltenberg, C. D., & Delworth, U. (1987). *Supervising counselors and therapists.* San Francisco, CA: Jossey-Bass.

Stoltenberg, C. D., McNeill, B., & Delworth, U. (1998). *IDM supervision: An integrated developmental model for supervising counselors and therapists.* San Francisco, CA:

Jossey-Bass.

Studer, J. R. (2005). Supervising school counselors-in-training: A guide for field supervisors. *Professional School Counseling*, *8*(4), 353-359.

Whiting, P. P., Bradley, L. J., & Planny, K. (2001). Supervision-based developmental models of counselor supervision. In L. Bradley & N. Ladany, *Counselor supervision: Principles, process and practice* (3rd ed., pp. 125-146). Philadelphia, PA: Taylor & Francis.

Wilkerson, K. (2006). Peer supervision for the professional development of school counselors: Toward an understanding of terms and findings. *Counselor Education & Supervision*, *46*(1), 59-67.

Wood, C., & Rayle, A. D. (2006). A model of school counseling supervision: The goals, functions, roles, and systems model. *Counselor Education and Supervision*, *45*, 253-266.

11 진로상담 수퍼비전

M. Krisine Bronson

당신은 누군가 지나간 흔적을 찾을 수 없는 어떤 장소에 이를 것이다. 몇몇 창문에서만 불빛이 흘러나올 뿐 그곳은 대부분 어두울 것이다. 그래서 넘어져 팔꿈치나 턱을 다칠 수도 있을 것이다! 당신은 바깥에 계속 머무를 것인가? 아니면 용기를 내어 안으로 들어가 보겠는가? 많은 것을 잃을 수도, 많은 것을 얻을 수도 있는 그곳에….

-Seuss(1990), p. 20

졸업식장에서 연설문으로 활용되는 위의 인용구는 진로를 선택하거나 바꾸는 경험을 묘사할 때 사용하기도 한다. 진로상담을 할 때 내담자는 선택할 수 있는 것이 무엇인지 알고 최선의 선택을 하여 그들의 길을 모색하려고 부단히 애를 쓴다. 그들은 올바른 방향을 잃고 있다는 느낌, 불확실함 그리고 혼란스러움에 맞서 싸우기도 한다. 내담자와 함께 이 여정에 동행할 수 있도록 상담자를 준비시키는 데 수퍼비전은 어떻게 도움을 줄 수 있을까?

이것은 참 대답하기 어려운 질문이다. 수퍼비전과 관련된 잠재적인 문제들뿐 아니라 상담 수퍼비전에 대한 가치가 여러 문헌에 의해 폭넓게 입증되어 온 반면에 (Bernard & Goodyear, 2009; Watkins, 1997), 진로상담에서 수퍼비전의 역할은 최근

에 들어서야 주목을 받게 되었다(O' Brien & Heppner, 1996; Prieto & Betsworth, 1999; Swanson & O' Brien, 2002). 진로상담 수퍼비전 이론은 아직 입증되거나 발표되지 않았으며, 진로상담 수퍼비전만의 고유한 요소들이 설명된 연구도 아직 없다. 뿐만 아니라 극소수의 사람만이 진로상담자를 훈련시키는 수퍼비전의 역할에 대해서 연구해 왔다(Heppner, O' Brien, Hinkelman & Flores, 1996; Sumeral & Borders, 1995). 이번 장에서는 진로상담 수퍼비전에 대한 개념, 논의, 연구에 대한 관심을 고취하고 몇 가지 지침을 제공하기 위해서, 진로상담을 제공하는 수퍼비전과 상담자 훈련에서 나타나는 중요한 이슈들을 정확하게 기술하는 데 초점을 두려고 한다. 먼저, 효과적인 진로상담을 위한 효과적인 수퍼비전에 대한 간단한 개요를 소개한 후 효과적인 진로상담 수퍼비전의 10가지 요소를 소개하고 설명할 것이다.

◎ 효과적인 수퍼비전이란?

수퍼비전은 수퍼비전 시간 전체에 걸쳐서 다음과 같은 다양한 목표를 가진다. ① 수퍼바이지의 전문적인 기능 향상시키기, ② 수퍼바이지가 내담자에게 제공한 전문적 서비스의 질 관찰하기, ③ 전문 상담자로 입문하는 사람에게 안내자(gatekeeper)로서의 역할 제공하기. 여기에 덧붙여서, 상담 수퍼비전은 상담자가 임상 지식의 두 가지 보편적인 영역인 '과학' 으로서의 상담과 '예술' 로서의 상담을 조화시키는 방법을 배우는 곳이기도 하다(Bernard & Goodyear, 2009). 앞의 장에서 설명했듯이, 효과적인 수퍼비전은 몇 가지 특징으로 이루어지는데, 긍정적인 수퍼비전 작업 동맹 형성하기(Bordin, 1983), 다양한 역할 활동을 적용하는 데 대해 유연성 가지기(예, 교사, 상담자, 자문가; Bernard, 1997), 수퍼바이지의 발달적 욕구에 대해 고려하기(Stoltenberg & McNeill, 1997), 수퍼비전에 대한 기대 혹은 목표, 평가 기준에 대하여 분명하게 의사소통하기(Holloway, 1997), 인간의 상호 관계에 대해 배우고 이를 향상시키는 방법을 촉진하는 능력(Kagan & Kagan, 1997)과 같은 내용이 포함된다. 앞에서 살펴본 특징은 효과적인 진로상담 수퍼비전에도 같이 적용된다.

◎ 효과적인 진로상담이란?

효과적인 진로상담 수퍼비전의 특징을 설명하기 위해서는 효과적인 진로상담의 특징을 먼저 명확하게 할 필요가 있다. 국립직업개발협회(National Career Development Association: NCDA)는 1992년도에 진로상담 역량 목록(NCDA Professional Standards Committee)을 출간하였고 1997년도에 이를 업데이트하였다(NCDA Professional Standards Committee). 1997년도에 출간된 목록에는 진로상담에 종사하고 있는 전문가는 적어도 11가지의 지정된 분야에 대한 최소한의 역량을 포함하여 총 84개의 영역에서 특정 역량을 발휘해야 한다고 명시하고 있다. 11가지의 지정된 역량 분야는 다음과 같다. ① 진로 개발 이론(즉, 진로상담과 개발을 위한 이론과 지식), ② 개인과 집단상담 기술(즉, 진로상담을 위한 개인상담과 집단상담 역량), ③ 개인 및 집단 평가(즉, 진로상담 평가 능력), ④ 정보 및 자원(즉, 진로상담 시 필요한 기본정보, 자원 그리고 지식), ⑤ 프로그램 촉진, 운영과 시행(즉, 다양한 진로개발 프로그램 세팅에서 필요로 하는 개발, 기획, 시행과 운영 기술), ⑥ 코칭, 자문, 수행 능력 향상(즉, 기관이나 집단에서 개인의 진로개발을 촉진하도록 돕는 지식과 기술), ⑦ 다양한 집단(즉, 다양한 내담자 집단에 대한 진로상담과 발달을 제공할 수 있는 지식과 기술), ⑧ 수퍼비전(즉, 진로상담을 하는 상담자를 위한 수퍼비전, 평가, 전문직 종사자로 진급하는 데 필요한 지식과 기술), ⑨ 윤리적 및 법률적 문제(즉, 진로상담의 윤리적 · 법률적 업무 수행을 위한 지식), ⑩ 연구 및 평가(즉, 진로상담의 연구와 평가를 이해하고 진행하기 위한 지식과 기술), ⑪ 과학 기술(즉, 진로상담 안에서 과학 기술을 사용하기 위한 지식과 기술). 이러한 역량은 효과적인 진로상담 실습의 기반을 구성한다.

◎ 효과적인 진로상담 수퍼비전의 요소들

효과적인 진로상담 수퍼비전의 방법에 관한 연구나 이론이 부족하기 때문에, 다음에 제시하는 내용은 기존의 수퍼비전과 진로상담 이론 및 연구에서 추론한 것

이다. 필자는 진로상담 수퍼비전의 주요 요소들을 상세히 기술하기 위해 수퍼비전과 진로상담 문헌을 통합하고 확장하였다. 다음에 제시하는 내용은 범이론적으로, 즉 수퍼비전의 이론으로도 적용 가능하다. 더욱이, 이 모델은 개인 진로상담 수퍼비전에서 개인에 대해, 즉 일대일로 적용하기 위한 것일 뿐, 집단 수퍼비전, 진로 워크샵에서의 수퍼비전, 심리교육적인 진로개입 수퍼비전, 전체 학교 지도 프로그램을 만들고 운영하는 수퍼비전 등에 일반화하기 위해 의도된 것은 아니다(Gysbers & Henderson, 2006; Henderson & Gysbers, 1998).

효과적인 진로상담 수퍼비전을 위한 10가지의 구체적인 구성요소를 간략하게 살펴보면 다음과 같다. ① 수퍼비전 관계(즉, 견고한 수퍼비전 작업 동맹으로 형성된 수퍼바이저와 수퍼바이지 관계 발전시키기), ② 상담 기술(즉, 효과적인 진로상담을 위한 상담 역량), ③ 사례개념화(즉, 내담자의 진로 문제에 대한 이슈를 이해하고 적절한 개입을 위한 계획을 구상하기 위하여 진로 개발 이론 활용하기), ④ 평가 기술(즉, 관심, 가치, 능력, 인격, 자기개념 등 내담자의 진로와 관련된 요소를 평가하기 위한 검사 사용하기), ⑤ 자료와 정보(즉, 진로와 연관된 정보를 제공해 주는 책, 사람, 기술과 같은 기본적인 자료를 활용하는 지식과 능력을 소유하기), ⑥ 개인적인 문제와 진로 문제 사이의 상호 연결(즉, 진로 개발은 진로상담에서 여러 요인이 작용하는 것과 마찬가지로 개인의 특성에 의해서도 영향을 받는다는 것에 대해 인식하기), ⑦ 진로상담에서 수퍼바이지의 관심 고취하기(즉, 진로상담에 대한 태도를 모델링함으로써 질적인 진로상담을 제공하고 진로상담에 대한 근거 없는 믿음을 다룸으로써 수퍼바이지에게 동기 제공하기), ⑧ 발달 과정이나 연령에 맞는 진로 문제를 다룸(즉, 인생전반에서 진로의 발달이 일어나므로 상담자는 발달 과정과 연령에 맞는 개입을 할 수 있어야 한다는 데 대한 인식), ⑨ 다문화적인 문제(즉, 다문화적으로 적절한 진로상담을 제공할 수 있는 인식과 지식, 기술이 필수적임), ⑩ 윤리(즉, 진로상담에 맞는 윤리적 관례에 대한 지식을 습득하고 윤리적 관례를 고수하기). 각각의 구성요소는 계속되는 단원에서 보다 심도 있게 논의될 것이다.

효과적인 진로상담 수퍼비전에는 주로 네 가지 수퍼비전 모델이 제공되고 다양한 수퍼비전 개입 방법이 활용된다. 이 장에서 기본적으로 사용된 네 가지 모델은 Kagan의 대인관계 과정회상 모델(Kagan & Kagan, 1997), 통합발달 모델(Stoltenberg & McNeill, 1997), 분별 모델(Bernard, 1997) 그리고 체계적 수퍼비전 접근(Holloway,

1997)이다. 수퍼비전 개입 방법에는 역할극, 사례개념화, 독서, 상담회기에서 오디오테이프와 비디오테이프 활용하기, 대인관계 과정회상이 포함된다.

수퍼비전 관계

효과적인 진로상담 수퍼비전에서의 관계요소는 효과적인 진로상담의 기초를 세우고, 성장, 발전시키는 데 필요한 기반을 제공하는 것으로서 그 중요성에 있어서 첫 번째로 강조된다. 결국 모든 수퍼비전과 수퍼비전 개입은 수퍼비전 관계 안에서 일어나며(Watkins, 1997) 이 관계가 수퍼비전 효과를 거의 결정하는 것으로 보인다(Hunt, 1986). 수퍼비전 관계에 대한 관심은 수퍼비전 과정 전반에 걸쳐 요청된다. 수퍼비전 관계에 관하여는 이 책의 2장 전반에 걸쳐 다루어졌기 때문에, 이 장에서는 진로상담 수퍼비전과 관련된 가장 핵심적인 부분을 조명해 보고자 한다.

Bordin(1993)은 수퍼비전 작업 동맹이란 수퍼비전 목표에 대한 상호 동의와 이해, 수퍼비전 과업에 대한 상호 동의와 이해 그리고 수퍼바이저와 수퍼바이지 사이의 정서적 연대를 포함하는 세 가지 측면으로 구성된 변화를 위한 공동 작업이라고 제시하였다. 다음 내용에서는 각 측면에 대하여 예를 들어 설명할 것이다.

진로상담 수퍼비전의 목표는 다양하며 그 특수성에 따라 차이가 있다. 예를 들면, 진로상담 역량 개발을 위해 지정된 11가지 분야에 있어 수퍼바이지가 발달하는 것을 목표로 삼을 수 있다. 또한 수퍼바이저와 수퍼바이지가 자녀 양육 후에 복직한 여성의 진로상담에 대한 능력이나 전문성을 발전시키는 것과 같이 수퍼비전에서 특정 목표를 가지는 것에 합의할 수도 있을 것이다. 진로상담 수퍼비전의 과업은 수퍼비전 목표와 연결되어야 한다. 예를 들면, 수퍼비전 과업에는 수퍼비전에서 상담회기 녹음을 재검토하고, 진로에 대한 발달 이론을 토론하고, 각각의 내담자가 보인 행동에 맞는 이론을 적용하며, 평가도구를 사용하는 방법에 대하여 역할극을 실시하는 것이 포함된다. 이 과업과 관련된 중요한 특징은 수퍼비전 중에 수퍼바이저와 수퍼바이지가 언제, 어떻게 이 과업을 사용할 것인지를 서로 합의하여 고려하는 것이다. 이는 수퍼바이저와 수퍼바이지가 진로상담 수퍼비전의

목표와 과업에 대하여 서로 간의 이해를 절충해 가면서 견고한 정서적 연대를 이루어 서로를 더욱 발전시켜 갈 것을 당연한 것으로 여기는 것이다. 이러한 정서적 연대는 수퍼바이저와 수퍼바이지 사이에 상호 돌봄, 연합, 신뢰가 있음을 의미하는 것이다. 견고한 수퍼비전 작업 동맹의 발전은 남아 있는 수퍼비전 요소들과 관련된 수퍼비전 개입을 수행하기 위한 발판을 제공한다.

◎ 상담 기술

상담 기술 면에서 수퍼바이지 발달에 주의를 기울이는 것이 효과적인 진로 상담 수퍼비전의 두 번째 요소다. 상담 기술에는 내담자에게 적용하는 다음과 같은 활동 및 개입이 포함된다. 주의 집중하여 경청하기, 재진술, 개방형 질문하기, 감정에 대해 성찰하기, 문제 제기하기, 해석, 자기노출, 즉시성, 정보 제공하기와 직접적으로 안내하기(Hill, 2004). 이러한 상담 기술은 효과적인 진로상담을 위한 필수적인 상담 역량들이며 상담자와 내담자 사이의 상호작용을 증진하기 위한 기초를 제공한다.

Hill(2004)은 정서, 인지, 행동을 통합하는 상담 기술은 효과적인 상담 기술의 중심이 되며, 일차적으로 탐구, 그다음은 통찰 그리고 실행으로 구성되는 3단계 변화 모델을 통하여 내담자를 변화시킨다고 주장하였다. 여기에서는 효과적인 진로상담 역시 이러한 기술과 관련지어 제안하고자 한다. 효과적인 진로상담 수퍼비전은 수퍼바이지가 이와 같은 상담 기술을 발전시키도록 도우며, 또한 수퍼바이지는 3단계 변화 모델을 사용하여 내담자를 돕도록 한다. 예를 들면, 수퍼비전에서 역할극을 통하여 주의 집중하여 경청하는 기술을 발전시키는 것이다. 상담자 역할을 맡은 수퍼바이지는 내담자 역할을 맡은 수퍼바이저가 말한 내용을 적은 축어록을 반복하면서 연습한다. 이런 형태의 역할극을 시행하는 목표는 다른 사람이 말하는 것을 주의 깊게 경청하고 정확하게 듣는 연습을 하기 위한 것이다.

대인관계 과정회상의 다양한 기법들(Kagan & Kagan, 1997)은 상담 기술에서 수퍼바이지의 기량을 증진하도록 돕는 또 다른 방법이다. 다음은 상담에서 문제 제기하기의 기술을 배우는 수퍼바이지를 돕는 방법을 확실히 보여 주는 예다. 수퍼

바이저와 수퍼바이지는 내담자의 갈등과 혼란이 드러난 부분이 녹음된 상담회기 테이프를 듣는다. 이후 그들은 내담자의 갈등과 혼란이 완전히 드러난 후 테이프를 멈춘다. 그러고 나서 수퍼바이지와 수퍼바이저는 함께 수퍼바이지가 내담자에게 문제를 제기할 수 있는 가능한 한 많은 방법들을 찾아본다. 그런 다음, 그들은 수퍼바이지의 반응 하나하나에 대하여 문제를 제기하고 분석하여 그 효과에 대하여 평가를 하는 것이다. 다음의 예는 이러한 과정을 설명한다.

스티브, 내담자, 오디오테이프로 듣기 "나는 정말 예술을 사랑해요. 어렸을 때부터 내가 가장 좋아한 시간은 그림을 그리고 음악을 듣고, 춤을 출 때였어요. 예술은 바로 나 자신이에요! 하지만 예술로는 돈을 벌 수 없어요. 나는 좀 더 현실적으로 생각할 필요가 있어요. 이제 내 모든 시간을 그림을 그리고 춤을 추는 데 보내는 것은 어리석은 일이에요. 예술은 내게 정말 중요하지 않아요."

다음은 수퍼바이저와 수퍼바이지가 생각해 볼 질문 내용이다.

- 내담자의 말에서 불일치하는 것이 나타나나요?
- 두 가지 진술, 즉 말과 행동, 두 가지 감정, 가치와 행동, 장점과 약점 사이에 불일치하는 것이 있습니까?
- 이것은 방어일까요?
- 아니면 비합리적 신념일까요?

수퍼바이저와 수퍼바이지는 내담자에게 문제 제기가 가능한 질문들을 던지고 자유롭게 토론한다.

- "스티브, 당신이 말한 두 가지 이야기가 일치하지 않아요. 먼저 당신은 '나는 예술을 사랑한다' 고 말했지요. 그런 다음 당신은 '예술은 내게 정말 중요하지 않다' 고 이야기를 끝맺었어요." (이것은 두 진술 사이의 불일치를 나타낸다.)
- "스티브, 당신은 당신에게 예술은 정말 중요하지 않다고 이야기했어요. 나는 아직도 당신이 예술과 관련된 일에 아주 많은 시간을 쓰고 있는 것을 알고 있

어요." (이것은 말과 행동 사이에 불일치가 있음을 표시한다.)

- "당신은 진로에 관하여 사실일 수도, 사실이 아닐 수도 있는 몇 가지 신념을 가진 것처럼 보입니다. 당신은 예술로는 돈을 벌 수 없다고 말했어요. 당신이 예술 관련 직업을 구하는 것은 현실적이지 않다고 생각해서, 현실적으로 생각할 필요가 있다고 말했지요. 나는 이런 당신의 신념이 꼭 맞다는 확신이 들지 않아요." (이것은 비논리적인 신념을 나타낸다.)

수퍼바이저와 수퍼바이지의 질문이 문제 제기를 할 때 효과적일 수 있겠는지 고려해 보기

- 내담자는 문제 제기에 대하여 들을 준비가 되어 있나요?
- 문제 제기한 질문을 다르게 표현하여 내담자에게 말하도록 하는 개입 방법이 있을까요?
- 이 시점에서 문제 제기를 하는 것이 현재 내담자의 발전에 더 도움이 될까요?
- 문제를 제기하는 것이 충분히 효과적일 수 있을 만큼 상담 관계가 잘 발전되어 있나요?

수퍼바이저가 수퍼바이지의 반응을 탐구하기 위하여 활용할 수 있는 질문

- 문제 제기한 질문 각각에 대해서 당신은 어떻게 느꼈나요?
- 만약, 문제 제기를 위한 질문 중 당신에게 매우 쉬워 보인 것이 있다면, 그 질문은 무엇이며 왜 그런가요?
- 만약, 문제 제기를 위한 질문 중 당신에게 매우 어려워 보인 것이 있다면, 그 질문은 무엇이며 왜 그런가요?
- 만약 당신이 이 내담자에게 문제 제기를 받는다면, 상담회기 중에 당신이 어떻게 느낄지 상상할 수 있나요?

분명히, 진로상담에서 적절한 상담 기술을 활용하는 것을 경시하는 실수를 저지를 수 있을 것이다. 수퍼비전에서 상담자가 단순히 전문가로서가 아니라 진정한 상담을 제공하고자 한다면, 특별히 진로와 관련된 이슈를 다루는 것뿐만 아니라 상담 기술의 발달에도 주의를 기울여야 한다. 수퍼비전 과정 전반에 걸쳐서 상담

기술을 발달시키는 데 주의를 기울여야 한다는 것이다.

사례개념화

사례개념화는 내담자의 진로에 관한 이슈들을 이해하고 상담 중 내담자의 문제에 개입하고 도울 수 있는 방법을 마련하는 데 진로발달 이론(Holland, 1997; Super, 1990)을 사용하는 것을 말한다. 이슈를 이해하는 것과 개입하기 그리고 도울 수 있는 방법에 대하여 진로발달 이론을 통해 사례를 개념화한다는 것은 수퍼바이지의 개입이 상담의 목표와 과업을 이루는 전적인 근거가 될 뿐 아니라 상담 과정에서 목표와 과업에 도달할 수 있는 이론을 수퍼바이지가 활용하도록 하는 것이다.

진로상담 수퍼비전은 수퍼바이지의 사례개념화 기술을 아주 자연스럽게 촉진시킬 수 있는 방법이다. 정기적인 사례 보고는 수퍼바이지가 내담자에 대하여 문서 혹은 구두로 보고하는 것으로 이 또한 수퍼비전 과정의 일부가 될 수 있다. 사례 보고에는 다음과 같은 내용이 포함된다. 내담자의 인적사항, 주 호소 문제, 상담 목표, 내담자 혹은 내담자의 주 호소 문제에 대한 이론적 이해, 상담 진행 계획, 평가 자료, 상담을 통해 이루어진 최근 성과 등이다. 사례보고서 기록 과정은 수퍼바이지로 하여금 상담개입 방식이 무엇이고, 어떻게 그리고 왜 하였는가를 면밀하게 검토하고 작성하도록 하는 것이다. 공식적인 사례 발표와 토론에서 수퍼바이저는 수퍼바이지가 내담자와 상담을 진행하면서 효율적인 이론을 적절하게 적용하고 있는지, 그리고 내담자에 대한 수퍼바이지의 이해가 타당한지에 대하여 탐색하도록 돕는다. 이 과정에서 수퍼바이지는 자신의 사례에 대해 다시 생각해 보는 기회를 가지게 되는 것이다. 이 과정을 가장 효과적으로 활용하기 위하여, 수퍼바이저와 수퍼바이지가 상호 협력적으로 다가갈 것을 권하며, 두 사람의 공동 목표는 수퍼바이지가 사례개념화하는 능력을 향상시키는 것이어야 한다. 만약 이 둘 사이에 적대적인 역동이 생기게 된다면, 그 과정은 수퍼바이지를 극도로 힘들게 하고, 스스로를 비하하는 느낌이 들게 할 수 있을 것이다.

다음의 예는, 수퍼바이지가 여섯 살과 여덟 살의 두 아이를 둔 30세의 라틴계 기혼 여성 내담자인 마리아에 대해 사례 보고서를 작성하고 논의 중인 내용이다. 마

리아는 영문학 학사학위를 취득하고 첫아이를 출산한 후에 작은 홍보 회사에서 글 쓰는 일을 하였고 마케팅 회사에서 파트타임으로 일해 왔다. 그녀는 이제 현재 일하고 있는 홍보 활동 및 마케팅과 다른 산업 분야와 환경적 측면까지 고려하여 전임으로 일할 수 있는 자리로 돌아오는 데 관심을 가지고 있고 자신의 선택을 결정하는 데 도움을 받고 싶어 한다.

수퍼바이지: Super의 생애 진로발달 이론(Super' s Life-Span Theory of Career Development)에 따르면, 마리아는 직업선택을 함에 있어 어떤 직업을 선택할지를 탐색한 후 직업을 선택하고, 그 선택한 직업에 대해 좀 더 구체화하며, 그런 다음 궁극적으로는 직업을 찾음으로써 그 선택을 실현하는 것이 특징인 탐색 단계에서 맴돌고 있는 것 같아요.

수퍼바이저: 마리아가 어떤 직업을 선택할지 탐색하는 내용에 대해서 좀 더 말해 줄 수 있겠어요?

수퍼바이지: 음, 그녀는 현재 홍보와 마케팅 분야에서 즐겁게 일하고 있습니다. 그래서 그녀는 홍보와 마케팅 분야에서 새로운 기회를 찾고 있는데, 파트타임으로 있는 직장에 그대로 있으면서 또 다른 시간제 일자리를 찾거나 자신의 홍보 및 마케팅 회사를 창업하거나 혹은 홍보 및 마케팅 분야가 있는 회사나 기관에서 풀타임으로 일하고 싶어 합니다.

수퍼바이저: 여러 가지 선택을 탐색 중인 마리아를 도울 수 있는 개입 방법으로는 어떤 것이 있을까요?

수퍼바이지: Super의 이론에서는 직업세계에 대한 지식이 필수적이라고 주장합니다. 그래서 저는 마리아가 자신이 선택할 직업에 대해 정보를 모으도록 돕는 일에 초점을 맞추려고 합니다. 저는 마리아에게 마케팅과 홍보에 관련된 직업전망에 관한 소책자를 읽도록 제안했습니다. 그리고 내가 제안한 정보 관련 대화가 좋은 개입이 될 것이라고 생각됩니다. 나는 마리아가 정보 제공 인터뷰(informational interview, 역자 주: 구직자가 고용에 대해서보다는 경력이나 산업에 대한 조언을 구하는 것)에 대해서 알고 있다

고 생각하지 않았거든요.

수퍼바이저: 그래요. 그런 개입은 시기적절하고 Super의 모델과 아주 일치하는 것으로 보이네요. 마리아에게 그런 개입을 할 때 어떤 어려움이 있을 것으로 예상되나요?

수퍼바이지: 음, 잘 모르겠는데요. 나는 그것에 대해서는 정말 생각해 보지 않았어요. 음. 그게 무슨 말인지….

수퍼바이저: 자, 때로 내담자는 상담에서 어떤 특별한 개입을 통해 유익을 얻을 수도 있어요. 하지만 때로는 그 개입이 우리가 희망하는 것처럼 성공적이지 않을 수도 있어요. 마리아의 사례도 그렇게 될 수 있지 않을까 하는 말이에요.

수퍼바이지: 제가 생각하기에 마리아는 약간 수줍음이 많은 것 같아요. 그래서 정보 제공 인터뷰에서 겁을 먹었을 수도 있을 것 같군요. 이전에 생각지 못했던 일인데…. 내가 어떻게 다루어야 할지 고민이 되지만, 여전히 그 정보가 그녀에게 도움이 될 거라는 생각이 듭니다.

수퍼바이저: 당신은 마리아의 사례에 대한 개념화를 능숙하게 조절하고 있는 것 같군요.

수퍼바이지: 저도 그런 것 같아요.

수퍼바이저는 또한 수퍼바이지가 이론을 사례에 적용하는 방법에 대해 여러모로 생각해 볼 수 있도록 사례 자료가 포함된 교재를 활용할 수 있다. 최근에 발간된 Swanson과 Fouad(1999)의 책이 그런 교재가 될 수 있는데, 이 책에는 한 가지 주된 사례가 책 전반에 걸쳐서 활용되고 있으며, 각 장마다 다른 이론적인 관점을 고려한 내용이 실려 있다. 이 책은 다양한 이론적 관점에서 제시하는 평가를 중요시하여 사례예시 안에 평가를 포함시키고 있다.

격식에 얽매이지 않고 좀 더 자유롭게 수퍼바이저는 수퍼바이지가 각각의 내담자에 대해 사례개념화하는 일에 정기적으로 관심을 가짐으로써 상담자의 개념화 기술 향상을 도울 수 있다. 내담자 사례개념화 기술의 향상을 위해 생각해 볼 만한 질문에는 다음과 같은 내용이 포함된다. 내담자의 연령(혹은 성별, 인종, 결혼 여부)

이 진로 개발 과정에 끼치는 영향에 대해 당신은 어떻게 생각하는가? 이 내담자에게 특정한 평가도구를 사용한다면 어떤 도구를 선택할 것인가? 평가도구를 통해 얻을 수 있는 이점과 불리한 점은 무엇인가? 내담자의 주 호소 문제와 발달 과정을 이해하는 데 활용할 이론들은 어떤 것이 있을까? 내담자에게 사용할 이론과 개입 방법을 어떻게 연결시킬 것인가?

수퍼비전에서 사례개념화를 활용하는 것은 상담자 자신의 이론적 성향을 발시키는 데 도움이 된다. Stoltenberg와 McNeill(1997)은 수퍼바이지가 수퍼비전에서 세 가지 수준의 발달 단계를 거친다고 보았다. 수준 1은 상담과 평가와 사례개념화가 제한적으로 드러나는 특징이 나타난다. 수준 2는 기본적인 기술을 습득하고, 수퍼비전 시 의존과 자율의 선택 사이에서 망설이는 갈등뿐 아니라 내담자와 어느 정도의 성공적 경험을 가지는 등의 특징을 보인다. 수준 3은 전적으로 성장에 초점을 맞추고 기술의 발전이 빠르게 나타나는 특징이 나타난다. 이 세 가지 수준은 개인의 이론적 성향과 개념화 기술의 발달에도 적용될 수 있다. 수준 1의 수퍼바이지는 자신의 이론적 성향에 대한 어느 정도의 의견을 가지고 있다. 그러나 그것은 교과적인 배움에 기초한 것이며 대체로 상담경험에 의해서 검증된 것은 아니다. 수준 2에서 수퍼바이지의 이론적 성향은 도전받고 일부는 검증되고, 지속적으로 변화하며, 새롭게 재정립된다. 수준 3 혹은 그 이상의 수준에서 이론적 성향은 상담경험과 한 인간으로서의 상담자의 변화의 결과로 많은 변모를 거쳐 생기게 된다.

수퍼바이저는 항상 이론적 입장을 염두에 두면서 수퍼바이지가 이론적 성향에 대해 발전시키고 세밀하게 조율하도록 돕는다. 상담자는 수퍼비전 관계를 맺는 초기에(어떤 경우에는 수퍼비전 과정 중에) 수퍼바이지의 이론적인 성향에 대해 이야기해 줄 것을 요청하여 함께 이론적 성향의 발달 과정을 모니터링할 수 있게 된다. 수퍼바이저는 수퍼바이지의 발달 수준에 따라 차별화된 방법으로 개입할 수 있다. 수준 1의 수퍼바이지에게는 수퍼바이지의 이론적 성향과 일치하는 독서과제를 내어 주고, 그런 다음 수퍼비전에서 함께 토론하는 것도 가능할 것이다. 수준 2의 수퍼바이지에게는 동일한 내담자 사례를 다양한 이론적 관점에서 사례개념화하도록 요구하는 것도 도움이 될 것이다. 반면에 수준 3의 수퍼바이지에게 맞는 수퍼비전은 수퍼바이지 자신의 이론적 성향을 기초로 상담적 개입을 통합할 수

있도록 돕는 것에 초점을 맞출 수 있다.

평가 기술

평가 기술이란 용어는 흥미, 가치, 역량, 성취도, 성격, 의사 결정 방식, 자기개념, 직장생활에 대한 익숙함, 그 외 내담자의 진로발달을 향상시켜 줄 발달 혹은 삶의 방식의 문제 등 진로와 연관된 요소를 평가하기 위해서 검사를 할 때(예, the Strong Interest Inventory[CPP, Inc., 2004], the Self-Directed Search[PAR, Inc., 1996], the Myers Briggs Type Indicator[CPP, Inc., 1998], SIGI[3][Valpar International Corp., 2008]) 언급하는 용어다. 일련의 기술을 연마하는 것으로 구성된 평가 기술을 습득하는 것은 복잡한 과정이며, 그 과정은 다음과 같다. ① 내담자에게 적절하고 유효하며 신뢰성 있는 도구를 선택하고 평가하는 능력(내담자의 연령, 성별, 성적 지향, 인종, 민족성, 신체 및 정신 발달 능력), ② 평가 점수와 결과 보고서를 적절히 활용할 수 있는 능력, ③ SIGI[3](Valpar International Corp., 2008)와 DISCOVER(ACT, Inc., 2008)와 같이 컴퓨터를 연결해서 평가 측정하는 과학 기술을 활용하는 지식과 능력, ④ 상담 진행 과정을 돕기 위해서 내담자가 나타내고 내담자와 활용한 자료(문서화된 검사 결과 보고서뿐 아니라 구두로도), 평가 자료를 해석할 수 있는 능력.

이러한 과제의 복잡성 때문에 이 영역에서 서로 연동되는 기술들을 습득하는 방법을 상담자에게 어떻게 훈련시키는가에 대해 별로 관심을 두지 않았다는 비판을 받아 온 것은 놀랄 일이 아니다(Watkins, 1993). 우리가 도움을 받을 만한 경험적인 연구는 없지만, 다음과 같은 논리적인 제안이 가능하다. 첫째, 수퍼비전에서 평가 기술을 향상시키는 것이 복잡한 과업이라는 것을 인식하는 것이 필수적이라고 보인다. 평가 기술이 실제로 기술들의 집합이라는 것을 인식하는 것은 평가 과정을 이해하기 쉽게 해 주고, 수퍼바이저와 수퍼바이지가 수퍼비전 내에서 평가할 이슈를 내놓고 최선을 다해 협력할 수 있게 해 준다. 이러한 인식은 또한 수퍼바이저와 수퍼바이지가 기술을 발전시키기 위해서 더 많은 시간을 들이고 관심을 가질 수 있도록 한다. 이것을 위하여, Fink, Allen과 Barak(1986)은 진로상담을 원하는 내담자에게 상담자가 점수를 매기고 해석하는 능력, 흥미도와 성격 검사를 다룰

수 있도록 하는 훈련을 위해서 고안된 5.5개월 과정의 집중적인 인턴 과정 경험을 제시한다. 이 인턴 과정에는 두 가지 요소가 포함된다. ① 점수 매기기와 검사 결과에 대해 해석하기, 내담자 사례 발표 및 보고뿐 아니라 특정 내담자를 위한 적절한 검사를 선택하고, 특정 검사를 사용하는 합리적 이유를 포함하는 평가 이슈에 초점을 맞춘 세미나 학기와 ② 총 세 명의 수퍼바이저와 함께 하는 60분 동안의 개별 수퍼비전 회기.

Fink(1986) 등이 제시하는 인턴 과정의 요소는 어떤 수퍼비전 상황에서도 사용될 수 있는 것이다. 어떤 수퍼비전 회기에서는 수퍼바이지가 훌륭한 평가 기술 자원을 가질 수 있도록 훈련시키는 것을 목표로 자연스럽게 교육을 실시할 수도 있을 것이다. 이 회기에서 다룰 내용에는 평가도구의 타당성과 신뢰도에 대한 설명, 검사자료를 해석하는 지침이 포함될 수 있고 그 검사 결과를 문서 혹은 구두로 설명하는 실습을 할 수 있다. 이러한 교육적인 회기는 개인 수퍼비전 상황이나 여러 명의 수퍼바이지가 참여하는 소집단 세미나에서 활용될 수 있다. 사례가 제시된 자료와 평가가 함께 포함된 교재를 사용하는 것은(Swanson & Fouad, 1999) 수퍼비전에서 Fink(1986) 등이 제시한 모델의 첫 번째 요소에 초점을 맞추게 할 수 있다. 다른 대안은 수퍼바이저가 상담자에게 검사를 실시하기에 적절하고 검사를 통해 유용한 정보를 얻을 수 있는 내담자에게 간단히 평가를 실시하도록 요구하는 것이다. 이를 통해 수퍼비전에서는 상담자가 평가도구를 선택하고 실시하며, 점수를 매기고, 해석하여 내담자에게 그 결과를 보여 줄 기회를 가지도록 해 줄 수 있다.

또한 수퍼바이지는 평가도구를 사용하는 법과 그 결과에 관해 상담하는 것을 역할극의 형식으로 수퍼바이저와 함께 실습할 수 있다. 이 방법은 여러 면에서 수퍼바이지에게 도움이 될 수 있을 것이다. 역할극은 수퍼바이지가 실수를 한 후 수퍼바이저로부터 직접 지도를 받으며, 난관이나 어려움에 부딪치거나 질문을 할 때 상담자의 도움을 받아 실제 내담자에게서 받는 압박 없이도 결국에는 난관을 이겨 내고 검사와 친근해지게 한다. 시간이 지나면서 수퍼바이지가 평가도구를 사용하는 것과 역할극에 익숙해지면, 검사에 대해 불평하거나 검사 결과에 대하여 따지려 하거나 검사를 도구가 아닌 '명확한 정답' 으로 여겨 검사 결과를 보려고 하는 까다롭고 위협적인 내담자와 함께 검사를 하는 것에 초점을 맞출 수 있다. 각 상담자는 특정한 유형의 내담자에 대해 혹은 상황에서 검사를 할 때 자신만이 느

끼는 두려움을 가지고 있을 수 있으며, 수퍼바이저는 그들의 두려움을 공유하기 위하여 상담자를 불러서 좋은 권면을 해 준다. 수퍼바이저는 훈련생으로서 자신의 진로 문제를 가지고 온 내담자와 함께 자신들이 겪었던 어떤 두려움이나 갈등을 노출함으로써 이러한 유형의 토론을 촉진할 수 있다(Ladany & Lehrman-Waterman, 1999).

◎ 자료와 정보

자료와 정보는 질적 진로상담의 고유한 영역이다. 진로 목표를 계획하고, 훈련이나 교육, 고용 문제에 주력하기 위해서, 내담자는 책, 인터넷 웹사이트, 직업 동향, 직무분석, 컴퓨터 시스템과 같은 자료와 정보의 활용법을 알아야만 한다. 많은 내담자는 상담에 임할 때 그런 정보에 그리 익숙하지 않다. 진로상담자는 내담자가 적절한 정보를 찾고 사용할 수 있도록 돕는 코치이자 교사 역할을 하는 사람이다. 그 진로상담자는 직업 업무, 기능, 급여, 요구조건, 미래전망에 대한 정보를 제공해 주는 기본적인 직업에 관한 자료(책, 사람, 기술을 포함하는)를 활용할 수 있는 지식과 능력을 반드시 소유해야 한다. 상담자는 또한 자료의 질과 정확성을 평가할 수 있는 기술을 가지고 있어야 하는데, 특히 인터넷에서 찾은 자료와 정보의 정확성뿐 아니라, 그 질과 정확성을 어떻게 평가할 것인지에 대해서도 내담자에게 가르칠 준비가 되어 있어야 한다. 그러므로 상담자는 교육, 훈련, 고용, 노동시장의 정보와 채용관행의 동향과 같은 직업세계에 대한 기본적인 정보를 가지고 있어야 한다. 상담자가 내담자를 돕기에 필요한 정보를 가지고 있지 못할 때는 그러한 정보와 자료를 찾거나, 내담자에게 정보와 자료를 소개해 주어야 한다.

효과적인 진로상담 수퍼비전은 이러한 영역에서 수퍼바이지의 지식 발전에 기여한다. 상담자가 자료와 정보에 친밀해질 수 있도록 돕는 실제적인 방법은 수퍼바이지가 자료에 접근하도록 요구하는 것이다. 예를 들어 초보 상담자(즉, 수준 1의 발달 단계에 있는 상담자)는 『직업전망편람(*Occupational Outlook Handbook*)』(U.S. Department of Labor, 2008-2009)을 검토하고, 구인 또는 스카우트 관련 웹사이트를 방문하며, 최근의 고용동향을 과거와 비교하는 일에 익숙해질 필요가 있다. 이미

직업세계와 관련 자료에 대해 기본적인 지식을 갖고 있는 상급 단계의 상담자(즉, 수준 2의 발달 단계에 있는 상담자)는 진로 관련 자기계발서(career self-help book)를 비치하고 확인하며 평가하거나, 관심이 있는 내담자와 함께 정보 제공 인터뷰에 응하고자 하는 지역 노동자를 찾아야 한다. 내담자를 상담하는 수퍼바이지로서는 자료와 정보를 개발하는 일이 필수적이다. 이것이 준비된 후, 수퍼바이저와 수퍼바이지는 새로운 선택에 대해서 머리를 맞대고 연구하거나, 이용 가능한 것을 논의하는 것이 당연하다. 또 정보와 자료를 소개하는 시기와 이유, 방법에 대한 역할극을 하는 것은 특별히 이런 기술이 불편하게 느껴지는 수퍼바이지에게 도움이 될 수 있을 것이다. 그리고 역할극을 통해서 수퍼바이지는 활용할 자료의 질 혹은 정확성을 평가하는 방법을 배우고자 하는 내담자를 돕는 중요한 기술을 발전시킬 수 있을 것이다.

개인의 이슈와 진로 이슈를 연결하기

상담자와 정신건강 전문가는 마치 내담자의 직업적 삶과 개인적인 삶이 밀접하게 관련되어 있지 않은 것처럼 내담자가 나타내는 문제를 인위적으로 분리하여, 진로상담과 개인상담을 이원화하려는 경향이 있다. 진로 문제의 발달은 사회상황적 요소, 가족이나 문화, 하부문화의 구조, 결정 방식, 발달 단계, 정체성의 형성 정도, 자기개념, 심리적 욕구, 정신병리, 내적 장벽(Blustein, 1987, 1992; Manuele-Adkins, 1992; NCDA Professional Standards Committee, 1997; Subich, 1993; NCDA/ACES Commission for Preparing Counselors for the 21st Century, 2000)과 같은 내담자 개인의 특성에 의해서 영향을 받는다. 전인적인 상담을 하는 상담자는 풍부하고도 깊이 있는 상담 과정을 통하여 내담자가 자신의 심리적 문제에 적합한 선택을 하도록 돕는다. 전인적인 진로상담을 제공하기 위해서, 상담자는 개인적인 관심사와 진로에 대한 관심이 서로 겹치고 상호작용하는 것을 다루는 방법을 수퍼비전에서 배워야 한다.

그런데 전체 내담자와 그다지 진로에 관심이 있지 않은 이들을 치료하기 위해서 상담자를 어떻게 훈련해야 할 것인가? 수퍼바이저는 내담자가 그들 자신 또는 그들의 이슈나 실제적인 경험을 '진로' 대 '개인'의 영역으로 이원화하는 것을 절대

용인하지 않는 것에서부터 시작할 수 있다(Swanson & O' Brien, 2002). 그러고 나서 수퍼바이저는 진로 문제에 대한 관심을 드러내는 개인을 다루는 상담자의 사례를 제시하고, 진로 문제뿐만 아니라 그 개인에게 영향을 미치는 개인적 혹은 심리적 요인을 어떻게 고려해야 하는지에 대한 실례를 보여 줌으로써 이러한 과정을 지속한다. 예를 들어, 한 수퍼바이저가 여자대학 2학년생이며 우울증이 있고 전공 선택에 어려움을 겪고 있는 20세의 내담자 케이티에 관해 말할 때, 수퍼바이저는 전공 선택에 대한 토론뿐 아니라 그녀의 삶 속에 일어난 우울증이 대학 진로뿐 아니라 그녀의 삶 가운데서 어떤 역할을 하는지에 대해서도 주목해야 한다.

만약 자격증이 있다면, 상담자는 심리적인 문제에 대한 치료뿐 아니라 진로문제에 대한 상담도 제공할 수 있다. 당연히 모든 상담자가 내담자가 보여 주는 모든 심리적인 문제(우울증을 포함하나 우울증에 국한되지 않는)를 다루는 훈련을 받은 것도 아니고 전문가도 아니다. 진로에 대한 고민을 다루는 상담자가 이러한 다른 고민들까지 치료할 수 있어야 하는 것은 아니다. 하지만 무엇보다 중요한 것은, 정신건강에 대한 문제도 인식·확인하고 진단할 수 있어야 하며, 내담자가 적절한 처방을 받을 수 있도록 소개해 줄 수 있어야 한다는 점이다. 상담자는 내담자가 다른 전문가로부터 정신건강에 대한 치료를 받은 후에 진로상담을 계속해서 할 수 있다. 케이티의 예에서, 상담자는 우울증을 확인하고, 케이티에게 우울증이 있음을 이야기해 주고, 우울증을 치료해 줄 전문가(예, 상담자, 심리학자, 정신과 의사)에게 소개한 후 전공 선택의 과정에 대하여 케이티와 상담을 계속한다. 분명히, 다른 분야의 전문가에게 소개한 후라 할지라도, 상담자는 내담자의 진로발달이 심리적인 문제와 어떻게 연관되어 있는지를 설명할 필요가 있다. 적절한 한 예로, 케이티와 함께 상담을 진행하는 상담자는 우울증이 전공을 선택하는 과정 중에 있는 그녀에게 어떤 영향을 끼치는지 계속해서 다루어 줄 필요가 있다. 예를 들면, 그녀의 우울증이 Strong 직업흥미 검사(Strong Interest Inventory)상의 점수를 인위적으로 떨어뜨리거나, 그녀의 능력을 부정확하게 측정하는 원인이 될 수 있기 때문이다.

Bernard의 수퍼비전 분별 모델(1997)은 수퍼바이저가 케이티와 함께 상담을 하면서 전인적인 접근을 증진시킬 수 있는 다양한 방법을 제안한다. 이 모델을 사용할 때 수퍼바이저는 교사, 상담자, 자문가 역할 각각에 대해 다음과 같은 개입 방법을 사용할 수 있다.

교사로서의 수퍼바이저

1. 수퍼바이저는 수퍼바이지에게 우울증 치료를 위해 소개할 수 있는 선택사항들을 확인하고 정보를 제공해 준다.
2. 수퍼바이저는 수퍼바이지에게 우울증을 진단하는 증상들을 나열하여 정리하는 법을 가르친다.
3. 수퍼바이저는 케이티의 우울증과 진로에 대한 문제와 케이티가 상담 시간에 가지고 온 다른 개인적이고 심리적인 요인 사이에 있는 연결고리를 사례개념화하는 방법을 모델링해 준다.

상담자로서의 수퍼바이저

1. 수퍼바이저는 우울증에 걸린 내담자와 상담하는 수퍼바이지의 감정의 폭을 함께 탐색한다.
2. 수퍼바이저는 케이티가 상담 과정에 끼친 영향에 대하여 수퍼바이지가 느끼는 감정이 어떤지에 대해서 탐색한다.
3. 수퍼바이저는 상담자와 함께 자신의 진로발달에 영향을 끼치는 감정, 사건 또는 심리적인 스트레스를 상기하는 작업을 한다.

자문가로서의 수퍼바이저

1. 수퍼바이저와 상담자는 케이티의 진로에 대한 고민과 우울증이 어떻게 연계되어 있으며, 그것들이 어떻게 서로 영향을 끼치는지를 함께 브레인스토밍한다.
2. 상담자가 진로 문제와 우울증을 다루는 것에 관한 자신의 전문성과 한계를 알 수 있도록 하기 위해 수퍼바이저는 상담자와 함께 그들의 강점과 약점에 관한 이야기를 나눈다.
3. 수퍼바이저는 케이티가 자신의 인생과 진로에 대한 우울증의 영향에 대해 이야기할 수 있도록 촉진하는 상담적 개입을 가능한 한 많이 찾도록 수퍼바이

지를 격려한다.

◎ 진로상담에 대한 수퍼바이지의 관심 증진시키기

진로상담에 대한 수퍼바이지의 관심을 증진시키는 일은 중요한 일이지만 지금까지 진로상담 수퍼비전의 역할이 간과되어 왔다. 수퍼비전에는 진로상담에 대한 근거 없는 믿음을 다룰 뿐만 아니라 모델링을 통해 질적인 진로상담을 제공함으로써 수퍼바이지에게 동기를 부여하는 일이 포함된다. 효과적인 진로상담 수퍼비전의 몇 가지 중요한 요소를 소개하면 다음과 같다. 첫째, 내담자에게 적절한 도움을 제공하도록 보증하기 위해서는 진로상담에 대한 수퍼바이지의 관심을 증진시키는 일이 필요하다. 둘째, 진로상담에 대한 관심이 높고 동기부여가 된 상담자는 진로에 대한 고민을 소홀히 하거나 진로 문제를 배제한 채 정신건강 문제에만 관심을 둘 가능성이 적다. 또한 수퍼바이저가 진로상담에 대한 수퍼바이지의 관심을 성공적으로 이끌어 내는 것은 상담 기술을 더 넓은 분야로 발전시키는 데 도움이 된다.

몇몇 지침서에서는 상담자가 상담에서 진로 문제를 다루는 것에 대한 관심이 부족하다고 제시하였다. 1999년 6월, 공인자격상담사국가시험이사회(National Board of Certified Counselors)는 진로상담의 전문성에 대한 관심부족으로 인하여 국가공인 진로상담자 전문분과(the National Board of Certified Career Counselor specialization)를 해체하기 위한 투표를 실시했다(Schmitt, 1999). 상담자와 심리학자의 관점에서 진로상담은 잘 알려져 있지도 않고, 수익성도 없으며, 지적으로 도전할 만하지도 않고, 심리적인 문제를 다루지도 않는 작업에 불과하며, 단지 일자리를 찾는 내담자가 노동인구에 포함될 수 있도록 준비시키는 일이 최우선인 것처럼 인식되었다(Blustein, 1992; Manuele-Adkins, 1992; Subich, 1993). 수퍼바이지가 자신의 내담자에게 어느 정도의 질적 수준을 충족하는 상담을 제공하기 위해서는, 수퍼바이저가 이러한 근거 없는 믿음과 무관심에 대해 직접적으로 알려 주어야 한다. 이 영역은 실증적인 증거가 반드시 필요한 영역이다. 한 연구에서는 진로 문제를 가지고 있는 내담자가 성격적인 문제를 드러내는 내담자만큼 심리적인 고통

을 많이 호소하는 것으로 나타났다(Gold & Scanlon, 1993). 같은 연구에서 내담자가 진로 문제로 인해 심각한 심리적 고통을 겪고 있음에도 불구하고, 상담 시 진로에 대한 관심을 가지고 상담을 받은 회기 수가 더 적게 나타난 것이 발견되었다. 분명한 것은, 내담자들이 진로 이슈에 대한 관심과 고민을 가지고 상담실을 찾는다는 것이다. 그리고 아직까지, 이런 내담자들에게 상담자가 항상 적절한 상담을 제공하고 있지는 못하는 것 같다. 수퍼바이저는 자신의 수퍼바이지에게 진로와 개인적인 이슈가 서로 겹치고, 서로 상호작용하는 문제를 다루는 문헌뿐 아니라(Blustein, 1987; 1992; Manuele-Adkins, 1992; NCDA Professional Standards Committee, 1997; NCDA/ACES Commission for Preparing Counselors for the 21st Century, 2000; Subich, 1993), 진로상담의 중요성을 짚어 주는 문헌을 접하게 할 수 있고(Gold & Scanlon, 1993), 이들 영역에서 수퍼바이지가 가지고 있는 근거 없는 믿음에 대한 문제의식을 가지게 한다.

인위적으로 '진로상담'과 '개인상담'을 이원화하는 것은 수퍼바이지가 진로상담에 관심을 가지는 것을 방해하기 때문에, 수퍼바이저는 이원화하여 나누는 것을 조심할 필요가 있다. 수퍼바이저는 진로상담에 대한 수퍼바이지의 태도에 큰 영향을 끼칠 수 있기 때문에, 수퍼바이저가 진로상담에 대한 수퍼바이지의 관심을 증가시킬 수도, 감소시킬 수도 있다는 연구 결과가 나왔다(Heppner et al., 1996). Heppner 등은 그들의 연구를 통해 진로상담의 테두리 안에서 열정과 창조성을 서로 공유하는 수퍼바이저 혹은 전문가뿐 아니라 진로상담과 사회-정서적 상담이 두 개로 나누어지지 않고 통합된 과정이라는 것을 분명하게 알려 주는 수퍼바이저에 의해서 수퍼바이지의 진로상담에 대한 관심이 촉진된다는 것을 보여 준다. 마찬가지로, Warnke 등(1993)은 소논문에서 박사과정 수준의 진로상담 실습이 진로상담 개입 기술뿐 아니라 직업채용 서비스에 대한 학생의 태도에 긍정적인 영향을 끼친다고 기술하고 있다. 따라서 수퍼바이저는 진로에 대한 관심의 심각성에 주목해야 한다. 그리고 수퍼바이지로 하여금 진로상담에 대한 관심을 모델링하고 열정을 공유하며 내담자의 진로 문제를 내담자의 전 생애 혹은 정체성과 연결짓는 것을 훈련하게 함으로써 진로상담에 대한 수퍼바이지의 관심을 끌 수 있게 된다.

발달 수준과 연령에 적합한 진로 이슈 다루기

한 개인의 진로 발달이 전 생애에 걸쳐 일어난다는 것을 고려하여, 상담자는 진로의 발달적 성격을 이해하고 내담자의 발달 수준과 연령에 적합한 개입을 하는 것이 필수적이다. 수퍼바이지가 다양한 연령층과 발달 단계에 있는 내담자와 상담함으로써 이를 직접 경험할 수 있다면 이상적일 것이다. 그럴 경우, 수퍼비전에서는 내담자의 연령과 그들의 발달 수준에 기초한 각 내담자의 특정한 요구에 초점을 맞추게 된다. 일례로, 상담자가 각각 6세와 18세의 내담자와 상담을 하는 상황에서, 수퍼바이저와 수퍼바이지는 여러 연령층의 학생의 요구와 관련된 논의를 할 수 있다. 그들은 초등학교 아동은 진로에 대한 인식을 발달시킬 필요(즉, 다양한 삶의 역할 인식, 직업에 대한 인식)가 있다는 것에 주목할 것이다. 그러나 이들에게는 특별한 직업과 관련된 선택은 필요하지 않다(즉, 대학의 전공이나 직업 선택 등). 수퍼비전에서는 이러한 연령층, 특히 초등학생들의 역량이나 요구를 고려하여 개입하는 전략을 조정하는 방법을 다룰 수 있다. 따라서 수퍼바이지는 다양한 연령층과 발달 단계에 있는 내담자(즉, 중학생 또는 고등학생)와 함께 상담하기 때문에, 수퍼비전은 내담자 간의 유사점과 차이점을 탐색하기 위한 것뿐 아니라, 사용한 개입 전략들 간의 유사점과 차이점을 탐색할 수 있는 장으로서 활용될 수 있다. 수퍼비전에서 상담자 역할을 활용하는 방법은 수퍼바이저가 수퍼바이지에게 다양한 연령층과 발달 단계에 있는 내담자를 상담할 때 어떻게 느끼는지를 성찰하도록 돕는 것이다. 다음은 논의와 성찰을 위한 질문들이다. 당신은 각각의 연령 집단의 내담자와 상담할 때 어떻게 느끼나요? 특별히 어려운 것은 무엇인가요? 특별히 쉬운 것은 무엇인가요? 그 나이 때 당신의 진로에 대한 문제는 어떤 것이었나요?

다양한 연령층과 발달 단계에 있는 내담자를 상담하는 것이 훈련생에게 이상적이지만, 이러한 기회는 아마도 거의 없을 것이다. 수퍼바이저는 초등학교, 중학교, 고등학교, 대학 그리고 성인 내담자에게 상담을 제공하는 대부분의 지역 상담소와 같이 특정한 연령층에 한정된 상황에 있는 상담사에게 수퍼비전을 실시한다. 이런 경우, 적어도 내담자의 연령과 발달 수준에 적합한 방향으로 수퍼비전이 실시되어야 하며, 수퍼바이저는 그러한 특정 상황이 의미하는 것이 무엇인지를 논의해야 한다. 예를 들어, 고등학교 3학년 학생에게 관심 있는 몇 가지 특정한 진로를 탐색하도록 하는 것은 적절한 도움이 될 수 있는 반면에, 중학교 2학년 학생에게 몇 가지 특정한 진로에 대하여만 소개하여 관심의 폭을 좁히는 일은 시기상조라고 할 수 있다. 발달 수준이나 연령에 적합한 진로상담에 대한 수퍼바이지의 이해를 촉진하는 수퍼비전 개입 방법은 많이 있다. 수퍼바이지는 다양한 상담상황에서 연령에 적합한 것이 무엇인지에 대해서 생각하고 이야기할 수 있어야 한다. 수퍼바이지는 다양한 삶의 단계를 고려하여 진로발달에 대해 언급한 NCDA의 정책을 읽어 보아야 한다(NCDA Board of Directors, 2003). 그리고 진로 발달에 관한 발달적인 접근법을 다룬 Super(1990)와 Gottfredson(2002)의 저술을 읽고 논의할 수 있다. 수퍼바이저는 그들의 수퍼바이지가 사례개념화를 할 때, 발달 수준이나 연령에 적합한 이론을 사용하고, 평가하며, 개입할 수 있도록 도와야 한다. 만약 수퍼바이지가 다른 실습이나 상담 환경에서, 각기 다른 연령대의 내담자와 상담한 경험이 많다면 현재의 집단이 다른 집단과 어떻게 유사하고 다른지에 대해서 수퍼바이지와 함께 고찰할 수 있다. 다른 내담자에게 적절하면서도 효과적으로 사용했던 개입 방법을 현재의 내담자에게 맞게 변경하여 사용하도록 격려하여야 한다.

아주 동질적인 환경에서조차, 개인과 하위집단 사이에는 차이가 있다. 예를 들어, 고등학교에서는 연령이나 발달 수준이 어느 정도 동질적인 집단이라고 여겨지지만, 그 속에는 많은 다양성이 존재하기 때문에, 똑같은 개입 방법이 모든 고등학교 1학년 학생들의 발달적 성장을 촉진시키는 것은 아니다. 일례로, 1학년 남녀 학생 모두에게는 고등학교 생활에 적응하고, 그들 스스로 학교생활과 전망 있는 진로에 대한 흥미를 개발하는 데 도움이 필요하다. 하지만 이 나이의 여학생의 경우, 낮은 자존감과 자기효능감의 위험이 보다 큰 시기이며(Gilligan, 1993), 궁극적으로는 필요 이상으로 자신의 인생 목표를 제한하는 더 큰 위험에 놓이기도 한다. 따라서 고등학교 신입생을 상담할 경우, 특히 여학생에게 적용할 때는 낮은 자존감과 자기효능감을 돌아보게 하는 것이 필요하다.

또한 고등학교 내에 있는 하위집단은 비록 연령은 비슷하지만, 그들의 요구는 아주 뚜렷이 구별된다. 고등학교 1학년생과 3학년생을 생각해 보자. 상급생을 위한 전형적인 진로상담이 직업을 경험하고, 졸업 후에 무엇을 할 것인지에 대한 계

획을 세우고, 일자리를 찾을 준비를 하거나 보다 더 잘 배울 수 있는 연수기관을 선택하는 것을 포함하는 반면, 1학년 학생을 위한 전형적인 진로상담은 학생의 흥미를 확인하고, 평가하며, 선택 과정에 참여하고, 직업과 진로의 분야에 노출시키는 것을 포함한다. 수퍼비전에서는 개인의 차이와 발달적 수준의 차이 그리고 동질적인 환경에서 일어날 수 있는 아주 작은 차이에도 주의를 기울여야 한다. 수퍼비전에서는 수퍼바이지가 연령과 발달에 있어서 미묘한 차이를 알아차리고 상담하는 것도 도와주어야 한다.

다문화적 이슈들

진로상담에서 다문화적 이슈에 주목하는 것은 효과적인 진로상담 수퍼비전을 위한 두 번째 요소다. 이 장의 목표는 다문화적 이슈 안에 인종, 문화, 성별, 성적지향, 사회경제적 지위, 연령, 종교적 신념 그리고 능력에 대한 이슈를 제한하지 않고 포함시키는 것이다. 이 구성요소들은 진로상담에서 다문화적인 역량을 준비하는 데 있어 필수적인 인식이나 지식 그리고 기술에 초점을 두고 있다. 다문화적 역량을 개발시키는 것은 상담자가 다양한 영역의 내담자를 효과적으로 상담할 수 있게 하고 모든 개인의 진로발달을 지원하는 데 접근할 수 있는 방법을 보장하는 것이다.

진로상담에는 다양한 이슈가 있다는 것을 알고 또 이러한 다양한 이슈를 가지고 상담하는 수퍼바이지를 효과적으로 훈련하기 위해서, 수퍼바이저는 그들 스스로 다문화적 역량을 가지고 있어야만 한다. 수퍼바이저는 수퍼비전뿐만 아니라 진로상담 영역에서도 이와 같은 다양한 이슈가 있다는 것을 알고 상담할 수 있어야 한다. 또한 수퍼바이저는 여기에 드러나 있는 문제들에 대한 인식이나 지식과 기술을 갖추고 있어야 한다.

한동안 다문화적 상담 역량에 대한 강의와 연구가 많이 이루어졌고 관련 저술도 출간되어 왔는데, 이제는 다문화적 역량을 실천하는 방법을 규명하고 구체화하기 위한 태도나 지식, 기술과 같은 것이 아주 중요하게 요구된다(Constantine, Miville, & Kindaichi, 2008; Ponterotto, Casas, Suzuki, & Alexander, 2001; Sue, Arredondo, &

McDavis, 1992). 요약하면, 다문화적 역량을 지닌 상담자는 문화적으로 다양한 내담자를 상담함에 있어서 자신의 편견이나 가치의 개입 없이 그들을 상담하려는 태도와 신념을 가지고 있다. 다문화적 역량을 지닌 진로상담자는 내담자에 대한 자신의 편견을 살펴볼 수 있어야 한다. 상담자는 자신의 편향된 신념을 자세히 살펴보고, 그러한 신념이 상담 과정에 어떤 영향을 끼치는지를 수퍼비전에서 내놓고 토론할 수 있다. 다문화적 역량을 지닌 상담자는 내담자의 특징(예, 내담자의 종교적인 신념)이 내담자의 상담 과정뿐 아니라 내담자의 진로발달에 어떤 영향을 끼칠 것인지에 대해서 보다 많은 것을 배우려고 할 것이다.

다문화적 역량을 지닌 상담자는 그들 자신에 대한 지식, 즉 자신의 인종, 문화적 유산과 한 개인으로서 혹은 상담자로서 자신의 배경이 어떤 영향을 주었는지에 대한 지식을 가지고 있다. 예를 들어, 다문화적 역량을 지닌 여성 진로상담자는 자신의 성이 직업적으로 영향을 준다는 것뿐만 아니라 자신의 진로발달에도 어떠한 영향을 주는지를 알고 있다. 게다가 다문화적 역량을 지닌 진로상담자는 억압과 인종차별, 차별대우 혹은 고정관념을 가지고 대하는 것에 관한 모든 지식을 가지고 있다. 진로상담 영역에서는, 직업이나 진로에 대하여 차별화되고 제한된 접근 방식(Betz & Fitzgerald, 1987; Thomas & Alderfer, 1989)과 도움이 되지 않는 환경(null-environment)의 유해성(Betz, 1989), 다양한 집단에게 진로에 관한 이론을 제공하는 데 있어 고려해야 할 한계점(Betz & Fitzgerald, 1987; Leung, 1995; Walsh & Osipow, 1994), 여성의 진로선택과 여성의 진로 적응의 본질 그리고 여성에게 진로상담을 제공하는 데 있어 발생하는 특별한 이슈(Betz & Fitzgerald, 1987; Walsh & Osipow, 1994), 다양한 집단에 평가도구를 사용하는 것과 관련된 문제들(Betz, 1992; Constantine et al., 2008; Hackett & Lonborg, 1994; Leung, 1995)에 대한 구체적인 지식이 포함된다.

다문화적 역량을 지닌 상담자는 문화적으로 다양한 집단과 상담할 수 있는 기술과 개입 방법을 발전시켜 왔다. 그들은 상담 접근법을 활용함에 있어 유연하며, 다양한 집단의 차이에 맞게 그들의 개입 방법을 수정할 수 있다. 일례로, 다문화적 역량을 지닌 상담자는 보다 집단주의적 의사결정 방법을 동원하는 내담자와 상담하기 위해서, 보편적으로 활용되는 개인적인 진로 이론을 (가능한 한 통합적 이론 접근법을 사용하여) 수정할 수 있다. 또한 다문화적 역량을 지닌 상담자는 표준화된

검사와 검사도구가 효력이 없거나 선입관에 의한 선호를 나타내기 때문에 내담자에게 대안적인 평가 방법(즉, 직업카드 분류, 가치명료화 작업, 작업표본검사, 행동 관찰 등)을 사용할 수 있다(Constantine et al., 2008; Goldman, 1990; Hackett & Lonborg, 1994).

진로상담과 발달에 관한 연구 및 실천에 관한 최근의 연례 보고에서는 다문화주의, 다양성의 문제, 다문화적 역량, 사회정의에 대한 관심이 증가되고 있다고 언급하여 왔다(Chope, 2008; Harrington & Harrington, 2006; Tien, 2007). 보다 다양한 내담자 집단에 유용한 진로상담 이론을 만들고, 진로발달 과정에서 환경적 요소가 끼치는 영향에 많은 관심을 기울이려는 움직임이 있다. 이는 진로상담 분야가 점점 더 다문화적 역량을 가지게 된다는 것을 시사하고 있기는 하지만, 여전히 진로상담 수퍼비전에서 다문화적 이슈를 어떻게 구체적으로 다룰 것인지에 대한 언급은 없다. 그렇다면 수퍼바이저는 어떻게 진행해 갈 것인가?

현 시점에서, 수퍼바이지가 다문화적 이슈에 대한 관심과 개방성을 가지고 수퍼비전에 임하는 것과 같은 방식으로 여러 다양한 이슈를 다루는 진로발달, 상담 이론, 사전실습과 같은 학제 과정을 생각해 볼 수 있다. 이럴 경우에, 효과적인 수퍼비전은 상담자가 자신의 다문화적 역량을 잘 조절할 수 있는 환경을 제공한다. 하지만 불행히도, 다양성에 대한 두려움과 염려, 편견과 거북함이 수퍼바이지가 다문화적으로 역량 있는 진로상담을 제공하는 데 필요한 기본적인 지식의 결여를 초래할 수 있다. 이런 경우를 고려해 볼 때, 수퍼바이지가 진로발달의 다양성 이슈를 자각하도록 하고 필요한 기술을 익히도록 확신을 주는 것은 수퍼바이저의 책임이다.

Holloway의 체계적 수퍼비전 접근(Holloway, 1997)은 수퍼바이지의 다문화적 역량개발을 촉진하기 위해 수퍼바이저가 개입할 수 있는 부분에 대해 제안한다. Holloway 모델은 수퍼비전 과정의 중요한 착안점으로 문화적인 특성을 포함하며, "체계적 수퍼비전 접근에서 문화적 가치는 (어떤 대인관계 상황에서라도) 내담자와 수퍼비전에 대한 훈련생의 태도와 행동에서 가장 중요한 이슈가 된다"는 사실을 주장한다. 그러므로 교차 문화적 상호작용은 수퍼바이저와 수퍼바이지 간에, 수퍼바이지와 내담자 간에, 혹은 이 두 관계 모두에서 일어날 수 있으며, 수퍼비전 과정이 이러한 교차 문화적 관계를 고려하는 다문화적 학습 및 훈련에 적합하도록 만든다. 예를 들어, 수퍼바이저가 여성이고 수퍼바이지는 남성인데, 여성 내담자가 연계된 진로상담 수퍼비전이 이루어지고 있다고 상상해 보자. 성에 대한 태도가 주제(즉, 어떤 전문적 역할이 남성에게는 어울리고 여성에게는 덜 어울린다고 보는가?)로 떠올랐을 때, 수퍼바이지와 내담자와의 관계뿐 아니라 수퍼바이지와 수퍼바이저 사이의 상호작용과 관련된 연구가 이루어질 수 있을 것이다.

또 다른 예로, 수퍼바이저가 진로상담에서 다문화적 이슈를 가지고 진행할 때 수퍼바이지를 어떻게 가르칠 수 있는가? 마리아의 사례로 돌아가 보자. 마리아는 두 아이의 엄마이면서, 30세의 라틴계 기혼 여성이다. 마리아는 25세의 싱글이면서 아이가 없는 백인 여성인 엘리자베스와 상담을 하고 있다. 엘리자베스와 수퍼바이저는 직장을 찾고 있는 상황에서 마리아의 부끄러움과 자신감 부족이 그녀의 이직에 어떤 영향을 줄지에 대해서 논의하는 상담회기를 녹음한 오디오테이프를 막 듣고 있었다. 수퍼바이저는 이 사례에서 수퍼바이지의 기술을 극대화하고, 다양성의 문제에 대한 상담자 역할을 개발하기 위해서 Bernard의 수퍼비전 분별 모델(1997)을 활용할 수 있다. 다음은 교사, 상담자, 자문가 역할로서의 개입의 예다.

교사로서의 수퍼바이저

1. 수퍼바이저는 엘리자베스를 교육하기 위하여 라틴계 여성의 직업적 성취의 역사에 관한 저술 읽기를 과제로 준다.
2. 수퍼바이저는 엘리자베스가 직업을 구하는 라틴계 여성인 마리아의 경험을 더 온전히 이해하도록 하기 위한 질문을 만든다.
3. 수퍼바이저는 고용 현장에서의 편견과 인종차별에 관한 정보와 자료를 보여준다.
4. 수퍼바이저는 다문화적 상담 역량, 차별, 직업과 진로에 대한 제한적 접근, 내담자에게 도움이 되지 않는 환경(null-environment), 평가의 효용성, 라틴계 여성에게 사용할 대안적인 평가도구에 대한 논의를 먼저 시작한다.

상담자로서의 수퍼바이저

1. 수퍼바이저는 다문화적 이슈에 대해 엘리자베스가 편하게 느끼는 정도를 탐색한다. 그녀가 가장 편하게 일하는 집단은? 그녀가 편한 원인은 무엇인가? 그녀가 가장 불편하게 일하는 집단은? 그녀를 불편하게 하는 원인은 무엇인가?
2. 수퍼바이저는 연령, 인종, 결혼 여부, 부모 생존 여부에 있어 자신과 다른 내담자 마리아와 함께 상담하는 것에 대한 엘리자베스의 감정에 대해서 토론한다.
3. 수퍼바이저는 마리아와 함께하는 교차 문화 상담 과정의 상황에서 엘리자베스가 어떻게 느끼는지에 대해서 함께 탐색한다.
4. 수퍼바이저는 엘리자베스의 사회적인 편견이 상담에 어떤 영향을 끼치는지를 조사하도록 돕는다.

자문가로서의 수퍼바이저

1. 수퍼바이저는 마리아에게 효과적인 진로상담을 제공하기 위해서 다문화적 역량을 개발하도록 돕는 수퍼비전을 얼마나 활용하고 싶은지에 대해 엘리자베스에게 묻는다.
2. 수퍼바이저와 엘리자베스는 함께 라틴계 여성과의 상담에 관한 수퍼바이지의 기초지식을 논의한다. 수퍼바이지가 이미 알고 있는 것은 무엇인가? 놓치고 있는 것은 무엇인가?
3. 엘리자베스와 수퍼바이저는 함께 마리아에게 적용할 진로발달의 다양한 이론을 강점 혹은 약점과 관련하여 평가한다.
4. 수퍼바이저는 다문화 진로상담 기술을 개발시키기 위해 더 활용하고 싶은 수퍼비전 활동이 어떤 유형인지에 대해 고려할 것을 엘리자베스에게 요청한다 (즉, 브레인스토밍, 사례개념화, 대인관계 과정회상, 역할극).

마지막으로, 다문화적으로 역량 있는 진로상담 기술을 개발하는 것은 수퍼바이

지가 다양한 사례의 내담자를 만나는 것을 필요로 한다. 어떤 상담상황에서, 수퍼바이저는 수퍼바이지가 최대한 다양성에 노출되도록 하기 위하여 내담자를 선택할 수도 있다. 백인이 압도적으로 많은 대학 캠퍼스에서도, 수퍼바이지는 여성, 게이, 레즈비언, 양성애 내담자, 장애가 있는 사람뿐 아니라 다양한 윤리적·인종적·사회경제적 배경을 가진 내담자에 이르기까지 상담할 수 있다. 이러한 상담경험은 수퍼바이지가 자신의 불편함이나 한계뿐 아니라 다양성의 이슈에 관한 기술까지도 경험하도록 해 준다. 이러한 수퍼바이지의 경험을 수퍼비전에서 탐색함으로써 그들이 스스로의 한계를 인식하도록(수용하기는 어렵겠지만) 도울 수 있다.

윤리

여기서 윤리란 진로상담 전문가뿐 아니라 그 밖의 상담 전문가(예, ACA, 2005; NCDA, 2003)와 수퍼비전(ACES, 1995)과 연관된 윤리강령을 준수하는 것을 나타낸다. 윤리강령과 상담자가 윤리강령을 준수하는 것은 내담자의 신뢰를 보장할 뿐 아니라 내담자의 보호를 위해서도 필수적이다. 수퍼비전에서의 윤리적 이슈는 16장에서 더 충분히 다룰 것이다. 여기에서는 진로발달 및 진로상담과 관련된 윤리적 이슈와 딜레마에 초점을 맞추려고 한다.

이상하게도, 가끔 상담자는 다른 상담과 달리 진로상담에서는 엄격하게 윤리적 기준을 고수해야 할 필요가 없다고 믿는다. 특히, 윤리적 기준은 진로상담에서의 복합 관계나 비밀보장 이슈를 때때로 간과했다. 그러나 이것은 잘못된 것이다. 효과적인 진로상담 수퍼비전은 반드시 수퍼바이지가 어떤 다른 상담 관계와 마찬가지로 진로상담에서 윤리적 관례를 동일하게 적용한다는 것을 이해해야 한다.

비밀보장과 제삼자에게 노출하는 것에 대하여 동의를 요청하는 규칙은 초점이 진로 문제에 있는 상담이든 또 다른 주 호소 문제에 초점을 맞추는 상담이든지 간에 같이 적용된다. 반대로, 비밀보장의 한계도 동일하다. 만약에 한 내담자가 자기 자신을 위해(危害)하려는 의도를 가지고 있고, 진로 이슈를 논의하는 중에 이 사실을 상담자에게 노출한다면, 상담자는, 내담자가 우울증으로 인해서 상담을 찾은 경우에서와 꼭 같이, 위해(危害)로부터 내담자를 보호하기 위해서 이러한 정보를

밝힐 의무가 있다. 이러한 이슈는 수퍼비전에서 분명하게 인식되어야 한다.

또한 상담에서 내담자의 진로 이슈를 일차적으로 다루도록 훈련받은 반면 정신건강에 관한 문제를 다루는 것에 대해서는 전문성을 가지고 있지 않은 몇몇 상담자에 대하여, 수퍼비전에서 이와 같은 한계를 명확하게 다루어야 한다. 만약 상담자가 진로와 정신건강의 문제 두 가지를 상담할 능력을 가지고 있지 못하다면, 적절하게 위탁할 필요가 있고, 수퍼비전에서는 언제, 어떻게 위탁할 것인지에 대한 문제를 다루어야 한다. 자신의 전문성 밖에 있는 것을 다루는 것은 분명히 비윤리적인 것이다.

마지막으로, 심리치료를 찾는 내담자와 심리치료사 사이의 복합 관계가 비윤리적인 것과 같이 진로상담을 찾는 내담자와 상담자 사이의 복합 관계 역시 비윤리적이다. 이런 복합 관계의 예는 자신의 가족 구성원 중 한 사람에게 진로상담을 행하는 것이다. 궁극적으로 수퍼바이지가 자신의 내담자와 복합 관계를 가지지 않도록 하는 것은 수퍼바이저의 책임이다. 이 때문에, 수퍼바이저는 수퍼바이지와 이중적인 관계를 가지지 않음으로써 윤리적인 행동의 모델이 될 수 있다.

◎ 연구 이슈들

진로상담 수퍼비전에 관한 연구가 제한적이었으므로, 많은 관심 영역에 대하여 후속 연구가 필요하다. 첫째, 수퍼비전 접근법이나 기술과 관련된 내용뿐 아니라, 효과적인 진로상담 수퍼비전의 10가지 요소에 관한 내용은 이미 이 장에서 제시되었다. 이 외에 진로상담을 위한 상담자 훈련과 관련하여 상담자의 효율성을 증진하기 위한 방법에 대한 연구가 필요하다. 둘째, 효과적인 진로상담 수퍼비전이 내담자와 상담 결과에 끼친 영향을 조사하는 것이다. 예를 들면, 효과적인 진로상담 수퍼비전은 내담자 자신의 관심, 강점, 약점에 대한 이해를 증진시키는가?

만약 그렇다고 한다면, 이는 궁극적으로 내담자가 자신을 위해 보다 만족스러운 진로를 선택하도록 안내하는가? 연구를 통해, 진로상담 수퍼비전을 훈련생 발달 수준과 일치시킬 때 가장 효과적인지, 그렇지 않은지를 조사할 수 있다. 즉, 앞서 제시된 10가지 요소를 고려할 때, 어떤 요소가 수퍼바이지 훈련에서 전반에 초점을 맞추는 것이 효과적이고, 어떤 요소는 후반에 초점을 맞출 때 가장 효과적인가? 그리고 마지막으로, 수퍼바이저도 효과적인 진로상담 수퍼비전을 하기 위해서 훈련받아야 한다는 것을 입증하는 연구 또한 필요하다. 이와 같은 연구는 효과적인 진로상담을 위한 수퍼바이저의 자질뿐 아니라 효과적인 진로상담 수퍼비전의 장벽에 대한 연구일 수 있다(예, 관심의 부족, 진로이슈에 대한 근거 없는 믿음, 혹은 진로상담에 대한 부정적인 태도).

결론

이 장은 진로상담에 관여하는 상담자를 수퍼비전하기 위한 방향을 제공하는 첫 걸음이다. 이 장의 주된 목표는 현재 진행되는 수퍼비전 실습을 지도하기 위한 것이다. 이 장이 궁극적으로는 진로상담 수퍼비전을 위한 분명한 지침을 개발하도록 이끄는 생각과 논의, 연구를 활성화시키기를 바란다. 결론적으로 효과적인 진로상담 수퍼비전을 위해 제시된 기술과 전략이, 통합적이고 효과적인 진로상담을 제공하기 위해서 배우는 상담자를 돕는 수퍼바이저에 의해서 활용되기를 희망한다.

감사의 말

이 장을 위해서 문헌 연구에 도움을 준 Jennifer Casson에게 감사한다.

참|고|문|헌

ACT, Inc. (2008). *DISCOVER*. Iowa City: ACT.

American Counseling Association (ACA). (2005). *Code of ethics and standards of practice*. Alexandria, VA: Author.

Association for Counselor Education and Supervision (ACES). (1995). Ethical guidelines for counseling supervisors. *Counselor Education and Supervision*, *34*, 270-276.

Bernard, J. M. (1997). The Discrimination Model. In C. E. Watkins, Jr. (Ed.), *Handbook of psychotherapy supervision* (pp. 310-327). New York, NY: John Wiley & Sons.

Bernard, J. M., & Goodyear, R. K. (2009). *Fundamentals of clinical supervision* (4th ed.). Boston, MA: Allyn & Bacon.

Betz, N. E. (1989). Implications of the null environment hypothesis for women' s career development and for counseling psychology. *The Counseling Psychologist*, *17*(1), 136-144.

Betz, N. E. (1992). Career assessment: A review of critical issues. In S. D. Brown & R. W. Lent (Eds.), *Handbook of counseling psychology* (2nd ed., pp. 453-484). New York, NY: Wiley.

Betz, N. E., & Fitzgerald, L. F. (1987). *The career psychology of women*. New York, NY: Academic Press.

Blustein, D. L. (1987). Integrating career counseling and psychotherapy: A comprehensive treatment strategy. *Psychotherapy*, *38*, 790-799.

Blustein, D. L. (1992). Toward the reinvigoration of the vocational realm of counseling psychology. *The Counseling Psychologist*, *20*(4), 712-723.

Bordin, E. S. (1983). A working alliance based model of supervision. *The Counseling Psychologist*, *11*(1), 35-41.

Chope, R. C. (2008). Annual Review: Practice and research in career counseling and development-2007. *The Career Development Quarterly*, *57*, 98-173.

Constantine, M. G., Miville, M. L., & Kindaichi, M. M. (2008). Multicultural competence in counseling psychology practice and training. In S. D. Brown & R. W. Lent (Eds.), *Handbook of Counseling Psychology* (4th ed., pp. 141-158). Hoboken, NJ: John Wiley & Sons.

CPP, Inc. (1998). *Myers Briggs type indicator*. Mountain View, CA: CPP, Inc.

CPP, Inc. (2004). *Strong interest inventory*. Mountain View, CA: CPP, Inc.

Fink, R., Allen, R., & Barak, A. (1986). Teaching and supervising career assessment interns. *Michigan Journal of Counseling and Development*, *17*(2), 27-30.

Gilligan, C. (1993). *In a different voice: Psychological theory and women' s development*. Cambridge, MA: Harvard University Press.

Gold, J. M., & Scanlon, C. R. (1993). Psychological distress and counseling duration of career

and noncareer clients. *Career Development Quarterly*, *42*(2), 186-191.

Goldman, L. (1990). Qualitative assessment. *The Counseling Psychologist, 18*, 205-213.

Gottfredson, L. S. (2002). Gottfredson's theory of circumscription, compromise, and self-creation. In D. Brown & Associates (Ed.), *Career choice and development* (4th ed., pp. 85-148). San Francisco, CA: Jossey-Bass.

Gysbers, N. C., & Henderson, P. (2006). *Developing and managing your school guidance program* (4th ed.). Alexandria, VA: American Counseling Association.

Hackett, G., & Lonborg, S. D. (1994). Career assessment and counseling for women. In W. B. Walsh & S. H. Osipow (Eds.), *Career counseling for women* (pp. 43-85). Hillsdale, NJ: Lawrence Erlbaum Associates.

Harrington, T. F., & Harrington, T. A. (2006). Annual review: Practice and research in career counseling and development−2005. *The Career Development Quarterly*, *55*, 98-167.

Henderson, P., & Gysbers, N. C. (1998). *Leading and managing your school guidance program staff.* Alexandria, VA: American Counseling Association.

Heppner, M. J., O'Brien, K. M., Hinkelman, J. M., & Flores, L. Y. (1996). Training counseling psychologists in career development: Are we our own worst enemies? *The Counseling Psychologist*, *24*(1), 105-125.

Hill, C. E. (2004). *Helping skills: Facilitating exploration, insight, and action* (2nd ed.). Washington, DC: American Psychological Association.

Holland, J. L. (1997). *Making vocational choices: A theory of vocational personalities and work environments* (3rd ed.). Odessa, FL: Psychological Assessment Resources.

Holloway, E. L. (1995). *Clinical supervision: A systems approach*. Thousand Oaks, CA: Sage.

Holloway, E. L. (1997). Structures for the analysis and teaching of supervision. In C. E. Watkins, Jr. (Ed.), *Handbook of psychotherapy supervision* (pp. 249-276). New York, NY: John Wiley & Sons.

Hunt, P. (1986). Supervision. *Marriage Guidance,* 15-22.

Kagan, H. K., & Kagan, N. I. (1997). Interpersonal process recall: Influencing human interaction. In C. E. Watkins, Jr. (Ed.), *Handbook of psychotherapy supervision* (pp. 296-309). New York, NY: John Wiley & Sons.

Ladany, N., & Lehrman-Waterman, D. E. (1999). The content and frequency of supervisor self-disclosures and their relationship to supervisor style and the working alliance. *Counselor Education and Supervision*, *38*, 143-160.

Leung, S. A. (1995). Career development and counseling: A multicultural perspective. In J. G.

Ponterotto, J. M. Casas, L. A. Suzuki, & C. M. Alexander (Eds.), *Handbook of multicultural counseling* (pp. 549-566). Thousand Oaks, CA: Sage.

Manuele-Adkins, C. (1992). Career counseling is personal counseling. *The Career Development Quarterly, 40*, 313-323.

National Career Development Association/Association for Counselor Education and Supervision (NCDA/ACES) Commission for Preparing Counselors for the 21st Century (2000). *Preparing counselors for career development in the new millennium: ACES/NCDA position paper.* Alexandria, VA: National Career Development Association.

National Career Development Association (NCDA) Board of Directors. (2003). *Career development: A policy statement of the national career development association board of directors.* Alexandria, VA: National Career Development Association.

National Career Development Association (NCDA) Board of Directors. (2003). *National career development association ethical standards.* Alexandria, VA: National Career Development Association.

National Career Development Association (NCDA) Professional Standards Committee. (1992). Career counseling competencies. *The Career Development Quarterly, 40*, 378-386. Alexandria, VA: National Career Development Association.

National Career Development Association (NCDA) Professional Standards Committee. (1997). *Career counseling competencies, revised version.* Alexandria, VA: National Career Development Association.

O'Brien, K. M., & Heppner, M. J. (1996). Applying social cognitive theory to training career counselors. *The Career Development Quarterly, 44*, 367-377.

PAR, Inc. (1996). *Self-directed search.* Lutz, FL: PAR, Inc.

Ponterotto, J. G., Casas, J. M., Suzuki, L. A., & Alexander, C. M. (2001). *Handbook of multicultural counseling* (2nd ed.). Thousand Oaks, CA: Sage.

Prieto, L. R., & Betsworth, D. G. (1999). Supervision of career counseling: Current knowledge and new directions. *The Clinical Supervisor, 18*(1), 173-189.

Schmitt, S. M. (1999, August). NBCC drops career and gerontology counseling specialties. *Counseling Today, 1*, 19.

Seuss, D. (1990). *Oh, the places you'll go*! New York, NY: Random House.

Stoltenberg, C. D., & McNeill, B. W. (1997). Clinical supervision from a developmental perspective: Research and practice. In C. E. Watkins, Jr. (Ed.), *Handbook of psychotherapy supervision* (pp. 184-202). New York, NY: John Wiley & Sons.

Subich, L. M. (1993). How personal is career counseling? [Special Section] *Career Development Quarterly, 42*(2), 129-192.

Sue, D. W., Arredondo, P., & McDavis, R. J. (1992). Multicultural counseling competencies and standards. A call to the profession. *Journal of Counseling and Development, 70*(4), 477-486.

Sumerel, M. B., & Borders, L. D. (1995). Supervision of career counseling interns. *The Clinical Supervisor, 13*(1), 91-100.

Super, D. E. (1990). A life-span, life-space approach to career development. In D. Brown, L. Brooks, & Associates (Eds.), *Career choice and development: Applying contemporary theories to practice* (2nd ed., pp. 197-261). San Francisco, CA: Jossey-Bass.

Swanson, J. L., & Fouad, N. A. (1999). *Career theory and practice: Learning through case studies.* Thousand Oaks, CA: Sage.

Swanson, J. L., & O'Brien, K. M. (2002). Training career counselors: Meeting the challenges of the 21st century. In S. G. Niles (Ed.), *Adult career development: Concepts, issues and practices* (3rd ed., pp. 354-369). Columbus, OH: National Career Development Association.

Thomas, D. A., & Alderfer, C. P. (1989). The influence of race on career dynamics: Theory and research on minority career experiences. In M. A. Arthur, D. T. Hall, & B. S. Lawrence (Eds.), *Handbook of career theory* (pp. 133-158). New York, NY: Cambridge University Press.

Tien, H. S. (2007). Annual review: Practice and research in career counseling and development−2006. *The Career Development Quarterly, 56*, 98-140.

U.S. Department of Labor. (2008-2009). *Occupational outlook handbook.* Washington, DC: U.S. Government Printing Office.

Valpar International Corp. (2008). *SIGI*^{3}. Tucson, AZ: Valpar International Corp.

Walsh, W. B., & Osipow, S. H. (1994). *Career counseling for women.* Hillsdale, NJ: Lawrence Erlbaum Associates.

Warnke, M. A., Jinsook, K, Koeltzow-Milster, D., Terrell, S., Dauser, P. J., Dial, S., ... Thiel, M. J. (1993). Career counseling practicum: Transformations in conceptualizing career issues. *The Career Development Quarterly, 42*, 180-185.

Watkins, C. E., Jr. (1993). Career assessment supervision: Could what we don't know hurt us? *Counseling Psychology Quarterly, 6*(2), 151-153.

Watkins, C. E., Jr. (Ed.). (1997). *Handbook of psychotherapy supervision.* New York, NY: John Wiley & Sons.

12

가족상담 수퍼비전

Pilar Hernández-Wolfe

결혼 및 가족상담을 주로 실시하는 상담자는 건강관리 환경의 복잡한 사항들을 다루고 방향을 설정하며, 사회문화적 상황 내에서의 치료적인 변화 과정을 좀 더 잘 이해하기 위하여 체계적인 사고를 활용한다(Bittner & Corey, 2001). 직업적인 관심과 건강관리라는 두 가지의 대중적인 요구 때문에 지난 20년간 가족치료[1]는 폭넓게 발달해 왔다. 그리고 수퍼비전 역시 이러한 요청의 결과로 성장해 왔다(Lee, Nichols, Nichols, & Odom, 2004: Morgan & Sprenkle, 2007; Todd & Storm, 1997). 가족치료 분야에서, 특히 '미국결혼및가족치료협회(AAMFT)' 는 수퍼비전 훈련과 자격증을 수여하는 데 역점을 두어 왔기 때문에(AAMFT, 2005), 그만큼 수퍼비전 자체는 가족치료 내에서 준전문 분야가 되었다. 그 밖에도 결혼 및 가족치료사는 임상적으로 최상의 수행을 해 온 것으로 인정되어 왔으며(Storm, Todd, Sprenkle, & Morgan, 2001) 수퍼비전에서도 치료적인 면에서나 상담의 질을 유지하는 과제들(gate-keeping challenges)에 잘 부응해 왔다(Russell, DuPree, Beggs, Peterson, & Anderson, 2007). 이러한 성과에도 불구하고 Mogan과 Sprenkle(2007)은 "수퍼비전의 범위와 내용을 어떻게 정의해야 할지 여전히 의견의 일치를 이루고 있지 못하

1 이 장에서는 상담, 치료, 심리치료라는 용어를 상호 호환적으로 사용한다.

다." 라고 언급하고 있다(p. 1). 이들은 수퍼비전의 일반적 요인에 관한 연구에서, 수퍼비전 모델은 수없이 많은 반면 다른 어떤 모델보다 효과가 뛰어나다고 제시할 만한 한 모델에 대한 경험적인 연구는 충분하지 않다고 말했다. 뿐만 아니라 Morgan과 Sprenkle(2007)은 "수퍼비전의 정의, 과업, 모델유형에 아주 많은 차이가 있다" (p. 1)는 것을 인정했다. 이번 장에 대한 평론에서는 이 장에서 활용된 훈련 실습 모델이 이론이나 치료적인 접근에서 기존의 이론과 동일한 구조에 기초하고 있다고 밝히고 있다.

비록 수퍼비전과 치료가 같은 의미도 아니고, 치료적 접근에서 수퍼비전 영역을 대학에서의 학문적 척도 혹은 평가 척도로 다루는 것도 아니지만, 수퍼비전 모델이나 실습은 거의 예외 없이 치료적 모델의 파생물로 남아 있다. 이 장에서는 철학적 이해에 기초하여 채택된 주요 가족치료 수퍼비전 모델의 구체적인 실례를 제공함으로써 수퍼비전의 실제적인 정의를 제시하고, 수퍼비전 양식에 대해 기술하려고 한다. 오늘날 훈련 현장은 수퍼비전의 목표, 철학적 가정, 훈련 양식, 훈련 배경, 예상되는 결과 등에 대하여 서로 많은 차이가 있다. 이 글을 읽는 독자는 가족상담이 이론이나 연구, 적용 면에서 풍부한 자료를 가지고 있는 정신건강 영역과는 독립된 영역임을 고려하여 가족상담 모델에 관한 기초자료를 먼저 검토해 보기를 바란다.

◎ 수퍼비전

가족상담이나 정신건강 훈련 전반에 걸쳐서 수퍼비전 모델에 대한 평가와 실행, 효과를 뒷받침할 만한 경험적인 증거는 부족하지만, 임상가들은 여러 이유를 들어 그 중요성에 대해서는 의견의 일치를 보고 있다. 상담 수퍼비전은 상담 훈련생에게 상담 실습에 관한 일반적인 지침을 다음과 같이 제공한다. 상담자를 전문직업인이 되도록 하는 것(DeRoma, Hickey, & Stanek, 2007; Paris, & Linville, Rosen, 2006; Watkins, 1997); 그들이 실행한 것에 대하여 구체적인 피드백을 제공함; 평가와 진단 그리고 치료에 접근하는 다양한 방식을 접하도록 함(Liddle, Breunlin, & Schwartz, 1988; Ungar & Costanzo, 2007); 실제 현장에서 상담 학습 과정을 경험하는 수퍼바이

지로서 안전한 관계를 발전시키는 기회를 가지도록 함(Kaslow & Bell, 2008); 흥미나 개인적인 성장을 도울 수 있는 환경을 조성함(Rudes, Shilts, & Kim Berg, 1997) 등이 그것이다.

Paris 등(2006)은 결혼 및 가족치료를 배우는 인턴은 대인관계나 영적인 믿음, 개인 치료, 수퍼비전과 훈련을 통해서 개인적 · 전문적 발달을 성취한다는 결론을 내렸다. 뿐만 아니라, 수퍼비전 실습은 내담자에게 해를 끼치지 않고 보다 능숙하게 상담을 할 수 있는 능력을 개발해야 하는 상담 훈련생의 문제를 개선하기 위한 실습을 마련하여, 내담자가 만족스러운 돌봄을 제공받도록 해야 한다(Todd & Storm, 1997; Watkins, 1997). 상담 수퍼비전은 상담자에게 훈련과 교육을 제공하고, 상담의 질을 유지하고(gate keeping), 내담자를 보호함으로써 전문가로서의 역할을 담당하도록 한다.

상담 수퍼비전의 정의는 그 범위와 이론적 기초, 내용 및 경험적인 연구 결과에 따라 달라진다. 수퍼비전의 일반적 요인에 관한 평론에서, Morgan과 Sprenkle(2007)은 이 활동이 다양한 영역과 관련이 있다는 것을 강조하면서 수퍼비전의 일반적 정의를 주장하였다. 그들은 수퍼비전을 "수퍼바이지가 책임 있고 효율적인 치료자가 되도록 하기 위해 필요한 태도나 기술, 지식을 얻을 수 있도록 돕는 것을 목표로 하는 수퍼바이저와 수퍼바이지 사이의 구조화된 관계"를 포함하는 활동으로 정의하고 있다(Morgan & Sprenkle, 2007, p. 7).

이 정의가 여러 문헌에서 나타나는 다양한 정의들 사이에서 공통된 기반을 세우기 위한 시도임에도 불구하고, Todd와 Storm(1997)은 수퍼비전 과정의 독특한 특징을 기술하는 보다 포괄적인 정의를 제안한다. 이들은 수퍼비전을 임상적인 경험을 쌓고 있는 과정에 있는 상담 훈련생의 발달에 초점이 맞추어진 지속적인 관계라고 특징짓는다. 이들의 관점에 따른 수퍼비전의 핵심 요소에는 다음과 같은 내용이 포함된다. 임상 수퍼바이저의 경험과 전문성, 수퍼바이지의 발달적 특성, 평가적이고 권위적인 특성을 가진 수퍼비전 관계, 내담자의 복지를 보호하는 데 초점을 맞춘 임상 현장에서의 실습과 전문가에 의해 제시된 최소한의 기준 고수. 위의 요소를 살펴볼 때 수퍼비전 관계의 본질을 형성하는 맥락적인 이슈를 다루는 것과 관련된 구성요소는 여전히 간과되고 있다. Storm 등(2001)은 수퍼비전 문헌에서 놓치고 있는 부분이 무엇인지 밝히고 있는데, 성에 관한 이슈나 여성주의

모델의 발전에는 많은 진전이 있었지만, 민족성이나 신분, 성적 지향, 능력, 영성과 같은 다른 맥락적인 차이들은 적절히 다루어지지 않았다는 것을 인정했다.

수퍼비전과 훈련에서 맥락적 이슈를 다루고 통합하는 가족치료 분야에 대한 관심이 1990년대 후반부에 부각되어 현재까지 계속되고 있다는 것에 주목하는 것이 중요하다. McGoldrick 등(1999)은 협력적인 구조 안에서 가족치료 훈련과 사회정의의 관점을 어떻게 결합시킬 것인지를 설명했다. 그들은 강점과 공평성을 기반으로 하는 다문화적 관점을 제안하기 위하여 전통적인 가족상담의 접근 방법이나 훈련, 수퍼비전을 비판하였다. 다른 학자들은 교육과정 전반에 걸쳐 성과 문화를 통합하는 구성 원칙을 내세우고(Zimmerman & Haddock, 2001), 수퍼비전에서 성, 힘, 책임에 대하여 다루도록 하고(Gridley, 2004), 동성애 부부와 상담하기 위한 도구를 제공하며(Hernández & Rankin, 2008; Long & Lindsey, 2004), 훈련과 수퍼비전에서 인종에 대해서 다루는 것(Hernández, Taylor, & McDowell, 2009; McDowell et al., 2002; Taylor, Hernández, Deri, Rankin, & Siegel, 2007)에 초점을 맞추었다.

다음은 체계적 현대 수퍼비전 모델, 체계적 포스트모던 수퍼비전 모델, 후기식민주의 수퍼비전 모델, 통합적 수퍼비전 모델, 일반적 요인 접근 수퍼비전 모델과 같이 철학적 가정에 따라 분류된 가족상담 수퍼비전 모델을 살펴볼 것이다. 발달적 수퍼비전 모델은 결혼 및 가족치료 관련 문헌의 범위 밖에서 알려졌기 때문에 이 모델은 논의하지 않을 것이다. 하지만 문헌에서 요청하는 바와 같이 성장의 단계를 거치는 수퍼바이지는 초급자이든 중급자이든 상급자이든 임상가의 발달적 필요에 따라서 대해야 한다는 널리 수용된 개념을 인식하는 것은 중요하다(Flemons, Green, & Rambo, 1996; Rigazio-DiGilio, 1997).

체계적인 현대 수퍼비전 모델들

가족치료에서의 사고 체계는 정신건강 분야에서 치유하는 일을 다루는 것과는 근본적으로 다른 방법으로서 시작되었다(Ackerman, 1937; Bowen, 1978; Haley, 1987; Jackson, 1957; Selvini-Palazzoli, Boscoli, Cecchin, & Prata, 1978; Watzlawick, 1976). 1960, 1970, 1980년대에 나타난 여러 모델[2]은 가족상담과 가족상담 수퍼비

전 분야에 자신들만의 독특한 개념을 제공하였고 기술적인 공헌을 하였다. 이러한 모델들이 새롭게 제시한 몇 가지 개념은 다음과 같다. 한 개인이 나타내는 증상과는 대조적으로 가족 체계를 진단함, 맥락 안에서 주 호소 문제를 이해하고 정의함(즉, 상호작용 패턴), 표출된 문제의 발생에 영향을 끼친 가족과 다른 구성원 내의 체계적 변화에 초점을 둠(Montgomery, Hendricks, & Bradley, 2001). 이 모델들은 수퍼바이저가 자신을 상담자-내담자 체계 밖에 두는 것에 대해서 수퍼바이저를 근대주의자로 특징지어 왔다. 수퍼바이저는 치료적 체계 안에서 발생하는 일을 관찰하는 사람이다. 수퍼바이저는 라이브 수퍼비전이나 전화를 통한 개입(코칭이 주된 수퍼비전 실습 방법으로 활용되고, 과거와 현재 문제 사이의 관계에 초점을 두는 세대 전이 가족치료 모델의 경우는 제외함)을 통해 치료 과정에 적극적으로 개입할 수 있지만, 수퍼바이저와 수퍼바이지로 구성되는 관계에서 일어나는 상호 간의 영향력은 드러내지 않는다. 또한 수퍼바이저는 그 체계 내의 구성원에게 무슨 일이 있는지를 확인하고, 상호작용 패턴이나 유산(遺産)의 양식, 체계 내 규칙, 경계 문제와 권위주의 그리고 변화를 위한 능력 등 지금-여기에서의 치료적 과정 안에서 일어나는 일에 초점을 맞춘다. 이 전통 안에 있는 모델에는 전략적 가족치료, 구조적 가족치료, 세대 전이 가족치료 그리고 경험적 가족치료가 포함된다.

구조적 가족치료, 전략적 가족치료, 초기 밀란의 가족치료 모델은 수퍼바이저의 역할에 대해서 다음과 같은 책임감 있으면서도 목표의식이 뚜렷한 행동에 주안점을 둔다. 현재 일어나는 상호작용에 초점 맞추기, 상호작용 패턴의 작은 변화에 유의하기; 절충된 관찰 가능한 목표, 긍정적인 재구성, 단순성, 강점에 유의하기, 실용주의; 불연속성과 속도로 특징지어지는 변화에 대한 시각(Doerries & Foster, 2005; Minuchin, Lee, & Simon, 1996; Montgomery et al., 2001). 그리고 수퍼비전에서의 개입 시 주의 깊게 계획하고 심사숙고해야 한다.

Doerries와 Foster(2005)는 경력 있는 치료자들로부터 인정받아 온 개정된 델파이 기법을 사용하여 구조적 가족치료 상담자 훈련의 기본적인 기술을 밝혀냈다.

2 다른 모델에는 R. Schwartz (1995), *Internal Family Systems Therapy* (New York, NY: Guilford Press); N. Epstein, S. Schlesinger, & D. Dryden (1988), *Cognitive Behavioral Family Therapy* (New York, NY: Taylor & Francis) 등이 포함된다.

관계의 기술이 치료적 관계를 확립하는 기초를 이루며, 희망에 대한 비전을 제시하고 변화에 대한 기대를 밝히는 능력과 같이 구조적인 개입을 용이하게 하는 것이 치료 과정의 핵심이라는 것을 알아낸 것이다. 전반적으로, 수퍼바이저는 가족에게 상담자가 그들과 함께 일한다는 것을 이해시키는 동시에, 지도자의 위치에서 초보 상담자가 가족과 함께 참여하도록 훈련시킨다(Hammond & Nichols, 2008). 수퍼바이저는 상담자에게 가족 구조를 평가하고 이를 가계도로 나타내는 방법을 가르친다. 그들은 가족 간의 권위주의와 각 세대를 교차하여 나타나는 치명적인 연합을 바로잡고, 수퍼비전과 치료적 관계에서 적절한 경계를 이해하고 유지하는 것을 모델링하며, 수퍼바이지에게 문제가 되어 온 이슈를 치료 과정에서 끄집어내고, 수퍼비전과 치료적 관계에서 드러난 이슈를 심화시킨다. 수퍼바이저는 불균형, 경계 만들기, 재구성과 같은 구조적 개입을 사용하는 방법을 모델링하고 가르친다(Minuchin, Colapinto, & Minuchin, 1998; Minuchin et al., 1996; Todd, 1997). 라이브 수퍼비전과 전화를 통한 개입은 비디오녹화와 사례토론뿐 아니라 구조적 가족치료 임상가를 훈련시키는 데 가장 적합한 방법이다.

구조적 가족치료와 마찬가지로, 전략적 가족치료[3] 모델에서도 치료적 체계 안에서 리더십을 가진 상담자의 지위를 강조한다. 수퍼바이저는 상담에서와 같이 상담자 훈련에서도 주도적으로 이끌어 줄 것이라는 기대를 받는다. 이 모델에서 핵심적인 요소는 지시(directives)와 역설(paradoxes)의 사용을 이해하는 것과 관련된다. 상담회기 중에 받은 지시 그리고 변화를 가능케 하는 과제는 상담자로 하여금 회기 밖에서도 그 가족과 관련을 맺게 하고, 상담자에게 가족의 규칙과 경계에 대한 자료를 제공해 준다(Haley, 1987; Madanes, 2006; Madanes, Keim, & Smelser, 1995; Pearson, 1987; Wetchler, 1988). 어떤 경우에는 가족에게 문제가 되는 행동을 지시하는 역설적인 개입을 사용한다. 전형적인 전략적 수퍼비전 개입에 대한 연구에서, Todd(1997)는 변화 제한하기와 지위 역할 제한하기와 같은 역설적인 기술을 언급한다. 그는 후자(지위 역할 제한하기)에서 수퍼바이저가 '수퍼바이지에게 전형적으

---

3 다른 모델에는 L. Boscolo, G. Cecchin, M. Selvini Palazzoli, & G. Prata (1979), *Paradox and Counterparadox: A New Model in the Therapy of the Family in Schizophrenic Transaction* (New Yorkk, NY: Aronson); P. Watzlawick, J. Weakland, & R. Fisch (1974), *Change: Principles of Problem Formation and Problem Resolution* (New York, NY: W.W. Norton) 등이 포함된다.

로 기대되는 자세에 반대되는 자세를 취하도록 하는' 반면에, 전자(변화 제한하기)에서는 수퍼바이지가 너무 빠른 변화의 위험성에 대한 경고를 받게 된다고 설명한다(p. 181). 지위 역할 제한하기 전략은 유연성을 창출하고 양극화를 극복하기 위한 것이다. 다른 기술로는 의식 행하기(ritual)와 입장 바꾸어 보기 기술(pretending techniques)이 있다. 의식 행하기는 수퍼바이지에게 계획 또는 실행을 하게 하거나 혹은 둘 다를 하도록 요구하는 것인데, 임상적 가설에 기초한 시련의 경험을 놀이로 표현하는 요소를 반드시 포함한다(Madanes, 2006). 입장 바꾸어 보기 기술은 수퍼바이저가 수퍼바이지의 문제를 가진 것처럼 가장하여, 이미 드러나 있지만 아직 인식하지는 못한 문제를 재연하고 수퍼바이지에게 그 문제에 대한 질문을 하고, 수퍼바이지로부터 도움을 요청함으로써 문제를 차단하기 위해 의도된 것이다. Szapocznik, Hervis와 Schwartz(2003)는 치료와 수퍼비전에서 드러난 문제는 보통 여러 단계에서의 다양한 개입을 통하여 해결된다고 보았다. 구조적 가족치료 모델과 전략적 가족치료 모델에서 훈련과 수퍼비전은 이 두 가지 모델이 발전함에 따라서 유색인종이거나, 낮은 사회경제적 위치에 있거나, 약물남용과 관련된 이슈를 가진 가정에 광범위하게 그리고 효과적으로 사용되어 왔기 때문에 상담 실습을 형성하는 보다 큰 맥락적 요인에 신중을 기해 왔다(Minuchin et al., 1998; Santisteban, Suarez-Morales, Robbins, & Szapocznik, 2006).

수퍼비전에서 세대 전이 가족치료 모델은 역사적 정보, 개인의 신념, 문화적 유산, 치료적 변화에 대하여 정의하는 것을 증상을 감소시키는 것 이상으로 가치 있게 여긴다. 더욱이, 이 모델은 상호작용이나 관계에 있어 과거 패턴이 현재와 미래의 관계에 영향을 끼친다고 가정한다. 코칭을 통해 수퍼바이저는 상담자가 특정한 맥락 내에서의 자기인식을 강화하도록 하기 위해 자신의 가정에서 일어난 세대 전이적 패턴을 확인하도록 하고, 상담자로서의 직무에 방해가 되는 분화와 삼각화의 이슈를 해결하도록 격려한다. 문화, 민족성, 성, 계층, 삶의 주기와 같은 맥락은 자기성장을 위한 절대적인 부분으로 강조된다(Barret, Chin, Comas-Dias, Espin, & Greene, 2005; Boyd-Franklin, 2003; McGoldrick, Giordano, & Garcia-Preto, 2005; Roberto, 1997). 예를 들어, 상담자 자신의 원가족에 대한 작업을 통해 상황에 대한 인식을 발전시키는 것은 상담자가 내담자의 반응에 얽매이지 않도록 함으로써 자신의 결정에 대한 책임을 질 수 있는 개인적 주체가 되도록 한다. 마찬가지로, 상담자가 '먼저 심리치료에 대해서 배우고, 심리치료를 하는 방법을 배우고, 모든 것이 잘 진행되어 심리치료사가 되는 다음 단계로 옮겨가는' 과정에서 수퍼바이저, 상담자, 가족 사이에 삼각관계가 만들어진다(Whitaker & Ryan, 1989, p. 211). 수퍼비전 기술은 경험적인 훈련의 사용, 집단 수퍼비전, 가계도, 코칭 그리고 자기-상담 훈련(self-counseling training)을 중요한 요소로 포함한다. 수퍼비전 양식에는 라이브와 비디오녹화 수퍼비전, 사례토의와 수퍼바이저-수퍼바이지 협동치료가 있다.

마지막으로, 가족상담 수퍼비전에 대한 여성주의의 공헌은 내담자, 수퍼바이지, 수퍼바이저의 사회화를 강조하고, 보다 큰 체계, 문화, 성적 관계, 힘의 역동, 다양성(즉, 나이, 성적 지향), 정서에 관한 개념화를 강조하는 것을 포함한다(Prouty, Thomas, Johnson, & Long, 2001). 의료적 환경에 대하여는 질병과 치유, 성, 힘의 이슈에 대한 생물학적 · 심리적 · 사회적 상황 사이의 상호적 관계에 대한 여성주의자의 사상이 영향을 끼쳤다(Bischof, Lieser, Taratua, & Fox, 2003; Knudson-Martin, 2003).

체계적인 포스트모던 수퍼비전 모델들

가족치료에 영향을 준 포스트모던 관점은 1990년대를 거치면서 발전하였고, 오늘날 상담 현장에 여전히 아주 강력하게 자리 잡고 있다(Freedman & Combs, 1996; Monk, Winslade, Crocket, & Epston, 1997; White & Epston, 1990).

이 전통 안에 있는 모델은 수퍼바이저와 상담자가 치료적 체계의 중요한 부분이라는 것을 강하게 주장한다. 치료의 실제는 가족, 상담자 그리고 수퍼바이저가 형성하고 그것에 의해 상호작용하는 신념체계의 기능으로 이루어진다고 보는 것이다. 달리 말해서, 수퍼바이저, 상담자, 내담자는 치료 현장에서 함께하므로 공동진행자라고 할 수 있다. 의미(meaning)라는 것은 오랜 시간에 걸쳐 만들어진 사회적 상호작용의 산물이다. 포스트모더니스트는 '이론'과 '맥락'은 분리될 수 없으며, 실제는 결코 있는 그대로 알려질 수 없다고 믿는다. 그리고 힘, 역사 그리고 상황적 이슈에 특별한 강조점을 둔다. Anderson과 Goolishian(1990)은 수퍼비전에

서 훈련 체계는 두 학습자, 즉 수퍼바이저와 수퍼바이지가 내러티브와 이야기를 통하여 의미를 생성하는 체계라고 설명한다. 수퍼비전 관계는 이 체계 안에 있는 관계자가 그들의 전문지식을 나누는 한 협력적이고 평등한 관계가 될 것이다. 종합적으로 볼 때, 이 태도는 상담자가 증상을 진단하고 환자를 병리적으로 판단하는 전통적인 경향을 자제하고, 맥락과 관련짓거나 현지의 방식에 따라서 이슈를 다루며, 다양한 관점에 대해 인식하는 것을 배우는 대화할 수 있는 환경을 만들려고 하는 것이다. 더욱이, 몇 가지 포스트모던 적용 방식은 상담자에게 보다 크고 지배적인 사회 담론이 그들과 내담자의 정체성, 욕구, 관계에 어떤 부정적인 영향을 끼쳤는지를 이해하도록 돕는다. 수퍼바이저는 바꿀 수 없는 결론을 단념하는 듯한, 어떤 면에서는 비전문가처럼 보이는 자세를 취하지만, 동시에 수퍼비전 관계를 위해서는 자신의 지식과 전문성을 유지한다. 이러한 전통 안에 있는 모델은 내러티브 수퍼비전, 여성주의 수퍼비전, 협력 수퍼비전, 성찰팀 수퍼비전 그리고 해결 중심 수퍼비전이 있다.

수퍼비전에서 포스트모더니즘을 적용할 때, Ungar(2007)는 수퍼바이저의 가장된 정체성 구조는 '우리가 수퍼비전 해 주는 사람들과의 관계 안에서의 각각 다른 역할들' 로서 경험되며(p. 60), 이 역할들은 각 수퍼바이저의 개성뿐만 아니라 다양성을 반영한다는 개념을 제시했다. 포스트모던 수퍼바이저는 다양성의 풍부함과 그 안에서의 한계를 사실로 인정하고 훈련 목표를 위하여 정체성에 대한 부분을 강조하면서 문화, 성, 능력, 성적 지향, 민족성, 계층의 측면에서 이 다양성을 기꺼이 받아들인다. 수퍼바이저는 자신의 수퍼비전 정체성의 구조를 정립하고 도움이 되지 않는 측면에 대해 도전하고 수퍼바이지와의 관계에 걸맞는 역할을 잘 수행하는 정체성을 확립할 책임이 있다. Ungar는 중복되는 여섯 가지 수퍼바이저의 역할을 제시했다. 수퍼바이지가 치료 경험을 탐색하도록 돕는 정서적 지지자의 역할, 수퍼바이지의 심리치료사로서의 역할에 초점을 맞추는 수퍼바이저 역할, 사례에 대한 자문가의 역할, 개인적이거나 공통적인 전문지식을 공유하는 반면에 수퍼바이지의 상담개입 활동을 지도하는 교사의 역할, 임상적인 책임을 나누는 동료의 역할 그리고 내담자의 행복을 위해 활동하는 수퍼바이지를 격려하는 역할 등이다. Ungar(2007)는 자금의 출처, 대상 인구, 지역의 필요, 전문직의 변동에 의해 제기된 많은 제약과 변화로 인해 때때로 유연성이 요구되는 학문적 상황의 범위를 넘어서는 이 접근의 유용성을 강조한다. 포스트모던 수퍼바이저는 이 접근이 실습 현장 전반에 걸쳐서 사용된다는 것에 대해 알고 있다. Philp, Guy와 Lowe(2007)는 수퍼비전에서 포스트모던 원칙을 지속적으로 적용할 때 빠지게 되는 딜레마와 같은 윤리적 이슈에 대해 논의한다. 그들은 수퍼바이저와 수퍼바이지가 근대적 관점과 포스트모던 관점을 가지고 대화하고, 실제 상담에서도 이 두 가지 관점의 영향에 대한 대화에 참여할 것을 권고한다. 따라서 다양한 관점과 입장에 대한 유연성을 가지고 협력하는 것은 포스트모던 수퍼비전의 특징이 된다. Carlson과 Erikson(2001)은 초보 상담자를 위한 수퍼비전에서 다음의 개념을 사용하여 내러티브 치료를 적용한다. 상담자 개인의 지식과 살아 있는 경험을 특화하기, 상담자의 실제 경험에 기초한 삶에 대한 풍부한 이야기를 개발하도록 상담자를 격려하기, 상담자가 자신의 삶을 이해하는 주된 방법으로 이야기를 사용하기, 합리적이고 도덕적으로 작용하는 상담자의 독특한 사고방식과 존재 방식에 대해 토론하기. 그들은 개인의 풍부한 이야기와 기억을 개발하는 기회가 되는 구체적인 수퍼비전 실습에 대한 개요를 제시하고, 지지 공동체를 만들어낸다. 몇몇 연구자(Lee & Littlejohns, 2007)는 집단 수퍼비전이나 다른 전문적인 집단에서 다른 사람들 앞에서 자신의 견해가 노출될 때 수반되는 수치심이나 불편감 그리고 부적절감과 관련된 수퍼비전 역동을 다루는 외현화 작업을 사용하였다.

내러티브 모델과 여성주의 모델 접근은 이론적 구조와 수퍼비전 실습을 위한 지침 안에 두 이론의 공통되는 개념인 통합적 지식, 해체 이론, 권력, 기관에 관한 내용에 초점을 맞춘다. 각 접근 사이에는 미묘한 차이가 있음에도 불구하고, 사회정치적인 상황이 사람들의 삶을 형성하는 기본 원칙으로 남아 있다(Weingarten, 1991; White, 1995). 이 두 가지 접근은 모두 치료를 위한 노력의 중심에 권력과 기관의 이슈를 쟁점화한다. 여성주의가 내러티브 접근에 기여하거나 내러티브 접근과 통합됨으로써 성의 범주가 전인적 인간경험에 점점 더 많이 연관되는 것으로 드러났다. Myers Avis(1996)는 가족치료가 "언어와 문화, 경험과 연관되며, 출생의 순간부터 미묘하게 연결되고 내면화되는 가부장제의 상징적 영역에 대한 이해"를 설명해야 한다고 주장한다(p. 224). 수퍼비전에서 억압과 관련된 문제를 다루는 것이 여성주의와 내러티브 접근의 중심에 있다. 효율적인 상담을 하는 상담자는 자신이 특권과 억압의 위치에 있다는 것을 인식하고, 이러한 위치가 상담과 수퍼비

전에 어떻게 영향을 끼치는지를 이해할 수 있다고 믿는다. 일례로, Turner와 Myers Avis(2003)는 수퍼바이저에게 상담 훈련과 수퍼비전 중에 힘의 계층구조를 인식하는지, 역할과 책임의 문제를 명확하게 하는지, 억압과 관련된 문서 혹은 대화의 효과를 고려하는지, 억압에 대한 저항을 다루는 문서나 자료를 도입하는지, 수퍼비전 대화에서 이슈와 그 의미를 파악하는지, 성(性)과 다른 사회적 위치 사이의 교차점을 다루는지에 대해 질문함으로써 억압과 희망 사이에 있는 긴장을 다룬다.

공동 언어 체계(collaborative language system)로도 알려져 있는 협력적 접근들(Anderson, 1987, 2007; Anderson & Goolishian, 1988; Penn, 2007)은 수퍼바이저, 상담자, 내담자가 하나의 언어-의미-생성 체계(language- meaning- generating system)를 이루는 것으로 본다는 공통점이 있다. 상담 체계는 직간접적으로 문제를 경험하고 해석하는 사람에 의해서 문제를 규명함으로써 자체적으로 구조화된다. 그러므로 상담 체계는 문제를 만들어 내는 사람의 경험과 관점을 기반으로 하여 나타나고 사라진다. 대화를 통하여, 수퍼바이저와 수퍼바이지는 수퍼바이저와 수퍼바이지, 상담자와 내담자 그리고 그들을 다루는 방법 사이에 존재하는 관계 및 이슈에 대한 의미를 함께 만들어 낸다. 해석 과정이 진행되는 중에, 이슈와 가능한 해결책들이 나타나고 사라진다. Anderson과 Goolishian(1988)은 협력적 관점에서 대화의 역동적 성질을 강조하기 위해 **문제해결**(problem solving)과 **문제 해체**(problem dissolving)로 이 과정을 설명한다. 이 모델은 수퍼바이저와 수퍼바이지 사이의 힘과 위치를 명료하게 하고, 수퍼바이저와 수퍼바이지가 의미-생성 체계로 가져온 것의 가치를 높게 평가함으로써 권위주의적 관계를 감소시키려고 노력한다. 이것은 타인과 관계하고 있어야만 우리가 비로소 진정한 우리가 된다고 가정한다. 그러므로 상담자와 수퍼바이저로서 우리에 대한 배움은 관계 안에서만 일어날 수 있다. 수퍼바이저와 수퍼바이지는 함께 배우고, 서로로부터 배운다. 수퍼바이저의 주된 임무는 대화와 의사소통을 촉진하고, 새로운 관점을 고취시키면서 새로운 의미를 생성하는 데 적합한 이례적인 내용을 소개하는 것이다(Anderson, 1987).

Anderson의 성찰팀 자문과 수퍼비전 양식(Anderson & Jensen, 2007)은 명상을 위한 공간을 제공하고 다양한 관점을 제시하며, 과정과 내용에 집중하도록 하며, 치료와 수퍼비전에서 상담자에게 나타나는 많은 이슈를 포착하기 위해 수퍼비전 대화의 속도를 조절하여 안전감을 창출하는 혁신적인 방법을 제시한다. 성찰팀은 여러 가지 다양한 가족치료 접근 방법(즉, 내러티브와 해결 중심 접근 방법) 안에서 통합되고 재정의되어 왔다. 그러나 Anderson(1987)은 이 모델을 현대에도 지속적으로 적용할 수 있는 기본 지침을 제시했다. 예를 들면, 팀에 참여하고 있는 구성원은 내담자에 대한 긍정적인 코멘트를 차례대로 나누어야 하며, 그 코멘트는 새로운 가능성의 창출을 촉진하는 데 적합하면서도 이례적인 것이어야 한다. 성찰팀은 수퍼바이지가 자신의 최선의 것을 나누고 가장 유용한 것을 발견하는 과정에 어느 정도 관여하도록 함으로써 집단 수퍼비전 과정에 능동적으로 참여하도록 한다. Cox, Banez, Hawley와 Mostades(2003)는 집단상담자뿐 아니라 초보 상담자를 훈련시키기 위해 성찰팀과 미시적 상담을 통합했다. 그들은 성찰팀의 방법이 정서적 안정감을 증진시키고, 창조성을 기르도록 하며, 강점에 기초한 지식을 얻게 하는 경험적인 구성요소를 제공한다는 것을 알아내었다.

해결 중심 치료와 수퍼비전은 혁신적이고, 실용적인 성격 때문에 상담 분야에서 널리 사용되어 왔다. de Shazer(1990, pp. 93-94)는 이 단기치료 모델의 원칙이 되는 세 가지 지침을 제시했다. ① 못 쓸 정도만 아니라면 그대로 써라. ② 일단 작동하는 것을 알았다면 더 작동하게 하라. 그리고 ③ 만약 작동하지 않는다면 다시 그것을 하지 말고 다른 무언가를 하라. 해결 중심 접근은 내러티브 접근과 협력적 접근에 비하면 현재에 역점을 두는 뚜렷한 특성을 가지고 있다. 해결 중심 접근은 내러티브 접근에서와 같이, 내담자가 자신의 문제를 해결할 능력과 자원을 가지고 있다고 믿는다. 이 접근은 점진적 변화에 기초한 해결을 찾는 데 주안점을 둔다. 수퍼비전에서 해결 중심 접근 방식의 적용(Juhnke, 1996; Knight, 2004; Thomas, 1996)은 언어의 중요성을 강조하고 문제와 해결이라는 두 구조를 강조한다.

해결 중심적 질문은 수퍼바이저와 수퍼바이지가 대응전략이나 과거의 성공을 확인하고 현재의 이슈를 사실에 의거하여 다루기 위해 일반적인 것에서 구체적인 것으로 이행하도록 해 주는 최상의 언어 도구라고 여겨진다. 상담에서와 마찬가지로, 수퍼비전에서도 예외를 요청하고 인정하기; 재구성하기, 초점 맞추기, 목표 개발하기; 기적질문; 수퍼비전에서 달성 가능한 목표에 대해 협상하기; 패턴 바꾸기; 척도(scaling), 차이(difference), 동기부여(motivation)를 사용하고 질문 바꾸기 등의 기술이 적용된다. Knight(2004)는 수련 수퍼바이저가 침묵을 사용하는 것의 중요성에 대해 논의하고, 문제에 대해 집중하는 것과 해결의 측면에서 균형 잡힌 대

화를 하는 것 그리고 위기 개입 상황과 같이 다른 접근이 요구되는 때와 상황을 규명하는 것의 중요성에 대해 논의한다. 해결 중심 수퍼비전은 수퍼바이저와 수퍼바이지 모두 서로에게서 배우고자 하는 호기심 어린 자세를 견지하기 위해 협력적으로 노력하는 것이다.

Cunanan과 McCollum(2006)은 수퍼바이지가 해결 중심 치료 훈련에서 경험한 가장 효과적인 방법에 대해 연구하였다. 여러 가지 방법 중 가장 도움이 되는 방법은 참여자들이 함께 자료를 읽고 토론하며, 비전문 수퍼바이저와 소통하며, 자신의 강점에 대해 격려받고, 그들이 해결 중심 접근 방법으로 다루는 사례에 대해 해결 중심 접근 방법으로 수퍼비전을 받는 것이었다. Whitting(2007)의 입장에서는, 수퍼비전 모델에 대한 교육과 임상 실습 사이의 균형이 훈련에서 핵심이 된다. 마지막으로, 포스트모던 관점 수퍼비전은 수퍼비전에서 성찰팀, 사례토론, 오디오 혹은 비디오테이프 기술을 사용한다. 따라서 이 모델은 상담자나 가족이, 협의하거나 성찰팀 개입에 대해 동의하지 않는다면 현장감 있고 직접적인 수퍼비전 개입을 덜 사용하게 된다.

수퍼비전에서의 탈식민주의적 접근

최근 발전된 가족치료에서는 상담과 수퍼비전을 실시하는 데 있어 여성주의와 사회정의 원칙이나 실천을 통합할 것을 제안한다(Almeida, Dolan-Del Vecchio, & Parker, 2007). 특히, 문화적 맥락 모델(cultural context model: CCM)은 가족치료 패러다임을 확대한 임상 이론이나 실습 체계를 제안하고 있는데, 그 내용은 가족이나 공동체의 삶을 구성하는 사회적 불평등의 원인이 되는 사회적 양식을 분석하는 것에 기초하고 있다. 이 모델의 목표는 힘, 특권과 억압의 연결고리를 해체하는 데 필요한 집단적 지식을 먼저 개발함으로써 자유에 대한 집단적 의식을 지지하는 공동체를 건설하는 것이다.

문화적 맥락 모델은 다양한 학문 분야에서 후기 식민주의와 비판적 후기 식민주의 학자에 의해서 영향을 받아 왔다(Crenshaw, 1997; Spivak, 1991). 이 학문 분야는 식민주의 역사를 경험해 온 공동체가 맞닥뜨렸던 특별한 이슈들을 다룬다. 후기 식민주의라는 용어는 보다 큰 사회 영역에 연계된 다양한 역사에 초점을 맞추어 지구상의 식민지와 종속에 대한 반대담론을 구성하는 서술적인 개념이다. 문화적 맥락 모델은 식민주의의 유산과 지배의 쟁점으로서의 다양한 관점이나 현실을 인식한다(Alva, 1995). 문화적 맥락 모델은 가족의 삶 안에서 사회적 불평등의 가변적인 영역을 구성하는 민족성, 계층, 성, 능력, 성적 지향에 대해 분명하게 표현하는 방식에 관심을 가지는 상담자와 수퍼바이저에게 적합하다. 수퍼비전 훈련은 다음과 같은 내용을 중심으로 이루어진다. ① 비판의식과 책임, 권한부여하기를 개발하는 것, ② 역사적인 정보에 대하여 가치부여하기, ③ 사회적 힘의 역학(societal power dynamics)이라는 시련의 장 안에서 수퍼바이지의 이야기 찾아내기, ④ 공동체 내에서 학습 과정을 협력적으로 발전시키기. 그러므로 수퍼바이지는 지배적인 담론에 대한 비판적 시각을 가지고 그들의 원가족에 대해 다시 논의하고, 사회 규범에 대하여 단지 말로만 사회적이고 문화적인 비판을 하는 것이 아니라, 내담자와 상담을 함으로써 각각의 민족 집단 내에 있는 사회 규범에 대한 다양한 이슈와 사회적 위치를 배우게 된다. 또한 치료적인 질문을 할 때 가설이나 다양한 양식을 사용하는 것을 보다 큰 사회적 맥락과 결부시키게 된다. 창조성이라는 것은 수퍼바이지가 상담에서 많이 사용하는 매체(popular media)를 활용하는 것을 배움으로써 향상된다(Hernández, 2004, 2008). 이 모델 아래에서 훈련받는다는 것은 라이브 수퍼비전과 비디오녹화 수퍼비전뿐 아니라, 다른 심리치료사나 자문가, 후원자와 함께 팀으로 작업하는 것을 배우는 것이다. 뉴저지 가족치료 연구소는 일방경과 함께 청각보조장치(bug-in-the-ear) 수퍼비전을 사용한다. 이 방법은 일방경을 통해 이루어지는 상담회기 동안 수퍼비전 팀이 상담자에게 의사를 전달할 때 보청기를 사용하는 것이다.

수퍼비전의 통합 모델

통합 수퍼비전에 대한 보고서에서, Rigazio-DiGilio(1997)는 개인, 가족, 보다 큰 체계적 요인을 통합하기 위한 네 가지 모델을 설명한다. 네 가지 모델은 메타구조 모델(Breunlin, Schwartz, & McKune-Karrer, 1992), 체계적 인지-발달치료와 수퍼비전 모델(Rigazio-DiGilio & Anderson, 1995), 통합적 문제 중심 치료 모델(Pinsof, 1994)

과 신비적 관점 수용 모델(Bagarozzi & Anderson, 1989)이다.

통합적인 관점은 수퍼비전에 대한 특별한 정의나 기술 대신 수퍼비전을 이끌어 줄 메타관점(metaperspective)을 제공한다. 이 메타관점은 통합적이며, 수퍼비전 관계와 치료적 관계 그리고 변화하는 현실에 대한 폭넓은 상황을 다루고자 하는 것이다. Rigazio-DiGilo(1997)에 의하면 수퍼비전 관계는 수퍼바이지의 욕구와 수퍼비전 상황 사이의 일치를 추구한다. 수퍼바이지의 강점이 증가하는 것을 확인하고, 입증하고, 격려함으로써 수퍼바이지의 한계를 확인하고 검토하며, 보다 나은 성장을 가능하게 하는 기초를 마련한다. 통합 모델에서 중요하게 나타나는 이점은 개념화와 수퍼비전 개입을 적용할 때 다양한 관점을 참고하도록 한 결과 다양한 치료적 관점을 구조화한다는 것이다. 이 장에서는 통합 모델을 활용한 메타구조 수퍼비전의 관점을 제안한다. 메타구조는 주요 가족치료 학파의 핵심 가설을 통합한 체계적이며 전체론적인 관점이다. Breulin, Rampage와 Eovaldi(1995)는 수퍼비전에 메타구조 치료적인 접근을 적용했다. 이 모델에는 체계에 대한 생물학적 · 심리학적 · 사회적 측면을 이해하는 관점을 제공하는 다섯 가지 상호 관련 요인(가족, 개인, 성, 문화, 복합성)이 있다. 또 수퍼비전 안에 네 가지 상호 관련된 과정(가설 세우기, 계획하기, 대화 나누기, 독서에 대한 피드백)이 포함된다.

가족 요인은 가족 체계라는 관점에서 평가와 개입 기술 개발에 대해 다룬다. 그러므로 수퍼비전과 훈련은 상담자가 내용과 과정, 행동 양식과 의미를 관찰하고 확인하기, 관찰에 근거한 가설 만들기, 개입 방법 계획하기, 치료목표 세우기 등과 같은 것을 구별하는 중요한 치료적 체계(상담에 참석하지 않은 구성원을 포함하여)를 정의하도록 지원하는 데 초점을 맞춘다. 또한 수퍼바이저는 수퍼비전 관계에 대한 의미를 생성하고, 수퍼비전 관계의 행동적이거나 정서적인 측면에 주목한다.

개인적 요인은 개인의 독특한 체계를 다루는 것이다. 이것은 개인의 마음의 한 부분 혹은 다양한 하부인격에 의해 만들어진 내적 역동을 말한다. 이 부분들은 서로 함께 작용할 수도 있고 서로 반대 입장에 서기도 하는데, 후자의 경우 갈등을 야기한다. 가능하다면, 수퍼바이지는 자신의 가족 구성원에 대하여 이 관점에서 고려하고 임상적인 가설을 개발하도록 권장받는다. 이 단계에서는 개인이나 자신의 가족의 문제를 해결하지 못하도록 하는 정신내적 역동을 다룬다. 가족치료를 보완하기 위하여 개인치료를 권하거나 혹은 수퍼바이저와 수퍼바이지 두 사람 모

두 필요하다고 여긴다면 아마도 가족치료 대신에 개인 심리치료를 권할 수도 있을 것이다. 성적 요인은 수퍼바이지가 자기 자신을 활용하고, 임상가로서 발달하는 데 수반되는 성에 대한 사회화 과정을 다룬다. 가족치료에 대한 여성주의의 비판적 논의는 두 성의 특권과 억압이 가져오는 편견에 대한 인식을 돕기 위한 훈련을 포함시켜야 한다는 것이다. 또 수퍼바이지는 자신의 가족 역동과 양육 과정에 대한 분석을 통하여 성의 균형과 불균형의 수준을 살펴봄으로써 배우게 된다. 이 모델은 수퍼바이지가 어느 발달 단계에 있는지를 설명하는 연속적으로 이어지는 다섯 단계(인습적인 단계, 성 인식 단계, 양극화 단계, 과도기 단계, 균형 잡힌 단계)를 사용한다. 수퍼바이저는 상담자가 자신의 성 혹은 성적 관점이 치료에 미치는 영향을 확인할 것을 지지하고 격려한다.

문화적 요인은 수퍼비전 관계와 상담에 끼치는 문화의 영향력을 다룬다. 상담자가 상담에서 이 부분에 주의를 기울여야만 하는 것처럼, 수퍼바이저는 자신의 문화적 유산과 수퍼바이지의 문화적 유산이 조화를 이루는 정도를 염두에 둘 필요가 있다. 이 관점은 수퍼바이지의 문화적 시각을 통해 그들이 어떻게 배우고, 어떻게 권위와 연관되며, 어떻게 기대를 발전시키며, 어떻게 사회적 맥락 안에서 자신을 보는 관점을 형성하는지를 알게 된다. 수퍼바이지는 다양성에 대한 자신의 관점을 탐색하고 임상 현장에서 자신의 문화와 다른 문화에 대해서 배워야 한다는 도전을 받게 된다.

복합성 요인은 상담자가 결코 가족의 현실을 온전히 이해할 수 없다는 것과 상담자는 가족의 신체적 · 정신내적 · 대인관계와 관련된 수준의 측면을 다룰 때 임상적 가설을 개발시키기 위해 노력해야 한다는 점을 주장한다. 수퍼바이저는 맥락 안에서 가족을 다루는 방법을 가르치고 모델링하는 일에 초점을 맞춘다. 그리고 특정 가족에 가장 알맞은 다양한 이론적 모델과 치료적 개입을 활용한다.

마지막으로, 수퍼비전에서 수퍼바이저는 어떤 제약조건이 수퍼바이지의 완전한 잠재력을 개발시키는 것을 막을 수 있다는 것과, 더 나아가, 수퍼바이저와 수퍼바이지가 그러한 제약조건을 함께 확인하고 작업하기 위해 어떻게 협력할 수 있으며, 강점을 성장시키고 확장을 가능하게 하는지에 대해 자문할 필요가 있다. 복합성에는 수퍼비전 평가, 발달, 수퍼비전 관계에서의 어려움을 다루는 네 가지 단계가 있다. 이 단계는 다음의 내용을 포함한다. 기본적인 상담의 체계적인 기술 숙

달하기; 상담과 수퍼비전 관계를 더 강화하거나 혹은 이에 방해가 될 수 있는 신념이나 사고, 감정에 대해 점검하기; 상담자의 자기개발을 돕기 위하여 치료적 패턴이나 수퍼비전에서의 어려움 다루기; 그리고 수퍼비전을 보완하기 위한 선택사항으로서 개인상담 검토하기.

◎ 일반적 요인 접근 수퍼비전

수퍼비전 문헌이나 연구 문헌에서 일반적 요인으로 분류된 것을 바탕으로, Morgan과 Sprenkle(2007)은 다음과 같은 세 가지 구체적인 연속성(continua) 모델을 개발하였다. ① 임상이나 전문성의 역량, ② 특정성의 정도, ③ 지시적이고 협력적인 관계. 첫 번째 연속체의 한 면은 임상적인 측면에서의 이슈나 이론 및 개입 그리고 임무조항에 초점을 맞추며, 또 다른 측면은 상담자가 되는 것과 관련된 윤리적이고 법적인 기준, 개인적인 성장 이슈와 같은 전문성의 역량에 초점을 맞춘다. 두 번째 연속체는 상담자가 특정 집단에 대한 정보나 지식을 갖추도록 하여 특정성의 정도를 파악하는 것이다. 그러므로 특정 집단과 상담하면서 특수한 것과 보편적 법칙에 입각한 이슈 사이에서 이 초점이 달라진다는 것을 배우게 된다(예를 들어 메릴랜드 주 볼티모어에 살고 있는 라틴계 가족의 건강욕구와 이 집단 전체의 건강욕구에 대해 배우기). 세 번째 연속체는 수퍼비전 관계에 대한 언급이다. 수퍼비전 관계는 본래부터 구조적으로 권위주의적인 측면을 가지고 있지만, 지시적이거나 협력적인 면이 어떻게 구조화 되는지에 따라 많은 차이가 있다.

또한 수퍼비전 활동 특성에 따른 네 가지 역할(코치 역할, 교사 역할, 멘토 역할, 행정가 역할)이 있다. 이 역할들은 위에 설명된 세 가지 연속성 모델을 따라 나타난다. 예를 들어, 코치 역할은 수퍼바이지가 개별 수준의 임상적 역량을 개발하는 데 주안점을 둔다. 수퍼바이지가 사례개념화하는 것을 돕고 상담에 대한 피드백을 제공하는 활동이 포함된다. 교사 역할은 보다 일반적인 수준에서의 임상실습을 강조한다. 그러므로 수퍼비전은 포스트모던 치료 접근의 원칙을 배우거나 임상에서 기술을 통합하는 것과 같은 일에 초점을 둔다. 멘토 역할은 수퍼바이지의 전문적 역량을 개발하는 데 초점을 둔다. 예를 들어, 개인적 발달이나 치료적 동맹과 전문성 영역 모두에 기여하도록 관심을 기울이는 것이다. 마지막으로, 행정가 역할은 윤리적 원칙에서부터 사례를 문서화하는 일에 이르기까지, 원칙을 적용하고 배우는 일에 초점을 맞춘다. Morgan과 Sprenkle(2007)은 '문헌에서 제시하는 바와 같이, 수퍼바이저가 수행해야 하는 책임, 과업, 역할의 범위를 이해하기 위한 예시' 로서 이 모델을 제시할 것을 제안한다(p. 12). 이 말의 의미는 위에서 말한 역할이나 영역이 중복될 경우 무엇에 중점을 두어야 하는지, 유연하게 대처하기 위해서는 어떻게 해야 하는지에 대하여 다양하게 고려할 수 있다는 것이다.

수퍼비전 전략

현대의 수퍼비전 훈련과 환경은 유동적이며, 건강관리 환경, 집단, 임상적 이슈의 변화에 따른 요구를 받아들인다. 그러나 가족치료 모델이 다른 형태의 수퍼비전 기술이나 그것의 결합을 지원한다는 것에 주의하는 것은 중요하다. 수퍼바이지의 발달 수준은 수퍼비전 양식을 선택할 때 고려되어야 한다.

수퍼비전 전략으로는 라이브 수퍼비전과 사후 수퍼비전이 있다. 라이브 수퍼비전에서 수퍼바이저는 상담회기가 진행되는 동안에 모니터링하고 개입 방법을 제안하며, 임상적으로 중요하게 작용할 수 있지만 수퍼바이지가 드러내려고 하지 않는 태도를 가지게 되는 것을 예방한다(Ladany, Hill, Corbett, & Nutt, 1996). 수퍼바이저는 수퍼바이지가 가족과 상담하는 것을 함께 경험하고, 무슨 일이 일어나는지를 보고, 참여할 기회를 가진다. 역으로, 사후 수퍼비전은 상담이 끝난 후에 상담회기를 검토하는 것과 관련된 양식을 말한다.

라이브 수퍼비전

라이브 수퍼비전에는 협력 치료, 청각보조장치, 전화를 통한 개입, 성찰팀 접근과 같은 양식이 있다. 최근 이 양식은 훈련 센터에서만 사용되는 것이 아니라, 다양한 임상 현장에서 활용된다. 협력 치료는 상담회기 중에 수퍼바이저가 함께 참석하여 단순히 상담회기를 관찰하거나 조언을 하기도 하고 때로는 적절한 개입을

하기도 한다. 수퍼바이저와 수퍼바이지 사이에 서로 지지하고 협력하는 관계의 기초가 세워질 때, 초보 상담자의 불안은 자신이 홀로 상담회기에 대한 책임이 있다고 느끼지 않을 만큼 완화된다(Anderson, Rigazio-DiGilio, & Kunkler, 1995).

청각보조장치는 수퍼바이저가 일방경 뒤에서 상담 훈련생과 의사소통하기 위한 장치다. 개입 시간이 짧고, 수퍼바이지는 수퍼비전 전달 내용을 명료화하여 말하거나 논의할 수 없다(Barker, 1998, Kaufman, Morgan & Ladany, 2001에 의해 인용됨). 전화 수퍼비전 역시 일방경을 활용한다. 하지만 이 방법은 수퍼바이저와 수퍼바이지의 양방향 소통이 가능하다. 수퍼바이지는 질문을 할 수가 있고, 수퍼비전에서 제안하는 것에 대해 논의할 수도 있다. 하지만 이 방법은 상담회기에 방해가 된다는 명백한 한계점을 가지고 있다. 청각보조장치와 전화 수퍼비전 양식을 사용할 때 일방경 뒤에는 수퍼바이저와 상담자 팀 혹은 수퍼바이저 한 사람만 있을 수도 있다. Mauzey, Morag와 Trusty(2000)는 전화 수퍼비전과 청각보조장치 수퍼비전을 통한 초보 상담 훈련생의 불안이나 분노 지연 효과에 대해 연구했다. 연구 결과 이와 같은 양식의 수퍼비전이 참여자의 불안이나 분노의 원인이 된다는 것을 발견하였다. 분노는 시간이 지나면서 가라앉는 반면, 불안은 시간이 지나도 유의미하게 달라지지 않았다. 또 다른 연구는 상담에서 전화 수퍼비전 개입의 빈도, 기간, 복잡한 특징들과 그 결과에 따른 수퍼바이지의 행동 간의 상관 관계에 관한 것이다(Moorhouse & Carr, 2001). 사회적 통념과 달리, 연구자들은 네 가지 제안 방법보다는 복잡한 전화를 통한 개입이 확실히 수퍼바이지의 상담행동과 관련된다는 것을 발견했다. 이어지는 연구에서 전화를 통한 개입과 내담자 협력 사이의 상관 관계가 연구되었다. Moorhouse와 Carr(2001)는 내담자 협력은 상담자가 보인 협력행동이 있는지의 여부와 그 자질이 절대적으로 연관되어 있음을 발견했다. 수퍼비전에서의 협력행동은 내담자 협력의 어떤 범주와도 연관되지 않았다.

또 다른 연구는 라이브 수퍼비전과 내담자 만족에 대해 다루었다(Locke & McCollum, 2001). 108명의 내담자에게 내담자 만족 질문지와 대학 센터에서 사용하는 Purdue 라이브 관찰 만족 검사(Purdue Live Observation Satisfaction Scale) 개정판을 사용하였다. 내담자에게 그 과정이 도움이 되었고 라이브 수퍼비전 과정에서 거슬리는 것을 발견하지 못했다고 인식하는 한 내담자들이 상담에 만족한다는 결론을 내렸다. 라이브 수퍼비전에서 수퍼바이저는 일방경과 전화기를 사용하고

수퍼비전 팀과 상의하기 위한 시간을 가진다. 이 연구에서는 내담자와 임상 훈련생의 욕구를 만족시키기 위해 훈련자의 요구와 이에 대한 반응 간의 균형이 필요하다고 지적한다. 이 과정에서 내담자의 조언을 받아들이는 것이 이 균형을 바로잡는 데 중요한 요소다.

사후 수퍼비전

임상자료를 회상하여 검토하는 수퍼비전 양식에는 사례 발표, 사례 기록, 오디오테이프와 비디오테이프 보고가 있다. 가족치료 수퍼비전 경향에 대한 최근 분석(Lee et al., 2004)에서 가장 적게 사용되는 양식은 상담회기에 대한 오디오테이프 보고와 축어록 재구성이라는 것을 발견했다. 비디오테이프 보고와 사례 기록은 라이브 수퍼비전과 떼려야 뗄 수 없는 가장 많이 사용하는 방법이다. 그러나 수퍼바이저는 수퍼바이지의 개인적인 성장과 임상적이고 행정적이고 전문가적인 기술 역량을 발전시키기 위해 여러 방법을 결합하여 사용한다.

비디오테이프 보고는 회기에 대하여 시각적으로나 언어적으로 객관적인 검토를 할 수 있게 하며, 수퍼바이저가 상담 과정이나 내용, 기술 개발의 이슈에 대해 언급할 수 있다. 그러나 Huhra, Yamokoski-Maynhart와 Prieto(2008)는 수퍼바이저가 수퍼바이지에게 이 양식을 사용하는 방법을 지도해야 한다고 제안한다. 지도하는 내용에는 수퍼비전에서 비디오테이프를 사용하는 것의 기대 효과, 내담자에게 소개하고 고지에 입각한 동의를 얻는 방법, 평가목표를 위해 어떻게 사용할 것인지에 대한 개요가 나타나야 한다.

오디오테이프 보고는 치료적인 대화가 오갈 때, 단지 언어적인 측면의 목소리, 속도, 강도 및 내용에 관한 제한된 자료를 제공한다. 그럼에도 불구하고 이 부분적인 자료는 가족상담회기에서 객관적이면서도 상당히 정확한 관점을 제공한다. 사례 발표와 사례 기록 보고는 전형적으로는 석사과정과 박사과정 수준의 임상가를 위한 수퍼비전과 훈련 과정에 해당되며, 임상 현장에서 일상적으로 활용된다(Lee et al., 2004). 이 양식들은 라이브 수퍼비전과 비디오테이프 보고와 잘 결합하여 사용한다. 그러나 초보 임상가가 수퍼비전 양식으로 사용할 때에, 보고가 정확하지 않을 가능성이 있다(West, Bubenzer, Pinsoneault, & Holeman, 1993). 또한 가족 역동

의 이슈와 관찰에 대한 보고는 수퍼바이지의 시각을 통해 걸러지므로, 내용이나 과정, 가족-상담자 간 관계 역동에 있어서 다른 결과가 나타나기도 한다.

결론

가족상담 분야에서 수퍼비전 모델의 범람은 역사적 궤적, 철학적 변화, 상황적 적응, 개혁과 창조성, 사회적 이슈에 대한 관심, 전문 분야로서 뚜렷이 구별되는 가족상담의 발전을 반영한다고 볼 수 있겠다. Kaufman 등(2001)은 여전히 경험적인 뒷받침이 중요하다는 것을 고려해야 하는 도전이 남아 있다고 언급한다. "어떤 종류의 수퍼비전이 언제, 누구로부터, 누구를 위하여, 어떠한 상황에서 그리고 어떠한 종류의 임상적 상황을 위하여 행해질 때 효과적인가?" (White & Russell, 1995, p. 43, Kaufman et al., 2001에 의해 인용됨). 가족상담 접근을 훈련이나 수퍼비전에 적용하는 문헌이 많지만, 아직 이러한 모델의 효과에 대한 양적 · 질적 연구는 부족한 편이다. Morgan과 Sprenkle(2007)은 메타관점을 제시하는 모델이 계속 발전되어야 하고, 특별히 모든 수퍼비전에 일반적인 요인이 기초가 되어야 한다고 주장한다.

다양하고 복잡한 정체성과 내담자의 필요에 부응하기 위한 수퍼비전의 한 부분으로써 민족성, 계층, 능력, 영성, 성적 지향과 관련된 다양성의 이슈를 체계적으로 결합하는 일이 상담 현장의 핵심 문제로 남아 있다. 상담 현장은 수퍼비전 훈련에서 문화적 동질성을 고취시키는 대신 인간의 다양성을 고취시키는 가변적인 상황을 통합하는 데 공동 연구와 비판적 사고를 증진시킬 수 있는 모델을 위한 지표를 제공해야 한다.

마지막으로, 가족치료 수퍼비전 경향 분석에서, Lee 등(2004)은 이 장에서 설명한 다양한 수퍼비전 전략들을 수퍼바이저가 어떻게 통합할 것인지에 대한 연구가 필요하다고 주장했다. 현대 상담 현장은 수퍼바이저가 많은 수퍼비전 양식을 접할 수 있고, 임상 환경은 수퍼바이지의 발달 수준에 맞는 양식을 채택하고, 집단을 충족시키며, 돌봄의 요구를 감당할 가능성을 가지고 있다.

참 | 고 | 문 | 헌

Ackerman, N. W. (1937). The family as a social emotional unit. *Bulletin of the Kansas Mental Health Hygiene Society,* 12.

Almeida, R., Dolan-Del Vecchio, K., & Parker, L. (2007). *Transformational family therapy.* Boston, MA: Allyn and Bacon.

Alva, J. K. (1995). The postcolonization of the (Latin) American experience, a reconsideration of "colonialism," "postcolonialism" and "meztizaje." In G. Prakash (Ed.), *After colonialism, imperial histories and postcolonial displacements* (pp. 241-275). Princeton, NJ: Princeton University Press.

American Association for Marriage and Family Therapy (AAMFT). (2004). *Core competencies final review.* Retrieved from http://www.bbs.ca.gov/pdf/mhsa/resource/workforce/aamft_core_competencies.pdf

Andersen, T. (1987). The reflecting team: Dialogue and meta-dialogue in clinical work. *Family Process, 26*(4), 415-428.

Andersen, T. (2007). Human participating: Human "being" is the step for human "becoming" in the next step. In H. Anderson & D. Gehart (Eds.), *Collaborative therapy: Relationships and conversations that make a difference* (pp. 81-93). New York, NY: Routledge.

Andersen, T., & Jensen, P. (2007). Crossroads. In H. Andersen & P. Jensen (Eds.), *Innovations in the reflecting team process* (pp. 158-174). London, United Kingdom: Karnac.

Anderson, H., & Goolishian, H. (1988). Human systems as linguistic systems: Preliminary and evolving ideas about the implications for clinical theory. *Family Process, 27,* 371-393.

Anderson, H., & Goolishian, H. (1990). Beyond cybernetics: Comments on Atkinson and Heath' s thoughts on second-order family therapy. *Family Process, 29,* 157-163.

Anderson, S. A., Rigazio-DiGilio, S., & Kunkler, K. P. (1995). Training and supervision in family therapy: Current issues and future directions. *Family Relations: Journal of Applied Family & Child Studies, 44*(4), 489-500.

Bagarozzi, D., & Anderson, S. (1989). Training and supervision marital and family therapy. In D. Bagarozzi & S. Anderson (Eds.), *Personal, marital and family myths: Theoretical formulations and clinical strategies* (pp. 274-298). New York, NY: W. W. Norton.

Barrett, S., Chin, J. L., Comas-Diaz, L., Espin, O., & Greene, B. (2005). Multicultural feminist therapy: Theory in context. *Women and Therapy, 28*(3-4), 27-61.

Bischof, G. H., Lieser, M. L., Taratua, C. G., & Fox, A. (2003). Power and gender issues from

the voices of medical family therapists. *Journal of Feminist Family Therapy, 15*(2/3), 23-54.

Bittner, J. R., & Corey, G. (2001). Family systems therapy. In G. Corey (Ed.), *Theory and practice of counseling and psychotherapy* (6th ed., pp. 382-453). Pacific Grove, CA: Brooks/Cole.

Bowen, M. (1978). *Family therapy in clinical practice.* Northvale, NJ: Jason Aronson.

Boyd-Franklin, N. (2003). *Black families in therapy.* New York, NY: Guilford Press.

Breunlin, D. C., Schwartz, R. C., & Kune-Karrer, B. M. (1992). *Metaframeworks: Transcending models of family therapy.* San Francisco: Jossey-Bass.

Breulin, D. C., Rampage, C., & Eovaldi, M. L. (1995). Family therapy supervision: Toward an integrative perspective. In R. H. Mikesell, D-D. Lusterman, & S. H. McDaniel (Eds.), *Integrating family therapy: Handbook of family psychology and systems theory* (pp. 547-560). Washington, DC: American Psychological Association.

Carlson, T., & Erickson, M. (2001). Honoring and privileging personal experience and knowledge: Ideas for a narrative therapy approach to the training and supervision of new therapists. *Contemporary Family Therapy, 23*(2), 199-220.

Crenshaw, K. (1997). Intersectionality and identity politics: Learning from violence against women of color. In M. Lyndon Shanley & U. Narayan (Eds.), *Reconstructing political theory: Feminist perspectives* (pp. 111-132). University Park, PA: Pennsylvania State University Press.

Cox, J. A., Banez, L., Hawley, L., & Mostades, J. (2003). Use of the reflecting team process in the training of group workers. *Journal for Specialists in Group Work, 28*(2), 89-105.

Cunanan, E. D., & McCollum, E. E. (2006). What works when learning solution-focused brief therapy: A qualitative study of trainees' experiences. *Journal of Family Psychotherapy, 17*(1), 49-65.

de Shazer, S. (1990). What it is about brief therapy that works? In J. Zeig & G. Gilligan (Eds.), *Brief therapy: Myths, methods, and metaphors* (pp. 90-99). New York, NY: Brunner Mazel.

DeRoma, V., Hickey, D. A., & Stanek, K. M. (2007). Methods of supervision in marand family therapist training: A brief report. *North American Journal of Psychology, 9*(3), 415-422.

Doerries, D. B., & Foster, V. A. (2005). Essential skills for novice structural family therapists: A delphi study of experienced practitioners' perspectives. *The Family Journal, 13*(3), 259-265.

Flemons, D. G., Green, S. K., & Rambo, A. H. (1996). Evaluating therapists' practices in a postmodern world: A discussion and a scheme. *Family Process, 35*, 43-56.

Freedman, J., & Combs, G. (1996). *Narrative therapy*. New York, NY: W. W. Norton.

Gridley, H. (2004). Power, gender, and accountability in supervision. In D. Pare & G. Larner (Eds.), *Collaborative practice in psychology and therapy* (pp. 183-198). New York, NY: Haworth Press.

Haley, J. (1987). *Problem solving therapy*. San Francisco, CA: Jossey-Bass.

Hammond, R. T., & Nichols, M. P. (2008). How collaborative is structural family therapy? *The Family Journal, 16*(2), 118-124.

Hernández, P. (2004). The cultural context model in supervision: An illustration. *Journal of Feminist Family Therapy, 15*(4), 1-8.

Hernández, P. (2008). The cultural context model in clinical supervision: An illustration of critical psychology in training. *Training and Education in Professional Psychology, 2*(1), 10-17.

Hernández, P., & Rankin, P. (2008). Relational safety in supervision. *Journal of Marital & Family Therapy, 34*(2), 58-74.

Hernández, P., Taylor, B., & McDowell, T. (2009). Listening to ethnic minority AAMFT approved supervisors: Reflections on their experiences as supervisees. *Journal of Systemic Therapies, 28*(1), 88-100.

Huhra, R. L., Yamokoski-Maynhart, C. A., & Prieto, L. R. (2008). Reviewing videotape in supervision: A developmental approach. *Journal of Counseling and Development, 86*(4), 412-418.

Jackson, D. D. (1957). The question of family homeostasis. *Psychiatric Quarterly Supplement, 31*, 79-90.

Juhnke, G. (1996). Solution-focused supervision: Promoting supervisee skills and confidence through successful solutions. *Counselor Education and Supervision, 36*, 48-57.

Kaslow, N., & Bell, K. (2008). A competency-based approach to supervision. In C. A. Falender & E. P. Shafranske (Eds.), *Casebook for clinical supervision: A competency-based approach* (pp. 17-38). Washington, DC: American Psychological Association.

Kaufman, M., Morgan, K. J., & Ladany, N. (2001). Family counseling supervision. In L. Bradley & N. Ladany (Eds.), *Counselor supervision: Principles, process and practice* (3rd ed., pp. 245-267). New York, NY: Brunner-Routledge.

Knight, C. (2004). Integrating solution-focused principles and techniques into clinical practice

and supervision. *The Clinical Supervisor, 23*(2), 153-163.

Knudson-Martin, C. (2003). Gender and biology: A recursive framework for clinical practice. *Journal of Feminist Family Therapy, 15*(2/3), 1-21.

Ladany, N., Hill, C., Corbett, M., & Nutt, E. (1996). Nature, extent, and importance of what psychotherapy trainees do not disclose to their supervisors. *Journal of Counseling Psychology, 43*, 10-24.

Lee, R. E., Nichols, D. P., Nichols, W. C., & Odom, T. (2004). Trends in family therapy supervision: The past 25 years and into the future. *Journal of Marital & Family Therapy, 30*(1), 61-69.

Lee, L., & Littlejohns, S. (2007). Deconstructing Agnes: Externalization in systemic supervision. *Journal of Family Therapy*, *29*(3), 238-248.

Liddle, H. A., Breunlin, D. C., & Schwartz, R. C. (1988). Family therapy training and supervision: An introduction. In H. A. Liddle., D. C. Breunlin, & R. C. Schwartz (Eds.), *Handbook of family therapy training and supervision* (pp. 3-9). New York, NY: Guilford Press.

Locke, L., & McCollum, E. (2001). Clients' views of live supervision and satisfaction with therapy. *Journal of Marital & Family Therapy, 21*(1), 129-133.

Long, J. K., & Lindsey, E. (2004). The sexual orientation matrix for supervision: A tool for training therapists to work with same-sex couples. In J. Bigner & J. L. Wetchler (Eds.), *Relationship therapy with same-sex couples* (pp. 123-135). New York, NY: Haworth Press.

Madanes, C. (2006). *The therapist as humanist, social activist, and systemic thinker and other selected papers.* Phoenix, AZ: Zeig, Tucker & Theisen.

Madanes, C., Keim, J., & Smelser, D. (1995). *The violence of men: New techniques for working with abusive families.* San Francisco, CA: Jossey-Bass.

Mauzey, E., Morag, B. C., & Trusty, J. (2000). Comparing the effects of live supervision interventions on novice trainee anxiety and anger. *The Clinical Supervisor, 19*(2), 109-122.

McDowell, T., Fang, S., Brownlee, K, Gomez Young, C., & Khanna, A. (2002). Transforming a MFT program: A model for enhancing diversity. *Journal of Marital & Family Therapy, 28*(2), 179-191.

McGoldrick, M., Almeida, R., Garcia-Preto, N., Bibb, A., Sutton, C., Hudak, J., & Moore Hines, P. (1999). Efforts to incorporate social justice perspective into a family training program.

Journal of Marital & Family Therapy, *25*(2), 191-209.

McGoldrick, M., Giordano, J., & Garcia-Preto, N. (2005). Overview: Ethnicity and family therapy. In M. McGoldrick, J. Giordano, & N. Garcia-Preto (Eds.), *Ethnicity and family therapy* (pp. 1-40). New York, NY: Guilford Press.

Minuchin, P., Colapinto, J., & Minuchin, S. (1998). *Working with families of the poor.* New York, NY: Guilford Press.

Minuchin, S., Lee, W., & Simon, G. M. (1996). *Mastering family therapy.* New York, NY: John Wiley & Sons.

Monk, G., Winslade, J., Crocket, K., & Epston, D. (1997). *Narrative therapy in practice.* San Francisco, CA: Jossey-Bass.

Montgomery, C., Hendricks, C. B., & Bradley, A. J. (2001). Using systems perspectives in supervision. *The Family Journal, 9*(3), 305-313.

Moorhouse, A., & Carr, A. (2001). A study of live supervisory phone-ins in collaborative family therapy: Correlates of client cooperation. *Journal of Marital & Family Therapy*, *27*(2), 241-249.

Morgan, M., & Sprenkle, D. (2007). Toward a common-factors approach to supervision. *Journal of Marital & Family Therapy, 33*(1), 1-17.

Myers Avis, J. (1996). Deconstructing gender in family therapy. In F. Piercey & D. Sprenkle (Eds.), *Family therapy source book* (pp. 220-255). New York, NY: Guilford Press.

Paris, E., Linville, D., & Rosen, K. (2006). Marriage and family therapist interns' experiences of growth. *Journal of Marital & Family Therapy, 32*(1), 45-57.

Pearson, D. H. (1987). The strategic family therapy ritual as a framework for supervision. *Strategic and Systemic Therapies*, *6*(4), 17-28.

Penn, P. (2007). Listening voices. In H. Anderson & D. Gehart (Eds.), *Collaborative therapy: Relationships and conversations that make a difference* (pp. 99-107). New York, NY: Routledge.

Philp, G., Guy, G., & Lowe, A. (2007). Social constructionist supervision or supervision as social construction? Some dilemmas. *Journal of Systemic Therapies*, *26*(1), 51-62.

Pinsof, W. (1994). An overview of integrative problem-centered therapy: A synthesis of family and individual psychotherapies. *Journal of Family Therapy*, *16*, 103-120.

Prouty, A. M., Thomas, V., Johnson, S., & Long, J. K. (2001). Methods of femifamily therapy supervision. *Journal of Marital & Family Therapy*, *27*(1), 85-97.

Rigazio-DiGilio, S. A. (1997). Integrative supervision: Approaches to tailoring the supervisory

process. In T. C. Todd & C. L. Storm (Eds.), *The complete systemic supervisor: Context, philosophy and pragmatics* (pp. 195-216). Boston, MA: Allyn and Bacon.

Rigazio-DiGilio, S. A., & Anderson, S. A. (1995). A cognitive-developmental model for marital and family therapy supervision. *The Clinical Supervisor, 12*(2), 93-118.

Roberto, L. (1997). Transgenerational models. In T. C. Todd & C. L. Storm (Eds.), *The complete systemic supervisor: Context, philosophy and pragmatics* (pp. 156-170). Boston, MA: Allyn and Bacon.

Rudes, J., Shilts, L., & Kim Berg, I. (1997). Focused supervision seen through a recursive frame analysis. *Journal of Marital & Family Therapy, 23*(2), 203-213.

Russell, C. S., DuPree, W. J., Beggs, M. A., Peterson, C. M., & Anderson, M. P. (2007). Responding to remediation and gatekeeping challenges in supervision. *Journal of Marital & Family Therapy, 33*(2), 227-244.

Santisteban, D. A., Suarez-Morales, L., Robbins, M. S., & Szapocznik, J. (2006). Brief strategic family therapy: Lessons learned in efficacy research and challenges to blending research and practice. *Family Process, 45*, 259-271.

Selvini-Palazzoli, M., Boscolo, L., Cecchin, G., & Prata, G. (1978). *Paradox and counterparadox*. New York, NY: Jason Aronson.

Spivak, G. C. (1991). Can the subaltern speak? In C. Nelson & L. Grossberg (Eds.), *Marxism and the interpretation of culture* (pp. 1-15). Urbana, IL: University of Illinois Press.

Storm, C., Todd, T., Sprenkle, D., & Morgan, M. (2001). Gaps between MFT supervision assumptions and common practice: Suggested best practices. *Journal of Marital & Family Therapy, 27*(2), 227-240.

Szapocznik, J., Hervis, O., & Schwartz, S. (2003). *Brief strategic family therapy for adolescent drug abuse* (NIH Pub. No. 03-4751, National Institute on Drug Abuse Treatment Manual Series No. 5). Rockville, MD: National Institute on Drug Abuse.

Taylor, B., Hernández, P., Deri, A., Rankin, P., & Siegel, A. (2007). Integrating diversity dimensions in supervision: Perspectives of ethnic minority supervisors. *The Clinical Supervisor, 25*(1/2), 3-22.

Thomas, F. (1996). Solution focused supervision: The coaxing of expertise. In S. S. Miller., M. Hubble, & B. Duncan (Eds.), *Handbook of solution focused therapy* (pp. 128-151). San Francisco, CA: Jossey-Bass.

Todd, T. C. (1997). Purposive systemic supervision models. In T. C. Todd & C. L. Storm (Eds.), *The complete systemic supervisor: context, philosophy and pragmatics* (pp. 173-194).

Boston, MA: Allyn and Bacon.

Todd, T. C., & Storm, C. L. (1997). *The complete systemic supervisor.* Needham Heights, MA: Allyn and Bacon.

Turner, J., & Myers Avis, J. (2003). Naming injustice, engendering hope: Tensions in feminist family therapy training. In L. B. Solverstein & T. J. Goodrich (Eds.), *Feminist family therapy: Empowerment in social context* (pp. 365-378). Washington, DC: American Psychological Association.

Ungar, M. (2007). Practicing as a postmodern supervisor. *Journal of Marital & Family Therapy, 32*(1), 59-72.

Ungar, M., & Costanzo, L. (2007). Supervision challenges when supervisors are outside supervisees' agencies. *Journal of Systemic Therapies*, *26*(2), 68-83.

Watkins, C. E. (1997). Defining psychotherapy supervision and understanding supervisor functioning. In C. E. Watkins (Ed.), *Handbook of psychotherapy supervision* (pp. 3-10). New York, NY: John Wiley and Sons.

Watzlawick, P. (1976). *How real is real?* New York, NY: Random House.

Weingarten, K. (1991). The discourses of intimacy: Adding a social constructionist and feminist view. *Family Process, 30*, 285-305.

West, J. D., Bubenzer, D. L., Pinsoneault, T., & Holeman, V. (1993). Three supervision modalities for training marital and family counselors. *Counselor Education & Supervision, 33*, 127-138.

Wetchler, J. L. (1988). Primary and secondary influential theories of family therapy supervisors: A research note. *Family Therapy*, *51*(1), 69-74.

Whitaker, C., & Ryan, M. (1989). *Midnight musings of a family therapist.* New York, NY: W W. Norton.

White, M. (1995). *Re-authoring lives: Interviews and essays.* Adelaide, South Australia: Dulwich Centre Publications.

White, M., & Epston, D. (1990). *Narrative means to therapeutic ends.* New York, NY: Norton & Norton.

Whitting, J. (2007). Authors, artists and social constructionism: A case study of narrative supervision. *The American Journal of Family Therapy*, *35*, 139-150.

Zimmerman, T., & Haddock, S. (2001). The weave of gender and culture in the tapestry of a family therapy program: Promoting social justice in the practice of family therapy. *Journal of Feminist Family Therapy*, *12*(2-3), 1-31.

13

심리검사 수퍼비전

Rayna D. Markin

1907년, 인디애나는 정신적인 질병이 있는 사람들과 정신지체자들을 대상으로 강제 불임수술을 실시하는 미국의 첫 번째 주가 되었다. 1924년에는 유색인이 백인과 결혼하는 것을 금지하는 인종보전법령(Racial Integrity Act)이 뒤를 이었다. 코네티컷 주가 생긴 1896년에는 많은 주들이 '정신이 박약' 하거나 '저능한' 사람들의 결혼을 금하는 결혼법을 제정하였다. 1924년의 이민법은 미국 인구에 '열등한 인종' 이 침투해서 위협하고 있다는 것을 근거로 해외로부터의 이민을 감소시켰다. 이러한 역사적 정책들은 모두 1900년대의 우생운동(Eugenics movement)에서 큰 영향을 받았으며, 제도화, 불임수술, 이민법과 결혼법을 통해 '부적합한' 개인을 확인하고 사회로부터 격리하기 위해 다양한 검사를 실시하고 사용했다는 공통점이 있다. Henry G. Goddard 같은 심리학자들은 지능 지수(IQ)에 관한 연구가 특정한 인종과 민족 집단이 정신 지체에서 높은 비율을 차지하기 때문에 사회에 적합하지 않다는 것을 보여 주었다고 주장하였다. Goddard가 제대로 볼 수 없었던 것은 그가 '정신박약자' , 혹은 51 이하의 IQ를 가진 사람으로 언급한 사람들에 대한 그의 편견이 그의 자료에 몹시 큰 영향을 미쳤다는 점이다. 그의 연구 방법, 특별히 IQ를 평가하기 위한 Simon-Binet 척도의 실시와 해석은 오늘날의 기준으로 볼 때에는 극단적인 결점을 가지고 있다. 그렇지만 그 당시 Goddard의 지능 검사

는 현실 세계와 관련해 중요한 영향을 미쳤고, 현재에도 윤리적 측면에서 그리고 어떤 역량에 대한 검사를 실시할 때, 수퍼비전과 훈련의 중요성을 상기시키는 역할을 한다(Haller, 1963; Kevles, 1985; Zenderlan, 1998 참조).

심리검사 수퍼비전은 왜 중요한가

심리검사 수퍼비전에 특별히 주의를 기울여야 하는 무엇보다 중요한 네 가지 근본적인 이유가 있다. ① 실시한 검사가 현실 세계에 중요하게 영향을 미치기 때문이다. ② 상담과 심리치료 직종에서 심리검사가 중심적인 역할을 하고 있기 때문이다. ③ 심리검사 수퍼비전이 복잡하기 때문이다. ④ 내담자에 대한 심리검사와 상담 결과 사이의 관련성 때문이다.

첫째, 먼저 심리검사가 현실 세계에 미치는 영향을 살펴본다면, 우생운동은 검사를 적용하고 해석하는 것이 어떻게 직접적으로 사회 정책과 법 개정에 영향을 끼칠 수 있는지 보여 주는 위압적인 예라고 할 수 있다. 상담자-내담자 수준에서 상담자의 검사 해석은 내담자가 다니는 학교의 반 편성(가령, 영재 아동의 배치와 특별 교육 프로그램 실시), 보조금, 직업 결정, 진단과 치료, 자존감과 자기개념 그리고 법적 소송 절차에까지 영향을 미칠 수 있다. 예컨대, 학교심리학자들은 많은 경우, 학생들의 교실에서 보이는 행동이나 학습상의 어려움을 진단한다. 그리고 이와 같은 진단은 한 아이의 교육 이력을 두드러지게 변경할 수 있다(Crespi & Dube, 2005). 검사 실시의 전체적인 요점은 결국 막대한 영향력을 끼칠 수 있다는 점이다. 그러므로 심리검사 수퍼비전과 훈련에는 중요한 이해 관계에 걸맞게 윤리적으로 그리고 유능하게 검사를 실시하도록 훈련생을 충분히 준비시키는 어려운 과업이 수반된다.

둘째, 심리검사는 역사적으로 심리학자들의 주요한 활동이었고, 심리학자를 규정하는 특징이었으며, 또한 상담이라는 장에서 아주 큰 역할을 해 왔다(Dumont & Willis, 2003; Krishnamurthy et al., 2004). 심리검사는 여전히 임상가들의 중심적인 활동이다(Butler, Retzlaff, & Vanderploeg, 1991; Guilmette, Faust, Hart, & Arkes, 1990; Lovitt, 1992; Piotrowski & Keller, 1989; Piotrowski & Keller, 1992). 심리검사를 적용하는 것은 전형적으로 임상심리학과 관련하여 논의된다. 예를 들어, Maruish(1999)

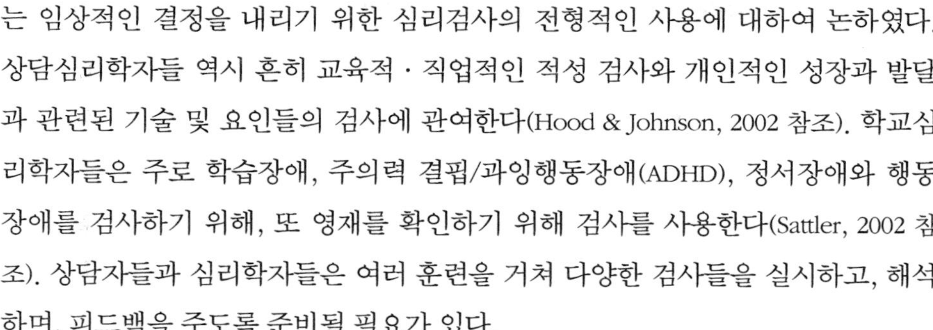

는 임상적인 결정을 내리기 위한 심리검사의 전형적인 사용에 대하여 논하였다. 상담심리학자들 역시 흔히 교육적 · 직업적인 적성 검사와 개인적인 성장과 발달과 관련된 기술 및 요인들의 검사에 관여한다(Hood & Johnson, 2002 참조). 학교심리학자들은 주로 학습장애, 주의력 결핍/과잉행동장애(ADHD), 정서장애와 행동장애를 검사하기 위해, 또 영재를 확인하기 위해 검사를 사용한다(Sattler, 2002 참조). 상담자들과 심리학자들은 여러 훈련을 거쳐 다양한 검사들을 실시하고, 해석하며, 피드백을 주도록 준비될 필요가 있다.

어떤 측면에서 대학원의 상담과 임상 훈련 프로그램들은 임상 실제에서 심리검사가 중요한 역할을 감당하고 있다는 것을 반영한다. 상담및관련교육프로그램인증위원회(the Counsel for the Accreditation of Counseling and Related Educational Programs: CACREP)와 미국심리학회(the American Psychological Association: APA)는 둘 다 대학원 교과 과정에서 심리검사를 위한 훈련 기준을 개발해 왔다. 구체적으로 CACREP는 상담 프로그램들이 "다문화 사회에서 심리검사와 평가에 개인적 · 집단적 접근에 대한 이해"를 제공한다고 명시한다(CACREP, 2009 Accreditation Standards, Standard 7, p. 12). 이와 비슷하게, APA도 학생들이 '심리검사와 측정을 통해서 문제를 진단하고 정의하는 데 있어' 상당한 이해와 능력을 획득하고 보여주어야 한다고 제시한다(APA Guidelines and Principles for Accreditation of Programs in Professional Psychology, Doctoral Gaduate Program Guidelines, Guideline 3c, 2000). 비록 이러한 지침들이 심리검사 수퍼비전을 직접 다루는 것은 아니지만, 심리검사 훈련의 직업적 가치를 알려 준다. 학술 박사(PhD)와 심리학 박사(PsyD) 프로그램들에 대한 한 연구는 이러한 훈련 프로그램들이 심리검사 교과 과정, 특히 지능과 성격 측정을 강조한다고 뒷받침한다(Piotrowski & Zalewski, 1993). 심리검사 교과 과정이 임상과 상담 프로그램의 필수 요소이고 심리검사 그 자체가 많은 임상가들의 중심적인 활동임에도, 이와 같은 교과 과정의 가치와 취지에 대해서는 계속해서 의문이 제기되어 왔다(Elbert, 1984; Frohnauer, Vavak, & Hardin, 1988; Kolbe, Shemberg, & Leventhal, 1985; Moreland & Dahlstrom, 1983; Pitorowski & Keller, 1984). 게다가 최근에 졸업한 대학원생들은 대학원 수준(graduate level)에서(Dempster, 1990; Hershey, Kopplin, & Cornell, 1991) 그리고 인턴십 기간 동안(Holmes, Cook, & Rothstein, 1991) 그들이 심리검사에 대해 충분히 훈련받지 않았다고 느낀다. 심리

검사가 훈련의 필수사항임에도 불구하고, 임상 실제에서의 심리검사의 중요한 역할 그리고 대학원 수준의 심리검사 훈련 및 수퍼비전 사이에는 단절이 있는 것으로 보인다(Krishnamurthy et al., 2004).

심리검사 수퍼비전에 주의를 기울이기 위해 제시하는 세 번째 논리적 근거는 제대로 심리검사를 실시하려면 상당한 전문성과 전문화가 요구되기 때문이다. 심리검사 수퍼비전에서는 검사자가 심리검사를 어떻게 실시하고 채점하는가를 배우는 숙련공 이상이 되는 것을 요청하며 그리고 그것은 복잡한 기술과 과정을 포함한다(Fernández-Ballesteros et al., 2001; Finn, 1996; Groth-Marnat, 1999; Meyer et al., 1998; Turner, DeMers, Fox, & Reed, 2001). 예를 들어, Meyer 등(1998)은 하나의 심리검사를 했을 때, 다양한 출처로부터 자료를 해석하는 것, 위탁 정보와 내담자 역사 그리고 관찰 결과의 맥락 안에서 검사자료를 해석하는 것을 포함해 심리검사 과정의 여러 다른 측면들을 강조한다. 다른 모델들은 심리검사를 협력적인 과정으로, 그리고 그 자체로서 치료적인 개입으로 특징짓는다(Finn, 1996). Dumont와 Willis(2003)는 상담자들과 심리학자들이 어떤 경험과 연륜을 갖고 있다 하더라도 가령, 충분하지 않은 훈련, 세월의 흐름에 따른 기술의 퇴보, 검사할 때의 잦은 실수들, 새로운 역량을 획득하려는 시도 그리고 현장에서의 새로운 발전 같은 검사 실시와 관련된 수많은 복잡함과 도전들 때문에 심리검사 수퍼비전을 받을 필요가 있다고 주장한다. 일반적으로 수퍼바이저는 전문적인 기준을 지키는 중요한 역할을 하지만(Holloway & Neufeldt, 1995), 검사 실시가 복잡할 때 그것은 결코 간단한 과업이 아니다.

심리검사 수퍼비전에서 이슈들을 고려하는 마지막 이유는 몇몇 연구들에서 심리진단검사와 심리치료 결과 사이에 의미 있는 관계가 있다는 점을 지적해 왔기 때문이다(Cerney, 1978; Keddy & Piotrowski, 1992; Phillips, 1992; Weiner & Exner, 1991). 특히 심리검사는 내담자가 자신의 행동을 건강하게 이해하도록 설명하고 타당화하는 데 도움이 되는 것으로 밝혀졌다(Finn & Tonsager, 1992). 하지만 우리는 심리검사 수퍼비전이 심리검사와 상담 결과 사이의 관계에 어떻게 영향을 미치는지에 관해서는 아직 알지 못하고 있다.

상담자들과 심리학자들에게 심리검사가 중심적인 역할을 하는데도 심리검사 실시에 대한 수퍼비전 연구에는 그동안 거의 관심을 기울이지 않았다(Finkelstein & Tuckman, 1997; Krishnamurthy et al., 2004; Smith & Harty, 1987). 이러한 수퍼비전

실제는 심리검사 수퍼비전에 대한 경험적인 모델 없이 대부분 구술로 전수되어 왔다(Finkelstein & Tuckman, 1997). 전반적으로 수퍼비전에 관한 방대한 문헌과 비교할 때, 심리검사 수퍼비전은 거의 전적으로 등한시되었다(Decato, 2002; Krishnamurthy et al., 2004). 하나의 특정한 예로서, 학교심리학자들과 학교상담자들의 임상 수퍼비전을 볼 때, 학교상담자들은 더 많은 임상 수퍼비전을 원하는 것으로 보고되었다. 그러나 심리검사가 주요한 요소이지만(Crespi & Dube, 2005), 이 전문 영역에서 심리검사 수퍼비전은 대체로 간과되었다(Crespi, 1998; Crespi & Fischetti, 1997; McIntosh & Phelps, 2000; Page, Pietrzak, & Sutton, 2001). 심리검사 수퍼비전의 과정과 결과에 대한 연구는 심리검사 수퍼비전의 경험적이고 포괄적인 모델과 더불어 절실하게 필요하다.

심리검사 역량

효과적인 심리검사 수퍼비전의 특성을 확인하기 위해서는 우선 효과적인 심리검사 실시의 특성을 확인하는 것이 필수적이다. 대체로 임상 역량은 다음을 포함한다. ① 특정한 주제에 대한 지식, ② 내담자의 유익을 위한 방향으로 지식과 기술을 효과적으로 적용하는 역량(Dumont & Willis, 2003). 이때 역량이란 지식과 기술을 효과적으로 활용하기 위해 필요한 판단을 포함하며, 상황에 따라서 다르게 고려될 수 있다. 즉, 예를 들어, 학교상담자는 성격검사보다 직업검사를 실시할 때 더 유능할 수 있다(Dumont & Willis, 2003; Overholser & Fine, 1990). 2002년 개최된 상담자 역량 강화 컨퍼런스에서 Psychological Assessment Work Group은 심리검사 역량에 필요한 지식, 기술, 가치, 태도를 확인하는 과업을 배정받았다. 여기에서 심리검사와 관련된 여덟 가지 핵심 역량이 확인되었는데, 그것은 다음과 같다. ① 심리측정 이론에 대한 기본 지식, ② 검사에 대한 과학적 · 이론적 · 경험적 · 맥락적 지식, ③ 인지, 정서, 행동, 성격 차원을 검사하기 위한 지식, 기술과 기법, ④ 치료/개입의 결과를 평가하는 역량, ⑤ 심리학자의 다양한 역할, 맥락과 관계가 심리검사에 어떤 영향을 미치는지 평가하는 역량, ⑥ 검사자와 내담자 사이에 협력적인 관계를 확립하고, 유지하고, 이해하는 역량, ⑦ 검사와 개입, 개입으로서

의 검사 그리고 개입 계획 사이의 관계에 대한 이해, ⑧ 사례개념화, 적합한 검사 방식 선택, 정보 및 추론과 분석 통합 그리고 내담자가 이해할 수 있고, 내담자에게 유용한 피드백을 제공하는 방법 같은 다양한 전문적인 심리검사 기술들(Krishnamurthy et al., 2004). 수퍼바이저는 수퍼비전을 시작할 때, 이러한 여덟 가지 영역에서 수퍼바이지의 역량 수준이 어떠한지 평가할 수 있고, 수퍼바이지가 향상시킬 필요가 있는 영역을 다루도록 수퍼비전 목표를 설정하여 작업할 수 있다.

상담자의 공감 역시 심리검사 역량의 특성이 될 수 있다. 공감 연구에 몇 가지 방법론적인 문제들이 있지만, 내담자가 느낀 상담자의 공감은 상담 결과와 일관된 관련성을 나타내 왔다(재검토를 위해 Duan & Hill, 1996 참조). Psychological Assessment Work Group의 설명에 따르면 내담자에게 정확하게 공감하는 지식과 역량 그리고 이러한 공감을 내담자와 소통하기 위해 필요한 기술이 심리검사 역량으로서 요구된다. 공감은 검사자가 내담자를 위해 적합한 검사를 고르고, 검사 자료를 정확하게 해석하고, 통합하며, 유익한 방식으로 검사 결과에 대한 피드백을 전달하도록 도울 수 있다. 비록 공감과 검사에 대한 최근의 연구가 없으나, Finn과 Tonsager의 관련 연구(1992)에 따르면 MMPI-2를 실시한 후 검사 결과에 대해 피드백을 받은 내담자들은 통제집단과 비교하여 증상에 따른 고통은 의미 있게 감소했고, 자존감은 주목할 만하게 증가했다고 보고했다. 이때, 피드백은 검사에서 내담자의 참여와 검사 결과를 논의할 때 검사자와 내담자의 협력을 강조했다. 이 연구자들은 검사에서 부정적인 피드백까지도 내담자들에게 도움이 되는 이유를 판단할 수 없었으므로, 가능한 설명을 위해 Swann의 자기검증(self-verification) 이론을 참조했다. 이 이론은 심지어 그것이 부정적일지라도 개개인은 자기 자신의 개념에 적합한 다른 사람들의 피드백을 구한다고 주장한다(McNulty & Swann, 1991; Swann, 1983; Swann, Stein-Seroussi, & Geisler, 1992). 다른 관점에서 자기심리학 이론은 이러한 피드백 회기를 명확하고 정확한 반영(또는 공감적 조율)의 강렬한 경험으로 볼 수 있다. 이러한 회기들은 치료자가 내담자를 정확하게 반영함으로써 자기 구조를 안정시키고, 강화하는 데 도움을 준다(Kohut, 1977). 또한 심리검사 피드백에서 공감의 역할은 여러 연구에서 검사와 심리치료 결과의 관련성 그리고 소수자와 새로운 인구군을 검사할 때의 문화적 감수성에 관해 다루는 이유를 설명해 준다(재검토를 위해 Dana, 1993 참조). 이 연구들은 내담자가 지각한 상담자의

공감이 검사 역량의 한 요소라는 잠정적 증거를 제공한다.

효과적인 심리검사 수퍼비전의 요소들

심리검사에 대해 효과적인 수퍼비전을 어떻게 제공할 것인가에 관한 연구와 이론은 많지 않다. Smith와 Harty(1987) 그리고 Finkelstein과 Tuckman(1997)만이 문헌에서 발견될 수 있는 심리검사 수퍼비전의 구체적인 모델을 제시했을 뿐이다. 그리고 그것은 〈표 13-1〉에 기술되어 있다. 하지만 이러한 모델은 이론적이며, 앞으로 경험적 연구에 따라 달라질 수 있다. 임상 수퍼비전 연구와 심리검사 수퍼비전에 대한 이 두 가지 모델로부터 비롯된 효과적인 심리검사 수퍼비전의 구체적인 요소들의 개요와 잠정적 목록은 다음에 살펴볼 것이다. 어떤 상황에서 그리고 어떤 수퍼바이지와 내담자에게 이러한 요소들이 심리검사 수퍼비전의 결과와 실제로 관계가 있는지 후속 연구에서 확인하길 바란다.

특히 효과적인 수퍼비전은 다음 여덟 가지 구체적인 요소들에 주목한다고 제안한다. ① 심리측정 이론의 기초와 적합한 실시, 채점 실제에 대한 전반적인 지식, ② 내담자에 대해 전체적이고 공감적인 묘사를 하기 위해 다양한 검사들로부터 자료를 통합하고 해석하는 수퍼바이지의 역량, ③ 도움이 되는 방식으로 피드백을 전달하는 수퍼바이지의 역량(구두와 보고서 작성 둘 다), ④ 수퍼비전 훈련 활동

〈표 13-1〉 평가 수퍼비전의 기존 모델

모델	단계 1	단계 2	단계 3	단계 4	단계 5	단계 6	단계 7
Smith & Harty (1987)	검사 실시와 채점하기	추론 만들기	검사 결과 소통하기				
Finkelstein & Tuckman (1997)	검사 실시와 채점의 기본 학습하기	주요 추론 생성하기	개요를 문서로 기록하기 (보고서 작성)	진단 규범 내재화하기	자문과 더불어 자율성 키우기	자기 자신의 양식 개발하기	지식과 경험 전수하기

과 수퍼바이저의 평가, ⑤ 수퍼비전 관계, ⑥ 수퍼바이지의 심리검사에 대한 관심 증진, ⑦ 다문화적 이슈, ⑧ 윤리. 무엇보다, 심리검사 수퍼비전은 검사의 기술적인 측면(즉, 검사 실시, 채점)을 다루어야 하지만, 또한 검사 실시 과정과 검사 수퍼비전의 과정(가령, 상담자[검사자]-내담자 관계와 수퍼비전 관계)도 함께 다루어야 한다.

효과적인 심리검사 수퍼비전을 제공하는 데는 많은 난관이 따른다. 첫째, 수퍼바이저가 심리검사에 관해 수퍼바이지와 함께 작업할 때 활용할 경험적인 기본 지침이 부족하다(Krishnamurthy et al., 2004). 어떤 사람들은 이러한 상황을 개선하기 위한 목적으로 심리검사 수퍼비전의 표준화를 요청해 왔다(Crespi & Dube, 2005). 뿐만 아니라, 심리검사 수퍼비전을 효과적으로 실시하려면 수퍼바이저의 상당한 전문성이 필요하다. 훈련생이 심리검사 수퍼비전을 받을 실습 · 인턴십 기관 직원들 가운데 지정된 심리검사 수퍼바이저는 단 한 명일 수도 있다. 한 사람만으로는 결코 모든 훈련생들의 수퍼비전 욕구를 만족시킬 수 없다. 오히려 수퍼바이저가 검사 실시에 있어서 전문성을 갖고 있다고 하더라도, 만일 심리검사 수퍼바이저가 임상 수퍼바이저를 겸한다면, 수퍼비전에서 임상적인 기술과 심리검사 기술 모두에 집중할 충분한 시간이 없을 수 있다. 이것은 수퍼바이지가 심리측정 이론에 대한 기초적인 이해를 가지고 있고, 대학원 교과 과정에서 심리검사 실습을 했음에도 수퍼비전을 받지 않을 때, 특히 문제가 된다. 실제로, 상담자 역량 강화 컨퍼런스에서 Psychological Assessment Work Group 회원들은 심리검사 실습 훈련에 대한 우선적인 책임을 누가 져야 하는지에 관한 훈련 프로그램들과 인턴십 현장 사이의 갈등을 지적한 바 있다(Krishnamurthy et al., 2004).

이러한 도전에도 불구하고, 효과적인 심리검사 수퍼비전을 위해 제안된 여덟 가지 요소들을 다음과 같이 설명할 수 있다. 여덟 가지 중 앞 부분의 세 요소들, 즉 검사 실시와 채점, 검사자료 해석과 추론, 피드백 전달(〈표 13-1〉 참조)을 포함하는 심리검사 수퍼비전의 단계들은 중복되며, Smith와 Harty(1987) 그리고 Finkelstein과 Tuckman(1997)에서 비롯된 것들이다. 이러한 심리검사 수퍼비전의 단계들은 검사 과정의 국면들과 병행한다. Smith와 Harty(1987) 그리고 Finkelstein과 Tuckman(1997)의 모델들은 모두 수퍼비전에 기반한 발달 모델을 바탕으로 하고 있다. 발달적인 관점은 다양한 차원의 수퍼바이저-수퍼바이지 관계에서 어떻게 초보 수퍼바이지가 전문가로 성장하는지 설명한다(Whiting, Bradley, & Planny,

2001 참조). 발달 모델은 시간이 지남에 따라 수퍼바이지는 점점 독립적으로, 수퍼바이저는 점차 덜 적극적으로 바뀌는 것을 목적으로 한다. 심리검사 수퍼비전의 이 두 가지 현존하는 모델에 관한 자세한 설명은 Finkelstein과 Tuckman(1997) 그리고 Smith와 Harty(1987)를 보라.

◎ 심리측정 이론의 기초 그리고 적합한 실시와 채점 실습

심리검사 수퍼비전의 첫 번째 단계에서 당면 과업은 검사 실시와 채점, 기본적인 심리측정 이론 지식을 필요로 하는 실제에서 수퍼바이지의 역량을 향상시키는 것이다(Finkelstein & Tuckman, 1997; Smith & Harty, 1987). 수퍼비전의 이 단계에서는 심리검사 각각의 강점과 약점 그리고 특정한 위탁 질문에 적합한 검사를 선택하는 법을 다룬다. 검사 실시와 채점 단계에서는 흔히 거시적 수준의 채점을 강조한다(예, IQ 지수, 백분위 계산, 로샤 구조적 요약 완성 등). 이것은 대부분 원자료를 훨씬 사용하기에 편리하도록 바꾸는 기계적인 과정이다(Finkelstein & Tuckman, 1997). 이 단계 동안 수퍼비전이 빠질 수 있는 잠재적인 몇 가지 뜻하지 않은 위험에는 검사 실시와 채점 이슈를 함께 무시하는 것, 또는 기계적인 방식으로 그것을 다루는 것이 포함된다. 비록 검사를 실시하는 것과 채점하는 것이 그것을 해석하는 것만큼 항상 흥미롭지는 않지만, 이 기본적인 단계는 검사의 다음 단계에 결정적이다. 특히 적절한 실시와 채점은 신뢰할 수 있고 타당한 결과와 궁극적으로 결과에 대해 의미 있는 추론과 판단을 촉진한다(Finkelstein & Tuckman, 1997; Smith & Harty, 1987). 실시와 채점을 숙련되게 학습하는 것이 필수적이고 또 간과되어서도 안 되지만, 이러한 부분에 대해 지나치게 치중할 경우 기계적인 과정 이상의 창조적이고 유연한 실제로 나아가는 데 실패할 위험이 있다. 수퍼바이지는 공식적인 검사 실시와 채점 규칙에 익숙해져야 하고, 그 이후에는 내담자의 유익을 위해 때로는 그러한 규칙을 어길 수도 있는 유연성을 갖추어야 한다(Smith & Harty, 1987). 예컨대,

첫 번째 실습을 하고 있는 수퍼바이지 케이티는 한 내담자에게 WAIS-Ⅳ를

실시하려고 준비하고 있었다. 그 내담자는 다른 문화권 출신이며, 언어 장벽을 약간 경험하고 있었다. 검사를 실시하기 위해 준비하면서 케이티는 WAIS-Ⅳ를 실시하는 것과 관련된 모든 '작은 규칙들'을 기억하는 데 불안함을 느꼈다. 따라서 수퍼비전은 그 검사를 실시하는 데 케이티가 준비되었다는 것을 느끼고 자신감을 갖도록 이 모든 '작은' 절차상의 규칙들에 초점을 맞추었다. 케이티는 회기에 들어가면서 WAIS-Ⅳ를 실시할 만큼 능숙해졌다는 것에 대해 꽤 자신감을 느꼈지만, 내담자에게 검사를 실시하기 시작했을 때 존재하는 문화적 · 언어적 장벽 때문에 깜짝 놀랐다. 가령, 그 내담자는 어휘 하위검사에 나오는 몇몇 단어들에 익숙하지 않았다. 케이티가 '그 자리에서' 검사의 타당성을 절충하는 절차상의 결정을 내리면서 문화적인 조정을 하는 동안 어떻게 모든 실시 규칙들을 외울지에 대해 너무나 불안해졌고 압도되었다. 케이티와 수퍼바이저는 검사를 능숙하게 실시하기 위해 노력했으나, 그들은 WAIS-Ⅳ를 실시하는 규칙을 내담자의 문화에 따라 조정하기 위해 어떤 변화가 필요할지 논의하는 것은 간과했다.

Smith와 Harty 그리고 Finkelstein과 Tuckman의 수퍼비전 모델 모두는 검사 실시와 채점에 수퍼바이지가 숙달하는 것으로 시작한다. 그러나 Smith와 Harty의 모델에서 초보자는 수퍼비전 자체에서가 아니라 교수와 함께 강의실에서 실시와 채점에 대해 배운다. 이 두 모델 사이의 또 다른 차이점은 실시와 채점 단계 동안 교수-수퍼바이저의 역할이다. Finkelstein과 Tuckman은 교수란 학생들에게 위협적이고 압도적인 것으로 느껴지는 다양한 검사 매뉴얼 너머로 학생들을 인도하는 '인정 많은 여행 가이드'로 묘사한다. 한편, Smith와 Harty는 수퍼바이지 발달 초기 단계에서는 수퍼바이저가 인정 많은 여행 가이드보다 더 적극적이고 깊이 관여해야 한다고 제안한다. 마찬가지로 Prieto와 Stoltenberg(1997)는 통합발달 모델(IDM)에 관한 연구에서 훈련생이 검사를 실시하는 것이 얼마나 복잡한 매커니즘을 가지고 있는지 이해하도록 수퍼바이저가 구체적 · 실제적으로 그리고 분명하고 체계적으로 도울 것을 제안했다고 주장했다.

이러한 두 가지 수퍼비전 모델은 둘 다 검사 실시와 채점 단계에서 실수하는 것에 대한 수퍼바이지의 불안에 주목한다. 그 불안은 실시하고 채점할 때 더 많은 실

수를 하게 만드는 잠재적 원인이 된다. Finkelstein과 Tuckman은, 수퍼바이지의 불안과 더불어 결과적으로 검사상 실수를 감소시키기 위해, 검사를 실시하고 채점할 때 저지르는 대부분의 실수들에 대해 수퍼바이저가 '눈에 띄지 않는다' 고 강조할 것을 제안한다. 때때로 실수하는 것에 대한 수퍼바이지의 불안을 자연스러운 것으로 보고 새로운 관점을 제시하는 것이 유익할 수 있고, 불안 그 자체는 문제가 아니라고 명시하는 것도 합리적으로 보인다. 하지만 반대로 어떻게 수퍼비전에서 불안을 다루는가는 문제가 될 수 있다. 실제로, Finkelstein과 Tuckman의 모델은, 실수로부터 배우도록 돕기보다는, 오히려 수퍼바이지의 지식과 기술에 부족함이 있음에도 수퍼바이저가 이를 등한시하는 것을 방조한다는 비판을 받아 왔다(Prietro & Stoltenberg, 1997). 실수가 보이지 않는다는 것을 강조하는 것과는 반대로, Dumont와 Willis(2003)는 "단순하게 검사를 실시하고 채점하는 데 실수했다는 것에는 어떤 변명의 여지가 없다. 그리고 이러한 실수들의 결과는 심각할 수 있다." 고 주장한다(p. 165). 이들은 수퍼바이저는 끊임없이 수퍼바이지의 작업에서의 실수를 점검해야 하고, 그 실수들에 대해 피드백을 제공해야 한다고 주장한다. 그들은 특별히 수퍼바이지가 가장 많이, 가장 적게 사용하는 것과 주의를 기울이는 것, 보너스 점수의 올바른 할당 그리고 항목들을 채점하는 것을 점검해야 한다고 제안한다. Dumont와 Willis(2003)는 수퍼바이지의 검사 실시와 채점 실제에 관한 광범위한 목록을 제시했는데, 그것은 검사의 맥락, 검사 표준화와 규범, 신뢰도, 타당도 그리고 채점 이슈를 고려하는 것을 포함한다. 이론의 여지가 있으나, 수퍼비전에서 "검사를 실시할 때 실수가 보이지 않는다는 것을 강조" (Finkelstein & Tuckman, 1997, p. 93)하기에는 초보자나 숙련자가 마찬가지로 검사상 실수가 너무나 빈번하다는 것을 알아차리는 것이 중요하다(Alfonso & Pratt, 1997; Oakland & Zimmerman, 1986). 실수가 눈에 띄지 않는다는 것을 강조하기보다 오히려 검사 실시와 채점상의 실수로부터 배우는(물론 실수를 방지하는 것이 최선이겠지만) 수퍼바이지의 능력을 강조하는 수퍼바이저가 수퍼바이지의 검사 실시와 채점 역량을 향상시키는 데 가장 효과적일 수 있다.

◎ 다양한 검사들로부터 자료를 통합하고 해석하기: 전체적이고 경험적인 묘사

일단 검사를 실시하고 채점을 하면, 심리검사 수퍼비전은 추론하는 것이나 가설 형성 과정 그리고 검사자료로부터 의미를 이끌어 내는 것에 집중한다(Finkelstein & Tuckman, 1997; Smith & Harty, 1987). 이것은 개개 자료의 핵심으로부터 전체적인 추론을 만들어 내는 것을 포함한다(Finkelstein & Tuckman, 1997). 수퍼바이저의 지적 과정은 검사 자료를 해석하기 위해서 일반적으로 별개인 응답들(즉, 개개 자료의 핵심)을 취해서 추상적인 다음의 더 높은 수준의 결론(더 높은 차원의 전체적인 추론들, Smith & Harty, 1987)을 만드는 것을 포함한다. 경험이 많은 수퍼바이저는 어떻게 자신이 이러한 결론에 도달했는지에 대한 의식적인 생각 없이 가설을 형성하고 자료를 해석할 수 있다. 그러나 가설과 해석에 이를 때, 수퍼바이저는 수퍼바이지에게 이에 대한 타당성이 분명하다고 간주하기보다 그것이 그의 일련의 추론이라는 것을 명백하게 제시하는 것이 필수적이다(Finkelstein & Tuckman, 1997). 실질적으로 수퍼바이저는 검사자료로부터 가설을 만드는 방법에 대해 수퍼바이지에게 본을 보이기 위해 생각을 구두로 설명한다. 그리고 나중에 수퍼비전에서는 수퍼바이저가 피드백과 제언들을 제공하고, 수퍼바이지가 가설을 생성한다(Smith & Harty, 1987). 필요시 강의 중심의 훈련과 아울러 검사를 해석할 때에는 협력적인 접근을 할 수 있다. 수퍼바이저는 내담자에 대해 해석을 하기 위해 공식적인 점수를 사용하는 법과 또한 자료를 해석할 때 맥락적인 요인들과 내담자 요인을 고려하는 방법에 관해 모델이 되어야 한다. 그리고 그것에는 다음과 같은 것들이 포함된다.

- 검사 환경
- 검사자와 검사 경험에 대한 내담자의 태도
- 검사에 대한 내담자의 기대
- 시간이 지남에 따른 내담자와 상담자 사이의 관계 변화(Smith & Harty, 1987).

예를 들어, 검사 경험이 얼마 없는 심리학 전공 인턴 브라이언은 동료가 치료하는 내담자에게 방금 실시한 WAIS-IV의 결과에 당혹스러워했다. 내담자의 언어 이해력, 지각 추리력 그리고 작업 기억 점수는 모두 아주 높았다(범위가 백분위 85에서 90). 그러나 처리 속도 점수는 두드러지게 더 낮았다(백분위 30). 브라이언과 수퍼바이저는 점수상의 이런 불일치를 설명할 수 있는 다른 가설에 관해 협력하여 논의하였다. 브라이언의 수퍼바이저는 위탁을 부탁한 치료자의 처음 위탁 문제에 대해 궁금하게 여기고, 그것이 점수 해석을 새롭게 조명할 수 있지 않을까라는 생각을 소리 내어 이야기했다. 브라이언은 혹시 내담자가 ADHD를 갖고 있지 않은지 치료자가 궁금해하던 것을 기억해 냈다. 수퍼바이저는 검사 처리 속도 점수가 낮은 이유가 ADHD에 해당할 수 있고, ADHD를 판별하기 위해 더 많은 검사가 필요하다고 확인해 주었다.

내담자 요인과 맥락적 요인들뿐 아니라 막대한 양의 검사자료들 가운데에서 수퍼바이지는 궁극적으로 구체적인 위탁 질문에 답변하기 위해 자신의 해석을 연마할 필요가 있다. Dumont와 Willis(2003)는 수퍼바이지의 해석의 질을 평가할 때 수퍼바이저가 사용할 수 있는 광범위한 점검 목록을 제공한다. 예컨대, 그들은 수퍼바이저가 다음과 같이 질문할 수 있다고 제안한다(Dumont & Willis, 2003, pp 173-174). "검사자는 검사 결과와 암시 사이를 분명하게 구별할 수 있습니까?" 그리고 "검사자는 검사의 한계 이상의 해석을 피합니까?" 내담자가 검사를 위해 특별히 외부의 임상가로부터 위탁된다면, 그때 해석의 목표는 위탁 문제에 대답하는 것이다. 만일 수퍼바이지가 그의 내담자와 함께 계속 진행 중인 상담의 한 부분으로 검사를 실시한다면, 그때 해석의 목표는 이전의 내담자 개념화 및 치료계획 그리고 검사 결과를 통합하는 것이다.

검사자료의 해석과 숙련자-초보자 보고서

가설을 만들고 검사자료를 해석하는 능력을 계발할 때, 수퍼바이지는 이전의 광범위한 검사정보와 그에 관련된 가설을 군집하는(cluster) 방법을 배워야 한다(Finkelstein & Tuckman, 1997). Finkelstein과 Tuckman에 따르면, 수퍼바이지는 훈련 초기에 전체를 보지 않거나 해석의 일관되고 유기적인 체계 없이 검사자료를

개별적 · 단편적으로 검토하면서 자료 각각의 부분에 근거해 별개로 해석하는 경우가 많다. 수퍼바이저를 모델링함으로써 수퍼바이지는 자료를 군집하여 구조화하는 것을 배운다(즉, 대인관계적 기능, 언어성-동작성 지능에서의 불일치 등). 수퍼바이지는 이렇게 묶는 것을 습득하고, 이것은 검사자료에 대한 수퍼바이지의 다음 해석을 이끈다.

인지치료 관련 문헌 중 숙련자-초보자 발달에 대한 연구는 수퍼바이지가 검사자료를 해석하는 것을 어떻게 배우는지와 관련하여 Finkelstein과 Tuckman의 모델을 지지한다. 인지치료자들은 사람들이 정보를 정신적으로 조직화하여 이른바 '지식 구조(knowledge structures)' 를 구성하게 되며, 초보자들이 피상적인 구조를 가지는 데 비해 전문가들은 보다 심층적인 구조를 갖게 된다는 것을 발견했다(Davis & Yi, 2004). 상담 관련 연구에 따르면, 숙련된 상담자들은 입수한 내담자 정보를 더 높은 차원으로, 개괄적으로, 범주들이나 개념들(즉, 심층적 구조[deep structures])로 조직하지만, 초보자들은 정보를 내담자의 구체적인 범주들(즉, 피상적 구조[surface structures])로 조직한다. 예컨대, Martin, Slemon, Hiebert, Hallberg와 Cummings(1989)는 초보자들은 내담자의 특정한 세부 사항들에 주의를 기울여 개념화하는 데 반해 숙련된 상담자들은 내담자들을 일반적인 상담 과정과 관련해 개념화한다는 것을 발견했다. 비슷하게, Mayfield, Kadash와 Kivlighan(1999)은 숙련자들과 초보자들에게 전사한 내용으로 내담자 진술을 범주화할 것을 요청했다. 숙련자들은 유사한 일반적인 범주를 사용한 반면, 초보자들은 각각 서로 다른, 특정한 세부 사항을 사용했다. 연구의 이 영역을 검사 실제에 적용하면, 초보 수퍼바이지들은 각각의 결과를 별개로 보고 아마도 검사자료를 좀 더 단편적으로 해석하는 것 같다(즉, 피상적 구조). 그러나 수퍼바이저들 혹은 숙련자들은 검사자료를 검사 이론과 개념들을 포함해 전체로서 검토한다(즉, 심층적 구조). 초보자와 숙련자가 검사자료 해석 과정에 어떻게 접근하는가에 관한 차이는 피상적인 구조와 심층적인 구조 사이의 차이를 반영한다. 최근의 연구는 지식 구조의 측정(심층적 구조와 피상적 구조)이 지식과 기술의 습득을 측정하는 것보다 기술 수행에서 더 나은 예측을 할 수 있다는 것을 보여 주었다(Davis & Yi, 2004). 앞으로 후속 연구에서는 수퍼비전이 검사자료 해석과 관련하여 수퍼바이지의 심층적 구조 발달을 어떻게 촉진할 수 있는지 고찰해야 할 것이다.

피드백 전달과 보고서 작성

심리검사의 마지막 단계는 검사 결과를 내담자에게 그리고 위탁받은 경우에는 위탁자에게 전달하는 과제를 포함한다(Finkelstein & Tuckman, 1997; Smith & Harty, 1987 참조). 구두 및 문서화된 보고서로 내담자와 위탁자에게 피드백을 전달할 수 있다. 문서화된 피드백은 공식적인 검사 보고서를 통해 전달할 수 있는데, 여기에는 수퍼바이지의 보고서 작성 기술(skills)이 수반된다. 보고서 작성에 대해 수퍼바이지를 수퍼비전할 때, 임상 수퍼비전과 검사 수퍼비전 사이에 중요한 차이점이 드러난다. 임상 수퍼비전에서 수퍼바이저는 일반적으로 수퍼바이지의 내담자 치료에 직접적인 역할을 하지 않는다. 그러나 훈련생의 검사 보고서를 수퍼비전할 때, 수퍼바이저는 전형적으로 교정도 하고 심지어 때때로 보고서의 일부분을 직접 작성하여 내담자 치료에 개입한다(Smith & Harty, 1987). 수퍼바이저는 수퍼바이지의 보고서 작성에 지나치게 관여하는 것과 충분하지 않게 관여하는 것 사이에서 조심스럽게 균형을 유지해야 한다. 만일 수퍼바이저가 너무 많이 관여한다면, 그때 수퍼바이지는 수퍼바이저에게 지나치게 의존하게 되거나 화를 내게 되기 쉽다. 만일 수퍼바이저가 충분히 관여하지 않는다면, 그때는 수퍼바이지와 내담자뿐만 아니라 보고서의 질에서 손해를 입을 수 있다(Smith & Harty, 1987). 또한 수퍼바이저는 수퍼바이지가 보고서를 작성할 때, 수퍼바이저 자신의 양식을 강요하기보다는 수퍼바이지가 본인의 개인적인 양식을 계발하도록 돕는 것이 바람직하다. 무엇이 적합한지 찾기 위해 임상 수퍼바이저가 다른 이론적 방향을 시도하는 초보 상담자를 격려할 수 있는 것처럼, 수퍼바이저는 수퍼바이지가 보고서를 작성할 때 다른 양식을 시도해 보도록 격려할 수 있다(Sargent, 1951).

Dumont와 Willis(2003)는 상세한 피드백을 중요하게 여기는 수퍼바이지의 문서화된 보고서에 대해 서면으로 피드백을 제공할 때 수퍼바이저가 사용할 구체적인 방식을 제안한다. 이러한 서면 피드백은 문서가 수정된 이유 또는 적절하고 적용 가능한 검사 원칙 등에 대한 추가적인 언급(사소한 수정일 경우에는 원문에 직접 작성한다)에 일련번호를 매기고 타이핑하는 것을 포함한다. Dumont와 Willis(2003)가 제안한 문서화된 피드백 체계는 주로 능숙하게 보고서를 작성하는 것을 다룬다. 이와 유사하게, 심리검사 수퍼비전의 다른 모델들 또한 학생이 보고서를 작성할 때 명료성과 전반적인 기술의 질에 관한 수퍼비전 피드백의 가치를 강조한다. 하지만 숙련된 보고서 작성의 범위를 넘어 수퍼바이지에 대한 수퍼비전 피드백의 중요성을 강조한다. 즉, 내담자와 위탁자에게 검사 결과를 구두로 소통하는 것, 피드백이 전달될 때 신뢰, 공감, 따뜻함으로 특징지어지는 상담자-내담자 관계를 발전시키는 것의 유효성, 그리고 전체적이고 역동적인 내담자 묘사 안에서 검사 자료를 드러내는 역량(Finkelstein & Tuckman, 1997; Smith & Harty, 1987)을 강조한다. 수퍼바이지는 내담자에 대한 전체적인 묘사를 만들고 전달하며 검사자료와 남은 치료를 통합해야 한다. 한 가지 가능한 실수는 검사 경험을 치료 전체 과정이나 내담자의 그 밖의 개인적 특성으로부터 분리하여 구분하는 것이다. 내담자에게 피드백을 줄 때, 상담자는 내담자의 개인적 이슈와 검사 경험을 통합하고, 내담자에 관해 그가 아는 모든 것을 고려해야 한다.

검사에 대한 피드백을 전달하게 될 때, 수퍼바이지의 역량에 대한 궁극적인 판단자는 바로 내담자다. 내담자는 피드백을 받을 때, 이해받는다는 것을 느끼고, 피드백을 이해할 필요가 있다. 수퍼바이저는 수퍼바이지의 피드백이 어떻게 받아들여지는지 그리고 내담자에 의해 어떻게 활용되는지 '알기 위해' 수퍼바이지와 함께 작업해야 한다. 어떤 연구들에서 검사에 관한 피드백을 전달하는 과정이 내담자의 자존감 향상과 증상 변화를 예측했고, 치료 개입 안에 있으며, 또 치료 개입 그 자체라는 것을 발견했다는 것을 기억하라. 이러한 연구들은 내담자의 경험에 '적합' 하거나 내담자로 하여금 '깨닫게 하는' 피드백은, 그것이 긍정적이든 부정적이든, 내담자 치료와 결과에 도움이 되는 요소라는 것을 제안한다(Finn & Tonsager, 1992; Newman & Greenway, 1997).

예를 들어, 린다는 어느 정도의 검사 경험이 있는 박사학위를 취득한 심리학자였다. 린다의 한 내담자는 업무에 대해 힘겨워하고 있으며 직업에 끝까지 충실할 수 없기 때문에 상담을 받기 시작했다. 그는 린다에게 계속해서 오래도록 만족할 수 있는 직업을 찾는 것을 목표로 진로상담을 요청했다. 그렇지만 린다는 이 내담자에게 진로상담이 효과를 거두기 위해서는 먼저 심각한 알코올 중독 문제를 다루어야 한다는 것을 곧 명확히 알게 되었다. 하지만 린다가 내담자와 중독의 주제에 접근했을 때, 그는 모든 주제를 함께 회피하였다. 린다는 수퍼바이저의 지도로

내담자에게 MMPI-2를 실시하였다. 그 결과, 내담자가 심하게 술을 많이 마시고 있다는 것과 그의 음주 문제를 충분하지 않게 보고했다는 것을 확인하였다. 비록 내담자가 자신을 '술고래'로 인식하는 것은 아니었지만, 검사 결과는 내담자가 그의 음주 행동을 더 많이 성찰하게 하는 계기가 되었다. 내담자에게 검사 결과를 전달할 때, 린다는 그에게 다음과 같은 질문을 하였다. "이러한 결과가 선생님이 스스로를 어떻게 보는지와 얼마나 맞나요? 그것이 어떻게 적합하지 않습니까? 만일 선생님이 알코올 중독 문제를 갖고 있다면, 그것은 어떤 의미일까요? 이러한 검사 결과를 듣는 것이 어떠세요?" 린다는 내담자에게 MMPI-2에 관해 이러한 피드백을 전달한 것이 내담자로 하여금 근원적인 이슈에 초점을 맞추도록 돕는 상담 국면의 돌파구가 되었다고 느꼈다.

◎ 수퍼비전 훈련 활동과 수퍼바이저의 평가

임상 수퍼비전 과정에서는 본래 필요하지 않지만, 수퍼바이지의 검사 능력을 촉진하기 위해 필요한 몇 가지 수퍼비전 활동이 있다. 첫째, 초보 상담자가 숙련자의 심층적 구조를 활용할 수 있도록 도와줌으로써 초보자가 피상적 구조에서 심층적 구조로 발달하도록 촉진한다고 제안하는 몇몇 연구가 있다(Kivlighan, Markin, Stahl, & Salahuddin, 2007). 이것은 즉, 수퍼바이저(또는 숙련자)를 모델링하는 것을 통해 수퍼바이지(또는 초보자)의 학습과 발달을 촉진해야 한다는 의미다. 이에 따르면, 내담자가 자신이 관찰의 대상이 되는 것에 동의할 때, 수퍼바이저는 자신이 검사 배터리를 실시하고 채점하는 모습을 수퍼바이지가 관찰하도록 계획해야 한다. 둘째, 가족치료와 집단치료 훈련 모델은 라이브 수퍼비전의 중요성을 강조해 왔다(Kivilighan, Angelone, & Swafford, 1991; Kivilighan et al., 2007; Lewis & Rohrbaugh, 1989 참조). 마찬가지로, 실제로 수퍼바이지가 검사를 실시하는 것을 관찰하는 것, 또는 라이브 수퍼비전이 가능하지 않을 때 실시하는 장면이 담긴 비디오테이프를 관찰하는 것이 심리검사 수퍼바이저에게 도움이 될 수 있다. 셋째, 실습 시 그리고 인턴십 기관에서 일반적인 임상 수퍼비전과 분리되어 따로 심리검사 수퍼비전을 받을 때, 수퍼바이지는 매주 심리검사 수퍼비전을 받지 못할 수 있다. 이러한 경우에 최소한 다음과 같은 경우에는 수퍼비전 회기를 실시하도록 시간을 정해야 한다. 즉, 실시 이슈를 다루기 위해서 검사 실시 전에, 채점 이슈를 논의하기 위해서는 검사 실시 후에, 결과 해석과 피드백 전달하는 법을 논의하기 위해서는 수퍼바이지가 검사 결과 피드백을 내담자에게 전달하기 전에, 그리고 보고서 작성 기술에 대한 피드백을 주기 위해서는 보고서 작성 단계 동안과 같은 경우다. 넷째, 심리검사 수퍼비전은 검사 실습과 관련된 광범위한 역량을 계발하기 위한 다양한 맥락을 제공하도록 개인적으로, 또는 소집단 형식으로 제공되어야 한다(Krishnamurthy et al., 2004). 마지막으로, 심리검사 수퍼비전은 임상 수퍼비전보다 수퍼바이지에게 전문적인 기술에 대해 코칭하는 것에 훨씬 더 집중하고, 정서적 자각에는 덜 초점을 맞춘다는 것을 시사하는 몇 가지 증거들이 있다(Decato, 2002). 검사 실제가 전문적이고 발전된 능숙한 기술을 요청하기 때문에 심리검사 수퍼비전은 정서적 자각 같은 다른 임상적인 과정보다 전문적인 기술에 한층 더 초점을 맞추어야 한다고 주장할 수 있다. 그러나 심리검사가 내담자에 대한 전체적이고 공감적인 묘사를 계발하는 목적을 위한 수단이고, 성공적으로 수행하려면 심리검사 수퍼비전이 상담자와 내담자의 감정이 어떻게 검사 실시에 영향을 미치는지 초점을 맞추어야 한다고 논증할 수도 있다.

수퍼바이저는 훈련 활동 전체에 걸쳐 수퍼바이지의 역량 수준을 어떻게 평가하는가? 심리검사 수퍼바이저는 수퍼바이지가 기법적인 측면과 검사 실시를 숙달하도록 설명하는 강의식 교육과 수퍼바이지의 독립을 촉진하는 것 사이에 조심스러운 균형을 이루어야 하는 어려운 과업을 가지고 있다. 구조를 제공하는 것과 수퍼바이지의 독립을 장려하는 것 사이의 이러한 갈등은 앞에서 논의된 수퍼바이지의 문서화된 보고서에 대한 수퍼바이저의 피드백뿐만 아니라 검사의 모든 단계에 어느 정도 존재하는 것이다. 수퍼바이지의 수행을 협력하여 평가하는 하나의 방식은 360도 다원평가로, 훈련생은 동료들, 내담자들 그리고 수퍼바이저들로부터 피드백을 받는다(Krishnamurthy et al., 2004). Krishnamurthy 등(2004)은 수퍼바이저가 수퍼바이지의 독립을 촉진하기 위해서는 검사 경험 내내 주의 깊게 자기성찰을 하도록 수퍼바이지를 격려해야 한다고 제안한다. 본질적으로, 수퍼바이지는 수퍼바이저의 능력보다 본인의 검사 기술과 실제에 대해 자기성찰하는 능력을 신뢰하고, 궁극적으로 스스로 자기 자신의 수퍼바이저가 되는 법을 배워야 한다.

수퍼비전 관계

수퍼비전 동맹 임상 수퍼비전 문헌에서 수퍼비전 관계의 질은 수퍼비전 결과에 대한 중요한 예측 변수 중 하나로 여겨져 왔다(Muse-Burke, Ladany, & Deck, 2001 참조). 모든 수퍼비전 개입과 수퍼바이지의 학습이 일어나는 곳이 바로 수퍼비전 관계다(Wakins, 1997). 수퍼비전 관계의 여러 측면 중 작업 동맹은 관심의 대상이 되어 왔고, 다음과 같이 정의할 수 있다. 수퍼비전 목표에 대한 상호 동의, 수퍼비전 과업에 대한 상호 동의 그리고 수퍼바이저-수퍼바이지의 정서적 유대(Bordin, 1983). 심리검사 수퍼비전의 목표는 검사의 단계에 따라서 변화되기 쉽다. 심리검사 수퍼비전 목표의 몇 가지 예를 들자면, 수퍼바이지의 IQ검사 채점 능력을 발전시키는 것, MMPI-2 해석에 능숙해지도록 성장시키는 것, 또는 MMPI-2와 IQ 검사 결과를 통합하는 공식적인 보고서를 작성하는 것 등이다. 심리검사 수퍼비전의 과업은 수퍼비전의 목표와 관계가 있어야 한다. 가령, 특정한 검사를 실시하는 수퍼바이지의 역량을 향상시키기 위해서(즉, 목표) 수퍼바이저는 수퍼바이지가 그 검사를 실시하는 것에 대해 라이브 수퍼비전을 제공할 수 있다(즉, 과업). 작업 동맹 이론은 만일 수퍼바이저와 수퍼바이지가 수퍼비전의 목표와 과업에 동의한다면, 그다음에 연결, 신뢰, 돌봄이 특징인 정서적 유대가 수퍼비전 관계 안에서 출현할 것이라고 제시한다. 수퍼비전 동맹의 질이 병행 과정을 통해서 상담자-내담자 동맹의 질에 영향을 미칠 수 있다는 것에 주목하는 것은 중요하다(Goodyear & Guzzado, 2000 참조). 심리검사 수퍼비전에서 특히 수퍼바이저가 보다 협력적인 방식이 아니라 전적으로 상의하달식의 전문가-권위주의적 접근을 채택한다면, 그때 수퍼바이지는 검사 과정에서 협력적인 방식으로 내담자에게 관여하는 것에 실패하고, 내담자에 대해 권위주의적 태도를 취할 가능성이 높다. 이와 유사하게, 만일 수퍼바이저와 수퍼바이지가 수퍼비전의 과업과 목표에 동의하지 않는다면, 상담자와 내담자는 검사 과정의 목표와 과업에 동의하지 않는 경향이 있다. Smith와 Harty(1987)는 그들이 '학습 동맹(learning alliance)' 이라고 부르는 것을 촉진하기 위해 수퍼바이저가 검사 과정을 통해서 수퍼바이지를 지도하는 한편, 기준을 세우고 지지하며 '애정 어린 초자아(loving superego)' 로서 행동해야 한다고 제안한다. 수퍼비전에서 동맹은 수퍼바이저에 대한 수퍼바이지의 전이처럼 수퍼비전 과정 여기저기에서 발생하는 잠재적인 문제의 영향에 대해 완충지대 역할을 할 가능성이 크다.

전이와 역전이 이슈

심리검사 수퍼비전의 세 단계는 수퍼비전 관계에서 다른 전이-역전이 주제를 이끌어 낼 수 있다. 검사를 실시하고 채점하는 단계는 실수에 대한 수퍼바이지의 두려움과 이와 같은 실수로 인해 권위 있는 인물에게서 질책을 받는 것에 대한 두려움을 반영하는 수퍼바이지 내면의 오래된 부적절감을 생각나게 할 수 있다. 상담 훈련생들은 임상 기술을 새롭게 발전시키는 것에 대해서뿐만 아니라 상담자로서 개인적 특질에 대해 평가를 받는 상처 입기 쉬운 위치에 있기 때문에 임상 수퍼비전에서와 마찬가지로 부적절감을 뚫고 나아가야 한다. 대체로 주관적인 이슈를 논의하는 임상 수퍼비전과 달리, 심리검사 수퍼비전은 흔히 검사를 실시하고 채점하는 데 있어 옳고 그른 방식이 있다. 따라서 검사 실시와 채점에서 실수하는 것이 수퍼바이지에게는 특히 위험하고 눈에 잘 띄는 일로 느껴질 수 있다(Finkelstein & Tuckman, 1997 참조). 수퍼바이지는 검사를 실시하거나 채점할 때 실수하는 것에 대해 전반적으로 많은 불안을 느낄 수 있고, 자기 자신이 직업적으로 부적절하다고 생각하면서 수퍼바이저가 엄한 평가로 벌주며 반응할 것이라고 예상할 수 있다. 한편, 수퍼바이저는 수퍼바이지가 더 좋게 느끼기를 바라는 역전이 감정을 경험할 수 있다. 그 결과, 수퍼바이저는 그렇지 않을 때에도 실수들이 분간하기 힘들거나 사소하다고 주장하고, 수퍼바이지의 검사 실시나 채점에서의 실수들을 간과하거나 부적절하게 덜 강조할 수 있다.

심리검사 수퍼비전의 해석 단계에서는 이상화에 관한 전이-역전이 주제가 발생할 수 있다. 마치 수퍼바이지에게는 수퍼바이저가 혼돈에서 질서를 만드는 마술적 능력을 소유한 사람처럼 수퍼바이지는 수퍼바이저의 검사자료를 해석하는 능력을 이상화할 수 있다. 수퍼바이지가 검사자료의 의미에 대한 수퍼바이저의 통찰을 이상화할 때, 그는 검사자료를 해석하는 자기 자신의 역량에 관해서는 평가절하할 수 있다(Finkelstein & Tuckman, 1997 참조). 하지만 수퍼바이저가 수퍼바

이지에게 이상적인 인물이 아닐 수도 있고, 혹은 수퍼바이지가 이상화했던 타인에 대해 도리어 실망했던 과거의 경험을 가졌을 수 있다. 이것은 역이상화(counteridealization)나 수퍼바이저에 대한 전이의 가치를 깎아내리는 것을 초래할 수 있다. 한편, 수퍼바이저의 역전이는 이상화된 역할을 즐기는 것을 포함할 수 있다. 그 결과, 수퍼바이저는 검사자료에 대해 어떻게 특정한 가설과 결론에 도달했는지를 수퍼바이지에게 솔직하게 밝히기보다는 오히려 검사자료가 의미하는 것을 '그냥 아는' 자신의 능력을 지나치게 강조할 수 있다.

마지막으로, 심리검사 수퍼비전의 피드백과 보고서 작성 단계에서는 권위와 독립을 중심으로 한 전이-역전이 이슈가 출현할 수 있다. 공식적인 검사 보고서를 쓰고 교정할 때 수퍼바이지와 수퍼바이저 양쪽 모두에게 통제에 대한 이슈가 겉으로 드러날 수 있다. 수퍼바이지가 성장하는 그의 자신감, 지식과 의견에 대해 목소리를 내고 싶을 때, 수퍼바이저로부터 독립적인 위치에 서고자 하면서 수퍼바이저의 교정은 참견하는 것으로 느낄 수 있다. 반면에, 수퍼바이저는 검사 과정 전체의 통제를 포기하는 것에 대해 불안해할 수 있고, 수퍼바이저가 보고서 작성에 내내 관여하도록 이끌면서 내담자에 대해 일종의 소유권마저 느낄 수 있다. 이 단계에서 수퍼바이저는 수퍼바이지가 능력의 한계를 느낄 때 이에 대해 적절한 안내를 제공하는 한편, 독립심과 자신감이 성장하고 있다는 수퍼바이지의 느낌에 대해 격려하는 것이 중요하다(Finkelstein & Tuckman, 1997 참조).

◎ 심리검사에 있어서 다문화적 이슈

Allen(2007)은 다문화적 심리검사 수퍼비전을 다음과 같이 정의한다.

> 수검자와 검사자가 다른 문화적 배경을 갖고 있거나, 수퍼바이저와 훈련생이 다른 배경으로부터 왔거나, 혹은 사용되는 검사도구가 수검자의 문화적 배경과 다른 문화적 집단과 함께 개발된 심리검사 과정에 대한 수퍼비전(p. 248).

Allen은 점점 더 인종이 다양해져 가고 있는 현재의 인구 통계적 경향 때문에 다문화적인 심리검사 수퍼비전이 심리학자와 상담자의 역량을 유지하는 데 있어 더욱더 중요해질 것이라고 주장한다. 소수자와 새로운 인구군을 검사할 때 심리검사와 심리치료 결과 그리고 문화적인 감수성 사이의 관계를 보여 주는 연구가 있다(재검토를 위해 Dana, 1993 참조). 그럼에도 불구하고, 일반적 심리검사 수퍼비전과 비슷하게 다문화적인 심리검사 수퍼비전을 위한 모델이 없다. 사실, Van Kley(1999)에 의하면, 심리학 전공 훈련생 대다수는 다문화적인 심리검사 수퍼비전에 대한 현재의 접근들이 유용하다거나 수퍼비전에서 중요하다고 인식하지 않는다.

따라서 Allen(2007)은 다문화적인 심리검사를 위해 필요한 역량을 개념화하기 위한 이론적인 모델을 제안했다. 다문화적인 역량을 일반적으로 설명하기 위해 Sue 등(1982) 그리고 Sue, Arrendondo와 McDavis(1992)는 문화적 역량의 세 가지 특징(가치와 가설의 인식, 내담자의 세계관 이해, 적절한 개입의 개발)을 기술하기 위해 세 가지 차원(신념, 태도, 기술)을 사용했다. 이와 유사하게, Allen(2007)도 유능한 다문화적 심리검사 상담자를 훈련하기 위한 모델을 제안했으며, 이 모델은 지식과 기술, 수퍼바이저 기술 그리고 수퍼비전 과업을 포함한다.

다문화적인 심리검사 지식과 기술

상담자와 내담자 사이의 다문화적이고 협력적인 검사 경험을 촉진하는 것과 관련된 여러 가지 복잡한 기술들이 있다. 검사 경험을 통해서 내담자에게 힘을 부여하는 역량, 협력을 위한 도구로 인터뷰를 사용하는 역량 그리고 심리검사에 관한 내담자의 부정적인 과거 경험을 탐색하는 역량이 이에 해당한다. 이에 덧붙여, 검사자는 적합하게 인터뷰하고 해석하기 위해 내담자의 문화적인 배경 안에서 그들을 이해하는 것과 다른 문화에서 온 내담자에 대한 다른 심리검사 개입에 능숙해져야 한다. 현재 여러 임상적인 인터뷰 실제는 유럽-미국적인 사회적 상호작용에 바탕을 두고 있다. 수퍼바이지는 이를 따르면서도 내담자의 문화적 · 사회적 규범을 고려하는 심리검사 인터뷰를 하기 위해 필요한 기술과 함께 다른 문화에서의 사회적 상호작용에 대한 지식을 보유해야 한다. 가령, Takushi와 Uomoto(2001)는 문화를 충분히 고려하는 인터뷰 접근 방법(Person in Culture Interview)을 설명한다.

수퍼바이지는 또한 문화적 적응 상태를 평가하기 위해서 그리고 문화적 적응과 검사 해석 사이에 어떤 관계가 있는지 이해하기 위해서 훈련받아야 한다. 마찬가지로, 심리검사 수퍼비전이 문화에 기초를 둔 해석을 다루는 것은 필수적이다. 예를 들어, MMPI-2는 미국 원주민(Native Americans)에게 적용될 경우 중요한 차이가 존재한다(Dana, 2005). 마지막으로, 수퍼바이지는 심리측정 이론에 대한 지식을 가져야 하고, 문화와 관련해 유효성을 구축해야 한다(Allen, 2007 참조).

다문화적 심리검사 수퍼바이저의 특성

심리검사 수퍼바이저는 일반 임상 수퍼바이저와 마찬가지로 핵심적인 다문화적 상담 역량을 가져야 하고(Sue et al., 1992), 그뿐만 아니라 다문화적 심리검사 영역에서 높은 수준의 전문지식과 기술을 갖추어야 한다. 이러한 지식과 기술은 다음을 포함한다. ① 심리측정 이론과 문화와 관계된 유효성 구축, ② 다문화적 협력적 심리검사 기술, ③ 문화적으로 적합한 인터뷰와 문화와 조화를 이루는 심리검사 실시, ④ 문화적 적응 상태 사정, ④ 문화에 기초를 둔 심리검사 해석, ⑥ 지역적 규범과 검사 사용, ⑦ 다문화적인 보고서 작성, ⑧ 다문화적인 심리검사 윤리 결정. 다문화적 수퍼비전은 학습 양식에 있어서 문화적 차이를 인식하는 역량과 그에 따른 훈련 양식에 적응하는 역량을 요구한다. 백인 수퍼바이저와 유색인종 훈련생 사이에서 인종 문제가 어떻게 다루어지는지에 초점을 맞춘 연구도 있다. 수퍼바이저는 다문화적인 심리검사 수퍼비전에 참여할 때, 인종차별주의와 편견에 대한 자신의 태도를 점검해야 한다(Allen, 2007 참조).

다문화적인 심리검사 수퍼비전 과업

Allen(2007)은 다문화적인 심리검사에서 수퍼바이저가 다음과 같은 세 가지 전반적인 과업 영역에 관여해야 한다고 제안한다. 첫째, 문화적으로 조화를 이루는 심리검사 서비스, 강의와 실제, 둘째, 특정한 문화에 맞는 해석 실제 그리고 마지막으로, 다문화적인 보고서 작성을 통한 심리검사 결과 소통이다. 그러므로 수퍼비전의 목표와 과업은 이 세 가지 전반적인 영역을 다루어야 한다.

윤리와 검사 실시

미국심리학회(APA)와 미국상담협회(the American Counseling Association: ACA) 같은 전문가 협회의 윤리 기준을 지키는 것은 다른 임상 실제에서처럼 검사 실제에도 중요하다. 윤리의 전문적인 기준을 지키는 것은 우리가 돕는 내담자를 보호하는 데 필수적이다. APA의 심리학자 윤리 원칙과 행동강령(APA' s Ethical Principles of Psychologists and Code of Conduct, 2002) 그리고 ACA 윤리강령(ACA' s Code of Ethics, 2005)은 모두 검사 실시를 위한 구체적인 윤리적 지침을 제공한다. APA와 ACA에서 제시하는 검사 관련 윤리강령은 역량과 책임을 강조한다. 심리학자와 상담자가 그들이 하는 작업에 대해 그리고 그들이 하는 실수에 대해 책임을 지지 않을 때, 역량은 윤리적 이슈가 된다. 탁월한 심리검사 역량을 획득하기 위해서는 장기적인 헌신이 필요한데, 왜냐하면 새로운 기술을 요구하는 새로운 진단 기법이 계속해서 발전하기 때문이다(Dumont & Willis, 2003). 심리검사의 목표는 내담자를 돕기 위한 것이다. 그러나 만일 심리검사가 제대로 실시되지 않는다면, 그것은 내담자에게 해를 끼쳐서는 안 된다는 중요한 윤리적 원칙을 어기는 것이고, 결국 내담자에게는 해가 될 것이다. 이것이 심리학자와 상담자들이 내담자에게 유익하고, 그들이 능숙하게 실시할 수 있으며, 그 검사에 대해서 수퍼비전을 받고 있는 검사만 실시해야 하는 이유다. 이러한 전문가들은 과학적인 정보와 기술을 근거로 심리검사 자료를 해석해야 하는 책임이 있다. 모든 심리검사는 내담자의 사전 동의를 얻어 완료해야 한다. 또한 내담자 이외의 다른 누군가와, 예를 들어 기관, 위탁한 치료자 혹은 학교 측과 검사 결과를 나누게 될 때, 내담자는 처음부터 이 사실에 관해 알고 있어야 한다. 검사자는 내담자에게 검사 결과를 설명할 책임, 그리고 내담자가 피드백을 정확하게 이해할 수 있도록 합리적인 조치를 취할 책임이 있다. 심리검사의 실시가 과거에 비윤리적인 방식으로 활용되어 왔기 때문에, 수퍼비전을 통해 검사 실시에 적합한 윤리적 결정을 내리는 역량과 판단, 아울러 전문적인 기량을 준비하는 것은 무엇보다 중요하다.

심리검사에 대한 관심 증진

심리검사 수퍼비전에 있어 중요하지만 때때로 경시되는 하나의 요소는 심리검사를 실시할 때 수퍼바이지의 관심과 동기를 불러일으키는 것이다. 수퍼바이저는 어떻게 호기심과 관심을 가진 태도로 심리검사에 접근하는지에 관해 수퍼바이지의 모델이 될 수 있다. 심리검사에 대한 수퍼바이저의 동기부여와 높은 관심이 심리검사를 향한 수퍼바이지의 태도에 모델이 될 수 있다. 또 수퍼바이저는 심리검사와 관련하여 수퍼바이지가 갖고 있을 수 있는 어떤 근거 없는 통념을 다루는 것이 유익할 수 있다. 심리검사에 대한 관심을 증진시키기 위해서는, 심리검사와 수퍼비전을 기계적인 방식으로 분리하기보다는, 내담자에 대한 보다 폭넓은 치료 과정에서 심리검사가 중요한 기능을 담당하도록 해야 한다. Finkelstein과 Tuckman(1997, p. 95)에 따르면, 수퍼바이저는 '심리검사 수퍼비전의 정수' 를 수퍼바이지가 잘 이어받아서 수행할 수 있도록 도와줄 책임이 있다. 그리고 이를 위해서는 무엇보다 검사 실시에 대한 높은 동기부여와 관심이 요청된다.

결론

심리검사가 심리학자와 상담자에게 항상 중심적인 활동이었음에도 불구하고, 심리검사 수퍼비전에 대한 문헌과 정보는 부족하다. 후속 연구와 이론은 심리검사 수퍼비전과 훈련을 위해 포괄적인 지침과 구체적인 모델을 제공할 필요가 있다. 이에 더하여, 실습 중에 그리고 인턴십 기관에서 수퍼바이저 스스로 심리검사에 대해 한층 더 심화된 훈련을 하는 것이 필요하다. 특히 컴퓨터를 통해 검사하고 해석하는 비율이 증가하는 것은 심리검사에 계속해서 영향을 미치고 있다(Tallent, 1987). 심리검사에 컴퓨터를 이용하는 것은 실제 비용 효율, 효과, 제3자의 책임에 대한 실제적 의무를 강조한다(Butcher, 1987). 수퍼바이저는 컴퓨터 심리검사라는 이 새로운 영역에 유능해질 필요가 있다. 심리검사 수퍼비전 모델은 앞으로 검사 실시와 채점, 결과 해석 그리고 피드백 전달이라는 심리검사 수퍼비전의 세 가지 주요 단계를 포함하는 현존하는 심리검사 모델들 위에 세워져야 한다. 이 세 영역에서 수퍼바이지의 역량을 확립하는 것에 더하여, 효과적인 심리검사 수퍼비전에 대한 후속 연구는 또한 수퍼비전의 구체적인 과업들, 수퍼바이저의 평가, 수퍼비전 관계, 다문화적 이슈, 윤리적인 이슈 그리고 검사 실시에 대한 동기부여를 다루어야 한다. 궁극적으로 심리검사 연구와 실제를 안내하기 위해 효과적인 심리검사 수퍼비전과 검사 실시에 대한 후속 연구는 심리검사 수퍼비전에 대한 경험적인 모델을 개발할 필요가 있다.

감사의 말

나는 이 장에 대한 Nazish Salahuddin 박사의 자문에 감사한다.

참|고|문|헌

Alfonso, V. C., & Pratt, S. I. (1997). Issues and suggestions for training professionals in assessing intelligence. In D. P. Flanagan, J. L. Genshaft, & P. L. Harrison (Eds.), *Contemporary intellectual assessment: Theories, tests, and issues* (pp. 326-344). New York, NY: Guilford Press.

Allen, J. (2007). A multicultural assessment supervision model to guide research and practice. *Professional Psychology: Research and Practice*, *38*, 248-258.

American Counseling Association (ACA). (2005). *The 2005 ACA code of ethics*. Retrieved from http://www.counseling.org/Resources/CodeOfEthics/TP/Home/CT2.aspx

American Psychological Association (APA). (2000). *APA guidelines and principles for accreditation of programs in professional psychology, doctoral graduate proguidelines*. Retrieved from http://www.apa.org/ed/gp2000.html

American Psychological Association (APA). (2002). *The 2002 APA ethical principles of psychologists and code of conduct*. Retrieved from http://www.apa.org/ethics/code/index.aspx/

Bordin, E. S. (1983). A working alliance model of supervision. *The Counseling Psychologist, 11*,

35-42.

Butcher, J. N. (1987). *Computerized psychological assessment: A practitioner's guide.* New York, NY: Basic Books.

Butler, M., Retzlaff, P., & Vanderploeg, R. (1991). Neuropsychological testing usage. *Professional Psychology: Research and Practice, 22,* 510-512.

Cerney, M. S. (1978). Use of the psychological test report in the course of psychotherapy. *Journal of Personality Assessment, 42,* 457-463.

Counsel for Accreditation of Counseling and Related Educational Programs (CACREP). (2009). *CACREP 2009 accreditation standards.* Retrieved from http://67.199.126.156/doc/2009%20 Standards.pdf

Crespi, T. D. (1998). School counselors and clinical supervision: Perspectives to facilitate counseling services in the schools. *Special Services in the Schools, 13,* 107-114.

Crespi, T. D., & Dube, J. M. B. (2005). Clinical supervision in school psychology: Challenges, considerations, and ethical and legal issues for clinical supervisors. *The Clinical Supervisor, 24,* 115-135.

Crespi, T. D., & Fischetti, B. A. (1997). Clinical supervision for school psychologists: Bridging theory and practice. *School Psychology International, 18,* 41-48.

Dana, R. H. (1993). *Multicultural assessment perspectives for professional psychology.* Boston, MA: Allyn & Bacon.

Dana, R. H. (2005). *Multicultural assessment: Principles, applications, and examples.* Mahwah, NJ: Erlbaum.

Davis, F. D., & Yi, M. Y. (2004). Improving computer skill training: Behavior modeling, symbolic mental rehearsal, and the role of knowledge structures. *Journal of Applied Psychology, 89*(3), 509-523.

Decato, C. M. (2002). A quantitative method for studying the testing supervision process. *Psychological Reports, 90,* 137-138.

Dempster, I. V. (1990). How mental health professionals view their graduate training. *Journal of Training & Practice in Professional Psychology, 4*(2), 4-19.

Duan, C., & Hill, C. E. (1996). The current state of empathy research. *Journal of Counseling Psychology, 43,* 261-274.

Dumont, R., & Willis, J. O. (2003). Issues regarding the supervision of assessment. *Clinical Supervision, 22,* 159-176.

Elbert, J. C. (1984). Training in child diagnostic assessment: A survey of clinical psychology graduate programs. *Journal of Clinical Child Psychology, 13*, 122-133.

Fernández-Ballesteros, R., De Bruyn, E. E. J., Godoy, A., Hornke, L. F., Ter Laak, J., Vizcarro, C., Zaccagnini, J. L. (2001). Guidelines for the assessment process (GAP): A proposal for discussion. *European Journal of Psychological Assessment, 17*(3), 187-200.

Finkelstein, H., & Tuckman, A. (1997). Supervision of psychological assessment: A developmental model. *Professional Psychology: Research and Practice, 28*, 2-95.

Finn, S. E. (1996). *Manual for using the MMPI-2 as a therapeutic intervention*. Minneapolis, MN: University of Minnesota Press.

Finn, S. E., & Tonsager, M. E. (1992). Therapeutic effects of providing MMPI-2 test feedback to college students awaiting psychotherapy. *Psychological Assessment, 3*, 278-287.

Frohnauer, L. A., Vavak, C., & Hardin, K. N. (1988). Rorschach use in APA-approved clinical training programs: An update. *Journal of Training and Practice in Professional Psychology, 2*(1), 45-48.

Goodyear, R. K., & Guzzardo, C. R. (2000). Psychotherapy supervision and training. In S. D. Brown & R. W. Lent (Eds.), *Handbook of counseling psychology* (3rd ed., pp. 83-103). New York, NY: John Wiley & Sons.

Groth-Marnat, G. (1999). *Handbook of psychological assessment* (3rd ed.). New York, NY: John Wiley & Sons.

Guilmette, T. J., Faust, D., Hart, E., & Arkes, H. R. (1990). A national survey of psychologists who offer neuropsychological services. *Archives of Clinical Neuropsychology, 5*, 373-392.

Haller, M. (1963). *Eugenics: Hereditarian attitudes in American thought*. New Brunswick, NJ: Rutgers University Press.

Hershey, J. M., Kopplin, D. A., & Cornell, J. E. (1991). Doctors of Psychology: Their career experiences and attitudes toward degree and training. *Professional Psychology: Research and Practice, 22*, 351-356.

Holloway, E. L., & Neufeldt, S. A. (1995). Supervision: Its contributions to treatment efficacy. *Journal of Consulting and Clinical Psychology, 63*, 207-213.

Holmes, G. R., Cook, D., & Rothstein, W. (1991). Evaluation of a predoctoral clinipsychology internship program by intern graduates. *Journal of Clinical Psychology, 47*, 840-845.

Hood, A. B., & Johnson, R. W. (2002). *Assessment in counseling: A guide to the use of psychological assessment procedures* (3rd ed.). Alexandria, VA: American Counseling Association.

Keddy, P., & Piotrowski, C. (1992). Testing in psychotherapy practice: Literature review, survey,

14

수퍼바이지 평가

Laura E. Welfare

수퍼바이지를 평가하는 것은 임상 수퍼비전의 본질적이고 특징적인 요소다. 수퍼바이저에게는 "수퍼바이지의 임상 수행과 전문적 발달을 모니터링하는 것", 그리고 "현재 수행 및 학문적인 가능성, 심사, 선발, 배치, 고용 및 자격 취득과 관련하여 수퍼바이지를 평가하고 보증하는 것"에 대한 윤리적 책임이 있다(ACES, 1993, p. 2). 이와 비슷한 견해들이 타인에게 도움을 주는 그 밖의 직업들(예를 들어, 결혼과 가족치료, 전문적인 심리학, 사회복지)에 대한 수퍼비전 지침에도 나와 있다. 그러나 이러한 수퍼바이지 평가의 중요성에 대한 거의 일반적인 선언에도 불구하고, 수퍼바이지를 평가하는 것은 수퍼바이저에게 대개 하나의 도전적인 작업으로 다가온다. 실제로, 수퍼바이지 평가는 수퍼바이지의 불안을 초래하는 주요한 근원으로(Carroll, 1996; Robiner, Fuhrman, & Ristvedt, 1993), 윤리적이고 법적인 위반을 할 수 있는 위험한 영역으로(예, McAdams, Foster, & Ward, 2007), 수퍼바이지가 하는 불평의 흔한 원인으로(Ladany, 2004) 그리고 수퍼비전을 받는 동안 수퍼바이지가 하는 부정적인 경험의 자극물로(예, Forrest, Elman, Gizara, & Vacha-Haase, 1999; Magnuson, Wilcoxon, & Norem, 2000) 언급되어 왔다. 그러나 한편으로 수퍼바이지 평가는 변화의 강력한 촉매제가 될 수 있는 가능성을 가지고 있고(Holloway, 1992), 수퍼바이지가 만족하는 중요 요소이며(Henderson, Cawyer, & Watkins, 1999;

Kennard, Stewart, & Gluck, 1987; Lehrman-Waterman & Ladany, 2001), 또한 수퍼비전 관계를 강화시킬 수 있다(Lehrman-Waterman & Ladany, 2001).

그렇다면 수퍼바이지 평가가 이렇게 필수적이고 긍정적인 가능성을 지니고 있는데도, 무엇 때문에 많은 상담 수퍼바이저들이 평가를 회피하고, 두려워하거나 축소하는 것일까? 혹시 과업이 복잡하고 애매모호하기 때문일까? 과업이 복잡하고 모호할 때, 효율성을 높이기 위해 구체적인 훈련과 지원을 하는 것은 대단히 중요하다. 그러므로 이 장에서 우리는 어떻게 정확하고 효과적으로 수퍼바이지를 평가할 수 있을지에 대한 구체적인 정보를 제공하고자 한다. 우리는 수퍼바이저가 수퍼바이지에게 부정적인 경험보다 오히려 성장을 위한 촉진제가 될 수 있는 평가경험을 만들어 낼 수 있다고 확신한다. 수퍼바이지 평가 과정에 관한 정보는 가장 좋은 실천 지침, 윤리적인 기준들과 수퍼비전 연구에서 얻을 수 있다. 다음의 개관은 이러한 자료들로부터 비롯된 가치 있는 연구 결과들을 강조할 것이다.

◎ 평가를 위한 준비

수퍼비전을 시작하기 전에 수퍼바이지로 하여금 평가에 대해 예상을 하도록 하는 것은 임상 수퍼바이저에게 윤리적인 요구이자(예, ACES, 2003; Association of State and Provincial Psychology Boards, 2003; NASW, 1994), 본질적인 최선의 실천(예, APA, 2006; Ladany, 2004; Sherry, 1991)이다. 수퍼바이지는 평가 절차, 평가의 요소들, 그리고 기량을 제대로 발휘하지 못했을 때의 결과에 대해 구두와 문서로 통지받아야 한다. 평가계획에는 수퍼비전에서의 노출(disclosure)에 관한 진술과 수퍼비전 계약이 포함되어야 한다. 만일 대학원 훈련 과정의 한 부분으로 수퍼비전을 받는다면, 그 과정의 계획서가 수퍼비전 계약의 역할을 할 수 있으므로 평가계획이 그 안에 포함되어야 한다. 그러나 자격 취득을 위한 준비로 졸업 후에 수퍼비전을 받는 것이라면, 수퍼바이저는 자격위원회의 평가 요구를 충족시키는 수퍼비전을 하기 위해 비슷하게 구조화된 계약을 개발할 필요가 있다. 기록된 문서를 구두로 설명하는 것은 수퍼바이지가 확실하게 이해하는 데 도움이 된다(Okin &

Gaughen, 1991). 평가계획은 평가를 위한 일정표(예, 분기별로 문서화된 평가와 아울러 매주 구두로 하는 피드백), 평가를 위해 사용하는 도구들(예, 내러티브 평가를 위해 사용할 도구들, 혹은 주의할 것들), 그 정보를 입수할 사람이 누구인가에 대한 기술 그리고 수행 관심사를 다루는 절차를 포함한다.

평가계획에는 수퍼바이지가 잘 하지 못했을 때의 결과에 대한 설명을 들을 권리가 있다는 기술이 포함된다. 수퍼바이저는 수퍼바이지가 적법한 절차(due process)란 혜택을 갖고 있다는 것을 확실하게 하기 위해 잘 해내고 있지 못하는 것에 대해 초기에 그리고 자주 다룰 의무가 있다. 이러한 경우에 적법한 절차란 수퍼바이지가 수행 요구들에 대해 인식할 권리, 잘 하지 못하고 있다는 것에 대한 통지를 포함해 정기적인 평가와 피드백을 받을 권리, 기량을 제대로 발휘하지 못했을 때의 결과에 대한 설명을 들을 권리, 그리고 잘 하고 있지 못하는 것과 그에 따른 결과를 논의할 기회를 가질 권리를 갖고 있다는 것을 의미한다(Forrest et al., 1999; Lamb, Cochran, & Jackson, 1991; McAdams et al., 2007; Okin & Gaughen, 1991). 기량을 발휘하지 못했을 때에는 그 결과로 구조화된 개선 계획(remediation plan)이 실행될 수 있다. 이러한 개선은 부족한 부분과 관계가 있어야 하고, 성과를 위해 필요한 성장을 촉진하기 위해 고안되어야 한다(Okin & Gaughen, 1991).

실습 첫 번째 학기인 석사과정 학생 캐롤의 예를 살펴보면, 캐롤의 수퍼바이저는 첫 번째 내담자와의 회기에서 캐롤이 개방형 질문 대신 폐쇄형 질문을 경직되게 사용하고 있다는 것을 알아차렸다. 비록 이것이 초보 상담자들에게는 흔한 문제였지만, 그것은 첫 번째 수퍼비전 회기에서 의미 있는 수행 이슈였으며, 주목할 만한 가치가 있었다. 수퍼바이저는 (적절하게) 그 이슈를 탐색해야 하고, 캐롤은 그 기술에 대해 작업할 필요가 있다는 것을 인식해야 한다. 만일 캐롤의 기술이 실습의 다음 몇 주 동안 향상된다면, 개입은 성공적이고, 수퍼바이저는 캐롤이 진전을 보였다는 것을 강조하며 매우 흐뭇해할 것이다. 하지만 만일 캐롤이 상담자가 수행해야 하는 이 핵심적인 요소에서 향상을 보이지 못한다면, 추가적인 개입이 필요하다. 수퍼바이저는 계속해서 캐롤을 지원하고, 이 영역에서 그녀가 성장하도록 촉진하기 위해 애쓸 책임이 있다. 만일 시간이 더 주어졌는데도 캐롤이 발전에 실패한다면, 이에 대해 수퍼바이저는 (아마도 중간에) 문서화된 평가에서 잘 하지 못하고 있는 영역으로 지적해야 한다. 그리고 문서화된 개선 계획이 수업 계획서

에 따라 전개되어야 하는데, 과정 계획서에는 캐롤이 성장하기 위해 행하도록 요청받는 것(예, 개방형 질문과 성찰의 증거를 보여 주는 동료와 함께 한 실습 회기 비디오테이프)이 구체적으로 기술되어 있어야 한다. 또 그 계획에는 캐롤이 정해진 기한까지 개선 계획의 목표를 달성하지 못했을 때의 결과가 포함되어야 한다(예, 실습 과정 반복). 이러한 활동 과정은 캐롤에게 그녀가 기량을 발휘하지 못한 원인에 관한 최대한의 설명과 함께 목표를 향해 앞으로 나아갈 충분한 시간을 제공할 것이다. 만일 그들이 수퍼비전에서 지속적으로 집중하지 않는다면 캐롤이 그 이슈가 개선되었다고 생각할 수 있기 때문에 수퍼바이저는 캐롤이 향상되고 있는지 적극적으로 모니터링해야 한다. 혹시 기간이 끝날 때까지 캐롤이 필요한 성장을 하지 못한다면, 개선 계획 및 과정 계획서에서 제시된 결과가 시행될 수 있다.

이러한 과정은 글로 서술했을 때는 쉬워 보일 수 있다. 그러나 실제로 수퍼바이저는 미흡한 수행을 어떻게 판단할지, 그리고 이러한 종류의 개입이 어떤 시점에 필요할지에 관한 어려운 결정을 해야 할 때가 많다. 선의를 가진 수퍼바이저는 그 학기 동안 캐롤이 계속해서 나아가기만을 바랄 수 있고, 캐롤이 낙담할 것을 우려한 나머지 건설적인 피드백을 주는 것을 회피할 수도 있다. 그러나 만일 캐롤의 수행 이슈가 발전하지 않고 지속된다면, 수퍼바이저는 그때 제한된 선택을 해야 하기 때문에 당혹스러워질 수 있다(예, 실습에서 요구하는 것들을 모두 충족시키지 않았음에도 캐롤을 통과시킬 것인가? 과정을 통과하기 위해서 학기말에 캐롤에게 추가적으로 요구사항이 있을 것이라고 통지할 것인가?) 이러한 선택들은 상담자로서 캐롤의 성장에 최선이 아닐 뿐만 아니라 상담 수퍼바이저를 위한 윤리적 지침에도 어긋난다. 마찬가지로, 자격 취득을 위해 상담하고 있는 상담자를 수퍼비전하는 경우, 자격 취득 승인이나 지속적인 수퍼비전을 불가능하게 하는 이슈가 발생할 때, 수퍼바이저는 적법한 절차를 따라야 한다.

요약하면, 수퍼바이지 수행에 면밀하게 주의를 기울이는 것, 계속 진행하는 평가 그리고 즉각적 개입은 효과적인 수퍼비전에 필수적이다. 평가 과정에 관한 분명한 설명이 있다 하더라도 적절한 수행을 구성하는 것, 혹은 현저하게 기량을 발휘하지 못하도록 만드는 것이 무엇인지 산정하는 것은 좀처럼 구체적이지 않고, 수퍼바이저가 수퍼바이지 평가를 준비할 때 쉽지 않은 작업으로 자주 언급된다(Bernard & Goodyear, 2009; Goodyear & Bradley, 1983; Magnuson, 1995). 수퍼바이저

가 수퍼바이지 수행 평가에 대한 능력과 자신감을 점점 향상시킬 때, 평가를 하는 것과 기량을 발휘하지 못하는 것을 다루는 것을 한결 편하게 할 수 있다. 다음에 다룰 내용은 평가할 때 적합한 초점이 되는 상담자 수행 요소들이 무엇인지 훨씬 명료하게 알 수 있도록 도울 것이다.

◎ 평가를 위한 기준

수퍼바이지 평가가 도전적인 작업이 되는 이유는 아마도 가장 근본적으로 상담자가 수행하는 것이 복잡하기 때문일 것이다. 유능한 상담자의 특성은 무엇일까? 모든 수퍼바이지가 보여 줄 수 있어야 하는 상담자의 본질적인 요소들에는 어떤 것이 있을까? 평가할 때, 수많은 상담 양식 가운데 존재하는 차이점을 어떻게 고려할 수 있을까? 평가는 개별화되어야 할까, 혹은 모든 수퍼바이지에게 규준화되어야 할까?

수퍼바이저가 수퍼바이지를 평가하기 위해 준비할 때, 이러한 질문들은 중요하게 고려해야 할 사항이다. 효과적인 평가계획에는 모든 상담자들이 달성해야 하는 역량의 기준이 되는 요소들과 수퍼바이지의 독특한 양식과 발달 단계에 맞는 개별화된 목표들 둘 다가 포함된다.

상담자 역량의 기준 영역

상담자의 역량을 정의하는 단 하나의 보편적인 자료는 없지만, 그동안 연구들은 핵심적인 역량에 속하는 영역의 발달에 관해 정보를 제공해 왔다. 또한 상담자 교육 프로그램과 전문적인 기관들도 약간씩 차이가 있기는 하나, 다음과 같은 일곱 가지 핵심 역량을 종종 포함시켜 왔다(예, APA, 2006; CACREP, 2009; Ellis & Ladany, 1997; Frame & Stevens-Smith, 1995; Hatcher & Lassiter, 2007; Neufeldt, 1999; Robiner et al., 1993).

1. 내담자 평가와 개념화

2. 치료계획
3. 돕는/개입 기술들
4. 치료적 관계 발달
5. 전문적 · 법적 · 윤리적 행동
6. 다문화적 역량
7. 대인관계 성향

내담자 평가와 개념화

유능한 상담자는 상담에서 내담자의 욕구를 이해하기 위해 내담자의 개인적이고 체계적인 특성들을 발견할 수 있어야 한다. 철저하고 정확한 내담자 개념화는 효과적인 치료에 필수적이다(예, Blocher, 1983; Stoltenberg, 1981). 수퍼바이지의 내담자 사정과 개념화 역량을 평가하는 여러 방식들이 있다. 가령, 수퍼바이저는 수퍼바이지의 문서화된 사례 보고와 구두로 하는 내담자에 관한 기술에서 개념화 역량의 증거를 찾을 수 있다. 수퍼바이지는 실습 시 진단을 위한 검사나 다른 공식적인 심리검사를 사용하도록 요청받을 수 있다. 또한 수퍼바이지의 문서나 녹음된 회기를 다시 검토함으로써 내담자에 대한 진단과 평가 역량의 증거를 살펴볼 수 있다.

치료계획

내담자의 욕구에 대한 철저하고 정확한 이해 후에 수퍼바이지는 효과적인 치료계획을 선택해야 한다. 상담의 수많은 이론들과 접근들, 다양한 환경들과 내담자의 욕구들 때문에 치료계획은 여러 형태로 나타날 수 있다. 수퍼바이지가 상담하는 상황(예, 단기 입원환자 대 초등학교상담)을 고려하는지 평가하는 것은 중요하다. 어떤 형태의 치료계획은 모든 상담 상황에서 필요하다. 그러므로 모든 수퍼바이지들이 이러한 역량과 관련하여 평가를 받을 수 있다. 수퍼바이지가 구두로 하는 기술과 문서화된 사례 보고에서 효과적인 치료계획의 증거를 찾으라. 초보 수퍼바이지들은 치료계획을 계발하기 위해서 그리고 상담 과정에서 주인의식을 갖기

위해서 구조화된 지원이 필요할 수 있다(예, Skovholt & Rønnestad, 1992; Stoltenberg, 1981). 과정이 어떻게 진행되는지 모니터링하고 필요할 때마다 치료계획을 개정할 뿐만 아니라 치료계획을 발전시키고 실행하는 수퍼바이지의 역량을 평가하라.

타인을 돕는 기술(개입 기술)

타인을 돕는 기술, 즉 개입 기술은 광범위한 상담자 역량의 한 분야다(예, Hill, 2004). 이 역량을 평가할 때, 수퍼바이저는 수퍼바이지가 내담자로 하여금 목표에 도달하도록 돕기 위해 상담 기술을 조합해 사용할 수 있는지 고려해야 한다. 앞의 캐롤의 예는 내담자의 발달을 제한했던 기술 부족을 예증한다. 라이브나 녹음된 내담자와의 회기를 관찰함으로써 수퍼바이지의 개입 기술 역량이 어떠한지 살펴볼 수 있다. 또한 수퍼바이지는 수퍼비전 회기에서 자신이 특정한 기술이나 기법을 선택한 근거에 관하여 논의할 수 있다. 개입 기술은 보다 구체적이어서 이 역량은 몇몇 다른 핵심 역량들보다 정의하고 관찰하는 것이 훨씬 간단하다.

치료적 관계 발달

치료적 관계를 발달시키는 수퍼바이지의 역량 또한 항상 상담자의 핵심 역량에 포함된다. 치료적 관계는 치료 결과에 의미 있는 상당한 차이를 일관되게 설명하고 있기 때문에, 라포를 확립하는 능력은 상담 효과에 필수적이다(Frank & Gunderson, 1990; Sexton & Whiston, 1994). 라이브나 녹음된 내담자와의 회기에서 치료적 관계의 증거를 찾으라. 내담자가 수퍼바이지를 신뢰하는 것 같은가? 내담자는 노출하는 것이 편안한가? 수퍼바이지는 공감과 이해를 소통하는가? 내담자의 피드백 양식(뒤에 더욱 많은 정보를 제공할 것이다)을 활용하는 것은 상담 관계를 내담자가 어떻게 지각하는지에 관한 정보를 수집하는 효과적인 방식이다. 상담 관계에 대한 상담자의 지각은 내담자의 지각과 다를 수 있고, 초보 상담자가 이 능력을 자기-평가하는 것은 특별히 어렵다는 것을 주목하라(Loganbill, Hardy, & Delworth, 1982).

전문적 · 법적 · 윤리적 행동

수퍼바이저는 수퍼바이지의 전문적 · 법적 · 윤리적 행동을 모니터링하고 평가할 책임이 있다. 수퍼바이지에 대한 한 연구에서 수퍼바이저가 보류한 수퍼바이지의 임상적인 실수들, 내담자에 대한 부정적인 반응, 역전이 이슈 그리고 성적 매력 이슈가 많이 보고된다는 것은 매우 중요하다(Ladany, Hill, Corbett, & Nutt, 1996). Ladany 등이 제안하듯이, 확고한 수퍼비전 관계는 수퍼바이저가 수퍼바이지의 노출을 격려하는 분위기를 만들도록 도울 수 있다. 수퍼비전을 하는 동안 일어나는 법적 혹은 윤리적 관심사들은 가르침을 위한 놀라운 기회를 제공한다. 이 영역에서 '역량'은 글자 그대로 윤리강령을 반드시 알고 있거나 단지 행동에 대해 올바른 계획을 결정할 수 있다는 것이 아니다. 도리어 '역량'이란 윤리적 · 법적 딜레마를 인식하는 능력이고, 어떤 윤리적 또는 법적 딜레마에도 자문을 받는 것과 수퍼비전이 필요하다는 것을 인식하는 것이다. 수퍼바이저는 수퍼비전 과정 동안 일어나는 윤리적 · 또는 법적 딜레마에 관한 수퍼바이지의 직접적인 수행을 평가할 수 있다. 혹은 수퍼바이지의 윤리적 · 법적인 판단을 탐색하기 위해서 가설적인 상황과 예들을 활용할 수 있다.

다문화적 역량

상담자의 다문화적 역량은 최근에 많은 관심을 받고 있으나(그리고 그럴 만한 가치가 있다), 수퍼바이지 평가에는 계속해서 도전이 되는 분야다. 미국상담협회(ACA)는 문화의 요소로 나이, 피부색, 장애, 민족 집단, 성, 인종, 선호하는 언어, 종교, 영성, 성적 지향성 그리고 사회경제적 지위를 인정한다(ACA, 2005). 이렇게 포괄적으로 정의할 수 있기 때문에 모든 상담 관계는 어떤 측면에서 문화를 교차한다(cross-cultural)는 것이 분명하다. 다문화적상담 · 발달협회(The Association for Multicultural Counseling and Development)'는 1996년의 성명에서 다음의 세 가지 영역을 포함하여 상담자의 다문화적 역량에 대한 개념을 정의하는 것을 시도했다.

즉, 자기 자신의 문화적 가치와 편견에 대한 상담자의 인식, 내담자의 세계관에 대한 상담자의 인식 그리고 문화적으로 적절한 개입 전략이 그것이다. 상담자가 모든 문화에 대해 지식을 갖추기를 기대하는 것은 비현실적이다. 어쩌면 상담자의 자기인식, 겸손, 존중, 기꺼이 배우려는 마음, 문화에 대한 주제를 꺼내는 역량은 구체적인 지식만큼 중요하다(Association for Multicultural Counseling and Development, 1992). 문화적으로 고려할 사항을 제기하는 책임이 내담자가 아니라 상담자에게 있다는 것과 다문화적인 이슈를 탐색하는 것이 흔히 더 좋은 치료 관계로 이끈다는 것은 명백하다(Pope-Davis, Toporek, & Ortega-Villalobos, 2002). 문화적 이슈를 제기하는 것을 포함해 다문화적인 역량의 증거는 라이브나 녹음된 회기들, 사례 보고를 통해 관찰할 수 있고, 수퍼바이지와 함께 구두로 탐색할 수 있다(Worthington, Soth-McNett, & Moreno, 2007).

대인관계 성향

대인관계 성향은 상담자 역량의 핵심으로 자주 인용된다(예, Frame & Stevens-Smith, 1995; Seligman, 2004). 수퍼바이저는 감정을 표현하는 능력, 인격적 성숙, 조망 수용 능력(perspective taking), 피드백을 수용하고 통합하는 능력, 갈등관리 능력, 동기부여, 존중 그리고 책임감 같은 수퍼바이지의 대인관계 성향을 평가할 책임이 있다. 수퍼바이저들은 평가의 이런 측면에 대해 불편함을 보고해 왔으나(Robiner et al., 1993), 이것은 분명히 수퍼비전의 책임 영역 아래 있는 것이다. 실제로, ACES 윤리강령은 "수퍼바이저는 수퍼바이지를 계속해서 사정하고 평가하는 것을 통해 미래의 전문적인 수행을 방해할 것으로 보이는 수퍼바이지의 개인적이거나 전문적인 한계를 인식해야 한다."고 진술한다. 이러한 대인관계 성향은 가령 치료적 관계, 전문성 같은 다른 부분들에 영향을 미칠 수 있다. 대인관계 역량의 증거는 내담자와 수퍼바이지의 상호작용, 동료들과 수퍼바이지의 상호작용 그리고 수퍼바이저와 수퍼바이지의 상호작용, 수퍼비전 회기 동안과 수퍼비전 회기 밖에서의 행동, 또 수퍼바이지의 자기성찰에서 관찰할 수 있다. 수퍼바이저가 수퍼바이지의 대인관계 성향에 대해서 염려할 때, 부차적인 정보를 찾는 것이 중요하다. 다른 수퍼바이저들도 같은 우려를 하는가? 이러한 우려사항이 과거에도 있었는가? 수퍼바이지는 이러한 부족함을 인식하고 있는가? 대인관계상의 부족함에 대해 개선할 것을 평가하고 계획하는 것은 어려울 수 있다. 이러한 경우, 다른 수퍼바이저들에게 자문을 구하는 것이 효과적인 개선 계획을 계발하고 실행하는 데 유익하다는 것은 분명하다.

이러한 다양한 역량에 대해 성찰할 때, 수퍼바이지가 이 모든 영역에서 동시에 성장하지 않는다는 것을 기억하라. 즉, 그들은 어떤 영역에서는 우수한 반면, 다른 영역에서는 어려움을 겪을 수 있다. 대학원 과정 평가 시스템은 수퍼바이저가 앞으로 수퍼바이지가 받을 수퍼비전에서 초점을 맞출, 수퍼바이지 자신을 기준으로 한 강점과 약점 영역이 무엇인지 지적하는 것을 허용한다. 최소한 수락할 수 있는 점수(예, '최소한의 기대를 충족시킨다.')와 통과를 위한 다른 요구 사항들(예, '기대 이하' 라고 표기된 영역이 없어야 한다)이 수퍼비전 계약에 명시될 수 있다.

수퍼바이저는 자신이 초보 상담자였을 때 상담 기법들을 배우고, 연습하고, 개정했듯이 평가 기법들을 배우고, 연습하고, 개정해야 한다. 수퍼바이저가 실제로 수퍼비전하는 경험을 차곡차곡 쌓을 때, 본인의 평가 능력에 대해 더욱더 자신감을 가지고 성장할 가능성이 있다(Inman & Soheilian, 2010).

개별화된 목표들

수퍼바이지는 위에서 기술한 공통적인 역량 외에 개인적인 성장 목표를 지향하는 수퍼비전 환경과 작업에서 도움을 받는다(Talen & Schindler, 1993). Lehrman-Waterman과 Ladany(2001)는 목표 설정이 수퍼비전 관계와 수퍼비전에 대한 수퍼바이지의 만족을 향상시킨다는 것을 발견했다. 개별화된 목표는 수퍼바이지와 수퍼바이저가 공동으로 설정할 수 있는데, 수퍼바이지의 강점과 약점, 학습의 우선순위를 바탕으로 설정해야 한다. 어떤 수퍼바이지들은 자신의 강점과 약점을 명료하게 표현하는 것이 어렵다는 것을 발견할 수 있으므로(Loganbill et al., 1982), 따라서 수퍼비전에서 개인적 목표를 개발할 때 상당한 도움이 필요할 수 있다(Borders & Brown, 2005). 또 다른 수퍼바이지들은 충분히 구체적으로 목표를 설정하도록 도움을 요청할 수 있다(예, '어린아이들과 상담하는 것에 편해지기' 보다 '어린아이들의 연령에 적합한 언어를 사용하는 것 늘리기'). 상담에서의 내담자 목표처럼 수퍼비전에서의 목표를 세우는 데 있어서도 적절성, 측정 가능성 그리고 달성 가능성이 중요하다.

예를 들어, 수퍼바이지 윌리엄이 라포를 확립하는 능력을 보여 주고, 감정을 반영하고, 치료적인 지지를 제공하지만, 내담자를 도전하는 것에는 어려움을 겪는다면, 적합한 목표는 아마도 치료적인 직면 사용을 늘리는 것이 될 것이다. 이 목표에 진척이 있는지 모니터링하기 위해서 윌리엄은 그가 직면을 사용하는 것을 고려하고 있는 사례를 기술할 수 있고, 직면을 활용하는 것을 포함하는 회기의 오디오나 비디오테이프를 제출할 수 있으며, 혹은 직면을 사용하는 그의 경험에 대한 성찰을 일지에 쓸 수 있다. 상담에서의 내담자 목표와 마찬가지로, 수퍼비전의 초점은 완성이 아니라 성장이어야 하며, 수퍼비전 시간 내내 지속적으로 목표에 대해 적극적으로 관심을 갖는 것이 단발적이거나 단지 마지막에 한 번 재검토하는 것보다 한층 더 효과적이다(Borders & Leddick, 1987; Bordin, 1983).

한 번에 서너 가지 이상의 목표에 충분한 관심을 기울이는 것은 어렵다(Blocher, 1983). 목표는 수퍼비전 과정 내내 재검토되고, 필요한 만큼 개정되어야 한다. 평가계획에 개별화된 목표를 포함하는 것은 (위에서 기술한 것처럼) 수퍼비전을 시작하기 전에 명확히 제시되어야 하고, 각각의 목표에 대해 평가계획이 개발되어야 한다. 개별화된 목표는 흔히 공통적으로 요구되는 상담자 역량의 범위에서 적합하도록 설정하지만(예, 돕는/개입 기술로서 치료적 직면), 상담자의 핵심 역량 모두를 포괄하는 것은 아니다. 그러므로 수퍼바이지 평가가 개별화된 목표의 향상과 더불어 기준이 되는 역량의 발전을 포함하는 것이 중요하다.

◎ 평가적인 피드백 제공하기

윤리지침 2.08은 다음과 같이 명시한다.

수퍼바이저는 수퍼바이지의 수행에 대해 계속 피드백을 제공해야 한다. 이

> 러한 피드백은 공식적 · 비공식적으로 매우 다양한 형태여야 하고, 구두와 문서화된 평가를 포함해야 한다. 그것은 또한 수퍼비전을 받는 동안 형성적(formative)이어야 하며, 수퍼비전을 종결할 때는 종합적(summative)이어야 한다(ACES, 1993, p. 2).

실제로 수퍼바이저는 언어로, 비언어적으로 그리고 침묵으로 계속해서 피드백을 제공한다. 특정한 주제에 대해 단순하게 관심을 갖는 것이나 주목하지 않는 것도 어떤 측면에서는 피드백이다. 평가적인 피드백을 제공하는 것, 특히 피드백이 교정하는 것이라면 수퍼바이저에게 어려울 수 있다(Hoffman, Hill, & Homes, 2005; Robiner, Saltzman, Hoberman, Semrud-Clikeman, & Schirvar, 1997). 수퍼바이저는 평가 과정을 설명함으로써, 수퍼바이지의 불안에 대해 그럴 수 있다고 인정함으로써 그리고 수퍼바이지의 방어를 탐색함으로써 수퍼비전 초기에 피드백에 대해 수퍼바이지를 준비시킬 수 있다(Coffey, 2002).

형성적인 피드백(formative feedback)은 모든 수퍼비전 회기에서 전달할 수 있는데, 수퍼비전 각각의 회기에서 긍정적이고 교정적인 요소들의 균형을 맞추는 것이 중요하다. 빈번한 비판적인 피드백은 수퍼바이지를 낙담시킬 수 있으며, 과도하게 긍정적인 피드백은 성장을 자극할 가능성이 낮다(Gross, 2005; Kadushin, 1992). 수퍼바이저는 대체로 수퍼비전 회기 동안 수퍼바이지가 효과적으로 이해하고 통합할 수 있는 것보다 피드백을 위한 잠재적 초점을 더 많이 인식한다(Blocher, 1983). 그러나 각각의 회기에서 상담자 역량의 기준 영역들, 개별화된 목표들, 이슈의 긴급성 가운데 몇 가지를 선택해 주의를 기울이도록 구체화할 수 있다. 각 회기에 주어지는 형성적인 피드백은 수퍼바이지의 진행 상황을 알려 주고, 집중할 필요가 있는 영역에 대한 인식을 증가시킨다. 또한 형성적 피드백은 수퍼비전에서 평가를 위한 규범을 확립시킨다. 만일 기간 내내 형성적인 피드백을 계속해서 받아 왔다면, 수퍼바이지는 종합적인 평가에 한결 익숙해질 수 있다.

종합적인 피드백(summative feedback)은 보통 형성적 피드백보다 공식적이고 미리 결정되며 간격을 두고 한다(예, 학기의 중간과 기말, 또는 매 세 달마다). 종합적인 피드백은 문서화된 평가를 포함해야 한다(Forrest et al., 1999; Lamb et al., 1991; McAdams et al., 2007). 효과적인 종합적 피드백 경험은 문서화된 평가를 구두로 설

명하는 것을 포함한다(Belar et al., 1993). 문서화된 평가는 수퍼바이지의 발전의 기록이고, 기대를 충족시키지 못한 수퍼바이지에게는 적법한 절차를 보여 주는 데 필수적이기 때문에 가능한 한 정확하게 하는 것이 중요하다. 윤리적으로 요청되듯이 계속 진행하는 수퍼비전 회기에서 수퍼바이지의 수행에 초점을 맞추어 왔다면, 종합적인 평가의 결과는 그리 놀라운 일이 되지 않을 것이다. 평가 결과에 대한 규정뿐만 아니라 문서화된 평가 그 자체에 수퍼바이지를 적응시키는 것이 중요하다는 것을 주목하라. 예를 들어, 어떤 수퍼바이지는 완벽한 결과를 기대할 수 있고(예, '다섯 가지 모든 영역에서 충족시켰음'), 그렇게 되지 않을 경우에 실패로 해석할 수 있다. 평가 결과의 근거를 설명하는 것이 수퍼바이지가 평가에 대해 정확히 이해하고 있다는 것을 확실하게 하는 데 도움이 될 수 있다.

수퍼바이지의 무능력과 부적격자 선별에 대한 전체 논의는 이 장의 범위에서 벗어나는 것이다(더 많은 정보를 원한다면, Forrest et al., 1999; Forrest, Elman, & Miller 2008; Lamb et al., 1991; McAdams et al., 2007 참조). 수퍼바이지가 수퍼비전에서 향상하는 것에 실패하고 내담자를 위험에 빠뜨릴 때, 또는 수퍼바이지가 상담자로서 성공적일 수 없을 것이라는 것이 명백할 때, 수퍼바이저는 많은 어려운 선택들에 직면한다. 다른 수퍼바이저들이나 상담자를 교육하는 사람들과의 협의는 필수적이며, 평가 절차 규정에 세심하게 주의를 기울이는 것도 매우 중요하다.

◎ 평가 자료와 전략

수퍼바이지를 효과적으로 평가하기 위한 가치 있는 다양한 피드백 자료들이 있다. 다양한 자료를 사용하는 것은 평가의 깊이를 더할 것이고, 수퍼바이지에게 다양한 관점을 제공할 것이다(다양한 평가기준을 가지고 있는 55가지 도구에 대한 재검토는 Lambert & Ogles, 1997 참조). 자기평가, 내담자의 피드백 그리고 동료들의 피드백은 평가 과정에서 수퍼바이저의 피드백과 함께 통합될 수 있다.

자기성찰과 자기평가는 상담자에게 본질적인 기술이다. 공식적인 수퍼비전은 상담자의 경력에서 상대적으로 잠시 동안 하는 것이다. 강점, 약점, 성장을 모니터링하는 능력은 공식적인 수퍼비전 동안뿐만 아니라 그 이후 상담자의 성장에 중요하다. 자기평가를 하는 수퍼바이지는 수퍼바이저의 피드백에 한층 더 수용적일 수 있고, 계속해서 성장하기 위해 더 많이 노력할 것이다(Bernard & Goodyear, 2009; Borders & Brown, 2005). 수퍼바이지는 개별화된 목표의 진척 사항에 대해 내러티브 자기평가를 하도록, 혹은 상담자 역량의 각각의 영역들에 대해 보다 규준화된 평가를 완료하도록 요청받을 수 있다. 수퍼바이지가 수퍼바이저의 비평에 지나치게 흔들리지 않도록 수퍼바이저의 평가 이전에 수퍼바이지가 자기평가를 하게 하는 것이 중요하다. 자기평가와 수퍼바이저 평가 사이에서 불일치하는 부분과 중복되는 부분은 생산적인 논의로 이끌 수 있다.

내담자의 피드백은 수퍼바이지를 평가할 때, 풍부하지만 충분히 활용되지 않는 자료다. 모든 연령대의, 문제가 심각하거나 경미한 내담자들이 수퍼바이지를 그들이 어떻게 지각하고 있는지에 관하여 피드백을 제공할 수 있다. 내담자가 대답할 수 있는 관련된 질문들을 포함하는 피드백 양식을 활용하는 것이 중요하다(예, "나의 상담자는 인지치료 프로토콜을 정확하게 사용한다."가 아니라 "나는 상담자가 나를 이해한다고 생각한다."). 가령, 작업 동맹검사(the Working Alliance Inventory; Horvath & Greenberg, 1989)은 "나는 나를 돕는 (내 상담자의) 역량을 확신한다." 그리고 "(나의 상담자와) 나는 서로 신뢰한다." 같은 항목들을 포함한다. Barret-Lennard 관계검사(Barret-Lennard Relationship Inventory)에는 "(나의 상담자는) 내가 그것을 말하는 데 어려움을 겪을 때조차 내가 의미하는 것을 깨닫는다." 그리고 "나는 (나의 상담자가) 나를 못마땅해한다고 느낀다."와 같은 항목들이 있다(Barret-Lennard, 1995). 이러한 항목들은 상담 관계에서 내담자들이 수퍼바이지에 관해 어떻게 느끼는지에 관한 피드백을 제공하도록 허용한다. 치료적인 직면의 사용을 늘리고자 시도하고 있는 앞의 윌리엄의 사례로 돌아가면, 윌리엄의 내담자들이 그의 직면을 그들이 어떻게 이해하는지 내담자들로부터 직접 들음으로써 유익을 얻을 수 있다. 예컨대, 윌리엄이 자기가 너무나 엄격해지는 것에 대해 염려한다면, 내담자로부터 다시 확인하는 피드백을 받는 것이 수퍼바이저의 격려보다 훨씬 더 설득력 있을 수 있다.

동료들의 피드백은 수퍼바이지를 평가할 때 귀중한 또 다른 자료로, 집단 수퍼비전이나 3인군 수퍼비전에서 가장 많이 이용할 수 있다. 평가의 궁극적인 책임이 수퍼바이저에게 있을지라도 동료들은 수퍼바이지의 성장과 계속해서 발전해야

하는 영역들에 대해서 가치 있는 피드백을 제공할 수 있다. 때때로 수퍼바이지는 수퍼바이저로부터 받는 피드백보다 동료들로부터 받는 피드백에 훨씬 더 수용적이다(예, Hillerbrand, 1989). 동료들의 피드백은 개별화된 목표들과 핵심 역량에서의 향상에 대한 다른 증거들과 함께 연결하여 고려할 수 있다.

다양한 자료들로부터 정보를 수집하는 것은 수퍼바이지의 수행에 보다 더 정확하고 다방면에 걸친 묘사를 제공할 것이고, 더욱 완성된 수퍼바이지 평가에도 도움이 될 것이다. 수퍼바이저의 관찰은 다른 피드백 자료들에 의해 반복될 수 있고, 수퍼바이지는 다양한 관점들 전체에 일관된 피드백에 더욱 수용적일 수 있다.

수퍼바이지의 역량을 평가하기 위한 도구들

수퍼비전에서 수퍼바이지 평가가 중요함에도 불구하고, 타당하고 믿을 수 있는 수퍼바이지 평가도구는 거의 없다. Ellis, D' Iuso와 Ladany(2008)는 이러한 자료가 부족하다는 것을 주목했고, 수퍼비전 연구자들은 새로운 도구를 만들고, 유효하게 하기 위해 정확하고 과학적으로 실시하고 사용할 것을 제안해 왔다.

대학원 임상 인턴십 프로그램들이 학생들에 대한 중간 평가와 마지막 평가를 위해 종종 도구들을 개발해 왔지만, 이 도구들은 심리측정 분석에 큰 도움을 주지는 못했다. 이러한 도구들은 대체로 앞에서 기술한 상담자 역량의 항목들(즉, 내담자 평가와 개념화, 치료계획, 돕는/개입 기술, 치료적 관계 발달, 전문적 · 법적 · 윤리적인 행동, 다문화적 역량, 대인관계 성향)을 대학, 혹은 현장 수퍼바이저가 수행 수준이 어떠한지 체크하는 형식이다(예, '윤리적 · 법적인 실천 고수' 항목에 대한 응답 선택사항은 기대 이상이다, 기대를 충족시킨다, 기대를 충족시키지 못한다). 그러나 이러한 열린 형식은 항목의 타당성을 위협한다. 왜냐하면 이것은 수퍼바이저가 단지 기대에 대한 그의 해석을 근거로 수퍼바이지 수행에 대한 그의 인식을 나타내는 것일 뿐이기 때문이다. McAdams 등(2007)은 수퍼바이저가 하는 평가의 일관성을 향상시키기 위해 각각의 평가 수준에서 수행에 대한 기술어들을 사용했다. 예컨대, '피드백을 기꺼이 받아들이고 사용함' 이라는 항목에 대해 '방어와 분노로 인해 다른 사람들의 피드백을 수용하지 않았다.' 와 같은 부진한 수행, '자신의 관점과 행동

에 수퍼비전에서의 피드백을 반영하는 몇 가지 증거를 보였다.' 같은 중간 정도의 수행, 그리고 '직접적으로 요청함으로써 피드백을 부탁했고, 받아들일 때 긍정적으로 인정하였다.' 와 같은 우수한 수행이라는 실례가 수퍼바이저에게 제공된다. 고안자는 행동 척도를 포함하여 수퍼바이저에게 각 수준의 수행이 어떤 모습인지에 대해 보다 구체적인 지침을 주고, 그렇게 해서 수퍼바이저들 사이에 평가의 일관성을 향상시킨다. 자격 취득을 위해 일하고 있는 수퍼바이지에 대한 평가는 많은 경우에 훨씬 덜 구체적이다. 가령, Virginia의 전문 상담자 자격 취득을 위한 분기별 평가 형식은 단순히 수퍼바이저에게 수퍼바이지가 제공할 수 있는 서비스에 대한 간략한 기술과 그다음에 수퍼바이지의 수행에 대한 평가 요약을 쓰도록 요청한다. 상담자 역량을 평가하기 위해 규준화된 도구들을 사용할 수 있을 때까지 수퍼바이저는 주의하여 현재 준비된 도구들을 사용해야 한다. 앞에서 기술한 것처럼 수퍼바이지와 수행에 대한 기대를 논의하는 것과 평가 과정에 대한 설명을 작성하는 것은 서로를 이해하도록 확실하게 도울 수 있다.

요약

수퍼바이지 평가는 효과적인 수퍼비전의 본질적인 요소다. 수퍼비전이 "의도된 교육과정"(Borders, 2001)이듯 수퍼바이지 평가에서는 의도적인 계획과 신중한 수행이 필수적이다. 수퍼바이지 평가는 일방적이고, 벌을 주는 과정이 아니다. 오히려 그것은 수퍼바이지의 성장을 위해 촉매가 되는 지지적이고 촉진적인 경험이다. 수퍼바이지는 수퍼비전을 시작하기 전에 평가 절차와 잘 하지 못했을 때의 결과에 대해 안내를 받아야 한다. 공통적인 상담자 역량과 개별화된 목표는 계속 진행하는 수퍼비전의 초점들을 구체화하고, 형성적 · 종합적 평가를 위한 구조를 제공한다. 수퍼바이저는 준비하고 실천함으로써 수퍼바이지의 수행을 보다 효과적으로 평가할 수 있다.

참 | 고 | 문 | 헌

American Counseling Association (ACA). (2005). *Code of ethics* (rev. ed.). Alexandria, VA: Author.

American Psychological Association (APA). (2006). *Assessment of competence in professional psychology: Final report*. Washington, DC: Author.

Association for Counselor Education and Supervision (ACES). (1993). *Ethical guidelines for counseling supervisors*. Alexandria, VA: Author.

Association for Multicultural Counseling and Development. (1992). *Multicultural counseling competencies*. Alexandria, VA: Author.

Association of State and Provincial Psychology Boards. (2003). *Supervision guidelines*. Montgomery, AL: Author.

Barrett-Lennard, G. T. (1995). Barrett-Lennard Relationship Inventory OS-40. Copyrighted Instrument.

Belar, C. D., Bieliauskas, L. A., Klepac, R. K., Larsen, K. G., Stigall, T. T., & Zimet, C. N. (1993). National conference on postdoctoral training in professional psychology. *American Psychologist, 48*, 1284-1289.

Bernard, J. M., & Goodyear, R. K. (2009). *Fundamentals of clinical supervision* (4th ed.). Boston, MA: Allyn and Bacon.

Blocher, D. (1983). Toward a cognitive developmental approach to counseling supervision. *Counseling Psychologist, 11*, 27-34.

Borders, L. D. (2001). Counseling supervision: A deliberate educational process. In D. Locke, J. Myers, & E. Herr (Eds.), *Handbook of counseling* (pp. 417-432). Thousand Oaks, CA: Sage.

Borders, L. D., & Brown, L. L. (2005). *The new handbook of counseling supervision*. Nahwah, NJ: Lawrence Erlbaum Associates.

Borders, L. D., & Leddick, G. R. (1987). *Handbook of counseling supervision*. Alexandria, VA: Association for Counselor Education and Supervision.

Bordin, E. S. (1983). A working alliance model of supervision. *Counseling Psychologist, 11*, 35-42.

Carroll, M. (1996). *Counseling supervision: Theory, skills, and practice*. London, UK: Cassell.

Coffey, D. (2002). *Receiving corrective feedback: A special set of skills*. Presentation at the Association for Counselor Education and Supervision Convention, Park City, Utah.

Council for the Accreditation of Counseling and Related Programs (CACREP). (2009). *2009 standards*. Alexandria, VA: Author.

Ellis, M. V., D'Iuso, N., & Ladany, N. (2008). State of the art in the assessment, measurement, and evaluation of clinical supervision in psychotherapy supervision. In A. Hess, K. Hess, & T. Hess (Eds.), *Psychotherapy supervision: Theory, research, and practice* (pp. 473-499). Hoboken, NJ: Wiley.

Ellis, M. V., & Ladany, N. (1997). Inferences concerning supervisees and clients in clinical supervision: An integrative review. In C. E. Watkins, Jr. (Ed.), *Handbook of psychotherapy supervision* (pp. 467-507). New York, NY: Wiley.

Forrest, L., Elman, N., Gizara, S., & Vacha-Haase, T. (1999). Trainee impairment: A review of identification, remediation, dismissal, and legal issues. *Counseling Psychologist, 27*(5), 627-686.

Forrest, L., Elman, N. S., & Miller, D. S. (2008). Psychology trainees with competence problems: From individual to ecological conceptualizations. *Training and Education in Professional Psychology, 2*(4), 183-192.

Frame, M. W., & Stevens-Smith, P. (1995). Out of harm's way: Enhancing monitoring and dismissal processes in counselor education programs. *Counselor Education and Supervision, 35*, 118-129.

Frank, A., & Gunderson, J. (1990). The role of the therapeutic alliance in the treatment of schizophrenia: Relationship to course and outcome. *Archives of General Psychiatry, 47*, 228-236.

Goodyear, R. K., & Bradley, F. O. (1983). Theories of counselor supervision: Points of convergence and divergence. *The Counseling Psychologist, 11*, 59-67.

Gross, S. M. (2005). Student perspectives on clinical and counseling psychology practica. *Professional Psychology: Research and Practice, 36*, 299-306.

Hatcher, R. L., & Lassiter, K. D. (2007). Initial training in professional psychology: The practicum competencies outline. *Training and Education in Professional Psychology, 1*, 49-63.

Henderson, C. E., Cawyer, C. S., & Watkins, C. E., Jr. (1999). A comparison of student and supervisor perceptions of effective practicum supervision. *The Clinical Supervisor, 18*, 47-74.

Hill, C. E. (2004). *Helping skills: Facilitating explorations, insight, and action* (2nd ed.). Washington, DC: American Psychological Association.

Hillerbrand, E. T. (1989). Cognitive differences between experts and novices: Implications for group supervision. *Journal of Counseling and Development, 67*, 293-296.

Hoffman, M. A., Hill, C. E., & Homes, S. E. (2005). Supervisor perspective on the process and outcome of giving easy, difficult, or no feedback to supervisees. *Journal of Counseling Psychology, 52*(1), 3-13.

Holloway, E. L. (1992). Supervision: A way of teaching and learning. In S. D. Brown & R. W. Lent (Eds.), *Handbook of counseling psychology* (pp. 177-214). New York, NY: John Wiley.

Horvath, A. O., & Greenberg, L. S. (1989). Development and validation of the working alliance inventory. *Journal of Counseling Psychology, 36*, 223-233.

Inman, A. G., & Soheilian, S. S. (2010). Training supervisors: A core competency. In N. Ladany & L. Bradley (Eds.), *Counselor supervision* (4th ed.). New York, NY: Routledge.

Kadushin, A. (1992). What' s wrong, what' s right with social work supervision. *Clinical Supervisor, 10*(1), 3-19.

Kennard, B. D., Stewart, S. M., & Gluck, M. R. (1987). The supervision relationship: Variables contributing to positive versus negative experiences. *Professional Psychology: Research and Practice, 18*, 172-175.

Ladany, N. (2004). Psychotherapy supervision: What lies beneath. *Psychotherapy Research, 14*, 1-19.

Ladany, N., Hill, C. E., Corbett, M. M., & Nutt, E. A. (1996). Nature, extent, and importance of what psychotherapy trainees do not disclose to their supervisors. *Journal of Counseling Psychology, 43*, 10-24.

Lamb, D. H., Cochran, D. J., & Jackson, V. R. (1991). Training and organizational issues associated with identifying and responding to intern impairment. *Professional Psychology: Research and Practice, 22*, 291-296.

Lambert, M. J., & Ogles, B. M. (1997). The effectiveness of psychotherapy supervision. In C. E. Watkins, Jr. (Ed.), *Handbook of psychotherapy supervision* (pp. 421-446). New York, NY: John Wiley.

Lehrman-Waterman, D., & Ladany, N. (2001). Development and validation of the evaluation process within supervision inventory [special issue]. *Journal of Counseling Psychology, 48*(2), 168-177.

Loganbill, C., Hardy, E., & Delworth, U. (1982). Supervision: A conceptual model. *Counseling Psychologist, 10*, 3-42.

Magnuson, S. (1995). *Supervision of prelicensed counselors: A study of educators, supervisors, and supervisees* (Unpublished doctoral dissertation). Tuscaloosa: University of Alabama.

Magnuson, S., Wilcoxon, S. A., & Norem, K. (2000). A profile of lousy supervision: Experienced counselors' perspectives. *Counselor Education and Supervision*, *39*, 189-202.

McAdams, C. R., Foster, V. A., & Ward, T. J. (2007). Remediation and dismissal policies in counselor education: Lessons learned from a challenge in federal court. *Counselor Education and Supervision*, *46*(3), 212-229.

National Association of Social Workers (NASW). (1994). *Code of ethics* (rev. ed.). Washington, DC: Author.

Neufeldt, S. A. (1999). Training in reflective processes in supervision. In E. Holloway & M. Carroll (Eds.), *Training in counseling supervisors* (pp. 92-105). London, UK: Sage.

Okin, R., & Gaughen, S. (1991). Evaluation and dismissal of students in master's level clinical programs: Legal parameters and survey results. *Counselor Education and Supervision, 30*(4), 276-288.

Pope-Davis, D. B., Toporek, R. L., & Ortega-Villalobos, L. (2002). Client perspectives of multicultural counseling competence: A qualitative examination. *Counseling Psychologist, 30*(3), 355-393.

Robiner, W. N., Fuhrman, M., & Ristvedt, S. (1993). Evaluation difficulties in supervising psychology interns. *Clinical Psychologist*, *46*, 3-13.

Robiner, W. N., Saltzman, S. R., Hoberman, H. M., Semrud-Clikeman, M., & Schirvar, J. A. (1997). Psychology supervisor's bias in evaluations and letters of recommendation. *Clinical Supervisor*, *16*(2), 49-72.

Seligman, L. (2004). *Diagnosis and treatment planning in counseling* (3rd ed.). New York, NY: Kluwer Academic.

Sexton, T. L., & Whiston, S. C. (1994). The status of the counseling relationship: An empirical review, theoretical implications, and research directions. *Counseling Psychologist*, *22*(1), 6-78.

Sherry, P. (1991). Ethical issues in the conduct of supervision. *Counseling Psychologist*, *19*, 566-584.

Skovholt, T. M., & Rønnestad, M. H. (1992). Themes in therapist and counselor development. *Journal of Counseling and Development*, *70*, 505-515.

Stoltenberg, C. (1981). Approaching supervision from a developmental perspective: The

counselor-complexity model. *Journal of Counseling Psychologist*, *28*, 59-65.

Talen, M. R., & Schindler, N. (1993). Goal-directed supervision plans: A model for trainee supervision and evaluation. *Clinical Supervisor, 11*(2), 77-88.

Worthington, R. L., Soth-McNett, A. M., & Moreno, M. V. (2007). Multicultural counseling competencies research: A 20-year content analysis. *Journal of Counseling Psychology, 54*(4), 351-361.

15

수퍼비전 연구에 대한 이해와 수행

Nicholas Ladany, Mathew A. Malouf

중요한 것은 질문하는 것을 멈추지 않는 것이다.

-Albert Einstein

경험적 수퍼비전에 대한 최초의 논문이 1958년에 출판된 이래로(Harkness & Poertner, 1989), 대략 300편의 상담 수퍼비전에 관한 경험적 논문이 *The Clinical Supervisor, The Counseling Psychologist, Counselor Education and Supervision, Journal of Consulting and Clinical Psychology, Journal of Counseling & Development, Journal of Counseling Psychology, Professional Psychology: Research and Practice,* 그리고 *Psychotherapy: Theory, Research, Practice, and Training*과 같은 저널을 통해 발표되어 왔다. 이 숫자는 상담 연구와 비교할 때에 수퍼비전 연구가 상대적으로 뒤처져 있다는 것을 보여 주며(Goodyear, Bunch, & Claiborn, 2005) 또한 지난 수십 년 동안 상담 연구에 대한 관심이 서서히 증가했음을 보여 준다(Inman & Ladany, 2008; Ladany & Inman, in press). 실제로 이 장을 마지막으로 업데이트 한 이후로 8년 동안 이 같은 논문 중 거의 1/3이 출판되었다(Ladany & Muse-Burke, 2001).

상담자 수퍼비전에 대한 관심이 부상하고 있음에도 불구하고 여전히 상담 수퍼비전 연구에 존재하는 여러 가지 도전을 반영하는 듯 경험적 연구는 연간 10편 이하의 비율로 출판되고 있다(Ladany & Inman, 2008). 역사적으로 수퍼비전 연구자들이 수퍼바이지와 내담자 사이에 발생하는 현상을 먼저 이해해야 수퍼바이지와 수퍼바이저 사이에 발생하는 가장 핵심적인 현상을 연구할 수 있다고 알려져 왔다(Lambert & Arnold, 1987). 게다가 내담자와 관련된 연구사례와 대조하여 볼 때, 수퍼바이지 또는 수퍼바이저와 관련된 연구사례는 더 적다. 그러나 지난 20년 동안 수퍼비전 연구에서 강조한 것은 단순히 내담자의 결과에 대한 영향을 측정하는 것에서 수퍼비전 과정에 대한 광범위한 탐색으로 바뀌었다(Holloway, 1984). 이러한 변화는 수퍼비전 연구가 확장되어 상담심리학의 진정한 하위 분야에 들어간 것을 나타내 주는 것이므로 축하할 만한 일이다. 그러나 이러한 변화는 수퍼바이지와 그들의 내담자 및 임상 수퍼바이저, 또래 수퍼바이저 그리고 수퍼비전을 실행하도록 다른 사람을 훈련시키는 기관의 사람들을 포함하여 주제, 양자 관계, 변인들이 잠재적으로 상호 연관된 거대한 망을 구축한다. 끝으로, 오직 소수의 수퍼비전 연구자들만이 계획에 따른 연구를 수행하고 있다(Inman & Ladany, 2008).

또한 상담 수퍼비전 문헌에 대해 검토하는 저자들이 당면한 도전들이 있다는 것을 주목해야 한다. 특별히, 상담 분야의 특수한 저널(예, *Journal of Counseling and Development, Counselor Education and Supervision*)과 상담과 유사한 분야에 기반한 저널들(예, *Journal of Counseling Psychology, Addiction: Theory and Research*)과 학제간(예, *The Clinical Supervisor;* Borders, 2005) 관련 저널을 포함하여 광범위한 저널들이 상담 관련 문헌을 출판한다. 그러므로 수퍼비전 과정과 관련된 잠재적 변인들의 숫자가 포괄적인 수퍼비전에 대한 연구를 힘겨운 과제로 만드는 것처럼(Ladany, Walker, Pate-Carolan, & Gray, 2008) 다양한 저널들이 문헌을 철저하게 검토하는 것을 복잡한 과업으로 만들어 가고 있다. 단순한 키워드 검색으로 경험적 연구인 70개 이상의 수퍼비전 문헌에 대한 논평을 찾을 수 있었고(예, Bernard & Goodyear, 2004; Borders, 2005; Ellis & Ladany, 1997; Goodyear et al., 2005; Lambert, 1980; Lambert & Ogles, 1997; Neufeldt, Beutler, & Banchero, 1997; Russell, Crimming, & Lent, 1984) 이 장의 상당 부분도 이러한 논평에서 이끌어 내었다.

수퍼비전 연구의 목적이 두 가지, 즉 수퍼비전 과정과 상담에 대한 수퍼비전의 영향을 이해하는 것과 수퍼비전 실제에 대한 정보를 제공하는 데 있듯이, 이 장에

서는 상담 수퍼비전 연구의 현재 상태를 기술하고 미래 연구에 대한 정보를 제공하고자 한다. 이런 목적을 달성하기 위해서 첫째로, 수퍼비전 연구의 변인을 식별하고 범주화하는 모델을 제시할 것이다. 둘째로, 새로운 경향과 발달을 포함해서 수퍼비전 연구 문헌에 대한 개관을 제공할 것이다. 셋째로, 수퍼비전 연구 수행에 중요한 요인들을 도식으로 제공할 것이다. 넷째로, 훈련생 평가 접근법의 적합성을 사정하는 모델을 제공하고자 연구와 방법론에 대한 우리의 지식을 적용할 것이다. 학술논문과 학위논문의 일부로서 수퍼비전 연구를 수행하는 데 관심이 있는 학생들과 전문적 수퍼비전 연구가 그리고 수퍼비전 연구를 필요로 하는 사람들에게 이 장의 내용이 유용하게 활용되기를 희망한다.

수퍼비전 연구 변인들

수퍼비전 연구를 이해하는 첫 단계는 대부분의 수퍼비전 경험 작업을 고려하면서 일반적인 연구 질문을 개념화하는 것이다. 이런 연구 질문(Ladany & Lehrman-Waterman, 1999)에는 다음과 같은 것들이 있다.

1. 수퍼비전이 훈련생의 결과에 어떤 영향을 주는가?
2. 수퍼비전이 내담자의 결과에 어떤 영향을 주는가?
3. 상담이 훈련생의 학습에 어떤 영향을 주는가?
4. 상담과 수퍼비전 과정이 서로 어떻게 병행하는가?
5. 상담이 내담자의 결과에 어떤 영향을 주는가?
6. 수퍼비전 외부의 사건이 수퍼비전과 상담에 어떤 영향을 주는가?

이와 같이 수퍼비전 연구의 상당 부분이 훈련생-수퍼바이저 상호작용 외의 관계와 사건에 대한 검토를 포함하고 있다(예, 상담, 외부 사건, 등). 현재까지 '외부 수퍼비전' 변인은 수퍼비전에 관한 문헌에서 관심을 가장 적게 받아 왔고, '내부 수퍼비전' 질문(즉, 수퍼비전이 훈련생의 결과에 어떤 영향을 주는가?)이 가장 많은 관심을 받아 왔다.

Wampold와 Holloway(1997)와 마찬가지로 우리는 수퍼비전 과정을 수퍼비전 회기 내에서 발생하는 활동과 이러한 활동에 대한 수퍼바이저, 훈련생, 객관적인 관찰자들의 인식으로 정의한다. 이와 유사하게 상담 과정은 상담회기에서 일어나는 일, 그리고 이러한 일에 대한 상담 훈련생, 내담자, 수퍼바이저, 객관적 관찰자들의 인식과 관련된다. 더 나아가 우리는 수퍼비전과 상담 결과를 수퍼비전과 상담을 통해 변화하는 변인으로 정의하며 이러한 변화는 회기를 넘어가도 지속된다. 특히, 어떤 사례에서는 수퍼비전 과정이나 수퍼비전 결과와 관련된 변인들이 명백하지 않을 수도 있다(예, 훈련생의 만족감은 회기 중이나 회기 후에 나타날 수 있다). 그러나 우리는 과정과 결과의 개념은 연구자들이 전체 수퍼비전 경험을 다루고 개념화할 수 있는 유용한 수단이라고 믿는다.

이러한 연구 질문으로부터 수퍼비전 변인들을 개념화하는 도식이 도출되었다([그림 15-1] 참조). 다른 모델과 유사하게(예, Wampold & Holloway, 1997), 대부분의 변인 사이에 상호 관계가 있다는 것을 인식하는 것이 중요하다. 예를 들면, 수퍼바이저의 양식과 같은 수퍼바이저의 성격특성은 수퍼비전 관계의 발달과 같은 수퍼비전 과정에 영향을 줄 수도 있다. 반대로 수퍼비전 관계가 수퍼바이저의 양식에 영향을 줄 수도 있다.

수퍼비전 연구를 이해하는 두 번째 단계는 앞에서 언급한 중요한 연구 질문에 적합한 수퍼비전을 위하여 기본적이면서도 특징적인 변인을 개념화하는 것이다.

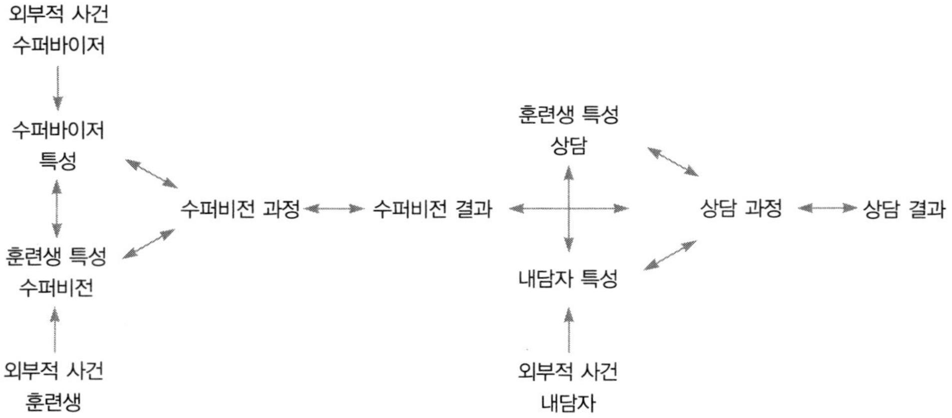

[그림 15-1] 수퍼비전 과정과 결과 그리고 상담 과정과 결과 변인의 상호 관계

〈표 15-1〉은 수퍼비전 문헌에 설명되었거나 함축되어 있는 이론적인 제안을 기반으로 하여 연구되었거나 혹은 연구될 수 있는 수퍼비전 변인의 표본을 제시한다. 표에서 보는 바와 같이 수퍼비전 연구를 수행할 때에 고려해야 할 수많은 변인이 있다. 그러므로 수퍼비전은 일원화된 단일 변인을 고찰해서는 안 되며 오히려 수퍼비전은 '이형적 조건의 조합'(Lambert, 1980)으로 인식되어야 한다. 오늘날까지 이러한 변인 중 일부만이 수퍼비전 문헌에 언급되어 있고, 이러한 변인들이 체계적이고 계획적인 방식으로 연구된 것도 많지 않다.

이러한 변인들의 상호작용을 양적으로나(Kerlinger, 1986) 혹은 질적으로(Creswell, 2006) 연구할 수 있다는 것을 인식하는 것이 중요하다. 최근의 문헌을 검토해 보면 소수이기는 하지만 질적 연구 논문이 출판된 논문의 약 20% 이상에 달하며 완만한 증가를 보이고 있다(Borders, 2005; Goodyear et al., 2005). 더 나아가 이러한 변인에 대한 평가는 수퍼바이저, 훈련생, 내담자의 자기보고서나 객관적인 관찰자 평가를 통해서 일어난다. 이러한 각각의 관점은 수퍼비전에 관해 독특하면서도 연관성이 있는 정보를 제공하여야 한다(Holloway, 1984). 또한 우리의 모델은 개인상담 훈련생을 위한 개인 수퍼비전에 가장 적합하며 개인상담에 대한 집단 수퍼비전과 집단상담에 대한 집단 수퍼비전 그리고 가족상담에 대한 수퍼비전에 적합하도록 수정할 수 있다.

◎ 수퍼비전 연구로부터 알아야 할 것

앞에서 언급한 바와 같이, 수퍼비전 연구 문헌에 대한 수없이 많은 평가가 있어 왔는데 이러한 평가는 연구 문헌을 요약하고 비평하는 정도에 따라 매우 다양하다. Ellis와 Ladany(1997)는 수퍼비전 연구 문헌에 대한 체계적이고 포괄적이면서 계획적인 검토를 수행했다. 그들은 특히 1981년부터 1995년까지 출간되었으며 잘 알려진 경험적 수퍼비전 연구를 검토하였다. 이러한 검토를 통해서 문헌에서 발견된 경험적 주제 혹은 추론이 규명되었다. 더 나아가 주요한 방법론적인 이슈가 분명하게 표현되었다.

검토 과정에서 Ellis와 Ladany(1997)는 수퍼비전 연구와 관련하여 여섯 가지 주

〈표 15-1〉 수퍼비전 변인

변인	
수퍼바이저 특성	
성	수퍼비전 경험
인종	상담자의 발달 수준
민족	수퍼바이저의 발달 수준
성적 지향	내담자로서의 경험
나이	치료자로서의 경험
사회경제적 상태	훈련생으로서의 경험
종교	수퍼바이저 자기-효능감
성정체성	상담의 이론적 배경
인종적 정체성	수퍼비전의 이론적 배경
민족적 정체성	수퍼비전에 대한 기대감
성적 지향 정체성	애매모호함을 견디는 능력
영적 정체성	수퍼바이저의 교육적 훈련
성격(예, 권위주의적임)	수퍼바이저의 경험적 훈련
상담 경험	수퍼바이저의 양식
훈련생 특성	
성	수퍼비전 받은 상담경험
인종	훈련생의 발달 수준
민족	훈련생으로서의 경험
성적 지향	수퍼바이저로서의 경험
나이	불안
사회경제적 상태	상담에서 자기-효능감
종교	상담의 이론적 배경
성정체성	수퍼비전의 이론적 배경
인종적 정체성	수퍼비전 역할 유도
민족적 정체성	상담에 대한 기대감
성적 지향 정체성	수퍼비전에 대한 기대감
영적 정체성	애매모호함을 견디는 능력
성격(예, 개방성)	성찰 능력
내담자로서의 경험	상담자로서의 교육적 훈련
상담 경험	상담자로서의 경험적 훈련

내담자 특성	
성	성적 지향 정체성
인종	영적 정체성
민족	성격
성적 지향	이전 상담 경험
나이	상담에 대한 기대감
사회경제적 상태	현재 문제
종교	정신병리
성정체성	사회적 지원
인종적 정체성	애매모호함을 견디는 능력
민족적 정체성	

수퍼비전 과정	
수퍼비전 관계(예, 수퍼비전 작업 동맹)	수퍼바이저 역전이
훈련생 노출	수퍼바이저 반응성
수퍼바이저 노출	수퍼바이저 개입
훈련생 비노출	수퍼바이저 반응 양식
수퍼바이저 비노출	수퍼바이저의 의도
병행 과정(상담 과정에 의해 영향을 받은)	수퍼바이저의 결정적 사건
훈련생 역할 갈등과 역할 애매모호성	훈련생의 결정적 사건
훈련생 전이	

수퍼비전 결과	
훈련생 자기-효능감(변화)	수퍼바이저 수퍼비전 기술(변화)
훈련생 상담 기술(변화)	수퍼바이저 개념화 기술(변화)
훈련생 개념화 기술(변화)	수퍼바이저 전문가 정체성(변화)
훈련생 전문가 정체성(변화)	훈련생 불만족
훈련생 만족	수퍼바이저 불만족
훈련생 평가	회기 영향력
수퍼바이저 자기-효능감(변화)	

상담 과정	
상담 관계(예, 상담 작업 동맹)	상담 훈련생 반응성
상담 훈련생 노출	상담 훈련생 개입
내담자 노출	상담 훈련생 반응 양식
상담 훈련생 비노출	상담 훈련생의 의도
내담자 비노출	상담 훈련생의 결정적 사건
내담자 전이	내담자의 결정적 사건
상담 훈련생 역전이	

상담 결과	
내담자 고통 수준(변화) 회기의 영향력 내담자 만족감	내담자 불만족 상담 훈련생 불만족 상담 훈련생 전문가 정체성(변화)
수퍼바이저의 외부적 사건	
수퍼비전에 대한 수퍼비전	환경적인 사건(예, 강압적인 기관의 규칙, 돌봄의 관리)
훈련생의 외부적 사건	
동료의 피드백 동료 간 상호작용	환경적인 사건(예, 강압적인 기관의 규칙, 훈련생 평가정책)
내담자의 외부적 사건	
환경적인 사건(예, 돌봄의 관리, 현재 문제에 영향을 주는 생활 경험)	

제 혹은 추론을 밝혀내었다. 첫 번째 추론은 수퍼비전 관계와 관련되었고 수퍼비전 작업 동맹, 내담자 중심 상황, Strong의 사회적 영향 모델, 훈련생 역할 갈등과 모호성 그리고 수퍼비전 관계의 구조와 관련된 연구를 포함하고 있다. 이와 같은 연구들에서는 수퍼비전 관계가 수퍼비전 과정의 핵심이 되며 수퍼비전 과정과 결과에 영향을 미칠 것이라는 결론을 내렸다. 하지만 또한 수퍼비전 관계가 정의되고 연구되는 방식이 매우 다양하다고 밝혀졌다. 이렇게 정의를 내리는 것과 실행하는 것(즉, 측정) 사이에 일관성이 없으므로 수퍼비전 관계가 과정과 결과에 미치는 특별한 영향이 무엇인지를 이해하기 어렵다.

두 번째 추론은 훈련생–수퍼바이저 조합과 연관된다. 특히 이 계열의 연구는 Bernard(1979)의 모델에서 도출된 수퍼바이저 역할과 수퍼비전 기능 사이의 조합, 수퍼바이지의 욕구와 수퍼바이저의 개입, 개인적인 차이(즉, 인지 양식, 성, 인종, 이론적 배경)에 의한 훈련생–수퍼바이저 조합 그리고 훈련생의 필요와 수퍼비전 환경과의 조합을 연구하였다. 이 연구의 주요한 결론은 다양한 특징에 의해서 훈련생과 수퍼바이저를 조합하는 것이 경험적 타당성이 결여된 긍정적인 수퍼비전 과정과 결과를 가져온다는 것이다. 예를 들면, 같은 인종의 훈련생–수퍼바이저가 수퍼비전에 대해 더 큰 만족감을 느낄 것이라는 증거가 없다는 것이다. 더욱이 저

자들은 수퍼비전 연구자들이 조합에 대한 가정을 지나치게 단순화하게 될지도 모르기에 보다 상관이 있는 심리적인 변인(예, 인종보다는 인종적 정체성을 조사하라.)을 사용하도록 고려해야 한다고 결론지었다.

세 번째 추론은 시간이 지남에 따라서 훈련생에게 일어나는 발달적 변화에 관심을 둔다. 자아 발달(Loevinger, 1976); 개념적 발달(Holloway & Wampold, 1986); Hogan(1964) 모델; Littrell, Lee-Borden과 Lorenz(1979)의 모델; Loganbill, Hardy와 Delworth(1982)의 모델; Sansbury(1982)의 모델; Stoltenberg(1981)의 모델; Stoltenber와 Delworth(1987) 모델 그리고 훈련생 경험 수준과 관련된 일반적인 발달 이슈 등을 포함하고 있는 다양한 수퍼비전 모델이 규명되고 검증되었다. 이러한 검토로부터 내려진 주요한 결론은 다음과 같다. ① 연구들이 좋게는 의구심을 갖게 하고 최악의 경우에는 잘못된 해석의 가능성이 있는 여러 가지 방법론적 한계(예, 발달적 추론을 하기 위해 횡단 연구 설계를 사용함)를 갖고 있다. 그리고 ② 자료에 의하면 발달 모델이 지나치게 단순하며 훈련생 이슈에 적절한 주의를 기울이지 않는다는 것이다.

발달적 혹은 종단적인 추론을 하는 데 횡단적인 설계를 사용하는 문제가 수퍼비전의 발달적 개념을 평가하는 경험적 논문에서는 부자연스럽게 보인다. 이 문제를 설명하기 위해서 10명의 초보 훈련생(남성 5명, 여성 5명)과 10명의 상급 훈련생(모두 여성임) 집단을 조사하는 연구자를 생각해 보라. 만일 이 연구자가 훈련생의 성별이라는 변인을 기반으로 하여 발달적 혹은 종단적 추론을 추출하고자 한다면, 연구자는 남성 훈련생은 초보에서 상급 훈련 수준으로 발전함에 따라서 여성 훈련생처럼 될 것이라고 판단할 수 있다. 이 추론은 분명히 터무니없지만 이는 발달적 접근의 연구자가 자료에 대한 조사와 해석에 있어서 흔히 범할 수 있는 실수를 예시해 준다. 그러므로 연구자는 서로 다른 표집의 횡단적인 조사에서 도출된 자료를 기반으로 하여 발달적 혹은 종단적인 결론을 내릴 수가 없다.

네 번째 추론은 훈련생 평가와 관련되어 있다. 일반적으로 ① 훈련생은 질적으로 평가될 것이다. ② 일반적인 수퍼바이저의 인식이 평가점수에 영향을 줄 수도 있다(예, 만일 수퍼바이저가 훈련생을 좋아한다면, 수퍼바이저는 그 훈련생을 긍정적으로 평가할 것이다). ③ 평가적 측정은 대체로 심리측정학상으로는 타당치가 않다.

다섯 번째 추론은 단지 몇몇의 연구에만 있는 내담자 결과와 가장 전형적인 병

행 과정 이슈와 관련된다. 이 책의 다른 부분에서 정의된 대로, 병행 과정은 일반적으로 수퍼비전의 과정 및 결과와 상담의 과정 및 결과 사이에 존재하는 유사성으로 정의된다. 병행 과정을 검토하는 연구에서는 훈련생–내담자의 상호작용과 수퍼바이저–훈련생의 상호작용 사이에 유사성이 있다고 결론을 내린다. 그러나 이 양자 사이에 작동하는 구체적인 기제는 아직 규명되지 않았다.

마지막으로, 여섯 번째 추론은 수퍼비전 과정과 결과를 평가하기 위한 새로운 척도 개발과 관련되어 있다. 검토한 일곱 가지 척도 중에서 오직 두 가지만이 추천되었고, 심리측정적으로 적합하다고 간주되었다. 그 두 가지는 역할 갈등/역할 모호성 검사(Olk & Friedlander, 1992)와 Barrett-Lennard 관계검사(Barrett-Lennard Relationship Inventory)(Barrett-Lennard, 1962; Dalton, 1983; Wiebe & Pearce, 1973)다. 수퍼비전 과정과 결과에 대한 현존하는 척도와 새로운 척도의 타당성을 위해서는 많은 작업이 필요하다는 데 대체로 의견이 일치되고 있다.

Ellis와 Ladany(1997)의 검토는 수퍼비전 연구를 통해 얻은 지식에 통찰을 제공하였을 뿐만 아니라 수퍼비전 문헌의 여러 가지 방법론적인 한계도 강조하고 있다. 수퍼비전 연구자들은 미래의 연구를 계획할 때에 이러한 연구의 한계점을 고려하도록 조언을 받고 있다. Ellis와 Ladany는 Cook과 Campbell(1979)의 타당도 위협요인; Wampold와 Davis 그리고 Good(1990)의 가설 타당도 위협요인; 방법론적 문헌에 기술된 8가지 추가 위협요인(Chen, 1990; Ellis, 1991; Kazdin, 1986, Kerlinger, 1986; Serlin, 1987; Wampold & Poulin, 1992)에서 도출된 각 연구의 타당성에 대한 37가지의 잠재적인 위협요인을 기반으로 각 문헌을 평가하였다. 검토된 104가지 경험적 연구에서 14가지 위협요인이 가장 두드러진 방법론적 위협요인으로 나타났다. 이러한 타당도 위협요인에는 다음의 것이 포함되어 있다. ① 팽창된 제1종 오류율(즉, 실험오류에 대한 통제 없이 다중통계비교; 76%), ② 독립 혹은 종속 척도의 비신뢰성 혹은 비타당성(64%), ③ 팽창된 제2종 오류율(낮은 통계 검증력 혹은 진실한 효과 탐지 불능; 51%), ④ 비임의/비대표 표본(39%), ⑤ 임의 배분(38%), ⑥ 목적, 가설, 설계 방식, 분석의 잘못된 조합(29%), ⑦ 통계에 대한 가설의 위반(14%), ⑧ 횡단적 연구자료에서 발달적 추론을 하는 것과 같은 코호트 효과(11%), ⑨ 중첩된 독립변인(예, 다수의 훈련생을 가진 한 명의 수퍼바이저; 10%), ⑩ 무통제변인(효과를 완화하는 알려지지 않은 제3의 변인; 8%), ⑪ 집단 간 차이 감소(8%), ⑫ 단

일방법 편향(7%), ⑬ 이분화 혹은 다분화되어 연속적으로 분포된 독립변인 혹은 종속변인(7%), 그리고 ⑭ 참여자 이질성(7%).

확실히, 검토된 어떤 연구도 타당도에 대한 모든 잠재적 위협요인들을 설명할 수 없었다. Gelso(1979)는 모든 잠재적인 위협요인들에 대해 통제가 불가능한 것을 '기포 가설' 이라고 지칭하였다. 본질적으로 Gelso는 타당도 위협요인들에 대한 통제를 자동차 유리에 스티커를 부착하는 것에 비유하였다. 스티커를 붙였을 때 스티커 아래에 생긴 기포를 눌러 없애면 다른 곳에서 기포가 또 일어난다. 예를 들면 수퍼비전 연구에서 연구자는 참여자를 임의로 각 연구 조건에 배분함으로써 임의의 배분 위협요인들에 대해서 설명할 수 있다. 그러나 이러한 설명은 연구자가 일반화하기에는 제한적일 것이며, 그러므로 외적 타당도 위협요인이 전면에 드러날 것이다. 그러므로 연구자는 현재의 연구에서 통제되지 않은 위협요인들을 설명하게 될 미래 연구를 수행할 의도를 가지고 주어진 어떤 연구도 기꺼이 수용하면서 그러한 타당도 위협요인들을 선택해야 한다.

그러나 규명된 일차적 타당도 위협요인들을 자세히 보면, 대부분의 이러한 위협요인들이 각각의 연구에서 쉽게 해결되어 왔다. 예를 들면 연구의 76%가 팽창된 제1종 오류율을 나타냈다. 결과적으로 한 가지 이상의 유의미한 연구 결과물은 자료의 실제 효과에 의해서라기보다는 우연에 의한 것이다. 제1종 오류율을 통제하기 위한 간단한 통제 방식은 다중의 통계적 검증을 설명하기 위해 알파비율(예, Bonferroni 절차)을 감소시키는 것이다(보다 철저한 토론을 위해 Ellis & Ladany, 1997 참조).

Ellis와 Ladany의 논문(1997) 이후로, 몇몇의 다른 논평과 연구에서 상담 수퍼비전 연구를 다루고 있는데 여기에서도 유사한 주제들이 논의되고 있다. 1999년부터 2004년까지의 연구 문헌에 대한 Borders(2005)의 논평은 39편의 경험적 연구를 포함하고 있다. 이러한 연구 중 상당수가 수퍼바이저 양식이나 몇 가지 다른 방식으로 정의되고 있는 수퍼비전 관계에 초점을 맞추고 있다. 그러나 이 중 대다수는 이를 작업 동맹의 삼자 모델과 관련하여 수행하였는데(Bordin, 1983), 다시 말하면 수퍼비전 목표에 대한 상호 동의, 수퍼비전 과제에 대한 상호 동의, 수퍼바이지와 수퍼바이저 사이의 정서적인 결속에 초점을 맞추었다. 수퍼바이저 피드백과 평가는 이 주제에 초점을 맞춘 두 가지 연구에서만 미약하게 나타났다. 이와 유사하게 비록 Ellis와 Ladany의 여섯 가지 추론에 속하지는 않지만, 구체적인 수퍼비전 개입도 오직 두 편의 연구에서만 연구되었다.

문헌 연구의 후속 검토에서는 집단 수퍼비전에 관한 연구의 증가, 수퍼비전에서 영성에 대한 이슈의 증가, 학교와 다른 다양한 임상적 상황에서의 연구의 부족 등이 조사되었다. 그리고 이미 앞에서 논의한 정체성이나 문화적 특성에 의해서 수퍼바이저–수퍼바이지 조합을 강조한 것과는 달리, 특히 수퍼비전 맥락에서 다문화적 변인과 역량에 초점을 맞추는 다문화 수퍼비전에 관한 연구(4편)가 부족하다. 이런 관찰은 후속 논평에서도 나타났는데(Goodyear et al., 2005), 상담 분야에서 전반적으로 다문화적 역량을 강조한다는 점을 감안하면 다문화 수퍼비전에 대한 연구의 부족은 놀라운 일이다. 실제로 최근 Ladany와 Inman(2008)의 연구는 10년 동안에 이 주제에 관해 출간된 논문 5편만을 찾아내었다. 수퍼바이저 역량은 일반적으로 경험적 연구가 좀 더 필요한 주제 영역으로 인식되어 왔으며, 유해한 수퍼비전의 가능성에 대한 인식이 증가함에도 불구하고(Goodyear et al., 2005) 5년 동안에 오직 한 논문에서만 수퍼바이저의 역량을 밝히고 있었다(Borders, 2005).

끝으로, 새롭게 부상하는 연구물은 국제적인 시각에서 수퍼비전을 바라보기 시작하였다. 이러한 현상은 다양한 국가의 국제적인 저자들에 의해 출간된 수퍼비전 관련 문헌이 증가함에 따라 촉진되었다(Bernard & Goodyear, 2004; 예, Jen Der Pan, Deng, & Tsai, 2008). 그러나 상담이 세계화에 부응하면서, 수퍼비전 연구에서도 여러 국가의 학생을 상대로 하는 수퍼비전과 관련된 이슈를 경험적으로 탐색하기 시작하였다(예, Nilsson, 2007; Nilsson & Anderson, 2004). 이와 마찬가지로 국제적 환경이나 외국 내담자와 임상 작업하는 것에 대한 관심이 증가하면서 Gerstein과 Ægisdóttir(2007)는 상담 훈련생에 대한 국제적인 연구를 위하여 몇 가지 실제적이고 방법론적인 도전을 부각시켰다. 특히 국제적인 사례에 대한 접근성을 확보하는 것과 비용(경제적 · 시간적) 그리고 외국인 연구자에 대한 신뢰도를 높이는 것이 실질적인 도전과제다. 방법론적으로, 연구자는 연구수행에 있어서 채용된 절차와 척도의 타당성만이 아니라 연구되고 있는 구성요소의 현실성, 관련성, 적합성에 대해 질문을 하고, 결과물을 해석할 때에 현재 연구되고 있는 문화와 관련이 없는 기준이나 규범의 사용을 피하도록 권유를 받고 있다.

잘 설계된 수퍼비전 연구과제를 만드는 방법

Ellis, Ladany, Krengel과 Schult(1996)는 경험적 수퍼비전 문헌에서 발견된 방법론적 한계에 대한 지식을 가지고, 실행 가능하도록 잘 설계된 수퍼비전 연구와 연관된 일련의 이슈를 밝혀내었다. 비록 이런 이슈는 실험적이며 양적인 연구와 가장 관련이 있지만, 그들은 또한 다른 양적 연구(예, 사후 소급 적용과 조사 연구 설계)나 이보다는 덜하지만 질적 연구에서도 보편성을 갖는다. 방법론과 상관없이 서론에 기술한 것과 관련하여 연구자들은 ① 신뢰하고 있는 이론적 모델과 그 이론의 한계를 설명한다. ② 관심 있는 구성요소에 대하여 논리적으로 논박하고 합리적으로 연결한다. ③ 관심 있는 구성요소에 대해 철저하게 정의한다. ④ 방향성 있는 연구가설을 구체화한다(즉, 의미를 명확하게 밝힌다).

양적 설계와 수퍼비전 연구

양적 연구 방법론을 구성할 때에 연구자들은 다음과 같이 말한다. ① 출판된 연구를 기반으로 사전 검증력 분석을(Cohen, 1988; Haase, 1974; Hasse, Ellis, & Ladany, 1989) 실행한다. ② 심리측정적으로 적합한 도구를 관리(즉, 타당도나 신뢰도 측정은 유사한 표본을 사용함)하고 연구 사례에 대한 내적 일치도를 보고한다. ③ 가능한 한 임의로 배분한다(즉, 참여자를 조건 혹은 도구의 순서에 임의로 배정). ④ 참여자에 대한 포괄적이고 인구 통계적인 정보를 수집하여 보고(예, 성, 인종, 나이, 상담 경험 등)한다. ⑤ 가능한 한 다중 방식을 사용(예, 자기보고서와 객관적인 평가서)한다. ⑥ 가능한 한(예, 상담을 경험한 기간이나 상담한 내담자 전체 수에 따른 훈련생 경험) 같은 구성요소에 대해 다중 척도를 사용한다. ⑦ 평가에 관한 충분한 자료를 제공한다. ⑧ 서론에서 규정한 구성요소가 방법론에 있어서 작용 가능한 구성요소와 조합되게 한다. ⑨ 서론에 제공된 가설이 선택된 통계분석과 조합되게 한다.

결과와 관련하여서 연구자가 할 일은 ① 제1종 오류율에 대한 통제, ② 제2종 오류율에 대한 통제, ③ 가능한 한 연속변인을 사용하되, 이분법 혹은 다분법적인 변인을 사용하지 않음으로써 통계 검증력 혹은 설명된 분산을 유지하기(Cohen,

1983), ④ 활용한 통계 절차에 내재되어 있는 가설을 위반한 것을 알아내는 검사(예, 천정 혹은 마루 효과, 불균형적인 세포의 크기, 비대칭)와 가설이 위반(예, 자료의 변형)되었을 때에 자료를 적절하게 수정하기, ⑤ 가설의 독립성 위반하지 않기(예, 각 수퍼바이저는 한 명의 훈련생을 위해 자료를 제공해야 하며, 참가자들이 한 연구에서 수퍼바이저와 훈련생 역할을 동시에 담당하지 않는다) 등이다. 토론에서 연구자들은 ① 이론적 맥락에서 결과를 해석하며, ② 실제 자료에 근접하고 결과를 과잉일반화하지 않고, ③ 연구를 평가하고 관련된 한계와 강점을 제시하며, ③ 결과에 대한 이론적 · 경험적 · 실천적 함의를 제공한다.

수퍼비전 변인의 측정

앞서 언급한 대로 심리측정적으로 건전한 수퍼비전 척도는 숫자적으로 제한되어 있다. 하지만 새로운 척도가 개발되고 있으며 낡은 척도는 개정되고 있다. 수퍼비전 연구에 사용된 척도는 수퍼비전 맥락에 맞게 개정된 상담척도에서부터 수퍼비전을 위해서 특수하게 설계된 척도까지 다양하다(Bernard & Goodyear, 2004; Ellis & Ladany, 1997). 일반적으로 가장 유용한 척도는 수퍼비전 맥락을 위해서 도출되어 타당성 있게 받아들여졌으며(즉, 내용 관련, 기준 관련, 구성 관련) 신뢰할 만하다고 인정된 것이다(예, 내적 일치도가 .80보다 크다; Gall, Borg, & Gall, 1996). 우리는 수퍼비전 문헌에서 흔히 사용되는 척도를 〈표 15-2〉에서 밝혔다. 독자는 이러한 척도를 조사하고 자신의 연구목적을 위해서 심리측정적인 적합성을 평가해 보아야 한다. 뿐만 아니라, 독자는 이러한 척도의 적합성을 판단하기 위해서 다음의 참고문헌을 검토할 수도 있다(Bernard & Goodyear, 2004; Ellis & Ladany, 1997; Lambert & Ogles, 1997).

질적 설계와 수퍼비전 연구

앞의 영역에서 주목하여 본 대로 수퍼비전에서 질적 연구조사와 관련된 관심이 고조되고 있다. 수퍼비전 연구자들은 병행 과정(Doehrman, 1976; Friedlander, Siegel, & Brenock, 1989), 전문상담자 발달(Skovholt & Rønnestad, 1992), 수퍼비전에

〈표 15-2〉 수퍼비전 과정과 결과를 평가하기 위해 자주 사용하는 방법

구성요소/변인	하위구성요소/하위척도	평가자	척도 제목	참고문헌
훈련생의 인지복합성	1. 개별화 2. 통합	O	상담자 인식 질문지	Blocher et al.(1985)
훈련생의 상담 관련 자기효능감	1. 사용하는 세부기술 2. 과정에 주의집중 3. 어려운 내담자 행동 다루기 4. 다문화적으로 유능하게 처신하기 5. 자기 가치 인식	T	상담 자기평가검사	Larson et al.(1992)
	단일 점수	T	자기효능감 검사	Friedlander & Snyder(1983)
수퍼비전에서 훈련생의 결정적 사건	1. 가장 중요한 수퍼비전 이슈 2. 가장 중요한 수퍼비전 개입	T	결정적 사건질문지	Heppner & Roehlke(1984); Rabinowitz, Heppner, & Roehlke(1986)
훈련생의 발달 수준	1. 자기와 타인에 대한 인식 2. 동기 3. 의존성/자율성	T	수퍼바이지 수준 질문지-개정판	McNeill, Stoltenberg, & Romans(1992)
	1. 훈련생 2. 수퍼비전 욕구	T	상담자 발달질문지	Reising & Daniels(1983)
훈련생의 다문화 상담 역량	단일 점수	T/S	교차 문화적 상담검사-개정판	LaFromboise, Coleman, & Hernández(1991)
	1. 다문화 인식 2. 다문화 지식 3. 다문화 기술	T	다문화 인식, 지식, 기술 검사	D'Andrea, Daniels, & Heck(1991)
	1. 다문화 인식 2. 다문화 지식 3. 다문화 기술 4. 다문화 상담 관계	T	다문화 상담 검사	Sodowsky, Taffe, Gutkin, & Wise(1994)
	1. 다문화 인식 2. 다문화 지식	T	다문화 상담 지식과 인식 척도	Ponterotto, Rieger, Gretchen, Utsey, & Austin(1999)

(계속)

구성요소/변인	하위구성요소/하위척도	평가자	척도 제목	참고문헌
훈련생의 다문화 상담 사례개념화 능력	병인론과 치료의 차별화와 통합	O	다문화 사례개념화 역량 척도	Ladany, Inman, Constantine & Hofheinz(1997)
훈련생의 역할 갈등과 애매모호성	1. 역할 갈등 2. 역할 애매모호성	T	역할 갈등과 역할 애매모호성 검사	Olk & Friedlander(1992)
훈련생의 상담과 수퍼비전 행동	1. 상담 2. 수퍼비전	S	상담자 평가 척도	Myrick & Kelly(1971)
	1. 목적 있는 상담 수행 2. 비상담적 행동 3. 수퍼비전 태도 4. 상담 배경	T	상담자 평가 척도	Benshoff & Thomas(1992)
훈련생의 수퍼비전 만족도	단일 점수	T	수퍼바이지 만족도 질문지	Ladany et al.(1996)
훈련생과 수퍼바이저의 수퍼비전 만족도	훈련생: 1. 수퍼바이저 평가 2. 훈련생 자기평가 3. 편안함 수준 수퍼바이저: 1. 훈련생 평가 2. 수퍼바이저 자기평가 3. 편안함 수준	T/S	훈련생 개인 반응 척도 및 수퍼바이저 개인 반응 척도	Holloway & Wampold(1983)
수퍼바이저 행동	하위구성요소에 포함된 것들: 1. 치료자와 내담자에게 초점을 맞추는 정도 2. 수퍼바이저와 치료자의 장악력 3. 명료화와 해석적 코멘트 횟수 4. 직면의 강도 5. 수퍼바이저의 공감	O	심리치료 수퍼비전 검사	Shanfield, Mohl, Matthews, & Hetherly(1989)

(계속)

구성요소/변인	하위구성요소/하위척도	평가자	척도 제목	참고문헌
수퍼바이저 행동	1~12 요인들	T/S	수퍼비전 질문지-개정판	Worthington(1984); Worthington & Roehlke(1979)
	1. 수퍼비전의 서로 다른 양상의 중요성 2. 행동의 빈도 3. 수퍼비전에 사용된 시간 4. 수퍼바이저 역할과 행동 5. 인구 통계학적 변인	S	수퍼비전 수준 조사 연구	Miars et al.(1983)
집단 수퍼비전에서 수퍼바이저 행동	1. 수퍼바이저 역량 순위 2. 만족도 순위 3. 전문적 발달 순위	T/S	집단 수퍼비전 행동 척도	White & Rudolph(2000)
수퍼바이저의 발달 수준	단일 점수	S	심리치료 수퍼바이저 발달 척도	Watkins, Schneider, Haynes, & Nieberding(1995); Barnes & Moon(2006)
수퍼바이저의 윤리적 행동	단일 점수	T/S	수퍼바이저 윤리적 행동 척도	Ladany, Lehrman-Waterman, Molinaro, & Wolgast(1999)
수퍼비전의 기대감	1. 역할 행동 2. 관계의 성격 3. 과제의 초점과 목표	T/S	수퍼비전 기대감의 적합성 척도	Ellis et al.(1994)
수퍼비전 평가	1. 목표 설정 2. 피드백	T	수퍼비전 검사 내의 평가 과정	Lehrman-Waterman & Ladany, 2001
수퍼바이저의 피드백	1. 긍정성 2. 부정성 3. 적극성 4. 구체성	O	수퍼비전 피드백 평가 척도	Larson, Day, Springer, Clark, & Vogel(2003)
	1. 타입 2. 구체성 3. 포용력 4. 초점	O	수퍼비전 피드백 평가 체계	Friedlander, Siegel, & Brenock(1989)
수퍼바이저의 초점	1. 과정 2. 전문적 행동 3. 개별화 기술 4. 내담자 개념화	S	수퍼바이저 강조 평가형식-개정판	Lanning & Freeman(1994); Lanning, Whiston, & Carey(1994)

(계속)

구성요소/변인	하위구성요소/하위척도	평가자	척도 제목	참고문헌
수퍼바이저의 초점	1. 성격 2. 수퍼비전 초점 3. 수퍼비전 양식	S	수퍼비전 초점 및 양식 질문지	Yager, Wilson, Brewer, & Kinnetz(1989)
수퍼바이저의 영향력	1. 수퍼비전 영향력 2. 학습 의지	T/S	수퍼비전 인식 형식	Heppner & Roehlke(1984)
수퍼바이저의 자기-비노출	단일 점수	T/S	수퍼비전 자기-비노출 검사	Lehrman-Waterman & Ladany(2001)
수퍼바이저의 양식	1. 매력 2. 대인관계 민감성 3. 과제 중심	T/S	수퍼비전 양식 검사	Friedlander & Ward(1984)
수퍼비전 관계	1. 존중 2. 공감 3. 무조건성 4. 자발성 5. 총점(즉, 관계 전반)	T	관계 검사	Schact, Howe, & Berman (1988)
수퍼비전 작업 동맹	1. 수퍼비전 목표 동의 2. 수퍼비전 과제 동의 3. 수퍼바이저와 훈련생 정서적 유대	T/S	작업 동맹 검사	Bahrick(1990)
	훈련생: 1. 라포 2. 내담자 초점 수퍼바이저: 1. 내담자 초점 2. 라포 3. 동일시	T/S	수퍼비전 작업 동맹 검사	Efstation, Patton, & Kardash(1990)
국제적 훈련생의 수퍼비전	1. 다문화적 토론 2. 수퍼바이지의 문화적 지식	T	국제학생 수퍼비전 척도	Nilsson & Dodds(2006)
여성주의 수퍼비전	1. 협력 관계 2. 권력 분석 3. 다양성과 사회적 맥락 4. 여성주의 주장과 행동주의	S	여성주의 수퍼비전 척도	Szymanski(2003)

비고 : 평가자를 훈련생(T), 수퍼바이저(S), 내담자(C), 훈련된 관찰자(O)로 분류하였음.

서의 긍정 및 부정적 경험(Hutt, Scott, & King, 1983; Worthen & McNeill, 1996), 훈련생의 성찰 정도(Neufeldt, Karno, & Nelson, 1996), 수퍼바이저의 역전이(Ladany, Constantine, Miller, Erickson, & Muse-Burke, 2000) 훈련생의 성적 매력과 수퍼비전에서의 사용(Ladany, O' Brien, et al., 1997), 초보 상담자의 경험(Williams, Judge, Hill, & Hoffman, 1997), 다문화적 수퍼비전(Fukuyama, 1994), 훈련생의 비노출(Hess & Hoffman, 1999; Ladany, Hill, Corbett, & Nutt, 1996), 수퍼비전에서 역효과적인 사건(Gray, Walker, Ladany, & Ancis, 1999), 그리고 유해한 수퍼비전을 포함하는 다양한 변인을 질적으로 연구하기 시작하였다(Nelson & Friedlander, 1999).

이러한 질적 연구는 양적 연구자들이 수퍼비전 문헌에서 다루지 않았던 중요한 차이를 메우는 것이며, 사회정의 구조 내에서 전문가와 당사자의 견해가 통합되는 기회가 증가하며, 특히 전통적으로 저평가되었던 집단에게 더 많은 기회를 부여하는 계기가 된다.

다음 내용은 질적 연구가 양적 연구 방법론과 구별되는 점을 보여 준다. 특히 양적 연구는 흔히 연구 배경을 조작하며 자료를 얻기 위해서 도구와 척도를 활용한다. 양적 연구는 판단을 내리기 위해서 귀납적 논리를 사용하기보다는 연역적 논리를 따른다. 더 나아가서 양적 자료는 숫자 형식(즉, 통계수치)으로 수집되고 보고되며, 이러한 숫자는 연구의 산물이다. 질적 연구는 때로 일련의 자료를 교차하거나 혹은 한 사례 내에서 어떤 주제의 빈도를 표시한다. 그러나 이것은 일반적으로 보다 큰 주제의 서술적 분석의 일부분이며 숫자 그 자체는 유일한 산물이 아니다.

매우 다른 개념적이고 분석적인 접근을 해 보면, 질적 연구에 대한 일반적인 통념은 양적 연구 방법론에 비해 질적 연구는 정확성이 부족하다는 것이다. 그러나 최근 질적 연구는 매우 정확한 방법론적 접근이며, 기존의 통념은 대체로 근거가 없다고 받아들여지고 있다. 더 나아가서 Lincoln과 Guba(1985)는 양적인 관점에서 진화된 정확도, 신뢰도, 타당도의 전통적인 척도(Messick, 1995; Moss, 1994, 1995)는 질적 연구와는 양립할 수 없다고 보았으며, 그 대신에 신뢰도를 질적 연구의 평가 수단으로 제안하였다. 더욱이 질적 연구와 양적 연구 모두는 본질적으로 서로 보완적인 강점과 약점을 갖고 있으며, 혼합 설계 방법의 경우에는 두 방법을 조합하기도 한다. 실제로 두 방법론은 수퍼비전 연구과제에 독특한 가치를 부여한다.

일반적으로 질적 연구는 여러 가지 전형적인 특징(Bergsjo, 1999; Bogdan & Biklen,

1992; Eisner, 1991; Lincoln & Guba, 1985; Merriam, 1988)을 가지고 있다. 첫째, 질적 연구는 현장 중심이며, 정보의 자원으로서 자연스런 상황을 강조한다. 둘째, 연구자는 자료수집의 일차적 도구다. 심지어 기존의 자료가 있는 설계에서조차도 그렇다. 셋째, 풍부하고 철저한 서술을 확인하기 위해서 단어와 그림을 사용하여 자료가 수집된다. 이와 유사하게 표현적인 언어가 질적 연구에서 사용된다. 넷째, 질적 연구의 결과는 산물이라기보다는 과정으로 인식된다. 마지막으로 자료는 귀납적인 논리를 사용하여 분석된다(즉, 자료에 의해서 제공된 정보로부터 직접적으로 결론이 도출된다).

◎ 질적 연구 방법론

양적 연구와 마찬가지로 다양한 질적 연구 방법론이 최근에 고안되고 있다. 질적 방법론을 개념화하고 다루는 하나의 방식은 질적 연구 방법론을 다섯 가지 전통의 맥락에서 고려하는 것이다(Creswell, 2006). 이러한 다섯 가지 주요한 질적 연구 방법론의 전통은 다음과 같다. ① 현상학, ② 근거 이론, ③ 내러티브 연구, ④ 민속학, ⑤ 사례 연구(Yin, 202). 지금까지 수퍼비전 연구를 위해서 사용된 주요한 질적 연구 전통은 현상학(예, Worthen & McNeill, 1996)과 근거 이론(예, Neufeldt, Karno, & Nelson, 1996)이었다.

현상학적 연구는 기본적인 것, 즉 특별한 현상에 관심을 가진 몇몇 개인의 경험에 내재하는 의미를 기술하고 이해하고자 한다. 이 방법론을 사용하는 연구자는 심층면접을 통해서, 통상적으로 약 10명 정도의 사람들로부터 자료를 수집한다. 면접 질문은 연구자에 의해서 고안되며 질문에서 탐구되어야 할 현상과 직접적으로 연결되어 있다(예, 수퍼비전에서 좋은 순간들). 끝으로는 '가장 의미 있는' 경험이 기술된다.

질적 연구의 또 다른 전통인 근거 이론은 현장에서 획득한 자료에 기반을 둔 이론을 도출하는 것을 목적으로 한다. 범주를 충분히 활용하기 위하여 20~30명의 개인들과 인터뷰를 한다(즉, 더 이상 발견되지 않을 때까지 새로운 정보를 확인한다). 자료 분석의 과정은 체계적이며 표준화된 코드 형식을 따른다.

내러티브 연구의 목적은 특별한 개인의 삶을 탐구하는 것이다. 인터뷰와 역사적인 서류를 통하여 연구자는 삶의 중요한 의미가 있는 순간의 주제에 따라서 개인의 생활과 집단 속에서 이야기를 수집한다. 다음으로, 개인의 삶은 당시의 규범, 이슈, 이데올로기가 들어 있는 역사적인 맥락 안에 존재한다. 이를 통해 개인의 삶에 대한 세부적인 그림을 그리게 된다.

민족학에서는 문화적이며 사회적인 집단을 기술하고 해석하고자 한다. 연구자는 조사하고 있는 사람들이나 개인의 일상적인 생활 속으로 스며들어가서 참여적인 관찰을 통해 자료를 수집한다. 더 나아가서 연구자는 개인 혹은 집단의 일원과 심층면접을 할 수도 있다. 이런 과정을 통해서 연구자는 행동, 언어, 상호작용, 문화적 가공물의 의미에 대한 하나의 이해를 발달시킨다. 궁극적으로 집단 혹은 개인의 문화적 행위에 대해 풍부한 기술을 하게 된다.

마지막의 주요한 질적 연구 전통은 사례 연구다. 이 방법은 하나 혹은 여러 사례를 시간을 두고 심층 분석을 한다. 사례 연구에는 서류와 보고서, 면접, 관찰과 같은 다양한 정보의 자원을 이용하는 철저한 수집이 요청된다. 더 나아가서 자료는 사례의 자연스러운 상황에서 수집된다. 이런 과정을 통해서 단일 사례 혹은 여러 사례에 대한 세부적인 기술이 전개된다.

Hill, Thompson과 Williams(1997)의 합의적-질적 연구(consensual qualitative research: CQR)는 상담과 수퍼비전에서는 비교적 새로운 연구이며 지난 10년간 꽤 많은 인기를 누리고 있다. 이 연구 방법론은 근거 이론 전통에서 나왔으며 일반적으로 ① 모집, ② 면접, ③ 자료 준비, ④ 영역별 코딩, ⑤ 핵심사상의 추출, ⑥ 핵심사상 청취, ⑦ 교차분석, ⑧ 교차분석 청취, ⑨ 전체 팀에 의한 개관 등의 아홉 가지 수준이 있다. 합의적-질적 연구 방법론은 다양한 사례에서 공통적으로 발생하는 주제의 빈도와 같이 양적인 것에 가까운 자료를 제공한다는 점에서 다른 질적 접근과 다르다고 할 수 있다.

Hill 등(2005)은 최근의 자료에서 합의적 질적-연구를 사용한 27편의 논문을 확인하였고 연구 방법론을 간소화하는 연구 수행을 제안하였다. 여기에서 연구자들은 그들이 연구하기 전에 가지고 있었던 편견을 보고하였다. 또한 처음으로 제안(Hill et al., 1997)된 바와 같이 안정성을 확인하는 대신에 신뢰성을 평가하기 위해(Lincoln & Guba, 1985) 합의적-질적 연구 과정에서 연구 결과나 '참여자 확인하기' 의 사용을 도표화하거나 참여자에게 연구 결과를 다시 알려 주기도 하였다. 이에 대해 관심 있는 독자는 수퍼비전 연구를 위해서 Hill 등(1997, 2005)의 연구만이 아니라 합의적-질적 연구 형식을 사용한 질적 연구 역시 참고하면 된다(예, Burkard et al., 2006; De Stefano et al., 2007; Hess & Hoffman, 1999; Ladany et al., 2000; Nelson & Friedlander, 1999; Williams et al., 1997).

물론 지금까지 기술된 내용이 질적 연구 방법론을 모두 망라하고 있는 것은 아니다. 실제로 어떤 유형의 내용분석(Krippendorff, 2003)과 발견 지향적 접근(Mahrer & Boulet, 1999)은 수퍼비전 연구 안에서 적용할 수 있다. 질적 연구에 대한 보다 상세한 기술을 원하는 독자들은 Creswell(2006), Denzin과 Lincoln(1994), Flick(2006), Krippendorff(2003), Lincoln과 Guba(1985), Mahrer와 Boulet(1999), Maxwell(2004), Miles와 Huberman(1994), Patton(1990), Strauss와 Corbin(2007), Wolcott(1994), Yin(2002)을 참고하면 된다.

◎ 상담 훈련생 평가 방법 서술 모델

과학적 시각을 가진 임상 연구자의 입장에서 우리의 연구 기술은 임상 수퍼비전을 평가하는 데 사용될 수 있다. 상담 훈련생 평가는 수퍼비전 연구와 실습 사이에서 마주하게 되는 임상 수퍼비전 이슈 중 하나다. 효과적으로 상담 훈련생을 평가하는 능력은 수퍼바이저의 주요한 과제다(Bernard & Goodyear, 2004). 이런 훈련생 평가를 통해서 수퍼바이저는 훈련생의 발달과 내담자 변화의 진행을 도표화할 수 있다.

상담 훈련생을 평가하는 데 사용된 방법론을 조사하는 경험적 문헌에 대한 개관(Borders & Fong, 1991; Carey, Williams, & Wells, 1988; Dodenhoff, 1981; Fordham, May, Boyle, Bentall, & Slade, 1990; Lazar & Mosek, 1993; Mathews, 1986; Newman, Kopta, McGovern, Howard, & McNeilly, 1988; Norcross & Stevenson, 1984; Norcross, Stevenson, & Nash, 1986; Romans, Boswell, Carlozzi, & Ferguson, 1995; Snepp & Peterson, 1988)에서 보여 주는 것은 다음과 같다. ① 훈련생은 주로 질적으로 평가된다(Norcross & Stevenson, 1984; Norcross et al., 1986). ② 대부분의 수퍼바이저

(90%)는 훈련생 자기보고서를 훈련생의 수행 평가 방식으로 사용하며, 60% 이하가 오디오테이프에 의존하며 40% 이하가 비디오테이프에 의존한다(Ladany & Lehrman-Waterman, 1999; Ladany & Melincoff, 1997). ③ 훈련생에 대한 수퍼바이저의 일반적 인식이 평가에 영향을 미칠 수도 있다(Carey et al., 1988; Dodenhoff, 1981). ④ 많은 수퍼바이저가 자신들의 평가책임을 적절하게 또는 윤리적으로 수행하지 못할 수도 있다(Cormier & Bernard, 1982; Keith-Spigel & Koocher, 1985; Ladany, Lehrman-Waterman, Molinaro, & Wolgast, 1999). ⑤ 훈련생 능력을 평가하기 위해서 사용된 척도가 대체로 구식이거나 심리측정적으로 부적절하다(Ellis & Ladany, 1997). 그러므로 훈련생 평가 과정에 관심을 갖는 문헌들은 몇 가지 잠재적인 우려를 나타낸다. 특히 신뢰할 만하고, 타당성 있고, 체계적인 훈련생 평가 방법이 존재함을 확인할 증거가 거의 없다. 그 대신에 대부분의 평가 방법은 훈련생이 수행한 것에 대한 수퍼바이저의 주관적인 인상이나 혹은 심리측정상 의문의 여지가 있는 객관적 척도를 포함하는 것으로 나타난다.

전반적으로 훈련생 평가 영역에 있어서 새롭고 개혁적인 척도가 필요하다. 그러나 새로운 척도의 개발과 함께 이러한 평가 방식을 구조화하고 평가할 수 있는 틀이 필요하다. 훈련생 평가 방법을 평가할 수 있는 세부적인 모델은 다음과 같이 요약할 수 있다. 이 모델은 Ellis와 Ladany(1997)가 이전에 제안한 것 중 일부에 기반을 두고 있다. 이에 따르면 주어진 평가 방법을 검토하는 데 있어 입증된 핵심적 구성요소를 반영하는지에 초점을 두어야 한다.

이러한 평가 모델의 기본적인 구성요소는 다음과 같다. ① 상담 양식(예, 개인, 집단, 가족, 혹은 부부), ② 훈련생 행동 영역(예, 상담 혹은 수퍼비전), ③ 역량 영역(예, 상담 기술, 이론적 개념화, 전문가 의식, 다문화 능력, 임상적 장애, 평가, 관리, 역전이, 혹은 수퍼비전 행동), ④ 방법(훈련생의 자기보고서, 상담기록일지, 오디오테이프, 비디오테이프, 라이브 수퍼비전, 협력치료, 역할극, 수퍼비전에서의 경험), ⑤ 담당사례의 분량(모든 내담자, 하위집단 내담자들, 한 내담자), ⑥ 경험의 단면(예, 훈련 경험 전체, 전체 훈련 경험의 일부, 특별한 회기 혹은 회기의 한 단면), ⑦ 시기(내담자 치료의 초기, 중기, 혹은 말기, 그리고 훈련 경험의 초기, 중기, 말기), ⑧ 숙련의 수준(예, 보여 준 기술, 표집 집단과의 비교), ⑨ 신뢰성 문제(예, 질적 평가의 신뢰성과 양적 평가의 통계적 측정), ⑩ 타당성 문제(예, 구성의 타당도), ⑪ 형식(예, 양적 대 질적 그리고 구조화 대 비

구조화). 하나의 평가적 접근이 이러한 매개변인을 모두 고려할 수 있다는 제안은 비합리적이다. 그럼에도 불구하고 주어진 평가 접근법의 가치는 이러한 구성요소를 고려한 정도에 따라 평가될 수 있다.

이러한 평가 모델을 적용하는 방법을 이해하기 위해서 우리는 잠재적인 척도로부터 몇 가지 항목을 검사해 볼 수 있다. 비록 훈련 현장의 수만큼이나 많은 평가 척도가 있을 수 있음에도 불구하고(Bernard & Goodyear, 2004), 모든 훈련생(예, 역량)을 평가하는 데 사용되는 일반적인 기준이 있다. 예를 들면 어떤 평가 척도는 몇 가지 항목에 있어서 훈련생의 역량에 대한 수퍼바이저의 평가를 요구할 것이다. 이 척도는 수퍼바이저로 하여금 자기 훈련생의 '상담 지식'을 1(매우 낮음)부터 5(탁월함)까지의 척도로 평가하도록 한다. 수퍼바이저는 상담 지식을 '심리학, 상담/심리치료, 정신병리'의 이론과 연구에 대한 충분한 지식의 표현으로 규정할 수 있다. 이런 항목을 가진 척도는 어떻게 평가될 수 있나? 첫째, 이 척도의 맥락에는, 치료 방법, 방법론, 담당사례의 분량, 경험의 단면, 수퍼바이저가 평가를 내리기 위해 이 척도를 사용할 시점에 대한 언급이 없다. 더 나아가서 역량에 대한 영역은 대학원 훈련 프로그램이 거의 전부를 차지하고 있다. 수퍼바이저가 그런 평가를 적절하게 할 수 있다고 상상하기는 어렵다. 그러므로 앞에서 열거한 것과 유사한 목록이 있다고 가정하면 이 평가도구는 그 활용을 제한할 복합적인 특성을 가진 것으로 보인다.

또 다른 예에서, 평가 척도에 사용된 일반적인 기준은 수퍼바이저가 훈련생의 발달 수준을 고려하면서 그의 역량을 평가하도록 한다(예, 초급 실습, 상급 실습, 인턴십). 이러한 경우에 수퍼바이저는 먼저 훈련생의 발달 수준을 평가하고 나서 특별한 발달 수준과 관련된 역량의 수준을 고려해야 하고 마지막으로 훈련생이 나타내는 역량을 연관된 발달 수준과 비교해야 한다. 훈련생의 발달 수준을 규정하고 실행 가능하도록 하는 것이 어렵기에(Ellis & Ladany, 1997; Holloway, 1987), 이런 요청을 일관성 있고 타당성 있게 수행해야 할 수퍼바이저의 역량도 의심스러워진다. 더 나아가 이런 방식의 문제가 발생할 것을 가정해 보면 훈련생 평가는 훈련생에 대한 수퍼바이저의 인상에 의해 영향을 받을 수도 있다(예, 수퍼바이저가 훈련생에 대해 얼마나 호감을 가지고 있는가; Ellis & Ladany, 1997).

훈련생을 적절하게 평가하는 수퍼바이저의 능력은 불충분한 도구와 접근법 때문에 제한될 수 있다. 그러면 '수퍼비전 실습생과 연구자는 부적절한 훈련생 평가를 어떻게 다루어야 하는가?' 하는 문제가 생긴다. 첫째, 새로운 척도를 만들기 위해 현행 척도의 강점을 고려하는 것이 중요하다. 우리가 알고 있는 것을 가지고 작업을 함으로써 우리가 알지 못하는 것을 발견할 근거가 되기도 한다. 이와 마찬가지로 내담자 결과를 넘어서 수퍼비전 과정 그리고 결과와 연관된 많은 요인에 대해 조사 연구를 계속하는 것은 유의미할 것이다(Holloway, 1992). 둘째, 다양한 현장의 수퍼비전 연구센터를 통한 교차 훈련 공동 작업이 훈련생을 평가하는 새로운 접근법을 만들고 타당화하는 데 필요한 것으로 보인다. 앞에서 주목한 대로, 훈련 현장의 수만큼의 훈련생 평가 척도가 있을 수 있다. 이러한 다양한 현장의 교차-협력적 노력은 훈련생 평가 과정을 어떤 식으로 표준화하는 결과를 낳을 수도 있다. 마지막으로 독립적인 분야이지만 상담 분야와 관련된 분야로서 상담 수퍼비전은 계속적으로 발전되어야 한다. 이러한 발전과 더불어 신뢰할 만하고 타당성이 있는 평가 방법이 도출됨으로써 훈련생이 수행하는 것에 대해 정의하고 운용하는 것이 중요하다는 인식이 증가될 것이다.

결론

상담과 심리치료 분야에서는 학생들을 훈련하는 데 배원설(germ theory)에 의존한다는 주장이 있다(Beutler, 1988). 배원설에서는 훈련생이 상담의 이론과 실제에 노출되면, 그들의 역량을 키우기 위해 전력을 다할 것이라고 본다. 이와 반대로 상담 실습에 동반되는 수퍼비전으로 인해 체계적인 피드백과 반영이 없으면, 훈련생은 전문가적 능력에 대한 환상만을 갖게 될 것이라고 한다(Bernard & Goodyear, 2004). 그러므로 수퍼비전은 상담 훈련생의 발달에 결정적인 역할을 한다. 그럼에도 불구하고, 수퍼비전의 많은 영역은 연구자들에 의해 탐색되지 않은 채로 남아 있으므로(Bernard & Goodyear, 2004), 경험적 연구가 요구되고 있다. 이러한 경험적 연구를 수행함으로써 수퍼비전 연구의 두 가지 주요 목표(즉, 수퍼비전의 과정과 상담에 대한 수퍼비전의 영향을 이해하는 것, 그리고 수퍼비전의 실제에 대해 알아내는 것)를 실현할 수 있을 것이다.

따라서 이 장의 궁극적인 목적은 독자에게 수퍼비전 연구의 현재 상태를 알리고 독자가 방법론적으로 타당한 수퍼비전 연구에 참여하도록 권고하는 것이다. 더욱 구체적으로 이 장에 네 가지의 핵심적인 구성요소가 있었다. 첫째, 우리는 수퍼비전 연구에 대한 변인을 규정하고 범주화하는 모델을 기술하였다. 특별히 몇 가지 수퍼비전 연구 질문들을 다루었고, 수퍼비전과 상담의 과정 및 결과에 대한 개념을 정의하였으며, 연관된 수퍼비전 변인의 목록을 제시했다. 둘째, 우리는 다문화주의와 세계화에 관련된 이슈와 연구 주제에 현재의 경향을 포함시키면서 수퍼비전 연구를 담고 있는 문헌에 대한 개관을 제공하였다. Ellis와 Ladany(1997)가 제시한 수퍼비전 연구의 타당도를 가장 위협하는 요인인 수퍼비전 연구의 여섯 가지 추론을 살펴보았다. 셋째, 수퍼비전 연구를 수행함에 있어서 핵심적 요소를 포함하고 있는 도식을 제공하였다. 그리고 서론, 방법론, 결과, 논의를 기술하는 구체적인 지침을 언급하였다. 뿐만 아니라, 양적 도구에 대한 평가와 질적 연구 방법론에 대해서도 기술하였다. 넷째, 우리는 연구와 방법론에 관한 우리의 지식을 응용하여 훈련생 평가 방법의 적절성을 평가하는 하나의 모델을 제시했을 뿐 아니라 훈련생 평가와 관련한 미래의 연구 방법을 제안하였다. 우리는 훈련생과 수퍼바이저가 이 장을 읽고 나서 수퍼비전 연구에 참여하고 싶은 마음이 들기를 바란다. 또한 연구자들이 이 장에 제시된 지침을 따르고 수퍼비전 분야의 지식기반을 확장하기 위하여 적절한 연구 방법론을 채택하기를 바란다.

참 | 고 | 문 | 헌

Bahrick, A. S. (1990). Role induction for counselor trainees: Effects on the supervisory working alliance. *Dissertation Abstracts International*, *51*, 1484B. (University Microfilms No. 90-14, 392).

Barnes, K. L., & Moon, S. M. (2006). Factor structure of the psychotherapy supervisor development scale. *Measurement and Evaluation in Counseling and Development, 39*, 130-140.

Barrett-Lennard, G. T. (1962). Dimensions of therapist responses as a causal factor in therapeutic changes. *Psychological Monographs*, *76*(43, Whole No. 562).

Benshoff, J. M., & Thomas, W. P. (1992). A new look at the counselor evaluation rating scale.

Counselor Education and Supervision, 32, 12-22.

Bergsjo, P. (1999). Qualitative and quantitative research: Is there a gap, or only verbal disagreement? *Acta Obstetricia et Gynecologica Scandinavica, 78*, 559-562.

Bernard, J. M. (1979). Supervisory training: A discrimination model. *Counselor Education and Supervision, 19*, 60-68.

Bernard, J. M., & Goodyear, R. K. (2004). *Fundamentals of clinical supervision* (3rd ed.). Needham Heights, MA: Allyn & Bacon.

Beutler, L. E. (1988). Introduction to the special series. *Journal of Consulting and Clinical Psychology, 56*, 651.

Blocher, D., Christensen, E. W., Hale-Fiske, R., Neren, S. H., Spencer, T., & Fowlkes, S. (1985). Development and preliminary validation of an instrument to measure cognitive growth. *Counselor Education and Supervision, 25*, 21-30.

Bogdan, R. C., & Biklen, S. K. (1992). *Qualitative research for education: An introduction to theory and methods.* Boston, MA: Allyn & Bacon.

Borders, L. D. (2005). Snapshot of clinical supervision in counseling and counselor education: A five-year review. *The Clinical Supervisor, 24*, 69-113.

Borders, L. D., & Fong, M. L. (1991). Evaluations of supervisees: Brief commentary and research report. *The Clinical Supervisor, 9*, 42-51.

Bordin, E. S. (1983). Supervision in counseling: II. Contemporary models of supervision: A working alliance based model of supervision. *Counseling Psychologist, 11*, 35-42.

Burkard, A. W., Johnson, A. J., Madson, M. B., Pruitt, N. T., Contreras-Tadych, D. A., Kozlowski, J. M., ... Knox, S. (2006). Supervisor cultural responsiveness and unresponsiveness in cross-cultural supervision. *Journal of Counseling Psychology, 53*, 288-301.

Carey, J. C., Williams, K. S., & Wells, M. (1988). Relationships between dimensions of supervisors' influence and counselor trainees' performance. *Counselor Education and Supervision, 28*, 130-139.

Chen, H. T. (1990). *Theory driven evaluations.* Newbury Park, CA: Sage.

Cohen, J. (1983). The cost of dichotomization. *Applied Psychological Measurement, 7*, 249-253.

Cohen, J. (1988). *Statistical power analysis for the behavioral sciences* (3rd ed.). New York, NY: Academic Press.

Cook, T. D., & Campbell, D. T. (1979). *Quasi-experimentation: Design and analysis for field settings.* Boston, MA: Houghton Mifflin.

Cormier, L. S., & Bernard, J. M. (1982). Ethical and legal responsibilities of clinical supervisors. *The Personnel and Guidance Journal, 11,* 486-491.

Creswell, J. W. (2006). *Qualitative inquiry and research design: Choosing among five traditions* (2nd ed.). Thousand Oaks, CA: Sage.

Dalton, J. E. (1983). Sex differences in communications skills as measured by a modified relationship inventory. *Sex Roles, 9*, 195-204.

D'Andrea, M., Daniels, J., & Heck, R. (1991). Evaluating the impact of multicultural counseling training. *Journal of Counseling and Development, 70*, 143-150.

Denzin, K., & Lincoln, Y. S. (1994). Introduction: Entering the field of qualitative research. In N. K. Denizen & Y. S. Lincoln (Eds.), *Handbook of qualitative research* (pp. 1-16). Thousand Oaks, CA: Sage.

De Stefano, J., D'Iuso, N., Blake, E., Fitzpatrick, M., Drapeau, M., & Chamodraka, M. (2007). Trainees' experiences of impasses in counselling and the impact of group supervision on their resolution: A pilot study. *Counselling & Psychotherapy Research, 7*, 42-47.

Dodenhoff, J. T. (1981). Interpersonal attraction and direct-indirect supervisor influence as predictors of counselor trainee effectiveness. *Journal of Counseling Psychology, 28*, 47-52.

Doehrman, M. (1976). Parallel processes in supervision and psychotherapy. *Bulletin of the Menninger Clinic, 40*, 3-104.

Efstation, J. F., Patton, M. J., & Kardash, C. M. (1990). Measuring the working alliance in counselor supervision. *Journal of Counseling Psychology, 37*, 322-329.

Eisner, E. W. (1991). *The enlightened eye: Qualitative inquiry and the enhancement of educational practice.* New York, NY: Macmillan.

Ellis, M. V. (1991). Research in clinical supervision: Revitalizing a scientific agenda. *Counselor Education and Supervision, 30*, 238-251.

Ellis, M. V., Anderson-Hanley, C. M., Dennin, M. K., Anderson, J. J., Chapin, J. L., & Polstri, S. M. (1994, August). *Congruence of expectation in clinical supervision: Scale development and validity data.* Paper presented at the American Psychological Association, Los Angeles, CA.

Ellis, M. V., Ladany, N., Krengel, M., & Schult, D. (1996). Clinical supervision research from 1981 to 1993: A methodological critique. *Journal of Counseling Psychology, 43*, 35-50.

Ellis, M,. V., & Ladany, N. (1997). Inferences concerning supervisees and clients in clinical supervision: An integrative review. In C. E. Watkins, Jr. (Ed.), *Handbook of*

psychotherapy supervision (pp. 447-507). New York, NY: Wiley.

Flick, U. (2006). *An introduction to qualitative research* (2nd ed.). Thousand Oaks, CA: Sage.

Fordham, A. S., May, B., Boyle, M., Bentall, R. P., & Slade, P. D. (1990). Good and bad clinicians: Supervisors' judgments of trainees' competence. *British Journal of Clinical Psychology, 29*, 113-114.

Friedlander, M. L., Siegel, S. M., & Brenock, K. (1989). Parallel process in counseling and supervision: A case study. *Journal of Counseling Psychology, 36*, 149-157.

Friedlander, M. L., & Snyder, J. (1983). Trainees' expectations for the supervisory process: Testing a developmental model. *Counselor Education and Supervision, 22*, 342-348.

Friedlander, M. L., & Ward, L. G. (1984). Development and validation of the supervisory styles inventory. *Journal of Counseling Psychology, 31*, 541-557.

Fukuyama, M. A. (1994). Critical incidents in multicultural counseling supervision: A phenomenological approach to supervision. *Counselor Education and Supervision, 34*, 142-151.

Gall, M. D., Borg, W. R., & Gall, J. P. (1996). *Educational research: An introduction* (6th ed.). White Plains, NY: Longman Publishers.

Gelso, C. J. (1979). Research in counseling: Methodological and professional issues. *The Counseling Psychologist, 8*, 7-36.

Gerstein, L. H., & Ægisdóttir, S. (2007). Training international social change agents: Transcending a U.S. counseling paradigm. *Counselor Education and Supervision, 47*, 123-139.

Goodyear, R. K., Bunch, K., & Claiborn, C. D. (2005). Current supervision scholarship in psychology: A five year review. *The Clinical Supervisor, 24*, 137-147.

Gray, L., Walker, J. A., Ladany, N., & Ancis, J. R. (1999, August). Counterproductive events in psychotherapy supervision. In M. L. Friedlander (Chair), *Psychotherapy supervision: For better or worse*. Symposium conducted at the annual meeting of the American Psychological Association, Boston, MA.

Haase, R. F. (1974). Power analysis of research in counselor education. *Counselor Education and Supervision, 14*, 124-132.

Haase, R. F., Ellis, M. V., & Ladany, N. (1989). Multiple criteria for evaluating the magnitude of effects. *Journal of Counseling Psychology, 36*, 511-516.

Harkness, D., & Poertner, J. (1989). Research and social work supervision: A conceptual review. *Social Work, 34*, 115-119.

Heppner, P. P., & Roehlke, H. J. (1984). Differences among supervisees at different levels of

training: Implications for a developmental model of supervision. *Journal of Counseling Psychology, 31*, 76-90.

Hess, S. A., & Hoffman, M. A. (1999, August). Supervisee' s critical incidents of nondisclosure and disclosure in supervision. In M. A. Hoffman & N. Ladany (Chairs), *Things said and unsaid in supervision: Supervisee and supervisor perspectives.* Symposium conducted at the annual meeting of the American Psychological Association, Boston, MA.

Hill, C. E., Knox, S., Thompson, B. J., Williams, E. N., Hess, S. A., Knox, S., & Ladany, N. (2005). Consensual qualitative research: An update. *Journal of Counseling Psychology, 52*, 196-205.

Hill, C. E., Thompson, B. J., & Williams, E. N. (1997). A guide to conducting consensual qualitative research. *The Counseling Psychologist*, *25*, 517-572.

Hogan, R. A. (1964). Issues and approaches in supervision. *Psychotherapy: Theory, Research, and Practice*, *1*, 139-141.

Holloway, E. L. (1984). Outcome evaluation in supervision research. *The Counseling Psychologist, 12*, 167-174.

Holloway, E. L. (1987). Developmental models of supervision: Is it development? *Professional Psychology: Research and Practice, 18*, 209-216.

Holloway, E. L. (1992). Supervision: A way of teaching and learning. In S. D. Brown & R. W. Lent (Eds.), *Handbook of counseling psychology* (pp. 177-214). New York, NY: Wiley.

Holloway, E. L., & Wampold, B. E. (1983). Patterns of verbal behavior and judgments of satisfaction in the supervision interview. *Journal of Counseling Psychology*, *30*, 227-234.

Holloway, E. L., & Wampold, B. E. (1986). Relation between conceptual level and counseling-related tasks: A meta-analysis. *Journal of Counseling Psychology*, *33*, 310-319.

Hutt, C. H., Scott, J., & King, M. (1983). A phenomenological study of supervisee' s positive and negative experiences in supervision. *Psychotherapy: Theory, Research, and Practice, 20*, 118-123.

Inman, A. G., & Ladany, N. (2008). Research: The status of the field. In A. K. Hess & T. H. Hess (Eds.), *Psychotherapy supervision: Theory, research, and practice* (2nd ed., pp. 500-517). New York, NY: John Wiley & Sons.

Jen Der Pan, P., Deng, L. Y. F., & Tsai, S. L. (2008). Evaluating the use of reflective counseling group supervision for military counselors in Taiwan. *Research on Social Work Practice, 18*, 346-355.

Kazdin, A. E. (1986). Research designs and methodology. In S. L. Garfield & A. E. Bergin (Eds.),

Handbook of psychotherapy and behavior change (3rd ed., pp. 23-68). New York, NY: Wiley.

Keith-Spiegel, P., & Koocher, G. P. (1985). *Ethics in psychology*. New York, NY: Random House.

Kerlinger, F. N. (1986). *Foundations of behavioral research* (3rd ed.). New York, NY: Holt, Rinehart, & Winston.

Krippendorff, K. (2003). *Content analysis: An introduction to its methodology* (2nd ed.). Thousand Oaks, CA: Sage.

Ladany, N., Constantine, M. G., Miller, K., Erickson, C., & Muse-Burke, J. (2000). Supervisor countertransference: A qualitative investigation into its identificaand description. *Journal of Counseling Psychology, 47*, 102-115.

Ladany, N., Hill, C. E., Corbett, M. M., & Nutt, E. A. (1996). Nature, extent, and importance of what psychotherapy trainees do not disclose to their supervisors. *Journal of Counseling Psychology, 43*, 10-24.

Ladany, N., & Inman, A. G. (in press). Training and supervision. In E. A. Altmaier & J. I. Hansen (Eds.), *Oxford handbook of counseling psychology*. New York, NY: Oxford University Press.

Ladany, N., & Inman, A. G. (2008). Developments in counseling skills training and supervision. In S. Brown & R. Lent (Eds.), *Handbook of counseling psychology* (4th ed., pp. 338-354). New York, NY: Wiley.

Ladany, N., Inman, A. G., Constantine, M. G., & Hofheinz, E. W. (1997). Supervisee multicultural case conceptualization ability and self-reported multicultural competence as functions of supervisee racial identity and supervisor focus. *Journal of Counseling Psychology, 44*, 284-293.

Ladany, N., & Lehrman-Waterman, D. E. (1999). The content and frequency of supervisor self-disclosures and their relationship to supervisor style and the supervisory working alliance. *Counselor Education and Supervision, 38*, 143-160.

Ladany, N., Lehrman-Waterman, D., Molinaro, M., & Wolgast, B. (1999). Psychotherapy supervisor ethical practices: Adherence to guidelines, the supervisory working alliance, and supervisee satisfaction. *The Counseling Psychologist, 27*, 443-475.

Ladany, N., & Melincoff, D. S. (1997, June). *The nature and extent of what psychotherapy supervisors do not disclose to their trainees*. Poster session presented at the annual meeting of the Society for Psychotherapy Research, Geilo, Norway.

Ladany, N., & Muse-Burke, J. L. (2001). Understanding and conducting supervision research. In L. J. Bradley & N. Ladany (Eds.), *Counselor supervision: Principles, process, & practice* (3rd ed., pp. 304-329). Philadelphia, PA: Brunner-Routledge.

Ladany, N., O'Brien, K., Hill, C. E., Melincoff, D. S., Knox, S., & Petersen, D. (1997). Sexual attraction toward clients, use of supervision, and prior training: A qualitative study of psychology predoctoral interns. *Journal of Counseling Psychology, 44*, 413-424.

Ladany, N., Walker, J. A., Pate-Carolan, L., & Gray, E. L. (2008). *Experiencing counseling and psychotherapy: Insights from psychotherapy trainees, their clients, and their supervisors.* New York, NY: Taylor & Francis.

LaFromboise, T. D., Coleman, H. L. K., & Hernández, A. (1991). Development and factor structure of the cross-cultural counseling inventory-revised. *Professional Psychology: Research and Practice, 22*, 380-388.

Lambert, M. J. (1980). Research and the supervisory process. In A. K. Hess (Ed.), *Psychotherapy supervision: Theory, research, and practice* (pp. 423-450). New York, NY: Wiley.

Lambert, M. J., & Arnold, R. C. (1987). Research and the supervision process. *Professional Psychology: Research and Practice, 18*, 217-224.

Lambert, M. J., & Ogles, B. M. (1997). The effectiveness of psychotherapy supervision. In C. E. Watkins, Jr. (Ed.), *Handbook of psychotherapy supervision* (pp. 421-446). New York, NY: Wiley.

Lanning, W., & Freeman, B. (1994). The supervisor emphasis rating form. *Counselor Education & Supervision, 33*, 294-304.

Lanning, W. L., Whiston, S., & Carey, J. C. (1994). Factor structure of the supervisoremphasis rating form. *Counselor Education & Supervision, 34*, 41-51.

Larson, L. M., Day, S. X., Springer, S. H., Clark, M. P., & Vogel, D. L. (2003). Developing a supervisor feedback rating scale: A brief report. *Measurement and Evaluation in Counseling and Development, 35*(4), 230-238.

Larson, L. M., Suzuki, L. A., Gillespie, K. N., Potenza, M. T., Bechtel, M. A., & Toulouse, A. (1992). Development and validation of the counseling self-estimate inventory. *Journal of Counseling Psychology, 39*, 105-120.

Lazar, A., & Mosek, A. (1993). The influence of the field instructor-student relationship on evaluation of students' practice. *The Clinical Supervisor, 11*, 111-120.

Lehrman-Waterman, D., & Ladany, N. (2001). Development and validation of the evaluation process within supervision inventory. *Journal of Counseling Psychology, 48*, 168-177.

Lincoln, Y. S., & Guba, E. G. (1985). *Naturalistic inquiry*. Newbury Park, CA: Sage.

Littrell, J. M., Lee-Borden, N., & Lorenz, J. (1979). A developmental framework for counseling supervision. *Counselor Education and Supervision, 19*, 129-136.

Loevinger, J. (1976). *Ego development*. San Francisco, CA: Jossey-Bass.

Loganbill, C., Hardy, E., & Delworth, U. (1982). Supervision: A conceptual model. *The Counseling Psychologist, 10*(1), 3-42.

Mahrer, A. R., & Boulet, D. B. (1999). How to do discovery-oriented psychotherapy research. *Journal of Clinical Psychology*, *55*, 1481-1493.

Mathews, G. (1986). Performance appraisal in the human services: A survey. *The Clinical Supervisor*, *3*, 47-61.

Maxwell, J. A. (2004). *Qualitative research design: An interactive approach* (2nd ed.). Thousand Oaks, CA: Sage.

McNeill, B. W., Stoltenberg, C. D., & Romans, J. S. (1992). The integrated developmodel of supervision: Scale development and validation procedures. *Professional Psychology: Research & Practice*, *23*, 504-508.

Merriam, S. (1988). *Case study research in education: A qualitative approach*. San Francisco, CA: Jossey-Bass.

Messick, S. (1995). Validity of psychological assessment: Validation of inferences from persons' responses and performance as scientific inquiry into scoring meaning. *American Psychologist, 9*, 741-749.

Miars, R. D., Tracey. T. J., Ray, P. B., Cornfeld, J. L., O'Farrell, M., & Gelso. C. J. (1983). Variation in supervision process across trainee experience levels. *Journal of Counseling Psychology, 30*, 403-412.

Miles, M. B., & Huberman, A. M. (1994). *Qualitative data analysis: An expanded sourcebook* (2nd ed.). Thousand Oaks, CA: Sage.

Moss, P. A. (1994). Can there be validity without reliability? *Educational Researcher, 23*, 5-12.

Moss, P. A. (1995). Themes and variations in validity theory. *Educational Measurement: Issues and Practice*, *14*, 5-13.

Myrick, R. D., & Kelly, F. D., Jr. (1971). A scale for evaluating practicum students in counseling and supervision. *Counselor Education and Supervision*, *10*, 330-336.

Nelson, M. L., & Friedlander, M. L. (1999, August). Nature of harmful supervision: A qualitative investigation. In M. L. Friedlander (Chair), *Psychotherapy supervision: For better or worse*. Symposium conducted at the annual meeting of the American Psychological

Association, Boston, MA.

Neufeldt, S. A., Beutler, L. E., & Banchero, R. (1997). Research on supervisor variables in psychotherapy supervision. In C. E. Watkins, Jr. (Ed.), *Handbook of psychotherapy supervision* (pp. 508-524). New York, NY: Wiley.

Neufeldt, S. A., Karno, M. P., & Nelson, M. L. (1996). A qualitative study of experts' conceptualization of supervisee reflectivity. *Journal of Counseling Psychology*, *43*, 3-9.

Newman, F. L., Kopta, S. M., McGovern, M. P., Howard, K. I., & McNeilly, C. L. (1988). Evaluating trainees relative to their supervisors during the psychology internship. *Journal of Consulting and Clinical Psychology, 56*, 659-665.

Nilsson, J. E. (2007). International students in supervision: Course self-efficacy, stress and cultural discussions in supervision. *The Clinical Supervisor*, *26*, 35-47.

Nilsson, J. E., & Anderson, A. Z. (2004). Supervising international students: The role of acculturation, role ambiguity, and multicultural discussions. *Professional Psychology: Research and Practice, 35*, 306-312.

Nilsson, J. E., & Dodds, A. K. (2006). A pilot phase in the development of the international student supervision scale. *Journal of Multicultural Counseling and Development, 34*, 50-62.

Norcross, J. C., & Stevenson, J. F. (1984). How shall we judge ourselves? Training evaluation in clinical psychology programs. *Professional Psychology: Research and Practice, 15*, 497-508.

Norcross, J. C., Stevenson, J. F., & Nash, J. M. (1986). Evaluation of internship training: Practices, problems and prospects. *Professional Psychology: Research and Practice, 17*, 280-282.

Olk, M. E., & Friedlander, M. L. (1992). Trainees' experience of role conflict and role ambiguity in supervisory relationships. *Journal of Counseling Psychology, 39*, 389-397.

Patton, M. Q. (1990). *Qualitative evaluation and research methods* (2nd ed.). Thousand Oaks, CA: Sage.

Ponterotto, J. G., Rieger, B. P., Gretchen, D., Utsey, S. O., & Austin, R. (1999). *A construct validity study of the multicultural counseling awareness scale (MCAS) with suggested revisions.* Unpublished manuscript.

Rabinowitz, F. E., Heppner, P. P., & Roehlke, H. J. (1986). Descriptive study of process and outcome variables of supervision over time. *Journal of Counseling Psychology, 33*, 292-300.

Reising, G. N., & Daniels, M. H. (1983). A study of Hogan's model of counselor development and supervision. *Journal of Counseling Psychology, 30*, 235-244.

Romans, J. S. C., Boswell, D. L., Carlozzi, A. F., & Ferguson, D. B. (1995). Training and supervision practices in clinical, counseling, and school psychology programs. *Professional Psychology: Research and Practice, 26*, 407-412.

Russell, R. K., Crimmings, A. M., & Lent, R. W. (1984). Counselor training and supervision: Theory and research. In S. D. Brown & R. W. Lent (Eds.), *Handbook of counseling psychology* (pp. 625-681). New York, NY: Wiley.

Sansbury, D. L. (1982). Developmental supervision from a skills perspective. *The Counseling Psychologist, 10*, 53-57.

Schact, A. J., Howe, H. E., & Berman, J. J. (1988). A short form of the Barrett-Lennard inventory for supervisor relationships. *Psychological Reports, 63*, 699-703.

Serlin, R. C. (1987). Hypothesis testing, theory building, and the philosophy of science. *Journal of Counseling Psychology, 34*, 365-371.

Shanfield, W. B., Mohl, P. C., Matthews, K., & Hetherly, V. (1989). A reliability assessment of the psychotherapy supervisory inventory. *American Journal of Psychiatry, 146*, 1447-1450.

Skovholt, T. M., & Rønnestad, M. H. (1992). *The evolving professional self: Stages and themes in therapist and counselor development.* Chichester, United Kingdom: Wiley.

Snepp, F. P., & Peterson, D. R. (1988). Evaluative comparison of Psy.D. and Ph.D. students by clinical internship supervisors. *Professional Psychology: Research and Practice, 19*, 180-183.

Sodowsky, G. R., Taffe, R. C., Gutkin, T. B., & Wise, S. L. (1994). Development of the multicultural counseling inventory: A self-report measure of multicultural competencies. *Journal of Counseling Psychology, 41*, 137-148.

Stoltenberg, C. (1981). Approaching supervision from a developmental perspective: The counselor complexity model. *Journal of Counseling Psychology, 28*, 59-65.

Stoltenberg, C. D., & Delworth, U. (1987). *Supervising counselors and therapists: A developmental perspective.* San Francisco, CA: Jossey-Bass.

Strauss, A., & Corbin, J. (2007). *Basics of qualitative research: Techniques and procedures for developing grounded theory* (3rd ed.). Newbury Park, CA: Sage.

Szymanski, D. M. (2003). The feminist supervision scale: A rational/theoretical approach. *Psychology of Women Quarterly, 27*, 221-232.

Wampold, B. E., Davis, B., & Good, R. H., III. (1990). Hypothesis validity of clinical research.

Journal of Consulting and Clinical Psychology, *55*, 360-367.

Wampold, B. E., & Holloway, E. L. (1997). Methodology, design, and evaluation in psychotherapy supervision research. In C. E. Watkins, Jr. (Ed.), *Handbook of psychotherapy supervision* (pp. 11-27). New York, NY: Wiley.

Wampold, B. E., & Poulin, K. L. (1992). Counseling research methods: Art and artifact. In S. D. Brown & R. D. Lent (Eds.), *Handbook of counseling psychology* (2nd ed., pp. 71-109). New York, NY: Wiley.

Watkins, C. E., Schneider, L. J., Haynes, J., & Nieberding, R. (1995). Measuring psychotherapy supervisor development: An initial effort at scale development and validation. *Clinical Supervisor*, *13*, 77-90.

Wiebe, B., & Pearce, W. B. (1973). An item analysis and revision of the Barrett-Lennard relationship inventory. *Journal of Clinical Psychology*, *29*, 495-497.

White, J. H. D., & Rudolph, B. A. (2000). A pilot investigation of the reliability and validity of the group supervisory behavior scale (GSBS). *The Clinical Supervisor*, *19*, 161-171.

Williams, E. N., Judge, A. B., Hill, C. E., & Hoffman, M. A. (1997). Experiences of novice therapists in prepracticum: Trainees, clients, and supervisors' perceptions of therapists' personal reactions and management strategies. *Journal of Counseling Psychology*, *44*, 390-399.

Wolcott, H. F. (1994). *Transforming qualitative data: Description analysis and interpretation.* Thousand Oaks, CA: Sage.

Worthen, V., & McNeill, B. W. (1996). A phenomenological investigation of "good" supervision events. *Journal of Counseling Psychology*, *43*, 25-34.

Worthington, E. L., Jr. (1984). Use of trait labels in counseling supervision by experienced and inexperienced supervisors. *Professional Psychology: Research and Practice*, *15*, 457-461.

Worthington, E. L., Jr., & Roehlke, H. J. (1979). Effective supervision as perceived by beginning counselors-in-training. *Journal of Counseling Psychology*, *26*, 64-73.

Yager, G. G., Wilson, F. R., Brewer, D., & Kinnetz, P. (1989). *The development and validation of an instrument to measure counseling supervisor focus and style.* Paper presented at the American Educational Research Association, San Francisco, CA.

Yin, R. K. (2002). *Case study research: Design and methods* (3rd ed.). Thousand Oaks, CA: Sage.

16

상담 수퍼비전의 윤리적 이슈

JENNIFER CRALL

누군가가 자신의 문제를 수용할 수 있도록 돕는다는 것은 진정한 윤리적 발달의 시작이다.

–Felix Adler

상담자는 애매모호함으로 가득 차 있고, 다양한 관점이 존재하며, 문제가 갈수록 복잡해지고, 어떤 결과를 얻게 될지 불확실한 전문 영역에 종사하고 있다. 이것은 특별히 상담 수퍼바이저에게 적용된다. 왜냐하면 수퍼바이저는 수퍼바이지에게 제공된 훈련, 안내, 지지뿐만 아니라 내담자에게 제공된 서비스에 대한 책임도 지기 때문이다. 수퍼바이저의 윤리적 행동은 수퍼바이저가 담당해야 할 복합적 책무 때문에 특별히 중요하다. 그리고 그러한 책무의 중요성은 수퍼바이저와 수퍼바이지 사이에 존재하는 권력의 차이 때문에, 그리고 그 권력이 수퍼바이저와 내담자에게 끼칠 잠재적인 영향 때문에 더욱 강조된다. 유능한 수퍼바이저는 윤리적 행동을 모델링할 수 있는 능력을 유지하고 수퍼비전 과정을 통해 윤리적 실천에 초점을 가지도록 강조한다.

수퍼비전 과정에서 생성되는 윤리적 딜레마는 관련된 개인들만큼이나 다양하다. 윤리적 지침은 전문가들이 책무를 질 수 있도록 기준을 제공함으로써 애매모

호함을 해결한다. 이 지침들은 윤리적 결정에 대해 안내하는 역할을 하고, 전문가로 하여금 정부 기관의 감독에 의존하기보다 스스로를 통제하고 제어할 수 있도록 한다. 윤리적 지침은 또한 내부적 갈등으로부터 전문가들을 보호하고 상담자가 적법한 지침을 따르게 함으로써 부적절한 상담에 대한 소송으로부터 보호할 수 있다(Van Hoose & Kottler, 1985). 궁극적으로 윤리적 지침은 공중에 대한 해악을 방지하기 위한 것이다. 상담자가 충분한 정보를 가지고 자신의 결정을 내리기 위해서는 윤리적 지침의 내용과 한계를 충분히 이해하는 것이 필수적이다. 이 장의 목적은 상담 전문가 협회에서 제공되는 수퍼바이저를 위한 윤리적 지침을 소개하고, 윤리에 관한 문헌에서 경험적 결과들을 제공하며, 수퍼바이저가 윤리적 결정에 필요한 비판적 사고를 하도록 자극하는 것이다.

정신건강 영역은 지난 반세기 동안에 걸쳐서 상담과 심리치료를 수행하는 데 있어 윤리적 지침의 중요성을 인식하였다(Hall, 1952). 그러나 수년에 걸쳐 수퍼비전을 위한 윤리적 지침이 상담 전문가 협회에서 직접적으로 언급된 적은 없다. 이것은 상담자를 위한 윤리적 지침이 수퍼바이저에게도 전반적으로 적용될 수 있을 것이라는 생각 때문이었다(Stoltenberg & Delworth, 1987). 상담 수퍼비전에 대한 이해가 발전됨에 따라서 예를 들어 수퍼바이지를 평가하는 문제와 같이 수퍼비전의 수행에 따르는 독특한 윤리적 쟁점들이 존재한다는 것을 깨닫게 되었다. 그래서 임상 수퍼비전을 위한 윤리적 지침이 상담교육 · 수퍼비전협회(ACES, 1993)에 의해 만들어졌고 미국상담협회 윤리강령(American Counseling Association, Code of Ethics; 이하 ACA 윤리강령으로 표기함)에 통합되었다(ACA, 2005).

ACA 윤리강령의 원칙

수퍼바이저를 위한 윤리강령을 소개하기 전에, 상담에서의 윤리적 행동에 가장 중요한 근본이 무엇인지 살펴보는 것이 좋을 것이다. 무엇보다도 임상 수퍼바이저는 전문 직종의 가장 높은 윤리적 기준을 추구하는 사람이다. 그러므로 수퍼바이저에 대한 적용 여부가 분명하게 명시되어 있지 않아도 윤리적 지침은 상담 수퍼바이저에게 적용되어야 한다. ACA 윤리강령(ACA, 2005)은 다음과 같은 영역을 다루는 8개 섹션으로 나뉘어 있다. ① 상담 관계, ② 비밀보장, 면책 특권이 있는 의사소통, 사생활 존중, ③ 전문적 책무, ④ 다른 전문직과의 관계, ⑤ 평가, 사정, 해석, ⑥ 수퍼비전, 훈련, 교육, ⑦ 연구와 출판, ⑧ 윤리 문제의 해결. ACA 윤리강령의 각 섹션은 상담자의 윤리적행동과 책임에 대한 개괄을 소개함으로써 시작한다. 이 소개는 전문직의 높은 윤리적 이상을 실현하도록 안내하기 위한 의도를 가지고 있다. 그래서 윤리적 지침과 대조적으로 이러한 일반적 원칙들은 세부적으로 지켜야 할 필수 요건들을 반영하고 있지는 않다. 그러나 이 원칙들은 윤리적 결정을 할 때 고려되어야 한다. 다음 내용은 이런 원칙들을 포함하고 있으며, 수퍼바이저가 특히 어떻게 이 원칙들을 적용할 수 있을지 논의하고 있다.

섹션 A: 상담 관계

> 상담자들은 내담자들의 이익과 복지를 향상시키는 방법으로 내담자 성장과 발달을 촉진하고 건강한 관계 형성을 증진시킨다. 상담자들은 내담자들이 가지고 있는 다양한 문화적 배경을 적극적으로 이해하려고 한다. 상담자들은 또한 자신의 문화적 정체성이 어떤 것이며 이것들이 상담 과정에 대한 자신의 가치와 신념에 어떤 영향을 주는지를 탐색한다. 상담자들에게 서비스에 대한 재정적인 대가가 거의 없거나 전혀 없어도 자신의 전문적인 활동의 일부를 할애함으로써 사회에 기여하기를 권장한다(공익을 위해서)(ACA, 2005, p. 4).

수퍼바이저는 수퍼바이지가 적절한 상담 서비스를 제공할 때 최상의 상담을 제공할 수 있도록 수퍼바이저를 도움으로써 내담자를 보호하고자 노력해야 한다. 수퍼바이저는 자신의 문화적 배경을 자각하고 있어야 하고 선입견을 없애기 위한 노력으로 다문화적 인식을 증진시키기 위해 정기적으로 노력해야 한다. 수퍼바이저는 수퍼바이지와 내담자에게 관련된 다문화적 쟁점들을 드러내어 언급해야 한다.

섹션 B: 비밀보장, 면책특권이 있는 대화, 사생활

> 상담자는 신뢰가 상담 관계의 초석이 됨을 인식한다. 상담자는 지속적인 파트너십을 만들어 나가고, 적절한 경계를 설정하고 유지하며, 비밀을 유지함으로써 내담자의 신뢰를 얻고자 노력한다. 상담자는 문화적으로 적절한 방식으로 비밀보장과 관련된 기본적인 사항들을 전달한다(ACA, 2005, p. 7).

수퍼바이저는 수퍼비전 관계에 주의를 기울이고 수퍼바이지가 내담자와 좋은 라포를 형성하는 것을 관찰해야 한다. 수퍼바이저는 수퍼바이지가 내담자와 적절한 경계선을 유지하고 있는지 명확히 해야 한다. 수퍼바이저는 수퍼바이지와 비밀보장의 한계에 대해 소통하고 수퍼바이지가 내담자와도 같은 내용에 대해 소통하고 있는지 관찰해야 한다. 수퍼바이저는 수퍼비전에서 역전이가 일어나지 않도록 하고 수퍼바이지의 역전이 문제를 언급해야 한다.

섹션 C: 전문적 책임성

> 상담자는 대중 그리고 다른 전문가들과의 관계에서 개방적이고, 정직하며, 정확한 의사소통을 추구한다. 그들은 전문가적 · 개인적 역량의 범위 내에서 차별적이지 않은 방식으로 상담을 하면서 ACA 윤리규정을 준수할 책임을 가진다. 상담자는 적극적으로 지역과 전국적인 학회에 참여하여 상담 발전과 향상을 꾀한다. 상담자는 개인과 집단을 위한 삶의 질을 향상시킬 수 있도록 개인, 집단, 기관 그리고 사회 수준에서 변화를 촉진하는 것을 지원하며, 제공되는 적절한 서비스를 공급하고 접근하는 것에 대한 잠재적인 장애물을 제거한다. 상담자는 대중들에게 엄격한 연구 방법에 기초한 상담을 실시할 책임을 가진다. 그 밖에도 상담자는 자신의 전문적인 책임을 최대한 다하기 위해서 자신의 정서적 · 신체적 · 정신적 그리고 영적인 안녕을 유지하고 증진하기 위해 자신을 돌보는 활동에 참여한다(ACA, 2005, p. 9).

수퍼바이저는 사회정의를 위한 활동에 관여하고 다양한 전문가 협회에서 활동

함으로써 전문적 행동을 보여 주어야 한다. 수퍼바이저는 자신들이 경험적으로 타당한 개입 방법을 사용하며 가르치고 있다는 것을 확인하기 위해 계속 교육에 참여해야 한다. 수퍼바이저는 전문가로서 소진을 피하기 위해 자기 자신을 돌보는 행동들을 해야 한다. 수퍼바이저는 수퍼바이지와 내담자에 대한 자신의 영향력, 상충하는 이익들 간의 갈등, 수퍼비전에 대한 자신의 역량을 인식하고 있어야 한다. 수퍼바이저는 내담자와의 작업에 자신의 스트레스가 영향을 미치지 않도록 하기 위해 수퍼바이지가 자신의 전문성과 혹은 개인적인 건강을 평가할 수 있는지 검토해야 하고 자신을 돌보도록 격려해야 한다.

섹션 D: 다른 전문 직종과의 관계

> 전문 상담자는 동료와의 상호작용의 질이 내담자에게 제공되는 서비스의 질에 영향을 줄 수 있다는 것을 인식한다. 그리고 상담 분야 내외의 동료들에 대해 알기 위해 노력한다. 상담자는 내담자에 대한 서비스를 향상시키기 위해 동료들과의 긍정적인 작업 관계와 의사소통 시스템을 발전시킨다(ACA, 2005, p. 11).

수퍼바이저는 다른 동료들의 치료 과정을 존중하고, 필요할 때 다른 전문직종의 사람들에게 자문을 구하며, 필요시 수퍼비전을 추구해야 한다. 수퍼바이저는 수퍼바이지와 동료들의 윤리적 관심을 언급해야 한다. 수퍼바이저는 의뢰할 수 있는 자원을 유지하고 다른 전문인에게 의뢰할 적절한 시점을 알아야 한다.

섹션 E: 평가, 사정, 해석

> 상담자는 상담 과정의 한 부분으로서 사정 도구를 사용하며, 내담자의 개인적 · 문화적 상황을 고려한다. 상담자는 교육, 심리 그리고 진로 사정도구를 개발하고 사용함으로써 내담자 개인과 내담자 집단의 복지를 적절히 증진시킨다(ACA, 2005, p. 11).

수퍼바이저는 내담자에게 사용된 평가도구들의 적절성, 타당성, 강점, 한계를 인식해야 한다. 수퍼바이저는 수퍼바이지가 수퍼바이저에게 익숙하지 않은 평가도구를 사용할 경우 자문을 구하거나 훈련을 받아야 한다.

섹션 F: 수퍼비전, 훈련 그리고 교육

> 상담자는 수련자 및 학생과 의미 있고 존중하는 전문적인 관계를 촉진하면서도 적절한 경계선을 유지하기를 열망한다. 상담자는 자신의 일에 대해 이론적이고 교육적인 기초를 갖추며, 상담 훈련생을 공정하고, 정확하고, 정직하게 평가하고자 노력한다(ACA, 2005, p. 13).

수퍼바이저는 수퍼비전 과정에 대한 훈련을 받아야 한다. 수퍼바이저는 수퍼바이지의 인격을 존중하면서 정확한 평가를 제공해야 한다. 수퍼바이저는 어느 곳에서든지 가능하면 이중 관계를 피함으로 수퍼바이지와 적절한 경계선을 설정해야 한다. 수퍼바이저는 수퍼비전을 시작할 때 재정적인 부담은 어떻게 할 것인지 분명히 의사소통해야 한다.

섹션 G: 연구와 출판

> 연구를 수행하는 상담자는 전문적 지식기반에 기여하도록, 그리고 건강하고 더 정의로운 사회로 인도하는 환경에 대한 더 명확한 이해를 갖추도록 장려된다. 상담자는 가능한 한 충분히 그리고 기꺼이 참여함으로써 연구자들의 노력을 지원한다. 상담자는 연구 프로그램을 설계하고 실시하는 데 있어서 편향을 최소화하고 다양성을 존중한다(ACA, 2005, p. 16).

수퍼바이저는 정확하고, 문화적으로 적절하고, 상담 전문 영역에 공헌하는 연구를 수행해야 한다. 수퍼바이저는 적절할 경우 다른 사람의 연구에 참여해야 한다.

섹션 H: 윤리적 문제를 해결하기

> 상담자는 자신의 전문적인 일을 수행하는 데 있어서 법적 · 윤리적 · 도덕적인 태도로 행동한다. 그들은 내담자 보호와 상담에 대한 신뢰가 전문적 행위의 수준에 달려 있다는 것을 인식한다. 그들은 다른 상담자들도 같은 기준을 지키도록 하고 이러한 기준을 확실히 지키도록 하기 위해 적절한 행동을 기꺼이 한다. 상담자는 윤리적 갈등을 관련된 모든 사람들과 직접적이고 솔직하게 의사소통하여 해결하려고 노력하며, 필요하다면 동료나 수련감독자에게 자문을 구한다. 상담자는 매일매일의 전문적인 활동을 윤리적으로 실천한다. 그들은 상담에서 이슈가 되고 있는 최근의 윤리적 · 법적 주제에 관련해서 지속적으로 전문성을 발달시킨다(ACA, 2005, p. 18).

상담자는 전문적인 작업을 수행하는 데 있어 법적 · 윤리적 · 도덕적인 차원을 고려하면서 행동해야 한다. 그리고 상담 전문 영역에서 내담자 보호나 신뢰는 어떻게 전문적으로 행동하느냐에 따라 달라진다는 것을 알고 있어야 한다. 상담자는 동일한 윤리적 기준을 다른 상담자에게 적용하고 이런 기준들이 잘 지켜지도록 적절한 조치를 취한다. 상담자는 관계된 모든 당사자들 사이에서 명확하고 개방된 의사소통을 통하여 윤리적 문제를 해결하려고 노력한다.

수퍼바이저는 윤리강령을 잘 알고 있어야 하고 결정하기 곤란한 윤리적 문제들을 어떻게 드러내야 하는지에 대해서도 숙지하고 있어야 한다. 수퍼바이저는 전문 영역에서 이러한 지식들을 통합해야 한다. 수퍼바이저는 내담자, 수퍼바이지 그리고 동료들의 안녕과 복지를 위해 행동해야 한다. 수퍼바이저는 전문 윤리에 대한 계속적인 훈련을 받아야 한다.

◎ 윤리적 지침

지금까지 제시한 원칙과는 다르게 윤리강령은 전문가들이 책임을 준수해야 하는 기준들이다. 윤리는 개인과 집단을 통제하는 행동에 대한 기준들이다. 윤리적 행동은 이렇게 작용하는 기준들에 기반하여 상황에 대하여 내리는 행동과 판단이다(Corey, Corey, & Callanan, 1998). 그러므로 수퍼비전에서 윤리적 행동은 상담과 수퍼비전의 전문가 협회에 의해 제시된 안내 지침의 맥락 안에서 이루어져야 한다. 상담 전문가 협회들은 ① 내담자와 수퍼바이지의 권리를 윤리적으로 그리고 법적으로 보호할 의무를 준수하도록, ② 내담자의 복지와 프로그램에서 필요한 것에 부합되는 방식으로 수퍼바이지의 훈련과 전문적 요구를 충족시키도록, 그리고 ③ 프로그램의 실시에 대한 정책, 과정, 기준을 설정하도록 도움으로써 전문가들을 돕기 위한 의도를 가지고 윤리적 지침을 유지하고 있다(ACES, 1993).

ACA 윤리강령(2005)에서 수퍼바이저에게 가장 이해하기 쉬운 윤리적 지침을 제공하듯이 대부분의 전문 조직에서의 윤리적 지침은 훈련과 수퍼비전을 어느 정도 언급한다. 그러나 수퍼비전에 대한 조항을 구체적으로 제공해 주는 단체는 드물다. 이 장을 위해 수퍼비전 윤리에 관한 연구(Crall, 2010; Ladany, Lehrman-Waterman, Molinaro, & Wolgast, 1999)와 중요한 정신건강 영역에서 현재 사용하는 윤리강령들을 통합하여 포괄적인 윤리적 지침을 만들었다. 이 작업을 통해 〈표 16-1〉에서 제시하는 16가지 윤리적 지침이 생겨났다. 그 밖에도 〈표 16-1〉은 정의, 윤리적 위반행위의 사례, 수퍼바이저가 스스로 물어볼 수 있는 질문들을 명기하였다.

수퍼비전에서 윤리적 행동의 현재 상태

"수퍼비전 과정을 통해 윤리적 수행에 초점을 두면서 윤리적 · 전문적 행동을 모델링하도록 하는 것은 유능한 수퍼바이저의 중요한 자질이다." (Barnett, Cornish, Goodyear, & Lichtenberg, 2007, p. 270) Barnett 등은 수퍼바이저들이 이 말에 동의하고 전문적 윤리적 지침을 지지한다고 말한다. 예를 들어, 수퍼바이저들은 수퍼바이지와의 성적 관계를 금지하는 것, 수퍼바이지에게 개인 치료를 제공하지 않는 것 그리고 민족적 · 인종적 · 문화적 이슈를 언급하는 것의 중요성과 같은 윤리적 상담을 위한 기준을 현장에서 활동하는 수퍼바이저들이 지지한다는 데 동의한다(Dickey, Housley, & Guest, 1993). 게다가 대부분의 수퍼바이저는 ① 수퍼바이지와 정기적으로 만나고, ② 위기관리 과정을 만들고, ③ 전문적 · 윤리적 · 법적인 책

〈표 16-1〉 수퍼바이저 윤리지침

윤리지침	정의	위반 사례	자기점검을 위한 질문
활동에 대한 수행 평가와 모니터링	수퍼바이저와 수퍼바이지의 평가에 관하여 적절한 의사소통. 수퍼바이저는 언어적이며, 기록된 피드백을 제공한다. 수퍼바이저는 비디오 혹은 오디오테이프, 수퍼바이지의 사례 일지를 주기적으로 읽음으로써 실질적인 상담회기를 검토한다.	수퍼바이저가 테이프를 볼 시간이 없다고 한다. 수퍼바이저가 목표와 실제가 일치하고 있는지에 대한 지속적이고, 비판적인 피드백을 제공하지 않으면서 부정적 평가를 한다.	내 수퍼바이지의 상담 테이프를 듣거나 보는가? 2~3주마다 사례 노트를 읽는가? 2~3개월마다 공식적인 기록으로 남기는 평가서를 작성하는가? 수퍼바이지의 평가 기준에 대해 알 수 있도록 하는가? (예, 평가서 사본) 수퍼비전 과정에서 구두로 피드백을 계속 제공하는가?
수퍼비전에서 비밀보장 문제	수퍼바이저는 비밀보장에 관한 정책을 전달하고 실현한다. (예, 수퍼비전 비밀보장의 한계와 수퍼비전에서의 노출에 대한 기관의 정책)	수퍼바이저가 수퍼비전 비밀보장에 대한 기관의 정책을 설명하지 않는다.	나는 수퍼바이지와 수퍼비전의 비밀보장에 관한 정책을 검토하는가?
다른 대안적 관점을 가지고 상담하는 능력	이론 및 실제와 관련하여 수퍼바이저가 제시하는 정보는 최근의 새로운 지식과 함께 전달되며, 수퍼바이지의 관점을 비롯한 대안적 관점을 포함한다. 수퍼바이저는 자신의 이론적 입장을 분명히 제시한다.	수퍼바이저는 이론적 접근에 대해 설명하지 않는다. 수퍼바이저는 한 이론만 사용하고 다른 접근 방법을 비판한다.	내 수퍼바이지에게 나의 이론적 입장을 설명하는가? 새로운 기술을 배우는 데 개방적인가? 수퍼바이지가 나와 다른 이론을 사용하는 것을 허락할 용의가 있는가?
상담회기 경계선과 존중하는 태도	수퍼바이저는 수퍼비전 회기 조건을 적절하게 보호하고, 수퍼바이지를 존중하는 것(사생활, 스케줄, 수퍼바이지의 품위를 떨어뜨리지 않는 것)을 보장한다.	수퍼바이저가 수퍼비전 약속을 잊어버리거나 시간을 변경한다. 수퍼비전 시간에 걸려오는 전화로 방해받는다. 수퍼바이저가 경멸적인 방식으로 수퍼바이지에게 말한다.	약속한 수퍼비전 시간을 충분히 지키는가? 시간이 초과되게끔 하는가? 보안이 보장되는 개인 사무실에서 만나는가? 항상 내 수퍼바이지에게 존중하는 태도로 말하는가? 수퍼바이지와 의견이 맞지 않을 때도 존중하는 태도로 소통하는가?
전문적 역할에 대한 입장과 현장 기준에 대한 모니터링	수퍼바이저와 수퍼바이지의 역할과 책임이 명확하게 정의된다. 수퍼바이저는 수퍼바이지가 알맞고 적절한 상담 활동을 하도록 해야 한다.	수퍼바이저가 수퍼바이저나 수퍼바이지의 역할에 대해 설명한 적이 없다.	내 수퍼바이지의 상담 활동이 훈련 수준에 맞는가? 수퍼바이지에게 수퍼바이저로서의 나의 역할이 분명하게 전달되었는가?

(계속)

윤리지침	정의	위반 사례	자기점검을 위한 질문
전문성 및 효능감 이슈	수퍼바이저는 수퍼바이저 자신 혹은 수퍼바이지가 특정한 내담자와 상황에 대해 효과적이지 못할 때 적절하게 알려 주어야 한다. 수퍼바이저는 내담자 치료와 관련된 모든 전문가들과 적절하게 협조하도록 해야 한다.	수퍼바이저나 수퍼바이지가 자해 행위를 하는 내담자에 대한 경험이 없음에도 불구하고 수퍼바이지로 하여금 이런 내담자를 상담하도록 격려한다.	특정한 문제에 대해서 수퍼비전할 수 있는 훈련을 받지 않았다면 그것을 수퍼바이지에게 말하는가? 수퍼바이지가 과제를 수행하는 데 유능하지 못하다면 수퍼바이지에게 말할 용의가 있는가? 내담자의 안녕과 복지가 가장 우선적인 관심사라는 것을 항상 인지하는가?
내담자가 알아야 할 사항에 대한 고지	수퍼바이저가 상담의 조건, 학생 신분, 연구 참여 여부, 비밀보장의 한계를 내담자에게 적절히 알렸는지 확인한다.	수퍼바이저는 수퍼바이지에게 학생 신분인 것을 말하지 않도록 권장한다.	나는 수퍼바이지와 상담구조화를 어떻게 하는지, 훈련생 신분, 사전 동의, 비밀보장의 한계를 어떻게 전달하는지 검토하는가?
윤리적 행동 모델링 그리고 윤리적 관심에 반응하기	수퍼바이저가 윤리적 행동을 논의하고 모델링하며 윤리적 위반에 대해 적절히 반응한다.	수퍼바이저가 수퍼비전 회기를 수퍼바이지에게 알리지 않고 녹화한다.	수퍼바이저와 상담자를 위한 윤리적 지침을 잘 알고 있는가? 윤리적인 방식으로 행동하는가? 윤리적으로 결정을 내리는 과정을 보여 주는가?
위기 관리와 개입	수퍼바이저는 위기 시 수퍼바이저와 수퍼바이지 사이의 적절한 의사소통과 대체 수퍼비전을 통한 지원을 보장한다.	수퍼바이저가 휴가 시 대체 수퍼비전을 받는 데 필요한 정보를 제공하지 않고 떠난다.	내 수퍼바이지가 위기 시 나에게 연락할 방법을 알고 있는가? 내 수퍼바이지가 위기 시 내게 연락이 안 될 때 누구에게 도움을 받아야 할지 알고 있는가? 나는 타살이나 자살 의도가 있는 내담자를 상담하는 데 필요한 법적·윤리적 요건을 알고 있는가?
내담자에 대한 다문화적 민감성	수퍼바이저가 내담자의 인종적·수퍼바이저가 성차별적인 일반화를 하고 민족적·문화적·성적 성향과 성에 관한 이슈(예, 정형화, 민감성 부족)를 잘 다룬다.	정신적으로 고통받는 내담자가 말한 문제들을 무시한다.	나의 개인적 선입견을 인지하고 적극적으로 그 선입견을 깨도록 노력하는가? 내담자의 적절한 문화적 정보를 파악할 수 있는가? 내 수퍼바이지가 상담 시간 동안 문화적 정보를 고려하도록 기대하는가?
수퍼바이지에 대한 다문화적 민감성	수퍼바이저가 수퍼바이지와 인종적·민족적·문화적·성적 성향과 성 문제에 관해 적절하게 민감성을 가지고 논의한다.	수퍼바이저가 문화와 인종에 관해 논의하기를 회피한다. 수퍼바이저가 인종적 문제를 염두에 두지 않고 모두가 인류의 한 부분이라고 생각하기를 선호한다.	상담 과정에서 수퍼바이지의 문화적 경험을 고려할 수 있고 다룰 의도가 있는가? 수퍼비전에서 적절하고 존중하는 태도나 언어를 사용하고 있는가?

(계속)

윤리지침	정의	위반 사례	자기점검을 위한 질문
이중 역할	수퍼바이저가 이중 역할을 피함으로써 이중 역할과 관련된 갈등(예, 수퍼바이저와 수퍼바이지가 개인적 관계를 갖거나, 논문지도자 및 논문작성자 혹은 행정기관의 상사와 부하 관계인 경우)을 잘 다룬다. 만일 불가피할 경우, 이런 역할들이 수퍼비전에 미칠 영향에 대하여 언급한다.	수퍼바이저와 수퍼바이지가 같은 스포츠 팀에 소속되어 사교적 만남을 함께 해야 하는데 이런 관계가 수퍼비전에서 다루어지지 않는다.	가능한 한 수퍼바이지에 대한 이중 역할을 피하고 있는가? 수퍼바이지가 사교적 모임에 초대할 때 어떻게 반응해야 하는지 아는가? 수퍼비전에서 수퍼비전 관계의 경계를 다룰 수 있는가?
종결과 후속 이슈	종결과 후속 이슈들이 적절하게 다루어진다. (예, 수퍼바이저는 내담자가 포기하는 일이 없도록 돌봄의 연속성을 확보한다.)	수퍼바이저가 종결 과정에 대하여 훈련생에게 아무런 안내도 하지 않는다. 종결과 돌봄을 계속 제공하는 것에 대한 기관의 기대를 알려 주었는가?	수퍼바이지와 종결에 수반한 문제들과 수퍼바이지의 경험에 대해서 논의하는가?
심리치료 및 상담과 수퍼비전을 구별하기	수퍼비전에서 수퍼바이지의 개인적 이슈를 적절하게 다룬다. (예, 수퍼비전과 치료의 경계를 분명히 하고, 수퍼바이지가 상담 및 치료를 받도록 적절하게 의뢰한다.)	수퍼바이저가 수퍼비전 동안에 분명한 목적 없이 자주 개인적인 질문을 한다.	수퍼비전에서 관계된 개인적 정보를 다루는 것과 수퍼바이지에게 상담 치료를 제공하는 것과의 차이를 아는가? 필요할 때 의뢰를 할 수 있는가?
성적 이슈	수퍼바이저가 성적 및 애정적 이슈들을 적절하게 다룬다.	수퍼바이저가 수퍼비전에게 자신의 성적 행동에 관해 논의한다.	수퍼바이지와의 애정 관계로 이끌 수 있는 사회적 상호작용을 삼가는가? 부적절한 상호작용을 피하기 위해 내 자신이 수퍼비전을 받을 용의가 있는가?
상담료와 재정적 계약	수퍼바이저가 수퍼비전 비용에 대하여 수퍼비전을 시작할 때 구체적으로 언급한다. 어느 쪽에서든 변경사항이 있다면 가능한 한 빨리 알린다.	수퍼바이저가 전화로 자문하는 비용을 더 받는다는 것을 설명하지 않았다.	수퍼비전 비용과 재정적 계약을 수퍼바이지와 분명하게 그리고 법적으로 잘 맺고 문서로 된 서류를 제공하였는가? 비용을 지불하지 않을 경우 어떤 변화가 일어날지 이야기하였는가?

임성에 대한 수퍼바이지의 인식을 증진시키고, ④ 전문가 협회나 기관 참여 정도에 관한 기준을 만족시키는 윤리적 행동을 하고 있다고 보고하고 있다(Navin et al., 1995).

그러나 수퍼바이저가 어떤 윤리적인 활동을 한다고 하더라도 모든 윤리적 지침

들에 동의하는 것은 아니다. 수퍼바이저와 수퍼바이저 모두 이중 관계의 잦은 발생을 나타내는 증거를 보고하고 있다(Navin et al., 1995; Siegel, 1993; Townend, Iannetta, & Freeston, 2002). 수퍼바이저 중 1/3 정도는 수퍼바이저와 수퍼바이지가 명확한 경계가 없는 사회적 관계를 맺는 것이 윤리적 문제가 되지는 않는다고 본다(Dickey et al., 1993). 게다가 수퍼바이저의 피드백은 대부분 수퍼바이지의 보고에 의해 이루어지는 데 반해, 실제 상담 작업에 대한 검토(예, 상담회기 녹음 테이프를 듣는 것)는 드물다(McCarthy, Kulakowski, & Kenfield, 1994). 수퍼바이지 중 50~68% 정도는 그들의 수퍼바이저가 최소한 한 가지 이상의 윤리적 위반을 범한다고 보고한다(Ladany et al., 1999; Siegel, 1993). 가장 흔한 위반들은 수퍼비전에서 비밀보장 문제와 관련된 문제들, 대안적인 관점을 가지고 상담하지 못하는 무능력 그리고 수퍼바이지의 활동에 대한 감독과 수행 평가를 적절하게 하지 않는 것이다(Ladany et al., 1999). 그러므로 대부분의 수퍼바이저는 현장에서 생기는 수퍼바이지와의 이중 관계를 윤리적으로 드러내는 데 어려움을 갖고 있으며 많은 수퍼바이저들이 윤리적 쟁점을 개념화하는 데 어려움을 겪고 있다는 추가적인 연구가 있다는 것은 새로운 사실이 아니다(Erwin, 2000). 이 연구는 수퍼바이저가 전반적으로 윤리적 기준에는 동의하나 항상 윤리적 쟁점들을 개념화할 수 있는 것은 아니라는 것을 확인시켜 준다. 분명히 수퍼바이저의 이상과 수퍼바이저가 윤리적 실천을 하는 것 사이에는 차이가 존재한다. 이러한 사실은 대학원의 훈련 프로그램과 연장교육에서 윤리적 결정을 다루어야 할 필요성을 말해 주고 있다.

◎ 두 가지 윤리적 함정

이중 관계

연구 문헌들은 수퍼바이저의 윤리적 위반 행동에서 뚜렷하게 드러나는 두 가지 경향에 대해서 말해 준다. 첫째, 수퍼바이저(Dickey et al., 1993; Navin et al., 1995; Pearse, 1991)와 수퍼바이지(Ladany et al., 1999; Siegel, 1993) 둘 다 이중 관계를 이야기한다. 이중 관계를 다루는 데 있어서 어려운 점은 이론적인 사례에서 윤리적 쟁

점을 드러내지 못하는 수퍼바이저의 능력에서 확연히 드러난다(Erwin, 2000). 내담자의 복지를 무엇보다도 우선시하는 것이 수퍼바이저의 책임이다. 이것은 수퍼바이저가 내담자의 핵심 문제를 분명히 파악하고 필요한 경우 개입할 수 있는 능력을 필요로 한다. 수퍼바이저와의 사회적, 혹은 사업적인 관계는 이러한 능력을 발휘하지 못하도록 할 수 있다(Welfel & Lipsitz, 1983). ACA 윤리강령(즉, F.3.a 조항)은 수퍼바이저가 다중 역할을 최소화할 것을 강력히 주장하며 피할 수 없는 이중 역할 상황에서 일어나는 사례에 대한 수퍼바이저의 책임을 분명히 밝히고 있다. F.3.b 조항은 더 나아가 수퍼바이지와 성적 관계를 금지하고 수퍼비전에서 판단과 객관성을 침해할 이중 관계를 피하도록 요구하고 있다.

수퍼바이지의 활동을 관찰

수퍼비전에 관한 연구 문헌들에서 나타나는 두 번째 경향은 오디오테이프와 비디오테이프 혹은 라이브 수퍼비전과 같이 수퍼바이지의 활동을 직접 관찰하는 것이 상대적으로 드물다는 것이다(Borders, Cashwell, & Rotter, 1995; Coll, 1995; O'Connor, 2000; Townend et al., 2002). 연구들은 수퍼바이저보다는 수퍼바이지가 자신의 상담 활동을 직접 관찰하는 것을 중요시한다고 지적한다(Gandolfo & Brown, 1987). 이러한 결과와 같은 맥락에서 수퍼바이지는 수행에 대한 평가 그리고 수퍼바이지의 활동에 대한 모니터링이 부적절하게 이루어지는 것이 가장 흔한 윤리적 위반 사항이라고 보고한다(Ladany et al., 1999). Pearse(1991)는 대학 상담센터들이 상담 테이프나 일지를 살펴보고 훈련생에게 피드백을 제공하는 경향이 있고 재향군인회 사무실이나 병원에서는 그렇게 하지 않는 경향이 있다고 밝혔다. 훈련생들이 내담자와 상호작용하는 것을 관찰하는 것은 수퍼바이지의 상담 과정과 내담자의 복지를 모니터링하기 위해 필요하다. ACA 윤리강령 F.1.a 조항은 수퍼비전 과정에서 임상일지뿐만 아니라 실제 상담 샘플이 정규적으로 수퍼바이저에 의해 검토되어야 한다는 것을 강조한다. 쉽게 말하자면, 질 높은 수퍼비전은 상담회기에서 일어나는 객관적 지식 없이는 발생하지 않는다.

◎ 수퍼비전에서 윤리의 영향

훈련도구로서의 수퍼비전

수퍼비전은 상담 영역에서 훈련생이 효과적이고 윤리적인 상담을 제공하는 데 필요한 기술을 발달시키도록 돕는 데 사용되는 주된 교수 방법이다(Holloway, 1992). Goodyear(2007)는 수퍼비전이 심리학의 '대표적인 교수법'이라는 Holloway의 주장을 더 구체화한다(p. 273). 상담자나 연구자들은 임상 수퍼비전이 상담자를 훈련하는 데 필수적인 측면이고 높은 질의 수퍼비전은 훈련생이 유능한 전문인으로 성장하는 데 중요하다는 것에 동의한다(Barnett et al., 2007; Corey, Corey, & Callanan, 1998). 훈련생들은 이러한 건전한 훈련 환경에서 자신의 전문가 정체성의 뿌리를 개발하고 치료 관계를 둘러싼 윤리적 신념들을 확고히 해 나갈 수 있다고 말한다. 수퍼바이저가 윤리적 행동을 모델링하는 것은 수퍼바이지가 윤리적이며 유능한 전문가로서의 정체성을 발달시키기 위해 필요하다.

비윤리적 수퍼비전이 수퍼바이지와 내담자에게 미치는 영향

수퍼바이저의 윤리적 행동들을 조사하는 가장 큰 이유 중 하나는 비윤리적 행동이 수퍼바이지와 내담자에게 끼칠 잠재적인 해악성을 파악하기 위해서다. 수퍼비전에서의 관계는 수퍼바이지가 위험에 노출되기 쉬운 권력 구조하에서 이루어지기 때문에 잠재적인 피해를 가져올 수 있다(Goodyear, Crego, & Johnston, 1992; Olk & Friedlander, 1992; Wulf & Nelson, 2000). 수퍼바이지들의 보고에 따르면 수퍼비전에서 비윤리적인 행동을 포함해서 별로 생산적이지 않은 사건들은 내담자와의 상담과 수퍼비전 관계에 부정적인 영향을 미친다(Gray, Ladany, Walker, & Ancis, 2001). 수퍼비전에서 해결되지 않은 갈등들은 수퍼바이지에게 미미하지만 불안한 감정을 불러일으키고 더 나아가 수퍼바이지의 개인적 삶에 영향을 미쳐 상담 영역에 대한 회의를 갖게 만드는 결과를 가져올 수 있다(Nelson & Friedlander, 2001). Jacobs(1991)는 수퍼바이저가 자신의 내담자뿐만 아니라 미래의 수퍼바이지에 대

해 자신이 경험했던 부정적인 수퍼비전 상호작용을 반복할 수 있는 가능성에 대하여 서술한다. 한 연구에 따르면, 대학원 훈련 과정에서 교수나 임상 수퍼바이저에게 성희롱을 당한 경험이 있다면 나중에 치료자로서 자신의 내담자에게 성희롱을 할 가능성이 통계적으로 높다고 지적한다(Pope, Levenson, & Schover, 1979). 결국 수퍼비전에서 윤리적 행동을 유지할 필요성은 상담자가 해악을 끼치지 않아야 한다는 중요한 윤리적 원칙으로부터 발생한다.

훈련생 만족에 대한 영향

Heppner와 Handley(1981)는 수퍼바이지의 만족감은 수퍼바이지가 열심히 작업하고 결국 수퍼비전에서 자신의 학습 목표를 달성하는 데 필요하다고 주장한다. 수퍼비전에 만족하는 수퍼바이지는 전반적으로 직업만족도가 높으며(Schroffel, 1999), 수퍼비전에서 정서적 유대가 강하고(Ladany, Ellis, & Friedlander, 1999), 수퍼비전에서 부정적인 반응들을 노출하는 데 별 어려움을 겪지 않는 경향을 보인다(Ladany, Hill, Corbett, & Nutt, 1996). 전반적으로 수퍼비전에서 긍정적인 사건들은 수퍼바이지의 만족도를 높인다(Heppner & Roehlke, 1984; Hilton, Russel, & Salmi, 1995). 반면 부정적인 수퍼비전 사건들, 예를 들어 수퍼바이저의 비윤리적 행동은 수퍼바이지의 만족도에 부정적인 영향을 미친다(Ramos-Sánchez et al., 2002). 예를 들어 대학원생들은 수퍼바이저가 수퍼비전에서 윤리적 문제를 제대로 드러내지 못하는 것을 수퍼바이저의 가장 바람직하지 않은 행동(Martino, 2001)으로 평가한다. 수퍼바이지와 함께 적절한 목표를 세우는 능력(F.7.a 조항; ACA, 2005) 또한 수퍼바이지의 만족도가 증가하는 것과 관련이 있다.

수퍼바이지의 윤리적 행동에 대한 영향

수퍼비전에 관한 연구 문헌들은 효과적인 상담 진행과 윤리적 수퍼비전의 관계에 대해 언급하고 있다(Barnett et al., 2007; Bernard & Goodyear, 2008). 게다가 몇몇 연구자들은 수퍼바이저의 행동과 그와 병행해서 나타나는 수퍼바이지의 행동 사이의 연관성을 규명하였다(McNeill & Worthern, 1989; Shulman, 2005). 최근의 윤리

훈련 모델은 상담 전공 학생들이 그들의 전문적 정체성이 발달함에 따라 전문 영역에서 기대되는 윤리적인 면을 내재화하는 윤리적 변화의 과정을 경험한다고 제안하였다(Handelsman, Gottlieb, & Knapp, 2005). 이러한 변화의 중요한 부분은 상담 실습 수퍼비전 도중에 일어난다. 그러므로 수퍼바이저는 수퍼비전에서 수퍼바이지가 나타내는 윤리적 행동에 중요한 역할을 한다. 구체적으로 Worthington 등의 연구에서만 수퍼비전 맥락에서 이루어지는 수퍼바이지의 윤리적 행동에 대해 언급하였다. 이 연구에 따르면 수퍼바이지의 85%가 비교적 가벼운 비윤리적 행동(예, 정해진 시간 내에 내담자에 대한 기록을 남기지 않음)에 연루된 경험이 있다고 밝혔다. 반면 수퍼바이지의 1.3%가 가장 비윤리적인(예, 사례 기록에 수퍼바이저의 사인을 위조한 것) 행동에 연루되었고, 7%가 수퍼비전에서 내담자에 관해서 의도적으로 조작된 정보를 제공하는 것(Worthington, Tan, & Poulin, 2002)과 같이 그다음으로 비윤리적이라고는 평가되는 행동에 연루되었다고 인정하였다. 전반적으로 수퍼바이지들은 그들이 보기에 사소한 윤리적 위반에 연루될 가능성이 높다. 이는 사소한 비윤리적 행동들은 별로 심각하지 않다고 간주되어서 수퍼바이저가 관찰하지 못했기 때문이라고 추측할 수 있다.

현재 상태에 대한 요약

상담에 관한 기준을 설정하기 위한 전문적 윤리지침(즉, ACA 윤리강령)들이 마련되어 왔다. 이러한 윤리지침은 이를 지지하는 수퍼바이저에겐 효과적이다(Navin et al., 1995). 그러나 수퍼바이저와 수퍼바이지는 수퍼바이저의 행동이 항상 윤리적 지침을 따르지는 않는다고 보고한다(Dickey et al., 1993; Ladany et al., 1999; McCarthy et al., 1994; Pearse, 1991; Siegel, 1993). 구체적으로 수퍼비전에서 이중 관계(Dickey et al., 1993; Ladany et al., 1999; Navin et al., 1995; Pearse, 1991; Siegel, 1993)와 부적절하게 수퍼바이지의 상담 활동을 모니터링하는 것(Borders et al., 1995; Coll, 1995; O' Connor, 2000; Pearse, 1991; Townend et al., 2002)이 수퍼비전에서 흔히 발생하는 윤리적 문제들이다. 수퍼바이저가 윤리적 지침을 준수하는 것은 수퍼바이지의 학습(Barnett et al., 2007; Corey et al., 1998; Goodyear, 2007; Holloway, 1992), 수퍼비전 작업 동맹(Gray et al., 2001; Ladany et al., 1999; Lehrman-Waterman & Ladany,

2001; Ramos-Sánchez et al., 2002) 그리고 수퍼바이지의 만족도(Lehrman-Waterman & Ladany, 2001; Ramos-Sánchez et al., 2002)에 영향을 미치기 때문에 중요하다.

윤리에 대한 비판적 성찰

필요하지만 충분치 않은

윤리적 지침은 전문적 행동과 책임에 대한 기준을 설정하기 위해 필요하다. 그러나 여러 연구 문헌에서 보았듯이 모든 수퍼바이저들에게 윤리적 행동을 하도록 하기에는 충분하지 않다. 분명히 "강령과 규칙들은 윤리적 책임을 수행하기 위해 능동적이며 신중하며 창의적으로 접근하는 것을 대체하지는 못한다" (Pope & Vasquez, 1998, p. 17). 윤리는 일련의 규칙들을 단순히 따르거나 수행하는 것 이상이다. 윤리적 쟁점에 있어 한 가지 정답이 있는 경우는 드물기 때문에 효과적으로 윤리적인 결정을 내리는 것은 "높은 수준의 사고와 깊은 성찰을 복합적으로 통합하는 과정이자 의심과 불확실성에도 불구하고 행동의 방향을 선택하는 능력이다" (Neukrug, Lovell, & Parker, 1996, p. 101). 그러므로 윤리강령을 이해하는 것은 단지 윤리적 전문가가 되는 첫 번째 단계일 뿐이다. 내담자와 수퍼바이지에게 가장 이익이 되게 하기 위해서는 수퍼바이저가 윤리적으로 자기평가를 계속 실시하는 작업이 필요하다.

윤리적 갈등을 줄이기 위한 제안

예방

능력 있는 상담자는 개방적이고 일관성 있는 환경을 만듦으로써 윤리적 문제를 예방하고자 노력할 것이다. 수퍼비전에서는 이러한 노력을 통해 수퍼비전 관계가 중요시되고 갈등과 윤리적인 면들을 전문적이고 지지적인 방식으로 논의할 수 있

게 된다. 수퍼바이지는 안전하고 존중받는다고 느끼는 환경에서 자신들의 필요와 관심사를 개방적으로 논의하기 쉬울 것이다(Ladany et al., 1996). 수퍼비전 초기에 사전 동의를 해서 공식적인 기대들이 분명히 소통된다면 오해의 여지를 예방하는 중요한 방법이 될 것이다. 수퍼비전에서의 개방성은 정기적으로 실시되는 공식적 평가를 치료를 위한 제안과 기대를 공유하는 도구로 만들 수 있을 것이다. 수퍼비전 관계는 전문적인 경계를 설정하는 것을 포함하며, 이러한 경계로 인해 역할 구분이 명확해지고 수퍼비전이 적절하게 이루어질 수 있다. 마지막으로 수퍼바이저는 상담 영역에서 개방적인 분위기를 만들도록 도움으로써 윤리적인 위반을 예방하는 데 있어 적극적인 역할을 할 수 있다. 이런 작업은 상담자로 하여금 비판이나 노출에 대한 두려움 없이 윤리적 쟁점을 개방적으로 논의할 수 있도록 한다.

애매모호성 다루기

애매모호성은 윤리적 쟁점에 이미 내재해 있으며, 수퍼바이저는 윤리강령 또한 애매모호할 수 있다는 것을 발견하면 당황할지도 모른다. 첫째, 윤리강령은 강령을 계속 수정하는 과정에서 분명히 드러나듯이, 문화적 가치들을 광범위하게 반영하는 방향으로 계속 진화되고 있다. 현재 준수되는 윤리적 기준들은 진행 과정에 있다는 것을 인식해야 한다. 둘째, 동시에 외현적으로 그리고 내현적으로 동시에 존재하는 겹치는 기준들이 있다. 외현적 기준은 심사위원회, 법적 요구 그리고 전문가 행동강령을 일컫는다. 내현적 기준은 수퍼바이저 자신의 가치, 문화 그리고 삶의 경험을 일컫는다. 만일 내현적 · 외현적 기준들이 항상 같다면 외현적 기준이 필요하지 않을 것이다. 셋째, 애매모호성은 결코 서로 똑같은 방식으로 발생하지 않는 그런 윤리적 쟁점들을 만들어 낸다. 윤리적인 결정에서 중요한 부분은 많은 윤리적 쟁점에 존재하는 애매모호성을 다루는 것이다.

윤리적 결정 내리기

윤리강령을 아는 것만으로는 수퍼비전에서 윤리적 쟁점들을 드러내기에 충분하지 않다. 수퍼바이저는 윤리적 결정을 내리는 과정에 친숙해야 한다. Meara,

Schmidt와 Day(1996)는 "문제의 미묘한 차이들을 분별하는 능력을 개발하도록 연습하는 것"이 필요하다고 주장한다(p. 30).

윤리적 쟁점이 발생하면 수퍼바이저는 문제를 규명하고 성찰하며 다양한 요인과 위험성을 고려한다. 수퍼바이저는 과학적이고 상담 전문가 협회에 의해 채택된 관련된 윤리강령과 지침을 고려해야 한다. 수퍼바이저는 또한 자신의 양심이 어떤 방향으로 움직이는가에 중심을 두어야 한다(APA, 2002). 가능한 행동의 경로를 만들고 모든 관계자에게 가져올 수 있는 결과들을 잘 평가해야 한다. 필요한 경우, 모든 요소들이 고려되도록 다른 전문 직종의 종사자로부터 자문을 구해야 한다. 전문적인 지지를 위한 자원으로 ACA를 들 수 있다. 이 단체는 모든 회원에게 비밀이 보장되는 윤리적 및 전문적 기준에 관한 자문을 무료로 제공해 주고 있다. 모든 선택의 잠재적인 결과를 고려한 후 행동을 실천해야 한다. 일단 행동을 실천했다면, 수퍼바이저는 윤리적 결정 내리기 과정을 성찰하고 평가해야 한다.

복합적인 윤리적 쟁점에 들어맞는 유일한 반응이 있는 경우는 거의 없다. 모든 상담자가 그렇듯이 수퍼바이저는 어려운 결정을 내리는 데 있어 자신의 능력에 의존해야 한다. 결정은 단호하게 내려야 하고 명확하게 소통해야 한다. Van Hoose와 Paradise(1979)에 따르면, "개인적 · 전문적으로 정직함을 유지하고 내담자에 대한 최선의 이익을 추구하며" 수퍼바이저가 "악의를 갖거나 개인적 이득을 추구하지 않고, 자신의 행동이 해당 전문직의 현재 상태에서 최선의 판단에 따른 것임을 입증할 수 있다면"(p. 58) 전문가가 윤리적으로 행동하고 있다고 확신할 수 있다.

결론

어떤 영역이든 전문가는 끊임없는 요구 및 다양한 관점과 씨름해야 하는 책임을 가지고 있다. 그러나 상담 수퍼바이저는 남을 돕는 사람을 돕는다는 독특한 책무를 갖고 있으며, 이러한 책무에는 다양한 문제, 상황 그리고 이해관계자가 수반된다. 윤리강령은 어려운 결정을 하는 것에 대한 안내를 제공하고 수퍼바이저가 책임질 수 있는 기준을 확립해 준다. 윤리적 행동을 적용하기 위해서는 윤리적 기준을 면밀히 이해하고 있어야 할 뿐 아니라, 예방적인 수단들을 시행하고 윤리적 결

정을 하기 위한 기술을 갖추어야 한다. 결국 윤리적 방식으로 행동하는 능력은 진정한 전문가의 특성이다.

사례 예시 #1

G 박사는 상담 실습학생인 블레어에 대해 6개월 동안 수퍼비전을 실시했다. 블레어는 대학에서 상담학 석사과정의 마지막 학기 중이었다. G 박사와 블레어는 강한 라포를 형성하였고 서로를 존중한다. 블레어는 상담실습을 하면서 졸업을 준비하는 등 여느 대학원생처럼 바쁘게 지내고 있다. 게다가 블레어는 두 청소년의 엄마이고 언어폭력을 행사하는 남편과 이혼 수속 중에 있다. 그녀는 재정적인 걱정, 정서적 상실, 다른 남자를 다시 만나는 것과 같은 이혼과 관련된 문제들과 씨름하고 있고 그녀의 아이들도 엄마에게서 관심을 받기를 원한다. 블레어는 초보 상담자 수준의 기술을 보여 주고 있으며, 내담자와 작업 동맹을 맺고 적절한 상담을 실시하고 있다. 수퍼비전에서 블레어는 내담자 문제를 드러내기도 하였지만, 수퍼비전 시간을 자신의 이론에 대해 이야기하고 딸들에 대한 좌절의 감정을 해소하는 시간으로 사용하였다. G 박사는 블레어의 개인적 고민이 드러났기 때문에 블레어로 하여금 자신의 개인적 문제를 표출하게 함으로써 개인적 경험이 상담자의 역할에 어떤 영향을 주는지 생각해 보도록 하는 것이 적절하다고 느꼈다. 그러나 최근에 블레어는 수퍼비전 시간을 자신의 개인적인 문제를 이야기하는 시간으로 사용하였고, 자신에 관한 이야기를 하는 데 전체 회기를 사용하였다. 블레어는 문서작성 작업을 하는 데 게을렀고 어떤 상담회기 노트는 전혀 기록되어 있지 않다. 게다가 G 박사는 근무 시간에 몇 번이나 블레어가 전화기로 계속 이야기하고, 아이들, 변호사, 혹은 새 남자 친구에게 이메일을 보내는 것을 보았다. G 박사는 블레어가 상담자로서 충분히 성숙되기에 필요한 능력을 발달시키는 데 개인적 문제가 방해가 된다고 확신하였다. G 박사가 블레어에게 상담을 받으라고 추천했을 때, 블레어는 그 필요성을 인정하였으나 상담을 받을 시간과 재정적 여유가 없다고 하였다. 블레어가 졸업하는 시기가 다가오면서 (풀타임 직장을 구한다는 가정하에) 재정적인 걱정을 덜 하고 시간적 여유를 가지면서 그녀의 삶의 질이 향상되기를 원한다고 자주 표현하였다. 상담을 하는 것은 지금 그녀의 삶에서 보상

을 주는 몇 가지 중 하나이고 상담실습에서 동료들의 지지가 없다면 어떻게 해낼지 잘 모르겠다고 말한다. 블레어에게 전문적 자질이 부족함에도 불구하고 G 박사는 블레어가 미래에 좋은 상담을 할 수 있는 상담자로서 충분한 강점을 드러내기를 바랐다. 그러나 G 박사는 또한 상담실습은 훈련의 가장 중요한 측면이라는 것을 인식하고 블레어가 그녀의 실습 경험에서 가질 수 있는 것을 가지지 못한다는 것을 염려한다. G 박사는 블레어에 대해 정확한 평가를 내려야만 하지만, 부정적 피드백이 블레어에게 어떤 영향을 줄지 염려된다.

토론 질문

1. 이 사례에서 어떤 윤리적 지침이 고려되어야 하는가?
2. 당신은 블레어의 수준 이하의 전문적 행동에 대해 어떻게 접근하겠는가?
3. 블레어의 미래 상담 활동에 대해서 어떤 추천을 하겠는가?

사례 예시 #2

고등학교상담자인 O 선생은 새로운 상담자인 에이프릴에게 일 년 동안 수퍼비전을 제공하였다. 그 기간 동안 에이프릴은 자살사고를 가지고 있으며, 정서가 불안정하고, 다른 사람과의 경계가 불분명한 성향을 보이는 고등학교 1학년 내담자인 미셸과 관련하여 자주 수퍼비전을 받았다. 미셸은 에이프릴에게 그녀가 자신의 유일한 친구라고 말했고, 그다음 해에 에이프릴이 다른 학교로 떠난 뒤에도 에이프릴과 계속 연락하기를 요구하였다. 수퍼비전에서 에이프릴은 O 선생에게 미셸과 완전히 연락을 끊는 것은 잔인한 일 같다고 표현했고, 자신의 내담자를 '포기' 하는 것에 대한 죄책감을 느낀다고 표현했다. O 선생은 단호하게 미셸과의 관계를 종료하라고 권고하고 수퍼비전 시간에 어떻게 종결할지에 대해 다루었다.

O 선생은 에이프릴이 종결과 관련한 죄책감을 탐색하도록 도와주었다. 에이프릴은 전문적 경계선이 있어야 하는 이유를 이해한 듯했고 자문받은 대로 진행하는 것에 동의하였다. 그러나 새로운 일을 하기 위해 다른 학교로 떠나고 나서 에이프릴은 O 선생에게 자신의 내담자인 미셸과 이메일로 계속 연락하고 있다고 밝혔

다. 에이프릴에게 보낸 가장 최근의 이메일에서 미셸은 너무나 외롭고, 자해행위를 심각하게 생각하고 있으며, 자신을 입원시킬까 봐 두렵기 때문에 학교 측에는 이에 대해 말하기를 원치 않는다고 썼다. 에이프릴은 미셸의 안전에 대해서 걱정하였고 O 선생이 미셸을 상담해 주기를 원했다.

토론 질문

1. 에이프릴에 대한 O 선생의 윤리적 책무는 무엇인가? 미셸에 대한 책무는?
2. O 선생은 미셸에게 어떻게 반응해야 하는가?
3. 사례에서 발생한 경계선 침범에 대한 책임은 누구에게 있는가?
4. 어떤 윤리적 결정 단계가 취해져야 하는가?

사례 예시 #3

L 상담자는 작은 시골 도시에서 유일하게 자격증을 소지한 상담자다. 그녀의 상담과 훈련은 주로 성인과 상담하는 것에 집중되었다. L 상담자는 엘렌이라는 십대 소녀를 상담하고 있는 초보 상담자 톰을 수퍼비전하고 있다. 엘렌은 식욕부진, 폭식증을 보이고 불안할 때는 종종 자신의 손목을 긋는 듯한 행동을 한다. 톰은 L 상담자와 엘렌 둘 다에게 섭식장애를 갖고 있거나 자해행위를 하는 내담자를 상담한 경험이 없고 그에 대한 훈련도 받지 못했다는 것을 인정하였다. 그래서 엘렌을 더 경험이 많은 상담자에게 의뢰하기를 원했다. 그러나 엘렌은 톰하고만 상담하기를 원하고 다른 상담자에게 상담받는 것은 전적으로 거부하고 있다. 게다가 가장 가까이 있는 상담자는 차로 한 시간 거리에 있고, 엘렌이 원한다 하더라도 그렇게 멀리까지 가도록 엘렌의 부모가 정기적으로 도와줄 수는 없다. 대학원 수업에서 섭식장애자를 위한 상담치료에 대하여 토론하였고 이 주제에 관하여 몇 권의 책을 읽었음에도 불구하고, L 상담자는 섭식장애를 갖고 있거나 자해행위를 하는 내담자를 상담한 경험이 거의 없었다.

토론 질문

1. 엘렌을 상담하고 톰을 수퍼비전해 줄 때 어떤 윤리적 사항을 고려해야 하는가?
2. 이 사례에서 애매모호성은 어떤 역할을 하는가?
3. L 상담자는 상담을 어떻게 진행해야 하는가?

참 | 고 | 문 | 헌

American Counseling Association (ACA). (2005). *ACA code of ethics*. Alexandria, VA: Author.

American Psychological Association (APA). (2002). *Ethical principles of psychologists and code of conduct*. Washington, DC: Author.

Association for Counselor Education and Supervision (ACES). (1993). *Ethical guidelines for counseling supervisors*. Alexandria, VA: Author.

Barnett, J. E., Cornish, J. A., Goodyear, R. K., & Lichtenberg, J. W. (2007). Commentaries on the ethical and effective practices of clinical supervision. *Professional Psychology: Research and Practice*, *38*, 268-275.

Bernard, J. M., & Goodyear, R. K. (2008). *Fundamentals of clinical supervision* (4th ed.). Needham Heights, MA: Allyn & Bacon.

Borders, L. D., Cashwell, C. S., & Rotter, J. C. (1995). Supervision of counselor licensure applicants: A comparative study. *Counselor Education and Supervision*, *35*, 54-69.

Coll, K. M. (1995). Clinical supervision of community college counselors: Current and preferred practices. *Counselor Education and Supervision*, *35*, 111-117.

Corey, G., Corey, M. S., & Callanan, P. (1998). *Issues and ethics in the helping professions*. Belmont, CA: Thomson Brooks/Cole Publishing Co.

Crall, J. (2010). *Ethical behavior of supervisors: Effects on supervisee experiences and behavior* (Unpublished doctoral dissertation). Lehigh University, Bethlehem, PA.

Dickey, K. D., Housley, W. F., & Guest, C. (1993). Ethics in supervision of rehabilitation counselor trainees: A survey. *Rehabilitation Education*, *7*, 195-201.

Erwin, W. J. (2000). Supervisor moral sensitivity. *Counselor Education and Supervision*, *40*, 115-127.

Gandolfo, R. L., & Brown, R. (1987). Psychology intern ratings of actual and ideal supervision of psychotherapy. *Journal of Training & Practice in Professional Psychology*, *1*, 15-28.

Goodyear, R. K. (2007). Commentaries on the ethical and effective practice of clinical supervision. *Professional Psychology: Research and Practice*, *38*, 268-275.

Goodyear, R. K., Crego, C. A., & Johnston, M. W. (1992). Ethical issues in the supervision of student research: A study of critical incidents. *Professional Psychology: Research and Practice, 23*, 203-210.

Gray, L. A., Ladany, N., Walker, J. A., & Ancis, J. R. (2001). Psychotherapy trainees' experience of counterproductive events in supervision. *Journal of Counseling Psychology, 48*, 371-383.

Hall, C. S. (1952). Crooks, codes and cant. *American Psychologist*, *7*, 430-431.

Handelsman, M. M., Gottlieb, M. C., & Knapp, S. (2005). Training ethical psychologists: An acculturation model. *Professional Psychology: Research and Practice, 36*, 59-65.

Heppner, P. P., & Handley, P. G. (1981). A study of the interpersonal influence process in supervision. *Journal of Counseling Psychology*, *28*, 437-444.

Heppner, P. P., & Roehlke, H. J. (1984). Differences among supervisees at different levels of training: Implications for a developmental model of supervision. *Journal of Counseling Psychology*, *31*, 76-90.

Hilton, D. B., Russell, R. K., & Salmi, S. W. (1995). The effects of supervisor's race and level of support on perceptions of supervision. *Journal of Counseling & Development*, *73*(5), 559-563.

Holloway, E. L. (1992). Supervision: A way of teaching and learning. In S. D. Brown & R. W Lent (Eds.), *Handbook of counseling psychology* (2nd ed., pp. 177-214). Oxford, UK: John Wiley & Sons.

Jacobs, C. (1991). Violations of the supervisory relationship: An ethical and educational blind spot. *Social Work, 36*, 130-135.

Kitchener, K. S. (1984). Intuition, critical evaluation and ethical principles: The foundation for ethical decisions in counseling psychology. *Counseling Psychologist*, *12*(3), 43-55.

Ladany, N., Ellis, M., & Friedlander, M. (1999). The supervisory working alliance, trainee self-efficacy, and satisfaction. *Journal of Counseling and Development*, *77*, 447-455.

Ladany, N., Hill, C., Corbett, M., & Nutt, E. (1996). Nature, extent, and importance of what psychotherapy trainees do not disclose to their supervisors. *Journal of Counseling Psychology*, *43*, 10-24.

Ladany, N., Lehrman-Waterman, D., Molinaro, M., & Wolgast, B. (1999). Psychotherapy supervisor ethical practices: Adherence to guidelines, the supervisory working alliance, and supervisee satisfaction. *Counseling Psychologist, 27*, 443-475.

Lehrman-Waterman, D., & Ladany, N. (2001). Development and validation of the evaluation process within supervision inventory. *Journal of Counseling Psychology, 48*, 168-177.

Martino, C. (2001). Supervision as a self object experience. In S. Gill (Ed.), *The supervisory alliance: Facilitating the psychotherapist's learning experience* (pp. 107-122). Lanham, MD: Jason Aronson.

McCarthy, P., Kulakowski, D., & Kenfield, J. A. (1994). Clinical supervision practices of licensed psychologists. *Professional Psychology: Research and Practice, 25*, 177-181.

McNeill, B., & Worthen, V. (1989). The parallel process in psychotherapy supervision. *Professional Psychology: Research and Practice, 20*, 329-333.

Meara, N. M., Schmidt, L. D., & Day, J. D. (1996). Principles and virtues: A foundation for ethical decisions, policies, and character. *Counseling Psychologist, 24*, 4-77.

Navin, S., Beamish, P., & Johanson, G. (1995). Ethical practices of field-based mental health counselor supervisors. *Journal of Mental Health Counseling, 17*, 243-253.

Nelson, M. L., & Friedlander, M. L. (2001). A close look at conflictual supervisory relationships: The trainee's perspective. *Journal of Counseling Psychology, 48*, 384-395.

Neukrug, E., Lovell, C., & Parker, R. J. (1996). Employing ethical codes and decision-making models: A developmental process. *Counseling and Values, 40*, 98-106.

O'Connor, B. P. (2000). Reasons for less than ideal psychotherapy supervision. *Clinical Supervisor, 19*, 173-183.

Olk, M. E., & Friedlander, M. L. (1992). Trainees' experiences of role conflict and role ambiguity in supervisory relationships. *Journal of Counseling Psychology, 39*, 389-397.

Pearse, R. D. (1991). Ethical practices in the supervision of predoctoral psychology interns (Doctoral dissertation, West Virginia University, 1990). *Dissertation Abstracts International, 52*, 1734.

Pope, K. S., Levenson, H., & Schover, L. R. (1979). Sexual intimacy in psychology training: Results and implications of a national survey. *American Psychologist, 34*, 682-689.

Pope, K. S., & Vasquez, M. J. (1998). *Ethics in psychotherapy and counseling: A practical guide* (2nd ed.). San Francisco, CA: Jossey-Bass.

Ramos-Sánchez, L., Esnil, E., Goodwin, A., Riggs, S., Touster, L. O., Wright, L. K., Rodolfa, E. (2002). Negative supervisory events: Effects on supervision and supervisory alliance.

Professional Psychology: Research and Practice, 33, 197-202.

Schroffel, A. (1999). How does clinical supervision affect job satisfaction? *Clinical Supervisor, 18*, 91-105.

Shulman, L. (2005). The clinical supervisor-practitioner working alliance: A paralprocess. *Clinical Supervisor, 24*, 23-47.

Siegel, J. L. (1993). Ethical issues in the supervisory relationship: A review with a proposal for change. *Dissertation Abstracts International, 54*(2-B), 1113.

Stoltenberg, C. D., & Delworth, U. (1987). *Supervising counselors and therapists: A developmental approach*. San Francisco, CA: Jossey-Bass.

Townend, M., Iannetta, L., & Freeston, M. (2002). Clinical supervision in practice: A survey of UK cognitive behavioural psychotherapists accredited by the BABCP. *Behavioural and Cognitive Psychotherapy, 30*, 485-500.

Van Hoose, W. H., & Kottler, J. A. (1985). *Ethical and legal issues in counseling and psychotherapy* (2nd ed.). San Francisco, CA: Jossey-Bass.

Van Hoose, W. H., & Paradise, L. V. (1979). *Ethics in counseling and psychotherapy: Perspectives in issues and decision-making*. Cranston, RI: Carroll Press.

Welfel, E. R., & Lipsitz, N. E. (1983). Ethical orientation of counselors: Its relationship to moral reasoning and level of training. *Counselor Education and Supervision, 23*, 35-45.

Worthington, R., Tan, J., & Poulin, K. (2002). Ethically questionable behaviors among supervisees: An exploratory investigation. *Ethics & Behavior, 12*, 323-351.

Wulf, J., & Nelson, M. L. (2000). Experienced psychologists' recollections of internship supervision and its contributions to their development. *Clinical Supervisor, 19*, 123-145.

17

수퍼바이저 훈련: 핵심 역량

ARPANA G. INMAN, SEPIDEH S. SOHEILIAN

수퍼바이저는 상담자의 임상적 · 전문적 발달에 대단히 중요한 역할을 하며, 수퍼비전 역시 기능상 핵심 역량으로 인정받고 있다(Rodolfa et al., 2005). 이와 관련해서 1990년대부터 면허 교부와 인준에 필요한 자격의 일부로서 수퍼비전을 인정하려는 움직임과 함께 수퍼비전 훈련의 접근 방법에 주의가 더 집중되었다(Freeman & McHenry, 1996). 예를 들면, 공인자격상담사국가시험이사회(National Board of Certified Counselors)는 1997년 공인 임상 수퍼바이저 자격증과 최소 자격을 설정했으며, 수퍼바이저가 상담 전문직의 전문성을 유지하기 위해서 없어서는 안 되는 역할(gatekeeper)이라고 인정했다(Getz, 2001). 그 밖에도 상담교육 · 수퍼비전협회(ACES, 1990)는 상담자 수퍼바이저 자격 부여에 필요한 윤리적 기준을 설정하기 위한 전담반을 만들었다. 이 기준들은 수퍼바이저가 서로 다른 그들의 역할(즉, 행정적 · 임상적)에서 감당하는 책임의 범위를 강조했을 뿐만 아니라, 내담자와 수퍼바이지의 복지를 법적 · 윤리적으로 보호하고 유지하기 위해서 필요한 수퍼바이저 훈련의 형태도 중점적으로 다루었다. 이 지침의 저변에 있는 중요한 전제는 한 사람이 상담자라는 직무에 종사하는 동안 수퍼비전을 지속적으로 받아야 하며, 상담자가 교육, 자격, 경험에서 특정 수준에 이르거나 단체의 회원 자격을 취득했다고 중단하지 말아야 한다는 것이다.

현재 많은 주에서는 상담자 준비 프로그램에 구체적인 수퍼바이저 훈련 과정을 개설하도록 규정한 상담및관련교육프로그램인증위원회(CACREP, 2001)의 일원으로서 공식적인 수퍼바이저 훈련(Getz & Schnurman-Crook, n.d)을 받아야 수퍼바이저가 될 수 있다(Granello, Kindsvatter, Granello, Underfer-Babalis, & Hartwig Moorhead, 2008). 한 가지 예로 CACREP 기준에 따르면, 상담교육학 박사과정 중인 학생들이 상담교육자, 개업 임상 전문가, 수퍼바이저로서 일할 수 있도록 준비할 뿐만 아니라, 수퍼비전을 하는 교수도 '수퍼비전에 대한 수퍼비전(supervision of supervision)' 등의 적절한 훈련과 수퍼비전을 받아야 한다(Bernard & Goodyear, 2009). 이런 발전은 임상 현장에서 수퍼비전과 수퍼바이저의 핵심적인 역할을 주장하는 데 매우 중요하다.

수퍼비전이 훈련 프로그램에서 중심이 됨에 따라서 수퍼바이저 발달에 내재하는 다양한 측면들(예, 수퍼바이저의 정체성과 역할 그리고 수퍼비전 관계)에 주의를 기울일 필요가 커지고 있다. 강의와 경험적 교육과정에 포함되는 수퍼바이저 훈련에서는 수퍼비전과 수퍼바이저의 독특한 역할을 강조하고, 효과적인 수퍼비전을 시행하기 위해서는 전문가로서의 핵심 역량이 반드시 필요하다고 강조해야 한다. 이 장에서 우리는 수퍼비전과 상담의 차이점 그리고 수퍼바이저의 구체적인 기능과 역할을 강조하고, 수퍼바이저 훈련을 위한 개념적 모델을 추천한다.

◎ 수퍼바이저 되기: 수퍼바이저의 정체성과 발달

일반적으로 상담자와 수퍼바이지로서의 경험이 있으면 수퍼바이저가 되기에 충분하다고 추정해 왔다(Baker, Exum, & Tyler, 2002). 이런 생각의 저변에 있는 기본적 가정은, 상담과 수퍼비전은 유사하기 때문에 공식적인 훈련을 거의 받지 않고도 수퍼바이저의 역할을 맡을 수 있다는 개념이다. 그러나 다양한 연구(예, Stevens, Goodyear, & Robertson, 1997; Vidlak, 2002)에 의해서 수퍼바이저 발달에 영향을 미치는 것은 경험뿐만이 아니며, 수퍼비전에 대한 공식적 훈련과 교수를 통한 훈련 그리고 경험적 훈련도 필요하다는 것이 드러났다. 뿐만 아니라 수퍼비전 훈련을 받으면 불안이 감소하고, 수퍼비전 개입에 대한 자신감이 증진되며, 수퍼

바이지에 대하여 더 지지적이고, 덜 비판적이며, 덜 독단적으로 생각하게 된다. 그 밖에도 연구자들은 수퍼바이저의 역할과 기술은 상담자의 그것과는 다르다고 주장했다.

구체적으로 말하면 상담자는 내담자 복지와 양자 관계 경험에 초점을 맞추는 반면, 수퍼바이저는 두 수준(내담자 복지, 그리고 수퍼비전 3인군을 경험하는 결과를 가져오는 상담자의 전문적 발달)에 초점을 맞추고 영향을 준다. 그러한 경험을 하려면 수퍼바이저는 내담자와 수퍼바이지 두 사람 각각을 모니터링하고 대응하면서 다양하고 복잡한 문제(예, 내담자와 관련된 법적 책임을 간접적으로 지는 이슈와 수퍼바이지 발달)를 인식하고 다루어야 한다(Hein & Lawson, 2008). 수퍼바이저 역할에는 두 번째로 중요한 차이점인 정당한 권력이 내재되어 있다(Jenkins, 2006). 임상적 관계와는 달리 수퍼비전 관계는 비자발적이고, 평가적이며, 강의 중심이다(Bernard & Goodyear, 2009). 예를 들면, 수퍼비전 관계에서 수퍼바이저는 기술을 평가하고 피드백을 제공할 뿐만 아니라 수퍼바이지에게 지식과 기술을 전수하고 가르치는 역할도 한다(Hess, Hess, & Hess, 2008). 본질적으로 Borders(1989)는 수퍼바이저가 수퍼바이지를 "학습자로 그리고 스스로 학습 환경을 조성하는 교육자로" 생각할 필요가 있다고 말한다(p. 6).

그러나 이와 같이 교육하고 평가하는 수퍼바이저 역할을 하려면 생각을 바꾸어야 한다. 구체적으로, 여러 연구자들(Baker et al., 2002; Borders, 1989; Stevens et al., 1997; Vidlak, 2002)은 신임 수퍼바이저는 상담자처럼 생각하기(예, 내담자 역동에 중점을 두기)로부터 수퍼바이저처럼 생각하기(예, 수퍼바이지의 훈련에 대한 필요에 중점을 두기)로 인식을 바꾸고 발달시킬 필요가 있다고 언급했다. 본질적으로 수퍼바이저 역할을 하기 위해서는 임상적 역할을 직접 하는 것을 그만 두고, 수퍼비전이 시행되는 다양한 맥락적 요인(내담자, 수퍼바이지, 수퍼바이저 그리고 기관)이 서로 교차하는 부분에 초점을 맞춰야 한다(Holloway, 1995). 수퍼바이저는 또한 수퍼바이지의 임상적 역량에 대한 평가를 넘어서 수퍼바이지가 전문가로서의 정체성을 발달시키고 수퍼비전이 발생하는 기관의 방향을 설정하도록 도와야 한다.

Holloway(1995)는 구체적인 수퍼비전 과업(상담 기술, 사례개념화, 정서적 인식, 전문적 역할 그리고 평가)과 함께 수행할 수 있는 몇 가지 중요한 수퍼비전 기능(예, 조언하기 및 지도하기, 지지하기 및 나누기 그리고 모델링하기)을 강조했다. 이들은 수퍼

바이저 역할의 일부다. 사실상, 수퍼바이저에게는 수퍼비전 기능(예, 조언하기, 나누기 그리고 모델링하기)을 통해서 수퍼비전에서 서로 맞물리는 두 체계를 다룸으로써 수퍼바이지가 성장하도록 도울 책임이 있다. 그 두 가지 체계 중 첫 번째는 더 큰 기관 맥락에 존재하는 치료 체계(예, 수퍼바이지의 자기인식과 내담자에 대한 이해 증진시키기, 이론과 개념에 관한 수퍼바이지의 이해 심화시키기)이며, 두 번째는 수퍼비전 체계(예, 수퍼바이지가 전문가로서의 역할을 인식하기, 기관의 역량 발달시키기 그리고 피드백과 평가에 대해서 열려 있기)(Holloway, 1995)다. 수퍼바이저 역할을 하고 역할 동일시를 더 진전시키기 위해서는 수퍼바이저가 수퍼바이저 특유의 행동을 내면화하는 것이 중요하다(Mordock, 1990). 눈에 보이지 않는 자질(예, 자기효율성 개발하기)과 눈에 보이는 요인(예, 훈련, 기관의 지지)의 역동적 상호작용을 모두 포함하는 역량을 획득하면, 그 결과로서 구체적인 상담 기법을 단순히 적용하는 것을 넘어서 다양한 수준에서 기술과 개입을 사용하게 된다(Bernard & Goodyear, 2009).

흔히 기술에 관해서 논의할 때, 일반적으로 수퍼바이저 발달 모델은 수퍼바이지의 인지적 발달(Granello, 2000) 또는 기술 발달(이 책의 4장)을 촉진하기 위해 수퍼바이저는 어떻게 해야 하는가에 초점을 맞춘다. 따라서 수퍼바이저는 내담자와 상담하는 것과 관련된 과제를 강조하는 문제 중심 수퍼비전 형식을 사용하는 경향이 있다(즉, 수퍼바이지에게 내담자의 문제를 해결하는 데 도움이 될 수 있는 구체적인 개입을 가르친다). 이런 맥락에서 수퍼비전은 흔히 수퍼비전 전체보다는 내담자와 관련된 수퍼바이저의 역할과 역량에 초점을 맞춘다(Emilsson & Johnsson, 2007). 과업과 내담자에게 초점을 맞추는 것이 중요하긴 하지만, 한 연구 문헌(예, Bernard & Goodyear, 2009)에서는 수퍼바이저와 수퍼바이지 간의 관계 역동은 수퍼비전에서 모든 유형의 과업을 방해하거나 촉진하는 데 중요한 역할을 한다고 말한다. 그렇지만 수퍼바이저의 자신감을 증진시키고 효과적인 결과(예, 수퍼비전에 대한 만족 그리고 수퍼비전을 효과적으로 시행하기)를 가져올 수 있는 수퍼비전 과정을 생산적으로 발전시키고 향상시키는 명확한 전략에는 별로 주의를 기울이지 않는다. 대인관계 관점에서 수퍼비전을 개념화하는 과정 중심 수퍼비전은 수퍼바이저 훈련의 중요한 방법이 되었다. 과정 중심 수퍼비전에서는 수퍼비전 관계가 중심에 있으며, 수퍼바이저 훈련생은 적극적으로 과정에 참여함으로써 수퍼비전 기술을 배

운다(Emilsson & Johnsson, 2007). 우리는 과정 중심 수퍼비전을 사용하면 자동적으로 과업 중심 이슈를 효과적인 방식으로 다룰 수 있다고 생각한다. 따라서 우리는 수퍼바이저 훈련생들이 수퍼비전과 그 과정에 대해서 알아야 하는 것과, 수퍼바이저가 이런 지식을 수퍼바이지를 훈련시키는 데 사용할 수 있는 구체적인 전략으로 어떻게 바꿀 것인지를 중점적으로 다루는 수퍼바이저 훈련을 위한 모델을 제시한다.

수퍼바이저가 알아야만 하는 것

효과적인 수퍼비전 과정과 결과에 관해서 가장 중요한 측면은 수퍼바이저가 효과적인 수퍼비전 관계를 수립하는 능력이다(Ladany, Friedlander, & Nelson, 2005). 따라서 효과적인 수퍼비전을 준비하고 시행하기 위해서는 수퍼비전 관계에 영향을 주는 관계 변인을 고려하는 것이 중요하다(Bernard & Goodyear, 2009). 우리는 이 부분에서 몇 가지의 구체적인 명시적 관계 과정(환경 설정하기, 상담 기술에 유의하기, 평가; Ladany, Walker, Pate-Carolan, & Evans, 2008)과 암시적 관계 과정(병행 과정, 비노출, 역전이, 교정적 관계 경험)을 중점적으로 다룬다. 수퍼바이저 훈련생은 효과적인 수퍼비전 관계를 형성하기 위해서 이런 과정에 주의를 기울일 필요가 있다. 이들 대부분은 강의를 통한 교과학습을 통해서 그리고 이슈를 적극적으로 논의함으로써 언급할 수 있다.

명시적 과정

환경 설정하기

수퍼비전이 수퍼바이지의 성장을 촉진할 수도, 방해할 수도 있기 때문에, 수퍼비전의 첫 단계는 효과적인 수퍼비전의 과정과 결과에 도움이 되는 수퍼비전 환경을 조성하는 것이다(Hess et al., 2008). 양식(개인 또는 집단)과 관계없이 목적의식을 가지고 있으며 신중하게 고안된 환경은 좋은 수퍼비전 관계를 수립하는 데 많은 도움이 될 수 있다(Bernard, 2005). 따라서 우리는 긍정적인 수퍼비전 환경을 조성하는 데 있어서 고려해야 할 몇 가지 중요한 이슈를 규정한다.

1. **수퍼비전에 대해서 기관이 어떻게 지지하는지를 이해하라.** 수퍼비전은 시간이 걸리긴 하지만, 효과적인 정신건강 서비스를 제공하기 위해서 매우 중요하며, 이 활동을 촉진하는 데 있어서 중요한 역할을 하는 기관 역시 그러하다(Hess et al., 2008). 그러나 때때로 기관의 여러 가지 요인이 수퍼비전에서 수행되는 진지한 작업을 방해할 수 있다. 기관 문화는 수퍼비전, 모든 내담자, 전문적 윤리 그리고 자원을 지지하고 책임지는 것과 관계가 있으므로 수퍼바이저 훈련생은 수퍼바이저로서 기관 문화를 평가할 필요가 있다(Bernard & Goodyear, 2009).
2. **수퍼비전 양식.** 이는 수퍼비전 과정에 대하여 개입 이상의 영향을 미치는 것으로 주목받아 온 수퍼바이저의 전달 수단이다. 구체적으로 말하면, 치료적이지 않으면서도 따뜻하고 지지적인 분위기를 만들어 주는 것, 비난하지 않고 가르침을 주는 것, 존중하면서 평가하는 것 등이 수퍼비전 관계에서 신뢰와 정서적 유대를 형성하는 데 중요하다(Gray, Ladany, Walker, & Ancis, 2001; Nelson & Friedlander, 2001). 이런 요인은 종종 특정한 개입이나 양식(권위적 · 참여적 · 협력적 또는 자문적)을 능가한다(Bernard & Goodyear, 2009).
3. **역할 관계를 인식하라.** 수퍼비전 관계는 평등한 관계가 아님을 인식하라. 수퍼바이저 역할에는 서열과 권력이 내재되어 있음을 인정하되, 수퍼바이지의 강점을 인정함과 동시에 공감적이고 균형을 이루는 비판적 피드백을 제공함으로써 이 서열을 해소하기 위해서 적극적으로 노력하라. 수퍼바이지는 상처받기 쉽다고 느끼며, 아이디어와 생각을 나눌 때 수치심과 굴욕감을 느낄 수 있다는 데 유의하라.
4. **역할 유도.** 수퍼바이지의 중요한 역할 중 하나가 역할 유도에 대한 것이다. 수퍼비전은 일회성 관계나 정규 교육과정이 아니다(Hess et al., 2008). 수퍼바이지를 치료자의 역할로 사회화시키고, 기관과 서로 다른 체계가 서로 교차하는 부분에 대해서 교육하는 것은 수퍼바이지의 개인적 · 전문적 발달을 진전시키는 데 중요하다.

5. **의사소통 투명성**. 수퍼바이지에게는 수퍼비전 기대에 관한 투명성이 필요하다. 그들은 수퍼비전이 어떻게 진행되며 자신에게 무엇을 기대하는지 알아야만 한다(Nelson & Friedlander, 2001). 수퍼비전이 구조화되고 신중하게 고안되기보다는 즉흥적으로 반응하는 방식일 때, 수퍼바이지는 더 많이 실망하고 자기 효율성이 저하되는 경험을 할 가능성이 있다(Gray et al., 2001). 따라서 책임에 대한 기준(예, 평가)을 제공하고, 수퍼바이지의 필요에 기반해서 수퍼비전을 적절하게 준비하고, 역할 기대를 분명히 함으로써 수퍼바이지가 경험하는 애매모호함을 줄일 수 있다(Nelson & Friedlander, 2001).
6. **수퍼바이지의 요구들**. 수퍼바이저가 수퍼바이지의 요구들을 처리하려면, 수퍼바이지의 성장에 투자하고 관심을 가져야 하며 수퍼바이지의 요구들을 알아야 한다. 따라서 목표를 달성하기 위해서 각 수퍼비전 회기의 맥을 잡고, 단기 목표(예, 역전이 처리하기)와 장기 목표(예, 사례개념화)를 규정하고, 구체적인 과업을 규정하는 것 등(예, 오디오테이프 사용)을 정기적으로 사용하는 것이 중요하게 된다(Hess et al., 2008).
7. **근접 용이성과 구조**. 그렇게 하지 않으면 변화무쌍한 체계 속에서 예측 가능성을 가지기 위해서는 정기적으로 자주 모임을 가짐으로써 쉽게 다가갈 수 있고, 이용할 수 있으며, 효율적인 구조를 제공하고, 신뢰감을 주는 것이 필요하다(Ramos-Sánchez et al., 2002).
8. **다문화적 역량**. 수퍼바이지의 다문화적 역량을 촉진해야 할 책임이 궁극적으로 수퍼바이저에게 있음을 고려할 때(Inman, 2006), 수퍼바이저가 문화와 구체적으로 관련된 이슈에 대해서 기탄없이 논의하는 장을 마련하는 게 중요하다. 여기에는 수퍼바이저가 상담 과정 중에서 발생하는 자신의 어려움을 함께 나눔으로써 취약함을 드러내기, 수퍼바이지의 비언어적 단서에 민감하기, 수퍼바이저-수퍼바이지의 개인적 발달에 있어서 문화에 관한 이슈 검토하기, 사례개념화, 개입, 수퍼비전 관계, 결과 및 평가 등이 포함된다(이 책의 4장; Dressel, Consoli, Kim, & Atkinson, 2007; Killian, 2001). 이런 다양한 영역에서 문화와 구체적으로 관련된 이슈를 탐구하도록 권장하는 수퍼비전은 훈련생의 다문화적 역량이 발달하도록 촉진하는 경향이 있으며(Inman, 2006; Killian, 2001), 연구 문헌에서 확인한 윤리적 실천과 일치한다.

9. **수퍼비전 도구**. 임상적 작업을 수퍼비전하기 위한 도구를 언급하는 게 중요하다. 예를 들자면 수퍼비전에서는 자기보고서, 과정 노트, 오디오테이프, 비디오테이프 그리고 라이브 수퍼비전 등을 사용하는 방법을 효과적으로 활용해 왔다(Bernard & Goodyear, 2009). 그러나 각 도구의 장단점을 논의하는 것이 중요하다. 예를 들면, 비디오테이프는 시간이 오래 걸리긴 하지만, 과정과 대인관계 역동을 관찰하는 능력을 키워 준다. 수퍼바이지는 자기보고서를 통해서 그 또는 그녀 자신을 평가하는 기회를 가질 수 있지만 수퍼바이저에게 한 가지 관점만 제공한다. 라이브 수퍼비전은 그 순간에 즉각적으로 수퍼바이지에게 주의를 기울이지만 시간이 오래 걸리고 너무 많은 자원을 사용한다(즉, 수퍼바이저는 다른 임상 작업을 하지 못한다).

임상 기술에 유의하기

임상 기술에 유의하는 것은 수퍼바이저의 중요한 역할이다. 그렇지만 수퍼바이저는 다양한 임상 기술—기초적인 돕는 기술로부터 높은 수준의 개념적 기술까지—에 유의해야 할 필요가 있다. 수퍼바이저와 수퍼바이지는 순간순간의 구체적인 치료 과정이 최소화될 수 있는 위험을 무릅쓰고 이론적-개념적 구조를 개발하는 데 초점을 맞추는 경향이 있다. 이론적 기초를 개발하는 것이 타당하기는 하지만, 순간순간의 상호작용(예, 비언어적 반응 방식)을 이해하는 것이 훨씬 더 중요해졌다. 그럼으로써 훈련생이 치료 과정에서 어떤 것이 왜 그리고 어떻게 발생하는지 알 수 있기 때문이다.

평가

수퍼비전 관계에서 초기에 명확한 학습 목표와 구체적인 행동 실례와 함께 평가 과정에 대해서 논의해야 한다. 그러나 수퍼바이저의 평가하는 역할은 발전시켜야 할 필요가 있는 모든 기술 중에서 아마도 가장 도전적일 것이다. 수퍼바이저는 권위와 권력을 가진 지위에 기반해서 분명한 목표를 개발할 수 있다는 데서 위안을 얻어야만 하지만, 수퍼바이지에게 명확한 피드백도 제공해야 한다(Lehrman-

Waterman & Ladany, 2001). 목표는 자원, 기회 그리고 능력에 관해서 명확하고, 구체적이며, 측정할 수 있고, 성취 가능해야 하며, 줄곧 항상 바꿀 수 있고 수정할 수 있으며, 과업과 관련이 있고, 상호 합의되어야 한다. 이 목표를 평가하는 데 있어서, 저자들은 수퍼바이지에게 제공할 필요가 있는 두 가지 유형의 피드백을 규정했다. 첫째, 형성 평가는 수퍼비전을 하는 동안 계속 발생하고 진행되는 것이다. 전형적으로 기술을 습득하고 전문가로서 성장하는 데 초점을 맞춘다(Bernard & Goodyear, 2009). 두 번째 평가 유형은 사실상 종합 평가다. 이 평가는 더 공식적인 검토 과정이 있으며, 구체적인 기준(예, 다문화적 역량, 전문성)에 기반하여 평가하며, 전형적으로 학기의 중간과 기말에 발생한다. 그러나 평가 유형과 관계없이 피드백은 균형 잡히고 설명적이어야 하며, 공동 동반자 관계로부터 서서히 발전한다.

암시적 과정

비노출

흔히 관계에서 명시적인 것과 말로 표현된 것보다 언급되지 않은 게 더 의미가 있을 수 있다. 예를 들면, 여러 연구자들(Ladany, Hill, Corbett, & Nutt, 1996; Yourman, 2003)은 개인 수퍼비전보다 집단 수퍼비전에서 더 자주 비노출이 일어난다는 점과 함께, 수퍼바이지는 수퍼비전에서 수치심을 경험할 때(Yourman, 2003), 또는 자신의 임상적 실수에 대해서 부정적인 판단을 받는다고 느낄 때(Ladany et al., 1996) 정보를 알려 주지 않는 경향이 있음을 발견했다(Webb & Wheeler, 1998). 특히 수퍼바이저가 상담 과정 중에서 발생하는 어려움에 관해서 자기노출을 하면 수퍼비전 작업 동맹, 수퍼바이지 노출 그리고 수퍼바이지 학습 능력에 변화가 일어날 가능성이 있다(Ladany & Lehrman-Waterman, 1999).

역전이

수퍼비전 관계에 영향을 줄 수 있는 또 다른 변인은 수퍼바이저의 역전이다. 역전이는 수퍼바이저와 수퍼바이지 간의 상호작용 때문에 긍정적(예, 수퍼바이지와 동일시하기, 지지 제공하기, 라포 형성에 전념하기) 또는 부정적(예, 수퍼비전에서 지루해지는 것, 외부 사건에 의해서 주의가 산란해지는 것, 덜 참여하기) 느낌, 생각, 또는 행동의 형태로 발생한다. 수퍼바이지의 대인관계 양식, 수퍼바이저 자신의 개인적 이슈, 환경적 요인, 내담자와 수퍼바이지 사이의 문제가 많은 치료적 상호작용 등에서 기인하든 아니든, 역전이는 수퍼비전 결과에 영향을 미칠 수 있다(Ladany et al., 2008).

병행 과정

상담과 수퍼비전 간의 반영 과정(Searles, 1955)이나 동형(Haley, 1976) 반복에 대해서 말하면서, 저자들(Ekstein & Wallerstein, 1972)은 병행 과정이 수퍼비전에서 중요한 역할을 한다고 규정했다. 병행 과정은 상향식(치료에서 수퍼비전) 또는 하향식(즉, 수퍼비전에서 치료: Doehrman, 1976)일 수 있다. 상향식 병행 과정은 치료에서 발생한 어떤 역동, 상호작용, 또는 행동을 수퍼비전에서 반복할 때 발생한다. 그 반면 하향식 병행 과정은 치료 관계에서 수퍼비전 관계를 무의식적으로 반복하는 것이다. 다시 말해서, 수퍼바이지는 수퍼바이저와의 동일시 때문에 수퍼바이저와 경험하는 감정을 치료 상황에서 내담자와 재현한다.

교정적 관계 경험

교정적 관계 경험은 수퍼비전에서 발생하는 부정적인 경험(예, 갈등, 불화)을 수퍼바이저와 혹은 수퍼바이지의 노력을 통해서 바로잡을 때 발생한다. 수퍼비전 관계의 친밀한 특성을 고려할 때, 불화와 갈등은 수퍼비전 관계에 중대한 영향을 줄 수 있다. 그러므로 수퍼바이저가 이러한 불행한 사건이나 불화를 어떻게 처리하고 바로잡는가(예, 교정적 관계 경험)는 생산적인 수퍼비전 분위기를 유지하는 데

중요하다.

수퍼바이저 훈련의 기술과 전략

상담자에서 수퍼바이저로 이행하는 것은 수퍼비전에 관한 정체성이 발달하는 데 있어서 매우 중요하다. 여러 연구자들(Ellis & Douce, 1994; Ladany et al., 2005)은 이러한 이행으로 인해서 어려움을 겪는 초보 수퍼바이저는 분노, 불안 그리고 자기회의와 같은 강렬한 감정을 느낀다는 것을 발견했다. 이런 감정을 검토하지 않을 경우, 수퍼바이저는 자신의 수퍼비전 개입에 대한 의구심을 갖게 된다. 따라서 수퍼바이저 훈련에 필요한 지식을 제공하는 한편, 이 이슈들을 검토하는 명확한 훈련 교육과정이 반드시 필요하다. 구체적으로 말하면, 강의 중심의 수업활동에 의해서 기초적인 지식기반을 형성함과 더불어서 수퍼바이저 훈련생이 수퍼바이저로서의 역할을 경험할 수 있는 과정에 참여하는 것은 수퍼바이저로서의 역량을 발달시키는 데 있어서 가장 중요하다. 훈련 교육과정을 개발하면서, 우리는 수퍼바이저 훈련생이 수퍼비전을 할 뿐만 아니라 수퍼비전에 대한 수퍼비전을 받는 몇 번의 기회 역시 갖도록 강력하게 권고한다. 이 부분에서 우리는 집단 방식에서 수퍼바이저 훈련과 관련된 몇 가지 구체적인 단계들을 강조하고자 한다.

자기성찰

수퍼바이저 되기에서 중요한 첫 번째 단계는 그 사람이 장차 수행할 작업에 영향을 줄 수 있는 자신의 신념, 가치 그리고 행동에 대해서 성찰적으로 자기평가를 하면서 자기에게 초점을 맞추는 것이다(Hawkins & Shohet, 2000). Watkins(1995)는 자기성찰하는 것이 수퍼바이저가 줄곧 항상 효과적으로 기능할 수 있는 데 있어서 가장 중요한 요소라고 생각한다. 자기성찰을 하는 수퍼바이저는 다양한 관점을 고려하고 통합할 수 있으며, 주의 깊게 듣고, 질문하고, 불확실함을 인정하고, 애매모호함을 인내하고, 판단을 보류함으로써 융통성 있게 생각할 수 있다(Granello et al., 2008; Watkins, 1995).

수퍼바이저가 새로운 역할을 맡을 경우에는 자기성찰이 중요하다. 중요한 활동을 하게 되면 자신이 유능하지 않다는 느낌이나 의심과 같은 감정을 일으켰던 과거와 현재의 경험을 모두 되돌아보게 될 수 있다. 예를 들면, 수퍼바이저 훈련생에게 신임 수퍼바이저가 되는 것과 관련된 감정과 자신의 첫 번째 임상적 경험과 관련된 감정이 어떤 면에서 서로 유사한지 탐구하도록 권장할 수 있다(Bonney, 1994). 새로운 역할을 맡는 것은 일반적으로 훈련생에게 불안을 일으키며, 불안은 이원론적 사고, 융통성 없고 기계적인 상호작용 그리고 자신의 능력으로 새로운 역할을 감당할 수 있을지 의심하는 결과를 초래한다(Stoltenberg, McNeill, & Delworth, 1998). 이러한 이슈는 그들의 자신감 수준에 중대한 영향을 줄 수 있다. 수퍼바이저 훈련생이 이런 새로운 경험의 유사점을 성찰하고, 두려움을 넘어서기 위해서 자신의 역량에 주의를 모으도록 도움으로써 그가 경험할 수 있는 불안을 완화시킬 수 있다.

수퍼바이저 되기의 두 번째 단계는 상담과 수퍼비전 간의 차이를 식별하는 것이다. 이 과정을 시작하기 위해서 사용할 수 있는 탁월한 성찰 활동은 수퍼바이저 훈련생에게 훈련생 또는 수퍼바이지로서 경험했던 과거의 상담과 수퍼비전 경험을 돌이켜 보도록 요청하는 것이다. 수퍼비전과 상담의 차이점은 무엇인가? 수퍼비전 관계에서 수퍼바이저가 어떤 책임과 과업을 수행하는 것을 보았는가? 생각과 행동에서 상담자와 수퍼바이저의 차이점은 무엇인가? 숙련된 상담자는 숙련된 수퍼바이저가 되는가? 긍정적이고 효과적인 수퍼비전을 경험하도록 촉진한 요인은 무엇인가? 부정적이고 효과가 없는 수퍼비전을 경험하도록 조장한 요인은 무엇인가? 이런 질문에 의해서 수퍼바이지는 상담과 수퍼비전을 구분하게 될 뿐만 아니라, 수퍼바이저의 구체적인 역할과 수퍼비전 과정에 영향을 주는 요인과 행동을 확인할 수도 있다.

이와 관련해서, 저자들은 이 훈련에 참여하기 위한 여러 가지 방법을 제시했다. 예를 들면, Aten, Madson과 Kruse(2008)는 긍정적 경험과 부정적 경험을 시각적으로 묘사해서 제시할 수 있는 수퍼비전 가계도를 사용하라고 제안한다. 수퍼비전 가계도는 다른 가계도와 유사하게 초보 수퍼바이저의 과거 수퍼비전 경험과 관계를 상징적으로 표현하거나 반영할 수 있다. 특히, 수퍼바이저 훈련생이 이전의 경험과 관계가 현재의 역할과 관계에 어떤 방식으로 영향을 미칠 수 있는지를 더욱

깊이 이해하도록 도움으로써 자기인식을 증진시킬 수 있다. 이런 맥락에서, 수퍼바이저는 수퍼비전에서 자신의 역할을 수행함에 있어서 본받고 싶은 이슈에 관해서 이야기할 수 있다. 마찬가지로, Hoffman(1990)은 수퍼바이저 훈련생에게 수퍼비전 경험 보고서(supervision life line: SLL)를 작성하게 하라고 제안한다. 수직선을 그리고 수퍼비전을 받았던 연도와 지속기간, 수퍼바이저의 인구 통계적 특징들 그리고 몇 가지 예를 들자면 수퍼바이저의 수퍼비전 방법, 수퍼비전 경험으로부터 배운 가장 중요한 것, 갈등을 처리했던 방식, 학습에 장애가 되었던 것 등과 같은 수퍼비전의 특징을 표시해서 이전에 수퍼비전을 받았던 경험을 연대순으로 배열한다.

다문화적 역량을 갖춘 수퍼바이저가 최근 많은 관심을 받고 있음에 따라, 문화적 이슈를 고려할 때 다양한 시각을 검토하고 비판적인 수퍼바이저가 되어야 할 필요성이 한층 더 두드러지고 있다(이 책의 4장; Inman, 2006). 따라서 자기성찰의 세 번째 영역은 수퍼바이저가 문화적 인식, 지식 그리고 기술을 적절하게 발휘하는 데 기반을 둔다. 수퍼바이저는 자신의 다양한 문화적 정체성(예, 인종 정체성, 사회적 계층, 성적 지향성, 성, 종교, 민족 정체성) 및 이들 정체성 각각과 관련된 억압과 특권을 적극적으로 탐색해야 한다(이 책의 4장). 이러한 자기탐색을 시작하는 한 가지 방법은 수퍼바이저 훈련생으로 하여금 얼마나 자주(예, 전혀 아니다, 때때로, 자주) 자신이 서로 다른 사회적 정체성(예, 민족성, 계층, 인종, 성)을 가지고 있음을 인식하게 되는지 성찰하게 하는 것이다. 일반적으로 수퍼바이저 훈련생은 맥락을 고려한 인식(예, 다수 집단-소수집단 맥락에서 인종에 대한 인식이 증대된다)에 대해 언급할 것이다. 수퍼바이저가 이런 상황을 고려한 인식(예, 가시적 소수 민족 출신인 수퍼바이지와 함께 있을 때에만 인종적 이슈를 의식한다면, 나의 개입이 얼마나 효과가 있을까?)이 갖는 함축적인 의미를 탐구하게 하는 것은 수퍼바이저의 잠재적 맹점(예, 지배 집단의 구성원으로서 자신의 인종을 생각할 필요가 없는 특권)에 대한 인식을 증진시킬 수 있다. 이와 관련해서, 두 번째 활동에는 수퍼바이저 훈련생이 자신에게 특정하게 우선시되는 정체성을 성찰하고, 이 정체성 때문에 경험하는 적어도 다섯 가지 이점(특권)을 지적하고, 그렇게 중요하게 여기지 않는 정체성 때문에 경험하는 다섯 가지 불리한 점(억압)을 지적하는 것이 포함될 수 있다. 이런 활동은 수퍼바이저의 자기에 초점을 맞추는 효과가 있다.

상담자 역할에서 수퍼바이저 역할로 전환

수퍼바이저 역할을 맡으면서, 수퍼바이저 훈련생은 자신이 직접 상담자 역할을 하는 것을 그만둘 필요가 있다. 수퍼바이저답게 생각하는 수퍼바이저는 "어떤 수퍼비전 개입을 통해 상담자로 하여금 내담자와 다르게 행동하도록 도울 수 있을까?" 라고 스스로에게 질문한다(Borders, 1989, p. 5). 구체적으로 말하면, 이 질문에 연이어서 "그 수퍼비전 시간에 나는 무엇을 했는가? 왜 그렇게 했는가? 어떻게 수퍼바이지를 도왔는가? 어떻게 수퍼바이지를 방해했는가? 나는 수퍼비전 개입을 더욱 효과적으로 하고 있는가? 만약 그렇다면, 어떻게, 왜 그런가? 만약 그렇지 않다면, 왜 그런가?" 라고 질문할 수 있다(Watkins, 1995, p. 116). 이러한 성찰 과정을 촉진하는 한 가지 중요한 방법은 수퍼바이저 훈련생이 수퍼비전에 대한 수퍼비전을 받는 것이다. 수퍼바이저 훈련생은 수퍼비전을 위한 수퍼비전에 참여함으로써 위험을 무릅쓰고, 어려운 질문을 하고 그리고 수퍼바이저 정체성을 발달시키도록 촉진하는 다양한 방법을 시험적으로 사용해 보는 데 도움이 되는 학습 환경에 참여할 수 있다.

Borders(1989)에 의해서 밝혀진 이 활동이 이러한 전환을 촉진시킬 것이다. 수퍼바이저에게 회기의 한 부분을 보여 주고, 테이프를 검토하고 상담자와 논의한 내용을 적으라고 요청한다. 10~15분쯤 후에 테이프를 정지시키고 수퍼바이저에게 기록을 검토하고 자신이 내담자를 언급한 횟수와 상담자를 언급한 횟수를 세도록 요청한다. 이와 같은 활동을 통해서 상담자에게 초점을 맞춤으로써 수퍼바이저에게 필요한 잠재적 역할 전환이 일어날 수 있다. 이 과정에 참여하면서 수퍼바이저 훈련생은 다음과 같은 질문을 받을 수 있다. "이 과정에서 가장 도전적인 측면은 무엇이라고 할 수 있는가? 당신은 이 과정에 어떤 강점이 있다고 보는가?" 대조적이긴 하지만 유사한 활동으로서 사용 가능한 것에는 수퍼바이저 훈련생에게 수퍼비전 회기의 일부를 보여 주고, 회기에 관한 자신의 생각과 감정을 규정하고, 수퍼비전 접근 방법의 강점과 약점을 지적하고, 자신의 수퍼비전에서 어떤 양상 및 기법을 사용할 수 있을지를 언급하게 함으로써 회기를 평가하게 하는 것 등이 포함된다.

사용할 수 있는 또 다른 활동은 Ladany 등(2005)이 개발한 과업 분석 모델이다.

세 단계 모델(즉, 수퍼비전 이슈 표시–과업 환경–해결)에서 가장 중요한 초점은 수퍼바이저가 수퍼바이지의 임상적 역량과 수퍼바이지의 발달에 주의를 기울임으로써 수퍼바이지의 발달에 주력하도록 돕는 것이다. 이를 통해서 수퍼바이저 훈련생은 치료 체계와 수퍼비전 체계에 동시에 참여할 수 있다. 첫 번째 단계에는 검토해야 할 과제를 의미하는 수퍼비전 이슈 표시를 식별하는 것이 포함된다. 따라서 수퍼비전 맥락에서, 이 단계는 수퍼바이저 훈련생이 그 또는 그녀에게 구체적인 종류의 도움이 필요하다고(예, 수퍼바이지가 계속 수퍼비전에 늦고, 수퍼비전에 결석하고, 치료 회기에 대한 녹음[녹화]을 제출하지 않을 때) 표현할 때(말이나 행동 신호에 의해서) 발생한다. 수퍼비전 이슈 표시를 식별한 후(예, 수퍼바이지가 비협력적이거나 전문가 윤리에 벗어남 그리고 수퍼바이저가 수퍼비전에서 권위를 행사하기 어려워함)에는, 두 번째 단계인 수퍼바이저의 개입으로 구성되는 상호작용의 흐름(예, 감정 탐색하기, 역전이에 초점 맞추기 등)을 수반하는 과업 환경으로 들어가게 된다. 따라서 트레이너는 이 수퍼비전 이슈 표시를 검토하면서 수퍼바이저 훈련생이 수퍼비전에서 권위 있는 역할을 맡는 것에 대한 우려를 논의하기로 상호 동의함으로써 수퍼비전 동맹에 주력할 수 있다. 그다음에는 수퍼바이저 훈련생이 수퍼바이저로서 느끼는 자기효율성(즉, 수퍼비전 기술에 대한 자신감 그리고 수퍼바이저로서 다양한 역할을 수행하는 역량)에 주력할 뿐만 아니라, 수퍼바이저 훈련생이 수퍼바이지의 행동을 어떻게 느끼는지를 탐구하고, 이 상황과 관련해서 경험할 수 있는 어떤 역전이라도 드러낸다. 마지막으로, 교육 수퍼바이저는 수퍼바이저 훈련생이 수퍼바이저로서 수행하는 능력과 전반적인 자신의 전문성에 대해서 논의함으로써 평가 과정과 권리를 행사하는 것의 중요성을 부각시키는 모델 역할을 할 수 있다. 과업 환경에서 발생하는 이 상호작용의 흐름 다음에는 마지막 단계(해결)가 뒤따르는데, 이는 구체적인 수퍼비전 개입의 결과를 의미한다. 다음과 같은 광범위한 네 영역에서 해결이 가능하다. 자기인식, 지식, 기술, 또는 수퍼비전 동맹. 앞에서 언급한 특정한 과업 환경을 해결하면 수퍼바이저 훈련생이 권위를 행사하는 것에 대한 자신의 불편함을 더 잘 인식하게 되고, 자신의 권위를 자신감 있게 활용하도록 촉진하는 지식과 기술을 습득하는 결과를 가져올 수 있다. 이런 경험은 수퍼비전에 대한 수퍼비전에서의 모델링하기를 통해 드러난 병행 과정 때문에 수퍼비전 동맹을 강화시킬 수 있다.

수퍼비전 시작하기 수퍼비전의 중요한 첫 단계는 처음 회기에 대한 계획이다. 새로운 역할을 맡는 두려움을 고려한다면, 수퍼비전 첫 회기에 대한 개요를 보여주는 역할극에 참여하게 하는 것은 일반적으로 수퍼바이저 훈련생이 수퍼비전의 역할에 대하여 직접적인 경험을 얻도록 돕는다. 수퍼바이저는 처음으로 수퍼바이저 훈련생과 함께 역할극에 참여할 수 있고 수퍼바이저 훈련생은 동료 수퍼바이저와 함께 이 역할극을 연습하게 된다. 역할극을 고려하는 것은 보통 수퍼비전 이슈의 개요를 제공하는 데 도움이 된다.

예를 들면, 이 장의 첫 번째 저자(Arpana G. Inman)는 수퍼바이저 훈련생이 수퍼비전의 첫 회기를 준비할 수 있도록 돕기 위해 다음과 같은 개요를 사용하였다. ① 자기소개를 한다(배경, 경험). ② 수퍼바이지에게 첫 단계를 시작하도록 한다. ③ 실습을 시작할 때 수퍼바이지에게 생각과 느낌을 물어본다(예, 공감하기). ④ 역할유도를 실시한다(상담 과정과는 다른 수퍼비전의 과정에 대한 정보를 제공하고, 수퍼바이저-수퍼바이지 역할을 명료화하고, 수퍼비전의 평가적 요소를 언급한다). ⑤ 비밀보장을 논의한다. ⑥ 다문화 이슈를 논의한다. ⑦ 잠재적인 다중 역할에 대하여 조명한다(수퍼바이저 훈련생이 수퍼바이지로서 프로그램에 학생으로 참여할 때). ⑧ 수퍼비전에 대한 수퍼바이지의 목적을 물어보고 그에 대한 구체적인 정보를 얻는다. ⑨ 수퍼바이지의 목적을 검토한다. ⑩ 수퍼비전 첫 회기에 관련된 수퍼바이지의 느낌을 논의한다. ⑪ 다음 회기를 계획한다. 이러한 역할극은 회기에서 수퍼바이저의 준비되고, 계획적이고, 신중하기 위한 필요를 강조한다. 수퍼비전에 대한 수퍼비전에서 유사한 과정이 진행될 수 있다. 구체적으로 수퍼바이저는 수퍼비전에 대한 수퍼비전을 위한 학습목적을 만들 수 있고, 분명한 목표를 말할 수 있으며 그리고 각 회기에 수퍼바이저 훈련생의 필요에 기초한 과제를 만들 수 있다.

수퍼비전 첫 회기 후에는, 그다음 회기를 준비하는 것이 중요하다. 따라서 상담 회기와 비슷하게 각 수퍼비전 회기 후 사례 노트를 기록하는 것은 그다음 회기를 위한 수퍼비전의 계획과 목적을 발전시키는 데 중요한 과정이다. 수퍼바이저는 사례 노트에 회기에 대한 짧은 요약, 수퍼바이지의 강점과 개선 부문, 수퍼바이지의 기술과 발달 수준의 평가 그리고 수퍼바이저로서의 내면의 생각과 느낌을 포함하는 수행 평가를 포함시켜야 한다. 회기에 앞서 이러한 수퍼비전 기록지를 언급하는 것은 지난 회기에 미해결된 채 남아 있는 이슈들을 토의하는 데 도움이 된

다. 이러한 기록지는 수퍼바이저가 수퍼바이지와 내담자 중 어느 쪽에 초점을 맞추고 있는지를 강조하는 데 도움을 줄 수 있다.

수퍼비전에 대한 수퍼비전에 참여하는 것은 다가오는 수퍼비전 회기에 대한 수퍼바이저의 계획을 돕는 데 있어 핵심적인 요소다. 수퍼비전에 대한 수퍼비전에 있어서, 수퍼바이저 훈련생은 그들의 동료뿐만 아니라 수퍼바이저와도 상의한다. 다양한 관점을 고려하는 것은 수퍼바이저 훈련생이 수퍼바이저의 목표를 논의하는 데 도움이 되며, 동료나 수퍼바이저와 함께 하는 역할극이나 모델링을 통해 수퍼비전의 목표를 수행하는 것에 대한 구체적인 예시를 제공해 준다. 더욱이, 수퍼비전에서 수퍼바이저가 수행한 것을 평가하는 수퍼바이저의 피드백은 수퍼비전에 대한 수퍼바이지의 요구를 충족시키기 위해 노력하는 수퍼바이저에게 또 다른 관점을 제시한다.

수퍼비전의 역할과 기술의 평가

수퍼비전 역할을 맡는 것은 두 개의 체계, 즉 치료 체계와 수퍼비전 체계를 다루는 기술을 수반한다. 따라서 이는 수퍼바이지 기술과 수퍼비전 기술 모두를 평가하는 것을 말한다. 우리는 이 두 가지 기술을 다루는 데 사용하였던 몇 가지 접근 방법을 강조한다.

수퍼바이지 기술 평가하기

수퍼바이저의 중요한 역할은 수퍼바이지의 상담 기술을 평가하는 것이다. 평가는 계속 진행되는 과정이고 수퍼비전이 지속되는 동안뿐만 아니라 수퍼바이지의 공식적인 평가 과정의 중간 단계뿐만 아니라 마지막 단계에서도 강조되어야 한다. 기술의 평가는 회기의 녹음기록을 듣거나 혹은 보는 것 그리고 전사된 기록을 평가하는 것을 통하여 이루어질 수 있다.

기록된 회기는 오디오테이프, 비디오테이프, 혹은 디지털 레코딩을 사용하여 듣거나 볼 수 있다. 수퍼바이저 훈련생은 수퍼비전 도중이나 수퍼비전이 끝난 뒤, 회기를 검토하도록 격려받을 수 있다. 이러한 평가의 유형들은 특정한 기술 발달(예,

회기에서 침묵 사용하기) 혹은 특별한 반응으로(예, 바꾸어 말하기) 상담자 의도를 강조하는 것(예, 희망 고취하기), 치료적 개입(예, 행동 재연)을 평가하는 것 혹은 전 회기의 흐름을 살펴보는 것에 초점이 맞춰질 수 있다. 사려 깊은 피드백을 통하여, 수퍼바이저는 상담 기술에 대한 긍정적 격려와 건설적 비판을 제공할 수 있다. 피드백의 균형을 이루고 안전한 학습 환경을 조성하기 위하여 훈련 중인 수퍼바이저는 수퍼바이지가 보다 더 발달하고 성장할 수 있도록 최소한 세 가지의 강점과 성장점에 대한 리스트를 작성해야 한다.

수퍼바이지 기술 평가에 대한 두 번째 방법은 회기를 전사한 내용을 살펴봄으로써 녹음을 검토하는 것이다. Arpana G. Inman은 일반적으로 회기에서 순간순간의 상호작용을 검토하는 데 있어서 유익했던 양식(참조 〈표17-1〉)을 사용하였다. 전사한 기록을 평가하는 데 있어서 수퍼바이저는 ① 명시적 혹은 암시적 반응 형태, ② 내담자 반응, 그리고 ③ 치료적 전략과 개입에 대한 논평을 할 수 있다. 명시적 반응 모드는 인터뷰의 내용, 즉 무엇을 말했는가(예, 정보수집, 정보제공, 직접적 지침, 관계 다루기)와 관련된다. 암시적 반응은 어떻게 말했나, 즉 상호교환 유형(예, 도전, 주의를 기울임, 듣기, 반영, 해석, 자기노출, 즉시성, 침묵, 한계설정, 초점, 감정 표명)과 관련된다. 내담자 반응은 내담자가 무엇을 말했나(내용)와 내담자가 그것을 어떻게 말했나(상호교환 유형)를 수반한다. 이 반응은 내담자가 원하면 지침, 정서적 탐색, 통찰, 교육, 혹은 새로운 관점을 포함한다. 내담자는 저항하거나, 순응하거나, 감정을 보이거나 혹은 감정을 노출하지 않을 수 도 있다. 내담자 반응 방식의 일치는 전사기록(예, 정서적으로 관련된 질문과 반응)에서 강조될 수 있다. 더욱이 수퍼바이저 논평 컬럼에서 견해를 말할 수 있고 예를 들어 개방형, 혹은 폐쇄형 질문, 재진술과 같은 수퍼바이지를 위한 치료적 전략을 제안하거나, 혹은 인지행동치료(CBT)를 사용하여 왜곡된 이야기에 도전하는 것과 같은 구체적인 개입을 강조할 수 있다. 마지막으로, 전사기록의 끝 부분에 수퍼바이저는(강점과 성장점을 강조하면서) 주의를 기울일 세 개의 주요한 영역을 언급하면서 요약 단락을 포함해야 한다. 더욱이 수퍼바이저는 피드백을 검토하고 논의하기 위해 수퍼바이지와 만나야 한다.

〈표 17-1〉 수퍼바이지 테이프 평가하기

내담자 코멘트	상담자 코멘트	수퍼바이저 코멘트
지난 시간 이후 훨씬 나아졌어요.	그랬군요?	암시적 반응: 내담자에게 도전한다. 개방형 질문으로 이어간다. 무엇이 당신의 기분을 나아지게 했나요?
네.	이 감정이 어떤 방법으로든 상담에 관련되었다고 느끼시나요?	암시적: 상담에 대한 내담자의 감정을 평가한다. 개방형 질문을 해라: 당신에게는 기분이 나아진다는 것이 어떤 것인가요?
네, 맞아요. 도움이 됐어요.	좋네요. 매주 만남을 가졌으면 좋겠는데 어떠세요?	만나는 시간을 명확히 하라, 정기적 계획을 세워라. 명시적 반응: 내담자를 지도하라.
네, 저는 도대체 얘기 나눌 거리가 뭐가 있는지 모르겠어요, 그래서 여기 올 때마다 저는 그저, "그래, 오늘은 어떤 것에 대해서 얘기를 나눌 건가?" 이렇게 돼요.	당신이 원한다면 어떤 것에 대해서는 이야기를 나눌 수 있어요.	치료의 구조를 확립하기. 명시적 반응: 치료에 대한 정보, 또한 치료에 책임지도록 내담자에게 권한을 부여하기
저는 그저 어디서부터 시작해야 할지 모르겠어요. 그 문제는 그저 다른 사람들도 가지고 있는 일반적인 문제예요.	음, 모든 사람은 문제를 가지고 있어요. 그건 맞아요. 그러나 모든 사람은 그들 자신의 문제들을 가지고 있는 거예요. 그리고 그것이 항상 문제일 필요는 없어요. 혹은 당신이 문제라고 정의한 그것은 무엇이든 될 수 있는 거예요.	내담자의 확인: 여기서 공감하거나 이해의 내적 반응을 제공해야 한다, "어디서부터 시작해야 될지 모른다는 것과 같은 느낌에 어찌할 바를 모르거나 압도된 것 같이 들리네요. 이것이 당신에게 어려운 일이라 생각되네요."
네.	이것이 어쩌면 당신에게 또 다른 분출구가 될 수 있을 거예요…. 당신이 현재까지 찾았던 것보다 더욱 생산적인 것이에요.	그녀를 위해 상담의 인식을 재구성, 지지를 제공.
네.	지난주에 우리는 당신의 글쓰기에 대해 이야기를 나누었어요. 그중 일부를 읽어 볼 수 있을까요?	명시적 반응: 회기의 직접적인 지도 … 폐쇄형 질문, 내담자에게 관심을 보이기.
물론이에요, 사실 저는 이야기보다는 시를 더 많이 써요.	당신이 쓴 것 아무거나 읽어 보고 싶어요. 최근에 쓴 것이 있나요?	명시적 반응: 정보 수집, 내담자에게 관심 나타내기, 관계 쌓기. 더 많은 정보를 모으기 위해 여기서 개방형 질문을 하라. 예를 들어, "최근에 당신이 쓴 글에 대해 이야기해 주세요."

주의: 내담자와 상담자의 칼럼은 인터뷰 동안 무엇이 말해지는지에 대한 간단한 요약을 담고 있다. 수퍼바이저 칼럼은 상담자의 기술과 관찰된 과정을 강조한다.

수퍼바이저 기술 평가하기

수퍼바이지가 사례개념화(〈표 17-2〉 참조)를 하도록 하는 것은 수퍼비전 기술을 개발하는 데 있어서 수퍼바이저 훈련을 위해 유용할 것이다.

수퍼바이지 사례개념화는 수퍼바이저 훈련생이 수퍼바이지 이슈를 수퍼바이지의 요구를 다루는 데 기초적인 것을 제공하는 수퍼비전 계획에 효과적으로 연결하는 것을 돕는다. 구체적으로 사례개념화는 수퍼비전의 목표에 대한 수퍼바이지의 진보, 수퍼비전의 과제뿐만 아니라 수퍼바이지의 강점과 성장점을 강조하는 데 도움을 준다. 사례개념화의 또 다른 이점은 이론과 실제를 서로 연결할 수 있다는 것이다. 예를 들면, 그것은 수퍼바이저 훈련생이 수퍼비전 개입뿐만 아니라 수퍼바이지와 수퍼바이저 사이의 관계역동도 포함하는 이론적 틀을 발달시키는 데 도움이 될 수 있다.

수퍼바이저 기술평가에 대한 두 번째 방법은 수퍼바이저 훈련생이 자신의 수퍼비전 회기를 비디오테이프에 녹화하는 것이다. 이것은 탁월한 가르침과 훈련의 도

〈표 17-2〉 수퍼바이지의 사례개념화 요약

I. 수퍼바이지 요약(가명 사용한 것을 주의하라)
  A. 수퍼바이지의 인구 통계학적 서술(성, 인종, 나이, 경험)
  B. 상호 간에 합의된 목표
II. 수퍼바이저 표현
  A. 수퍼비전 관계
  B. 수퍼바이지의 서술(강점과 약점)
    a. 수퍼비전(대인관계 상호작용)
    b. 상담(기술, 개념화 능력)
  C. 수퍼바이지-수퍼바이저 조화
    a. 성, 인종, 성적 취향, 나이, 인종 정체성, 등에 관련된 역동
    b. 갈등: 현재의 또는 잠재적인
    c. 수퍼바이저 역전이 문제
III. 수퍼비전 개입
  A. 현재까지의 수퍼바이지 과정(수퍼비전 회기의 횟수, 현재까지의 회기 요약, 효과적인 개입/효과적이지 않은 개입, 내담자와의 작업, 내담자 과정의 평가 등등을 포함)(통합 이론)
  B. 수퍼비전 목표에 대한 진도
  C. 제안된 향후 개입 전략들(통합 이론)
  D. 대답되지 않은 질문들(가장 중요한 것부터 순서를 정하시오.)

구로 활용된다. 비디오테이프 녹화는 보통 수퍼비전 과정을 관찰하도록 하고 보통 오디오 녹화에서 놓치는 대인관계 역동(비언어와 메타 의사소통)을 강조하도록 한다. 더욱이 수퍼비전 수업의 맥락 안에서 다른 수퍼바이저 훈련생이 녹화를 관찰하도록 하는 것은 잠재적 성장에 대한 적극적인 피드백을 가능하게 할 뿐만 아니라 수퍼비전 회기에서 관찰되는 어떤 도전도 정상화하고 인정하게 한다.

세 번째 방법은 평가 과정에 참여하는 것을 수반한다. 이러한 목적에 사용될 수 있도록 발달되어 온 복합 수퍼비전 평가 방식(Bernard & Goodyear, 2009)이 있다. 평가는 세 가지 중요한 요소에 초점을 맞추어야 한다. 첫째, 획득된 지식, 둘째, 이러한 지식을 실천에 옮기는 능력 그리고 셋째, 이것이 어떻게 수퍼비전 정체성에 대한 내면화에 영향을 미칠 것인가다. 수퍼바이저 훈련생이 자신을 평가하고 그것이 자신에 대한 수퍼바이저의 평가와 어떻게 일치하는지 여부를 확인하는 것은 수퍼비전 훈련에 상당한 도움이 된다.

수퍼비전 과정 모니터링하기

수퍼비전 과정의 복합성과 수퍼비전에서의 상관 관계적 요소의 중요성을 고려해 볼 때 수퍼비전의 모습과 느낌을 모델링하는 것은 매우 중요하다. 수퍼바이저 훈련생은 수퍼바이저의 기능(예, 지지, 가르침, 나눔)에 따라 내면화하는 역할들(예, 상담자, 교사, 자문가)을 통하여 자기효능감을 발달시키게 된다. 수퍼비전 역할의 중요한 측면은 모호함을 다루고 권위를 갖게 하는 것을 도와주는 수퍼비전 관계(예, 수퍼바이지 저항, 병행 과정, 역전이 등)에서 일어나는 과정들을 모니터링하는 것이다. 수퍼비전에 대한 수퍼비전의 맥락 안에서, 수퍼바이저는 병행 과정들(예를 들면, 권위에 대한 수퍼바이저 훈련생의 저항이 수퍼비전 회기에서 수퍼바이저와 어떻게 유사하게 재연되는지), 역전이 이슈들(예를 들어, 수퍼비전 수준과 실제 수준에서 일어나는 권위의 상실을 둘러싼 감정) 그리고 수퍼바이저 자신의 갈등을 드러내는 자기노출을 통해 수퍼바이저 훈련생들이 이러한 이슈들을 발견할 수 있도록 도움을 줄 수 있다. 그리고 교정 및 교육경험(예, 어려운 상황을 다루는 데 있어서 반응을 보이기보다 생각을 깊이 하는 것) 제공을 통하여 수퍼바이저 훈련생들이 수퍼비전 과정에 대한 직접 경험을 하도록 도움을 줄 수 있다.

이러한 훈련 모델을 접할 수 있는 기회를 제공하기 위하여 S. Soheilian은 수퍼바이저 훈련생으로서 자신의 발달(과정)에 대해 다음과 같이 성찰한다.

신임 수퍼바이저로서 나의 경험을 생각해 볼 때, 처음에 나의 수퍼비전 역할에 대해 매우 불안해했다. 신임 수퍼바이저로서 나의 기술과 능력을 의심하였다. 내가 경험을 충분히 하지 않은 그러한 환경에서 작업한 상담자를 효과적으로 감독할 수 없지 않을까 하는 두려움이 있었다. 또한 내가 함께 수업을 듣고, 혹은 같은 임상 환경에서 실습 상담자로서 작업했던 수퍼바이지들과 작업할 때, 학생, 동료 그리고 수퍼바이저로서의 다양한 역할을 해내는 것에 어려움을 느꼈다. 수퍼바이저로서 나의 역할을 인정하려고 시도할 때 자기효능감이 문제라는 것을 알게 되었다. 이것에 병행하여, 수퍼비전에 저항하는 수퍼바이지와의 관계를 형성하는 데 있어서 힘들어하는 내 모습을 발견했다. 그럼에도 불구하고 수퍼바이지들과 강한 수퍼비전 동맹을 형성하기 위해 노력했다. 구체적으로, 효과적인 수퍼비전이 일어날 수 있는 안전한 환경을 조성하기 위해 수퍼바이지의 개인적 필요, 즉 수퍼비전에 대한 수퍼비전에서 병행하여 나타나는 이슈들에 주의를 기울이면서 그들을 지지하고 격려하였다.

이러한 수퍼비전이 지속되는 내내, 나는 수퍼비전 과정에서 신뢰하는 법과 과정의 모호함을 다루는 법을 배우는 데 있어 어려움에 직면했다. 한 수퍼바이지가 수퍼바이저로서의 나의 수퍼비전 개입과 권위에 계속해서 도전했던 경험을 기억한다. 그는 수퍼비전 회기에 참석하는 것에 저항했고 참석했을 땐 수퍼바이저의 어떤 건설적인 비평에도 방어적인 반응을 나타냈다. 이 수퍼바이지와의 작업이 힘겨웠고, 그를 평가해야 했을 때가 특히 힘겨웠다. 이러한 경우에 그와의 수퍼비전에 대한 내 접근법의 피드백을 위해 수퍼비전에 대한 수퍼비전 과정에 이 수퍼바이지를 소개했다. 수퍼비전 회기를 비디오테이프에 녹화할 수 있어서 동료와 강사들은 그 비디오를 통해 순간순간의 상호작용뿐 아니라 대인관계 역동성을 볼 수 있었다. 피드백의 부분으로서 교정과 지지의 방식으로 이 수퍼바이지를 효과적으로 도전하고 평가하는 법에 대한 다른 이야기의 역할극을 하였다. 이 수퍼바이지에 대한 경험을 성찰하고 그에 대한 역전이의 감정(예, 좌절감, 방어, 분노와 실망)을 논의하도록 격려받았다. 그럼에도 불구하고 이 수퍼바이지와의 평가회기는 그의 수퍼비전에 대한 전

> 문성과 헌신의 부족(예, 나의 권위 인정에 대한 도전)을 논의해야만 하는 도전이었다. 그는 수퍼바이지일 뿐만 아니라 프로그램(다양한 역할의 도전)에 있는 나의 동료 학생으로서의 그와 이러한 이슈에 대해 직면하는 것이 불편하였다. 이 수퍼바이지는 회기의 대부분을 보호받았다. 수퍼비전에 대한 수퍼비전에서 역할극으로 이 이야기를 연습함으로 내 자신감은 확장되었으며 수퍼바이지에게 도전하는 것뿐 아니라 나 자신의 일부 감정을 드러내는 데 도움을 주었다. 특히, 그의 감정을 공감하고 인정할 수 있는 동시에, 수퍼비전에서 그에 의해 도전받은 나의 감정에 대한 자기노출도 강조하고 인정할 수 있었다. 이러한 과정으로 그 수퍼바이지는 수퍼비전에 수용적인 태도로 바뀌게 되었다.

결국 이 수퍼비전 작업의 종결에서 우리의 관계는 더욱 강력해졌다. 우리는 관계에서의 갈등을 교정했다. 내 자신의 수퍼비전에 대한 수퍼비전에서 인정받는 경험을 할 수 있었기 때문에, 그 고통스러운 작업에 대해 고맙게 여길 수 있게 되었고 수퍼바이지와 함께 작업하는 데 있어서 이러한 경험을 병행할 수 있었다. 이러한 교정적 관계경험에 참여함으로써 우리는 의사소통을 더 잘 하게 되었다. 우리의 관계에서의 갈등은 우리가 수퍼바이지와 수퍼바이저로서 역할에서 변화하고 성장하기 위해 필요하였다.

수퍼비전의 과정을 처음부터 끝까지 경험하는 특혜를 누리게 되었다. 신임 수퍼바이저가 되는 것은 처음엔 어려웠다. 그러나 비슷한 경험을 공유한 다른 초보 수퍼바이저들과 수퍼비전에 대한 수퍼비전 과정에 참여함으로써 그 과정 동안 나의 경험과 감정을 인정하는 데 도움을 받았다. 그것은 수퍼바이저, 학생 그리고 동료로서 나의 다양한 역할에 균형을 이루기 위한 도전을 주었다. 그리고 동시에 평가 역할에서 수퍼바이저로서 나의 권위를 인정하도록 도움을 주었다. 수퍼비전 과정에서 확신이 없었지만, 그 과정을 거치면서 마침내 '그 과정을 신뢰하는 것' 이 상당히 중요하다는 것을 깨닫게 되었다.

결론

"교육, 훈련 그리고 수퍼비전 경험이 부족한 사람이 수퍼비전을 즉흥적으로 수행하는 것이 비윤리적인 것 못지않게 적절한 준비 없이 최면요법이나 조직적인 둔감화 또는 신경심리검사(Hallstead-Retan Neuropsychological Test Battery)를 시행하는 것 또한 비윤리적이다." (Pope & Vasquez, 2007, pp. 282-283) 이와 같은 지적은 매우 중요하다. 수퍼비전 역할을 맡는 것은 복합적이고 다면적인 일이다. 다양한 수준(치료와 수퍼비전)의 상호작용을 이해하고 협상하는 것은 수퍼바이저의 자기인식, 지식 그리고 기술의 일정한 수준을 요구한다. 따라서 적절한 훈련, 준비 그리고 수퍼비전에 대한 수퍼비전에 참여하는 것은 효과적이고 윤리적인 수퍼비전을 실천하는 데 초석이 된다.

참|고|문|헌

Association for Counselor Education and Supervision (ACES). (1990). *Standards for counseling supervisors.* Retrieved from http://www.acesonline.net/ethical_ guidelines.asp

Aten, J. D., Madson, M. B., & Kruse, S. J. (2008). The supervision genogram: A tool for preparing supervisors-in-training. *Psychotherapy: Theory, Research, Practice, Training, 45*, 111-116.

Baker, S. B., Exum, H. A., & Tyler, R. E. (2002). The developmental process of clinical supervisors in training: An investigation of the supervisor complexity model. *Counselor Education and Supervision, 42*, 15-30.

Bernard, J. M. (2005). Tracing the development of clinical supervision. *The Clinical Supervisor, 24*, 3-21.

Bernard, J. M., & Goodyear, R. K. (2009). *Fundamentals of clinical supervision* (4th ed.). Upper Saddle River, NJ: Pearson.

Bonney, W. (1994). Teaching supervision: Some practical issues for beginning supervisors. *The Psychotherapy Bulletin, 29*, 31-36.

Borders, D. L. (1989, August). Learning to think like a supervisor. Paper presented at the 97th

Annual Convention of the American Psychological Association, Louisiana.

Council for Accreditation of Counseling and Related Educational Programs (CACREP). (2001). *2001 standards*. Retrieved from http://www.cacrep.org/doc/2001% 20Standards.pdf

Doehrman, M. (1976). Parallel process in supervision. *Bulletin of the Menninger Clinic*, *40*, 3-104.

Dressel, J. L., Consoli, A. J., Kim, B. S. K., & Atkinson, D. R. (2007). Successful and unsuccessful multicultural supervisory behaviors: A Delphi poll. *Journal of Multicultural Counseling and Development*, *35*, 51-64.

Ekstein, R., & Wallerstein, R. S. (1972). *The teaching and learning of psychotherapy* (2nd ed.). New York, NY: International Universities Press.

Ellis, M. V., & Douce, L. A. (1994). Group supervision of novice clinical supervisors: Eight recurring issues. *Journal of Counseling and Development*, *72*, 520-525.

Emilsson, U. M., & Johnson, E. (2007). Supervision of supervisors: On developing supervision in post graduate education. *Higher Education Research & Development*, *26*, 163-179.

Freeman, B., & McHenry, S. (1996). Clinical supervision of counselors-in-training: A nationwide survey of ideal delivery, goals, and theoretical influences. *Counselor Education and Supervision*, *36*, 144-158.

Getz, H. G. (2001). Assessment of clinical supervisor competencies. *Journal of Counseling & Development*, *77*, 491-497.

Getz, H. G., & Schnurman-Crook, A. (n.d.). Utilization of online training for on-site clinical supervisors: One university' s approach. *Journal of Technology in Counseling*, *2.1*. Retrieved from http://jtc.colstate.edu/vol2_1/Supervisors. htm

Granello, D. H. (2000). Encouraging the cognitive development of supervisees: Using Bloom' s taxonomy in supervision. *Counselor Education and Supervision*, *40*, 31-46.

Granello, D. H., Kindsvatter, A., Granello, P. F., Underfer-Babalis, J., & Hartwig Moorhead, H. J. (2008). Multicultural perspectives in supervision: Using a peer consultation model to enhance supervisor development. *Counselor Education and Supervision*, *48*, 32-47.

Gray, L. A., Ladany, N., Walker, J. A., & Ancis, J. R. (2001). Psychotherapy trainees' experience of counterproductive events in supervision. *Journal of Counseling Psychology*, *48*, 371-383.

Haley, J. (1976). *Problem solving therapy*. San Francisco, CA: Jossey-Bass.

Hawkins, P., & Shohet, R. (2000). *Supervision in the helping professions: An individual, group, and organizational approach* (2nd ed.). Philadelphia, PA: Open University Press.

Hein, S., & Lawson, G. (2008). Triadic supervision and its impact on the role of the supervisor: A qualitative examination of supervisors' perspectives. *Counselor Education and Supervision*, *48*, 16-31.

Hess, A. K., Hess, K. D., & Hess, T. H. (2008). *Psychotherapy supervision: Theory, research, and practice*. Hoboken, NJ: Wiley.

Hoffman, L. W. (1990). *Old scapes, new maps: A training program for psychotherapy supervisors*. Cambridge, MA: Milusik Press.

Holloway, E. L. (1995). *Clinical supervision: A systems approach*. Thousand Oaks, CA: Sage.

Inman, A. G. (2006). Supervisor multicultural competence and its relation to supervisory process and outcome. *Journal of Marital and Family Therapy*, *32*, 73-85.

Jenkins, P. (2006). Supervisor accountability and risk management in healthcare settings. *Healthcare Counseling and Psychotherapy Journal*, *6*, 6-8.

Killian, K. D. (2001). Differences making a difference: Cross-cultural interactions in supervisory relationships. *Journal of Feminist Family Therapy, 12*, 61-103.

Ladany, N., Friedlander, M. L., & Nelson, M. L. (2005). *Working through critical events in psychotherapy supervision: An interpersonal approach*. Washington, DC: American Psychological Association.

Ladany, N., Hill, C. E., Corbett, M. M., & Nutt, E. A. (1996). Nature, extent, and importance of what psychotherapy trainees do not disclose to their supervisors. *Journal of Counseling Psychology, 43*, 10-24.

Ladany, N., & Lehrman-Waterman, D. (1999). The content and frequency of supervisor self-disclosures and their relationship to supervisor style and the supervisory working alliance. *Counselor Education and Supervision*, *38*, 143-160.

Ladany, N., Walker, J. A., Pate-Carolan, L., & Evans, L. G. (2008). *Experiencing counseling and psychotherapy: Insights from psychotherapy trainees, supervisors, and clients*. New York, NY: Taylor & Francis.

Lehrman-Waterman, D., & Ladany, N. (2001). Development and validation of the evaluation process within supervision inventory. *Journal of Counseling Psychology*, *48*, 168-177.

Mordock, J. B. (1990). The new supervisor: Awareness of problems experienced and some suggestions for problem resolution through supervisory training. *Clinical Supervisor, 8*, 81-92.

Nelson, M. L., & Friedlander, M. L. (2001). A close look at conflictual supervisory relationships: The trainee's perspective. *Journal of Counseling Psychology*, *48*, 384-395.

Pope, K. S., & Vasquez, M. J. T. (2007). *Ethics in psychotherapy and counseling: A practical guide* (3rd ed.). San Francisco, CA: Jossey-Bass.

Ramos-Sánchez, L., Esniel, E., Goodwin, A., Riggs, S., Touster, L. O., Wright, L. K., Rodolfa, E. (2002). Negative supervisory events: Effects on supervision and supervisory alliance. *Professional Psychology: Research and Practice, 33*, 197-202.

Rodolfa, E., Brent, R., Eisman, E., Nelson, P., Rehm, L., & Ritchie, P. (2005). A cube model for competency development: Implications for psychology educators and regulators. *Professional Psychology: Research and Practice, 36*, 347-354.

Searles, H. (1955). The informational value of the supervisor' s emotional experiences. *Psychiatry, 18*, 135-146.

Stevens, D. T., Goodyear, R. K., & Robertson, P. (1997). Supervisor development: An exploratory study in changes in stance and emphasis. *The Clinical Supervisor, 16*, 73-88.

Stoltenberg, C. D., McNeill, B., & Delworth, U. (1998). *IDM supervision: An integrated developmental model for supervising counselors and therapists.* San Francisco, CA: Jossey-Bass.

Vidlak, N. W. (2002). Identifying important factors in supervisor development: An examination of supervisor experience, training, and attributes. *Dissertation Abstracts International, 63*(06), 3029B.

Watkins, C. E., Jr. (1995). Researching psychotherapy supervisor development: Four key considerations. *The Clinical Supervisor, 13*, 111-118.

Webb, A., & Wheeler, S. (1998). How honest do counselors dare to be in the supervisory relationship? An exploratory study. *British Journal of Guidance and Counseling, 26*, 509-524.

Yourman, D. B. (2003). Trainee disclosure in psychotherapy supervision: The impact of shame. *Journal of Clinical Psychology, 59*, 601-609.

찾아보기

인 명

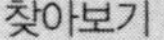

내 용

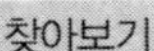

편저자 소개

Nicholas Ladany, PhD Lehigh University(Bethlehem, Pennsylvania)의 상담심리학 교수, 박사과정 주임교수이자 동 대학교 교육 · 인력개발센터 원장. Temple University 상담심리학 조교수, Maryland University 상담심리 객원교수로 재직한 바 있다. State University of New York(Albany)에서 1992년 PhD 학위를 취득하였으며, 상담 및 심리치료 수퍼비전에 관한 수많은 논문을 국제적으로 출판하였다. 연구와 활동에 있어 수퍼비전 과정과 결과 그리고 상담과 심리치료 과정과 결과에 초점을 두고 있으며, 예를 들어 작업 동맹, 자기노출과 비노출, 다문화적 훈련, 윤리와 사회정의와 같은 주제들을 다루고 있다. *Journal of Counseling Psychology*와 *Counselor Education and Supervision*의 편집위원을 역임한 바 있으며, *Psychotherapy: Theory, Research, Practice, and Training*의 부편집자다. 저서로는 *Practicing Counseling and Psychotherapy: Insights from Trainee, Clients, and Supervisors*(Routledge, 2008); *Critical Events in Psychotherapy Supervision: An Interpersonal Approach*(American Psychological Association, 2005); *Counselor Supervision: Principles, Process, and Practice*(3rd ed.)(Brunner-Routledge, 2001) 등이 있다. 펜실베이니아의 임상심리사 자격증을 소지하고 있다.

Loretta J. Bradlely, PhD Texas Tech University 상담교육 분야 교수. Vanderbilt University의 Peabody College에서 인간자원발달 상담 전공교수로 재직한 바 있다. Temple University 교육학과 부학장을 역임하였고, Purdue University에서 PhD를 취득하였다. 미국상담협회, 상담교육 · 수퍼비전협회, 텍사스성인발달 · 노화협회 회장을 역임하였으며 미국상담협회에서는 운영위원 및 재무이사로서 활동한 바 있다. 미국상담협회와 오스트리아의 Salzburg Institute 회원이기도 한 Bradlely 박사는 영국상담 · 심리치료협회, 미국상담협회, 상담교육 · 수퍼비전협회에서 우수 연구상을 공동으로 수상했다. *Counselor Supervision: Principles, Process, and Practice*(2nd ed.)는 1990년 ACES 최우수 도서로 선정되었다. 텍사스 주가 인준한 전문상담자, 수퍼바이저, 결혼 가족치료사 자격증을 소지하고 있으며, 국가 인증 상담자, 진로상담자, 수퍼바이저다. 그리고 학교상담사와 교사 자격증을 소지하고 있다.

공저자 소개

Julie R. Ancis, PhD Georgia State University 상담심리학과 교수. 다문화적 역량, 인종과 성, 대학 환경, 여성의 법적 경험 등의 영역에 관하여 저술 및 연구하였다. 저서로는 *The Complete Women's Psychotherpy Treatment Planner*(Wiley, 2007), *Culturally Responsive Interventions: Innovative Approaches to Working with Diverse Populations*(Taylor & Francis, 2004) 등이 있다. Ancis 박사는 *Journal of counseling and development and psychology*의 편집위원을 역임하였으며, Georgia Psychological Association의 Division F와 APA에서 여성 청소년 및 성인을 위한 심리치료 지침을 만드는 입법위원으로 활동하였다. 현재 이혼과 양육권 분쟁에서 여성의 법적 경험에 관한 저서를 저술하고 있다.

Clyde Beverly, MS Lehigh University 박사과정 수료. Girard Medical Center-Outpatient Psychiatric Clinic(Philadelphia)에서 인턴으로 일했으며, University of Kentucky에서 상담심리학 석사학위를 받았다. 연구상의 관심 분야는 다문화 상담 능력, 수퍼비전, 대학생 문제, 인종 정체성 발달, 소수 민족 학생의 학업성취 등이다.

M. Kristine Bronson, PhD 델라웨어 주의 윌밍턴에서 상담치료를 수행하고 있는 상담 전문가. 성인과 청소년 상담, 개인 · 집단 진로상담, 심리치료를 제공하고 있다. 상담자 정신건강시설 종사자에게 훈련과 수퍼비전을 제공하고 있으며 겸임교수로서 강의를 하고 있다. 또한 경력개발, 이직, 다양성 이슈, 스트레스 감소 등에 관하여 기업, 대학, 여러 기관과 조직에 자문을 제공하고 있다.

Catherine Y. Chang, PhD Georgia State University 상담심리학과 부교수 및 전공주임교수. 연구상의 관심

분야는 아시아와 한국, 다문화적 상담과 수퍼비전, 상담교육에 있어서의 사회정의다.

Jennifer Crall, MEd Lehigh University(Bethlehem, Pennsylvania) 상담심리 전공 박사과정 수료. 국제대회나 미국 학회에서 자주 논문을 발표하고 있다. 연구상의 관심 분야는 아동 · 청소년 심리치료, 가족치료, 위기관리, 교육 환경에서의 치료 실시, 신앙에 기반한 상담, 윤리, 수퍼비전이다.

Rachel E. Crook Lyon, PhD Brigham Young University(Provo, Utah) 교수. 연구상의 관심 분야는 심리치료에서 꿈작업 활용과 수퍼바이저 훈련과 준비다.

Richard L. Hayes, EdD University of South Alabama 임상 및 상담심리 교수, 교육대학 학장. 연구상의 관심 분야는 구조주의적 발달심리학을 활용하여 교육에 대한 민주적 철학을 집단상담에 적용하는 것이며, 현재는 세계화된 문화에 대한 교육적 개입에 대해 연구 중이다.

Bret Hendrics, EdD Texas Tech University 상담교육 부교수. 상담심리 전문가이자 수퍼바이저다. 많은 논문이 있고 초청강사로서 학회에서 많은 강연을 해 왔다. International Association of Marriage and Family Counselor의 전 회장이다.

Pilar Hernández-Wolfe, PhD, LMFT, LCPC Johns Hopkins University 부교수, 임상 지역 상담 프로그램 소장, Maryland Association for Counseling and Development 회장, American Family Therapy Academy 이사. 연구상의 관심 분야는 임상과 임상 수퍼비전에 구조적 상황 반응 모델을 적용시키는 것을 실험하는 것, 대리 복원 능력(vicarious resilience), 상흔 스트레스 등이다.

Shirley A. Hess, PhD, LPC, ACS Shippenburg University of Pennsylvania 상담학 부교수. 꿈 작업, 수퍼비전 과정 훈련, 애도와 상실, 질적 연구에 대해 관심을 가지고 있다. 대학상담센터, 외래진료실, 대학취업관리실에서 상담을 하였다. 애팔래치아 산맥을 등산하는 등 야외활동을 즐긴다.

Arpana G. Inman, PhD Lehigh University(Bethlehem, Pennsylvania) 상담심리학 부교수. Temple University(Pennsylvania)에서 상담심리학 학위를 취득하였으며, 연구상의 관심 분야는 남아시아 정체성, 아시아계 미국인의 적응과 정신건강, 국제상담과 심리, 수퍼비전과 훈련에서 다문화적 역량이다.

Anju Kaduvettoor, MEd University of Delaware의 학생상담소 인턴. Lehigh University(Bethlehem, Pennsylvania)에서 상담심리학 박사과정을 수료했다. 남아시아인에 관한 차별의 영향에 관한 논문을 쓴 바 있고 수퍼비전, 훈련, 다문화적 능력, 아시아계 미국인의 정신건강에 관심을 갖고 있다.

Kurt L. Kraus, EdD Shippensburg University(Pennsylvania) 상담학 교수. 평생발달, 집단상담, 아동 · 청소년 상담에 관심을 두고 있다.

Mathew A. Malouf, MEd Lehigh University(Bethlehem, Pennsylvania) 상담심리학 박사과정 중이며 상담 현장과 수퍼비전, 연구 방법론에 적용할 수 있는 다문화적 역량에 관심이 있다. 사회정의와 관련된 이슈와 소외된 인구에 관한 질적인 연구를 전공한다.

Rayna D. Markin, PhD Villanova University 교육인력개발학부 조교수. 임상 훈련, 집단심리치료, 개인 심리치료의 결과와 심리치료 과정에 관심을 두고 있다. Society for Psychotherapy Research 회원이고 APA의 Division 29, 39 회원이다.

Yoki Mori, MS University of Illinois(Chicago) 상담센터 인턴. Lehigh University(Pennsylvania)에서 상담심리학 박사과정을 수료했다. 국제학생들의 수퍼비전 경험에 대한 논문을 마쳤다. 연구상의 관심 분야는 국재학생과 이민학생, 사회정의, 훈련과 수퍼비전, 다문화, 상담과 훈련에서의 여성주의적 접근이다.

Caroline O'Hara, MS Georgia State University 대학원생. 2009년에 상담학 분야 석사학위를 취득하였으며, 현재 교육학에서 상담학 분야로 훈련받고 있다. 연구상의 관심 분야는 성적 다양성, 상담 이론, 다문화적 상담과 사회정의를 반영하는 상담이다.

Tiffany O'Shaughnessy, PhD University of California(Berkeley) 상담센터 회원. Lehigh University(Pennsylvania)에서 상담심리학 박사학위를 취득하였다. 연구상의 관심 분야는 레즈비언, 게이, 양성애자, 성전환자, 상담과 훈련에서 동성애적 이슈, 여성주의 상담, 수퍼비전, 상담 과정 결과, 다문화적 능력이다. Association of Psychology Postdoctoral and Internship Centers Student Research Award를 수상했다.

Gerald Parr, PhD Texas Tech University 교육학과 상담교육 교수. 최근의 논문 및 저서에는 윤리, 창조성, 집단상담에 초점을 두고 있다. 상담교육자로서 주임교수, 부학장을 역임하였다.

Kirti A. Potkar, MS Brigham Young University(Utah) 상담심리학 박사과정 중.

Katie M. Rhode, MA, BA Texas Tech University 상담교육학 박사과정 중. Dyke University와 Texas Tech University's Honors College를 졸업하였으며, 석사과정에서 연구조교로 일했으며 중독감호 · 보호소에서 청소년 범죄자들을 상담하였다. 연구에 있어 영재들, 위기에 처한 사람들에게 관심을 두고 있다.

P. Clay Rowell, PhD, NCC, LPC North Georgia College and State University의 상담학 조교수. Courtland C. Lee Multicultural Excellence Award를 수상하였다. 두 딸의 아버지인 그의 전문 분야는 임상 수퍼비전, 집단상담, 진로 및 취업 개발의 다양성 이슈 등이다.

Sepideh S. Soheilian, MEd, BA Lehigh University 상담심리학 박사과정 중. Lehigh University 상담 전공 MEd, Georgetown University(Washington DC) 심리학 BA를 취득했다. 연구상의 관심 분야는 아랍계 미국인, 상흔, 도움을 청하는 태도, 상담과 임상 수퍼비전에서의 다문화적 역량 등이다.

James Tres Stefurak, PhD University of South Alabama 교육대학 상담심리학 조교수. 연구상의 관심 분야는 청소년 비행, 집단상담, 청소년 법령 체계에 관한 자문, 종교심리학/영성, 임상 훈련에서 통합적 접근 방법 등이다.

Jessica A. Walker, PhD W.G. (Bill) Hefner Department Veterans Affairs Medical Center(Salisbury, North Carolica) 임상심리학자. Lehigh University(Pennsylvania)에서 상담심리학 박사학위를 취득하였으며, 재향군인 병원에서 일하기 전에 University of North Carolina(Charlotte)와 University of North Carolina(Wilmington)에서 강사와 심리치료사로 활동하였다.

Ryan D. Weatherford, MEd Lehigh University(Pennsylvania) 상담심리학 박사과정을 수료하였으며, Pennsylvania State University 상담심리센터 인턴이다. Lehigh University에서 상담학 전공으로 석사학위를 취득하였다. 연구 관심 분야는 대학생 문제, 다문화 상담 역량, 수퍼비전/상담 결과와 과정, 대학생 알코올 및 마약 남용 등이다.

Laura E. Welfare, PhD Virginal Tech(Blacksburg) 상담교육 조교수. 상담심리 전문가로서 아동, 청소년, 성인 상담을 하였다.

Peggy P. Whiting, PhD North Carolina Central University 상담교육 교수. Vanderbilt University, Winthrop University 교수를 역임하였다. K-12 학군의 학교상담자, 전문상담가, 전국 인증 상담자, 애도 교육 전문가이자 치료사다.

역자 소개

유영권(대표 역자) 미국 Pacific School of Religion(MA), 기독상담학 전공
미국 Vanderbilt University(PhD), 기독상담학 전공
전 전국대학교생활상담센터협의회 회장
현 연세대학교 연합신학대학원 상담학과 정교수
연세대학교 학생복지처 상담센터 소장
한국상담심리학회 상담심리 전문가, 한국자살예방협회 이사
〈저서〉
기독(목회)상담학: 증상 및 영역별 접근(학지사, 2008)
자살의 이해와 예방(학지사, 2007)
행복한 부부여행(주는나무, 2007) 외 다수
〈역서〉
상담심리치료 수퍼비전(학지사, 2005)
상담 수퍼비전의 기초(시그마프레스, 2008) 외 다수

안유숙 연세대학교 연합신학대학원 ThM(상담학 전공)
연세대학교 대학원 PhD(상담학 전공)
현 서울신학대학교 상담대학원 부설 상담센터 수퍼바이저
새중앙상담센터 전문상담사
상도종합사회복지관 상담실장

이정선 연세대학교 연합신학대학원 ThM(상담학 전공)
연세대학교 대학원 PhD(상담학 전공)
현 연세대학교 상담 · 코칭지원센터 전임상담사, 수퍼바이저
새중앙상담센터 전임상담사, 수퍼바이저
충청대학교 출강 중

은인애 연세대학교 연합신학대학원 ThM(상담학 전공)
연세대학교 대학원 PhD Cand(상담학 박사과정 수료)
현 한국기독심리치료 연구소 상담실장
연세대학교 상담 · 코칭지원센터 상담사
한국기독상담 · 심리치료학회 상담 전문가

류경숙 이화여자대학교 대학원 ThM(목회상담학 전공)
연세대학교 대학원 PhD Cand(상담학 박사과정 수료)
현 연세대학교 상담 · 코칭 지원센터 전임상담사
한국기독교 상담 · 심리치료학회 놀이치료 전문가
세브란스병원 아동 청소년 완화의료 놀이치료 팀장

최주희 이화여자대학교 대학원 ThM(목회상담학 전공)
연세대학교 대학원 PhD Cand(상담학 박사과정 수료)
현 한국기독교상담 · 심리치료학회 전문가

상담 수퍼비전

Counselor Supervision(4th ed.)

2013년 2월 21일 1판 1쇄 발행
2021년 10월 20일 1판 3쇄 발행

엮은이 • Nicholas Ladany · Loretta J. Bradley
옮긴이 • 유영권 · 안유숙 · 이정선 · 은인애 · 류경숙 · 최주희
펴낸이 • 김 진 환
펴낸곳 • (주) 학지사
04031 서울특별시 마포구 양화로 15길 20 마인드월드빌딩 5층
대표전화 • 02) 330-5114 팩스 • 02) 324-2345
등록번호 • 제313-2006-000265호
홈페이지 • http://www.hakjisa.co.kr
페이스북 • https://www.facebook.com/hakjisabook

ISBN 978-89-6330-981-1 93180

정가 20,000원

역자와의 협약으로 인지는 생략합니다.
파본은 구입처에서 교환하여 드립니다.